国家社科基金项目《近代湖湘法治文化转型与发展研究》阶段性成果
中国法学会部级法学研究课题基础研究重点激励项目"优秀"结题成果
湖南省成果评审委员会重大课题成果
湖南省法学重点学科资助

民商事

近代湖南民商事习惯调查
史料的整理与研究

夏新华◎编著

中国政法大学出版社

2022·北京

声　明　　1. 版权所有，侵权必究。

　　　　　　2. 如有缺页、倒装问题，由出版社负责退换。

图书在版编目（CIP）数据

近代湖南民商事习惯调查史料的整理与研究/夏新华编著. —北京：中国政法大学出版社，
2022.11
ISBN 978-7-5764-0719-8

Ⅰ.①近… Ⅱ.①夏… Ⅲ.①民法－习惯法－史料－研究－湖南②商法－习惯法－史料－
研究－湖南 Ⅳ.①D927.640.2

中国版本图书馆CIP数据核字(2022)第214801号

出 版 者	中国政法大学出版社
地　　址	北京市海淀区西土城路25号
邮寄地址	北京 100088 信箱 8034 分箱　邮编 100088
网　　址	http://www.cuplpress.com (网络实名：中国政法大学出版社)
电　　话	010-58908586(编辑部) 58908334(邮购部)
编辑邮箱	zhengfadch@126.com
承　　印	固安华明印业有限公司
开　　本	720mm×960mm　　1/16
印　　张	48.5
字　　数	840千字
版　　次	2022年11月第1版
印　　次	2022年11月第1次印刷
定　　价	189.00元

凡 例

一、本书系统地辑录和整理了近代湖南民商事习惯调查史料,尊重原文献,不做有损原意的改动,仅作适当的技术性加工。

二、原文献为竖排版者一律改为横排。原文"如左""如右"之类用语,相应改为"如下""如上",等等。

三、原文献繁体字一律改为简体。个别若作改动会有损原意者,则予以保留,另加注说明。

四、原文献无标点符号或标点符号使用不规范者,一律代之以新式标点符号。

五、原文献无段落划分者,适当划分段落。

六、原文献所用专有名称、专门术语(特别是外国人名、地名、书名之译名及学科名称),今日有更通用统一提法者,酌加改动或注明。

七、原文献引用之事实、数字、书目、名称(包括人名、地名)及其他材料确有错误者,酌加改动,并加注说明。

八、对原文献中较为明显的错字,或原文献排字确有错误当时未能校正者,现予以校正,将校正字置于前,原文错字加 [ ] 置于后。

九、个别特别重要的著译,著于书末或附上新编之名词索引。

十、原文献某些附录确无保留必要者,不再编入,但加注说明。

十一、对原文献中的脱漏字,在补上以后加 [ ] 表示。

十二、原文献字迹不清无法辨认者,在正文中各该处加方框□,并加注说明。

十三、所选各类法律文本及草案的编排方式按现代法律文献格式。

十四、书末详列主要参考文献,正文引注从简。

十五、因语言使用之时代差错,原文献中某些字、词、句与今所不同者一般保留原貌。

┃说　明┃

一、本书名为《近代湖南民商事习惯调查史料的整理与研究》，材料范围主要为清末之变法时期、民初之北洋政府时期和 20 世纪 30 年代之南京国民政府时期中央和湖南之民商事习惯调查史料，亦包含其他必要之法制习惯史料。

二、本书收集、编辑、勘校所依据之资料，主要来源于清末民国各种法规汇编、司法公报、当时创办之报纸杂志、民国学人编撰之民商事习惯书籍、台湾文海出版社编辑之近代中国史料丛刊、民国丛书，以及今人编辑之各种史料汇编、文史资料，等等。具体资料出处详见引文按语。

三、本书所选资料包括宪政编查馆、修订法律馆、湖南调查局、北洋政府司法部、湖南民商事习惯调查会、南京国民政府司法部等主持调查之法制习惯材料，以及湖南民商事习惯调查的相关重要背景材料和有关评述。

四、附录部分辑录了民初《各省区民商事习惯调查会章程及其附属规则》，以作为必要之补充和参考。

五、湖南苏维埃区域的民商事习惯史料，因目前掌握的资料有限，故暂未编入。

六、为了更清晰地显示出近代湖南民商事习惯调查的背景、开启与运作等发展脉络，本书大体按照历史时期划分为三篇，设置篇章节结构，并选取最具代表性的调查活动或民商事习惯文献作为章、节目的标题。

七、编者对所选材料进行必要诠释，按语内容包括资料出处、年代、相关人物简介以及编辑者简短的观点评说。

近代湖南民商事习惯调查的特点与意义

（代序言）

夏新华　丁广宇

自清末法制改革以来，我国在移植西方近现代民法体系的过程中，一直存在近现代民法理论与固有传统习惯之间的冲突与调适，故自清末以降，无论是清政府、北洋政府还是南京国民政府均组织了全国性的民商事习惯调查活动，以期为民事立法提供参考依据。当下，《中华人民共和国民法典》业已生效，其第10条确立了"处理民事纠纷，应当依照法律；法律没有规定的，可以适用习惯，但是不得违背公序良俗"的规则，并在整部法典中提及习惯近二十次，适用于意思表示的解释、相邻关系、法定孳息的取得、借款合同的利息等领域。那么，近代以来我们在民商事领域形成了哪些民商事习惯？民商事习惯如何发挥作用？成效如何？司法机关如何看待民商事习惯？或许，近代以来的几次民商事习惯调查活动能够为我们提供某些历史借鉴与现实启示。

关于近代民商事习惯调查的研究，海内外学界已有重要学术成果。[1]具体到湖南，除《民事习惯调查报告录》中有湖南省的载录外[2]，还有《湖

---

[1]　代表性成果如［日］西英昭：『〈民商事習慣調查報告録〉成立過程の再考察——基礎情報の整理と紹介』，载《中国——社会と文化》第16号，2001年，第274~292页；［日］西英昭：《近代中華民国法制の構築：習慣調查・法典編纂と中国法学》，九州大学出版会2018年版；胡旭晟："20世纪前期中国之民商事习惯调查及其意义"，载《湘潭大学学报（哲学社会科学版）》1999年第2期；眭鸿明：《清末民初民商事调查之研究》，法律出版社2005年版；苗鸣宇：《民事习惯与民法典的互动——近代民事习惯调查研究》，中国人民公安大学出版社2008年版，等等。
[2]　前南京国民政府司法行政部编：《民事习惯调查报告录》，胡旭晟、夏新华、李交发点校，中国政法大学出版社2000年版。

南民情风俗报告书　湖南商事习惯报告书》〔1〕和《湖南近现代法律制度》〔2〕等著作。然而，目前学界对清末民国湖南民商事习惯史料的整理不够充分，研究也欠深入。对湖南民商事习惯调查史料的梳理与研究，一方面可以为系统研究近代以来湖南民商事习惯提供资料索引，亦可以重新省思近代中国法律移植特别是民商法移植的路径，努力寻求移植民商事法制与本土传统习惯之间的调适之方。

　　民国著名法学家王世杰从"地理要件"上对"习惯"和"习惯法"加以区分，即"一、习惯之通行全国或全国大部分者，得认为习惯法；二、一种习惯，虽属地方性质，其所支配之事项，倘亦仅存于该习惯之所在地，亦得认为习惯法；三、依法令明文得以采用之地方习惯，亦得认为习惯法"。〔3〕今人陈景辉教授说："习惯可以被区分出两种子类型：只具备依赖于实践的习惯与同时兼具依赖于实践和应当观念的习惯。"〔4〕按照陈景辉教授的标准，大部分民国民商事习惯调查会章程中并未详细区分是否体现"应当"观念，但我们在阅读《中国民事习惯大全》与《民商事习惯调查报告录》时会发现绝大部分调查记载的民商事习惯，都有"应当"观念，也即具有法律史研究意义的民商事习惯。因此，在清末与北洋政府时期，由于存在大量官方已经完成的民商事习惯调查成果，故本书将沿用其调查成果，不再筛选这些是否属于严格意义上的"民商事习惯"。另外，湖南民间组织、行业公会等制定的已经成文的民商事条规和章程同样应纳入民商事习惯的范畴。而对于《湖南民情风俗报告书》和南京国民政府时期之湖南各县习惯调查成果等不属于名为民商事习惯调查的材料，则需要区分其记载是否为"民商事习惯"。当然，彼时湖南省政府有关部门制定和发布的章程规范办法等文件已属于国家制定法范畴，不再属于民商事习惯的研究范围了。故本书将在明晰"民商事习惯"的基础上，以清末、北洋政府、南京国民政府三个时期的民商事习惯调查活动为中心，梳理相关史料并进行分析。

---

　　〔1〕（民国）湖南法制院、（清）湖南调查局编印：《湖南民情风俗报告书　湖南商事习惯报告书》，劳柏林校点，湖南教育出版社 2010 年版。

　　〔2〕周正云、周炜编著：《湖南近现代法律制度》，湖南人民出版社 2012 年版。

　　〔3〕王世杰："大理院与习惯法"，载《法律评论》1926 年第 168 期，转引自何勤华、李秀清主编：《民国法学论文精粹》（第五卷），法律出版社 2003 年版，第 178 页。

　　〔4〕陈景辉："'习惯法'是法律吗？"，载《法学》2018 年第 1 期。

一、清末湖南民商事习惯调查之特点

（一）湘人垂范，督抚敢为

中国自秦形成中央集权制、郡县制以降，地方行政长官便扮演着重要角色，其虽处中央管辖之下，却手握重权。太平天国起义爆发前，督抚权力往往受到清廷一定程度的限制，但湘军铲除太平天国后，湘系督抚的权力也随之高涨，几乎可与中央抗衡。光绪二十六年（1900年），当清廷中央向十一国列强宣战时，刘坤一、张之洞等地方大员却选择"东南互保"即为一例。

湖南自近代以来在变法中开各省风气之先，得益于历任督抚对改革的高度重视。戊戌维新之际，督抚大员中唯一与维新派关系甚密者即湖南巡抚陈宝箴，其与按察使黄遵宪、候补知府谭嗣同等人以整顿湖南为己任，推行新政，聘任梁启超为中文总教习，创办时务学堂，培养出蔡锷、范源濂、杨树达等名士。[1]戊戌变法失败后，两江总督刘坤一联合湖广总督张之洞于1901年上《江楚会奏变法三折》，一位湖南人与一位管理湖南的人，携手描画出清末变法的蓝图。1904年末，托忒克·端方出任湖南巡抚。虽任职时间未满一载，但其力推湖南政事改革，促进湖南教育近代转型，功勋卓著。端方主湘期间，陆续选送官幕士绅及各学堂学生赴日本游学，并为以往游学日本的自费生，改给官费，以资鼓励。这些旅日学子中，就有后来总揽民初民商事习惯调查的北洋政府司法部参事汤铁樵。

前文已述及，清末湖南开展民商事习惯调查之际，时任湖南巡抚岑春蓂给予湖南调查局大力支持。岑春蓂家世显赫，其父岑毓英（1829—1889年）曾官至云贵总督，其兄岑春煊（1861—1933年）更是晚清政坛引领潮流的人物，曾参加甲午战争，后于八国联军侵华时保护慈禧和光绪帝到达西安。官至四川总督、两广总督。与袁世凯并称"南岑北袁"。有了这层关系，岑春蓂也在晚清官场游刃有余，能够调配众多资源。透过《湖南巡抚岑春蓂奏湘省调查局办理情形折》《又奏调编修张启后办理调查局片》等奏疏，可看出其对调查局组织机构设置、人才选任、经费拨款等具体问题的关切。

（二）中西合璧，西法为主

从《湖南调查局调查民事习惯各类问题》《湖南商事习惯报告书》来看，

---

[1] 夏新华等："近代湖南法政教育之肇始——时务学堂寻踪"，载蒋海松主编：《岳麓法学评论》（第13卷），湖南大学出版社2020年版，第135页。

湖南调查局编制的问题较为完备，形成的报告书内容丰富，呈现中西合璧、西法为主的特征。由于湖南调查局总办张启后曾留学于日本法政大学，深受日本民法影响，从其主持制定的调查问题中可看到日本民法的身影。《湖南调查局调查民事习惯各类问题》将问题分为"人事部"和"财产部"两部分，其中"人事部"其又细分为：人、户籍、失踪、代理人、宗族、婚姻、子、承继、家产和遗嘱十大类。"财产部"分为临界、共有、抵押、债务、买卖、租赁、雇佣、请负、委任、寄托、契据、广告十二类，以现代民法的基本体系为架构，但亦将中国传统法治文化中的宗族习惯、婚姻习惯、典当习惯等融入调查。《湖南商事习惯报告书》则更具中西合璧的特色，其通例部分皆套用现代商法的体系架构，但附录记载的十二类商业条规和章程则完全是本土的行业规范。诸多条规的开头包含了传统礼法色彩，例如，长沙的盐号条规先搬出圣人律度、朝廷法度等国家法，说明法律规范于国家、行业之重要性，再强调盐油业对于国计民生的特殊意义，警示同行严守行业规范，"权量必平""租提须净"，并且在礼仪方面，敬神祀典，最后说明确立条规的原因，是为规范店伙行为，使公私咸归画一，有序运营。现代法律语言与传统法律术语在调查问题及成果中并行不悖，体现出时人的国际视野与本土情怀，更彰显出编纂者渴望弱化法律移植中排异反应所做出的最大努力。

（三）内容广泛，重点突出

清末民间习惯调查内容十分广泛，从湖南调查局法制科调查各目所载调查目录及报告书样式来看，在大的方面包括"民情风俗""地方绅士办事习惯""民事习惯""商事习惯""诉讼习惯"等五"部"；而在每"部"之下又分"类"，"类"下分"款"，"款"下分"项"；"项"下分"目"，"目"下才是具体的"问题"，可见其调查内容设计至为详细，比民国时期的民商事习惯调查要宽泛些。

湖南省的调查不仅内容广泛，且重点突出，人事部调查尤其关注主体的身份关系和宗法制度。以《湖南调查局调查民事习惯各类问题》人事部为例，该调查纲目问题涉及人、户籍、失踪、代理人、宗族、婚姻、子、承继、家产、遗嘱十类，基本涵盖了平等主体之间人身关系的所有部分。民间习惯最为集中的婚姻领域，所调查的问题也最多，共有 97 条，占总数的 32%，其次如宗族、承继、父子关系、家产等也属于调查问题较多的领域。从已经勘校整理的善化、道州、湘阴和长沙县的报告书中陈述的问题可见，这些领域都集中体现家族制度与家庭伦理，表明修订法律馆在学习、移植西方民法时，重点关注我国的家制与民法移植之间的衔接。在婚姻领域中，有"指腹为婚其效力若何？纳采、问名之礼式若何？""通常娶妇有无行亲迎礼者？其礼式若何？""婚姻之禁忌有几（如结婚之初须合生辰、娶亲时忌某宿人之类）？""庚帖婚约及各种礼单之书式若何？"等传统色彩浓厚的问题。调查还涉及童养媳、赘婿、招夫、再醮、纳妾之类等传统习惯，如"抚甫出生之童养媳，其亲生父母须补助抚媳者之养育费否？""以赘婿为嗣，尚须另立同宗应继者一人以主宗祧否？""妇再醮无翁姑时，是否须夫家亲属之许可？""通常纳妾以何项人为多？有无禁止或种人不准纳妾之习例？"由于宗法制度在清末湖南农村尚处于十分顽固的状态，故立法者需要对各种传统婚姻习俗进行全面摸排，以在新式婚姻法和传统婚姻制度中寻求调和，保证新式民法的实施。

而《湖南商事习惯报告书》尤受好评："所立编章节目甚为详细，末附商业条规约占六分之四。"[1]湖南无论从呈送数量还是编制质量上看，放眼全国可谓数一数二，统计见下表 1。在固有观念中，徽商、晋商、浙商和粤商在传统商界独占鳌头，湖南似乎是政绩军功优于经济贸易之地，然而《湖南商事习惯报告书》所展现出的全面详实的商业条规足以证明近代湖南商业之发达，"湘商"亦可谓"国商"。

表 1　清末各省区呈报商事习惯调查报告文件统计表[2]

省　区	名　　　称	册　数	体　例
顺天府	无	缺	无
直隶省	邯郸县商事习惯报告书	1	问答题
山东省	无	缺	无
河南省	无	缺	无
山西省	无	缺	无
陕西省	无	缺	无

[1] "清末湖南省呈报之件"，载《司法公报》1927 年第 232 期（增刊 37），第 35 页。

[2] 表 1 根据《各省区民商事习惯调查报告文件清册》整理，故各省区名称依照该《清册》记载之名称。参见《各省区民商事习惯调查报告文件清册》（第 1 期），载《司法公报》1927 年第 232 期。

续表

省区	名　称	册数	体例
甘肃省	无	缺	无
新疆省	无	缺	无
安徽省	无	缺	无
江西省	无	缺	无
江苏省	江宁商务总会调查商业习惯清册	1	无
浙江省	浙江杭州商务总会调查商事习惯报告书	2	问答题与陈述体各1册
福建省	闽省商业研究所调查商事习惯总册、厦门调查商事习惯册、闽商习惯简明答复、福建商事习惯文件	4	陈述体1册 问答体2册 汇编文件1册
湖北省	无	缺	无
湖南省	湖南商事习惯报告书（附商业条规12种）	6	陈述体
四川省	四川商事习惯报告书	2	陈述体
广东省	广东省垣及各府县共21处商事习惯报告书、清册、问题册、答复、答案册	28	陈述体6册 问答体22册
广西省	广西省商事习惯报告书	2	陈述体
云南省	无	缺	无
贵州省	贵州调查员造呈商事习惯前册	1	问答体
奉天省	奉天调查局法制科调查商事习惯报告册	5	问答体
吉林省	吉林调查局商事习惯报告册	1	无
黑龙江省	无	缺	无

二、北洋政府时期湖南民商事习惯调查之特点

（一）习惯界定明确，调查成效显著

在民初北洋政府组织的民商事习惯调查中，部分省区在制定民商事习惯调查会章程时就曾规定了哪些属于应当被调查记录的民商事习惯，如《直隶

民商事习惯调查会章程及其附属规则》"调查规则"第四条规定调查之习惯如下：由裁判上发见者；由裁判外发见者；因于地域如南北东西四乡各种习惯有差异者；因于社会如农工商各种社会习惯不同者；因于历史上或天灾兵变事实相沿致生各种习惯之不同者；各地方社会缔结文契互具行规，及关于继承手续并亲族婚姻各种书类可证明各习惯者；足征民宜土俗之一斑者。《湖南民商事习惯调查会章程及附属规则》"调查规则"第四条同样规定调查之习惯："天灾兵乱或历史事实相沿所生各种不同之习惯；不论善良习惯与否，但系有关于民商事事件之权利义务足以成为习惯者；各地域不同之各种习惯；一地域内两种相反之习惯。"第五条要求注意随时采集："各官署文件确有成案可证明其为一种习惯者；农工商会及自治团体之文件可证明各习惯者；各社会缔结契约及关于婚姻继承亲属各种书类可证明各习惯者；无书类可供证明之习惯，其具体事实有先例足以摘举者。"该处条款虽然没有对"民商事习惯"的内涵加以阐述，但廓清了可作为民法范畴内关注的民商事习惯的外延，尤其注意成案、文件、契约等文本来证明民商事习惯的存在，体现了相当的客观性。联想到学界关于传统中国是否存在"习惯法"的争论，日本学者滋贺秀三教授以中国没有"记载习惯的书籍"为理由之一否定习惯法的存在。[1]而事实上，习惯的记载恰恰存在于官府文书、团体文件、成案等文件中，这足以成为习惯法存在的佐证。

（二）关注涉湖习惯，体现湖湘特色

湖南北部环绕洞庭湖，洞庭湖周边地区渔业发达，且湖南水系丰富，大多自洞庭湖汇入长江，在公路铁路交通不甚发达的时代，湘、资、沅、澧等河流是重要的航运通道。故洞庭湖在湖南经济发展与商业交通中扮演着不可替代的作用。洞庭湖周边地区如岳阳、益阳、常德等衍生出了颇具特色的涉湖民事习惯。例如，田面权与田底权已为学界熟知，而常德县有"水面权"与"水底权"，当多人共有一湖时，有人仅有以湖水灌溉田地的"水面权"，有人享有以水中鱼利收益的"水底权"。[2]因此对权利并非田面权人与田底权人之间的土地租种关系，而是共有关系中的权利划分，故实行起来较为简

〔1〕［日］滋贺秀三等著，王亚新、梁治平编：《明清时期的民事审判与民间契约》，法律出版社1998年版，第55~56页。
〔2〕前南京国民政府司法部编：《民事习惯调查报告录》，胡旭晟、夏新华、李交发点校，中国政法大学出版社2000年版，第349页。

便。又如南县、沅江、汉寿等地，当洞庭湖边出现新淤积土地，居民只需先向县属申请执照，载明土地面积，便可开始耕种。此为新出现土地时的先占取得。如果土地需要出卖，则出卖人与买受人之间立一顶契，土地权利即可转移，手续十分方便。[1]此外，涉及河湖的还有码头停泊管理习惯、荫水习惯、借鸭还鸭习惯等，被调查者称之为"美俗"，充分体现滨湖劳动人民因地制宜的创造力。

（三）民事习惯与司法机关互动频繁

因北洋政府时期以"现行律民事有效部分"代替民法，故而民事习惯在司法实践中发挥了比其他时期更加重要的作用。从各级法院（审判厅）的判决中，我们能够探究民事习惯与司法实践的互动关系，尤其是司法机关对于民商事习惯的态度。虽然湖南省档案馆保存的民初司法档案较为匮乏，但我们依旧可以从大理院的判决例、解释例中寻找最高司法机关与湖南民事习惯之间的互动。笔者从大理院判决例、解释例、判决书中共找到9起司法机关对民事习惯的适用发表观点的事例，其中在绝大部分判决或解释中，司法机关对湖南民事习惯均表达了充分的尊重。例如，在契约文字纠纷中，大理院依据澧县典物回赎惯例，确定出典时的实价取赎为断定标准；[2]以沅陵县聘礼从简习俗，认可婚姻效力；[3]以邵阳县有施主独立处分庙产习惯，否认住持僧道的拒绝权利，[4]等等。可见，在民事法律规范相对缺乏的北洋政府时期，民商事习惯在司法审判中发挥了重要作用。唯一一起大理院否认民事习惯效力的案例中，大理院认为浏阳县"卖业先尽亲房外姓"的习惯限制了所有权的自由流转，"于经济上流通及地方之发达均有障碍"，因此否认其法律效力。[5]可见，大理院在涉及所有权流动的案例中，首要考量的价值是所有权流转自由以促进经济发展。在大理院认可的民商事习惯中也可以发现，鼓励自由买卖的习惯一般得到了司法机关的支持。

[1] 前南京国民政府司法部编：《民事习惯调查报告录》，胡旭晟、夏新华、李交发点校，中国政法大学出版社2000年版，第352页。

[2] 中国第二历史档案馆编：《北洋政府档案·大理院》（第9册），中国档案出版社2016年版，第325~333页。

[3] 中国第二历史档案馆编：《北洋政府档案·大理院》（第9册），中国档案出版社2016年版，第241~244页。

[4] 黄源盛纂辑：《大理院民事判例辑存》（总则编），犁斋社2012年版，第221~224页。

[5] 黄源盛纂辑：《大理院民事判例辑存》（总则编），犁斋社2012年版，第55~57页。

三、南京国民政府时期湖南民商事习惯调查之特点

（一）与国家立法共同调整民商事关系

从南京国民政府时期湖南各项经济调查可以看出，因市场经济的发展，湖南在交易过程中形成了大量民商事习惯且成为定例，交易各方都十分了解并自觉遵循这些习惯。例如民事习惯中，湖南房屋租赁市场有其特色：其一，房屋租赁遵循"三不佃"习惯，即"无家眷不佃，无保人不佃，无押金不佃"，一般明确写在招租告示上。关于租约期限，长沙市一般以无固定期限租赁居多，有固定期限租赁极少，出租方和承租方均可自由解约。这与民法关于租赁期限的价值取向颇不相同。然而，虽然双方解约自由，但一方解约时，按惯例要提前几日通知对方。关于公益捐款的负担也已经家喻户晓，不需要再在租赁合同中约定。[1]民法条文（尤其是债法）中相当比例是任意性规范，尊重合同当事人的意思自治，故而在这些领域，本地民事习惯为民事活动提供了重要的引导作用。

商品交易中，商事习惯的作用同样显著。这一时期几乎所有的经济调查类文献都详细记载本行业的运输与交易手续，并且成立了同业公会，制定行规。如民国二十三年（1934年）修订的《长沙市花粮行业同业公会行规》规定了买卖完成后不得反悔原则、开仓费与回佣习惯、遇到货物毁损灭失时的责任承担等；[2]《长沙市米业重订行规》规定了较准斛斗的程序及认证与稽查、买卖时当面看样议价、买定之后不论价格涨跌不得反悔、先到者交盘等原则。[3]这些行规受到各方共同认可，因其详细并实用，已经成为湖南商事交易的基本准则。

（二）重视中介制度

南京国民政府时期经济调查中的突出特点之一便是湖南市场交易中，中介制度十分完善。各行各业均有成熟的中介组织负责联系买卖双方，且各行业中介名称与权利义务并不完全相同。例如，长沙棉花业中级以上交易市场

---

〔1〕 潘信中："长沙市一年以来地价与房租"，载萧铮主编：《民国二十年代中国大陆土地问题资料》，成文出版社1977年版，第79册。

〔2〕 "湖南棉花及棉纱"，载张妍、孙燕京主编：《民国史料丛刊》（第551册），大象出版社2009年版。

〔3〕 "湖南之谷米"，载曾赛丰等编：《湖南民国经济史料选刊》（第2册），湖南人民出版社2009年版。

中有花行，花行为促进交易的居间介绍人，负责拉拢买卖双方形成交易；[1]
长沙的粮行不仅是居间介绍人，交易成立之后还承担督促双方履行合同的义
务，保证交付货物符合合同约定；买方若欠交货款，卖方可向粮行求偿，有
"认行不认客，欠行不欠客"的习惯。粮行亦可代理各方卖出或买进粮食，甚
至从事金融活动。由此可见，长沙的粮行不仅为居间人，有时还具有行纪人
或代理人身份，其活动可能同时具有民法上代理、行纪、居间的性质。[2]醴
陵的爆庄亦有资本薄弱、仅从事代理买卖的爆庄和资本雄厚、自运自销的爆
庄，且从事货款汇兑业务。此种中介直接作为购销当事人，扮演中间商的角
色。[3]其余如茶庄、麻行等，多以代理人身份从事商业活动，按照惯例收取
百分之三行佣。各类牙行中介在商品交易中为买卖双方搭建了交易平台，在
此过程中形成的商事习惯对维持货物有序流通、减少纠纷起到了至关重要的
作用。

（三）劳工福利成为惯例

南京国民政府时期民商事习惯的另一重要特征是劳工生活习惯与待遇记
载较多。如手工业工人每年开工收工均有定时，开工日、收工日、磨刀日、
重要节日均发给酒钱，平均每月均能领取四十文至一百文酒钱。端午、中秋
等重要节日，公司必须准备酒席，并发给咸蛋、粽子、月饼等福利。若工厂
与员工商议不准备酒席，则将酒席折合为酒钱共计一串零六十文。每月初一、
初十、二十，工厂主须给员工发神福肉。手工业工厂中，米、炭由工厂解决，
每月每人规定油一斤，盐一斤四两，水菜钱九百文。[4]工作时间方面，大多
数工厂每日工作八小时至十小时，食宿全部由工厂提供，因工作负伤由厂方
负责医治，医药免费。部分工厂还设有疗养室、图书馆、娱乐场所等。部分
工厂宣称其完全实行工厂法。[5]从调查结果来看，南京国民政府时期湖南工

---

[1] "湖南棉花及棉纱"，载张妍、孙燕京主编：《民国史料丛刊》（第551册），大象出版社
2009年版。

[2] "湖南之谷米"，载曾赛丰、曹有鹏编：《湖南民国经济史料选刊》（第2册），湖南人民出
版社2009年版。

[3] "湘东各县工艺品调查"，载郑成林选编：《民国时期经济调查资料汇编》（第18册），国家
图书馆出版社2013年版。

[4] "湘东各县工艺品调查"，载郑成林选编：《民国时期经济调查资料汇编》（第18册），国家
图书馆出版社2013年版。

[5] "长沙重要工厂调查"，载郑成林选编：《民国时期经济调查资料汇编》（第13册），国家图
书馆出版社2013年版。

人福利较为丰厚，工厂经营效益良好，反映出国民政府这一时期的经济发展情况。

（四）良俗与陋规并存

与其他时期不同的是，南京国民政府时期的经济社会调查者在调查民商事习惯时，也会加以分析和点评。部分民商事习惯得到了调查者的高度评价，如湖南桐茶油买卖中，各级同业间之买卖，一般点头成交，被调查者认为"有古人一诺千金之风"。[1]亦有不少习俗被称为"陋规"，如湖南安化等地茶庄有"七六扣"之习俗，即收买毛茶一百斤，作七十六斤计算。茶业交易方面则有标价诱卖、打板杀价、大秤短报、短折兑价、浮收行佣、扣捐扣税、抽样抹尾等陋习。安化县知事每年于谷雨节后前往资江等地弹压茶市、行户，索取贿赂，直至国民政府时期被废除。[2]另有调查者对部分民商事习惯进行了批判性分析，如前文提到的长沙市房屋租赁以不定期租赁为主的习惯，调查者认为其导致租客对房屋不甚爱惜，也是产生东佃纠纷的主要原因之一。在不规定合同存续期限的情况下，若房屋价格出现涨跌，则房东会要求涨租或房客要求降租，导致纠纷。此外，调查者指出，长沙的"码头费"也是陋规之一，即店铺转租时上手佃方向下手佃方需索的一笔特别费用。上手索取之价，往往超过其原物价值数倍或数十倍，导致新旧佃方交涉不清，致使房东利益受损。[3]调查者的分析与评价为我们提供了时人的视角，帮助当代人更加客观地认识和评价近代湖南民商事习惯。

四、近代湖南民商事习惯调查的影响与省思

（一）重要影响

1. 与民事立法进行互动

因清末民初的民商事习惯调查的目的即为民法典的制定提供参考，故可以将民事习惯调查报告的内容与民律草案进行比对，以探究其与民事立法之间的互动关系。以清末湖南民事习惯调查报告书为例，将善化县、长沙县等

---

〔1〕"湖南之桐茶油"，载曾赛丰、曹有鹏编：《湖南民国经济史料选刊》（第3册），湖南人民出版社2009年版。

〔2〕"湖南之茶"，载曾赛丰、曹有鹏编：《湖南民国经济史料选刊》（第3册），湖南人民出版社2009年版。

〔3〕潘信中："长沙市一年以来地价与房租"，载萧铮主编：《民国二十年代中国大陆土地问题资料》，成文出版社1977年版，第79册。

地的调查报告书与《大清民律草案》《民国民律草案》的内容进行比对，可以总结出民事习惯与民事立法之间的关系。

（1）民事习惯的多数内容与民律草案相同或相近。比对《善化县民事习惯报告书》（以下简称《报告书》）[1]与《大清民律草案》《民国民律草案》[2]可以发现，凡是在调查报告书和民律草案中都提及的问题，至少有80%的内容是相同或相近的，其中不乏当下的热点问题。例如，关于胎儿的权利能力问题，《报告书》指出"胎儿亦有应得之权利"，两部民律草案亦承认胎儿的权利能力。又如指腹为婚之习俗，《报告书》认为"未见其有效力也"，与民律草案规定的"当事人无结婚之意思，为无效婚姻"相近。再如对于债务人大量赠与他人财产，损害债权人利益的行为，《报告书》指出"可以起诉罢止其赠与行为"，等同于民法中的债权人撤销权。至于各种合同中的违约损害赔偿情形，《报告书》与民律草案的内容也十分相近，不再一一列举。虽然我们无法从中直接得出某条民事立法直接受到民事习惯的影响，但由于民事立法需要尊重并体现民间处理各项事务的基本逻辑和价值，故大部分民事习惯与民事立法必然保持较高的相似性。

（2）意思自治领域尊重民事习惯。民事立法的物权、债权部分有大量条款尊重当事人的意思自治，在条款中有"但有特别习惯者，不在此限"或"但契约有特别订立者，不在此限"之类的表述，而这些正是民事习惯发挥作用的空间。例如关于债务利息，《大清民律草案》规定年利率不超过五分，同时有约定即从约定，而《报告书》提及的习惯是"不得逾过年二分"。再如买卖所需中资、酒食等费用，民律草案规定由买卖双方平均负担，但双方有约定可从其约定；《报告书》记载的习惯是"有买主独任者，有卖主分任者。分任之差别，买主必较卖主为优"。又如《大清民律草案》规定买卖关系中最长买回期限为五年，但可从当事人约定；《报告书》即记载"约定买回期限内至长以十年为度"。民事立法为这些民事习惯的适用提供了广阔的空间，通过意思自治条款，民事立法与民事习惯实现了有效的衔接。

（3）补充民事法律未提及的内容。《报告书》提及的众多民事习惯在两

---

[1] （清）《湖南善化县民事习惯报告书》，南京图书馆藏，索书号：GJ/EB/357416。以下如无特别说明，均引自该报告书。

[2] 杨立新点校：《大清民律草案 民国民律草案》，吉林人民出版社2002年版。以下如无特别说明，《大清民律草案》《民国民律草案》均引自该书。

部民律草案中并未提及，尤其是婚姻、家庭、宗族领域的民事习惯并未在民律草案中详细规定。例如，《报告书》中第五类"宗族"在民律草案中几乎没有涉及，但由于宗族在广大的民间社会依然起到至关重要的作用，因此《报告书》记载了族内人员的权利义务、违背族规的惩罚、族长的推选等涉及家法族规的内容。再如婚姻家庭领域中，《报告书》提及了婚姻六礼、童养媳、赘婿、招夫、再醮、纳妾、继子、出子等习惯，在两部民律草案中都几乎没有提及。财产法领域中，《报告书》提到用于借贷、集资、贸易等的"会"："多数人共成一会，或以谷物或以钱银互相借贷"，有较为完善的起会办法与组织架构，在地方经济往来中发挥重要作用，但同样也未见于两部民律草案中。《大清民律草案》《民国民律草案》多采择西法，对于此类本土化程度极高的民事习惯，民律草案便不详加规定，而通过"未规定者，依习惯法"的总则条款概括之，尊重宗族法规、婚姻家庭习惯在民间的适用。

2. 宣传近代民法理论

通过比对《报告书》与《大清民律草案》《民国民律草案》可以发现，虽然两者的结构安排与各章节次序不完全相同，但《报告书》涉及了众多近代民法重要制度。如《报告书》人事部各章节为"人、户籍、失踪、代理人、宗族、婚姻、子、承继、家产、遗嘱"，涉及人的权利能力与行为能力、宣告失踪与宣告死亡、代理、婚姻家庭、继承制度等方面；财产部各章节为"邻界、共有、抵押、债务、买卖、租赁、雇佣、请负、委任、寄托、契据、广告"，涉及近代民法中物权编的相邻关系、共有、用益物权、担保物权，债权编的债权总则以及各种合同。在编写调查问题时，编写者较多使用了近代民法概念，如"权利能力""浪费者""共有""广告"等，同时在问题中解释其含义，如其解释"共有"为"有者，二人以上共有一财产之谓也。例如数子承其父遗产，未经分析，或数人共买一田产，均谓之共有"。调查者对近代民法概念的使用与解释，使得民间社会接触到其含义，起到宣传近代民法理论的效果。尤可注意的是，调查者设计的部分问题涉及的近代民法制度在民事习惯中并无体现。例如，《报告书》有"心神丧失（如疯癫白痴之类）者或浪费者与他人有交涉行为时，是否作为有效"之问，对应的是民法权利能力中的禁治产制度。按照近代民法理论，精神病人、禁治产人应作为无权利能力或限制行为能力人，其实施的民事法律行为无效。然而《报告书》中善化县的回答为"作为有效"，说明民间尚未有禁治产人之概念。又如《报告书》中有"有无特种债务，对于借主之财产有先于他债主受偿之权利（例如乙住甲屋，不付赁金，甲可将乙之器具扣留作抵，无论乙之器具向何人赁借或赊欠，甲可扣留之类）者"之问，对应的是担保物权中的留置权，而《报告书》的回答为"现在民间债务无此种索债之习例"。此外《报告书》涉及诉讼时效、债务迟延的违约金、债务抵销等问题，善化县均给出了"无此习例"或与近代民法理论相反的答案。可见，传统民间习惯对部分近代民法理论较为陌生，通过民事习惯调查可以让民间接触到近代民法概念的实际内容（而不一定是其概念名词），以宣传近代民法理论。

3. 展现民事习惯实践情况

部分地区的民事习惯报告书撰写十分详细，不仅记载该地区处理问题的通常习惯，还记载了该地涉及此类问题的纠纷及解决情况。《湖南长沙县民事习惯报告书》[1]与《湖南湘阴县民事习惯财产部报告书》[2]均记载了民间习惯的实践与纠纷解决情况。例如长沙县在回答"未生之胎儿亦得享遗嘱之权利否"时，不仅指出"未生之胎儿亦得享有遗嘱之权利"，还详加例证"如早岁刘云松病革时，有遗腹未生。比时嘱其家人，谓'生而为男，其妻可抚养成人，不必再醮。其家稍有余积，当照股品分。若生而为女，其妻亦当抚养成人，我兄弟亦当选择良家子弟，并略具妆奁'"，以证明未生胎儿享受的抚养权。又如湘阴县在回答"流水地为甲乙所共有，所受之利益不均，欲变更水道，是否须甲乙同意"之问时，不仅回答"必须甲乙同意方可变更"，还举例"竹山壮田亩陈墨林私将公塘角培壅作田，夏雨过多，田水无处宣泄，复掘口由春生田内放水，以致控案。县主断令照售开挖培复。"此类回答在长沙、湘阴两县报告书中占比过半，生动体现了民事习惯在民间的实践，尤其是地方官员依据民事习惯解决纠纷的情形。滋贺秀三教授认为清代中国不存在作为法源的习惯，认为"清代中国不存在记载习惯的书籍""法谚听讼时几乎不被引用""几乎不存在法院是否承认习惯的效力的判断"，[3]或许清末湖南部分地区的民事习惯调查报告书的内容可以在一定程度上质疑其结论。

---

〔1〕（清）《湖南长沙县民事习惯报告书》，南京图书馆藏，索书号：GJ/EB/357417。

〔2〕（清）《湖南湘阴县民事习惯财产部报告书》，南京图书馆藏，索书号：GJ/EB/357414。

〔3〕［日］滋贺秀三："清代诉讼制度之民间法源的考察——作为法源的习惯"，载［日］滋贺秀三等著，王亚新、梁治平编：《明清时期的民事审判与民间契约》，法律出版社1998年版，第55~56页。

4. 为民商事审判提供参考

如果说上节所述的民事习惯调查报告书展现的习惯与纠纷解决，展现的更多是"以判决论证习惯存在"，那么民国时期的习惯与审判的关系则是"通过习惯影响司法判决"。清末法制变革与民国法制建设有着天然的关联性。清末湖南民商事习惯调查结束之际，亦是清廷垮台之时，因此考察其影响，亦需民国初年的司法实践。民国伊始，民法典尚未编纂，北洋政府将《大清现行刑律》稍加删改，删去与民国国体相抵触的条款，将"现行律民事有效部分"作为民商事审判适用的实体法。通过《大理院为湖南澧县颜俊臣与王树楼赎地纠葛涉诉上告案上告驳回民事判决书》可清晰发现民间习惯在双方当事人的合同解释中发挥了重要作用。该案中大理院首先阐明当事人对契约文字有争议时，应当以"当事人之间的真意"为解释标准。如何判断当事人之间的真意？应当以"习惯、事实及其他印证"为依据，从而奠定民事习惯在解释合同文本中的作用。其次，本案为典押物回赎纠纷，争议焦点在于典物回赎的价格应当从原价还是实价。契约中的表述是"世价"，双方就"世价"应当理解为"原价"还是"实价"产生争议，因此需要对"世价"进行解释。大理院结合中人的证言、第一审、第二审笔录，并依据"该地方典物回赎惯例"，判定"世价"应当解释为"实价"。本案判决逻辑环环相扣，当地典物回赎习惯在合同解释中发挥了至关重要的作用。[1]

（二）现实借鉴与反思

1. 善良风俗融入法治文化建设的借鉴

中办、国办在《关于加强社会主义法治文化建设的意见》中指出："坚持法安天下、德润人心，把社会主义核心价值观融入社会主义法治文化建设全过程各方面，实现法治和德治相辅相成、相得益彰"，强调法治文化建设必须体现并弘扬社会主义核心价值观所提倡的良好道德。如果缺乏良好道德的滋养，看似完善的民事法律条文便会成为投机者牟取不当利益的工具。而回顾清末民国湖南民商事习惯，诸多习惯都体现了当地的善良风俗与良好道德。例如《大清民律草案》《民国民律草案》皆规定债务利息每年不超过五分，而《湖南善化县民事习惯报告书》记载该县习惯，债务利息每年不超过二分，

---

〔1〕 中国第二历史档案馆编：《北洋政府档案·大理院》（第9册），中国档案出版社2016年版，第325~333页。

以保护穷困债务人的利益。又如在雇佣关系中，若受雇者因多年受雇劳动导致疾病或死亡，以致接触雇佣关系，则按照善化县习惯，雇主应当在佣金外多支付金钱，作为医药费或丧葬费。虽然法律中并未规定雇主有此义务，但此种习惯无疑弘扬了受惠者帮扶他人的良好道德。此外如保管关系中保管人按照习惯均不取酬金、承办工程极少约定保固年限、代理人处理委托事务时产生的孳息可以由委托人与代理人共同分配等习惯，体现该地乐于助人、利益共享、互相信任的良好道德。

在法治建设中，立法除了通过具体条文保护行善者权利（如"见义勇为"条款）外，还应当扩大在立法为当事人提供的意思自治空间中发挥民事习惯的作用范围。而在司法实践领域，各地可在不违背法律强行性规定的前提下，在法律与合同的解释等领域积极适用"法律没有规定的，可以适用习惯，但是不得违背公序良俗"的规则，并编成典型案例，将司法判决打造成弘扬良好道德的法治窗口。

2. 商业行规与民间商业自治的借鉴

清末民国时期的资本主义工商业快速发展，各地商业组织广泛成立行会，制定商业行规，实行商业自治，湖南亦不例外。宣统三年湖南调查局编印的《湖南商事习惯报告书》收录湖南各行业商业条规 270 余篇，涉及特许商、通货商、杂货商、麻丝棉毛皮革物商、文章用品商、制造商、被服装饰商、饮食料染料及药材商、矿属商、农产物商、动物商、交通商十二大类。从省城到各县，各行业均有独立的商业条规，并且同一行业，各地规约均不相同。如益阳、湘乡、邵阳等地的成衣店条规中，无论是内容编排、语言表述，还是如交纳会钱、学徒要求、东主关系等具体规定均不相同，各具地方特色，同时均强调商业诚信，保护交易相对人利益，维护良好的主客关系。然而，不论是清末、民国还是当下，立法与司法机关并未充分重视商业行规的作用，从而削弱商业自治的效果。一方面，我国目前商业行规数量无法与清末民国时期相提并论，各行业、各地区的商业条规呈现趋同化特征，某些行业条规甚至为了维护本行业利益，制定违背法律与良好道德，侵害公民合法权利的条文；另一方面，商业行规大多是针对本行业内部的自治性规范，在立法上缺乏对正式商业行规法律适用的具体规定，也缺乏甄别认定正式商业行规的专门机构，使得商业行规在司法适用中遇到障碍。[1]因此，商业行会应当充分发挥商业自治职能，制定符合法律、体现行业与地区特色、弘扬社会主义核心价值观的商业行规，优先通过商业行规化解内部矛盾。国家商事立法需要与商业行规进行衔接，明确商业行规的认定标准与适用情形，共同推动商事领域的现代化治理。

3. 调查方式的借鉴与反思

当诸多学者在讨论编纂法典前有无必要进行民商事习惯调查时，笔者在思索另一个较为具体的问题——倘若在当代进行全国规模的民商事习惯调查，应采取何种方式？近代大规模调查活动所采取的方式，能否给今人以启迪？

清末的调查情况较为复杂。其央地关系、组织机构、调查方式等均不同于民国时期开展的调查。就调查层面的央地关系而言，中央令出多头，由庆亲王奕劻先正式奏请各省设立调查局，开展调查工作，其名义上是各省调查局的上层机关。实际上，各省调查局需对本省督抚负责。此外，由沈家本、伍廷芳领衔的修订法律馆也提请开展民商事习惯调查，裨益民商法典编纂，并拟定一系列具体的调查章程等文件，指导了各省的调查工作。因此，各省调查局往往将最终所得成果分别呈送修订法律馆等，正应了俗语"上面千条线，下面一根针"。这种令出多头的领导模式显然是不值得借鉴的。就调查方式而言，修订法律馆采取了先商后民，先试点后全国的方式。其先调查商事习惯是为配合商事立法。修订法律馆派官员赴直、苏、浙、皖、鄂、粤等经济水平较高，商业繁荣的省份调查商事习惯，形成几十万字的考察报告。湖南调查局在调查商事习惯时，也注重对湘省十二行行会的调查。同时，修订法律馆还计划派遣调查员赴各地实地调查，但后因经费、时间等问题，改由借助各省调查局开展调查。

民初的调查会较之清末调查局，显现出更为浓厚的专业色彩和官方色彩，可分为日常编录、实地调查、协助调查三类。因调查会的会长、会员等基本上为审判厅、检察厅组成人员，故而最基础的调查方式为记录经办案件中的民商事习惯。除日常编录外，调查会还采用常任调查员实地调查的方式。当会员发现某种习惯，但无法确定其真实性或具体情形时，可报请会长派常任调查员前往调查。调查完毕后，调查员必须从速汇报，除去路程耗时外，最

---

[1] 周林彬："商业行规的类型化及法律适用"，载《浙江工商大学学报》2019年第5期。

多不得超过一周时间。此外，会员在必要时也可函请各处工农商会、地方士绅协助调查。由湖南高等审判厅管辖的律师公会，如发现民商事习惯，也可将其撰为报告书，函送调查会参考。

综上，试点调查、借助民间行业团体的力量调查、在各省设立专职调查机构，都是清末调查值得借鉴的经验。理顺中央机关之间的关系，保障政令的统一，避免令出多头，则是清末调查的教训。民初的调查经验则更为宝贵，将调查组织附设于司法机关，把日常编录、实地调查、协助调查相结合，对司法人员经办民商事案件中的习惯勤加记录，并调动工农商会、律师公会参与到调查工作中，均可有效保证调查的顺利进行。

结　语

由上可知，清末民国湖南民事习惯调查活动产出了丰富的调查成果，以清末湖南调查局的各县民事习惯报告书、商事习惯报告书、《民事习惯调查报告录》中的湖南各篇调查、湖南银行经济研究室与湖南经济调查所的调查报告为最重要。湖南民事习惯调查成果生动反映了在近代西方资本主义生产关系与传统宗法制交织融合下的近代中国的法律观念与法制实践，体现出中西法律传统在这一时期的冲突与融合。当然，就清末民国时期的民事立法来说，我们很难直接通过民事习惯调查报告的内容与民事立法的比对，得出民事习惯调查在何种程度上影响了民法的制定，但可以得出的是由于传统宗法制度在清末民初尚未解体，传统民事习惯与商业习惯依旧起到补充民事法律实施的作用，并且在商业领域成为受当事人遵循的主要规则。对于我国如今已经进入的"民法典时代"的民事法律实践来说，充分发挥民事习惯尊重当事人意思自治、引领善良风俗、践行社会主义核心价值观的作用，将是引领社会主义法治文化建设的重要议题。

目　录

CONTENTS

第三篇　南京国民政府时期之湖南民商事习惯调查

第一篇

清末变法时期之湖南民商事习惯调查

第一章

清廷民商事习惯调查之缘起与规则

【按语】清末民商事习惯调查究竟起于何时、规模多大、运作状况怎样，因史籍记载不多，现今著述不仅语焉不详，且常常说法不一，甚至谬误颇多。胡旭晟教授认为，从现有史料分析，清末的民商事习惯调查当始于光绪三十三年（1907年）五月初一日大理院正卿张仁黼之奏请，至迟在光绪三十三年（1907年）十月正式启动。此说流传甚广，几成共识。[1]然清末的习惯调查并非孤立单一事件，其缘起须综合考虑清末新政变法的大背景，事实上，习惯调查构成了清末法制改革的重要内容，亦是传统中国在"西法东渐"的法律近代化进程中，国家政权在立法层面重视本土法律资源，并对其进行全面整理、利用的一次努力与尝试。

庚子事变后，清廷颁布上谕，宣布实行新政。[2]光绪二十七年（1901年）四月，清政府成立督办政务处，作为规划新政的专门机构。地方大员与中央频繁互动，积极落实变法上谕。在湖广总督张之洞、两江总督刘坤一等地方大员的倡导下，先有各省督抚联衔会奏的动议，后演变为由刘、张一同上奏《江楚会奏变法三折》。此三折体现出湘人"敢为人先，经世致用"的精神，成为实施清末新政的蓝图，[3]此后清廷所行新政，大多未逾此范围。其第三折《采行西法折》即强调了开展调查重要性："观其国势，考其政事、学术，察其与我国关涉之大端，与各国离合之情事。"[4]

---

〔1〕　胡旭晟："20世纪前期中国之民商事习惯调查及其意义"，载《湘潭大学学报（哲学社会科学版）》1999年第2期，第3~10页。该文后作为其与夏新华教授、李交发教授共同点校的《民事习惯调查报告录》的序言。

〔2〕　"世有万古不易之常经，无一成不变之治法……取外国之长乃可补中国之短，惩前事之失乃可作后事之师。"（清）《清实录》（影印本）卷四七，中华书局1987年版，第274页。

〔3〕　李细珠："张之洞与《江楚会奏变法三折》"，载《历史研究》2002年第2期，第42页。

〔4〕　（清）刘坤一、张之洞："采行西法折·广派游历"，载周正云辑校：《晚清湖南新政奏折章程选编》，岳麓书社2010年版，第53~55页。

至光绪三十二年（1906 年）仿行立宪以来，清廷为深入了解世界局势和国情，广泛开展国内外调查，可谓内外联动。国外调查已广受学界关注，清政府驻各国使节、宪政考察大臣和司法调查员，一般都有搜集、整理当地法律资料之责。修订法律馆还聘请了日本法学博士冈田朝太郎、小河滋次郎、法学士松冈义正为调查员，调查欧洲各国的法律资料。[1]此外，修订法律馆还通过外务部收集大批法律资料。

在国内，清廷连同地方政府也开展了大量社会调查——宪政编查馆、修订法律馆、民政部、度支部、理藩部等均有委托地方开展调查[2]。换言之，清政府每有重大举措，必会进行调查。例如，编订民律草案时，宪政编查馆与修订法律馆委托各省调查局调查法制及习惯；为推进宪政改革，进行了户口统计和自治调查；理藩部在开发边疆时也设有调查局；币制改革和盐政改革时，则有币制、盐政调查；风俗改革时，开展了禁烟调查。这些社会调查已具有明显的现代调查的特征。学者李章鹏评价道："社会调查在清末形成了一股潮流，其内容涉及社会生活的方方面面。"[3]开展社会调查成为一种求真务实的为政风尚，深刻影响了法制改革，也直接影响到以奕劻为首的宪政编查馆和以沈家本为代表的修订法律馆所开展的立法活动。是故，笔者认为，全面考察清末习惯调查之缘起，应从《江楚会奏变法》展开。

而清末预备立宪与民商事法律的修订是开展民商事习惯调查的直接原因。概言之，清末习惯之调查正式筹议于光绪三十三年（1907 年）五月初一日，开启于光绪三十三年（1907 年）十月二十七日修订法律馆组织各省调查局的设立。全国性的调查运动于宣统二年（1910 年）全面展开，历行约四年之后因清廷被废而中止。整个调查活动则各省成立调查局，有专门的调查规则，可谓组织严密，规模巨大，收获颇丰，影响甚大。

1. 组织机构。中央由修订法律馆总其事，各省成立"调查局"（其法制科具体负责调查事宜），各府县设调查法制科。法制科下设三股：第一股掌调查本省一切民情风俗，并所属地方绅士办事与民事商事及诉讼事之各习惯；第二股掌调查本省督抚权限内之各项单行法及行政规章；第三股掌调查本省

---

〔1〕 张生："《大清民律草案》摭遗"，载《法学研究》2004 年第 3 期，第 147 页。

〔2〕 张生："清末民事习惯调查与《大清民律草案》的编纂"，载《法学研究》2007 年第 1 期，第 128 页。

〔3〕 李章鹏："清末中国现代社会调查肇兴刍论"，载《清史研究》2006 年第 2 期，第 75 页。

行政上之沿习及其利弊。各地除专职调查员之外，地方官（如知县）、社会团体（如商会——清末的商事习惯调查大多由各地商会承办）及其他个人（如乡绅）均常有参与。

2. 运作方式。其一，由朝廷根据需要委派修订法律馆专职人员分赴各地调查（通常须得到各省调查局协助），随时报告；其二，由修订法律馆拟定调查问题，颁发各省调查局及各县，各省县调查人员依据拟定的问题搜集各地习惯，然后将答复清册报送修订法律馆。第二种方式使用频次更高，因之，清末各省呈送的民商事习惯调查报告绝大部分均系问答体，只有很少的一部分采用陈述体（大多系各省在呈报之前曾经加以整理所致）。

3. 操作规则。中央层面，修订法律馆根据调查活动的进展情况陆续制定了各种专门的操作规则，但所拟定"调查问题"系大致框架。为保证民商事习惯调查真正取得实效，如光绪三十四年（1908年）五月二十五日，沈家本向朝廷呈交了《法律馆咨议调查章程》。随后，为配合当时正重点进行的商事习惯调查，他又于宣统元年（1909年）三月颁发了《法律馆调查各省商习惯条例》，该条例参照日本商法体例分为"总则""组合及公司""票据""各种营业"及"船舶"五章，共计65条，极为详备。至宣统二年（1910年）正月，为配合民法典的制定，并针对此前各省民事习惯调查中存在的问题，修订法律馆又专门颁发了《调查民事习惯章程十条》，虽然其具体内容不如《调查各省商习惯条例》细致，但其总体安排同样十分周详。地方层面，各省往往需要根据实际情形设计出更为具体、详细的项目及问题，少部分省的调查局还制定了有更为详细的调查规则和调查文件格式。如《湖北调查局法制科第一次调查各目》即载有一份《法制科调查报告例》，对有关调查的各项事宜（包括人员、方法、时限、印刷、用纸、字体等等）均详加规定；《山东调查局商事习惯报告书目录》称："本局法制科第一股遵照馆章编订调查民情风俗及地方绅士办事、民事习惯各条目，业经详请宪台批准转饬调查在案，所有商事习惯兹复由本科股员分别事类，详细拟定调查问题。"

一、变法上谕[*]

光绪二十六年十二月初十日（1901年1月29日）

　　光绪二十六年十二月初十日，内阁奉上谕：世有万古不易之常经，无一成不变之治法。穷变通久，见于大《易》。损益可知，著于《论语》。盖不易者三纲五常，昭然如日星之照世。而可变者令甲令乙，不妨如琴瑟之改弦。伊古以来，代有兴革。即我朝列祖列宗，因时立制，屡有异同。入关以后，已殊沈阳之时。嘉庆、道光以来，岂尽雍正、乾隆之旧。大抵法积则敝，法敝则更，要归于强国利民而已。自播迁以来，皇太后宵旰焦劳，朕尤痛自刻责。深念近数十年积习相仍，因循粉饰，以致成此大衅。现正议和，一切政事尤须切实整顿，以期渐图富强。懿训以为取外国之长，乃可补中国之短；思前事之失，乃可作后事之师。自丁戊以还，伪辩纵横，妄分新旧。康逆之祸，殆更甚于红拳。迄今海外逋逃，尚以富有、贵为等票诱人谋逆。更藉保皇保种之妖言，为离间宫廷之计。殊不知康逆之谈新法，乃乱法也，非变法也。该逆等乘朕躬不豫，潜谋不轨。朕吁恳皇太后训政，乃拯朕于濒危，而锄奸于一旦。实则翦除乱逆，皇太后何尝不许更新；损益科条，朕何尝概行除旧。执中以御，择善而从，母子一心，臣民共见。今者，恭承慈命，一意振兴，严禁新旧之名，浑融中外之迹。我中国之弱，在于习气太深，文法太密，庸俗之吏多，豪杰之士少。文法者，庸人藉为藏身之固，而胥吏倚为牟利之符。公事以文牍相往来而毫无实际，人才以资格相限制而日见消磨。误国家者在一私字，困国家者在一例字。至近之学西法者，语言文字、制造器械而已。此西艺之皮毛，而非西政之本源也。居上宽，临下简，言必信，行必果，我往圣之遗训，即西人富强之始基。中国不此之务，徒学其一言一话、一技一能，而佐以瞻徇情面、自利身家之积习。舍其本源而不学，学其皮毛而又不精，天下安得富强耶！总之，法令不更，痼习不破；欲求振作，当议更张。著军机大臣、大学士、六部、九卿、出使各国大臣、各省督抚，各就

---

　　* 1900年庚子之乱不仅使国家遭受惨重损害，民族蒙受旷古奇辱，而且也使清王朝险遭灭顶之灾。狼狈"西狩"的慈禧，在西安惊魂甫定，就不得不把被她亲手打掉的变法维新的旗帜捡了起来，宣告她也要实行"新政"。光绪二十六年（1901年）十二月十日，清廷在西安匆忙发出了此道"变法""革新"的上谕，进而发展为清末立宪，此为清末开展民商事习惯调查活动的政治大背景。本文引自故宫博物院明清档案部编：《义和团档案史料》（下册），中华书局1959年版，第915~916页。

现在情形，参酌中西政要，举凡朝章国故，吏治民生，学校科举，军政财政，当因当革，当省当并，或取诸人，或求诸己，如何而国势始兴，如何而人才始出，如何而度支始裕，如何而武备始修，各举所知，各抒所见，通限两个月，详悉条议以闻。再由朕上禀慈谟，斟酌尽善，切实施行。自西幸太原，下诏求言，封章屡见。而今之言者，率有两途：一则袭报馆之文章，一则拘书生之成见，更相笑亦更相非，两囿于偏私不化；睹其利未睹其害，一归于窒碍难行。新进讲富强，往往自迷本始；迂儒谈正学，又往往不达事情。尔中外臣工，当鉴斯二者，酌中发论，通变达权，务极精详，以备甄择。惟是有治法尤贵有治人。苟得其人，敝法无难于补救；苟失其人，徒法不能以自行。流俗之人，已有目短，遂不愿人有一长。以拘牵文义为认真，以奉行故事为合例，举宜兴宜革之事，皆坐废于无形之中；而旅进旅退之员，遂酿成此不治之病。欲去此弊，其本在于公而忘私，其究归于实事求是。又改弦更张以后，所当简任贤能，上下交儆者也。朕与皇太后久蓄于中，事穷则变，安危强弱全系于斯。倘再蹈因循敷衍之故辙，空言塞责，省事偷安，宪典具存，朕不能宥。将此通谕知之。钦此。

二、江楚会奏变法之谨拟采用西法十一条折*（选录）

光绪二十七年六月初五日（1901 年 7 月 20 日）

窃臣等筹拟《兴学育才》四条及《整顿中法》十二条，业经两次会同奏

---

　　*《江楚会奏变法三折》是清末新政的重要文献，是两江总督刘坤一、湖广总督张之洞于 1901 年应慈禧改革上谕所奏，系由刘坤一领衔，张之洞主稿，立宪派张謇、沈曾植、汤寿潜等参与策划，由《兴学育才折》《整顿中法折》《采行西法折》以及《请筹巨款举行要政片》，即"三折一片"组成，洋洋三万余言。《江楚会奏变法》的中心思想是请求清廷实行"新政"，第一折提出参考古今，会通文武、育才兴学（设立文武学堂、酌改文科、停罢武试、奖励游学），强调培养人才，建立新式学校，改革科举制度。第二折提出中法必应变通整顿者十二（崇节俭、破常格、停捐纳、课官重禄、去书吏、考差役、恤刑狱、改选法、筹八旗生计、裁屯卫、裁绿营、简文法），提议停止捐纳实官，裁撤屯卫、绿营等。第三折提出西法必应兼采并用者十一（广派游历、练外国操、广军实、修农政、劝工艺、定矿律路律商律及交涉刑律、用银元、行印花税、推行邮政、官收洋药、多译东西各国书籍），主张官员出国考察，编练新军，制定有关矿业、商业、铁路的法律和货币制度，翻译外国书籍等。清廷以其所奏"事多可行，即当按照所陈，随时设法，择要举办"。《江楚会奏变法》遂成为清政府实施新政的蓝图，此后清廷所行新政，大多未逾此会奏三折范围，影响巨大而深远。是故，笔者认为，全面考察清末习惯调查之缘起，应从《江楚会奏变法》展开。本书节选收录，以期洞察其意。本文引自（清）朱寿朋编：《光绪朝东华录》（第 4 册），张静庐等校点，中华书局 1958 年版，第 4727～4771 页。

陈在案。窃惟取诸人以为善，舜之圣也。多闻择其善者而从之，多见而识之，孔子之圣也。是故舜称大知，孔集大成。方今环球各国，日新月盛，大者兼擅富强，次者亦不至贫弱，究其政体学术，大率皆累数百年之研究，经数千百人之修改，成效既彰，转相仿效。美洲则采之欧洲，东洋复采之西洋，此如药有经验之方剂，路有熟游之图经，正可相我病证，以为服药之重轻；度我筋力，以为行程之迟速；盖无有便于此者。今蒙特颁明诏，鉴前事之失，破迁谬之谈，将采西法以补中法之不足，虚己之衷，恢宏之度，薄海内外，无不钦仰，翘首拭目，以观自强之政。顾西法纲要更仆难终，情形固自有异同，行之亦必有次第。臣等谨就切要易行者，胪举十一条：一曰广派游历，二曰练外国操，三曰广军实，四曰修农政，五曰劝工艺，六曰定矿律、路律商律、交涉、刑律，七曰用银元，八曰行印花税，九曰推行邮政，十曰官收洋药，十一曰多译东西各国书，大要皆以变而不失其正为主。谨为我皇上胪陈之：

一、广派游历

欧美强盛，窥伺中国，已百年矣。中外通商交涉日繁，已五十年矣。然而自强无具，因应无方，驯致妄开巨衅，几危大局者，则皆坐见闻不广之一病，于各国疆域、政治、文学、武备，茫然不知。同治季年，虽已派游历，设驻使，遣学生，而愚陋谬妄之人，闻出洋者之言，则诋其妄见，总署之官属则恶其污，于是相戒以讲洋务为讳。甚至上年夏间，京外大僚犹有谓洋人不能陆行者，有谓使馆、教堂既毁，洋人即从此绝迹者，锢蔽至此，致召阽危，诚可痛矣。论今日育才强国之道，自以多派士人出洋游学为第一义。惟游学费繁年久，其数不能过多，且有年齿较长不能入学堂者，有已经出仕不愿入学堂者。欲求急救之方，唯有广派游历之一法。观其国势，考其政事、学术，察其与我国关涉之大端，与各国离合之情事，回华后将其身经目睹者，告语亲知，展转传说，自然群迷顿觉，急思变计。惟游历之员，浅学不如通才之有益，庶僚又不如亲贵之更有益。盖浅学徒眩其新奇，通才乃得其深意。亲贵归国所任皆重要之职事，所识皆在朝之达官，故其传述启发，尤为得力。考之经传，则公族、世卿时通盟聘；征之近事，则俄储德藩接踵东来，可见此举为觇国问政之要务。拟请敕派王公、大臣以及宗室后进，大员子弟，翰、詹、科、道、部属各项京官，分赴各国游历。询其愿往者，请旨遴选酌派，不愿者听。归国时察其实有进益之员，游历一年者酌奖，游历三年者优奖。惟西洋路远费多，东洋路近费省，游历西洋者，其奖擢名次在游历东洋之先。其未经选派自备资斧游历者听，归国时一体考察给奖。蒙奖者量材任用，以后新派总署堂官、章京、海关道员、出使大臣及随员，必选诸曾经出洋之员。惟游历人员才识高下不同，未必人人皆有实济，故必须多选数十员或百员，陆续派往，以备将来选择拔擢，经费虽多，万不可省。至此后各省督、抚、司、道、府，殆无一衙门无交涉事件者，若仍前拘墟固执，全无考究，必致因应失宜。即京城各部、院，虽各有职司，然不通外情，则处事建言，动多隔膜，此非多储通才，无从供用。并拟请明定章程，自今日起三年以后，凡官阶、资序、才品可以开坊缺、送御史、升京卿、放道员者，必须曾经出洋游历一次，或三年或一年均可，若未经出洋者不得开坊缺、送御史、升京卿、放道员。如此则自备资斧游历者必多，通才日众，而经费不劳官筹矣。至外省、府、厅、州、县，谙悉交涉者尤罕，以后内河行轮、联单办货、入山开矿、传教、游历，势将各县皆有，尤恐动滋事端，并请敕下各省督抚选派官员出洋游历。实缺官愿往者，免开其缺，游历一年者外奖，三年者奏请内奖，经费准其开支，自备资斧者从优请奖，其奖擢名次亦以西洋、东洋为先后。惟游历实效，以遍游欧、美、日本为全功，而以先游日本为急务。盖游历者若无翻译相随，瞠目泛览，仍无所得。东瀛风土文字皆与中国相近，华人侨寓者亦多，翻译易得，便于游览询问，受益较速，回华较早，且日本诸事虽仿西法，然多有参酌本国情形，斟酌改易者，亦有熟察近日利病删减变通者，与中国采用尤为相宜。尝考西国兴盛之初，皆由游历而起，求新地，涉冰洋，探南极，穷幽极远，备历艰辛，于是见闻日广，智慧日开，遂成富强之业。今日欧、美各洲，无一水不通轮船，无一国不通铁路，商旅如织，学校如林，有翻译为之传达，有驻使为之照料，较之西人之游历，甘苦迥殊，取益尤易。观其实政，睹其实效，见其新器，求其新书，凡吏治、财政、学制、兵备一一考询记录，携之回华，以供我之采择而仿行焉。开聪明而长志气，无实于此，无速于此。今朝廷锐意求治，采取西法，夫西法非数言所能尽其要领，亦非耳食所能究其异同，出洋之员既多，则互相发明，利弊自见。故今日欲起积弱而抗群强，其开此第一局钥，必自游历始。

六、定矿律、路律、商律、交涉刑律

中国矿产富饶，蕴蓄而未开，铁路权利兼擅迟疑而未办，二事久为外人垂涎。近数年来，各国纷纷集股来华，知我于此等事务尚无定章，外国情形未能尽悉，乘机愚我，攘利侵权，或借开矿而揽及铁路，或因铁路而涉及开矿，此国于此省幸得利益，彼国即于他省援照均沾，动辄号称某国公司，漫指数省地方为其界限，只知预先宽指地段，不知何年方能兴办。近年法于云、贵，德于山东，英、意于晋、豫，早有合同，章程纷歧，恐未必尽能妥善。此次和议成后，各国公司更必接踵而来，各省利权将为尽夺，中国无从自振矣。且此后内地各处矿务、铁路，洋人无处不有，不受地方官约束，任意欺压平民，地方官只有保护弹压之劳，养兵缉捕之费，无利益可沾，无抵制之术。一旦百姓不堪欺凌，或滋事端，又将株连多人，赔偿巨款，为害何可胜言。此必须访聘著名律师，采取各国办法，秉公妥订矿、路画一章程，无论已经允开允修之矿、路，未经议开议修之矿、路，统行核定，务使界址有限，资本有据，兴办有期，国家应享权利有着，地方弹压保护有资，华洋商人一律均沾。洋人有范围，则稍知敛戢；平民免欺侮，则渐泯猜嫌。至滋生事端，公司受累，亦须分别有因无因，办犯赔偿，亦须预定限制，庶中国自然之大利，不至为中国无穷之大害，尤今日之急务也。再，互市以来，大宗生意全系洋商，华商不过坐贾零贩。推原其故，盖由中外贸迁、机器制造均非一二人之财力所能，所有洋行，皆势力雄厚，集千百家而为公司者。欧、美商律最为详明，其国家又多方护持，是以商务日兴；中国素轻商贾，不讲商律，于是市井之徒苟图私利，彼此相欺，巧者亏逃，拙者受累，以故视集股为畏途，遂不能与洋商争衡。况凡遇商务讼案，华欠洋商，则领事任意要索；洋欠华商，则领事每多偏袒，于是华商或附洋行股份，略分余利，或雇无赖流氓为护符，假冒洋行；若再不急加维持，势必至华商尽为洋商之役而后已。必中国定有商律，则华商有恃无恐，贩运之大公司可成，制造之大工厂可设，假冒之洋行可杜。华商情形较熟，工价较轻，费用较省，十年以后，华商即可自立，骎骎乎并可与洋商相角矣。且征收印花税，其公司、工厂、行栈、挂号等费，皆系与商律相辅而行之事，必有商律方能兴办。故又不可不急行编定也。至刑律中外迥异，猝难改定。然交涉之案，华民西人所办之罪轻重不同，审讯之法亦多偏重。除重大教案，新约已有专条，无从更定外，此外尚有交涉杂案及教案尚未酿大事者，亦宜酌定一交涉刑律，令民心稍平，后患稍减，则亦不无小补。拟请由总署电致各国驻使，访求各国著名律师，每大国一名，来华充当该衙门编纂律法教习，博采各国矿务律、铁路律、商务律、刑律诸书；为中国编纂简明矿律、路律、商律、交涉、刑律若干条，分列纲目，限一年内纂成。由该衙门大臣斟酌妥善，请旨核定，照会各国，颁行天下，一体遵守。惟所有各国律师，必须确系律学著名曾办大事之人，不妨优给薪水，庶各国闻名敬服，知中国矿、路、商各律及交涉、刑律，系其订定，不致争执妄驳，方为有益。此项教习，其合同内须议定归矿路商务大臣节制，并随事与该衙门提调商办。一面于该衙门内设立矿律、路律、商律、交涉、刑律等学堂，选职官及进士、举、贡充当学生，纂律时帮同翻译缮写，纂成后随同各该教习再行讲习律法，学习审判一两年。四律既定，各省凡有关涉开矿山、修铁路以及公司、工厂，华洋钱债之事及其他交涉杂案，悉按所定新律审断，或即派编纂律法教习前往该省会同关道审断，一经京署及律法教习覆审，即为定谳，再无翻异。京城学生毕业，并须随同洋员学习审判此等案件，学成后即派往各口充审判官，随时添选学生接续学习，以期多储人才，取用不竭。各洋教习既为我编纂四项新律，兼能教授学生；即可长留在京，以备咨访，而资教授。果能及早定此四律，非特兴利之先资，实为防害之要著矣。

十一、多译东西各国书

今日欲采取各国之法，自宜多译外国政术、学术之书。译书约有三法：一令各省访求译刻，译多者准请奖，然经费有限，书不能多也。一请明谕各省举、贡、生员，如有能译出外国有用之书者，呈由京外大臣奏闻，从优奖以实官，或奖以从优虚衔，发交各省刊行。如此则费省矣。然外国要书流播入中国者，无几不能精也。一请敕令出使大臣访求该国新出最精最要之书，聘募该国通人为正翻译官，即责令所带随员、学生助之。通洋文而文理深者，充副翻译官，文理优而洋文浅者，充帮办翻译官，其全不通洋文而文理平常者，不准充出洋随员、学生，以杜滥竽糜费之弊。限三年之内，每人译书若干种，每种若干字，回华缴呈，不得短缺。短缺及过少者，不准保举。如此则去时洋文虽浅，归时洋文必深，于随员、学生之学业，暗中多所成就，而所译皆切用之书矣。然犹不能速也，并拟请敕令出使日本大臣，多带随员、学生，准增其经费，倍其员额，广搜要籍，分门翻译，译成随时寄回刊布。缘日本言政、言学各书，有自创自纂者，有转译西国书者，有就西国书重加删订酌改者，与中国时令、土宜、国势、民风大率相近。且东文东语通晓较易，文理优长者欲学翻译东书，半年即成，凿凿有据，如此则既精而且速矣。

以上各条，皆举其切要而又不可不急行者，布告天下，则不至于骇俗；施之实政，则不至于病民。至若康有为之邪说谬论，但以传康教为宗旨，乱纪纲为诡谋，其实干西政、西学之精要全未通晓。兹所拟各条，皆与之判然不同，且大率皆三十年来已经奉旨陆续举办者，此不过推广力行，冀纾急难，而大旨尤在考西人富强之本源，绎西人立法之深意。伏望圣明深察远览，早赐施行，使各国见中华有奋发为雄之志，则鄙我侮我之念渐消；使天下士民知朝廷有改弦更张之心，则顽固者化其谬，望治者效其忠，而犯上作乱之邪说可以不作，天下幸甚。

所有第三次筹议各条，臣等谨合词恭折具奏，伏祈皇太后、皇上圣鉴。

三、大理院正卿张仁黼奏修订法律请派大臣会订折[*]

光绪三十三年五月初一日（1907 年 6 月 11 日）

大理院正卿臣张仁黼跪奏，为修订法律事体重大，拟请钦派部院大臣会订，以臻明备而便风行事。

---

[*] 根据 1906 年官制改革结果，大理寺改为大理院，沈家本被任命为正卿，秩正二品；刑部则改为法部，尚书为出洋考察五大臣之一的戴鸿慈，张仁黼为法部右侍郎。按照规定，大理院为最高审判单位，负责审判；法部为最高司法机关，负责司法与行政。由于审判权与司法权没有明确界定，因而在法部与大理院之间产生了矛盾，特别是。就诸如死刑复核等审判权、官员选任等行政权的划分产生严重争执，双方各执一词上奏清廷。清廷对"部院争权"十分恼火，采取行政措施以解决争端，将沈家本与张仁黼对调了事。光绪三十一年（1905 年）六月十四日，新任大理院正卿张仁黼上奏，要求设修订法律院，并钦派部院大臣会订，有法部、大理院专司其事。"修订法律，以之颁布中外，垂则万世，若仅委诸一二人之手，天下臣民，或谓朝廷有轻视法律之意。甚且谓为某某氏之法律，非出自朝廷之制作，殊非所以郑重立法之道也。"对此，沈家本上奏表示赞同张仁黼的意见。随后，由法部尚书戴鸿慈领衔，法部、大理院会奏《修订修律办法折》，开始筹划如何"专司其事"了，即提出特开修订法律馆，"除由臣等详慎办理外，钦派王大臣为总裁，特派各部院堂官为会订法律大臣，各地总督、巡抚、将军为特派参订法律大臣"。本文引自故宫博物院明清档案部编：《清末筹备立宪档案史料》（下册），中华书局 1979 年版，第 833~836 页。

窃惟法律者立国之基，致治之本。方今东西各国法学昌明，莫不号称法治，缀学之士精研环球法律派别之不同，盖分四大法系，实以中国法系为最古，谓之支那法系，其文明东渐西被，而印度法系生焉。由此播乎欧洲为罗马法系，是为私法之始，更进为日耳曼法系，此法系复分新旧，是为公法之始，欧美诸大国皆属此二法系，日本法律本属支那法系，而今取法于德、法诸国，其国势乃日益强。夫礼昭大信，法顺人情，此心此理，原可放诸四海而准，先王法制，本足涵盖寰宇。我朝列祖列宗，制作美备，大经大法，超越前古。今我皇太后、皇上更取东西法律合诸一治，于上年有修订法律之命，将见支那法系，曼衍为印度、罗马、日耳曼新旧诸法系者，复会归于一大法系之中，而成圣朝之法治，固不仅包含法、德，甄陶英、美而已。惟日本特为东亚之先驱，为足以备圣明之采择。臣今日窃有请者，一国之法律，将以维持治安，扩张主权，所以垂诸久远，推行无弊者，其为主要者有一，而成之者有三，敬为我皇太后、皇上缕析陈之。

一、组织立法之机关也。东西各国三权分立，其立法一权莫不寄诸议院，故能顺乎民情，合乎公理，而裁可之权仍在君主，既采舆论之公，亦无专断之弊。特中国政体不同，遽难仿行其法，然可稍取其意。彼公诸议院者，我则公诸群臣，近来各部院堂官，皆得参预政务。臣愚以为修订法律，以之颁布中外，垂则万世，若仅委诸一二人之手，天下臣民，或谓朝廷有轻视法律之意，甚且谓为某某氏之法律，非出自朝廷之制作，殊非所以郑重立法之道也。拟请钦派各部院堂官，一律参预修订法律事务，而以法部、大理院专司其事，并选通晓中外法律人员，充纂修协修各官，将法律馆改为修订法律院，所有各员均系兼差，不做额缺，另议办事章程。如此则有议院之长，而无专断之弊。此臣所谓主要者一也。

一 明订法律宗旨也。国之所与立者惟民，一国之民必各有其特性，立法者未有拂人之性者也。西国法学家，亦多主性法之说，故一国之法律，必合乎一国之民情风俗。如日本刑法，本沿用我之唐明律，今虽累经改正，其轻重仍多近乎中律。而民法五编，除物权、债权、财产三编，采用西国私法之规定外，其亲族、相续二编，皆从本国旧俗。中国文教素甲全球，数千年来礼陶乐淑，人人皆知尊君亲上，人伦道德之观念，最为发达，是乃我之国粹，中国法系即以此。特闻立法者，必以保全国粹为重，而后参以各国之法，补其不足。此则以支那法系为主，而辅之以罗马、日耳曼诸法系之宗旨也。

一 讲明法律性质也。中国法律，惟刑法一种，而户婚、田土事项，亦列入刑法之中，是法律既不完备，而刑法与民法不分，尤为外人所指摘。故修订法律，必以研究法律性质之区别为第一义，而区别之要有四：一、国内法与国际法之别；二、成文法与不成文法之别；三、公法与私法之别；四、主法与助法之别。盖此四者不外乎国与国、国与人、人与人三种关系。国与国之关系，属乎国际公法，不在修订法律范围之内；如国与人之关系，则属乎公法；人与人之关系，则属乎私法。公法如刑法及诉讼法是，其刑事之涉乎外国人者，则为国际刑法；私法如民法、商法是，其民事之涉乎外国人者，则为国际私法；此二者皆于各法之总则中定之，是为关乎撤去领事裁判权之根本。而修订法律之最要者，则在主法与助法之别，盖主法为体，助法为用，如刑法及民法为主法，而刑事诉讼法及民事诉讼法为助法是也。有主法而无助法，则徒法固不足自行，主法虽精，而助法未臻完善，其行之也犹不能无弊。且也主法不可纷更，而助法则可以履变，盖主法一有改移，则于人民权利之得失多少，罪罚之轻重出入，即相悬殊，屡事纷更，是使民无所措手足也。至助法乃办事之次第，人民本当随时随事，听命于官。其法之变也，必将变而之善，而无淆乱听闻之惧。此则法律性质之不可不办者也。

一 编纂法律成典也。法律之学，首重统系，由一本而析为万殊，端绪虽多，仍属有条不紊，中国法律外人讥为列记主义，盖无总则以提挈之也。故欲修订法律，必宜研究编纂之法，而法典之不可不备者。如现今审判分立，而法院编制法寂寂无闻，此所以司法与审判权限纷议久之而后能定也。然其中细目尚多，胥由此法规定，修订实宜亟亟。又如近者修律大臣等所订之民刑诉讼法，本甚简略，而窒碍难行者，已复不少。且民事诉讼法，当以民法为依据，今既未修订民法，则民事诉讼法将何所适从，未免先后倒置。至民法为刑措之原，小民争端多起于轻微细故，于此而得其平，则争端可息，不致酿为刑事。现今各国皆注重民法，谓民法之范围愈大，则刑法之范围愈小，良有以也。他如商律，虽有端倪，然法人之制，殊未能备，而海商之法，更待补茸。凡民法、商法修订之始，皆当广为调查各省民情风俗所习为故常，而于法律不相违悖，且为法律所许者，即前条所谓不成文法，用为根据，加以制裁，而后能便民。此则编纂法典之要义也。

以上三条，臣所谓成之有三者是也。凡此诸端，固为修订法律之要术，然尤在造就法律人材，务期司法之官无不通晓法律，则治法、治人二者相因为用，夫然后可收修订法律之效。总之，法律学理精深，修订造端闳大，将使率土之内，悉主悉臣，于以昭法权之统一，则必兼贯古今，博征中外，上自朝廷，下及黎庶，靡不相维相系，各得其所。此非聚群臣之讨论，庶僚之搜辑，断不足以资修订一代之法典者也。

所有拟请钦派部院大臣会订法律缘由，是否有当，伏乞皇太后、皇上圣鉴训示。谨奏。

四、法部尚书戴鸿慈等奏拟修订法律办法折*

光绪三十三年六月初九日（1907 年 8 月 7 日）

经筵讲官、法部尚书臣戴鸿慈等谨奏，为妥拟修法律办法，请指遵办，恭折仰祈圣鉴事。

光绪三十三年五月初一日准军机处交片，本日大理院正卿张仁黼奏请钦派部院大臣会议法律各折片，奉旨：所有修订法律，著法部大理院详核妥拟具奏。钦此。初二日又准军机处交片，本日两广总督岑春煊陈情修订法律以申法权一节，奉旨：该衙门议奏，钦此等因。仰见朝廷郑重法权，恢张治理之至意。查原奏各折片称：组织立法机关，明定法律宗旨，讲明法律性质，编纂法律成典，以及陈请钦派大臣，并延聘外国法律名家，以备询问等语。振兴法治，实属当今切要之图，立宪之预备，此为最急，臣等再三循绎，谨就原有各节，筹拟办法，敬为我皇太后、皇上缕晰陈之。

夫立宪为国家之利，薄海臣民莫不周知，然必须十年、二十年而后能实行者，则以各法成典未能确定故也。盖立宪之精意，即以国家统治之权，分配于立法、行政、司法之三机关，并保障国民之公权及私权，而后国家之土地、人民、政事三者于以相维相系而永固。夫国家机关之组织作用及国民公私之权，非依法律规定之，不能得应用之依据，及保民之实效。而法律之规定，因世界之进步而日增，苟非编纂成文，不能洪纤毕举，此则编纂法典，

---

* 本文引自故宫博物院明清档案部编：《清末筹备立宪档案史料》（下册），中华书局 1979 年版，第 839~842 页。

乃预备立宪最要之阶级也。惟是编纂之事，关系重大，必有主事之政策，行事之机关，议事之方式，又必有先事之预备，临事之秩序，已事之设施，而后持之以毅力，运之以精心，广之以众长。夫如是期之十年或二十年，朝野上下，一志同心，民度日高，国是以定。迨夫法典告成，宪政卓立，国家亿万年有道之长，实基于此。臣等考之东西各国，所以能臻于强盛者，莫不经历法典编纂时期，而其政策则各有不同。普鲁士之编纂普通国法，以守成为主，置法典改正事务局，阅三十一年之久。逮普法战争以还，德意志有统一联邦之心，设立法曹协会，而帝国法律卒竟厥功，其民法一编，乃阅十有三年之久而后有成；英吉利于本国不为法典编纂，而一握印度政权，锐意发布印度法典，亦阅十有三年；意大利编纂法典，于欧洲为最著，其调和各国法典而整齐之，使归于一，盖阅十有四年；日本变政，百日维新，自明治八年司法大臣江新藤平建议各法同时编纂，于二十年间次第公布。其民法、商法、诉讼法等，或委法人，或委德人，用之起草，而改正则委诸本国人。当时机关，或属司法省，或属内阁，大率以高等行政官、高等裁判官、大学法科教习及在野法律家组织之。伏维我朝，自开国以来三百余年，民心拥戴，皆因立法精详，故能卜世永久。今我皇太后、皇上天亶聪明，讲求新政，以长驾远驭之资，任启后承先之重，允宜采取各国之法，编纂大清国法律全典，于守成、统一、更新三主义兼而有之。此臣等所谓主事之政策也。

若夫编纂之事，委诸一二人，固觉精神不能专注，即增加数人，亦未足当此重任。现在司法所需，其阙焉未修者如法院编制法、民法，修而未备者如商法，旧法尚待改正者如刑法，新法未能适于用者如民刑诉讼法。此外如陆海军治罪法，以及各法之附属法，实属体大思精，非特设立法机关，不足以资修订。应请特开修订法律馆，以示全国法律之所以从出，将来无论何种法律，皆须由法律馆编纂及提议改正，以期法律之统一。其组织之法，原奏请以法部、大理院专司其事，自系为便于管理起见。臣等职掌攸关，何敢自宽其责。特事当创始，不厌求详，所有修订法律，除由臣等详慎办理外，应请钦派王大臣为总裁，其各部院堂官，应如原奏请旨特派会订法律大臣。至各督抚、将军，有推行法律之责，亦应一律请旨特派参订法律大臣。此下编纂员等，应请设提调、一二三等纂修、总校、分校、内外调查、翻译、书记、会计各员，容臣等择尤开单请派，仍以原官选充，酌定津贴，以资鼓励。此外延聘东西法律名家，比照各学堂外国教习之待遇，按私法契约之类，以一私人资格订立合同，使之翻译各国法律条文及有名之判决例，解释法律正当理由，比较各国法律异同优劣，著之于书，以备采用，不得干预立法之事。此臣等所谓行事之机关也。

方今世界文明日进，法律之发达，已将造乎其极，有趋于世界统一之观。中国编纂法典最后，以理论言之，不难采取各国最新之法而集其大成，为世界最完备之法典。然以实际言之，盖非立法之难，乃立法而能适于用之为难也。夫立法而无理由，则不适于用，有理由而非正当者，亦不适于用。乃若理由虽属正当，而犹不能适用者，则有数端：安常守故，见小欲速，此其一；旧法积久弊生，新法弗便于私，此其二；法理精微，莫明解释，此其三；外国扩属人权主义与内国属地主义相冲突，此其四。故法之实施，每多扞格。大抵编纂法典，必有实施派及延期派之纷议生乎其间，然法律之真理，亦于是乎出。

按各国法律皆须经议会之协赞，乃由君主裁可而公布之，然后法律之效力始生。此次编纂法律，应由修订大臣督同纂修员起草，无论何种法律，凡未经议决者，皆谓之法律草案，草案之后，各附理由书。每草案成，由会订大臣逐条议之，其各督抚、将军有参订之责，亦应随时特派司道大员来京会议，参照议院法，分议决为认可及否决两种，皆从多数为断。其否决者，必须声明正当理由，修订大臣应令纂修员改正再议，议决后由修订大臣奏请钦派军机大臣审定，再行请旨颁布。此臣等所谓议事之方式也。

至若先事之预备，则在调查习惯；临事之秩序，则在分配职务；已事之设施，则在实行方法，及撤去领事裁判权，改正条约等。要之，此举关系国家法权，实属不朽之盛业，非网罗人才，不能赞襄其事，臣等非敢稍涉张皇。然编纂法典，为各国之所注视，欲求公认，自不宜草率从事。此臣等所拟办法之大略也。

以上各节，如蒙俞允，合无仰恳天恩明降谕旨，分饬臣等遵照办理，以后开办事宜，容臣等陆续具奏。

所有议覆缘由，是否有当，谨缮折会陈，伏乞皇太后、皇上圣鉴训示。

再，原奏大臣张仁黼因系遵旨详核，是以仍应会衔，合并声明。谨奏。

五、宪政编查馆大臣奕劻等奏议复修订法律办法折*

光绪三十三年九月初五日（1907年10月11日）

臣奕劻等跪奏，为遵旨议覆，恭折仰祈圣鉴事。

本年六月初九日，准军机处片交本日法部、大理院会奏，妥拟修订法律办法一折，奉旨：著考察政治馆议奏。钦此。等因。钞交前来。

臣等伏查原奏内称：编纂法典，为预备立宪最要之阶级，编纂之事，必有主事之政策，行事之机关，议事之方式各等语。造端宏大，自系为郑重立法起见。其所称主事之政策，在兼用守成、统一、更新三主义，参酌古今，以期蔚成大清法律全典，洵属至当之论，允宜定为准则，昭示中外，为他日收回法权地步。

又所称行事之机关，请特开修订法律馆，以法部、大理院专司其事，并请钦派王大臣为总裁，各部院堂官为会订法律大臣，各督抚将军为参订法律大臣各节。查编纂法典，与订立单行法不同。法典之大者，如民法、商法、刑法、民事诉讼法、刑事诉讼法诸种，考之各国成例，大率多或千余条，少亦数百条，取材宏富，定例精严，非如单行法之可以克日成事。盖单行法不过为一事或一地方而设，法典则包含一切关涉全国之事。故各国编纂法典，大都设立专所，不与行政官署相混，遴选国中法律专家，相与讨论，研究其范围，率以法典为限，而不及各种单行法。诚以编纂法典，事务浩繁，故不

---

* 修订法律馆最早成立于光绪三十年四月初一日（1904年5月15日），本是隶属刑部的法典草拟机构。丙午官制改革后，经历（法）部（大理）院权限之争的修订法律馆，于光绪三十三年九月初五日在宪政编查馆大臣奕劻等人的奏请下获上谕批准，正式成为清政府独立的法律修订机构，并于次月二十七日（1907年12月2日）重新开馆，专门负责编纂大清诸法典。学界长久以来将宪政编查馆与修订法律馆所开展的民商事习惯调查混为一谈。日本史学家中村哲夫教授根据其所收集到的清末各地的法制习惯调查报告，得出"清末的习惯调查中存在着复数的系统，即宪政编查馆和修订法律馆两个系统"的结论，引起国内学界诸多学者（如：俞江、张勤、陈煜、江兆涛）的论证和认同。因此，宪政编查馆与修订法律馆所开展的民商事习惯调查期初是并列关系，但最终走向了合流。各省的调查成果（即：民商事习惯报告书）也都一并送给宪政编查馆与修订法律馆。如果说宪政编查馆让民商事习惯调查有了骨架，那么修订法律馆则让调查有了血肉。因为宪政编查馆对民商事习惯调查的最突出贡献即建构起以各省督抚为负责人，以各省调查局为主要实施单位的工作系统。而修订法律馆则是在充分利用这一系统的基础上，建章立制，为其灌输血液，保障民商事习惯调查的正常进行，且客观上促使调查迈向科学化、系统化的现代调查模式。本文引自故宫博物院明清档案部编：《清末筹备立宪档案史料》（上册），中华书局1979年版，第849~851页。

能不专一办理。原奏所请特开修订法律馆，无论何种法律，均归编纂一节。范围太广。拟请仿照各国办法，除刑法一门，业由现在修订法律大臣沈家本奏明草案不日告成外，应以编纂民法、商法、民事诉讼法、刑事诉讼法诸法典及附属法为主，以三年为限，所有上列各项草案，一律告成。其余各项单行法，应仍由各该管衙门，拟具草案，遵照臣馆奏定章程，于草案成后，奏交臣馆，统归臣馆考核，请旨施行，以期统一。其所请钦派王大臣为总裁一节，查修订法律馆之设，专为编纂法典草案起见，将来尚须由臣馆核定，该馆似可无庸再由王大臣管理，免致重复。又所请以法部、大理院专司其事一节，查立宪各国，以立法、行政、司法三项分立为第一要义。原奏亦谓立宪之精义，在以国家统治之权，分配于立法、行政、司法三机关。今若以修订法律馆归该部院管理，是以立法机关混入行政及司法机关之内，殊背三权分立之义。近世宪法学家，尝谓立法之事，必宜独立，若隶属行政或司法机关之内，必致徒徇行政及司法上之便利，而有任意规定之弊，于法律之进步实多妨碍。臣等公同商酌，拟照原奏，变通办法，请将修订法律馆仍归独立，与部院不相统属。所有修订大臣，拟请旨专派明通法律之大员二三人充任。应修各项法典，先编草案，奏交臣馆考核，一面由臣馆分咨在京各部堂官，在外各省督抚，酌立限期，订论参考，分别签注，咨复臣馆，汇择核定，请旨颁行。又所请以各部堂官为会订法律大臣，各督抚将军为参订法律大臣一节。查各国编纂法典，草案成后，大都由议院议决。现在资政院已奉旨设立，俟将来该院办法完全，各部、各省明通法政人员，均列院中，自无庸分送各部、各省讨论，即由臣馆迳送资政院集议取决后，移交臣馆，复加核定，请旨颁布，以期简捷而昭郑重。所请另加会订，及参订各名目，应毋庸议。至所请分派提调、纂修等员，及延聘东西法律名家各节，自系应有之义。应俟开馆后，由该大臣等拟具章程，奏明办理。

又所称议事之方式，拟参照议院办法，分议决为认可与否决两种，皆从多数为准。其否决者，必须声明理由。各节均系正当办法，应俟将来资政院议决时，参酌办理。

所有臣等议覆修订法律缘由，是否有当，谨具折奏陈，伏乞皇太后、皇上圣鉴。谨奏。

上谕：宪政编查馆奏请派修订法律大员一折，著沈家本、俞廉三、英瑞充修订法律大臣，参考各国成法，体察中国礼教民情，会通参酌，妥慎修订，奏明办理。

六、宪政编查馆大臣奕劻请饬各省设立调查局折*

光绪三十三年九月十六日（1907 年 10 月 22 日）

　　臣奕劻等跪奏，为拟请饬令各省设立调查局，并办事章程，缮具清单，恭折仰祈圣鉴事。

　　窃臣馆奏定办事章程内第十三条所载调查各件关系重要，得随时派员分赴各国各省实地考察，并得随时咨商各国出使大臣及各省督抚代为调查一切等语。业经奏奉俞允通行各在案。惟是各考察各省事实，以为斟酌损益之方，较之考察外国规制，尤为切要。傥于本国之设施，固有之沿习，未能一一得其真际，恐仍无以协综核审定之宜。现在臣馆职司编制、统计二局，亟当预筹京外通力合作之办法，以期推行尽利。

　　查德国法制局，中央既设本部，各邦复立支部，一司厘定，一任审查，故所定法规，施行无阻。中国疆域广袤，风俗不齐，虽国家之政令初无不同，而社会治情形，或多歧异。现在办法，必各省分任调查之责，庶几民宜土俗，洞悉靡遗。将来考核各种法案，臣馆得有所据依，始免两相抵迕。日本统计局，则分三级以任调查。其第一级为町村，第二级为郡市，第三级为府县。曾递求详，乃臻完善。我国统计之学，萌芽方始，加以名称繁杂，册报参差，根于习惯者，既当求画一之方，涉于弊混者，尤应求真实之象，允宜规彼此成式，逐渐求精，然后分门编辑，为统计年鉴之刊，庶不致全涉影响之谈，而可获参观之益。

　　臣等再四筹商，以为仅恃由京派员之法，搜采恐多缺漏。若委诸外省，而无专员经理，期日必致迁延。惟有仿东西各国成法，令各省分设调查局，以为臣馆编制法规、统计政要之助。开办之始，必须事事先求其简明确实，断不可参以虚饰之词，敷衍之见，乃可望由疏而至密，去伪以存真。即由各省疆臣，注重讲求，遴选委员，实地考察，随时编列，汇交臣馆。俾中外联为一气，报告不为具文，于臣馆奏设两局应办之事，始有把握。除重要专件，

　　* 本文引自故宫博物院明清档案部编：《清末筹备立宪档案史料》（上册），中华书局 1979 年版，第 51~52 页。

仍遵前次奏章，随时派员考察外，谨拟各省调查局办事章程，恭呈御览。如蒙俞允，应请饬下各该将军、督抚一律遵行，并将开办情形，咨明臣馆存案备查。

所有拟设各省调查局，并办事章程缘由，理合缮单，恭折具陈，伏乞皇太后、皇上圣鉴训示。谨奏。

七、各省设立调查局各部院设立统计处谕[*]
光绪三十三年九月十六日（1907 年 10 月 22 日）

光绪三十三年九月十六日内阁奉上谕：朕钦奉慈禧端佑康颐豫庄诚寿恭钦献崇熙皇太后懿旨，本日宪政编查馆奏请饬各省设立调查局，各部院设立统计处各折片。各省民情风俗，及一切沿革习尚参差不齐，现在该馆开办编制、统计二局，非有京外通力合作办法，无以推行尽利。著每省设立调查局一所，由该管督抚遴选委员，按照此次奏定章程切实经理，随时将调查各件咨报该馆。至统计一项，尤宜由各部院先总其成，著各部院设立统计处，由该管堂派定专员，照该馆所定表式详细胪列，按期咨报，以备刊行统计年鉴之用。钦此。

八、宪政编查馆奏请各省设立调查局等折片咨文[**]
光绪三十三年九月十六日（1907 年 10 月 22 日）

为咨行事，光绪三十三年九月十六日，本馆具奏拟请
饬令各省设立调查局并办事章程一折，又附奏请
饬各部院衙门均设统计处一片奉
上谕朕亲奉
慈禧端佑康颐昭豫庄诚寿恭亲献崇熙皇太后懿旨本日宪政编查馆奏请
饬各省设立调查局各部院设立统计处各折片：各省民情风俗及一切沿革

---

*　本文引自故宫博物院明清档案部编：《清末筹备立宪档案史料》（上册），中华书局 1979 年版，第 52～53 页。

**　本文引自《黑龙江公报》1907 年第 1 期，第 1～8 页。

习尚参差不齐。现在该馆开办编制、统计二局，非有京外通力合作办法无以推行尽利。著每省设立调查局一所，由该管督抚遴选妥员，按照此次奏定章程切实经理，随时将调查各件咨报该馆。至统计一项，尤宜由各部院先总其成。著各部院设立统计处，由该管堂官派定专员照该馆所定表式，详细胪列，按期咨报，以备刊行统计年鉴之用。钦此。相应刷印原奏咨行。

贵抚钦尊查照办理可也须咨者。

计抄粘原奏一件。

奏为拟请。

饬令各省设立调查局并办事章程，缮具清单，恭折仰祈圣鉴事。窃臣馆奏定办事章程内第十三条所载调查各件关系重要，得随时派员分赴各国各省实地考察，并得随时咨商各国出使大臣及各省督抚代为调查一切等语。业经奏奉俞尤通行各在案。惟是考察各省事实，以为斟酌损益之方，较之考察外国规制，尤为切要。傥于本国之设施，固有之沿习，未能一一得其真际，恐仍无以协综核审定之宜。现在臣馆职司编制、统计二局，亟当预筹京外通力合作之办法，以期推行尽利。查德国法制局，中央既设本部，各邦复立支部，一司厘定，一任审查，故所定法规，施行无阻。中国疆域广袤，风俗不齐，虽国家之政令初行不同，而社会之情形或多歧异。现在办法，必各省分任调查之责，庶几民宜土俗，洞悉靡遗，将来考核各种法案，臣馆得有所依据，始免两相抵迕。日本统计局，则分三级以任调查。其第一级为町村，第二级为郡市，第三级为府县。层递求详，乃臻完密。我国统计之学，萌芽方始，加以名称繁杂，册报参差，根于习惯者，既当求画一之方，涉于弊混者，尤应求真实之象，尤宜规彼成式，逐渐求精，然后分门编辑，为统计年鉴之刊，庶不致全涉影响之谈，而可获参观之益。臣等再四筹商，以为仅恃由京派员之法，搜采恐多缺漏。若委诸外省，而无专员经理，期日必致迁延。惟有仿东西各国成法，令各省分设调查局，以为臣馆编制法规、统计政要之助。开办之始，必须事事先求其简明确实，断不可参以虚饰之词，敷衍之见，乃可望由疏而至密，去伪以存真。即由各省疆臣，注重讲求，遴选妥员，实地考察，随时编列，汇交臣馆。俾中外联为一气，报告不为具文，于臣馆奏设两局应办之事，始有把握。除重要专件，仍遵前次奏章，随时派员考察外，谨拟各省调查局办事章程，恭呈预览。如蒙俞尤，应请饬下各该将军、督抚一律遵行，并将开办情形，咨明臣馆存案备查。所有拟设各省调查局，并办事章程缘由，理合缮单，恭折具陈，伏乞皇太后、皇上圣鉴训示。谨奏。

　　再统计一项在各省者，现由臣馆于请设各省调查局章程内声明，由督抚饬令司道及府厅州县各衙门添设统计处，就该管事项按照颁定表式分别填送，汇呈考核，似已稍有基绪。其在京各部院衙门综持全国政务，为各省之总汇，关系尤为重要。凡属于编制局一部分者，尚不难遇事讨论，随时咨商。其统计一门，头绪纷繁，亦非援照外省办法，由臣馆拟定表式，送交各衙门自行填写不可。将来即以各省所送之表与各衙门所列，彼此对勘互写，钩稽义例，不至参差，条理亦易详密。一两年后统计年鉴不难逐年刊布，略具规模。相应请旨饬下，在京各部院衙门均设一统计处，酌派司员专司其事。所有各项表式，应俟奉旨后再由臣馆细心核定，一律颁行试办。是否有当，谨附片具陈，伏乞圣鉴。谨奏。谨将臣馆奏设各省调查局办事章程，缮具清单，恭呈御览。

　　计　开

　　第一条　各省应设调查局一所，专任臣馆一切调查事件归本省督抚管理主持。

　　第二条　调查局应设法制统计两科分掌各事。

　　第三条　法制科分置三股如下：

　　　第一股　掌调查本省一切民情风俗并所属地方绅士办事与民事商事及诉讼事之各习惯。

　　　第二股　掌调查本省督抚权限内之各项单行法及行政规章。

　　　第三股　掌调查本省行政上之沿习及其利弊。

　　第四条　统计科分设三股如下：

　　　第一股　掌属于外交民政财政之统计。

　　　第二股　掌属于教育军政司法之统计。

　　　第三股　掌属于实业交通之统计。

　　第五条　调查局应设总办一人，综理务局由本省督抚选派，出具切实考语咨送臣馆，臣馆得酌量加札派充为臣馆咨议员。

　　第六条　法制科统计科各设科长一人，承总办之命，综司科务，各股设管股委员一人或二三人受科长之指挥，分司各股事务，其余应设书记等员，视事务繁简，由科长商承总办酌定。

　　第七条　除上列两科外，设庶务处一所，由总办选派委员二人分司一切杂物。

第八条　科长及管股委员由总办开单，呈请督抚札派书记员等，由总办委用。

第九条　凡调查局任用各员，自总办以至管股委员均须会习法政，通达治理者方为合格。

第十条　凡调查局调查所得之件，应按类编订呈，由本省督抚呈送臣馆，其统计事项并应分咨主管各部院。

第十一条　凡臣馆所需调查之件，得随时札饬调查局遵照查明申覆臣馆，其由臣馆照章派员分赴该省考察时，该局应有协同调查之责任。

第十二条　所有编制事项应由本省督抚札饬府厅州县就近派员调查，其统计事项按照臣馆所定表式并札饬，司道及府厅州县各衙门添设统计处，选派专员就该管事项分别列表，统将以上各事□送调查局。

第十三条　调查局办事细则由总办挈同科长详细妥拟，呈报本省督抚核定施行。

九、修订法律大臣奏编订民商各律照章派员分省调查折*
宣统二年正月二十一日（1910 年 3 月 2 日）

修订法律大臣法部右侍郎臣沈家本等跪奏，为编订民商各律，照章派员分省调查，恭折具陈仰祈圣鉴事。

窃臣等于光绪三十三年十二月奏定办事章程内开，馆中修订各律，凡各省习惯有应实地调查者，得随时派员前往详查。又三十四年五月奏请以各省现任提法使、按察使兼充臣馆咨议官。又咨议官章程内开各省提法使、按察使兼充法律馆咨议官，於各项法律事件应札饬各州县详查报告。咨议官于法律馆所派调查员有当协助调查之件，应随时接洽办理各等因。奉旨：依议，钦此。钦遵在案。

---

*　修订法律馆大臣沈家本作为会通中西的法学家，自然深知开展调查对于立法的重要性。他在光绪三十三年（1907 年）九月五日的《修订法律大臣奏拟修订法律大概办法折》中汇报了其与俞廉三、英瑞所主张的调查主要包括三方面：外国法律资料、本国礼制、各地习惯。进行习惯调查以洞悉民情也成为修订法律的重要宗旨之一。在这道奏疏上呈 11 天后，庆亲王奕劻等便奏请于各省设立调查局。本文引自上海商务印书馆编译所编：《大清新法令》（第 8 卷），商务印书馆 2010 年版，第 17~18 页。

　　窃维民商各律，意在区别凡人之权利、义务，而尽纳于轨物之中，条理至繁，关系至重。中国幅员广远，各省地大物博，习尚不同。使非人情、风俗洞彻无遗，恐创定法规，必多窒碍。上年臣等曾奏派翰林院编修朱汝珍调查关系商律事宜，该编修遍历直隶、江苏、安徽、浙江、湖北、广东等省，博访周咨，究其利病，考察所得，多至数十万言。馆中于各省商情具知其要，而民事习惯视商事尤为繁杂，立法事巨，何敢稍涉粗疏。臣等公同商酌，拟选派官员分往各省，将关系民律事宜详查具报，并分咨各省督抚饬司暨新设之调查局协助办理。其商事尚有需查之省份，并令考察报告，俟该员等回京后，即责成各省调查局造具表册，随时报馆，庶资考证。至此次派赴各省人员一切费用，由臣馆在度支部领款内核实开支。边远省份就该省官绅中访有通晓法政人员，派令就近调查，以节糜费。

　　所有照章派员分省调查缘由，谨恭折具陈，伏乞皇上圣鉴。谨奏。

修订法律大臣法部右侍郎　臣沈家本

修订法律大臣头品顶戴仓场侍郎　臣俞廉三

宣统二年正月二十一日

十、修订法律馆调查各省商习惯条例[*]

宣统元年三月（1909 年 5 月）

第一章　总则

　　第一条　有称为商人之特别阶级否，若无之，则是否无论何人，皆得为商人。

　　第二条　称为商人者之范围如何。

　　第三条　就营某种商业，若有特别制限时，则详述之。

　　第四条　官吏公吏等之营商业有无制限，此外有无特就营某种类商业，加以制限者。

　　第五条　女（妻或独立之女）或未成年者，有无营商业之例，若有之，则与成年男子营业之方法，有无差异。

---

　　[*] 本文引自《东方杂志》1909 年第 6 卷第 8 期，第 15～19 页。

第六条　有大商人与小卖人之别否，若有之，说明其区别之标准，及营商业之方法等，有无差异。

第七条　有小卖商人与卸卖商人之别否，若有之，亦说明其区别之标准，及营商业方法等，有无差异。

第八条　此外有商人之区别否。

第九条　有特为交易之市场否，若有之，则言其制度如何。

第十条　对于商人，特有登记否，若有之，则详言其制度。

第十一条　商人在其商业上，为表示自己之名称，要用姓名否。若系不要，则言其关于用姓名以外之名称，有无制限。若有制限，则言其制限如何。又，不问有无制限，详言关于商业上所用之氏名，及其他名称之制度。

第十二条　商人表示自己之名称以外，有表其商业处所之名称否。若有之，示及关于此之制度。

第十三条　商人有为表示其商品用文字图形记号者否，若有用之者，则详言其制度。

第十四条　商人商业本据，系一种物品否。若有多种物品，则其间有无主从之关系，宜详说其制度。

第十五条　商人有记录其商业情形之账簿否，若有之，则详言其制度。

第十六条　详言关于商人在其商业上所使役者（包含商业使用人及商业学徒等）之制度。

第十七条　商人在其商业上，有以他商人为代理，或居间之常设机关否。若有之，则详言其制度。

第十八条　详言商人在自己之营业上，临时使他人（不问其为商人与否）代理自己，或使其补助自己之制度。

第十九条　商人有举其店铺商品交易上关系等一切事物，出顶与他人者否，若有之，则详言其制度。

第二十条　商人间之交易，及商人非商人间交易，并非商人间之交易，其间有无差异（如利息连带及其他等）。

第二章　组合及公司

第一节　总　则

第一条　详查二人以上共同营商业之情形。

第二条　若有外国人共同营商业之际，则详查之。

第三条　区别各种共同商业，详查下列诸事项：

（一）官吏之干涉。关于设立营业组织之变更、合并、解散等之监督及罚则。

（二）设立。

（三）规约（定款）。

（四）名称。

（五）广告之方法。

（六）营业年岁。

（七）资本及其增减。

（八）公积金。

（九）借入金。

（十）事务之执行及代表。

（十一）事务之监督。

（十二）盈亏之分配，及设立后至开业时，要展缓之际，所处置之方法。

（十三）共同员决议之方法，及于有总会之共同商业，详言其总会之制度。

（十四）各员之出资。

（十五）各员之责任。

（十六）禁止各员为同一营业否。

（十七）各员之加入及退资解约。

（十八）各员所有权利之让与。

（十九）自己商业变为共同商业之情形，又共同商业变为自己商业之情形。

（二十）共同商业情形之变更。

（二十一）一共同商业与他共同商业之合并，又共同商业之让与。

（二十二）破产。

（二十三）解散及清算。

第二节　股　份

第一条　有二人以上共同有一股者否，若有之，则详言其关系。

第二条　详查股份账簿，或股东名簿。

第三条　股份银数有不均一者否，若有，宜详言之。

第四条　股份银数之最多数目、最少数目，及最普通数目如何。

第五条　股份银数与发行银数有差异者否，若有，宜详言之。

第六条　详查股东是否概系有同等之权利义务。

第七条　详查是否以股份银数为股东责任之界限。

第八条　股银缴纳方法如何。

第九条　股份银数，公司有消却之者否。

第十条　对于股份是否必发行股票，若系发行，则须列举股票中记载事项之最普通者。

第十一条　股份票是否必须记载股东之姓名，或有无记名者否，试详查之。

第十二条　是否依股银缴纳之先后，异其记载。

第十三条　详查股票遗失所用之方法。

第十四条　股票得由出顶否，出顶有方式否，又有禁止出顶之时否，试详查之。

第十五条　股份出顶后，原股东对于公司尚负责否。

第十六条　公司有让受或质入本公司之股票者否。

第三章　票　据

第一条　有汇兑票据、定期票据及支银票据三种否，试详查其区别。

第二条　有止许持往购买物品之银票否。

第三条　详查银行券。

第四条　有货物汇票否。

第五条　作成票据或让与之原因无可考，或被批消，或为不法时，则其票据是否无用。

第六条　票面是否无论为何记载，皆可作成，后之记入如何。

第七条　代理人使其票据时，要以其事记入票据否。

第八条　详查票据遗失时所处置之方法。

第九条　关于汇兑票据，详查下列诸事项：

（一）作成。

（二）伪造变造。

（三）副本誊本补笺。

（四）流通。

（五）保证。

（六）担任。

（七）证明无担任之方法。

（八）因无担任之救济方法。

（九）因无担任而第三者为担任。

（十）支付。

（十一）证明无支付之方法。

（十二）因无支付之救济方法。

（十三）因无支付而第三者为支付。

（十四）前记以外之显著事项。

第十条　关于定期票据，详言下列事项：

（一）作成。

（二）伪造变造。

（三）流通。

（四）保证。

（五）支付。

（六）证明无支付之方法。

（七）因无支付之救济方法。

（八）因无支付而第三者为支付。

（九）前记以外之显著事项。

第十一条　关于支银票据，详言下之事项：

（一）作成。

（二）伪造变造。

（三）保证。

（四）流通。

（五）担任。

（六）证明无担任之方法。

（七）因无担任之救济方法。

（八）因无担任而第三者为担任。

（九）支付。

（十）证明无支付之方法。

（十一）因无支付之救济方法。

（十二）因无支付而第三者为支付。

（十三）前记以外之显著事项。

第四章　各种营业

第一条　就下列各营业，详言其营业之开始，交易之情形，与对手者之关系，及出顶闭歇等：

（一）买卖业。

（二）赁贷业。

（三）制造业。

（四）银行业，其他贷金业。

（五）银钱业。

（六）代理业。

（七）发行业。

（八）居间业。

（九）保险业。

（十）寄托业。

（十一）运送业。

（十二）营造承办业。

（十三）劳务承办业。

（十四）小客店。

（十五）客栈。

（十六）劝工场业。

（十七）公共欢乐场业。

（十八）浴场业。

（十九）饭食店业。

（二十）电灯及其他供给电气业。

（二十一）煤气业。

（二十二）出版业。

（二十三）印刷业。

（二十四）照相业。

（二十五）前记以外显著之营业。

第五章　船舶

第一条　详言船舶之种类。

第二条　详言数人共有船舶时之关系。

第三条　关于船舶之债务，其所有者有以其船舶为限度之责任者否。

第四条　以船舶营利者，固常为其所有者。然亦有为赁借人者，若为赁借人，则对于其交易之人，与船舶所有者自为交易相同否。若有差异，则详言其差异。

第五条　详言船舶之质入抵当。

第六条　详言船长及船员之雇用、辞退、权限、责任等。

第七条　以船舶运送货物及旅客，各有如何情形，试详言之。

第八条　就运送货物，详言下列各事项：

（一）寄货人与运送者之关系。

（二）寄货人与收货人之关系。

（三）运送人与收货人之关系。

（四）代表货物之单据。

第九条　就运送旅客，详言下列诸事项：

（一）旅客与运送者之关系。

（二）证明乘船之票据。

第十条　详言船舶之保险。

第十一条　航行危险，有冒险货与金钱者否，若有，则详言之。

第十二条　船舶及货物，因免于共同危险所生之损害费用等，如何使船舶所有者（船舶赁借人）及货物所有者分担，试详言之。

第十三条　详言船舶危险遇救时，救之者与船舶所有者（船舶赁借人）之关系。

第十四条　详言船舶冲突所生两船间之关系。

十一、修订法律馆民事习惯章程十条[*]

宣统三年（1911年）

第一条 民事习惯视商事尤为复杂，且东南西北类自为风气，非如商业之偏盛于东南，拟派员分途前往调查，以期详悉周知，洪纤毕举。

第二条 省会为各府厅州县集中之地，且多已设有调查局所，其机关亦较灵，调查员应到省会与该局所商同调查，固执简而驭繁，亦事半而功倍。

第三条 本馆于光绪三十四年奏定调查章程，声明调查员于应行调查之件，如为力所不及者，得随时商请咨议官协助办理等语，各省提法、按察司现经本馆奏派为咨议官调查员，应即与商同妥办。

第四条 调查民事必得该省绅士襄助，方得其详。调查员应与面加讨论，至应如何约集各处绅士会晤，临时与调查局或提法司、按察司酌量办理。会晤时将本馆问题发交研究，询以有无疑义，有疑而质问者，应即为之解释，并示以调查之方法。答复之限期至，该府厅州县绅士无人在省，又不易约集者，应商由调查局或臬司将问题发交该府厅州县地方官转饬绅士研究，按限答复。

第五条 各处答复必需时日，调查员势难坐候。应酌定限期，商由调查局或提法司、按察司随时催收汇齐咨送本馆。

第六条 本馆民法起草在即，各处答复期限至迟不得过本年八月。其调查员自行调查所得应随时陆续报告来京，不必俟事竣始行报告。

第七条 法律名词不能迁就，若询各处之俗语必不能谋其统一，调查员应为之剀切声明，免以俗语答复，致滋淆乱。

第八条 各处乡规、族规、家规容有意美法良、堪资采周者，调查员应采访汇集，寄本馆，以备参考。

第九条 各处婚书、合同、租券、遗嘱等项，或极详细，或极简单，调查员应汇集各抄一份，汇寄本馆以备观览。

第十条 各处如有条陈，但不溢出于民法之范围，调查员均可收受汇报本馆以备采择。

---

[*] 本文引自《江苏自治公报》1911年第51期，第4~7页。

第二章

湖南民商事习惯调查之过程与运作

【按语】关于清末湖南民商事习惯调查的开启时间，一般认为始于光绪三十三年九月十六日（1907 年 10 月 22 日）庆亲王奕劻等奏请于各省设立调查局。然而，早在光绪十六年（1890 年），湖南便在全国率先开展了近代社会调查。该年闰二月初七日，浏阳知县唐步瀛撰《长沙府浏阳县奉饬查询各项事宜清册》，[1] 该文虽不是严格意义上民商事习惯调查的成果，却包含诸多民商事、诉讼、行政事务习惯的调查问题与答复。此次调查显然有别于之后的法制习惯调查，其具体起因、经过仍待进一步查证，但从中可窥见许多法制习惯调查的影子——其体例即为问答体。

（一）湖南调查局开办与运作

湖南调查局在筹备成立时十分艰难，巡抚岑春蓂在《奏湘省调查局办理情形折》中写道："湖南界连六省，族杂苗瑶风气不齐，习尚迥异，当此调查伊始，端绪纷杂，必有整齐划一之方法，庶收兼综条贯之益……只以法制统计学理繁赜，人才虽得，总办责任尤重。"因此，他上奏朝廷，请求调派毕业于日本法政大学的翰林院编修张启后担任湖南调查局总办。至光绪三十四年七月初八日（1908 年 8 月 4 日），在岑春蓂与张启后的通力合作下，湘省调查局终于得以开设。

湖南调查局的组织机构完全按照宪政编查馆的《宪政编查馆奏设各省调查局办事章程》等规定进行设置，组织健全，尤其注重设置调查问题、填写表式等，制成一批程式化的文本，便于调查事项的开展。[2] 在调查过程中，

---

〔1〕（清）唐步瀛：《长沙府浏阳县奉饬查询各项事宜清册》（光绪十六年闰二月初七日），载董光和、齐希编：《中国稀见地方史料集成》（第 41 册），学苑出版社 2010 年版，第 436~473 页。

〔2〕相关史料有："湘省调查局组织情形"，载《广益丛报》1909 年第 210 期，第 9 页；"湖南调查局请颁表式"，载《时报》1908 年 9 月 4 日；"湖南调查局调查民事习惯各类问题"；"湖南调查局调查地方绅士办事习惯各类问题"，现藏于国家图书馆古籍馆（文津楼）；"调查法制科第三股本省各府厅州县行政上之沿习及其利弊各类问题"，现藏于国家图书馆古籍馆（文津楼）；"咨催船政官轮表册"，载《申报》1910 年 11 月 18 日。

岑春蓂一方面限定调查期限，明确责任，使地方官皆负有确实调查、迅速报告的责任；另一方面，由湖南调查局选派研习过法政的人员分赴各地调查，将其成果与地方官的报告相互比较，避免地方官虚饰敷衍。

（二）湖南调查局的裁撤与调查的终结

湖南调查局的裁撤与调查的终结有其外因与内因。外因是政局变幻，清廷式微，全国的民商事习惯调查工作中断。当局于宣统二年（1910年）十月专门召开"湘省局所归并会议"，商讨调查局等局所该何去何从。关于湖南调查局的终结，存有两种截然不同的意见：一说认为应当将湖南调查局并入财政公所，另一说则称将调查局并入自治筹办处为佳。[1]不久后，与调查局关系密切的善后局即被并入财政公所。[2]另据《准宪政编查馆奏裁各省调查局变通调查办法》载，宣统三年三月十五日（1911年4月13日），清廷决定裁撤各省的调查局。但清廷也清醒地认识到，开展调查对仿行立宪的重要性，所以采取变通办法，将原属于调查局法制科的事宜并归各省督抚会议厅参事科办理。[3]然而，湖南调查局最终是否采取此种变通办法，抑或被并入财政公所或自治筹办处，今因史料匮乏已无从得知。

内因即长沙抢米风潮的影响。宣统元年（1909年）前后，湖南暴发大面积水灾，不仅濒临洞庭的十一厅州县被淹，湘中南的衡州、宝庆等州县也遭大雨侵袭，稻禾均被淹没。地主、奸商却囤积居奇，洋商也抢购粮食，长沙米价飞涨，激发了大规模民变。宣统二年（1910年），湖南巡抚衙门、长沙海关、巡警局、官钱局等均被饥民焚毁。岑春蓂因袒护洋商，处理民变不力，被王先谦、叶德辉等士绅控告，旋即被清廷开缺。暴动也被清政府联合英、美、日等列强军舰镇压。[4]在此情形下，民商事习惯调查终难推进。

---

〔1〕 "湘省局所归并之会议"，载《申报》1910年11月28日，第1张后幅第3版。

〔2〕 "咨催船政官轮表册"，载《申报》1910年12月19日，第1张后幅第4版。

〔3〕 "准宪政编查馆奏裁各省调查局变通调查办法"，载《东方杂志》1911年第3期，第4页。由于统计事宜也十分重要，因而在各督抚衙门设立专处，定为常设机关，以汇核全省统计。

〔4〕 谭仲池主编：《长沙通史（近代卷）》，湖南教育出版社2013年版，第761~771页。

一、长沙府浏阳县奉饬查询各项事宜清册 *

光绪十六年闰二月初七日（1890 年 2 月 25 日）

（问）民间产业或典或卖有几项名色？字据作何书写？事后能不至争执否？契税每串收银若干？

（答）查卑县民间产业或典或卖，均立契据，有以产业暂时抵借银钱者，或于借字内载明，或另立抵字，并无一定。事后有争执者，或投团邻理处，或告官审理，典契向不投税，卖契业价每两收钱四十八文。

（问）买卖田地、应完钱粮，是否随时推收过割？有无飞洒诡寄情弊？

（答）查卑县买卖田地、应完钱粮向系两年推收一次，间一年不推收者，所以清花户银米数目，免致造券混淆。至飞洒诡寄等弊，在所不免，一经控告到官，随时清查为之更正。

（问）民间词讼多由讼棍教唆、包揽，境内有无著名讼棍？是何姓名？何处人氏？告状之人，有无借口公事敛钱肥己情弊？

（答）查卑县民间词讼不无教唆、包揽之人，尚非著名讼棍，一经查拿，即已敛迹，告状之人，因公涉讼、动用公款事所常有，若借口公事敛钱肥己者尚少。

（问）掩骼埋胔，载在月令，停柩不葬，最为恶习。该境有无停柩暴露，久不入土，上干天和等弊？宜如何出示诰诫，开导整顿？

（答）查卑县地方风俗信风水，有停亲柩久不葬，或数年十数年卜吉兆者；又有惑于分房之说，各持异论，停柩年久者；既葬数年，虑不吉必启塚易棺拾遗骸，以瓦器或瓦棺盛之，曰捡金，曰改洗，然后复葬。甚有既复葬而数易其处者，有贪吉而盗葬他山，构讼不休者。迭经各前县暨卑职随时出示劝谕，遇案惩创，虽未尽革，然亦罕矣。

---

* 《长沙府浏阳县奉饬查询各项事宜清册》虽不是严格意义上民商事习惯调查的成果，却包含诸多民商事、诉讼事、行政事务习惯的调查问题与答复。可见，早在光绪十六年（1890 年），湖南便开展了近代社会调查。此次调查显然有别于之后的法制习惯调查，其具体起因经过仍有待进一步查证。但从中可窥见许多法制习惯调查的影子——其体例即为问答体，现点校、摘录部分内容，以飨读者。本文引自董光和、齐希编：《中国稀见地方史料集成》（第 41 册），学苑出版社 2010 年版，第 436～473 页。

二、湘省开办调查局*

光绪三十四年（1908年）

湘省调查局前经岑尧帅照会张太史启后充当总办，所有一切章程已由太史会同司道详细筹议。局中应设委员，拟按照宪政编查馆原定章程，量加变通，分为法制科、统计科两项。每科约科长一员，科员二员，均由尧帅分别委派。其局所拟暂就抚院附近一带租赁相当房屋，先行开办。局中一切用款以及开办常年等经费，当经尧帅饬令藩司，会同各司道暨善后等局妥筹款，预算、额支、活支等项，详定立案，并饬善后局刊刻木质关防一颗，开局应用，以昭信守。此外，各衙门局所应设统计处亦经尧帅札饬，次第筹办。

三、又奏调编修张启后办理调查局片**

光绪三十四年三月二十九日（1908年4月29日）

再准宪政编查馆咨奏准各省设立调查局并办事章程，行令遵照办理等，因到湘臣维调查局为编辑统计年鉴之预备，于立宪自治关系至为切要，其应设总办一职，有综持局务之责。照章以曾习法政者为合格，现值创办伊始，尤非学淹中外，通达治理之员不足以资规定。兹查有翰林院编修张启后品端学粹，体用兼赅。由进士馆派赴日本法政大学肄习毕业回国，堪胜调查局总办之任。合无仰恳天恩，俯念湘省要政需材，准予调湘以便设局举办，并恳照章免扣原衙门资俸，俾资臂助理。合附片陈请伏乞。

圣鉴训示谨奏

光绪三十四年三月二十九日

奉朱批著照所请该衙门，知道，钦此。

---

　*　本文引自《北洋官报》1908年第1773册，第8页。

　**　本文引自《北洋官报》1908年第1708册，第5~6页。

四、湖南调查局请颁表式 *

光绪三十四年（1908 年）

省城调查局开办已久，所有应办事宜现仍尚未实行。总办张燕昌太史以此事极关重要，未便草率从事，一切调查表式未奉宪政编查馆颁行到湘，无从举办。当即面请尧帅电达宪政编查馆，请其速发表格，俾得遵照开办。兹已接得复电，业经照寄来途，约月内可到。张太史又以事属创始，办理恐难尽善，特于日前备文咨达南北洋、湖北各省调查局，请将各该本省所拟各种表式，一律咨送一分到湘，以凭参考而资借镜。

五、湘省统计处之成立 **

光绪三十四年十一月初一日（1908 年 11 月 23 日）

湘臬陆廉访前奉抚宪札饬添设统计处一处，按照调查局代拟简章办理。遵即赶速筹办，已经派委本衙门幕友江苏候补知县徐令良弼常川驻处办事。并设写生二人，业将一切办法详准督抚两院。已于二十日开办。

六、湖南巡抚岑春蓂奏湘省调查局办理情形折 ***

宣统元年五月十一日（1909 年 6 月 28 日）

奏为恭报湘省调查局办理情形仰祈

圣鉴事窃照光绪三十三年九月十六日奉　上谕钦奉

慈禧端佑康颐昭豫庄诚寿恭钦献崇熙皇太后懿旨本日宪政编查馆奏请

饬各省设立调查局，各部院设立统计处，各折片现在该馆开办编制统计二局，非有京外通力合作办法，无以推行尽利。著各省调查局一所，由该管督抚遴委妥员，按照此次钦定章程切实经理，随时将调查各件咨报该馆等因。

---

* 本文引自《时报》1908 年 9 月 4 日，第 5 版。

** 本文引自《申报》戊申（1908 年）十一月初一日，第 2 张第 2 版。

*** 本文引自《北洋官报》1909 年第 2118 册，第 4~5 页。

钦此。钦遵旋准宪政编查馆恭录。

谕旨刷印原奏章程咨行遵办，到湘臣维宪政预备之时期，必先有编制法规、统计政要之经书。然非斟酌习惯，则国家之法律恐难尽洽乎？舆情非勤事勾稽，则各省之设施无由悉知其确数，各省调查局之设洵清厘，庶政之本源，目前至要之关键也。湖南界连六省，族杂苗瑶，风气不齐，习尚迥异。当此调查伊始，端绪纷繁，必有整齐画一之方，庶收兼综条贯之益。臣自奉

明谕遵，即查照定章筹议办法。只以法制统计学理繁赜，人才难得，总办之责任尤重，当经奏调留学日本法政大学肄业翰林院编修张启后为该局总办，奉旨尤准由臣电催来湘，照会充任，将该局事务筹计订定。爰于省城设立调查局一所，遵章分法制、统计两科，各设三股，附设庶务处，遴选曾习法政即通达治理人员分别派充科长、股员，于光绪三十四年七月初八日开办，所有该局办事细则及各府厅州县就近派员调查各衙门应添设统计处，均各遵章办理。惟是该局对于全省为考察编辑之总汇，省内外各署局对于该局即有调查报告之责任。一切宗旨办法远近，设未周知缓急，恐难应付。亟宜先事筹备，用期妥速。开办以来，即经该局将各府厅州县派员调查规则暨各署局统计处简章一律代为拟定，并将调查事项内属法制科者逐一缕列问题，以为事实之范围。属统计科者，分类暂定表式，以为填写之标准，均各汇订成册，排印多本，一并呈由臣核定，陆续颁行，通饬遵照，妥速办理。一面量予期限，明定功过，俾各地方官员皆负有确实调查、迅速报告之责成，一面由该局遴派曾习法政人员分赴各属，实地调查。期与各地方之报告书参互比较，庶免虚饰敷衍之弊。一俟报告成书，统计列表，再由臣咨送宪政编查馆及主管各部院核办。庶几他日成文法规之编订统计，年鉴之刊行，咸有所据依，以上副朝廷预备立宪综核政俗之至意。其该局房舍，现系租佃开办。俟择定地址，筹有的款，再行建造。至开办经费，约用银一千三百余两。常年经费，除特别临时活支不能预计外，每年约需银一万七八千两，均属核实计算，遵节动支，由善后局筹款拨用应请作正开销。除由臣随时督同认识经办暨分咨查照外，所有湘省调查局办理情形理合恭折具。奏伏乞

皇上圣鉴，谨奏。宣统元年五月十一日奉

朱批该衙门知道，钦此。

七、湘省调查局组织情形[*]

宣统元年五月十一日（1909 年 6 月 28 日）

湖南巡抚岑春蓂奏称：湖南界连六省，族杂苗瑶，风气不齐，习尚迥异。当此调查伊始，端绪纷繁，必有整齐画一之方，庶收兼综条贯之益。臣自奉明谕遵即查照定章筹议办法，只以法制统计学理繁赜，人才难得，总办责任尤重，当经奏调留学日本法政大学毕业翰林院编修张启后为该局总办，奉旨允准，由臣电催来湘照会充任，将该局事务筹计订定。爰于省城设立调查局一所，遵章分法制、统计两科，各设三股，附设庶务处。遴选曾习法政暨通达治理人员分别派充科长、股员，于光绪三十四年七月初八日开办。所有该局办事细则及各府厅州县就近派员调查。各衙门应添设统计处，均各遵章办理。惟是该局对于全省为考察编辑之总汇，省内外各署对于该局即有调查报告之责任一切宗旨办法远近，设未周知缓急，恐难应付，亟宜先事筹备，用期妥速。开办以来，节经该局各府厅州县派员调查规则暨各署局统计处简章，一律代为拟定，并将调查事项内属法制科者，逐一缕列问题，以为事实之规范。属统计科者，分类暂定表式，以为填写之标准。均各汇订成册，排印多本，一并呈由臣核定，陆续颁行，通饬遵照，妥速办理。一面量予期限，明定功过，俾各地方官皆负有确实调查、迅速报告之责成。一面由该局遴派曾习法政人员，分赴各属实地调查，期与各地方官之报告书参互比较，庶免虚饰敷衍之弊。一俟报告成书，统计列表，再由臣咨送宪政编查馆及主管各部院核办。[其] 该局房舍现系租佃，开办俟择定地址筹有的款，再行建造。至开办经费，约用银一千三百余两。常年经费除特别临时活支不能预计外，每年约需银一万七八千两，均属核实计算，撙节动支。

五月十一日奉

朱批该衙门知道

---

[*] 本文引自《广益丛报》1909 年第 210 期，第 9 页。

八、湖南调查局调查民事习惯各类问题（人事部）*

目　次

第一类　人

（1）人自出生后即能享应得之权利否（如小儿出世即能承继其父产业之类）？

（2）胎儿亦有权利能力否（如胎儿之父为乙戮杀，至胎儿出生后无人抚养，即受无形之损害，则对已有要求损害赔偿之权利之类）？

（3）未成年者与他人为重要行为时，是否必须父母许可？

（4）未成年丁者经父母或代理人之许可而为营业时，其行为是否与成年丁者有同一之效力？

（5）未成丁之人与人有借贷行为，父母或代理人当代为偿还否？如其父母或代理人不允偿还，未成丁者于成丁后是否当然偿还？

（6）心神丧失（如疯癫白痴之类）者或浪费者与他人有交涉行为时，是否作为有效？

---

* 本件现藏于南京图书馆。

（7）心神丧失者或浪费者，其家属当预为声明，其声明之法如何（如禀官存案及通帖广告之类）？

（8）他人不知其心神丧失，而与之有交涉行为时，既知之后是否可以作废？

（9）心神丧失者或浪费者对于他人有交涉行为时，有无限制方法？

（10）心神丧失或浪费者被人引诱为不正行为（如嫖赌之类），失去至巨之财产时，父母或代理人可否向引诱人追还？其未给付者可否作罢？

第二类　户籍

（1）清查户籍之方法若何？是否由团保按册填注？

（2）各户户主是否皆以尊长充当？

（3）不知来历之人（如道路弃儿，掠卖之婢仆等类），约以何人之籍为籍？

（4）取得重籍之人（人有两籍之类），究以何籍为定？

（5）随母改适外籍之人之子仍得列入本地户籍否？

（6）外籍之人为本籍人赘婿招夫养子者，得列入本地户籍否？

（7）因前项事既得占籍者，旋因离婚或离缘（如养子归宗回籍之类）转入他籍，嗣应仍准回复所占之籍否？

（8）有无从教之人当居住本地时（如入回教、耶稣、天主教类），必须出籍之习例？

（9）外属或外省流寓者，已置有不动产（如山林田宅之类），须住居本地若干年始得入籍，其入籍时有无特别限制（如捐金之类）？

（10）外来执业不正（如娼优隶皂之类）之人，准其入籍否？

（11）不能自立一户之人（如流民乞丐之类）准其入籍否？

（12）地方公事有无限制外籍人不管理及与闻之例（如不得充当董事、团保之类）？

（13）未入籍者，于地方上公益之事（如修筑道路桥梁之类），亦须尽捐输之义务否？

（14）地方公共财产以慈善为目的者（如恤贫育婴之类），外籍人亦得享有救济之利益否？

（15）有无本地不动产（如山林田宅之类）不许本籍人出卖与外籍人之

习例？

（16）新立学堂有无不许外籍人肄业之习例？

（17）丧失国籍之人（如归化外国之类），尚能取得本地户籍否？

（18）寄籍外属或外省之人，得随时回复原籍否？其回籍时有无某种限制？

第三类 失踪

（1）生死不明之人，自断绝音信之日起隔若干年，其家属可于门牌或保甲册内注明其失踪？

（2）失踪之人无父母、妻子，其所有之财产是否归其宗族管理？

（3）失踪者无管理其财产之亲族，所有财产应如何处分（如归宗祠或分配其亲成之类）？

（4）失踪者之财产归其宗族管理时，管理人对于其财产是否可以随意处分？

（5）失踪者失踪后，其父母遗产经其兄弟分析，其应归失踪者之一部分是否必须代为保存？

（6）失踪者失踪时，其子女已成立，自断绝音信之日起，须待若干年始可完娶或出嫁？

（7）失踪之父母只此一子失踪后，须若干年始可收养他人为子，有无一定之习惯？

（8）夫为失踪者，妻须若干年后方可改嫁？是否须经官经照为凭？

（9）妻为失踪者，夫须若干年方可另聘或另娶？

（10）失踪者之财产业已归公或被管理人经手散失，失踪者年久复归，得请求回复原有之财产否？

（11）失踪者年久复归，回复其财产之后，前之代管理财产者无过失是否当予以报酬？

第四类 代理人

（1）孤儿、未成年丁之人父母死亡，其代理人由何项人充当（如亲族戚属之类）？

（2）亲族或戚属为代理人，其代理权限有无限制？

（3）充当代理人者有无一定之资格？

（4）心神丧失者或浪费者若无父母，其一切财产应由何人代为处理？

（5）夫为心神丧失者或浪费者，妻得为其代理人否？

（6）代理孤幼未成丁者，与心神丧失或浪费者之行为时，其权限有无差别？

（7）代理人之一切代理行为是否须与本人同意？

（8）代理人对本人之不动产或重要之动产，必须变更者，本人幼弱或智识不能判别利害时，代理人是否未行抑须商之本人宗族或成戚属？

（9）心神丧失或浪费者，不得代理人之同意而为重要财产变更时，代理者得行取消（取消即作废之意）否？

（10）他人不知其为心神丧失或浪费者，而与之有交涉事件，代理者得为取消否？

（11）代理人遇有不得已之事故（如疾病或远行之类），得请他人复代理否？其请他人复代理时是否须本人认可？

（12）代理人因处理代理事务，故使本人受损时，本人得向其请求赔偿或取消其所为否？

（13）代理人因处理代理事务，致自身损害时，本人是否应任赔偿之责？

（14）代理权因事实消减（如孤幼已成丁及疯癫者病愈），他人不知而与之有交涉事件认为代理本人时，本人应为承认否？

第五类　宗族

（1）族中订立族规，是否由族众公议，族长订立有无禀官存案者？

（2）祠堂奉祀木主，其位次，昭穆有无大宗小宗之分？

（3）宗祠祭祀，主祭、陪祭例应何人充当？

（4）抚养异姓之子，可否入祠、主祭陪祭？

（5）新认远代之同族，其余族内享受权利及负担义务是否同一？

（6）族人准否为异姓之承继，异姓之后于本宗尚有关系否？

（7）承继异性之人悔继后，尚许其归宗否？

（8）充优隶及有其他之不正行为者，族中有无禁止之例？

（9）违背族规者，其最重之处罚若何（如勒令出族之类）？

（10）处罚违背族规之人，是否预订罚规抑临时公议？

（11）处罚族人有无禀官立案者？

（12）被处罚出族之族人，后经改过尚许归宗否？

（13）关于族中各人身份行为（如生死、承继、兼祧、悔继、归宗之类），是否立簿登记？有无特种登记须出费用者（如生子登记费之类）？

（14）族中族长系依行辈年齿递推，抑系族众公选，其选法若何？

（15）族中有事，会议是否由族长邀集？

（16）族中与他族诉讼，是否由族长出名？

（17）族人争讼，是否经族长或族众处理，不谐始得起诉？

（18）族长不孚众望可否由族众另选？

（19）族长经理族中事务，有无一定报酬？

（20）族长侵蚀公费，有无处罚之规则？

（21）同姓不宗之人可代任族长否？

（22）抚养异姓之人得为族长否？

（23）曾受国法之处分者得为族长否？

（24）族中公产如下列各种款项，如何筹集：墓田、祭产（时祭、生祭、忌辰祭）、谱牒产（以供修谱牒之用者）、预备整修祠款、设立同族学堂款项、账款，族约公款、族内各公款项。

（25）经理公产之人，是否即系族长责务，抑另由族众公举？

（26）公举经理公产之人，由族长监督抑仍由族长监督？

（27）经理公产之人，有无一定任期及办事权限？

（28）经理公产之人须有一定资格否？

（29）族中公产如何使用收益？系经理人未主，抑须得族众之同意？

（30）族中公产有永远不许典卖之例否？

（31）独立捐出多金，充公产者（如与学修祠墓之类）得享特别利益否？

（32）经理人滥用或吞蚀公款，应人赔偿之责者，设已死亡，其承继人仍负责任否？

（33）应受公产抚恤之人有几？其受抚恤而成立者应尽特别义务否？

（34）管理公产有公立规章，以资遵守者，其规章之书式若何？

（35）族款之书式若何？

第六类 婚姻

1. 婚姻之成立

（1）通常结婚有父母者，必须有父母之命否？

（2）指腹为婚其效力若何？

（3）纳采、问名之礼式若何？

（4）父母为子女主婚是否须得子女之同意？

（5）父母或父母远适，主婚应由何人？子女可否自行主婚？

（6）结婚之先，有无由主婚人互相其子女之习例？

（7）结婚媒妁通常几人？系男家延请，抑男女家各自延请？

（8）有无定婚不用媒妁者（如以指腹割襟为定之类）？

（9）有专业媒妁者否？应得谢礼多寡，有无习例？

（10）结婚除庚帖外，有两方另立婚约互相交换者否？

（11）订立婚约，除由主婚人出名外，媒妁亦须具名否？

（12）请约允约是否于纳聘时交换？

（13）婚约中以何者为重要之据？

（14）结婚财礼通常多用何物？有无用金钱者？

（15）有无由媒妁说明财礼多寡者？

（16）女家收受财礼，有无至完婚时仍退还男家者？

（17）纳聘后男女有死亡时，女家所受之财礼应否退还？

（18）通常完婚请期，须送礼物否？其礼式若何？

（19）婚期是否专由男家选择定之？婚期女家因故不允，男家当另改选否？

（20）有无婚期未定，因婿病成舅姑病而赶速完娶者（俗名冲喜）？

（21）通常娶妇有无行亲迎礼者？其礼式若何？

（22）合卺庙见之礼式若何？

（23）通常嫁女妆奁需费若干？

（24）有无于订婚时预定妆奁之多少者？

（25）有无以田产为妆奁者？

（26）女家预备妆奁有无由婿家送金资助者？

（27）有无禁同姓为婚之习例？

（28）亲中不当结婚者有？

（29）姓异而血统同者禁结婚否（同族人出继异姓之类）？

（30）有无因种族不同禁通婚姻者（如苗种不与汉种结亲之类）？

（31）婚姻之禁忌有几（如结婚之初须合生辰、娶亲时忌某宿人之类）？

（32）夫或妇所有之财产，系属共有，抑有为方所专有者？

（33）夫妇有分析财产者否？

（34）夫与妻所各有之财产，夫或妻一方有死亡时，其财产可互相承受否？

（35）妻不得夫之许可，得以己之财产营养否？

（36）妻任意使用其财产，夫可加以禁止否？

（37）妻之财产，夫如任意浪费，妻得禁夫之侵否？

（38）庚帖婚约及各种礼单之书式若何？

2. 婚姻之变例

（1）抚甫出生之童养媳，其亲生父母须补助抚媳者之养育费否？

（2）有无未养子而抚童养媳者？

（3）无子而预抚童养媳者，须经过若干年无子，方行择嫁？其择嫁时，由何人主婚？是否须得其本生父母之同意？

（4）童养媳成人后，亦须媒妁过庚致送财礼否？

（5）童养媳完娶时，女家有馈送妆奁者否？

（6）童养媳完娶后，夫死改嫁，有无视其前夫家翁姑如本生父母者？

（7）赘婿（父母为女招婿，于家承继为嗣，谓之赘婿）多由无嗣，亦有有嗣而赘婿者否？

（8）有无以养子为赘婿者否？

（9）赘婿必改从女姓否？

（10）婿已改从女姓者，复欲改从本姓有无？

（11）以赘婿为必改从女姓否？

（12）赘婿对其本身父母及亲属有无关系？

（13）已继赘婿为嗣后，又生亲子，应如何处理？

（14）以赘婿为嗣，尚须另立同宗应继者人，以主宗祧否？

（15）赘婿至承受遗产时，妇家亲族有出而争继者，应如何处理？

（16）有仅以赘婿所生之子为继嗣者否？

（17）婿之子可承继或兼祧其本宗否？

（18）婿行为不正，可使之携其妻子归宗否？

（19）婿悔继能携其妻子归宗否？

（20）由翁姑主持招夫（夫死由翁姑主持或妇自主招婿于家，谓之招夫）者，须由家亲属同意否？

（21）由妇自主招夫者，须妇家亲属及母家亲属允许否？

（22）招夫须改从妇姓出离本宗否？

（23）招夫生子得承继本宗否？

（24）妇死后，招夫须归宗否？抑可另行续娶？

（25）招夫对其本身父母及亲属有无关系？

（26）招夫因事故与妇离异，可否携其子女归宗及索原有之聘礼？

（27）招夫因事故与妇之翁姑离异，可否携其妻子归宗？

（28）婿或招夫之妇死亡无父母子嗣，其财产得为赘婿、招夫所有否？

（29）妇欲再醮，有无须距夫丧若干日之限制？

（30）妇再醮由翁姑主持者，是否须得母家之同意？

（31）妇再醮无翁姑时，是否须夫家亲属之许可？

（32）妇再醮，夫家有无收财礼者？

（33）妇再醮可携其子女同去否？

（34）妇再醮后对于前夫之亲属及母家关系若何？

（35）妇再醮后，夫死亡无嗣，前夫之子尚可迎归否？

（36）妇有遗腹子时，是否俟分娩后始得再醮（如遗腹子生于再醮后者），于前夫后夫谁属？

（37）妇再醮后死亡无子，前夫之子可迎归否？

（38）通常纳妾以何项人为多？有无禁止或种人不准纳妾之习例？

（39）纳妾是否概付身价？抑有聘娶者否？

（40）妾之亲属得通常往来如妻属否？有无限制？

（41）妾与夫之亲属关系若何？名称若何？

（42）有无禁以妾为妻之习例，或别有限制者（如娼妓婢女不准升正室之类）？

（43）以妾为妻者，与妾家亲属关系得视为普通妻亲否？

（44）各种变式婚姻（如童养媳、赘婿、招夫、再醮、纳妾之类）所立字据之书式若何？

3. 婚姻之解散

（1）由父母主婚者成立后方有不满意时，得取消婚约否？

（2）定婚后发现夫家已有配偶，得以此请求悔婚否？

（3）无正当之理由，随意悔婚者（如嫌女貌陋或因贫富相悬之类）有无？

（4）女子有不正之名誉，婿可请求悔婚否？抑须得有确据？

（5）男女结婚时有隐置情事（如年貌不符，及有残疾痴疾而未言明者之类），至成婚后发现者，可否请求离婚？

（6）离婚是否仅须夫妇同意，抑或须得两家亲属许可？

（7）夫因纳妾拒妻不与同居，并不养膳时，妻要得请求离婚否？

（8）妻有不正之行为，未有确证，夫可与之离婚否？

（9）妻因翁姑或夫之凌虐不堪，得请求离婚否？

（10）夫妻失和，夫拒妻同住，或妻不与夫同居，可得离婚否？

（11）有无离婚后，夫不再娶，要妇不改嫁者（如另娶要改嫁，其另娶要之女家改嫁之夫家），须得前夫、前妇两家某一方之证据为凭否？有无因此致生纠葛者？

（12）妇初孕而遭离婚事，其夫家或知与不知，其妇改嫁而生子，离婚之夫家对于改嫁之夫家有无纠葛？其子将谁属？

（13）悔婚时除退还庚帖外，有无立退婚字约者？其字约之书式若何？

（14）悔婚离婚有立字约以为证据者？其字约之书式若何？

（15）离婚有禀官立案者？其禀稿之书式若何？

第七类　子

（1）嫡子应享之权利与庶子有别否？

（2）妻无子，妾之长子可为嫡子否？

（3）庶出之长子得为承重孙否？

（4）婚姻中之奸生子，父不承认为己子，能否准奸夫认知？

（5）有无禁奸生子为嗣之例？

（6）欲认奸生子为己子，利害关系人（如其子及无子欲承继其家产之人）有反对时，应如何指明证据？

（7）认知之奸生子，可以为嫡子否？

（8）认知奸生子是否须本族人之同意，始可附入宗谱？

（9）以遗嘱认知奸生子者有效力否？

（10）已成立之奸生子，其父欲认知时，须得其同意否？

（11）无父之奸生子随母出嫁，与其母所嫁之夫有父子关系否？

（12）不法（如法律所禁同姓及尊卑为婚之类）之奸生子，得认知否？并如何处置？

（13）同居继子（随母改嫁）及不同居继子，可为继父子嗣否？

（14）同居继子及继女之婚嫁，可否由继父主持，抑须得其本宗亲属之同意？

（15）继子至抚养成立归宗后，有抚养继父及母之义务否？

（16）以继子为嗣，是否须得本族之同意始能附入宗谱？

（17）继子可兼祧其继父否？

（18）继子与继父之女可结婚否？

（19）有无出子之习例？

（20）出子须得族人之同意否？

（21）出子后有须声明使众周知者，其声明之方法若何？

（22）被出之子，已分所已得之财产，许其携去否？

（23）出子留孙，其孙与被出之子尚有父子关系否？

（24）被出之子所负之债务，被出后，其父母应代偿还否？

（25）被出之子，父母死亡后仍得归亲否？有无随时许其归宗者？

（26）被出之子已经离俗（如为僧道之类），设其父母日后别无他嗣，归宗祧否？

（27）因不正行为被出者，后经改悔，尚可归宗否？

（28）有收养弃儿为嗣者，经其本生父母或亲属认知请求退还，可拒绝之否？

（29）弃儿归宗后与养父母之关系若何？

（30）出子有禀官存案者，其禀稿之书式若何？

第八类　承继

（1）夭折或犯重罪之人尚为之立嗣否？

（2）仅生一子者，尚可继与他人为嗣否？

（3）抚养之子可继与他人为嗣否？

（4）有无一人兼抚数子为嗣者？

（5）已有子者，可否再抚他人之子为嗣？

（6）承继时除亲长主持外，是否仍须承继人允许？

（7）承继人有无只承宗祧，不受家产者？

（8）承继之证人，有无亲族姻成以外之人为之者？

（9）有无子孙承继于人，其祖或父收受抚养费者？

（10）大宗无后，小宗可先立嗣否？

（11）长子或承重孙得继与他人为嗣否？

（12）承继惯例是否以房属之亲疏为承继先后之次序？有无于族约中订明者？

（13）有不依亲疏先后次序，择爱、择贤为嗣者？是否须亲族公认？

（14）有以子兼祧两房或三房者否？

（15）兼祧者仅生一子，当承继何房？抑仍系兼祧？

（16）兼祧两房有无娶两妇者？所娶妇若妇无子，一妇生二子，即以二子承祧两房否？

（17）兼祧之人其承继父生子，其本生父子兼祧之约是否当然解除？

（18）兼祧之人对于两房之父母亲属，其关系及称谓若何？

（19）有无以姻戚承继为嗣者？

（20）有无于族约中订明不准姻戚承继者？

（21）以姻戚承继有无限制（如本族无人承继，始准姻戚承继之类）？

（22）以姻成之人承继有无一定限制（如限于姊妹之子之类）？

（23）姻戚承继后是否改姓，抑从本姓？

（24）姻戚承继是否须两方亲属之同意？

（25）姻戚承继者，其本宗绝嗣，得返宗否？抑以其子承继本宗？

（26）姻戚承继者可否兼两姓？

（27）有无以异姓之子承继者？其种类有几（如收买或收养，知来历或不知来历之类）？

（28）有无于族约中订明不准异姓承继者？

（29）有无异姓虽可承继而加以限制者（如本宗及姻成无人承继，不得承继异姓之类）？

（30）收买异姓之子为嗣，须与其本宗亲属断绝来往否？

（31）抚养异姓之子为嗣者，其与本宗之亲属关系若何？称谓若何？

（32）异姓承继之子行为不正时，嗣父母可绝之使归宗否？

（33）异姓承继者被驱逐归宗时，得携其妻子财产以去否？

（34）有无承继后悔继及归宗之情事？

（35）有无承继之时即声明不得悔继归宗者？

（36）悔继归宗是否须两家同意？有无禀官立案者？

（37）遇有下之各事由，承继人即可悔继归宗否：嗣父生子；本生父绝；不堪嗣父母之虐待；嗣父母遗言不予以生活之资；嗣父母财产不足偿还债务；近支中之应承继者有争继之事实发生；被本生父母寻觅促其归宗。

（38）收买之承续者悔继时，除偿还买价外，尚须付养育费否？

（39）悔继者以前所承受之家产应全数退还否？

（40）悔继者所欠之债务，悔继后归何人偿还？

（41）悔继者已娶妻生子，至悔继时有留子嗣者否？

（42）各种承继及兼祧所立字据之书式若何？

（43）悔继归宗立有字据者，其字据之书式若何？

第九类 家产

（1）家产未析时，概由家长管理承袭否？

（2）无子嗣及同居亲属者，其家产应归何人承袭？

（3）袭产之人不经同居亲属之公允，得将家产典卖否？

（4）负债过于家产，有无凭同亲族或禀官将家产尽数分还，不复承袭者？

（5）同居亲属私负之债，袭产人应偿还否？

（6）子孙繁衍之家有必须析产者，其析产时分配之法以房计，抑以各房之人计？

（7）以房计者，应以何人辈次为断（如以本生之屋数计，或父子之房数计之类）？

（8）通常析产系照同辈人数均分，有无因父母之命分配？有多寡之殊者？

（9）下列各人是否平均分受财产：大宗之子及嫡子；小宗之子及庶子；奸生子；婢生子；承继或兼祧之子；赘婿；无子寡妇。

（10）下列各项人可否分受家产：怀胎未生之子；未嫁女；同居继子；收养子；买继子；被出复归之子；被出子之孙；女婿。

（11）有无父母在时，由父母预分家产者？

（12）父母在时析产，须另留养赡之资否？

（13）父母在时析产，受分者所自得之部分，不经父母之许诺，得随意使用否？

（14）析产时有另留财产为祭祀、婚嫁之需者否？

（15）析产时所另留财产，应归何人管理？

（16）祖遗财产之平均分配（如有子数人祖造之田产、借券等项，须分数股配搭平允之类）应由何人主任？

（17）析产方法是否请公亲分配后，拈阄为定？

（18）有无长子长孙析产时，增给家产之事？

（19）创业之人或其子孙析产时，应多分若干否？

（20）外姻有分受家产者否？

（21）服劳最久之仆役，析产时酌给养赡费否？

（22）浪费之子，其父母已声明不为偿还债务者，得分受祖遗财产否？

（23）析产后有以为不公平者，可否请求再行分析？

（24）当析产时对外有债权或债务，未经清理，应如何互享其权利或分担其义务？

（25）同居析产之家，其家产应归何人管理？分配之法若何？

（26）财产有不可分析者（如房屋一栋之类），归数子管业时，其契据归长房保存否？

（27）析产时请亲族及姻戚作证否？

（28）各种析产分书之书式若何？

（29）有因析产禀官存案者，其禀稿之书式若何？

第十类　遗嘱（附托孤）

（1）病革口头之遗嘱，以何者为证据？

（2）笔载之遗嘱，无公证人在场者，可否作为有效？

（3）笔载之遗嘱用圆记封盛者，是否须一般承继人请同亲族或戚属，方得开示？

（4）笔载之遗嘱，承继人有远出者，其在家之承继，承继人或为涂改添注，其遗言仍得有效否？

（5）承继人生前因故被出，遗言准其归宗，他之承继者可不从否？

（6）未生之胎儿亦得享遗嘱之权利否？

（7）已成丁之男子，病革时得为遗嘱处分其应得之财产全部或一部否？

（8）病革遗嘱有乱命不可遵从者（如出妻卖子之类），承继人亦须遵守否？

（9）有子数人，遗嘱将财产仅与一子或二子，其他子必须遵从否？

（10）出嫁之女及出继之子，遗嘱与承继者同分财产，承继者应否遵从？

（11）遗赠之权利系预约（如云以某物赠某人，必某日方给付），必须经一定之期间，受遗者（受赠之人）可否请求将来付物之人供相当之担保？

（12）遗嘱以家产统赠于人，其子孙可留资养老否？

（13）无子承继，遗嘱以其家产与亲生之女，亲族可申入异议否？

（14）子幼或未成丁，遗嘱托孤兆人（如失银钱信用及恶棍土豪之类）或所托之人不愿任责务时，其遗嘱可否变更？

（15）遗嘱托孤之人，其选择贤否，有无亲疏尊卑之限制（如谚云：有亲及亲，无亲及疏之类）？

（16）遗嘱托孤之人是否须互订契约，有无仅须口头承诺者？

（17）子女幼弱，父母踪迹不明或暴卒时，其托孤之人由何人委托？

（18）受托人应尽之职务若何？有无特别限制（如产业不准变卖之类）？

（19）各种遗嘱之书式若何？

九、调查地方绅士办事习惯各类问题*

目次

---

* 本件现藏于国家图书馆古籍馆（文津楼）。

第四类　办事之监督

第五类　办事之责任

第六类　办事之功过

第七类　办事之交替

第一类　事之种类及其缘起与现状

（一）各地方绅士所办之事类，如学务（各项学堂、学会、劝学所、教育分会及其他有关于学务者皆属之）、实业（铁路商会、工艺局及其他实业有关于公益者皆属之）、慈善事业（善堂、孤贫院、保节堂、育婴室、牛痘局、医药局、救生局、义渡社仓桥工平□放赈及其他善举皆属之）、保安事务（警察、卫生、保甲、团练、救火会、修堤浚河及其他保全公共安宁秩序之事皆属之）、管理公共财产（宾与学田、祭田及其他各项公款由绅士管理者皆属之）、维持善良风俗（天足会、戒烟会、息讼所、乡约及其他维持善良风俗之事皆属之）等事项皆在此范围内。

（二）凡关于上列各事宜如何发起？何年成立其组织，及办理方法若何？

（三）凡关于上列各事宜，款股如何筹集？办理者是否热心？

（四）凡关于上列各事宜，成立以后有无阻挠情形？其变迁状态如何？现在办法有无进步？其成效若何？

第二类　绅士之选任

（一）凡办理地方事宜之绅士是否须具下之资格：

（甲）有财产者；

（乙）有学识、有经验、有信用或于某项事务具专长者；

（丙）曾经服官或在学之生员；

（丁）有公正名誉者；

（戊）曾在学堂毕业者。

（二）已经破产或被刑事处分之绅士，尚有办理地方事宜之资格否？

（三）曾经服官被参革之绅士，尚有办理地方事宜之资格否？

（四）客籍绅士办理地方事宜，有无一定限制（如住居本地须若干年，有若干财产之类）？

（五）凡办理地方事宜之绅士，有无年龄之限制（如二十五岁以上或三十岁以上者）？

（六）凡办理地方事宜之绅士，有由官吏委任者，其委任之方式如何（如照会□单之类，须照写一纸）？

（七）官吏所委任之绅士，人民有反对者，可取消其委任命令否？

（八）凡办理地方事宜之绅士，有由人民选举者，其选举之方法如何（如用投票法或联名禀请地方官委派之类）？

（九）人民所选举之绅士，官吏不承认时，可以不委派否？

（十）绅士已被委任或选举，尚可辞职否？辞职距委任及选举时有无一定期限？

（十一）绅士办理地方事宜，有无一定任期？任期以几年为限？

（十二）任事期满其改选之方法如何？有无新旧用半之习例（如任期四年，办事绅士四人届二年改选，二人留，二人以资熟手之类）？

（十三）任事期满，为官吏所倚任或公共所推重，尚可继续其事否？

（十四）凡办理地方事宜之绅士，总司其事者若干人？分司其事者若干人？

（十五）凡办理地方事宜之绅士，有薪水否？薪水若干？有无不收受薪水者？不收受薪水者，其于职务如何？

第三类　办事之权限

（一）绅士办理地方事宜其权限若何？是否明定于规章之内（规章附寄一册）？

（二）筹集款股或加抽某项租税（如办理学堂，于纳税时，每户抽钱若干之类），何者须经上官许可？

（三）每年用款及薪工数目，是否由总司其事者自由规定，抑须官吏许可及公共议决？

（四）分司其事之人，是否由总司其事者任用？抑由官吏委派或公共选举？

（五）不属于权限内，应办理之事而其事确于公共事宜有利益者，可以自由办理否？

（六）属于权限内应办理之事，办理遇有窒碍或阻抗不能执行，应如何处理？

（七）对于公共财产有变更时，是否须官吏许可或集众商决？

（八）绅士办理地方事宜，尚得兼营他业，是否须官吏许可及公众认可？

第四类　办事之监督

（一）关于绅士办事，除地方长官有监督权限外，有无公共组织、特别机关（如某公局选定某绅数人，稽查局中一切事宜之类）为之监督者？

（二）办理地方事宜常年经费，是否每年初开具预算表，年终开具决算表，呈官及凭公共稽核？

（三）收入款项如何存储，如何生息，有监督者否？

（四）支出之款系按月抑按季册报官府？地方人民有无查核其账目之权？

（五）每日办事有无一定时间？每月每年所办之事有无一定之报告？

（六）有监督权者，关于办事之人选任或解任时，是否必须出席（到场）或同意？

（七）关于困难事件不能解决，或办事者互相冲突，或与地方人起冲突时，有监督权者是否当为之处理？

（八）有监督权者关于办事款项支出时，是否当为之筹集？

（九）有监督权者关于办事人之尽职与否，如何稽查？

（十）关于办事人有不正当之行为发现时（谓不尽职及侵吞公款之类），有监督权者处置之法如何（如照数赔偿、罚金、退职之类）？

第五类　办事之责任

（一）办理前列各事宜有数绅士时，负同一之责任否？

（二）办理前列各事宜有数绅士时，其中一人经手之事，他之绅士同负其责任否？

（三）办理权限内应办之事而损害及于一般人，有赔偿之责否？

（四）办理非权限内应办理之事而损害及于一般人，有赔偿之责否？

（五）办事绅士因尽其职务致自身生损害时，有无补救之方法？

第六类　办事之功过

（一）办理某项事宜经若干年限着有成效者，有无奖励之法？

（二）创办某项事宜使地方将来受莫大之利益者，有无特别优待之法（如刻石题匾之类）？

（三）涤除历年积弊，俾地方公务日有起色者，有无特别优待之法？

（四）贻误公务致地方受损害者，有无惩处之法？

（五）破坏已成之局致公家无形之损害者，有无惩处之法？

第七类　办事之交替

（一）旧管理者当交替时，经手事件是否须造具清册，给付新管理者？

（二）旧管理者当交付款项时，对于新管理者系直接办理，抑呈官或凭众核算？

（三）旧管理者所经理之财产，当交替时，有极繁重（如积谷义仓之类）不便时核计者当如何清算交付？

（四）旧管理者之经手事件及款项或交代不清，新管理者不愿收受时，其处理之法如何？

（五）旧管理者于公共财产存储或借出不稳固时，交替后有无特别责任？

（六）旧管理者所经理之事至交替后，其损害始发生时，其责任归何人负担？

（七）办事绅士死亡时，经手款项亏累无着有责令其子孙赔偿者否？

十、湖南调查府厅州县行政上之沿习及利弊各类问题*

目　次

---

*　本件现藏于国家图书馆古籍馆（文津楼）。

第七类　对于地方行政上之沿习及其利弊

第一款　内务行政

第二款　司法行政

第三款　财务行政

第四款　教育行政

第五款　实业行政

第六款　军务行政

第七款　交通行政

第八款　外交行政

调查法制科第三股本省各府厅州县行政上之沿习及其利弊各类问题

第一　对于上级官厅（如州县对于府道以上，佐杂对于州县以上）**行政上之沿习及其利弊**

（一）紧要公文

（甲）凡上官之紧要公文发递各府厅州县，例如，排递或插翼，限日行几百里，以及各府厅州县（除省［首］城府厅州县言之）申报奉文日期并缴排单，向来各驿站有无遗失漏泄及迟延日期等事？

（乙）凡奉到上官紧要公文，向系如何先行禀知，如何从速办理，其一定之习例若何？有无迟延不办者？

（二）寻常公文

（甲）凡奉到上官寻常公文或汇卷（如学堂归入学堂卷宗），或遵办（如札发告示即时张贴之类），或只须具报奉文日期者，有无一定之规例？

（三）例行公文

（甲）例行禀报公文共若干类（如晴雨、粮债、户口数目及申报公出日期之类），系归旬报、月报、季报抑年终汇报？是否各有不同？报告系据实胪陈，抑由书吏查照旧案填写？

（四）有期限公文

（甲）上官饬办之件有明定期限者，是否刻期遵办？其实有不能如期竣事者，应如何先行禀请展限？其延缓逾期者，禀复时应如何声明？

（五）无期限公文

（甲）上官饬办之件未定期限者，大率若干时禀复？亦有置之不办并不禀复者否？

（六）各上级官厅派员查案或提案

（甲）凡上官派员至所属各地查办案件或催提某案，地方官向系如何接待供应？如何代为传集人证？如何会审？如何会禀？遇有本官应行回避案件，径归委员提讯者，书差如何拨派委员？提带人犯回省，沿途如何护送？一应费用由何项开支？有无送程仪之事？

（七）上官札委会办事件

（甲）凡上官因本地方或邻封有重大案件札委会办者，如何遵札办理？或有要故不能遵办者，向来如何处置？如何回覆？

（八）上官巡阅过境时

（甲）上官有时阅边过境，本官向系郊迎若干里，如何供张？

（乙）凡重要之事须得上官许可者，业经面禀或电禀或函禀，是否仍须备具正式公文？其函电可否据以存案？

（九）上级官厅同城时

（甲）凡与上级官吏同城者，其权限内应行之事关系重大，是否必须禀知请示，方能办理？

（乙）凡公事已面禀上官，及已经上官晓示者，是否仍须备文申送及照例晓示？

（丙）因公事禀见，是否仍候衙参之期？

（十）上级官厅不同驻所时

（甲）属吏驻所距上官甚远，遇重要事件，是否仍须赴上级官厅面禀，方能办理？

（十一）上官命令有异议时

（甲）凡遇或种案件，经上官批驳，仍具禀申辩；或上官饬行之事无从着手，禀请上官取消或暂须展限者（如命案驳回、证人远出、守提须时之类），向系如何办理？

（十二）禀牍应历之阶级

（甲）凡各府厅州县及州县以下各官于某种事，只须禀知该管上官，其应行通禀各上官者，又系何种事类？

（乙）凡各府厅州县及州县以下各官于某种事，除禀知承管该事上官外，其非承管该事之上官，亦应一律具禀否？

（十三）各种禀详册报之定式若何？

第二类　对于同级官吏行政上之沿习及其利弊

（一）交代

（甲）凡前后任当交代时，其一应交代事宜，向系如何办理？

（乙）有无旧任当交代之先，一应民词概不受理，盗案概不勘验者？

（丙）前任应解未解之款向，系后任代解，抑归前任之办理？

（丁）后任若系暂行代理者，其征收丁粮等项，系归代理者兼理，抑仍归前任幕友办理？向来办法若何？

（戊）前任经手未清之款，交代时应如何办理？

（二）知照武□捕盗

（甲）凡办理重要盗案须会营办理，向系如何知照？是否派差协同拿办？

第三类　对于邻封官厅行政上之沿习及其利弊

（一）转达公事

（甲）凡对于邻封官厅应有事件须护解、转解（如护解京饷、转解犯人之类）及转报者，向系如何行文办理？

（二）搜捕要犯

（甲）凡已知要犯之名姓、住所系邻封人，或非邻封人潜匿邻封境内，搜捕时对于隔省邻封、隔府邻封及本府本州邻封，向系如何办理？

（三）差提被告人

（甲）凡被告者系他县或他州之人，住居本境时，若欲差提传讯，对于邻封衙门系如何行文办理？

（四）通关查追财产

（甲）凡奉到隔省、隔府及本府、本州、邻封通关查取追缴财产公文（如掣骗财务、寄遁他处、抄掠在任贪赃者家产之类），向系如何办理？

（五）请邻封官审验案件

（甲）有某种命案，或监狱囚毙［毙］，或寻常重大案件，照例应请邻封官会验、会审者，其一应办法向来如何？设邻封官有要，故不能前来者，又如何处置？

第四类　对于下级官吏行政上之沿习及其利弊

（一）委收呈词

（甲）各府厅州县衙门，逢告期时，有本官因事不收受呈词，委属吏代收者，所委属吏向系不论实缺候补随意委任否？

（二）委验案件

（甲）遇有某项案件有时本官因事不能亲自赴乡勘验者，亦可委属吏代往勘验否？

（三）委代理员缺及差事

（甲）凡下级官吏仓促出缺，有由府或直隶州委员暂行代理者，其委任时系委前禀报上官，抑委后禀报上官？是否通禀？其委任属吏差事时，有无通禀之事？

（四）代拆代行

（甲）本官因公赴省或出巡，是否皆委属吏代拆代行？代拆代行遇有重大事件不能专主时，向系如何办理？

（五）委查各项案件及事务

（甲）有无关于或种案件及荒歉时，委属吏查明办理者，其委任之方式若何？

第五类　初莅任时行政上之沿习及其利弊

（一）关防告示

（二）阅监

（三）交号（有驿站地方）

（四）阅城

（五）点卯

（六）考代书

（七）放告

（八）查钱粮仓库

以上例行公事，凡地方官莅任时，均系照一定之习例办理否？此外，尚有何项例行公事为莅任所必不可缺者？有无例行公事之外，体察民间利病为改良之计者？

第六类　对于官厅内外服公务者行政上之沿习及其利弊

（一）幕友

（甲）署内幕友职务向皆专司其事，有无兼司其事者？幕友办理公事，除刑名外，有无由各房科送稿者？

（二）承启官

（甲）有无革除门丁，改用承启官者？其利弊比较若何？

（三）家丁

（甲）署内有用家丁管理公事者（如稿签、税契、钱漕等类），其名目有几？每项约几人？

（乙）家丁管理公事取受规费已成沿习，其规费向系何种名目？

（四）书吏

（甲）书吏向分若干科，其各科承办之事，该管官可以随意变更否？

（乙）招充书吏与革退书吏有无注册除卯之习例？

（丙）书吏之舞文弄法者，其惩处之法若何？

（五）差役（甲）差役共分若干类（如粮差、三班、捕快之类）每衙署共用若干名？

（乙）差役工食由何项提给？有无白役专恃差役为生活者？

（丙）差役种种不法行为，至重与至轻之惩治若何？

（六）护从人

（甲）官吏出入护从人各若干名？有无定额？工食归本官自行发给否？

（七）官价买物

（甲）官署与特种商民交易，有无定价（发官价）之习例？

（八）征收物品

（甲）官吏于正课粮饷外，有无征收物品之事？

第七类　对于地方行政上之沿习及其利弊

第一款　内务行政

（一）警察

（甲）各地方设立警察，是否照章办理？抑就旧有之保甲团练及亲兵护勇改充？

（乙）办理警察有无一定之办公所？

（丙）警察地段是否分区隶于分局？每区若干里共局？区若干？需用人数若干？

（丁）巡查服务是否设有跕□处所？

（戊）巡警官及巡查共若干人？一应薪资用费如何？筹划有无指定之常款？

（己）巡警官及巡查有无资格限制（如巡警官必须警察学堂毕业生，巡查必经教练之学兵之类）？权限如何规定？其录用及迁升之法若何？

（庚）警务办事人员是否兼用绅士？

（辛）警察所管辖之民事与地方官权限责任如何区别？

（壬）公共饮用之河川，洗濯衣物及岸上堆积污秽，警察有无禁止之法？

（癸）街市堆积污秽及臭味熏蒸之所，警察有无清洁之法？

（子）演唱淫词淫戏及僧道恶化、江湖流丐强索钱物者，警察有无禁止之法？

（丑）凡犯违警罪者，是否依民政部奏定章程处罚？

（寅）凡所科违警罪之罚金，是否即作办理警察公费？抑作别项开支？

（卯）水上警察已设立否？其设立者一切办法若何？未设立者有无组织之预备？

（辰）办理警察之地方人民，获实行保护之利益否？其效验若何？

（巳）各处巡查有无与营勇人民冲突之事？

（二）工程

（甲）境内有无何种最大工程？向来办法若何？

（乙）公益营造（如修城池、建学堂之类）有无征役民夫之惯例？

（丙）有无设立工程局专司工事者？其办法若何？

（丁）增筑堤防、疏浚沟渠是否皆由地方官督饬办理？

（戊）地方工程其有的款与临时筹款者，孰居多数？

（己）凡极险恶之滩，有无由官筹款开浚者？其办法若何？

（庚）重大工程向系委官办理，抑谕绅办理，或官绅合办？

（辛）境内何项工程应于竣工后造具报销清册，禀报上级官厅派员勘验？

（壬）时遇荒歉有无以工代赈者？

（癸）地方上办理各项工程有无各种积弊？

（三）保息

（甲）一切慈善事业（如育婴堂、保节堂、孤贫院之类），由官经理者，其办法若何？

（乙）濒河濒湖之地，有无救生局所？一切章程若何？

（丙）义仓存谷至多至少约若干石数？是否春散秋敛，实储在仓？

（丁）义仓是否委绅士办理？有无一定办事规章？每年如何清查？设有侵蚀及领谷不还者，应若何追缴？

（四）宗教

（甲）僧官、道正、巫师是否由地方官任命？其任命之方式若何？

（乙）僧道巫师教规是否由地方官核定？

（丙）僧道巫师散居本境，年终有无清查之法？

（丁）古寺［寺古］庵观庙宇有无保存之法？并有无改为学堂及公所者？

（五）其他之行政

（甲）境内户口共计若干？有无确实可查之簿册？

（乙）调查户口系用何种方法（如沿门调查之类）？有无专司稽查之人？

（丙）调查户口表册，其式样及填写若何？

（丁）清查户口每年有无定时？

（戊）调查户口费用系有特别的款，抑临时筹集？

（己）田土数目有无簿册登记？其办法若何？

（庚）有无官地官荒？向系如何处置？

（辛）各地方图志约若干年修改一次？有无一定之经费？现在编订体例是否变更？

第二款　司法行政

（一）通常民刑诉讼，除府厅州县衙门受理外，其下级官厅亦得行司法裁判权否？

（二）公堂审判时筹用吏役若干类，其堂式如何布置？费用（如铺堂检场各名目）有无定额？

（三）代书经地方官考取始可充当，其收受报酬有无一定之金额？

（四）仵作以何法考验后始可充当？

（五）相验尸场是否只以仵作填报为凭？

（六）状纸是否仍用格式，抑用正副白纸散呈缮写？其用格式者，每纸征收钱文若干？

（七）地方官接收呈词，是否按定告期批发？有无书吏匿不张挂，须原被告出费向各房抄写之事？

（八）批示期限民事与刑事有无迟速之区别？

（九）传讯原被告、缉捕犯人向来办法若何？

（十）调查犯罪事实向系如何办理？

（十一）差役下乡传集人证有无一定之口食？其沿用之法若何？

（十二）命盗案件事主因伤致死，相验时是否扛尸来验，抑到场相验？

（十三）凡地方官下乡勘验案件，随带吏役仆从（如刑房仵作、亲兵等类）若干，事主有无何种供应？向来习例若何？吏役人等有无借端需索之弊？

（十四）相验死伤回署仍否沿用排衙之习例？

（十五）命盗案件有无凶犯已获，仍需拘定缉凶？初报获犯通详审拟招解之，次第办法及限期已迫，有无捏报监犯患病之习例？

（十六）有无纵释凶犯，照例开列初二三参职名及参限已满，另册存记之习例？

（十七）招解定拟犯人之费用（如发兵护解、长解、短解犯人，往来川资之类）有无定额，系由何项支给？

（十八）人命案件有无暗授意旨，使丁役代为和解之习例？

（十九）审讯初犯与累犯有无何种区别？

（二十）为田地争讼，非丈量踏勘不能判决者，值农忙时有无展期踏验之习例？

（二十一）例定刑罚沿用者，以何种为最多？

（二十二）沿用之非刑种类有几？名称形式若何？

（二十三）刑事案件有无施行纳金赎罪之事？

（二十四）有无重罪临时杖毙或站毙之事？

（二十五）审理案件是否停止刑讯？

（二十六）监狱以外有无容留犯人及暂押候讯者之所（如自新所、待质所等类），其名称办法若何？

（二十七）凡习艺所、自新所等处，是否分科课艺？制造物品有几经费，如何筹集？监守人员若干？收放犯人有无限制，其他一应办法若何？

（二十八）监狱是否改良？其办法若何？

（二十九）监狱内男女拘留地有无区别？

（三十）有无以永远监禁之犯人充当禁卒者？

（三十一）禁卒虐待犯人有无惩处之法？

（三十二）有无未定罪名犯人而收监者，其原因若何？

（三十三）监犯口食每月发给若干？禁卒有无克扣？

（三十四）监犯除口食外，有无临时之恤赏（如夏季施荣、冬季施衣之类）？

（三十五）有无设立官医疗治监犯疾病之规例？

（三十六）监犯恪守规则，有改过自新之行为者，其奖励之法若何？

（三十七）监犯屡犯狱则（如毁坏狱舍器具，对于他囚或加侵侮或为暴行胁迫之类）有无惩罚之法？

（三十八）监犯接见亲友及其亲友寄入之物，应归何人检视？有无限制之法？

（三十九）典狱官每日亲往狱内检查否？有狱上官是否亦常川巡阅？

（四十）监犯逃走后如何设法缉捕？禁卒人等如何惩治？并有无饰报之惯例？

（四十一）遇水火震灾时，有无特别处置囚人之法？

（四十二）妇女案情稍重者，是否俱押官媒？

（四十三）对于某种人（如地痞讼棍之类）有无招告之习例？

（四十四）封印期间内，通常受理词讼否？

第三款　财务行政

（一）境内租税共有若干种（如地丁、屯粮、漕粮及一切例应征收者）？以何项为大宗？每年共计若干？

（二）地丁、漕粮向系由本官自征自解，抑由书吏包征包解？包征包解者有无浮取欠解等弊？

（三）民间通赋是否先行裁券，责成书役垫解，准其按户追偿？追偿时有无需索浮收等弊？

（四）完纳丁粮以钱折算，各地方是否定有价额？抑自行酌定或禀请上官酌定？

（五）征收上下两忙，如于上忙时并将下忙完纳者，有无折扣优待之法？

（六）征收上忙时，有无宽限某等花户，至下忙一并完纳者？

（七）正课以外之各色杂费（如火耗、粮票之类）名目有几？其费额如何规定？

（八）催纳丁粮之方法若何？

（九）有粮册户名未销而多年不完纳者，向来如何办理？

（十）有无失产已久（如田地被水冲洗崩塌之类）而粮册户名未销，其原业户子孙仍完纳空粮者？

（十一）有无滩淤多年已成城厢市镇而粮单相沿未改，仍收渔课芦课者？

（十二）有无滩淤田地多年未经丈量升科者？是否书役得贿包庇隐匿不报？

（十三）被水之区报灾请勘，有无附近未经被灾田地业户贿通书吏任意飞洒，希图豁免钱粮而灾户转未邀豁免者？

（十四）豁免丁粮其事类有几？

（十五）带征丁粮每年带征几成，约几年征清？

（十六）有无户易而籍仍存，役免而费仍缴者（如从前军田私售民家，凡几易主而仍军家之籍，卫屯粮船久发而仍完纳军粮之类）？

（十七）田地买卖需推科过割，向由何人经理其事，办法若何？

（十八）有无或种公费由前后数任摊派之习例，向来如何办理？

（十九）税契是否皆由胥吏经手，有无措勒需索之弊？

（二十）地方官于交卸时，有无搜罗匿税旧契、私用县印、减轻税价（如小税放炮等类）之习例？

（二十一）契价与卖价不符及契据成立后久不税契者，查明时有无处罚之法？

（二十二）各地方牙捐局是否员绅并用，有无征多报少及指上行为中行，中行为下行情事？

（二十三）各商请帖其上中下三行大率以何种商业区分之？

（二十四）各牙商捐纳之款分别上中下三则以何者为标准？

（二十五）改收牙商岁捐以后，查帖验帖等规费是否尽行革除？

（二十六）各地方局卡（如厘卡来捐局之类）主任其事者，有无一定更替之年限？

（二十七）各地方局卡分司其事者，共若干人，名目有几？

（二十八）各地方局卡查验货物，向委何人办理？征收厘税是否按照定率？有无需索留难等杂事？

（二十九）局卡征收货税之人，有无上下其手（如以多为少、以少为多之类）情事？

（三十）有无不应征税之物（如零星货物，非税则所应征收者）借词讹索等事？

（三十一）地方杂税（如烟酒糖税之类）共有若干种？征收之法若何？

（三十二）征收杂税款项有无未经禀报上官者？

（三十三）有无特种商业（如硝行、米行之类）及或种执业（如渔业、工业之类）征收税课者？

（三十四）丁粮每年申解及存留项下坐支者各若干？

（三十五）每年申解契税、留存本署办公经费及酌提地方公费，向来办法若何？

（三十六）杂税名目有几？征收之法若何？

（三十七）应解上官年节幕友房科［科房］办公经费额定若干？由何项支给？

（三十八）生员廪膳银两现在仍否照例由教职官印领转给？

（三十九）经上官饬提饬拨之款，有无历任未经缴完者？

第四款　教育行政

（一）各地方除设立学堂外，其他教育机关（如劝学所、教育分会之类）曾否设立？其办法若何？

（二）旧有之书院若干所，现在如何处置？

（三）公立私立各学堂，地方官是否于每学期或年终亲往考察？

（四）禀官立案之学堂，经费不敷时，地方官如何补助？

（五）出外游学者（如在外洋、京师、省城各学堂肄业之类），原籍地方官有无资助学费之事？

（六）中学堂学生系由按级递升，抑系另行招集程度相当者？

（七）各学堂学生有无划一之冠服？其服装奇邪者曾否禁止？

（八）各学堂教科书于学部审定各种外，有无教员自行编纂者？

（九）中学堂照章应添法制、经济两科，是否添讲？

（十）各学堂毕业，有无比照部章缩短期限者？

（十一）各学堂于奖励罚规是否照章实行？

（十二）教授管理及各职员，其热心实力已居保奖年限者，曾否照章实行？有无以加薪为优奖之特例？

（十三）各学堂名额是否乡城分摊？招考取录是否按照分配？

（十四）半日学堂及实业讲习所是否城乡均经设立？办法若何，有无成效？

（十五）各学堂一切办法有无于定章外变通偏重之处？

第五款　实业行政

（一）凡关于地方各种实业（如与水利、劝农桑及工商各业之类）有无奖劝之法？

（二）关于地方农业有无一定期间，遣派吏役报春课耕之事？

（三）地方患水旱蝗蜩，地方官祈祷驱除，向系如何办理，并有无捕蝗之善策？

（四）有无伐蛟之善策，向系如何办理？

（五）凡境内有无田禁、谷禁之规例？

（六）凡境内荒芜之地，有主者应如何勒令开垦？无主者向系如何办理？

（七）凡境内有采掘磺产者，约束磺丁、收取磺税有无一定之规章？

（八）田牧渔猎各业有无规定之章程？

（九）有无官办之各种试验场（如农业试验场之类）？

（十）各地方有组织种植公司扩张林业者，其办法若何？有无保护之规章？

（十一）凡地方产茶最富者，是否设有茶叶公所，有无保障？让茶叶章程征收茶税，每年如何办理？

（十二）本地制造之物分若干种，有无减轻出境税之例？

（十三）有无发明新式制造之物，呈报劝业公所予以专卖权者？

（十四）制造爆发性之危险物（如硝磺火药之类）及各种武器，有无监督限制之法？

（十五）向来栽种罂粟之地，是否□禁，改种他项物产？其收效若何？

（十六）各地方所用之度量衡是否划一？地方官有无鉴定检查之规例？

（十七）地方官关于境内之典商、钱业商有无保护及限制（如典业须同业担保，钱庄用纸币须用连环保之类）之法？

第六款　军务行政

（一）各衙门护勇共若干名？能兼资缉捕否？

（二）招募团勇向来如何办理？是否足资防卫？

（三）地方患卫繁有无禀请派队驻防之办法？

（四）城守兵丁有无处报名额？平日是否训练？遇有紧急能否恃以守制？

（五）时届冬防，是否增兵加紧巡缉？

（六）勇营驻讯有无一定期限？

（七）遇遣散兵勇过境时，防范护送向来办法若何？

第七款　交通行政

（一）驿站系派何人管理？每站马夫如何编制？

（二）每站用夫若干名，马若干匹？其草料支销书目若干？

（三）有无马匹不足役，及民马驿夫不足派及民夫之弊？

（四）有无每年朦报驿马倒毙之弊？

（五）各驿站每年支销款项，系按月、按季、抑年终汇册详报？

（六）河梁泛滥壅塞有无疏通宣泄方法，其费用何出？

（七）通行桥梁建筑或修理时其经费如何筹集？监理向系何人？

（八）通行道路有无按时修理之规例？

（九）有无大河大川必须设立渡船浮桥以济行人者？其经费如何筹集，向委何人办理？

（十）已通行轮船、火车、电线、邮政及建筑铁路之处，地方官保护之方法若何？

（十一）阻碍交通者（如通衢或桥梁摆设货摊之类）有无禁止之例？

第八款　外交行政

（一）各地方教堂保护之方法若何？

（二）教堂房屋、教士教民姓名、人数，每年造册呈报，是否确实？

（三）教堂置买房屋，有笼买朦税及契载与约章不符者，向系若何办理？

（四）凡遇教民平民争讼，传提判断，是否两造一律办理？

（五）各地方教士如有违反条约之行为（如干涉诉讼之类），地方官向系如何办理？

（六）凡外国人到本境游历者，其接待保护之法向来若何？

十一、湘省局所归并之会议*

湘省自治筹办前有并入全省财政公所之说。日前，各大吏特行会议，金以开会，既缩短年限，则筹备自治一切事宜均应提前赶办。而财政公所为全省财政之总汇，事务殷繁，似难兼并。嗣经某大僚建议，谓财政公所万难归并，不若以调查局并入自治筹办处较为妥协，既可节省经费，性质亦复相宜，诚为一举两得云。

---

* 本文引自《申报》宣统二年（1910 年）11 月 28 日，第 3 版。

第三章
馆藏湖南民事习惯报告书

【按语】《司法公报》第 232 期之《各省区民商事习惯调查报告文件清册》分三类，即"民事习惯调查报告文件""商事习惯调查报告文件""附属文件"，详尽登载了各省区上报之文件清单。有关第一类民事习惯调查报告文件的说明是：本类所列民事习惯调查文件除安徽一省外各省均有报告，共计八百二十八册；查安徽省位置冲要，比诸新疆可谓远甚，而调查独缺，析疑其或有报告，惟因多年未加清理，遂至散佚亦未可知；至三特别区域，清时尚无此制，故缺合并说明。其中，湖南省呈送民事习惯调查报告者四十处，六十三册，均系问答体。第二类商事习惯调查报告文件亦有说明：本类所列商事习惯调查文件仅有直隶、江苏、浙江、福建、湖南、四川、广东、广西、贵州、奉天、吉林等十一省，共计五十三册，其余各省均查所缺；诸省如山东、安徽、江西、湖北、云南、黑龙江者，所辖境内皆有重要商埠，而商事习惯之调查亦无片纸只字足资考镜，可谓缺憾；再三特别区域清时尚无此制，故缺合并说明。其中湖南省呈送商事习惯调查报告计有六册，系由该省调查局编印，均用陈述体所立，编章节目甚为详细，末附商业条规计十二种，约占六分之四。第三类附属文件辑录的是诉讼类报告：本类所列附属文件，除法律馆调查江苏省民事习惯文件八种不计外，其余直隶、广西、吉林所报诉讼习惯共计四册，杂以刑事者半，关乎民商事者亦半，或亦有足录者，故列为第三类云。其中湖南省没有记录。

湖南调查局呈送之民事习惯调查报告凡四十处六十三册，包括：安化县调查民事习惯报告一册、衡山县调查民事习惯各问题报告书一册、湘阴县调查民事习惯报告书一册、湘阴县民事习惯报告书（全）一册、宁乡县调查民事习惯问题报告书一册、道州调查民事习惯问题一册、道州民事习惯报告书（全）一册、龙阳县（今汉寿县）民事习惯报告书（人事财产部）二册、常德府龙阳县调查民事习惯问题报告书（上中下）三册、善化县民事习惯报告书一册、长沙府善化县民事习惯报告四册、湘潭县民事习惯报告书一册、临湘县民事习惯报告书一册、醴陵县民事习惯报告书一册、益阳县民事习惯报告书一册、武冈州民事习惯报告书一册、武冈州统计处调查民事习惯报告书三册、长沙县民事习惯调查报告书一册、衡阳县民事习惯报告书（人事财产部）二册、衡州府衡阳县调查民事习惯各类答案一册、平江县民事习惯报告书一册、湘阴县民事习惯报告书一册、石门县民事习惯报告书二册、岳州府华容县调查民事习惯报告书一册、澧州直隶州安乡县 调查民事习惯问题答案（上下）二册、辰州府泸溪县造具调查民事习惯报告答复册一册、嘉禾县调查民事习惯问题一册、绥宁县调查民事习惯报告书一册、宁远县民事习惯问题答案一册、宁远县民事习惯报告书［人事部、财产部（缺）］一册、桃源县呈造调查民事习惯问题册一册、桃源县民事习惯报告书（全）二册、会同县民事习惯报告册一册、凤凰直隶厅呈造调查民事习惯问题册二册、永明县（今江永县）民事习惯报告书一册、郴州直隶州宜章县造呈调查民事习惯报告清册一册、永顺府龙山县调查民事习惯问答一册、州府零陵县调查民事习惯问题报告书（甲乙）二册、永绥直隶厅调查民事习惯问答报告册一册、城步县民事习惯报告书一册、浏阳县编订调查民事习惯问题报告书一册、浏阳县民事习惯报告书［人事部、财产部（缺）］一册、武陵县民事习惯报告书一册、清泉县（今衡南县）民事习惯报告书全一册、晃州厅民事习惯报告书［人事部、财产部（缺）］一册、古丈坪厅民事习惯报告［人事部、财产部（缺）］一册、临武县民事习惯报告书［人事部、财产部（缺）］一册、茶陵州民事习惯报告书［人事部、财产部（缺）］一册、保靖县民事习惯报告书［人事部、财产部（缺）］一册。

值得注意的是，按照宪政编查馆的设计，民商事习惯调查应由各省调查局法制科第一股负责，然而武冈州呈送的三册《调查民事习惯报告书》却是由统计处完成的。统计处与调查局同出一源，但二者有着明确的分工，职能大不相同。[1]设立统计处之初衷，乃是为刊行统计年鉴，使中央准确掌握各

---

［1］ 据"宪政编查馆奏请各省设立调查局等折片咨文"载："着各部院设立统计处，由该管堂官派定专员照该馆所定表式，详细胪列，按期咨报，以备刊行统计年鉴之用……我国统计之学，萌芽方始，加以名称繁杂，册报参差，根于习惯者，既当求画一之方，涉于弊混者，尤应求真实之象。尤宜规彼成式，逐渐求精，然后分门编辑，为统计年鉴之刊，庶不致全涉影响之谈。而可获参观之益。""宪政编查馆奏请各省设立调查局等折片咨文"，载《黑龙江公报》1907 年第 1 期，第 1~3 页。

地实际情况，以辅助清末新政之实施。统计处本没有开展民商事习惯调查的职能，但从武冈州的情况管中窥豹，可知在实际操作中，一些地区的调查局与统计处并非双轨并行，而是存在工作交叉的情况。究其原因，笔者推测碍于基层人力财力短缺及调查时间紧迫两方面因素，部分基层州县不得不整合人力资源，以确保如期完成本地的民商事习惯调查。

但《湖南民事习惯调查报告》未见整篇，可能散失，目前仅南京图书馆藏有少数州县报告书，如《湖南善化县民事习惯报告书》（含人事部、财产部）、《湖南道州民事习惯报告书》（含人事部、财产部）、《湖南湘阴县民事习惯报告书》（只有财产部）、《湖南长沙县民事习惯报告书》（只有人事部）等。此外，还有桃源、衡阳等地的民事习惯报告书截至本书完稿时尚未对公众开放。笔者颇费周折，亦耗时耗力从南京图书馆抄录了上述四个州县的原始文献，业已整理勘校，以飨读者。

一、湖南善化县人事部财产部民事习惯报告书[*]

（一）调查民事习惯人事部各类目次

目次

第一类　人

第二类　户籍

第三类　失踪

第四类　代理人

第五类　宗族

第六类　婚姻

第七类　子

第八类　承继

第九类　家产

第十类　遗嘱

---

[*] 本件现藏于南京图书馆，索书号：GJ/EB/357416。

第一类　人

一、人自出生后即能享应得之权利否（如小儿出世即能承继其父产业之类)？

答：父业子承，能享应得之权利。

二、胎儿亦有权利能力否（如胎儿之父为乙戮杀，至胎儿出生后无人抚养，即受无形之损害，则对已有要求损害赔偿之权利之类)？

答：胎儿亦有应得之权利，有无能力惟视保护人为准。

三、未成年者与他人为重要行为时，是否必须父母许可？

答：必须禀命父母。

四、未成年丁者经父母或代理人之许可而为营业时，其行为是否与成年丁者有同一之效力？

答：既经许可营业，与成丁者同一效力。

五、未成丁之人与人有借贷行为，父母或代理人当代为偿还否？如其父母或代理人不允偿还，未成丁者于成丁后是否当然偿还？

答：未成丁之人与人有借贷行为，母或代理人可不承认偿还。本人成丁后当然偿还。

六、心神丧失（如疯癫白痴之类）者或浪费者与他人有交涉行为时，是否作为有效？

答：作为有效。

七、心神丧失者或浪费者，其家属当预为声明，其声明之法如何（如禀官存案及通贴广告之类)？

答：心神丧失之人或浪费者家属于门前贴一广告。

广告式

某某家有某，素有心疾。如在外赊欠银钱、货物等项，望诸君切勿发给。特此奉之，以免日后钱无着落。

特

白

八、他人不知其心神丧失，而与之有交涉行为时，既知之后是否可以作废？

答：应当取消作废。

九、心神丧失者或浪费者对于他人有交涉行为时，有无限制方法？

答：并无限制方法。

十、心神丧失或浪费者被人引诱为不正行为（如嫖赌之类），失去至巨之财产时，父母或代理人可否向引诱人追还？其未给付者可否作罢？

答：可向引诱人追还。未给付者可以作罢。

第二类　户籍

一、清查户籍之方法若何？是否由团保按册填注？

答：城厢由巡警调查，乡间由团保调查，均系按册填注。

二、各户户主是否皆以尊长充当？

答：皆以尊长充当。

三、不知来历之人（如道路弃儿，掠卖之婢仆等类），约以何人之籍为籍？

答：以收养依靠人之籍为籍。

四、取得重籍之人（人有两籍之类），究以何籍为定？

答：以所住地方之籍为定。

五、随母改适外籍之人之子仍得列入本地户籍否？

答：仍归本地，可得列入本地户籍。

六、外籍之人为本籍人赘婿招夫养子者，得列入本地户籍否？

答：不得列入本籍。

七、因前项事既得占籍者，旋因离婚或离缘（如养子归宗回籍之类）转入他籍，嗣应仍准回复所占之籍否？

答：亦可回籍。

八、有无从教之人当居住本地时（如入回教、耶稣、天主教类），必须出籍之习例？

答：从教之人尚有出籍之习例。

九、外属或外省流寓者，已置有不动产（如山林田宅之类），须住居本地若干年始得入籍，其入籍时有无特别限制（如捐金之类）？

答：从完粮日起，扣足二十年，取销原籍。呈请入籍已满六十年者，准其入籍，其入籍时并无特别限制。

十、外来执业不正（如娼优隶皂之类）之人，准其入籍否？

答：如知其执业不正，必不准其入籍。

十一、不能自立一户之人（如流民乞丐之类）准其入籍否？

答：准其入籍。

十二、地方公事有无限制外籍人不管理及与闻之例（如不得充当董士、团保之类）？

答：外籍人可以管理及与闻。

十三、未入籍者，于地方上公益之事（如修筑道路桥梁之类），亦须尽捐输之义务否？

答：外籍人尽捐输之义务者颇多。

十四、地方公共财产以慈善为目的者（如恤贫育婴之类），外籍人亦得享有救济之利益否？

答：与本籍人同一享受。

十五、有无本地不动产（如山林田宅之类）不许本籍人出卖与外籍人之习例？

答：本地不动产无不可卖与外籍人之例。

十六、新立学堂有无不许外籍人肄业之习例？

答：本邑学堂不许外籍人肄业；官立初等小学堂则许外籍人肄业。

十七、丧失国籍之人（如归化外国之类），尚能取得本地户籍否？

答：现无丧失国籍之人，故未有规定。

十八、寄籍外属或外省之人，得随时回复原籍否？其回籍时有无某种限制？

答：得时回复原籍，并无或种之限制。

第三类　失踪(久出未归生死不明者谓之失踪)

一、生死不明之人，自断绝音信之日起隔若干年，其家属可于门牌或保甲册内注明其失踪？

答：生死不明之人，无论若干年，家属于门牌册内只注明外出，并不注明其失踪。

二、失踪之人无父母、妻子，其所有之财产是否归其宗族管理？

答：应归宗族管理。

三、失踪者无管理其财产之亲族，所有财产应如何处分（如归宗祠或分配其亲戚之类）？

答：归宗祠管理。无宗祠则捐入慈善事务。亦间有分配于其亲戚者。

四、失踪者之财产归其宗族管理时，管理人对于其财产是否可以随意处分？

答：应代为保存，不能随意处分。

五、失踪者失踪后，其父母遗产经其兄弟分析，其应归失踪者之一部分是否必须代为保存？

答：必须代为保存。

六、失踪者失踪时，其子女已成立，自断绝音信之日起，须待若干年始可完娶或出嫁？

答：随宜婚嫁，不拘年限。

七、失踪之父母只此一子失踪后，须若干年始可收养他人为子，有无一定之习惯？

答：无一定之习惯。

八、夫为失踪者，妻须若干年后方可改嫁？是否须经官经照为凭？

答：照例，夫逃亡五年不归，其妻得告官改嫁，无须另给凭照。

九、妻为失踪者，夫须若干年方可另聘或另娶？

答：查知之中确信，可以随时聘娶，不拘年限。

十、失踪者之财产业已归公或被管理人经手散失，失踪者年久复归，得请求回复原有之财产否？

答：得请求回复。

十一、失踪者年久复归，回复其财产之后，前之代管理财产者无过失是否当予以报酬？

答：当予报酬。

第四类　代理人

一、孤儿、未成年丁之人父母死亡，其代理人由何项人充当（如亲族戚属之类）？

答：由族戚之至亲者充当。

二、亲族或戚属为代理人，其代理权限有无限制？

答：代理人之权限，必实系本人应为之事、应用之财，方可代为处理，不能漫以己意，有所施为。

三、充当代理人者有无一定之资格？

答：无一定之资格，以老成信实慈善之人为合格。

四、心神丧失者或浪费者若无父母，其一切财产应由何人代为处理？

答：妻子兄弟皆可代为处理。

五、夫为心神丧失者或浪费者，妻得为其代理人否？

答：妻得为代理人。

六、代理孤幼未成丁者，与心神丧失或浪费者之行为时，其权限有无差别？

答：有别如孤幼未成丁者应课读，应婚配时则为之婚配。俟其成丁之年，即交本人自理。心神丧失或浪费者，则与之医药，防其浪费，必俟其病愈时，方交本人自理。如其病终不愈，则须永久代理，无可息肩之时。

七、代理人之一切代理行为是否须与本人同意？

答：须与本人同意。其孤幼与心神丧失无意识者则不必同。

八、代理人对本人之不动产或重要之动产，必须变更者，本人幼弱或智识不能判别利害时，代理人是否未行抑须商之本人宗族或成戚属？

答：必商之本人之族戚，不能由代理人专行。

九、心神丧失或浪费者，不得代理人之同意而为重要财产变更时，代理者得行取消（取消即作废之意）否？

答：代理者有得行取消之权。

十、他人不知其为心神丧失或浪费者，而与之有交涉事件，代理者得为取消否？

答：代理人得为取消。

十一、代理人遇有不得已之事故（如疾病或远行之类），得请他人复代理否？其请他人复代理时是否须本人认可？

答：得转请他人复为代理。但其人须经本人认可，方可充当。本人幼弱或心神丧失无意识者，族戚多人认可方可充当。

十二、代理人因处理代理事务，故使本人受损时，本人得向其请求赔偿或取消其所为否？

答：已成者得请求赔偿，未成者取消其所为。

十三、代理人因处理代理事务，致自身损害时，本人是否应任赔偿之责？

答：为人受害，本人自应任赔偿之责。

十四、代理权因事实消灭（如孤幼已成丁及疯癫者病愈），他人不知而与之有交涉事件认为代理本人时，本人应为承认否？

答：代理权既经消灭，不能再以代理之名义与人交涉。他人不知而与之有交涉，如有过失，则在代理人，本人不能承认。

第五类　宗族

一、族中订立族规，是否由族众公议，族长订立有无禀官存案者？

答：必由族众公议，经其族长订定。亦常有禀官存案者。

二、祠堂奉祀，木主其位次，昭穆有无大宗小宗之分？

答：按昭穆之派次为序。因位数甚多，大宗之下有小宗，小宗之下又有大宗，故难以宗法区分。

三、宗祠祭祀，主祭陪祭例应何人充当？

答：以长房之长主祭，族长陪祭。其长房无后，或品行不端者，则以贵者主之，或以读书习礼者主之。

四、抚养异姓之子，可否入祠主祭陪祭？

答：异姓之子不得入祠主祭。

五、新认远代之同族，其余族内享受权利及负担义务是否同一？

答：既确认为同族，则无论新旧远近，其权利义务皆同。

六、族人准否为异姓之承继，异姓之后于本宗尚有关系否？

答：承继异姓为后，族人所不准。有之，则于本宗之关系已断。

七、承继异姓之人悔继后，尚许其归宗否？

答：许其归宗。

八、充优隶及有其他之不正行为者，族中有无禁止之例？

答：虽有禁止之例，而无禁止之法。

九、违背族规者，其最重之处罚若何？

答：族规之处罚最重者，出族而已。

十、处罚违背族规之人，是否预订罚规抑临时公议？

答：家族罚规预先订定，其有未尽事宜，临时公议。

十一、处罚族人有无禀官立案者？

答：有禀官立案者，亦有送官惩办者。

十二、被处罚出族之族人，后经改过尚许归宗否？

答：改过自新，尚许归宗。

十三、关于族中各人身份行为（如生死、承继、兼祧、悔继、归宗之类），是否立簿登记？有无特种登记须出费用者（如生子登记则需费之类）？

答：关于族中各人身份行为，间有用生生簿、犹生簿登记者，并无特种登记之费用。

十四、族中族长系依行辈年齿递推，抑系族众公选，其选法若何？

答：依行辈年齿递推，亦有公选齿爵较尊或品学优长之人以为族正者。

十五、族中有事，会议是否由族长邀集？

答：由值年之族长邀集。

十六、族中与他族诉讼，是否由族长出名？

答：或由族长出名，或由族中有名誉人出名。

十七、族人争讼是否经族长或族众处理不谐始得起诉？

答：须由族众处理，不谐然后起诉。

十八、族长不孚众望可否由族众另选？

答：族长系由行辈年齿递推。虽不负众望，亦不能不称为族长。惟族长之经理祠事者，如不负众望，得由族众另选。

十九、族长经理族中事务，有无一定报酬？

答：此系应尽之义务，无所谓报酬。惟在富饶之族，亦间有议给薪水者。

二十、族长侵蚀公费，有无处罚之规则？

答：应行处罚。惟所订规则，各族轻重不同。

二十一、同姓不宗之人可代任族长否？

答：不得代任族长。

二十二、抚养异姓之人得为族长否？

答：不得为族长。

二十三、曾受国法之处分者得为族长否？

答：族长系由行辈年齿递推，虽曾受国法之处分，亦不能不推为族长。

二十四、族中公产如下列各种款项，如何筹集？

答：筹集办法如下：

墓田：以祖之膳养置墓田。

祭产（时祭生祭忌辰祭）：以墓田为祭产。

谱牒产（以供修谱牒之用者）：以抽丁费为谱牒产。

预备整修祠款：以祭产之余为整修祠款。

设立同族学堂款项：以祭产租入积为族学款项，间亦有捐款集成者。

赈恤款：以族众捐输为赈恤款。

族约会款：以向有常年经费为族约会款。

族内各会款项：以租入充足为各会款项。

二十五、经理公产之人，是否即系族长责务，抑另由族众公举？

答：由族众公举。族长亦可在举之列。

二十六、公举经理公产之人，由族长监督抑仍由族长监督？

答：并无监督名目。惟经理不善，族众族长皆得议之。

二十七、经理公产之人，有无一定任期及办事权限？

答：以一年一轮或三年一轮。其权限除祭祀、修祠、扫墓、赈恤、约会各事外，其余谱牒、族学之权不在此限。

二十八、经理公产之人须有一定资格否？

答：以殷实老成人为合格。

二十九、族中公产如何使用收益？系经理人专主，抑须得族众之同意？

答：通常使用收益，皆由经理人专主。如有特别之使用，为数甚巨者，须得族众之同意。

三十、族中公产有永远不许典卖之例否？

答：多有永不许典卖之例。

三十一、独立捐出多金，充公产者（如兴学修祠墓之类）得享特别利益否？

答：只有专主之权，并无特别利益。

三十二、经理人滥用或吞蚀公款，应人赔偿之责者，设已死亡，其承继人仍负责任否？

答：承继人不负责任。如本人遗有财产，承继人当代为赔偿。

三十三、应受公产抚恤之人有几？其受抚恤而成立者应尽特别义务否？

答：鳏寡孤独废疾应受抚恤。其成立后并无应尽之特别义务。

三十四、管理公产有公立规章，以资遵守者，其规章之书式若何？

答：公立规章书式列下：

一管理公产之人，所有粮饷务须年清年款，不得遗欠。田庄、屋宇务须修理清查，不得任其侵占。

一管理公产之人，所有经手一切银钱、出入款项，于每年冬至日凭众核算，注明于簿。其有侵蚀者，得向管理人赔还。

一管理公产之人，不得将其银钱借与族众。族众亦不得向管理人支借分文。

一管理公产之人，不得将公产挪作私用。

一管理公产之人常年支领办公经费若干。

一管理公产之人务须遵守规章，所有佃租不得混取混发，致滋流弊。

一遇有未尽事宜，日后可以增改。

三十五、族款之书式若何？

一家庙为祖灵凭依之所。祭祀开会，外族人不得以为公屋，任意占据。

一宗子主祭，族长陪祭。或不敦品、不习礼者，则以贵者主之，或以读书习礼者主之。

一家庙、祭器、祭物，管理人与守庙人不时查点，毋得损伤。

一与祭者先于报名时交清席费钱若干文，给挥入席。

一族中若有犯规，或不孝父母、不听教诲者，扭至祠堂，责惩不贷。

一祠堂开祭，族众来与祭者，须衣冠整齐，不得科头跣足。

第六类　婚姻

（甲）婚姻之成立

一、通常结婚有父母者，必须有父母之命否？

答：父母在，必须父母之命。

二、指腹为婚其效力若何？

答：富贵盛衰，更迭不常。男女贤否，年长乃见。世俗有指腹为婚，或于襁褓童稚时轻许为婚。及其长也，或昔富而今贫，或先贵而后贱，或所议之婿流荡不肖、身有恶疾，或所议之女狠戾不检。从约，则难保家；背约，则为薄议。往往有弃信负盟速狱治讼之事，未见其有效力也。

三、纳采、问名之礼式若何？

答：纳采，诹日主人备礼物，具书婚者生年月日，授媒氏奉如女家，请女为谁氏出，并问生年月日。女氏主人受书，告于寝，复书女为谁氏出，及生年月日授媒氏，使复命于主人。道远，具馔；近则否。

四、父母为子女主婚是否须得子女之同意？

答：子女幼稚，父母专自主婚。若子及冠、女及笄，须得子女之同意。

五、父母或父母远适，主婚应由何人？子女可否自行主婚？

答：应由伯叔兄长主婚。如并无伯叔兄长者，男子年长可以自主，女子则疏族外姻之尊长可代为主婚。

六、结婚之先，有无由主婚人互相其子女之习例？

答：结婚必先察其婿与女之性行何如。主婚人虽无互相子女之习例，必先托人代相。

七、结婚媒妁通常几人？系男家延请抑男女家各自延请？

答：通常二人，男女家各延请一人。

八、有无定婚不用媒妁者（如以指腹割襟为定之类）？

答：订婚之初有不用媒妁者。完婚之日，无不用媒妁者。

九、有专业媒妁者否？应得谢礼多寡，有无习例？

答：并无专业媒妁之人，亦无应得谢礼多寡之习例。

十、结婚除庚帖外，有两方另立婚约互相交换者否？

答：只用庚帖交换，不另立婚约。

十一、订立婚约，除由主婚人出名外，媒妁亦须具名否？

答：庚帖内只书某郡名者，有以主婚人出名者，均不载媒妁之名。

十二、请约允约是否于纳聘时交换？

答：只有庚帖于纳聘时交换，其请婚允婚多由媒妁传述，不另立约。亦间有彼此各用书信达意者，然非通常办法。

十三、婚约中以何者为重要之据？

答：以庚帖为结婚重要之据，无另立之婚约。

十四、结婚财礼通常多用何物？有无用金钱者？

答：量力备物。富贵之家用章服、首饰、币帛、猪羊、鹅酒、各项食品。贫民多用烛爆、花红、果饼、鹅酒之类。以金钱为财礼者，谓之聘金。县属尚无此风。

十五、有无由媒妁说明财礼多寡者？

答：应先说明。

十六、女家收受财礼，有无至完婚时仍退还男家者？

答：如服饰币帛之类，完婚时仍退还男家，归其女受用。

十七、纳聘后男女有死亡时，女家所受之财礼应否退还？

答：应退还。

十八、通常完婚请期，须送礼物否？其礼式若何？

答：婚有期，主人备鹅酒，书婚期于东使。媒氏奉如女家以告。女氏主人许期，报东授媒氏以复主人。俗谓之报日。

十九、婚期是否专由男家选择定之？婚期女家因故不允，男家当另改选否？

答：婚期专由男家选择。如女家因故不允，男家当另改选。

二十、有无婚期未定，因婿病成舅姑病而赶速完娶者（俗名冲喜）？

答：间亦有之。

二十一、通常娶妇有无行亲迎礼者？其礼式若何？

答：通常娶妇多不亲迎。好礼之家间有行之者。其礼式仪从，在前婿乘马执事者执雁以从（以鹅代雁），妇与在后书御轮生名柬。如女家亲迎于道，远则迎于女氏之馆。既至，女家主人出迎于门外，肃入，升堂奠雁，诣祖龛前行三叩首礼。女之母以红缯披于其身，或以金花簪于冠上。婿家预以姊若妹出名具柬，名曰催妆。书凡三催，女妆毕，加幪盖首（俗名盖头）。婿揖之，降出。女从姆导升舆，婿眠女升舆毕，乘马先归俟于门。

二十二、合卺庙见之礼式若何？

答：合卺礼式，新妇降舆后，即入洞房交拜讫，交亲人（于宾客中择福富双全、福命较优者，掖新婿新妇坐床，男东女西，各实酒于琖以酳。新婿新妇交互饮，俗谓吃交杯。饮毕，婿出。妇去盖头，庙见礼氏。古者三月而庙见，朱子家礼改为三日。今士庶之家无庙，即于是日合卺之后，梳发加妆，谒祖祢于祖龛之前。执事者先设馔具，主人布席于堂东，婚者在后，主妇布席于堂西，新妇在后。各就位，再拜。主人上香献爵，读告词曰某之第几子某，择配某之第几女某名为室。今日成礼，谨率新妇祇谒祖先。余词如常祭。俯伏兴退，再拜，礼成。）

二十三、通常嫁女妆奁需费若干？

答：贫富不同，多者数千金，少则数十串不等。

二十四、有无于定婚时预定妆奁之多少者？

答：无预定妆奁之习例。但间有女家于议婚时预先声明其妆奁之盛者。

二十五、有无以田产为妆奁者？

答：间亦有之。

二十六、女家预备妆奁有无由婿家送金资助者？

答：女家贫穷，间有婿家送金资助者。

二十七、有无禁同姓为婚之习例？

答：娶妻不娶同姓，古风尚存。

二十八、亲中不当结婚者有？

答：姑舅之子女、两姨之子女，及凡辈行不和者，均不当结婚。然现在民间姑舅两姨家之结为婚姻者甚多，谓之亲上加亲。缘例条已弛此禁也。

二十九、姓异而血统同者禁结婚否（同族人出继异姓之类）？

答：应禁结婚。

三十、有无因种族不同禁通婚姻者（如苗种不与汉种结亲之类）？

答：此例尚少。如回教人之女不嫁汉人，而可娶汉人之女为妇，尚非不通婚姻。

三十一、婚姻之禁忌有几（如结婚之初须合生辰、娶亲时忌某宿人之类）？

答：结婚之初，禁男女生庚干支相冲克，及女命主破败者。合卺之时，忌孕妇、孀妇、素服人窥视。又时宪时书载有嫁娶周堂图，按娶亲日期，大建月顺行，小建月逆行，值灶厨堂弟等日不忌。如值翁姑等日于新妇入门之时，令翁姑夫出外回避。

三十二、夫或妇所有之财产，系属共有，抑有为方所专有者？

答：夫妻好合，财产系属共有。

三十三、夫妇有分析财产者否？

答：夫太浪费，及因纳妾而夫妻失和者亦有，分析之事但不多见。

三十四、夫与妻所各有之财产，夫或妻一方有死亡时，其财产可互相承受否？

答：互相承受。

三十五、妻不得夫之许可，得以已之财产营养否？

答：夫妻不和者间亦有之。若好合之夫妻，不得夫之许可，不得擅自营业。

三十六、妻任意使用其财产，夫可加以禁止否？

答：可以加禁止。

三十七、妻之财产，夫如任意浪费，妻得禁夫之侵否？

答：得禁其侵用。

三十八、庚帖婚约及各种礼单之书式若何？

答：只有庚帖，并无另立婚约者，其庚帖礼单之书式列下：

（乙）婚姻之变例

一、抚甫出生之童养媳，其亲生父母须补助抚媳者之养育费否？

答：办法不一。有议定辅助若干年者，有因家道贫穷无费可助者。

二、有无未养子而抚童养媳者？

答：间亦有之。

三、无子而预抚童养媳者，须经过若干年无子，方行择嫁？其择嫁时，由何人主婚？是否须得其本生父母之同意？

答：无规定之年数。大约女已及笄而仍无子，则必为之择嫁。其择嫁时，得由抚养之父母为主，亦须得本生之父母同意施行。

四、童养媳成人后，亦须媒妁过庚致送财礼否？

答：童养媳成人后择期完婚，可省媒妁过庚，致送财礼等事。在好礼人家亦有不省者。

五、童养媳完娶时，女家有馈送妆奁者否？

答：以女为人童养媳者，必其家道贫穷。迨完娶时，如其家计能有起色，自当补送妆奁，否则不送亦可。

六、童养媳完娶后，夫死改嫁，有无视其前夫家翁姑如本生父母者？

答：虽夫死改嫁，而抚养已经多年，恩深义重，自应视同父母。有种残忍寡恩之翁姑，凌磨幼媳，则改嫁之后有视同路人者矣。

七、赘婿（父母为女招婿于家承继为嗣谓之赘婿）多由无嗣，亦有有嗣而赘婿者否？

答：有子而赘婿者间亦有之，然不经见。

八、有无以养子为赘婿者否？

答：以养子为赘婿者亦未经见。

九、赘婿必改从女姓否？

答：不得改从女姓。

十、婿已改从女姓者，复欲改从本姓有无纠葛？

答：赘婿不得改从女姓，与本姓并无纠葛。

十一、以赘婿为嗣必须得亲族人同意否？

答：县属地方尚无以赘婿为嗣之风。

十二、赘婿对其本身父母及亲属有无关系？

答：为赘婿者，于其父母亲族之关系并无差异。

十三、已继赘婿为嗣后，又生亲子应如何处理？

答：赘婿既不得为嗣，自应以其亲生子为嗣。

十四、以赘婿为嗣，尚须另立同宗应继者人，以主宗祧否？

答：赘婿既不为嗣，自应另立同宗之人以主宗祧。

十五、赘婿至承受遗产时，妇家亲族有出而争继者，应如何处理？

答：虽有赘婿应立同堂为嗣，所有财产应归嗣子承受，赘婿只可酌分。

十六、有仅以赘婿所生之子为继嗣者否？

答：赘婿之子亦不得为嗣。

十七、婿之子可承继或兼祧其本宗否？

答：赘婿之子不得承继其本宗，毋庸兼祧。

十八、婿行为不正，可使之携其妻子归宗否？

答：可使携其妻子归宗。

十九、赘婿悔继能携其妻子归宗否？

答：赘婿不得承继，自无悔婚之事。

二十、由翁姑主持招夫（夫死由翁姑主持或妇自主招婿于家，谓之招夫）者，须妇家亲属同意否？

答：县属无招夫之习例。

二十一、由妇自主招夫者，须妇家亲属及母家亲属允许否？

答：无此习例。

二十二、招夫须改从妇姓出离本宗否？

答：无此习例。

二十三、招夫生子得承继本宗否？

答：无此习例。

二十四、妇死后，招夫须归宗否？抑可另行续娶？

答：无此习例。

二十五、招夫对其本身父母及亲属有无关系？

答：无为招夫者之习例。

二十六、招夫因事故与妇离异，可否携其子女归宗及索原有之聘礼？

答：无此习例。

二十七、招夫因事故与妇之翁姑离异，可否携其妻子归宗？

答：无此习例。

二十八、赘婿或招夫之妇死亡无父母子嗣，其财产得为赘婿、招夫所有否？

答：赘婿之妇死亡，无父母子嗣者，其财产无人承受，得为赘婿所有。如同宗之人可立为嗣，应归承嗣人所有。

二十九、妇欲再醮，有无须距夫丧若干日之限制？

答：通常再醮之妇，总在夫丧期年之后，亦有候至终丧满服之后者。

三十、妇再醮由翁姑主持者，是否须得母家之同意？

答：例由翁姑主持，亦须得其母家同意。

三十一、妇再无翁姑时，是否须夫家亲属之许可？

答：须夫家母家两方之亲属许可。

三十二、妇再醮，夫家有无收财礼者？

答：有收财礼者。

三十三、妇再醮可携其子女同去否？

答：可携子女同去，俗谓之随母下堂。须于议婚之处预为声明。

三十四、妇再醮后对于前夫之亲属及母家关系若何？

答：再醮之妇于母家之亲属其关系无所差异，于前夫家亲属之关系则视以前之情谊如何。

三十五、妇再醮后，夫死亡无嗣，前夫之子尚可迎归否？

答：可以迎归奉养。

三十六、妇有遗腹子时，是否俟分娩后始得再醮？如遗腹子生于再醮后者，于前夫后夫谁属？

答：妇有遗腹者，必须俟分娩后，始得再醮。如遗腹子生于再醮后，应归前夫。

三十七、妇再醮后死亡无子，前夫之子可迎归否？

答：如无人收葬前夫之子，亦可迎柩归葬。

三十八、通常纳妾以何项人为多？有无禁止或种人不准纳妾之习例？

答：以富贵人为多。贫穷人非无子，不轻纳妾。并无禁止或种人之习例。

三十九、纳妾是否概付身价？抑有聘娶者否？

答：概付身价，无聘娶为妾者。

四十、妾之亲属得通常往来如妻属否？有无限制？

答：妾之亲属不得通常往来。

四十一、妾与夫之亲属关系若何？名称若何？

答：礼法严明之家，妾与夫之亲属其关系不得平等，一切成为略同于仆婢。他人承妾有子者，曰姨奶奶或姨太太，无子者曰某姨或某姑娘。平常人家不谙礼节，妾与妻之等级无甚区别，彼此相称以姊妹，其称夫及其亲属与妻之称谓略同。无论有子无子，他人统称曰姨奶奶或姨太太，并有以姨字为讳，称为二奶奶、二太太者。亲属之与有尊卑名分者，称之亦如其妻，只加一细字，如细嫂、细娘、二嫂、二娘之类。

四十二、有无禁以妾为妻之习例，或别有限制者（如娼妓婢女不准升正室之类）？

答：定例，不得以妾为妻亦间有升为正室者。

四十三、以妾为妻者，与妾家亲属关系得视为普通妻亲否？

答：妾既升为正室，其亲属之关系虽不得与普通妻亲一视，亦必较常妾特别优待。

四十四、各种变式婚姻（如童养媳、赘婿、招夫、再醮、纳妾之类）所立字据之书式若何？

答：童养媳不立字据。赘婿招夫尚无此风。其再醮纳妾之字据书式列下：

再醮字据式

立主婚字人某某。今有某某，其夫亡故，依靠无人，只得央求某人作伐，说和某人为妻，当日得受身价钱若干。其钱亲手领讫，外不具领。如日后还有纠葛，或笼谋制骗等情，归主婚人理落，不与受婚人相干。恐口无凭，立此为据。

宣统元年　月　日　立

卖婢与人作妾字据式

立卖婢字人某某。今有婢女名唤某某，年若干岁，请凭某某说合，某人收纳为妾。当日得受身价足价纹若干，亲手领讫，外不具领。自卖之后，听某更名使唤，并无谋卖等情。今有凭，立此为据。

宣统元年　月　日　立

（丙）婚姻之解散

一、由父母主婚者成立后方有不满意时，得取消婚约否？

答：一方不满意，不得取消。

二、定婚后发现夫家已有配偶，得以此请求悔婚否？

答：得请求悔婚。

三、无正当之理由，随意悔婚者（如嫌女貌陋或因贫富相悬之类）有无纠葛？

答：既无正当之理由，不得悔婚。随意为之，必有纠葛。

四、女子有不正之名誉，婿可请求悔婚否？抑须得有确据？

答：必须得有确据，方可请求悔婚。

五、男女结婚时有隐置情事（如举貌不符，及有残疾痴疾而未言明者之类），至成婚后发现者，可否请求离婚？

答：欺绐结婚，成婚后发现其隐匿情，据理得请求离婚。然因此而请求离婚者，事不经见。

六、离婚是否仅须夫妇同意，抑或须得两家亲属许可？

答：果属夫妇两愿离异，不能强合，两家亲属亦必许可。

七、夫因纳妾拒妻不与同居，并不养赡时，妻得请求离婚否？

答：可请凭戚族理处析居，不得请求离婚。

八、妻有不正之行为，未有确证，夫可与之离婚否？

答：不得确证，不能与其离婚。

九、妻因翁姑或夫之凌虐不堪，得请求离婚否？

答：得请求别居，不得请求离婚。

十、夫妻失和，夫拒妻同住，或妻不与夫同居，可得离婚否？

答：仅止失和，不肯同居，他人必当排解，不得离婚。

十一、有无离婚后，夫不再娶、妇不改嫁者，如另要改嫁，其另要之女家改嫁之夫家，须得前夫、前妇两家某一方之证据为凭否？有无因此致生纠葛者？

答：既经离婚，夫即可以再娶，妇即可以改嫁。亦有终身不嫁者，其另娶之。女家改嫁之夫家，无须前夫前妇两家之证据，亦无纠葛。

十二、妇初孕而遭离婚事，其夫家或知与不知其妇改嫁而生子，离婚之夫家对于改嫁之夫家有无纠葛？其子将谁属？

答：妇初孕而离婚改嫁而生子，其子自应归于前夫，无别项之纠葛。

十三、悔婚时除退还庚帖外，有无立退婚字约者？其字约之书式若何？

答：庚帖必须退还，不必另立退婚字约。间亦有立字为据者，因事不经见。其字约无一定之书式。

十四、悔婚离婚有立字约以为证据者？其字约之书式若何？

答：离婚之证据，有由本夫本妇自立休书者，有由两家亲属各立字约者。然其事绝少。调查民事不见此等字据，无从书式。

十五、离婚有禀官立案者？其禀稿之书式若何？

答：夫妇两愿离异，有经官断准离婚，夫妇均当堂具结，从无自行离婚只禀官立案之事故。无此书式。

第七类　子

一、嫡子应享之权利与庶子有别否？

答：凡袭爵承荫者，先尽嫡子。无嫡子方及庶子。余无分别。

二、妻无子，妾之长子可为嫡子否？

答：不能为嫡子。

三、庶出之长子得为承重孙否？

答：嫡无子，庶出之长子亦可为承重孙。

四、婚姻中之奸生子，父不承认为己子，能否准奸夫认知？

答：奸生子照例归奸夫，但奸夫奸妇以生子为讳，故奸夫多不肯出而承认。

五、有无禁奸生子为嗣之例？

答：奸生子例得收回为嗣，无禁其为嗣之例。但奸生事属暧昧，如有产业可承，其亲属不免借词阻论。

六、欲认知奸生子为己子，利害关系人（如其子及无子欲承继其家产之人）有反对时，应如何指明证据？

答：奸生事属暧昧，无明白之证据。有反对者不准其承认，惟有合血之一法。

七、认知之奸生子，可以为嫡子否？

答：不能为嫡子。

八、认知奸生子是否须本族人之同意始可附入宗谱？

答：欲以奸生子附入宗谱，非族人同意不可。

九、以遗嘱认知奸生子者有效力否？

答：奸生事属暧昧，生前既未认知，死后以遗嘱认知，如有人反对，即不能得有效力。

十、已成立之奸生子，其父欲认知时，须得其同意否？

答：此事不经见。以理揆之，必得其同意方可认知。

十一、无父之奸生子随母出嫁，与其母所嫁之夫有父子关系否？

答：及随母出嫁，应与通常之继父继子同一关系。

十二、不法（如法律所禁同姓及尊卑为婚之类）之奸生子，得认知否？并如何处置？

答：不法相奸所生之子，断乎不可认知。其处置与通常之奸生子同。

十三、同居继子（随母改嫁）及不同居继子，可为继父子嗣否？

答：不得为子嗣。

十四、同居继子及继女之婚嫁，可否由继父主持，抑须得其本宗亲属之同意？

答：由其母商请本宗亲属主婚。无本宗亲属者，亦可商请继父主婚。

十五、继子至抚养成立归宗后，有抚养继父及母之义务否？

答：有此义务。凡随母出嫁之子，对于其母，无论已否归宗，应称为嫁母，无继母之称。

十六、以继子为嗣，是否须得本族之同意始能附入宗谱？

答：继子不得为嗣，即不能附入宗谱。

十七、继子可兼祧其继父否？

答：亦不能兼祧。

十八、继子与继父之女可结婚否？

答：虽无此禁，罕有其事。

十九、有无出子之习例？

答：子流荡不肖，父母恐其滋事受累，有驱逐出外不准归家者，然非出之族外。

二十、出子须得族人之同意否？

答：父母逐出之子，其子之不肖，可知族人自当同意。

二十一、出子后有须声明使众周知者，其声明之方法若何？

答：或登报章，或贴广告。

二十二、被出之子已分，所已得之财产许其携去否？

答：子被逐出，多系无业之家。即有财产亦，必不多不能许其携去。

二十三、出子留孙，其孙与被出之子尚有父子关系否？

答：子不能绝父。

二十四、被出之子所负之债务，被出后其父母应代偿还否？

答：可以不负责任。

二十五、被出之子，父母死亡后仍得归亲否？有无随时许其归宗者？

答：父母逐出之子，父母死后回家，无人禁止。或能在外发名成业，则随时可归，父母亦欢迎之。

二十六、被出之子已经离俗（如为僧道之类），设其父母日后别无他嗣，归宗祧否？

答：得归承宗祧。

二十七、因不正行为被出者，后经改悔尚可归宗否？

答：既经改悔，尚可许其归宗。

二十八、有收养弃儿为嗣者，经其本生父母或亲属认知请求退还，可拒绝之否？

答：果真证据确实，不得拒绝。

二十九、弃儿归宗后与养父母之关系若何？

答：如收养年久抚育恩深，养父母之无子者，应为立后，以绵禋祀。若养父母自有亲子，亦应竭力奉事，以报劬劳。

三十、出子有禀官存案者？其禀稿之书式若何？

答：事犯不一，禀无定式。

第八类　承继

一、夭折或犯重罪之人尚为之立嗣否？

答：夭亡未婚之人，照例不得立嗣。或系功臣节妇之后，别无可以立继者，虽夭亡亦可立后。至犯罪不应绝嗣者，可照常一律为之立后。

二、仅生一子者，尚可继与他人为嗣否？

答：独子只可兼祧，不得出继与人为嗣。

三、抚养之子可继与他人为嗣否？

答：有亲生之子，则抚养之子可照常出继与人为嗣，否则亦只可以兼祧。

四、有无一人兼抚数子为嗣者？

答：有抚应继爱继数子者。

五、已有子者，可否再抚他人之子为嗣？

答：既已有子，未有再抚他人之子为嗣者。

六、承继时除亲长主持外，是否仍须承继人允许？

答：年幼则亲长主持，年长则必须本人允许。

七、承继人有无只承宗祧不受家产者？

答：承继即应承产。若无家产者，只可承宗祧。

八、承继之证人，有无亲族姻戚以外之人为之者？

答：亲信之朋友亦可为之。

九、有无子孙承继于人，其祖或父收受抚养费者？

答：此习常有，然亦常有不愿收受者。

十、大宗无后，小宗可先立嗣否？

答：宗法久废，只有长房次房之分，世俗相传，有长房无子，次房不得有子之说。实则欲立嗣者，各听其便，并无先后之分。

十一、长子或承重孙得继与他人为嗣否？

答：长房之长子或承重孙出继与人为嗣者绝少，次房则常有其事。

十二、承继惯例是否以房属之亲疏为承继先后之次序？有无于族约中订明者？

答：承继惯例以族属之亲疏为择继之次序。如择贤择爱，则不拘亲疏，各听其便，照例不得以次序告争。各族约中多照此例说明。

十三、有不依亲疏先后次序择爱、择贤为嗣者？是否须亲族公认？

答：虽须亲族公认，但本人既经择定，承继人之父母出于情愿，各亲族亦不得反对。

十四、有以子兼祧两房或三房者否？

答：子姓不繁之家，亦有一子兼承数祧者。

十五、兼祧者仅生一子，当承继何房？抑仍系兼祧？

答：仍系兼祧。

十六、兼祧两房有无娶两妇者？所娶妇若妇无子，一妇生二子，即以二子承祧两房否？

答：间有两房各娶一妇者，如一妇无子，一妇二子，应以一子分承无子者之祧。

十七、兼祧之人其承继父生子，其本生父子兼祧之约是否当然解除？

答：兼祧原因，两房只有一子而设，所以济人道之穷。兼祧之后，若祧父自生有子，可以解除。若本生父再生一子，则本房已经有子，可将兼祧之子改为承继。

十八、兼祧之人对于两房之父母亲属，其关系及称谓若何？

答：兼祧人对于两房父母亲属之关系，视服制之轻重而分。通常仍以本生为重。俟兼祧人生子，专承兼祧人之嗣，方以所后者为重。其称谓于兼祧父母，生曰祧父祧母，死曰祧考祧妣。余均照常。

十九、有无以姻戚承继为嗣者？

答：年老无子，间有以姻戚之子为子者，然不能正名定分，谓为承继。

二十、有无于族约中订明不准姻戚承继者？

答：族约订明，不准异姓人承继姻戚，即包在异姓之中。

二十一、以姻戚承继有无限制（如本族无人承继，始准姻戚承继之类）？

答：无此限制。

二十二、以姻成之人承继有无一定限制（如限于姊妹之子之类）？

答：以姻戚为子多系姊妹之子，然无一定限制。

二十三、姻戚承继后是否改姓，抑从本姓？

答：以姻戚为子者，即改从本人之姓。

二十四、姻戚承继是否须两方亲属之同意？

答：以姻戚为子，系属权宜。若以之承继，则两方亲属皆不得认可。

二十五、姻戚承继者，其本宗绝嗣得返宗否？抑以其子承继本宗？

答：既不得承继，异姓自应仍返本宗。

二十六、姻戚承继者可否兼祧两姓？

答：姻戚不得承继，自无兼祧两姓之习例。

二十七、有无以异姓之子承继者？其种类有几（如收买或收养知来历或不知来历之类）？

答：有收买者，有收养者，有拾遗弃子者，有抚亲戚朋友之子者。无论是否知其来历，均只可为义子。

二十八、有无于族约中订明不准异姓承继者？

答：异姓不得承继，族约中多以订明。

二十九、有无异姓虽可承继而加以限制者（如本宗及姻成无人承继，不得承继异姓之类）？

答：无此限制。

三十、收买异姓之子为嗣，须与其本宗亲属断绝来往否？

答：收养之子，其本宗亲属必不来往。

三十一、抚养异姓之子为嗣者，其与本宗之亲属关系若何？称谓若何？

答：既不得为异姓之嗣，虽经异姓抚养，其与本宗亲属之关系及称谓仍旧。

三十二、异姓承继之子行为不正时，嗣父母可绝之使归宗否？

答：异姓既不得承继，行为不正，仍可使之归宗。

三十三、异姓承继者被驱逐归宗时，得携其妻子财产以去否？

答：只可携其妻子归宗，不得携其财产以去。

三十四、有无承继后悔继及归宗之情事？

答：间亦有之。

三十五、有无承继之时即声明不得悔继归宗者？

答：承继必两相情愿，不虞翻悔。亦间有于立约之时预为声明者。

三十六、悔继归宗是否须两家同意？有无禀官立案者？

答：悔继归宗，必两家皆有不合之意。如只出自一家，必将告官兴讼。

三十七、遇有下之各事由，承继人即可悔继归宗否：

（一）嗣父生子

答：视承继约如何订议。亦有嗣父虽经生子，其嗣子仍照常承继者。

（二）本生父绝嗣

答：虽本生父绝嗣，如嗣父别无他人可以承继，可以兼承两桃，不得悔继归宗。

（三）不堪嗣父母之虐待

答：因乏嗣而抚子，未有虐待者。如有虐待行为，其承继人得悔继归宗。

（四）嗣父母遗言不予以生活之资

答：无子立继，嗣父母如有资财，断无遗言不许给予，致令不得养活之事。如有其事，必其嗣子不肖无赖，不得于所后之。亲例得告官别立，无待承继人请求悔继归宗。

（五）嗣父母财产不足偿还债务

答：嗣父母之财产多少、债务若干，承继时必先调查明晰，不得以财产不足偿债请求悔继。

（六）近支中之应承继者有争继之事实发生

答：有应承继之人争继，可于爱继之外另立爱继一人，不得令原继之人悔继归宗。

（七）被本生父母寻觅促其归宗

答：亲族承继，其本生父母必已许可，不至有寻觅促归之事。如有本生父母寻觅，必系收养异姓之子，照例不得承继，可以许其归宗。

三十八、买之承续者悔继时，除偿还买价外，尚须付养育费否？

答：收买之子照例不得承继为后。凡以子出卖者，皆系穷极之家，忽而退买，必然无力偿还。

三十九、继者以前所承受之家产应全数退还否？

答：既经悔继，前所承受之家产自应全数偿还。

四十、继者所欠之债务，悔继后归何人偿还？

答：应视其债之由来。如为嗣父母之事，或经营家计而起，则应归立继人偿还。如系本身之消耗，嗣父母不与知者，则应归本人自行偿还。

四十一、继者已娶妻生子，至悔继时有留子嗣者否？

答：承继之人既娶妻生子，从无悔继之事。继已悔继而留其子以为嗣者，未之前闻。

四十二、种承继及兼祧所立字据之书式若何？

答：所列字据书式列下：

立出继子人某某，偕室某氏：今因某房某人乏嗣，将第几子某某兼祧某某为嗣。两房情愿，请凭族戚到场。自出继兼祧之后，听凭某某教读婚配，两家分任。俟其生有两子，即以一子专承某某一房之嗣。承先启后，永无异言。恐口无凭，立此为据。

凭 族戚某某、某某 押

年　月　日　某某笔立。

四十三、继归宗立有字据者，其字据之书式若何？

答：悔继归宗不必另立字据，只将原订之出继字约当众毁销。

第九类　家产

一、家产未析时，概由家长管理承袭否？

答：概由家长管理承袭。

二、无子嗣及同居亲属者，其家产应归何人承袭？

答：绝房之产，视其族属中何人最亲，即归何人承袭。

三、袭产之人不经同居亲属之公允，得将家产典卖否？

答：既经承袭家产，其典卖与否得有自主之权。

四、负债过于家产有无凭，同亲族或禀官将家产尽数分还，不复承袭者？

答：债多于产，亲族代为尽数摊还，事所常有。

五、同居亲属私负之债，袭产人应偿还否？

答：同居之族属，不必皆是至亲，应视其亲疏何如，及其所负之债，并以所袭之产之多寡，酌量办理。

六、子孙繁衍之家有必须析产者，其析产时分配之法以房计，抑以各房之人计？

答：析产家分配者，皆以各房计，不以各房之人计。

七、以房计者，应以何人辈次为断（如以本生之屋数计，或父子之房数计之类）？

答：如父析己产，以子辈数计；子析父产，以兄弟辈数计；孙析祖产，以父辈数计。

八、通常析产系照同辈人数均分，有无因父母之命分配？有多寡之殊者？

答：通常析产，未有因父母之命分别多寡之殊者。

九、下列各人是否平均分受财产：

（一）大宗之子及嫡子

答：嫡子平均分受。惟长房之长子间有于平均分受之外，另行提给产业一份，俗谓之长孙田。

（二）小宗之子及庶子

答：平均分受。

（三）奸生子

答：酌量分受，视平均少差。其未经认知者不给。

（四）婢生子

答：照例无论妾生婢生均为庶子，财产皆应平分。

（五）承继或兼祧之子

答：平均分受。

（六）赘婿

答：酌量分给，不得平均。

（七）无子寡妇

答：平均分受。

十、下列各项人可否分受家产：

（一）怀胎未生之子

答：应俟其产生后，方能分受财产。

（二）未嫁女

答：可以分给。

（三）同居继子

答：可以给，可以不给。

（四）收养子

答：可以酌量分给。

（五）买继子

答：可以酌量分给。

（六）被出复归之子

答：照常分给。

（七）被出子之孙

答：照常分给。

（八）女婿

答：照例无子之人，其女婿为所喜悦者，听其相为依倚仍酌量分给财产。有子之家，未有分给女婿者。

十一、有无父母在时，由父母预分家产者？

答：事所常有。

十二、父母在时析产，须另留养赡之资否？

答：另留一份，生为赡产，死为祀田。

十三、父母在时析产，受分者所自得之部分，不经父母之许诺，得随意使用否？

答：既已分给，可以使用。

十四、析产时有另留财产为祭祀、婚嫁之需者否？

答：产多之家，常有其事。

十五、析产时所另留财产应归何人管理？

答：父在则由父管理，父故则轮流管理。

十六、祖遗财产之平均分配（如有子数人祖造之田产、借券等项，须分数股配搭平允之类）应由何人主任？

答：由族戚公同匀配。

十七、析产方法是否请公亲分配后拈阄为定？

答：通常多由公亲商量分配后，拈阄为定。或兄弟自行商量亦可。

十八、有无长子长孙析产时，增给家产之事？

答：长子与众子同长孙，间有增给，俗谓之长孙田。

十九、创业之人或其子孙析产时，应多分若干否？

答：亦有酌量多分以报酬其劳继者。

二十、外姻有分受家产者否？

答：未有分受家产者。

二十一、服劳最久之仆役，析产时酌给养缮费否？

答：间亦有之。

二十二、浪费之子，其父母已声明不为偿还债务者，得分受祖遗财产否？

答：一体分给，但须为之限制，以防其浪费。

二十三、析产后有以为不公平者，可否请求再行分析？

答：亦或有之。

二十四、当析产时对外有债权或债务，未经清理，应如何互享其权利或分担其义务？

答：由族戚随同财产配搭平匀，拈阄分认。亦有受田妥债之后，再行分析者。

二十五、同居析产之家，其家产应归何人管理？分配之法若何？

答：择能者管理，一切出入照房份分配。

二十六、财产有不可分析者（如房屋一栋之类），归数子管业时，其契据归长房保存否？

答：或归长房保存，或轮流管理，办法不一。

二十七、析产时请亲族及姻戚作证否？

答：必请作证。

二十八、各种析产分书之书式若何？

答：无一定之书式，其最最普通者如下：

立分关字人某某。今因食指日多，出入浩繁，难于合并经理，有不能不分之势。兄弟叔侄公同商议，情愿分析，所有祖遗某处田租若干石，契债若干；某处房屋几栋，价银若干；某处某项股票几张，本银若干。某处某类店铺几所，本银若干，请凭族戚亲友议作几股均分。其余什物、器皿、银钱、衣服等类，亦均配搭停匀，派作几股，一并拈阄为定。自分之后，务宜各安天命，努力前进，承先启后，并驾齐驱。毋负前人之遗泽可耳。今欲有凭，立此分关几纸，互相钳合，各执一纸为凭。

一甲字号归某房某某拈分某处房屋若干栋，某处租谷若干石，某处股票若干张。

一乙字号归某房某某拈分某处房屋若干栋，某处租谷若干石，某处股票若干张。

凭

戚　某人押

族　某人押

友　某人押

宣统元年　月　日立

二十九、有因析产禀官存案者？其禀稿之书式若何？

答： 间亦有之。其禀稿就事叙事，无一定格式。

第十类　遗嘱（附托孤）

一、病革口头之类遗嘱，以何者为证据？

答： 口头遗嘱，必须有人在场，方可为据。

二、笔载之遗嘱，无公证人在场者，可否作为有效？

答： 其人亲笔遗嘱，虽无人在场，亦可作为有效。

三、笔载之遗嘱用圆记封盛者，是否须一般承继人请同亲族或戚属方得开视？

答： 视封面如何载记，即如何开示。

四、笔载之遗嘱，承继人有远出者，其在家之承继，承继人或为涂改添注，其遗言仍得有效否？

答： 涂改遗嘱，字迹必有不符。若于事理关系悬殊者，不得有效。

五、承继人生前因故被出，遗言准其归宗，他之承继者可不遵从否？

答： 应须遵从。

六、未生之胎儿亦得享遗嘱之权利否？

答： 亦可享受。

七、已成丁之男子，病革时得为遗嘱处分其应得之财产全部或一部否？

答： 可为遗嘱以处分之。

八、病革遗嘱有乱命不可遵从者（如出妻卖子之类）承继人亦须遵守否？

答： 既曰乱命，自不可从。

九、有子数人，遗嘱将财产仅与一子或二子，其他子必须遵从否？

答：如有此等遗嘱，其未给子之子，必有争论。

十、出嫁之女及出继之子，遗嘱与承继者同分财产，承继者应否遵

（中间缺失）

人不愿任责务时，其遗嘱可否变更？

答：应得变更。

十五、遗嘱托孤之人，其选择贤否，有无亲疏尊卑之限制（如谚云：有亲及亲，无亲及疏之类）？

答：遗嘱托孤，听其人选。择贤否能并无限制。

十六、遗嘱托孤之人是否须互订契约，有无仅须口头承诺者？

答：有互订契约者，有仅口头承诺者，各视其事所宜。

十七、子女幼弱，父母踪迹不明或暴卒时，其托孤之人由何人委托？

答：由家长或亲族委任。

十八、受托人应尽之职务若何？有无特别限制（如产业不准变卖之类）？

为其子女教养婚嫁，无使失时；保护财产，无使失业。凡有背于保护之职务者，不仅任意行为。

十九、各种遗嘱之书式若何？

答：情势各殊，式无一定。

（二）调查民事习惯财产部各类目次

第一类　邻界

第二类　共有

第三类　抵押

第四类　债务

第五类　买卖

第六类　租赁

第七类　雇佣

第八类　请负

第九类　委任

第十类　寄托

第十一类　契据

第十二类　广告

第一类　邻界

（一）山林团村分界有无界标？其种类有几（如石碑、土壤之类）？

答：均有界标。其种类有石碑、土壤、壤基、嵓嵧、分水、挖坑、栽松、□椿、山嘴、山脚、山勘、坡心、坡尾、边田、边塘、边圳、边坝、边田、塍田、勘田脚、古脑、大路等。

（二）房屋田地相邻之间区分地界有无界标？界标费用如何分任？

答：区分地界俱有界标，其费用条各归各备。

（三）相邻者间为境界争议时，应以何物为证据？

答：以界标及印契为证据。

（四）土地相邻之间有无结各种限制契据者（如地近卖主房屋或茔地，预声明此后建屋不得过高，或只许耕种，不许开挖之类）？

答：如有限制事件，即于契内批明，不另结限制之契据。

（五）土地被邻界地围绕，非经过邻地不能出入，可以任意通过否？

答：须向邻人商允，方可通过，不能任意出入。

（六）土地被邻地围绕，虽有道可达公路，然多周折（池沼河渠之间隔）险阻（崖岸山林之险阻），不如由邻地之便捷，可以任意通过否？

答：亦须商允邻人，方可通过。

（七）通过邻地致邻地受有损害（如田经践踏、谷物减收之类）通过者须偿金否？

答：有损害即应赔偿。

（八）高地自然之流水经过邻地，致邻地受淤塞之损害，疏通费用应由何人负担？

答：自然之流水淤塞者，疏通费用自归低处负担。

（九）甲地因蓄水引水或放水之工作物破溃，致邻地受损害，或其工作物将有破溃之虞，邻地得要求赔偿及请为损害之预防否？

答：得要求赔偿及声请预防其损害。

（十）水流地为甲乙所共有，所受之利益不均，欲变更水道，是否须甲乙同意？

答：必须同意，方可变更。

（十一）沟渠及其他之水流地，两岸之地一为甲有，一为乙有，甲欲变更其水路及幅员，可否？若两岸同属甲所有地，变更水路及幅员有无一定限制（如不得逆水自然之性，使邻地受不利益之类）？

答：两岸虽甲乙分管，水则公共，不得由甲一方变更其水路及幅员。两岸同属甲有，若变更其水路及幅员，总以无损害他人之利益为限制。

（十二）有利用水利遏水，使流高地（如筑坝遏水之类），致低地受不利益，低地所有者可请求高地受利益者出金补济否？

答：可请求其出金补济，否则不准其水由此通过。

（十三）高地之所有者欲干其浸水地及欲排泄家用或农工业所用水，余水非经过邻地不能达于河川沟渠，得使水通过于邻之低地否？

答：如无损害，可以许其通过。

（十四）甲欲于己之水流地设堰，必附着于对岸之邻地，致邻地受损害，有赔偿之责否？

答：责应赔偿。

（十五）数家同一水源（如一村公用一井之水）使用灌溉，如何规定平均？

答：井则轮班，塘堰则轮期。

（十六）建筑屋宇或修缮，有必须借用邻地时（如堆积砖瓦木料之类），可否任意借用？其有特种工事须借用邻人院落者，须先经邻家许可否？

答：均须商允邻家，方可借用。

（十七）乙住甲之后宅，遇重要事件（如婚丧之类），非通过甲之大门不可，是否先经甲之允许？其通行有无限制（如夭殇及秽物不准出入之类）？

答：凡同屋而居之人，非彼此相为东佃，即同为一东之分佃。住后宅者，如平日自有侧门、后门出入，遇有婚丧等事必由前宅大门通过者，必预先议明，住前宅者无不允许之理。如可以由其侧门、后门出入者，仍不得任便通行。若平日本共其大门出入者，毋庸先经允许，不得有所限制。

（十八）比邻而居，室家相望，须于中间隙地设立屏障（如板屏或竹垣之类），其屏障多用何物？高若干尺？费用如何负担？

答：有用板壁者，有用竹篱者，高六七尺，谁家所造有，费用即归其人自备，亦有公派者。

（十九）两家公议设立前项之屏障中，一人主张良用好材料及增高若干尺，因此而生出费用之增额，应由何人负担？

答：应由主张之人负担。

（二十）甲地竹木之枝与根逾过乙地，乙得擅行剪去否？

答：得由地主任便剪除。

（二一）建筑屋宇致檐溜直接注泻于邻之屋基，邻家有无预为防止之权？

答：得有此权。

（二二）筑造建物距邻之地界通常约须留若干之隙地？

答：界标所在定距离之远近不拘，定应留若干隙地。

（二三）筑造建物不留隙地或侵入邻地界，屋宇已经竣工，应如何处理？

答：视其侵入之多寡，酌给偿金。

（二四）建筑楼房门窗俯瞰近邻之家室，应于门窗之间设窗檐及隔篱否？

答：应设窗檐及隔篱。

（二五）欲于邻界近侧从事开掘（如凿井、穿池、开地窖、坑厕、沟渠之类）有无限定距离远近及开掘深浅之事？

答：虽无此等定限，总不可使有危险及于邻地。

（二六）各种划界契据之书式若何？

答：两家田山相连，常有扦清界址之字据。情事各有不同，无定之书式。

第二类　共有（共有者，二人以上共有一财产之谓也。例如，数子承其父遗产，未经分析，或数人共买一田产，均谓之共有。本系共有，后经分析者，谓之分割。）

（一）共有物之使用，是否各共有者均有使用全部分之权利？抑或得使用其一部分？

答：共有物之种类不一，有可以使用全部分者，有亦可使用其一部分者。

（二）各共有者非得他共有者之同意，能变更其共有物否（如旱田欲变为水田，房屋被改造之类）？

答：必须同意，方能变更。

（三）关于共有物之契据，是否由共有者轮流保管？抑各共有者互选一人经理？

答：通常以公择一人经理者多，亦有轮流经理者。

（四）共有物取得后，系作合约，抑分立账簿，各存一册？

答：公立合约之外，仍各分立账簿，以为凭据。

（五）关于共有之财产，是否由共有者轮流管理？有无预定管理之规则者？

答：或择殷实管理，或轮流管理。办法不一，均有预定规则。

（六）共有物管理修缮及其他费用（如田产纳租税之类），各共有者应如何分任负担？

答：照数分任。

（七）共有者之一人不付给其应出之费用，他人之共有者能出相当之金额取得其所有否？

答：可以照数扣抵。

（八）共有者之一人愿弃其所有部分，或死亡无继承人，其所有财产应归之公业（如家堂祠善堂之类），抑归属于他人之共有者？

答：有归公业承顶者，有属于他之共有者，办法无定。

（九）共有者之一人欲出售或抵押，其所有部分应由他人之共有者先承受否？

答：应先尽共有者承受。

（十）共有一抵押物，业主可向共有者中一人取赎否？

答：不得向一人取赎。如其余共有之人或死亡，或外出，则亦可行。

（十一）以共有之物抵押于人，得由共有者中之一人取赎否？

答：可以先归一人取赎。其余共有之人日后再向此一人算还。

（十二）甲乙共有一物。甲于共有物代乙垫有费用（如房屋修缮、田土纳税），乙未归还，以其物出售于丙。甲所垫之费用向何人索取？

答：〔1〕

（十三）各共有者有无结若干年不分割之契约者？未至分割之年，其中一人可请求分割其所有部分否？

答：共有之财物年限远近，必有契约。年限未满时，如有事故，必须分割，亦可请求。

（十四）共有者之一人对于他之共有者负债务，当共有物分割时，负债者得以其所应有之部分作卖偿还否？

答：可以将其所有之部分作卖偿还。

---

〔1〕 （十二）后缺"答"——勘校者注。

（十五）共有物之分割协议不谐时，是否请公正人分配占有？抑求官长为之判断？

答：先请公正人为之理处。如再不谐，然后求官判断。

（十六）共有物难于分割（如屋房一所）或分割不易平允（如共有物中有动产有公债分割难于平均），又或因分割有损价之虞（如因数田分割后零星出售将致减价），是否全部变卖，按数均分？

答：可分割，如实在难于分割，则将其变卖均分亦可。

（十七）共有物分割时与共有物有关系者（如田地分割，赁此田地之人最有关系）得到场参与否？

答：可以到场参议。

（十八）共有物分割时，后各共有者有无互相担保之习例（如共有物未分割时，恐有盗卖或私自典押情事，虽经分割，不能不各负此责任）？

答：既经分割各有自主之权，无须互相担保。

（十九）共有物分割后有无证书？证书是否各执一纸？

答：应有证书，各收一纸，以为已经分割之据。

（二十）共有字据管理规则，分割字据等书式若何？

公共字据

立合约人某某、某某。今会商公共置一产业，坐落地名某处，共价若干，每年额收租金若干，各分轮流管理。每年收益除各项费用外，按股均分。恐口难凭，立此合约，几纸互相钳合，各收一纸为据。

分割字据

立分割字据人某某、某某。情因某年公置一业，公同酌议，各愿分割，将该业品派均分，拈阄为定。并无谋分生分情弊。自分之后，各自施为，听其守售两便。恐口无凭，立此分割字据几纸，各收一纸为据。

第三类　抵押

（甲）不动产抵押（谓田地房屋之类）

（一）抵押契据是否必须税契？其未税契者，当抵押物有纠葛时，可作为证据否？

答：抵押契据必须已经税印者。如有纠葛，即可执为证据，否则不足为凭。

（二）田产抵押之价格与原价之比例若何（如原值若干，抵押当半数之类）？

答：通常之价格以当半为率。虽有出入，相差不远。近年产业昂贵，常有抵押之价等于原价者。

（三）抵押有必须保证者，其保证系何人延请？

答：由受押之人延请，亦有两方各自延请者。

（四）为田产抵押之保证与寻常债务保证责任不同否？

答：应保其无重典重押之弊，与债务保证之担保借债人不得骗欠者微有不同。

（五）田产抵押时所需一切费用（如中资酒席等费）押主业主何人担任？

答：由受押人一方担任如未满年限取赎应改由业主赔偿。

（六）抵押之物使用收益（如田产可取租金之类），是否专属之押主？有无专属之业主仅向押主纳息金者？

答：抵押产业。其收益专属押主。如仅抵押契据，则收益仍归业主，只向押主纳息。

（七）抵押物必要之费用（如田产须纳丁粮之类）由业主担任，抑由押主担任？

答：粮随田走，应由押主担任。

（八）押主为抵押物必要修缮（如房屋倾颓、堤防冲突之类）时，其所用之费用是否得向业主索取？有无一定之惯例？

答：大加修整之费归业主，小修之费归押主，此现行之惯例。

（九）抵押者除于抵押物使用收益外，有无再向业主请求利息之事？

答：抵押立有契约，不能分外加索。

（十）抵押物因天灾事变，全部或一部致损失时（如水灾、火灾、田产破毁之类），业主得向押主请求回复原款否？

答：如典田被水冲洗，典屋被火焚毁，业主不得向押主回复原状。

（十一）抵押物因期间经久或自然损坏，业主于赎回时，是否得请求押（主）回复原状？

答：自然之损坏，业主不得请求押主回复原状。

（十二）抵价许久未清，业主有无向押主索加利息，并将抵约作废者？

答：抵价未有许久不清者。如遇未清，业主得向押主索加利息，不得将抵约作废。

（十三）抵押田土有无通常一定之期间（如惯例正月抵田二月抵地之类）？

答：无一定之期间。大约多在收获之后。

（十四）抵押未到期间之田土，有无倒认利息之例（如田土以正二月为抵押期间，若年前九十月抵押，须认押主数月利息之类）？息率多寡若何？

答：自应例认，以昭平允而免亏帖。其息率之多寡，视金价若干额数，按月照算。

（十五）抵押取价期限最长若干年？有无不定期限者？

答：通常取价之期限，近者三年，久者五年，最久者不过十年。亦间有不定期限者。

（十六）抵押期限已满，业主不能取赎，押主得以其抵押物变卖否？

答：只可转押或加价，绝买不能变卖于人。

（十七）业主于取赎期间不能取赎时，即以其业售之押主。是否俟押主议价不谐后，始可以其业转卖他人？

答：可以先尽押主买受。俟押主议价不谐，方可转卖于人之规例。

（十八）抵押期限中，业主可以其业转卖他人否？

答；可以转卖，但必先向押主赎清。

（十九）抵押之产业复私卖与他人，其纠葛如何处理？

答：此为盗卖盗买，理应退契归价，以听业主之取赎。如能商允，业主可许原买之人，则应由业主书契领价，于其买卖内将抵押之价照数扣抵归还。

（二十）无期限之抵押，业主得随时取赎否？有无须经过若干年之惯例？

答：既未议定期限，得以随时取赎。

（二十一）抵押田产，押主不经业主允许，得转押于他人否？

答：转押田产，押主必向业主通知。业主既不能取赎，无不许转押之理。

（二十二）押主以抵押之业转押于他人，业主可径向其后之押主取赎否？

答：辗转递押之业应曾递取赎，各清各手。如转押之人死亡、出外，亦可径向最后之押主赎还。

（二十三）设甲以田产先抵押于乙（如俗有抵田不过种，常年收息之类），复抵押于丙、丁，嗣后乙、丙、丁之抵价，甲均不能偿还。遂变卖其抵押物。所得之金价不敷偿还之额，乙、丙、丁如何分配？

答：既以田产抵押于乙，后又重抵重押于丙、丁，其弊在甲而不在丙、丁，自应照数匀配摊还。

（二十四）业主罄产变卖抵押物摊还债主时，押主较他债主得有尽先摊还之权利否？

答：应先尽押主摊还。

（乙）动产抵押（谓一切可以移动之物品）

（一）典质小押专以收押动产为营业者，其种类有几？组织及方法若何？

答：有典当、质当、代当、小押四种。县属城乡只有典当、小押两种。典当需本较多有集股组织而成者，其余多系独开。

（二）开设各项典押是否须向官署请帖？有无私行开设者？

答：典当须请部帖。质当、代当设在未有典当之市镇，亦须禀官批准，方能开张。小押则系私行开设。

（三）各项动产抵押之价格与原价之比例若何？

答：典当大约值十当五。质当约可值十当六。代当、小押皆零星物件，无大交易，可当十之七八。

（四）抵押动产之期限有无长短之分？至长者及至短者若干年月？

答：典当二十四个月，质当一十二个月。代当、小押期限长者三个月，短者一个月。

（五）抵押动产之息金多寡之率若何？是否均有定例？

答：典当每月取息二分五厘。质当每月三分。代当、小押每月取息钱四五分不等。

（六）抵押动产取赎时未满一月，或数日、十余日者，以何法计算息金？有无一定惯例？

答：未满一月或数日或十数日，均作一月计算。惟典当之例满月后零十日，仍作一月计算。零至十一日即作两月计算。

（七）经过抵押之期限，物主无力取赎时，押主是否即行出卖？有无展期候赎之惯例？

答：典当展期三个月。代当三个月不赎，则转押于典当。其质当与小押均无展期，逾期不赎，押主即行出售。

（八）抵押物有损害时，押主是否负赔偿之责？

答：鼠咬、虫伤、霉坏之类不负赔偿之责。如因他故损害，亦有应行赔偿者。

（九）抵押取价有无一定月份为减息时间？（如典铺于十一月十一日起至正月十日止为减息取赎之期）其减少之利息有无一定之惯例？

答：典当每年以十一月十一日起至来年正月初十止为减息时间，减为每月取息二分。小押无减。

（十）下列各物是否得行典押？

违禁物（如军器军装之类）：不得典押。

祀神物（如庙宇内神袍炉□之类）：不得典押。

食物及动物：不得典押。

各种农器：不得典，只得押。

（十一）抵押息金系按月交付？抑与抵本同时交付？

答：与抵本同时交付。

（十二）取价期限已满，物主认给息金，得请求展延一定之期限否？

答：将以前之息钱给清，得展延原有之期限。

（十三）抵押动产亦有用保证人者否？

答：有产抵押不必用人保证。

（十四）抵押动产之保存及收管费用，是否概由押主任之？

答：押主任之。

（十五）抵押票据不问何人，得持向押主取赎否？

答：认票不认人。不问何人，得持以取赎。

（十六）抵押票据遗失时得向押主请求补给失票否？

答：据报件数表记相符，得请求补给失票。

（十七）物主请补给失票，须觅保证，并纳费若干否？

答：须觅保证。纳费之多寡，视抵押物之贵贱以为差等。然亦不多。

（十八）抵押物因押主使用而致损坏，有无赔偿之责？

答：押主未有使用抵押物者。如使用致损坏时，应有赔偿之责。

（十九）押主将抵押物借人使用致损坏时，物主得向请求赔偿同样之物否？

答：押主不得以抵押物借人使用。如有借人使用致损坏时，押主与借主自应修理复原。如所损失不能修理，物主应得请求赔偿。

（二十）借他人之物以为抵押，过期不能取赎，致抵押物丧失，抵押人对于物主应如何赔偿？

答：照价赔偿。

（二十一）物主任取一物，央中说合，押取过当之底价（如名信当如物值一千，押钱二千之类）。若物主迁延不赎，或罄产不能取赎，保证人之责任若何？

答：调查县属民事无过当抵押之习例。

（二十二）押主为预防抵押物之欺伪，或有损失，于抵押字据应如何批明？

答：抵押字据批明来历不明，与本当无涉。鼠咬、虫伤、霉烂，各安天命。

（二十三）抵押物来历不明者，经他人发见时，是否仍需备价，始准赎回？

答：虽系来历不明之物，亦须备价，始准赎回。

（二十四）典押各店收入官物及窃盗物为抵押时，有无责任？

答：不负责任。

（二十五）抵押物因天灾事变致损失时，押主有赔偿之责任否？

答：应有赔偿之责任。

（二十六）典押各店因自己之过失（如遗火自烧），与不因自己之过失（如被邻火延烧），致典押物概行损失。其赔偿额数有无差别？

答：典铺自行失火烧毁典当货物者，以值十当五，照原典价值计算，按月扣除利息，照数赔偿。邻火延烧者，减十分之二。如典铺被窃，照当本银一两，再赔一两。如系被劫，当本银一两，再赔五钱，均扣除失事以前应得利息。

（丙）证券抵押

（一）以有价格之证券（如债券及田土契约之类）为抵押时其抵价与原价之比例若何？

答：通常多系值十当五间有增减亦相差不远。

（二）以有记名债券（债券上注明债主姓名者）而为抵押时，是否须预行通知原借主，得其承诺方可抵押？

答：须通知借主承诺后，方可抵押。

（三）以汇票及兑票而为抵押时，抵押人当以何方法给付，俾押主得以行使？

答：须通知出汇兑票之人照票给付押主，始可行使。

（四）以不可以价计之证券为抵押时（如牙帖、执照、商牌之类），其抵押之价格以何者为标准？

答：视其岁入额金之多少位标准。

（五）证券抵押之期限至长至短若干年？

答：证券抵押不能过久，长者一二年为度，短者数月。

（六）支付权利之价金有无差别异同？亦有按年或按月交纳者否？

答：权利有差别，其加紧之支付，即有异同。有按年交纳者、按三节交纳者、按月交纳者。

（七）证券抵押之息金，其至多至少之率若何？

答：多者分半至二分，少者一分至五六厘。

（八）以多数人共有之证券，将己之一部分抵押于他人时，是否须得数人之同意？

答：须得数人之同意，方可抵押。

（九）以证券先后抵押数人，遇抵押人罄产，摊还债务时，各押主取得本利有无先后多寡之殊？

答：一律摊还，无先后多寡之殊。

（十）指定某证券之业为抵押，如抵押人逾期不克清还及付息金，押主可即管理其业否？

答：只能追索本利，不能即行管业。

（十一）抵押人不经押主允许，可将其抵押之证券转押他人否？

答：不经押主之允许，不能转押他人。

（十二）债券抵押后，原借主逃亡，或罄产致债务无着时，押主可向抵押人追问否？

答：得向追问。

（十三）证券抵押后，其目的物或因天灾事变致丧失（如田屋被水淹火焚之类）时，押主可向抵押人别索他种证券为抵押否？

答：抵押证券与抵押实在之产业者不同。其目的物既因灾变而致丧失，所有证券归于无着，自可另索他种证券，以为抵押之据。

（十四）证券抵押于期限中，押主或因他故而致权利丧失消灭时（牙帖、商牌抵押后因事倒闭，致失其效用之类），抵押人可向押主请求一相当之证券为抵押否？

答：原押之证券既丧失其权利，可向押主另求一相当之证券为抵押。

（十五）押主于抵押证券有遗失时（如票帖凭照之类），当以何法偿还？抵押人有无通常处理之方法？

答：押主遗失抵押证券，无可偿还。先向抵押人声明，并须登报广告。或禀官存案，另给执照。如系银钱证券，须向出证券人挂名失票。

（十六）典当质押各种票据之书式若何？

答：书式列下：

湖南省 典某某 某某街

字　　　号

今将自己估值当本足（制钱纹银）＿＿＿＿遵照部宪例，每月二分五厘行息，以二十四个月为满。过期不取，听卖作本。来历不明，与本典无涉。虫伤鼠咬，各安天命。钱当钱取，银当银取，认票不认人。此照。

宣统元年　月　日　票

（十七）抵押收字及取赎抵押收字之书式若何？

答：书式列后：

立领字人某某。今领到

某某字约内抵押契据一纸，所领是实。

立收回原抵押契据人某某。今以借金如数清还，原押契据本应收回所收是实。此据。

（十八）各种抵押约据之书式若何？

答：抵押约书式列下：

立抵押字人某某。今因某事需用孔急，愿将某物作为抵押，挽请中证说合，某人承收作抵。当日得受价银若干，议定抵押若干年，听业主取赎。恐口无凭，立此为据。

第四类　债务

（一）有无特种债务，对于借主之财产有先于他债主受偿之权利（例如，乙住甲屋，不付赁金，甲可将乙之器具扣留作抵，无论乙之器具向何人赁借或赊欠，甲可扣留之类）者？

答：现在民间债务无此种索债之习例。

（二）问债务有预定偿还某种货币，至偿还时，某种货币不能通用（例如，言定以银元偿债，届时因行一两银元，而七二银元不能通行之类），借主得以他种货币代之否？

答：无论何种货币，照价扣算，皆可作代。

（三）借主财产仅足偿还债务，忽任意赠与于人，债主得提起诉讼请求，罢赠与之行为否？

答：可以起诉，罢止其赠与行为。

（四）借主己身之权利怠于行使时，债主可代为行使否（例如，乙欠甲债，丙欠乙债，丙不还乙债，乙即无力还甲债，丙将罄产，乙不知索，甲可代乙向丙索债之类）？

答：债主不能代为借主行使其索还之权。如有此事，得提起诉讼，请官追债还债。

（五）通常债务至高之利息若干？

答：通常债务之利息，至高不得逾过年二分。

（六）以贷放银钱为业者，每月收取利息可过三分否？

答：视其贷之销售如何。畅销者月息二三分不等，滞销者无利可收，甚至亏本。

（七）约付利息之债务而不划利息若干，其归还时应如何核算？

答：约付利息之债务而不划定行息若干，必彼此交情至厚。其归还时，如力难给付重息，亦必酌中结算。

（八）债务须经过若干月未付利息，即作为元本（俗谓利上加利）？

答：通常以经过一年之后，以利息作为元本。

（九）借券上未书明有无利息者，至归还时，债主能索取利息否？

答：券上未书利息归还时，债主不能索取。

（十）债务须有保证人者，保证人由何人延请，其责任若何（如代偿债务之类）？

答：保证人系由借主延请，其责任原系担承借主不得骗欠不还，因俗有保人不垫钱之说，以致保者自保，骗者自骗，大为债主之害。应先议定，不能代偿债务者不能作保证人，庶免此弊。

（十一）保证人要具有下之资格者？

（甲）已成丁者

答：未成丁不得作保证人。

（乙）有代为偿还之资力者

答：但须见信于债主，不必有偿还之资力。

（丙）与债主、借主同居一地者

答：但须能担保借主有偿还之资力，不必与债主、借主同居一地。

（十二）保证人有数人时，借主不偿还债务，债主可否向保证人中之一人请求偿还，抑须向各保证人索取？

答：可任向一人请其代为追讨。如欲请求代为偿还，则此一人不应独负责任。

（十三）多数保证人中之一人代借主归还债务，他之保证人均免除其责任否？

答：如有一人自愿代为偿还，则余人之对于债主皆得借以免除其责任。

（十四）保证人死亡，所保之债务尚未完了，其承继人尚负保证人之责否？

答：不负责任。

（十五）保证人代借主偿还债务，对于借主即立于债主之地位否？

答：可向借主索还，即立于债主之地位。

（十六）保证人负有代为偿还之责任者，至何时债主始可向其索取？

答：必待借主无力偿还，方可向索，不拘何时。

（十七）保证人于债务期限中因事罄产，债主得要求借主另觅保证人否？

答：保证人负代偿之责任，于债务期限中因事罄产，债主得要求借主另觅保证人，否则无须另觅。

（十八）保证人有无仅任督促之责者？

答：保证人之仅任督促责者甚多。

（十九）数人同负一债，是否债主任对于其中之一人，皆可请求偿还全部？

答：数人同负一债，如其借债时有一人为之代表，得向此一人求偿全部。否则不得任向一人求其全偿。

（二十）多数借主中之一人偿还全部后，得向各借主索偿其各自负担之部分否？

答：得向索还，以免独累。

（二一）多数借主中之一人或二人已偿还其已分之债务，余之借主设有逃亡或罄产之事，债主得向先行偿还者再求偿还逃亡或罄产者之部分否？

答：各偿各债。其逃亡或罄产者，债主不得向已偿之人再索。

（二二）数人同负一债，其中一人兼有保证之责任，各借主不能偿还时，其兼保证之借主有无偿还全部债务之义务？

答：此保证人于借债时本负有代偿之责任，则应有偿还全部之义务。否则不能责其全偿。

（二三）数人同负一债，其中兼有保证之一人逃亡或罄产，债主对于其余各借主尚得请求偿还全部否？

答：只得索还其各本部，不得求偿全部。

（二四）一人负数人共有之债务，归还时是否向一人给还全部？抑须照应得之各部分分别给还？

答：如此一人能为各部分代表，可以全部向此一人给还。否则须照应得之各部分分别给还。

（二五）一人负数人共有之债务，原约偿还时仅付债主中之一人。后借主有罄产之事，其一人仅向借主收得债务之一部分，其所收得之一部分是否一人独得？抑各债主均分？

答：应均分，不当独得。

（二六）设乙、丙、丁、戊、己五人共负甲一千元，甲又负五人中之丁一千元。若乙、丙、戊、己四人无力偿还甲债，甲得将乙、丙、丁、戊、己五人之债一千元与欠丁一人之债抵销否？

答：各还各欠，不得如此抵销。

（二七）债券已载明债主之姓名，债主欲以此项事务转让他人，是否须通知借主俟其允许？

答：须通知借主，借主无不允许者。

（二八）经久不索取之债务，经过若干年即作为消灭？

答：债务经久不索，借主逃亡，故绝为不消灭之。消灭无明定经若干年即可消灭之例。

（二九）借主至偿还期限，未能偿还，致债主受有损害（例如，借主另负他人厚利之债，俟此款清付。今借主至期不还，致债主多负利息之类）？

答：论理应由借主赔偿。现在民间法律之学未明，尚无能行之者。

（三十）借主未届偿还之期，有罄产之事变，债主可不俟到期，向之索取否？

答：借主有罄产之事变，借主可以先期索取。

（三一）借贷时债主、借主同居一地，嗣债主迁移他处，还债时所需勾兑费用应由何人负担？

答：应由债主负担。如系借主迁移，则由借主任之。

（三二）债务未定偿还日期，是否可以随时索取？

答：可以随时索取。

（三三）有无预定到期不偿还债务，另付违约金者？

答：到期不还只能扣算利息，无预定另付违约金之习例。

（三四）借主所负之债务，有利害关系之第三者（如债务中之保证人，或借主亲属之类）得代为偿还否？

答：借债不还，保证人或借主之亲属不忍债主受害。如在有力之家，亦有代为偿还者，但债主不能责以必应代偿。

（三五）他人代偿债务后，能向借主索还否？

答：代偿之后，得向借主索还。

（三六）子弟因不正行为所负之债，能责其父兄无偿还否？

答：子弟有不正之行为而负债，父兄无偿还之责。

（三七）家主所负之债，未成丁之子弟可代为偿还否？

答：无论子弟已未成丁，但力能偿还，即应代为偿还。

（三八）借主指定某物数种（如牛马羊豕之类），是否即于其余各物中选择？

答：指定之物已经债主接受而有毁损，不得重索，如仅指定而未接受，可于其余物中另选。

（三九）借主指定同类之物数种（如房屋几所），任债主选择其一偿还债务，设当指定之物全数毁损（如房屋几所均被火焚），借主不另偿他物或无力另偿他物，能免偿还之责否？

答：选择指定之后，如已经交割接收而全数毁损，虽借主力能另偿，应免其偿还之责，如但经指定尚未交收而全数毁损，虽借主无力另偿，其应偿还之责不能因此免除。

（四十）债主定期选择借主指定之物届时爽约，借主可否代为选择？

答：虽由债主爽约，若借主代为选择，债主未必承认。

（四一）借券遗失时借主归还债务，除应取之收据外，有无另行声明之方法？

答：由债主书立遗失借券字约，以为已经归还之据。

（四二）归还债务未能悉数清付，其已还之部分，是否给付收据抑于借券中批明？

答：有将已还之部分给付收据者，有于借券中批明已还若干者，办法不一。

（四三）多数人共成一会，或以谷物或以钱银互相借贷，其名称有几？起会之办法若何？

答：成会之名称有苏九会、苏半折会、七星会、硬六会、五总会，亦名摇会。起会之法均由首会邀集而成，自首会以至末会，前后互相交纳，惟苏半折会止前三会互相交纳偿还到底，自四会以后各会只纳前三会，其余彼此不相偿纳，其所得会金较前三会止及半数，顾名半折。

（四四）每起一会约若干人聚集之数至巨者若干会中用费约几何？

答：苏九会及苏半折会均九人，如人数不足则有以二会兼六会，三会兼七会，或首会兼末会。七星会则七人，硬六会则六人，五总会则二十人。聚集之数多少不等，以五总会为最巨，有多至数千金者。如一人之力不能担任一会，则以数人共任之。会中用费亦无一定，视其会之大小为准。

（四五）首会之人责任若何？应行偿还之数各约若干年付清，其利息各若干？

答：首会之责任须有偿还到底之资力。其应行偿还年数，苏九会半折会皆九年，七星会七年，硬六会六年，五总会则十年，每年两会。其利息通盘合算，首会较优，不善经营，常有因起会而负债者。

（四六）接会次序如何办理？有无一定期限？其利息比首会若何？有无有

抵押物者？

答：接会之次序，除首会应归发起人所占外，其余自二会以至末会由各分派认定，按年以次接收。如首会接收之期在本年正月则以后，各会之接收皆在每年正月。惟五总会每年两次，上半年系仲春月接收，下半年系仲秋月接收。其次序有预先认定者，亦有拈阄为定者，故一名摇会。余会之利息皆逊于首会，无用抵押物者。

（四七）除因借贷起会以外，有无因特别事件行之者，其类名有几？以何者最为通行？

答：有因亏欠而起者，有因集资贸易而起者，有因置产缺资而起者，其原因不同，其类名无异，均可通行。

（四八）请会期间有意外之事实发生（如会中之一人死亡或罄产之类），应如何办理？

答：如主张起会之人遇有事变，可将其会解散。如被邀入会之人遇有事变，则另觅一人以代之。

（四九）借贷银钱谷物因时价涨落不同，应以何时价格为标准？有无由债主任意规定者（如借债时债主指定当时最高之价为标准，嗣后听涨不听落之类）？

答：借银则还银，借钱则还钱，借谷则还谷。无论价之涨落如何，照数归债，两无争论，如或借银而还钱，借钱而还谷，则视归还时之时价，照数扣算，不能由债主指当时最高之价任意规定。

（五十）解会及散会如何处理？

答：以退还会本，算还月息为处理之方法。如财力不继，亦有只归本而不认息者。

（五一）偿还会款不清有无罚规？

答：后会应纳前会款，有未清则前会日后还纳之时照数短还，前会还纳后会款有未清可作债务索取，未有处罚之规例。

（五二）为使用之借贷（如借一金表使用后将原物退还之类），若致原物丧失或毁损，借主当以何法偿还？

答：损伤未甚者应为修理复原，若原丧失或毁损不能复原者，应照式购置以偿还之。

（五三）借贷使用物为必要之修缮时（如借住房屋必须修缮之类）其费

用贷主借主何人负担?

答：小修借主担任，大修则归贷主担任。

（五四）借贷使用物违其契约使用（如借马本云服乘，今以之负货之类），致物有损害时，应如何赔偿?

答：应照原价赔偿。

（五五）借贷使用物不得贷主之允许，可随意转借于人否?

答：如系贵重之物，不得贷主允许，不可转借。如系贱物，则随意转借者，事所常有。

（五六）有专以借贷物品为营业者否（如市间赁明瓦店之类）?

答：间亦有之。

（五七）借贷极贵重之物品（如字画古玩之类），因意外致灭失毁损，其偿还之方若何?

答：估计价值赔偿。

（五八）各种借券之书式若何?

答：书式列下：

立借字人某某。今借到某某名下钱银若干。议定每月纳息若干。遇月相还，不得短少。恐口难凭，立此为据。

凭保证人某某

宣统元年　　月　　日　立

（五九）保证人有与债主立字据者，其字据之书式若何?

答：保证人立字据交与债主，名为担保，字其书式同前，但措辞稍异。

（六十）债主受取债款有应付收据者否? 其收据之书式若何?

答：应付收条。其书式列下：

某人名下某项钱银若干正。所收是实。

年　　月　　日　某人收条

（六一）请会之会书以外，有无登记款项之账簿? 其账簿之书式若何?

答：会书之外另有账簿登记款项，账簿之式按会之次第，填记姓名及其收付之数目日期。

第五类　买卖（无论何项买卖，皆在此范围之内，非专指商人语
言也。）

（一）彼此预约买卖物价，均未交割，卖主、买主可随时将原约作废否？

答：物价未交割，原约可以随时作废。

（二）预约买卖有先付定金者，金额系由买主随意给付，抑照物价有一定
之标准？

答：由买主随意给付，无一定之标准。

（三）预约买某物，已付定金若干。买主若欲废约，尚可索回定金否？

答：买物已付定金，买主自欲废约，定金即不能索回。

（四）买主付定金后，若卖主主张废约，除退还定金外，有无罚金之
惯例？

答：废约出自卖主，除退还定金外，所有成约之费用概由卖主担任，无
罚金之惯例。

（五）定买之物，约定按期陆续交付，至中途卖主违约，买主因受损害，
得向卖主请求赔偿否？

答：卖主中途违约买主所受损害卖主应量为赔偿。

（六）有以他人之财产为买卖者，设至期不能交割于买主之时（如卖主中
途不卖），买主受有损害，得向代卖者请求赔偿否？

答：他人财产至期不交买主，因受损害，不得向代卖者求赔偿。

（七）以不动产为买卖者，卖主不能即时交割，其价金应何时给付？

答：立契成交之时给付半价，俟交割后付完。

（八）以动产为买卖者，除现金交易外，给付物价有无一定之期限？

答：动产买卖之物价，有以现金全数交易者，有分作数期给付者。虽无
一定之期限，然亦不能过久。

（九）以债权（如借券转卖于人之类）为买卖者，卖主有担保债务者
（借券之借主）偿还之责否？

答：以债权卖于人，其债务仍归卖主担保偿还。

（十）买卖物已经交割，买主付价未清，卖主可否请求买主于未清价额内
附加利息？

答：买物欠价，无加算利息之习例。

（十一）买卖物交割后，买主能将原物退还或更换否？

答：既经交割之后，买主不能将原物退换。

（十二）因买卖之物与原约不符，可否由买主退换或索还价金？

答：可以退换。如卖主无可换给，买主得向索还价金。

（十三）买卖动产有包管回换者，其准予回换之期限至长约若干年？

答：至长不得过一年。

（十四）买定之物于未交割于买主之时，或因卖主之过失而致毁损灭失，损失之部分应由何人负担？

答：应由卖主负担。如其损失由于买主，则归买主负担。

（十五）买定之物如他人已有权利于其上（如田宅已经抵押），或为私人所不能取得者（如违禁、窃盗及公家所有之物），因此致买主受害，卖主应负若何之责任？

答：买定之物，如他人已有权利于其上，致买主受损害者，卖主应负责任，为之理清。如为私人所不能取得之物，卖主不知情者，将原手交出，买主所受之损害应责成赔偿。若系知情，除赔偿买主之损害外，仍有应得之罪。

（十六）卖定之物于未交割于买主之时，或因天灾事变而致毁损灭失，其损失之部分是否应由买主负担？

答：虽卖定而未交割，其损失应由卖主负担。如在已经交割之后，则归买主负担。

（十七）隔地买卖，因途中运送遗失或毁坏，其损害应由何人负担？

答：如系卖主运送，则应由卖主负担。系买主自运，则由买主负担。

（十八）隔地买卖货物，约定按期运送，嗣买主发信，请易他货，若卖主未收到买主之信，至期仍运到原货，应如何处理？

答：应仍归买主买受，或另觅他人买受亦可。

（十九）买受之物，他人主张系己所有，或有承管之一部，其纠葛应由何人清理？

答：应由主张人清理。

（二十）卖主以欺诈行为出卖某物（如泥做油靴、纸做大呢之类），交割后经买主发现，如何处理？

答：以欺诈行为出卖货物，此等卖主必行踪诡秘。如知其下落，买主应向退换或索还其原价。

（二一）为一己之利益以恐吓行为强买他人之物，契约成立后，卖主尚可主张废约否？

答：此等不公平之买卖，卖主之心不甘，买主之理不直。虽契约成立，仍可投人评论，主张作废。

（二二）不动产出卖以后，有无他人出头请求增价之事？

答：间有亲属出头请求加价者。

（二三）代理他人买卖，价经议妥，尚未交付。适代理人死亡，买主或卖主可将前约作废否？

答：如买主卖主两相情愿，可不废约。若不愿，可以作废。

（二四）买卖某物定约后，买主或卖主死亡，其死亡者之承继人可否将前约作废？

答：买主或卖主有死亡时，其家计或有变更。虽已定约，其承继人可以声请作废。

（二五）有专以介绍他人之买卖为业者否？分若干类？

答：如买卖田产房屋之中人，商业中之行户，及凡买卖货物之居间说价者皆是。

（二六）买卖有必须中人者，其中人之资格若何？责任若何？

答：以能联络两方而又诚信老成者为合格。其责任在担承买主之价金不得短少，卖主之产业或货物不得奸欺。

（二七）买卖契约成立后，当事者之一方违约（如买主不交价金、卖主不交货物之类）中人应负如何之责任？

答：必须妥为调处。

（二八）中人有数人时，其所负责任与取得用费有无轻重多寡之分？

答：数人同作一中，其取得用费之多寡，视其责任之轻重以为衡。

（二九）买卖所需之费用（如中资、酒席之费）是否由买主独任？抑与卖主分任？分任之中有无差别（如买主输三成、卖主输二成之规例）？

答：有买主独任者，有卖主分任者。分任之差别，买主必较卖主为优。

（三十）不动产买卖之中人抽收用费，以何者为标准？

答：以契价位标准，每两约抽三分。

（三一）买卖交割后，卖主愿买回原物，是否须于契约成立时预为声明？

答：必于立契时预为声明，否则不能回购。

（三二）可以买回之物约有若干之种？

答：可以买回之物种类不能悉数。如系立契绝卖，则不能买回。

（三三）约定买回期限至长约若干年，设于买回期限内因天灾事变致原物毁损灭失，买主得以此对抗卖主，免除其责任否（如屋被火焚，卖主不能在买回之类）？

答：约定买回期限内至长以十年为度。期限内因灾变致有损失，如卖主必欲买回，买主不能以此对抗免除其责任。

（三四）约定买回期限内，若买主将原物转卖他人，原卖主能否阻止？抑可向后之买主买回？

答：原卖主得执原约出而阻止，或向后之买主买回。

（三五）卖主买回原物时，物价已经变迁，系按时价计算，抑以原价买回？

答：有按时价计算者，亦有原价买回者，应视其原议为准。

（三六）买回原物，是否将买主之价金附算利息归还？抑以物产之收益（如田宅已得租金之类）与价金之利息视为相抵者？

答：不能将买主之价金附算利息归还，只能将物产之收益与利息抵算。

（三七）买回之物以前所需保管修理费用，卖主能向买主请求偿还否？

答：小修由卖主自任，大修可请买主偿还。

（三八）动产买卖有无用字据者？

答：亦有用字据者。

（三九）卖主为卖某物，有先将物状开写清单者（俗谓之水程），其书式若何？

答：先将物状开单者有之书式录下：

一处地名某某，有水田若干亩，屋几栋，水塘几口，山场竹木若干，田系几冲几岸。水租若干石，粮食若干，实价银若干两。要者请看速成。

（四十）不动产之买卖，除卖主书立卖契外，原有之各种字据（如老契、清丈单、完粮串票之类），应一律交付买主否？

答：原有之各种字据，一概清交买主。

（四一）关于买卖各种字据之书式若何？

答：买卖各种字据之书式大略相同，不过就事论事，措辞稍异。

第六类　租赁

（一）通常租赁是否须觅他人担保？

答：有觅他人担保者，亦有无须担保者。

（二）租物已纳押金者，可否不立保证人？

答：纳金租物本可不立保证人，亦有仍须保证人者。

（三）租物之保证人对于租物损失或租金滞纳时，是否应负代偿之责？

答：租物损失、租金滞纳，保证人应代为调停催取，不能代偿。

（四）租物押金多寡之数，以何者为标准？

答：视租物所值之多寡，以为押金之标准。

（五）保证人与租主共为租户时，其租金均未给付，是否仅向保证人追偿？

答：保证人与租主同为租户，欠租金，可责成保证人于清还己分之外，代为催取。不能专向追偿。

（六）保证人有仅担保租主之行为无他，而不担任价金者否（如俗云保人不垫钱之类）？

答：租赁之保证人多系担保租主行为无他，无担任价金之责者。

（七）保证人与引佃人责任若何区别？有无引佃人即作保证人者？

答：保证人之责任较引佃人为重，亦有引佃人即作保证人者。

（八）有无重交押金而租金轻纳，及专交押金而租金免纳者？

答：重交押金而减轻租金者有之，无专交押金而租金免纳之事。

（九）租主所纳押金有无算回利息者？

答：所纳押金之利息为业主所得，租主不能算回。

（十）约定租佃田宅先付定金，若租主中途废约，得索回其定金否？

答：废约出自租主则先付之，定金不能索回。或与业主有交情，亦有能索回者。

（十一）租定田宅房屋，除租金以外，有无小租名目？

答：除押金租金以外，无小租之名目。

（十二）有无租地垦辟，经过若干年，始纳租金者？

答：租地垦辟必须俟有收获，始纳租金，亦有限三年五年者。

（十三）房屋租金如何计算？其交纳有无一定之期限（如以月计算，于月之初日或月之终日交纳之类）？

答：房屋租金现在昂贵，大约视其房价可得月息二分以上。其期限以月计算，于月之终日交纳。

（十四）田地认租有无专以金钱计算否？

答：佃田认租谷。如佃种菜土茶园之类，则以金钱计算。

（十五）田地收取租金额数以何者为标准？

答：每田一石上业主可获十六石谷，下业主不过一十一石之谱。

（十六）租地以采取植物、动物、矿物为目的者（如山林、池塘、庄园、果园之类），其租金若何计算？

答：视出产之丰啬计算，无一定之标准。

（十七）租用地基建筑房屋者，通常年限约若干年？其租金如何计算？

答：租地建屋其工程必不甚大，通常期限大约以五年或十年为度，其租金以地段之大小为计算。

（十八）有专以产出物充纳租金者否（如赁地种田，只供菜蔬，不纳租金之类）？

答：不能专以产出物充纳租金。

（十九）佃户交纳租金有无一定之期间（如按年、按月、按收获季节之类）？

答：有按月交、按节交、按年交之不同，各有一定之期。

（二十）田地租金遇半数或无收之年，佃户可请求减额或豁免否？

答：佃户请业主勘实，半数可以求减，无收可以求免。

（二一）租佃房屋，租金已纳，或因天灾事变而致房屋灭失，得请求退还前纳租金否？

答：如有此等事变，房主之受损害更甚，前纳之租金不得请求退还。

（二二）租佃田地期限内，设佃户不纳租金，能径使其退佃否？

答：佃户不纳租金，虽在期限内可使解约退佃，但须预先声明。

（二三）租金逾期不纳，能将其滞纳之租金附加利息否？

答：租金滞纳，无附加利息之习例。

（二四）租主至无力交纳租金时，可将其附属于田宅之什物变卖，充当租金否？

答：以附属于田宅之什物变充租金，宜视租主之愿意与否。

（二五）租佃房屋有定租若干年者，设于期限内房价腾贵，能请求增加租金否？

答：租佃房屋少有预定年数者，如在订定之年限内，不能增加租金。

（二六）有无租主出费修缮，约定业主减少租金者？

答：租主出费修缮，业主与之约定减少租金，事所常有。

（二七）以土地租人耕种或畜牧，其预定期限至长约若干年？

答：通常预定之期限至长不过一年，两面相安，按续加展。有经数十年而不易租主者。

（二八）租佃田宅，不经业主之许可，得转租于他人否？

答：不经业主许可不得转租于他人。如只分佃一部分，可以便宜行事。

（二九）租佃房屋，不经业主之允许，得自行增修改造否？

答：不经业主之允许，不得大加增改。如小有增改，不求业主认费，可以便宜行事。

（三十）租佃田宅之一部分，因租主之过失（如赁屋失慎，租屋被焚等类），而灭失时，租主得于其灭失之部分请求减少租金否？

答：如有此等事变，租主亦必与受损害，可求减少租金。

（三一）租佃房屋有必要修理时，其费用是否全由业主负担？

答：如系大加修理，其费用全由业主负担。如零星修理，业主出工，租主供食，俗谓之东工佃食。

（三二）租主代业主出资修缮，言明按年扣还费未价清。业主将原业典卖于人，租主之修缮费如何偿还？

答：应算明已经扣还若干，下欠若干，由业主照数偿还。

（三三）商店为发达商业，自行修缮，增饰华美者，其修缮费至退租时，业主应全行给还？抑给还半价或几成？

答：商业发达而自行修缮增饰华美，退租时业主不必给还其费用。

（三四）租主租佃住宅于宅内添设之物，退租时系由租主自行撤去？抑可听业主备价买回？

答：如系宅内应需之物，可由业主备价买回。如索价太重而业主不愿照出，则由租主自行撤去亦可。

（三五）租佃房屋因期间过久自然毁损者（若门壁朽坏、房屋坍塌之类），至退租时不能回复原状，租主能免其责任否？

答：自然之毁损，租主可免其责任。

（三六）租佃房屋，租主自行增改之部分，退租时应回复原状否？

答：租主自行增改之部分，退佃时本应回复原状，其不能回复者亦有之。

（三七）租佃田地期限内，设佃户应亏失资本，可不俟满期退佃否？

答：不俟满期退佃，佃户必不能甘，必有纠葛。

（三八）租佃田宅未定继续期间，当事者之一方欲解约时，须前若干日声明？

答：租佃未定继续期间，一方欲解约，必先须预先声明，但不拘定若干日期。

（三九）田地租佃每季可得收获者，地主于收获前通告，可得解约否？

答：于收获前通告，可以解约。

（四十）山林田园改租时，现存于其上之果实应归何人所有？

答：应归现租者所有。

（四一）无论田土房屋于租佃期限内，物主已将所租田产出卖，仍得接租否？

答：有接租者，亦有买清庄不能接租者。

（四二）以动产出赁（如动物、植物及各种杂物之类）者，有一定之赁金及期限否？

答：赁金期限均无一定，即以日期之久，暂定赁金之多少。

（四三）赁用之物有毁损灭失时，应以同样之物价还，抑可以金钱合算偿还？

答：以同样物偿还为正办，无同样物则以金钱合算赔偿。

（四四）赁用之物因天灾事变致毁损灭失，赁用者得免赔偿之责否？

答：仍应赔偿。

（四五）赁用之物于赁用时生有果实（如赁用之牛马生子之类），应归何人所得？

答：应归原主所得。

（四六）赁用之物所需必要费用（如牛马养畜费之类）由何人负担？

答：应视赁用期间之久。暂如暂行赁用，为日无多，应归物主负担；如赁用日久，则应归赁用人负赁。

（四七）赁用之物未定归还期间者，可由当事者之一方随时归还否？

答：可以随时归还。

（四八）房屋召租告白之书式若何？

答：召租告白书式列下：

房　真　三　不　佃
屋　内有房屋几间出佃要
召　者请至某处引看相安

（四九）房屋租约之书式若何？
答：书式列下：

立佃字人某某。今佃到某某人名下，某处房屋几间，内外单双门片楼栿窗格装修俱全。凭引议纳押金若干，每月纳行佃钱若干，按月交纳，不得拖延。日后不住，东将押金退还。倘有损失房屋及行佃不清，即将押金扣除。今欲有凭，立此佃约一纸，付东收执为据。
凭引佃人某某
宣统元年　　月　　　日　　立

（五十）山林田园各种佃约之书式若何？
答：与租佃房屋之约相同，但置辞稍异。
（五一）赁用杂物之字据之书式若何？
答：赁用杂物无用字据者。

第七类　雇佣

（一）通常雇佣期间至长约若干年？
答：通常定期至长以一年为度。如两方相得接续雇佣，不拘年数，常有十余年犹恋恋不忍去者。
（二）有无定终身为人服劳务之约者？
答：县属民俗无预定终身为人服劳务之约者。
（三）有无特种佣人先向雇主纳保证金者，其类有几？
答：各洋行轮船所雇买办，皆应先纳保证金。县属商民此类之习例尚少，惟查城厢各茶馆所雇挑水人应先批水钱。
（四）有无专以为引佣工为业之人，为引费用如何计算？是否雇主佣者两方负担？

答：城厢有专以荐引男女佣工为业者。其荐引费用于雇工一月之后，每人取钱二百文，两方负担。乡间无此习例。

（五）荐引佣工为业之人，对于佣者是否负担保赔偿之责？

答：引荐人有担保之任，无赔偿之责。

（六）佣者有不法行为（如窃物或长支工价逃亡之类）致雇主受损害时，引荐人是否赔偿？

答：引荐人应代为追取，不能赔偿。

（七）佣者工资按日计算之法（如俗有算进不算出之沿习）？

答：将每月之工资按日计算，抽工太多者按日扣除。

（八）已定期间之雇佣，雇金应何时付给？

答：通常按月付给。亦间有三节付给者。

（九）已定期间之雇佣，佣者于期间内因物价昂贵，可请雇主增给佣金否？

答：可请增给。

（十）商事雇佣有无于佣金之外兼分红利者？农事雇佣有无不给佣金，仅予实物者？

答：商事雇佣得力之人，于佣金外分红利者，事所常有。农事雇佣不给佣金，仅予实物者，事不经见。惟乡间所雇之守会、守祠、守庙之老人间或有之。

（十一）经过应给佣金之期间，始行补给佣者，得向雇主请求按月付息否？佣者预支佣金至若干月，亦应转向雇主付息否？

答：佣金预支补给，彼此皆不扣息。

（十二）雇主负欠佣金至无力给付，雇主变卖财产时，佣者得先取得佣金否？

答：佣金得先取偿。

（十三）约定以年月日计算工资，佣者中途辞工，其工资应按日扣除否？

答：应按日扣除。

（十四）佣者不经雇主之许可，使他人代服劳务否？

答：佣者清人代替，必先经雇主许可。

（十五）雇主未经佣者至承诺，得使其为他人服劳务否？

答：雇主欲使佣者为他人服劳务，必经佣者之承诺。

（十六）预约需要劳务时（如订约插禾割麦时为之帮工），服役若干日，佣者届期爽约，不能达雇主需要之目的，因而致受损害（如收获延期）。佣者有赔偿之责否？

答：此等佣力之人，所在多有。此人爽约，可以临时另雇。断无因此致受损害之事。即或因此而有损失爽约之佣者，亦无赔偿之责。

（十七）雇主使佣者服约定以外之劳务（如本系管账，忽使买物），佣者可拒绝否？

答：凡其力所能为之事，虽约定以外不可拒绝。

（十八）佣者为雇主服劳务无过失，致他人受损害时（如无意伤人或损人器具）雇主应担其责任否？

答：此等损失，雇主应担责任。

（十九）佣者为雇主服劳务无过失损伤物品时，能免赔偿之责否？

答：佣者服劳务无心之过失损伤物品，应免其赔偿。

（二十）当事者已定长期雇佣之约，于期限内有不得已之事由须解约时，得由一方径行解约否？

答：佣主与佣者遇有事变，虽在期限内，得由一方径行解约。

（二一）未定明雇佣期间者，欲解约时是否须先若干日声明？

答：未定明雇佣期间，欲解约即能解约，无须声明。

（二二）无保证人之佣者有不法行为，致雇主受损害时，可向其家属追索否？

答：可向其家属追索。

（二三）佣者因服劳致疾或死亡而解佣时，雇主于佣者或其家属有无给养之事？

答：佣者服劳有年，致有疾病死亡而解佣时，雇主每于佣金外，多给数金，以为医药埋葬之资，不必给养其家属。

（二四）雇佣各种字据之书式若何？

答：雇佣不用字据，登簿为定。簿载雇工某人，议定每年工钱若干。

第八类　请负（请负者，包括他人工程及其他一切事物之谓。）

（一）关于某项业务托人承办，有无预供担保金者（如大工程告竣，需时防托办者资力难继，使指定工款以免亏损之类)？

答：托人承办业务，如其工程较大，必先于价金内支付若干，以为鸠工□材之费。与工以后仍可随时支付。如资力不继，于承办人无所亏损，故无预供担保金之习例。

（二）关于某项业务，承办者于承揽时有无预定违约金者（如届期不完工，则罚金若干之类）？

答：查县属民情，承办业务鲜有不能完工之事，无预定违约金之习例。

（三）因托办者指定办法或供给材料，致其业务有瑕疵时，承办者仍负责任否？

答：办法不合而系托办人所自定，或材料不良而系托办人所自备，可以不负责任。如办法系所其自定，而承办者之材料不良，或材料系其所自备，而承办者之办法不合，则不能辞其责。

（四）工事建筑中遇天灾事变，以致材料减少毁损，其承办人损失之额，系请求托办人赔偿，抑与托办者平均负担？

答：此项材料如承办人先已报明，托办人承认点收，则其损失应归托办人负担。如系承办人一总包办，未经托办人认收，则归承办人自行负担。如托办人不使独受亏累，则亦有两方平均负担者。

（五）承办之业务尚未告竣，而托办者无力中止时，承办者因中止所受之损害，能向托办者请求赔偿否？

答：可以请求量为赔偿。

（六）承办者因财力不足，不能完成工事，得向托办者请于原定价额内随时支用否？

答：无论财力足与不足，均可随时支用。

（七）工事价金于经始即支付，与俟完成始支付，二者孰为通常之规例？

答：通常办法多俟完成始行交付工程之大者，始时即先酌量交付数成。俟完成后交足。未闻有于经始时即全行交付者。

（八）重大工程立有保证人时，设承办者中途要求增价或借端中止，保证人之责任若何？

答：工人承揽之处常有减价定议，以为争揽之计。及与工之后，往往藉称工料昂贵，请求增价。不遂其意，辄即停工要挟，最为恶俗。保证人之责任，须能估计工程，酌量应加与否，不得任其随意索加，中途停止。

（九）关于承办人工事有定保固年限者（如建筑屋宇包若干年不倾颓之

类），其年限通常约若干年？

答：承办工程预定保固年限者为绝少。工程之大者间或有之，不过以十年或二十年为度。如其人已死亡或资力失灭，虽定此年限，终归无效。

（十）保固年限中承办者死亡，其承继人应接续负担责任否？

答：承继人不负此等责任。

（十一）立约承办之后，因物价腾贵或估计差误承，办者得请求加增价额否？

答：果因物价腾贵或估计差误，原议之价额不足，得请求加增。

（十二）订一期限内必须完成之承办事件，届期爽约至不能达托办者应用之目的，托办者得径将前约作废否？

答：承办者爽约，不能达托办者应用之目的，或为事故所阻，可以声请展限。如再爽约，托办者可以将前约作废。

（十三）工事久延，计难如期告竣，托办者得于期限之前另招或添招他人承办及分办否？

答：只可令承办人加工赶办，托办人不得另招添招。

（十四）托办者因承办者迁延，不能完成其工作，另招或添招他人承办及分办，原承办者有无抗阻，不许他人承揽或工作之情事？

答：原有承办人而另招添招，原承办者必抗阻，不许他人承揽工作，他人亦无肯承揽者。

（十五）设因另招他人继续承办之工作，比前多糜费用，能令承办赔偿否？

答：既无另招他承办之事，虽有糜费，不能令其赔偿。

（十六）为承办业务所应需之杂费，是否均由托办者独任？抑与承办者分任？

答：均由托办者独任。

（十七）承办者因工作致他人遭其损害（如建筑木料之倾覆，或砖瓦下坠伤人之类），托办者应负责任否？

答：此等损害应归托办人负担。

（十八）各种承揽字据之书式若何？

答：承揽字据书式录下：

立承揽字人某某。今因某某堂建造屋宇或修桥梁筑防，凭某某等议定工资材料及一切费用，共计（钱、银）若干（串、两）整。自某日与工，至某时完工，不得拖延逾限，亦不得中途翻异。当交（钱、银）若干，俟工竣之后具领。恐口难凭，立此为据

宣统元年　月　日　立

（十九）各种保固字据之书式若何？

答：保固字据书式列下：

立保固字人某某。今因承揽包造修某某人（屋宇、堤岸或道路、桥梁或山墈、壕基、塘□）业已告竣，工程完密，自愿保固若干年。倘期限内稍有倾颓崩塌，为某某是问。此据。

宣统元年　月　日　凭某人立

第九类　委任（以己之事务托人办理者，谓之委任。所委任之人，谓之受任者。）

（一）受任者处理委任事务，有受谢金者，有不受谢金者，其责任有无轻重之别？

答：受谢金者责任较重，不受谢金者责任较轻。

（二）受任者从委任者之指挥，以善意处理委任事务。若事务生有损害时，受任者有无责任？

答：可以不负责任。

（三）受任者处理委任事务，反乎委任者之意思，致事务受损害时，受任者应负责任否？

答：不能辞其责。

（四）受任者处理委任事务所获之利益逾于原定之范围时（如以物品托人代售，原价一百元，后多售数十元之类），受任者可分润其余利否？

答：此等余利，受任者可以分润。在廉洁之人亦有不肯分润者。

（五）受任者处理委任事务代给必要之费用（如自长沙托人往岳州办事往返川资势不可少之类）或代负债务（如息借债项代人买入口产之类）偿还应付利息否？

答：数多者应付利息数少者只还本金。

（六）受任者所处理委任之事务，因天灾事变，致目的物受有亏损时（如代人买房屋买成后，被邻家遗火，焚去一半之类），受任者有赔偿之责任否？

答：此等亏损，受任者无赔偿之责。

（七）多数人受同一之委任事务，其中一人因错误，致事务全部或一部分受有损害。赔偿之责系一人独任？抑多数人分任？

答：应归错误之人独任赔偿。

（八）委任期限中，委任者或受任者之一方死亡或资力不足办理原议之事务时，其委任契约当然作废否？

答：委任、受任一方死亡，其事务必有变动，或资力不足不能达其所欲办理者之目的。虽原有委任契约，可以随时作废。

（九）因委任事务难于处理，受任者得随时声明废约否？

答：知难而退，受任者可以随时声明。其废约与否仍由委任者主持。

（十）解除委任原约之时，委任者不能自行接办（如将有远行之类），又难觅人代办，因此致受任者被莫大之损害（如有最大利益之事为委任事务所羁，不能办理之类），得向委任者请求赔偿否？

答：受任者因此致受损失，即不自请求，委任者亦必量为赔偿。

（十一）关于委任行为有无各种字据？其字据之书式若何？

答：民间之委任行为，只有用书缄相托者，并无字据。

第十类　寄托（以己之物件寄存他处，托其保管者，谓之寄托。）

（一）为他人保管寄托物，受酬金者与不受酬金者，其责任轻重若何？
答：他人寄托物，其责任不过为之保管不失，无有用酬金者。

（二）寄托物不经寄托者之承诺，保管人得随意使用及租赁或移借于他人否？

答：贵重之物不经寄托人之承诺，保管人不得随意使用。及租赁移借于人，如系微贱物则随意使用租借者，事所常有。

（三）寄托物因天灾事变而被损失，保管人应负赔偿之责否？
答：可不负赔偿之责。

（四）保管者如有不得已之事由，得将寄托物请他人代为保管否？
答：可托他人代为保管，但非其人不可托耳。

（五）保管寄托物应需之费用，得向寄托者先行付给否？

答：如有需用之费，应由寄托者先自付给。如未付给，保管者可以声请。

（六）寄托物之返还定有期间，保管者设有不得已之事由，得于寄托期前返还否？

答：可于期前返还。

（七）管理寄托物之有谢金者，未定明支付之期间，保管者何时可以索取？

答：寄托物之用谢金者绝少。即有此约而未定支付之期，保管者未便索取。

（八）关于寄托物所收取之利益，保管者已经消费，偿还时须并付利息否？

答：应视其利益之多少何如。如其利益颇重，保管人擅行消费，则偿还时应付利息。如为数无多，可以不付。

（九）因寄托物之性质或瑕疵致保管人生损害时（如寄托爆发物，致起火灾；寄托腐败物，致酿疾病之类），寄托者应负赔偿之责否？

答：寄托物之性质瑕疵，易生损害，保管者自应妥慎提防，寄托者不负赔偿之责。

（十）寄托物寄托之期间甚长，保管者不为之修理，以致损坏，有赔偿之责否？

答：保管者未任修理之责，则其损坏不应赔偿。

（十一）保管者代付寄托物保管费用，寄托者久不给付，保管者可否将其寄托物变卖偿还？

答：可以向其索偿，不得将物变卖。

（十二）寄托物定有返还期间，逾期已久，而寄托者踪迹不明，无从返还。应对其物如何处分？

答：应交还其亲属。无亲属者，交凭专保公同保存，或禀官存案。

（十三）寄托物交人保管，有关于寄托物交付及受取之字据？其字据之书式若何？

答：以物寄托于人，多系不甚贵重之物，故保管人向无得受酬谢之习例。其交受时未有用正式之字据者，不过当场开一点单记载件数，彼此各收一张纸而已。

第十一类　契据

（一）契据之种类有几（如田庄、买卖、典押均有字据之类）？其订立之方法若何？

答：契据之种类有卖契，有典契。有对约订立之方法。卖契、典契由出卖、出典之人立笔，封契则彼此互相立笔，皆经凭中证署名签押于其上。

（二）契据成立，中证、亲属、围邻是否均须［到］场签押？

答：契据成立，中证签押，亲属围邻有署名而不必亲身到场者。

（三）凡立契据，除画押外，有无用特别记号者（如手摹之类）？

答：除画押外无特别之记号。如系不能写字者及不认识字者，方用指摹。

（四）契据所用纸类有无特别程式？

答：早年均用皮纸，近来均用颁发契纸。

（五）契据是否须亲笔书写？抑可请人代笔？

答：凡能作字之人，概须亲笔书写；不能作字者，请人代笔；亦有家长命子侄代书者。

（六）用代笔人书写者，系由何人延请？

答：由出笔人延请。

（七）契据成立所需费用由何人担任？是否因事项而异（如订田房契据由买主出费，订租田契据由租主出费之类）？有无彼此分任者？

答：买契成立之费用由买主担任，典契彼此分任，租田耕种则由租主担任，皆因事项而异。

（八）孀妇无子或子未成丁，立契据时可用己名否？其立约之方法若何？

答：孀妇、幼子立约，皆用己名。其立约之方法，经中证议定后，请亲属代书契据。

（九）抵押、买卖公共之产，其成立契约是否仅由经理者出名？抑须公共在场出名？

答：由经理人出名，通知各公共之人。公共之人有到场者，亦有不必到场者。然于契约内必皆出名。

（十）抵押买卖一家一族共有之产，其立约时是否仅由家长、族长出名？抑其他诸人均须到场列名？

答：由家长、族长出名，其他公共之人不必人人到场，但须署名而已。

（十一）家产已经分析，其中一人将已分析产出卖或典押，除本人自主外，立契据时他之析产者尚须到场列名否？

答：典卖已经分析之产，其余析产之亲房均须到场列名。

（十二）出卖田产契据甫成，卖主亲属人出头阻卖契。甫成之契据可以作废否？

答：应视出头阻卖之人有无理由。如本系不当卖之产，可以作废；如阻卖人无理，不得作废。

（十三）原买契据有遗失时，于新立卖约中应如何批明？

答：于新契中批明：老契遗失，买主执新契为凭。

（十四）原买契据为数人共有之产，如一人出卖时，于原买契据中应如何批明？

答：于原买契中批明：某人应分一部，自某处起至某处止，于某年月日，凭中人某某，摘售某人管理，某某笔批。

（十五）于全部产业中出卖一部时，不及交出原契，应于卖约中批明否？

答：于新契中批明：老契存业昆连不便发给。

（十六）典质契据及买回契据，是否须经官税契？其未税契者有纠葛时，可为证据否？

答：典质契据及买回契据早年均不投税，近来一概投税。其未投税者，不能为证据。

（十七）契约有遗失时，以何法为保存物产之证据（如房田契约遗失、禀官存案之类）？

答：禀官存案，另给执照，以为证据。

（十八）租赁借贷抵押之契据遗失，偿还取赎时，当以何法处理？

答：均须书立遗失字据。如关系重大者须登报声明，禀官存案。

（十九）有无无中证之契据，其效力若何？

答：凡立契据未有不凭中证者，无中证即无效力。

（二十）凡订立合同契约，有无用特别符号者，其符号若何？

答：合同契约用钳记为符号。

（二一）买卖田土、推过丁粮是否仅于契据内订明？抑须另立字据？

答：只于契内订明，无须另立字据。

（二二）彼此因财产纠葛，由中证人清算后，所立之契据是否彼此互执一纸？抑由中证人收执？

答：由中证人书立清晰字，互相收执为据，未有由中证人收执者。

（二三）各种契据执书式若何？

答：契据书式照录。

立契倾心吐卖田塘、屋宇、山场、地基、车埠、荫注、沟池、井瑕、荒坪、隙地、桐茶、竹木等项人某某。今因遗业就业，愿将关分己分之业，地名某处，水田几石几斗，屋几栋，私塘几口，公塘几口，坝几座，山几瑕，粮载某都某字区册，名某某户下完纳正饷银若干，南北米津费照科开单出售。仅问亲房，俱称不受。请凭中人某某说合，某人承接为业。当日出备，时值偿纹银若干两整，卖主亲手领讫，外不具领。其田塘山屋比日三面扦明，并无互混重兴，亦无吞谋等情。凡属某处一契之业，概行扫受，毫无存留。倘有遗漏未载，日后查出，仍归契管自卖。之后永无赎续反悔异言。今欲有凭，立此绝卖文契一纸，并老契分□数纸，交管业人收执为据。

计批某项

某某押

凭中人某某押

年　月　日立　笔

第十二类　广告［关于一定之事实用文字声明，使众人通知，或使众人通为者，谓之广告。无使众人通知者，多属之无偿广告（如商店开张揭帖广告之类），使众人通为者多属之有偿广告（如悬赏捕盗之类）。兹之问题于有偿广告为时详，以其于财产上有特别之关系也。］

（一）广告之种类有几（如招帖、赏格、告白之类）？方法若何（如登诸报章、张贴通衢之类）？

答：广告之种类，有招帖，有告白，有赏格，向皆张贴通衢。近来多有登载报章者。

（二）出广告者云某日被盗，如有获益至者，谢金十元。此时不知窃物者为一人或数人。后捕盗者数人，各获一盗，至均系窃物之人。其十元之谢金以何法给付？

答：应以广告所载之谢金，照人数均分。

（三）为失物广告者订有一定之期限与谢金（如失马者谓何日将马送来者，谢金千元之类）。如在期限以外，获其物者将向失主索谢金否？若失物者因逾期不付谢金，获物者得占有其物否？

答：失物广告许出谢金，其所以定有一定期限者，因需用此物甚急，逾期不获则须另行置备。今于限外获物，在失物者不能应其急需，已经另备用，其原许之谢金，自不能再照数目付给。而在获物之人或已去有费用，不能不向失主取偿。失主如欲收还此物，自当酌量致谢。如失主不付谢金、不愿收还此物，获物者无以偿其用费，则将此物占为已有，亦不为过。

（四）或失一物，出广告云，报信者谢金若干，寻获者现金若干。设报信者与寻获者一时同至，报信者尚应得谢金否？或报信者与寻获者同一人，其报信之谢金尚得兼有否？

答：寻获之谢金必多于报信者一倍或两倍。如报信者与寻获者一时同至，则两项谢金均不能少。如寻获人即系报信之人，则只得寻获之重谢。

（五）设出广告云，某能如是者，谢物品一具。有二人同时共能者，其物品应给何人（例如，云一点钟能行二十里者，给一物之类)？

答：有二人同时共能，应将此物作为共有物。

（六）有失附属相连之物，出广告云，能将某物送至者，谢金若干元。设一获主物，一获属物，其谢金当以何法分给（例如，失子母马二，一获子马，一获母马之类)？

答：当以主物属物权衡轻重，按数分给。

（七）出广告者欲取消其广告之行为时，当以何法声明（如前系登某报广告，今仍登某报取消之类)？

答：广告已出，而欲取消，再加广告声明。

（八）有不知其广告之已经取消，而为其广告中之行为时，出广告者仍视其所为为有效否？

答：广告已经取消而为其广告中之行为，无论知与不知，皆视为无效。

二、湖南省道州人事部财产部民事习惯报告书[*]

（一）调查民事习惯人事部各类目次

第一类　人

第二类　户籍

第三类　失踪

第四类　代理人

第五类　宗族

第六类　婚姻

第七类　子

第八类　承继

第九类　家产

第十类　遗嘱

第一类　人

一、问人自出生后即能享应得之权利否，如小儿出世即能承继其父产业之类？

答：能。

二、问胎儿亦有权利能力否（如胎儿之父为乙戮杀，至胎儿出生后无人抚养，即受无形之损害，则对已有要求损害赔偿之权利之类）？

答：有。

三、问未成年者与他人为重要行为时，是否必须父母许可？

答：必须父母许可。

四、问未成年丁者经父母或代理人之许可而为营业时，其行为是否与成年丁者有同一之效力？

答：既可营业，其效力不及成丁，在父母亦不过责。

五、问未成丁之人与人有借贷行为，父母或代理人当代为偿还否？如其父母或代理人不允偿还，未成丁者于成丁后是否当然偿还？

＊ 本件现藏于南京图书馆，索书号：GJ/EB/357415。

答：成丁后自行偿还。

六、问心神丧失（如疯癫白痴之类）者或浪费者与他人有交涉行为时，是否作为有效？

答：心神丧失者之交涉，作为无效浪费者之交涉，不能不作为有效。

七、问心神丧失者或浪费者，其家属当预为声明，其声明之法如何（如禀官存案及通贴广告之类）？

答：家属唯恐波及，不能不预为声明，有禀官存案者，有通贴广告者。

八、问他人不知其心神丧失，而与之有交涉行为时，既知之后是否可以作废？

答：既知之后，可以作废。

九、问心神丧失者或浪费者对于他人有交涉行为时，有无限制方法？

答：家属预为声明，即系限制方法。

十、问心神丧失或浪费者被人引诱为不正行为（如嫖赌之类），失去至巨之财产时，父母或代理人可否向引诱人追还？其未给付者可否作罢？

答：已付者不能追还，未付者可以作罢论。

第二类　户籍

一、问清查户籍之方法若何？是否由团保按册填注？

答：系由团保按册填户。曩分在城、蒋居、营阳、营乐、潇川、进贤、登封、修义、宜阳为九乡，今划为八区，因潇川、进贤两乡相近，并为一区，故改九乡为八区。

二、问各户户主是否皆以尊长充当？

答：各户曩以尊长充当，今择有能力者充当。

三、问不知来历之人（如道路弃儿，掠卖之婢仆等类），约以何人之籍为籍？

答：以受主之籍为籍，并以受主之姓为姓。

四、问取得重籍之人（人有两籍之类），究以何籍为定？

答：已在寄居地方入籍者，以所寄之籍为定。未入籍者，仍以原籍为定。

五、问随母改适外籍之人之子仍得列入本地户籍否？

答：子随母适为抚养计，成人后，许归本籍。

六、问外籍之人为本籍人赘婿招夫养子者，得列入本地户籍否？

答：□□□□婿不招夫。

七、问因前项事既得占籍者，旋因离婚或离缘（如养子归宗回籍之类）转入他籍，嗣应仍准回复所占之籍否？

答：亦可回籍。

□□□□□□[1]

答：归亲族管理。

三、问失踪者无管理其财产之亲族，所有财产应如何处分（如归宗祠或分配其亲成之类）？

答：捐入宗祠。

四、问失踪者之财产归其宗族管理时，管理人对于其财产是否可以随意处分？

答：不能随意处分，必须亲族公同认可。

五、问失踪者失踪后，其父母遗产经其兄弟分析，其应归失踪者之一部分是否必须代为保存？

答：应代为保存。

六、问失踪者失踪时，其子女已成年，自断绝音信之日起，须待若干年始可完娶或出嫁？

答：待三年即可完娶，即可出嫁。

七、问失踪之父母只此一子失踪后，须若干年始可收养他人为子，有无一定之习惯？

答：无一定之习惯。

八、问夫为失踪者，妻须若干年后方可改嫁？是否须经官经照为凭？

答：须待三年方可改嫁，不必经官给照。

九、问妻为失踪者，夫须若干年方可另聘或另娶？

答：待三年然后娶。

十、问失踪者之财产业已归公或被管理人经手散失，失踪者年久复归，得请求回复原有之财产否？

答：可以请复原产。

---

〔1〕　以下从第二类八至第三类二，原件缺页，可参照善化县对应内容——勘校者注。

第四类　代理人

一、问孤儿、未成年丁之人父母死亡，其代理人由何项人充当（如亲族戚属之类）？

答：归伯叔代理，无伯叔者归亲属代理。

二、问亲族或戚属为代理人，其代理权限有无限制？

答：代理之权限在教诫抚养，使其成立；在保护维持，使不为非。成人后听其自取。

三、问充当代理人者有无一定之资格？

答：有一定之资格，非老成殷实不可。

四、问心神丧失者或浪费者若无父母，其一切财产应由何人代为处理？

答：归亲属处理，其财产不致丧失。

五、问夫为心神丧失者或浪费者，妻得为其代理人否？

答：其妻可为代理人。

六、问代理孤幼未成丁者，与心神丧失或浪费者之行为时，其权限有无差别？

答：其权限无差别。

七、问代理人之一切代理行为是否须与本人同意？

答：不必与本人同意。

八、问代理人对本人之不动产或重要之动产，必须变更者，本人幼弱或智识不能判别利害时，代理人是否未行抑须商之本人宗族或成［年］戚属？

答：不能专行，必须商之本人族戚。

九、问心神丧失或浪费者，不得代理人之同意而为重要财产变更时，代理者得行取消（取消即作废之意）否？

答：代理者得行取消。

十、问他人不知其为心神丧失或浪费者，而与之有交涉事件，代理者得为取消否？

答：代理者得行取消。

十一、问代理人遇有不得已之事故（如疾病或远行之类），得请他人复代理否？其请他人复代理时是否须本人认可？

答：可请他人复代理，但须告知本人。

十二、问代理人因处理代理事务，故使本人受损时，本人得向其请求赔偿或取消其所为否？

答：本人得请求其赔偿，并得取消其所为。

十三、问代理人因处理代理事务，致自身损害时，本人是否应任赔偿之责？

答：可向本人赔偿。

十四、问代理权因事实消灭（如孤幼已成丁及疯癫者病愈），他人不知而与之有交涉事件认为代理本人时，本人应为承认否？

答：本人不应为承认。

第五类　宗族

一、问族中订立族规，是否由族众公议，族长订立有无禀官存案者？

答：本人不应为承认。

二、问祠堂奉祀木主，其位次、昭穆有无大宗小宗之分？

答：祠堂奉祀木主，其位次只分左昭右穆，无大宗小宗之别。

三、问宗祠祭祀，主祭陪祭例应何人充当？

答：主祭者例请族老充当，陪祭者例请族长充当。

四、问抚养异姓之子，可否入祠主祭、陪祭？

答：主祭者例请族老充当，陪祭者例请族长充当。

五、问新认远代之同族，其余族内享受权利及负担义务是否同一？

答：不同一。

六、问族人准否为异姓之承继，异姓之后于本宗尚有关系否？

答：异姓不准承继。

七、问承继异姓之人悔继后，尚许其归宗否？

答：可以归宗。

八、问充优隶及有其他之不正行为者，族中有无禁止之例？

答：族中声明禁止，若禁止不从，惟有革出清明之一法。

九、问违背族规者，其最重之处罚若何？

答：违背族规，轻者教诫掌责，重者勒令出族。州俗谓出族为革清明，均以革清明为辱。

十、问处罚违背族规之人，是否预订罚规抑临时公议？

答：有预定罚规者，有临时公议者。

十一、问处罚族人有无禀官立案者？

答：不禀官立案。

十二、问被处罚出族之族人，后经改过尚许归宗否？

答：悔过自新，可许归宗。

十三、问关于族中各人身份行为（如生死、承继、兼祧、悔继、归宗之类），是否立簿登记？有无特种登记须出费用者（如生子登记则需费之类）？

答：必立簿登记，以示不忘。如生者记以年份，谓之子孙簿。死者记其吊唁，谓之人情簿。承继者记其应享之利益，谓之继续簿，又谓之螟蛉簿。上丁者记其脉派之繁衍，谓之清明簿，又谓之添丁簿。每遇登记添丁簿时，养子者乐于捐金，往往加常额数十倍，族长为贴晓单以贺之。

十四、问族中族长系依行辈年齿递推，抑系族众公选，其选法若何？

答：由年齿递推为族长。

十五、问族中有事，会议是否由族长邀集？

答：由族长邀集。

十六、问族中与他族诉讼，是否由族长出名？

答：两族诉讼，均由族长出名。

十七、问族人争讼是否经族长或族众处理不谐始得起诉？

答：请族长理论，照族规处置，不谐然后起诉。

十八、问族长不孚众望可否由族众另选？

答：不孚众望，可以另推族长。

十九、问族长经理族中事务，有无一定报酬？

答：无。

二十、问族长侵蚀公费，有无处罚之规则？

答：族长侵蚀公费，族众往往于清明酒后，宰其猪牵其牛以抵之，别无处罚之规则。牵牛宰猪，诉讼兴矣。

二十一、问同姓不宗之人可代任族长否？

答：不可。

二十二、问抚养异姓之人得为族长否？

答：不能。

二十三、问曾受国法之处分者得为族长否？

答： 受处分有三，有为族事受处分者，有为人事受处分者，有为己事受处分者，为族事受处分者得为族长，其余不能。

二十四、问族中公产如下列各种款项，如何筹集？

答： 州属各大族皆有清明田，多至数百余亩，又有上丁费、竹木、山岭出产费。族人有不正行为，公罚费每年约计数千，以供扫墓、祭祖、修谱修祠、设学堂账，恤族人开会议事之用。若有余，保存以买田，为后来扩充地步。

二十五、问经理公产之人，是否即系族长责务，抑另由族众公举？

答： 公产归族长经理。

二十六、问公举经理公产之人，由族长监督抑仍由族长监督？

答： 族长监督之。

二十七、问经理公产之人，有无一定任期及办事权限？

答： 无一定任期，至于权限，以出入账目必须自己经手，不能听人取携带。

二十八、问经理公产之人须有一定资格否？

答： 经理公产族长任之。

二十九、问族中公产如何使用收益？系经理人专主，抑须得族众之同意？

答： 使用收益，经理人专主，不须商之族众。

三十、问族中公产有永远不许典卖之例否？

答： 有永不许典卖之例。

三十一、问独立捐出多金，充公产者（如兴学修祠墓之类）得享特别利益否？

答： 无。

三十二、问经理人滥用或吞蚀公款，应人赔偿之责者，设已死亡。其承继人仍负责任否？

答： 承继人不负赔偿之责。

三十三、问应受公产抚恤之人有几？其受抚恤而成立者应尽特别义务否？

答： 应尽义务以报之。

三十四、问管理公产有公立规章，以资遵守者，其规章之书式若何？

答： 有规章其规章之书式列下：

一某处税田数百亩，作为某姓清明田，永不许卖别姓。

一粮由某科某人管，契归经理人管。

一每年收租二百担，过晒过斗，不得少收。

一出入应归经理人主持，不过通知族众而已。

一除祭祀修墓扫坟外，不得为讼事动支。

一族内过红白喜事，力不能支者，酌量津贴不能一律照样。

一万不得已，变卖只许卖在族内，必先声明方可买卖，必出大公。

一分房批佃，如甲房不种，乙房承顶，由此类推。

三十五、问族款之书式若何？

答：谨从各族谱择录数式于后。

一宗祠各宜崇奉，用洁蒸尝。

一异性不得乱宗，毋庸抚继。

一公款管理轮班，不容侵蚀。

一凡事族长理处，毋启讼端。

一优隶行为鄙贱，严禁勿从。

一子弟严加约束，谨守族规。

一科条例禁森严，毋干国法。

第六类　婚姻

（甲）婚姻之成立

一、问通常结婚有父母者，必须有父母之命否？

答：非奉父母之命不能结婚。

二、问指腹为婚其效力若何？

答：指腹为婚者均不可恃。两方生男、两方生女，婚如未婚也。

三、问纳采、问名之礼式若何？

答：州俗曩以米糍、鸡蛋、糖饼为彩礼。近年纷华异常，加金银首饰、布帛绸缎各种品料。

四、问父母为子女主婚，是否须得子女之同意？

答：不须同意，父母独自主持。

五、问父母或父母远适，主婚应由何人？子女可否自行主婚？

答：叔伯兄弟可代主婚，子女不得自由。

六、问结婚之先，有无由主婚人互相其子女之习例？

答：有互相其子女之习例。

七、问结婚媒妁通常几人？系男家延请抑男女家各自延请？

答：州俗通用一媒，由男家延请近用，两媒亦由男家延请。

八、问有无定婚不用媒妁者（如以指腹割襟为定之类）？

答：无。

九、问有专业媒妁者否？应得谢礼多寡，有无习例？

答：无专业媒妁者。

十、问结婚除庚帖外，有两方另立婚约互相交换者否？

答：只用庚帖。

十一、问订立婚约，除由主婚人出名外，媒妁亦须具名否？

答：庚帖署主婚人名，不署媒妁人名。

十二、问请约允约是否于纳聘时交换？

答：由媒妁两方说妥，于行聘先月通知女家应允，男家开单，谓之预报佳期。

十三、问婚约中以何者为重要之据？

答：州俗无婚约。

十四、问结婚财礼通常多用何物？有无用金钱者？

答：用四绸八布、金银首饰、猪羊鸡鸭鱼等类聘仪，多则二十四元，至少亦八元。

十五、问有无由媒妁说明财礼多寡者？

答：体面家不说财礼。惟再醮与买妾，必须凭媒交足财礼，多才过门。多不过百元，少不满五十元，写立婚书，不用庚帖。

十六、问女家收受财礼，有无至完婚时仍退还男家者？

答：财礼中过有借用铺张者，完婚后仍请退还。

十七、问纳聘后男女有死亡时，女家所受之财礼应否退还？

答：女死后俟婿再娶时，厚币以赠婿，无临时退还之事。

十八、问通常完婚请期，须送礼物否？其礼式若何？

答：请期须送礼物。其礼式惟猪鸡鱼肉米糍，无猪者以洋银十六元作代，俗语谓之上头猪，又谓之报日猪。

十九、问婚期是否专由男家选择定之？婚期女家因故不允，男家当另改选否？

答：完婚期由男家选择，不经女家许可，虽改至再三不厌其烦。

二十、问有无婚期未定，因婿病成舅姑病而赶速完娶者（俗名冲喜）？

答：有因此赶速完婚者，俗谓之冲喜。然谓舅姑冲喜者愿过门为婿，冲喜者多不许。

二十一、问通常娶妇有无行亲迎礼者？其礼式若何？

答：州俗不行亲迎礼。

二十二、问合卺庙见之礼式若何？

答：州俗先庙见然后合卺。庙见礼数在初更时，设品仪于祠案上，礼宾唱礼，新郎就左位，新娘就右位，取夫妻平等之义，行六叩首礼，读祝告。庙祝毕，夫妻交拜，拜毕，谒见翁姑。二更后合卺，夫妻交杯，曰交亲。夫妻结丝，曰结同心。此合卺礼也。

二十三、问通常嫁女妆奁需费若干？

答：通常嫁女，妆奁在百金以上，殷实者加七八倍。州民向称古朴，近今踵事增华，良可慨也。

二十四、问有无于定婚时预定妆奁之多少者？

答：未接婚以前，女家贪男家势力，有托媒说亲许以厚奁者；又有贫女贤良或质貌美丽，男家因此托媒求亲，贫女以无奁辞之，辞不获已，则告以无奁勿怪者。

二十五、问有无以田产为妆奁者？

答：有多则二十亩，少则三四亩，出阁时见耕牛随轿后，便知有奁田。

二十六、问女家预备妆奁，有无由婿家送金资助者？

答：有因女家贫苦，送金资助以妆奁者。

二十七、问有无禁同姓为婚之习例？

答：禁同姓为婚。

二十八、问亲中不当结婚者有？

答：不当结婚者有四：甥女不返娘家，侄女不随姑娘，反背之亲不为嫁娶，同胞之妹不从姐夫。

二十九、问姓异而血统同者禁结婚否（同族人出继异姓之类）？

答：禁止结婚。

三十、问有无因种族不同禁通婚姻者（如苗种不与汉种结亲之类)？

答：民瑶不禁通婚。

三十一、问婚姻之禁忌有几（如结婚之初须合生辰、娶亲时忌某宿人之类)？

答：禁忌有四：进门用伞盖头令目不视天，用毡铺尘令足不踏地，忌娠妇穴窥，忌寡妇入房。

三十二、问夫或妇所有之财产，系属共有，抑有为方所专有者？

答：妻有子者，夫妻共有；妻无子者，夫多专有。

三十三、问夫妇有分析财产者否？

答：夫妻反目，分析财产，夫占多数，妻占少数。

三十四、问夫与妻所各有之财产，夫或妻一方有死亡时，其财产可互相承受否？

答：夫死归妻承受，妻死归夫承受，夫妻同死，归子承受。

三十五、问妻不得夫之许可，得以己之财产营养否？

答：有。

三十六、问妻任意使用其财产，夫可加以禁止否？

答：可加禁止。

三十七、问妻之财产，夫如任意浪费，妻得禁夫之侵否？

答：妻性柔者，婉言相劝，望其爱恤，性刚者，百番咒骂，使夫不堪，所以反目至老者有之。

三十八、问庚帖婚约及各种礼单之书式若何？

答：庚帖婚书（礼俗类，有书式）：兹将纳（采、币）礼单书式列后，纳采礼目（封面浮签上字样）纳毕币礼目。

谨　　具谨
喜烛双辉锦冠式品
金花二树累花式对
凤钗成对金环式双
龙钏成对玉钏式枚
喜蛋四元金镯成双
喜羊成对宫裙一帏

福饼成盆喜饼千员

牲盆五福德禽四翼

奉　　中奉　　中

姻愚弟（某）顿首拜（另有名，帖一本）名全上

（乙）婚姻之变例

一、问抚甫出生之童养媳，其亲生父母须补助抚媳者之养育费否？

答：补助布匹四端，金钱八两。

二、问有无未养子而抚童养媳者？

答：预抚养媳者，州人谓之破生媳。

三、问无子而预抚童养媳者，须经过若干年无子，方行择嫁？其择嫁时，由何人主婚？是否须得其本生父母之同意？

答：经二十年无子方嫁，由抚养父母主婚，不须本生父母同意。

四、问童养媳成人后，亦须媒妁过庚致送财礼否？

答：过庚送礼亦须媒妁，但较通常婚姻减少耳。

五、问童养媳完娶时，女家有馈送妆奁者否？

答：虽馈不多。

六、问童养媳完娶后，夫死改嫁，有无视其前夫家翁姑如本生父母者？

答：有。

七、问赘婿（父母为女招婿于家承继为嗣谓之赘婿）多由无嗣，亦有有嗣而赘婿者否？

答：州俗不赘婿。

八、问有无以养子为赘婿者否？

答：州俗不赘婿。

九、问赘婿必改从女姓否？

答：州俗不赘婿。

十、问婿已改从女姓者，复欲改从本姓有无纠葛？

答：州俗不赘婿。

十一、问以赘婿为嗣必须得亲族人同意否？

答：州俗不赘婿。

十二、问赘婿对其本身父母及亲属有无关系？

答：州俗不赘婿。

十三、问已继赘婿为嗣后，又生亲子应如何处理？

答：州俗不赘婿。

十四、问以赘婿为嗣，尚须另立同宗应继者人，以主宗祧否？

答：州俗不赘婿。

十五、问赘婿至承受遗产时，妇家亲族有出而争继者，应如何处理？

答：州俗不赘婿。

十六、问有仅以赘婿所生之子为继嗣者否？

答：州俗不赘婿。

十七、问婿之子可承继或兼祧其本宗否？

答：州俗不赘婿。

十八、问婿行为不正，可使之携其妻子归宗否？

答：州俗不赘婿。

十九、问赘婿悔继能携其妻子归宗否？

答：州俗不赘婿。

二十、问由翁姑主持招夫（夫死由翁姑主持或妇自主招婿于家，谓之招夫）者，须妇家亲属同意否？

答：州俗不招夫。

二十一、问由妇自主招夫者，须妇家亲属及母家亲属允许否？

答：州俗不招夫。

二十二、问招夫须改从妇姓出离本宗否？

答：州俗不招夫。

二十三、问招夫生子得承继本宗否？

答：州俗不招夫。

二十四、问妇死后，招夫须归宗否？抑可另行续娶？

答：州俗不招夫。

二十五、问招夫对其本身父母及亲属有无关系？

答：州俗不招夫。

二十六、问招夫因事故与妇离异，可否携其子女归宗及索原有之聘礼？

答：州俗不招夫。

二十七、问招夫因事故与妇之翁姑离异，可否携其妻子归宗？

答：州俗不招夫。

二十八、问赘婿或招夫之妇死亡无父母子嗣，其财产得为赘婿、招夫所有否？

答：州俗不赘婿、不招夫。

二十九、问妇欲再醮，有无须距夫丧若干日之限制？

答：须距一千八十日。

三十、问妇再醮由翁姑主持者，是否须得母家之同意？

答：翁姑主持，不须其母家同意。

三十一、问妇再无翁姑时，是否须夫家亲属之许可？

答：须夫家亲属许可。

三十二、问妇再醮，夫家有无收财礼者？

答：收财礼。

三十三、问妇再醮可携其子女同去否？

答：可携其子女同去，俗谓之恩养儿女。

三十四、问妇再醮后对于前夫之亲属及母家关系若何？

答：与前夫亲属无关系，与母家仍有关系。

三十五、问妇再醮后，夫死亡无嗣，前夫之子尚可迎归否？

答：前夫之子，不得迎归。

三十六、问妇有遗腹子时，是否俟分娩后始得再醮，如遗腹子生于再醮后者，于前夫后夫谁属？

答：遗腹子属前夫。

三十七、问妇再醮后死亡无子，前夫之子可迎归否？

答：迎柩归葬，尽子私情。

三十八、问通常纳妾以何项人为多？有无禁止或种人不准纳妾之习例？

答：纳妾以仕宦人为多，为无嗣而纳妾，人人皆可，无禁止之习例。

三十九、问纳妾是否概付身债？抑有聘娶者否？

答：概付身债。

四十、问妾之亲属得通常往来如妻属否？有无限制？

答：妾之亲属，不通往来。

四十一、问妾与夫之亲属关系若何？名称若何？

答：妾称夫之兄弟曰伯叔，称夫之姊妹曰姑娘，遇夫之亲属宜推尊一辈称呼。

四十二、问有无禁以妾为妻之习例，或别有限制者（如娼妓婢女不准升正室之类）？

答：禁以妾为妻。

四十三、问以妾为妻者，与妾家亲属关系得视为普通妻亲否？

答：不以妾为妻。

四十四、问各种变式婚姻（如童养媳、赘婿、招夫、再醮、纳妾之类）所立字据之书式若何？

答：媒证（某）签

　　　代笔（某）签

　　　在场（某）签

　　　宣统某年某月某日婢主某立

童养媳成人后，送聘礼时开庚牌。赘婿招夫州无此俗，书式无从调查。

(丙) 婚姻之解散

一、问由父母主婚者成立后方有不满意时，得取消婚约否？

答：不得取消。

二、问定婚后发现夫家已有配偶，得以此请求悔婚否？

答：可请悔婚。

三、问无正当之理由，随意悔婚者（如嫌女貌陋或因贫富相悬之类）有无纠葛？

答：无端悔婚，女家必与为难。万一告到官前，男家先有嫌贫爱富之罪。

四、问女子有不正之名誉，婿可请求悔婚否？抑须得有确据？

答：有确据可以悔婚。

五、问男女结婚时有隐置情事（如举貌不符，及有残疾痴疾而未言明者之类），至成婚后发现者，可否请求离婚？

答：不慎其初，何咎于后，未可离也。惟修德以变，化之失马，焉知非福。退后一思，便觉能容多少。

六、问离婚是否仅须夫妇同意，抑或须得两家亲属许可？

答：万不得已而离婚，自然夫妇意同，两家许可方能成事。

七、问夫因纳妾拒妻不与同居，并不养赡［膳］时，妻得请求离婚否？

答：凭族戚议养赡［膳］不离婚，亦有离婚者。

八、问妻有不正之行为，未有确证，夫可与之离婚否？

答：未有确证，不能离婚。

九、问妻因翁姑或夫之凌虐不堪，得请求离婚否？

答：两相情愿，可以离婚。

十、问夫妻失和，夫拒妻同住，或妻不与夫同居，可得离婚否？

答：两相情愿，可以离婚。

十一、问有无离婚后，夫不再娶、妇不改嫁者，如另要改嫁其另要之女家改嫁之夫家，须得前夫、前妇两家某一方之证据为凭否？有无因此致生纠葛者？

答：既经离婚，可以另娶改嫁，退还庚帖，即系证据。

十二、问妇初孕而遭离婚事，其夫家或知与不知其妇改嫁而生子，离婚之夫家对于改嫁之夫家有无纠葛？其子将谁属？

答：子属改嫁之夫家，绝无纠葛。以其初孕，惟日不多。不特离婚之夫家不知，即改嫁之妇亦不知，不知故不能辨，不能辨故无纠葛也。

十三、问悔婚时除退还庚帖外，有无立退婚字约者？其字约之书式若何？

答：退庚帖外仍有退婚字。

退婚书式

立退婚字人（某）今因夫妻反目相视若仇，无以了局……
□□□□□□〔1〕

第七类　子

一、问嫡子应享之权利与庶子有别否？

答：有别。

二、问妻无子，妾之长子可为嫡子否？

答：可。

三、问庶出之长子得为承重孙否？

答：可为嫡子，即可为承重孙。

四、问婚姻中之奸生子，父不承认为己子，能否准奸夫认知？

答：州俗谓之私儿，不惟父不承认，即奸夫亦不敢承认，妇遇此事生即

---

〔1〕　以下系原件缺省，可参照善化县人事部对应内容——勘校者注。

弃之。

五、问有无禁奸生子为嗣之例？

答：私儿生即弃之，不以为嗣。

六、问欲认知奸生子为己子，利害关系人（如其子及无子欲承继其家产之人）有反对时，应如何指明证据？

答：州俗不认。

七、问认知之奸生子，可以为嫡子否？

答：州俗无。

八、问认知奸生子是否须本族人之同意始可附入宗谱？

答：欲以奸生子附入宗谱，非族人同意不可。

九、问以遗嘱认知奸生子者有效力否？

答：州俗无。

十、问已成立之奸生子，其父欲认知时，须得其同意否？

答：州俗无。

十一、问无父之奸生子随母出嫁，与其母所嫁之夫有父子关系否？

答：州俗奸生子，生即弃之。

十二、问不法（如法律所禁同姓及尊卑为婚之类）之奸生子，得认知否？并如何处置？

答：不法之奸生子，事觉族人公罚女家及奸夫家，其奸生子用盐与石灰阴干公藏为证，榜男女姓名族规上以示戒。

十三、问同居继子（随母改嫁）及不同居继子，可为继父子嗣否？

答：不可为继父子嗣。

十四、问同居继子及继女之婚嫁，可否由继父主持，抑须得其本宗亲属之同意？

答：继子继女之婚嫁，仍由其本宗亲属主持。

十五、问继子至抚养成立归宗后，有抚养继父及母之义务否？

答：继子随母同居，谓之恩养成立归宗，谓之崇本抚养继父母，报恩养成立之德，尽人子变通之义务也，但州俗有养继儿之父，无养继父之儿。

十六、问以继子为嗣，是否须得本族之同意始能附入宗谱？

答：继子不得为嗣，不能附入宗谱。

十七、问继子可兼祧其继父否？

答：不可。

十八、问继子与继父之女可结婚否？

答：不可。

十九、问有无出子之习例？

答：出子之事不多见。

二十、问出子须得族人之同意否？

答：须得族人同意。

二十一、问出子后有须声明使众周知者，其声明之方法若何？

答：声明之方，用刻板标明不正行为，禁止人勿与交涉，到处刷贴。以后万一罹祸，即可为不得连累之张本。

二十二、问被出之子已分，所已得之财产许其携去否？

答：不许其携去。

二十三、问出子留孙，其孙与被出之子尚有父子关系否？

答：有父子关系。

二十四、问被出之子所负之债务，被出后其父母应代偿还否？

答：不代偿还。

二十五、问被出之子，父母死亡后仍得归亲否？有无随时许其归宗者？

答：父母死亡，仍得归宗，亦有随时归宗者。

二十六、问被出之子已经离俗（如为僧道之类），设其父母日后别无他嗣，归宗祧否？

答：离俗之人，不能归承宗祧。

二十七、问因不正行为被出者，后经改悔尚可归宗否？

答：后经改悔，可以归宗。

二十八、问有收养弃儿为嗣者，经其本生父母或亲属认知请求退还，可拒绝之否？

答：不可拒绝。

二十九、问弃儿归宗后与养父母之关系若何？

答：视收养之久，暂为报恩之多寡。

三十、问出子有禀官存案者？其禀稿之书式若何？

答：禀稿式为：

禀恳存案事情（某）所生某子名某，不务正业，屡戒不从，流为窃贼，株累弟兄。情出无已，邀同族戚在场，将某逐出。嗣后如再犯窃，任凭事主协团送惩或在团处治，概无异言字样。但恐人心不古，仍复累及弟兄，非预存案，后累难防，只得禀恳台前作主，赏准存案，沾恩上禀。

第八类　承继

一、问夭折或犯重罪之人尚为之立嗣否？

答：不为之立嗣。

二、问仅生一子者，尚可继与他人为嗣否？

答：小宗仅生一子，有承继大宗者。

三、问抚养之子可继与他人为嗣否？

答：既经抚养，即不再继与人。

四、问有无一人兼抚数子为嗣者？

答：有兼抚数子为嗣者。

五、问已有子者，可否再抚他人之子为嗣？

答：有子者即不再抚嗣者。

六、问承继时除亲长主持外，是否仍须承继人允许？

答：承继人小，不须同意；承继人大，必经允许方可。

七、问承继人有无只承宗祧，不受家产者？

答：贪财承继者有，拒财承祧者无。州俗过富家无嗣，宗族争以己子继承，非弃绝其子，实贪得其产也。

八、问承继之证人，有无亲族姻戚以外之人为之者？

答：亲族姻戚以外之人，不可为承继之证人。

九、问有无子孙承继于人，其祖或父收受抚养费者？

答：有明以子孙承继他人，而暗地分受其家产者，其分受时在子孙成立担任家务，借此以报抚养之恩耳。

十、问大宗无后，小宗可先立嗣否？

答：大宗无后，小宗不先立嗣。

十一、问长子或承重孙得继与他人为嗣否？

答：长子只出继长房，承重孙亦然。

十二、问承继惯例是否以房属之亲疏为承继先后之次序？有无于族约中订明者？

答：承继惯例，以亲疏为先后次序，族规中有载明者。

十三、问有不依亲疏先后次序择爱、择贤为嗣者？是否须亲族公认？

答：如不依承继先后之次序，择爱、择贤为嗣者，非经亲族公认不可。

十四、问有以子兼祧两房或三房者否？

答：有。

十五、问兼祧者仅生一子，当承继何房？抑仍系兼祧？

答：兼祧者仅生一子，其子仍系两宗兼祧。

十六、问兼祧两房有无娶两妇者？所娶妇若妇无子，一妇生二子，即以二子承祧两房否？

答：兼祧两房，分娶两妇，一妇生儿子，即以二子承祧两房。

十七、问兼祧之人其承继父生子，其本生父子兼祧之约是否当然解除？

答：无论承继父后生一子，本生父后生一子，总以兼祧子为长子，不宜取消其兼祧之约。

十八、问兼祧之人对于两房之父母亲属，其关系及称谓若何？

答：对于两房父母均以父母相称，对于两房亲属，照常亲属相称，其关系亦然。

十九、问有无以姻戚承继为嗣者？

答：如本族无人可继，不得已而嗣，外戚亦间有之。

二十、问有无于族约中订明不准姻戚承继者？

答：有族约中订明不准者。

二十一、问以姻戚承继有无限制（如本族无人承继，始准姻戚承继之类）？

答：有限制。限制本族无人承继，始准外姻承继。

二十二、问以姻戚之人承继有无一定限制（如限于姊妹之子之类）？

答：有限制。限制姑舅之子，或两姨之子及妻侄之子可嗣，此外不能嗣。

二十三、问姻戚承继后是否改姓，抑从本姓？

答：外姻承继不得，仍从本姓。

二十四、问姻戚承继是否须两方亲属之同意？

答：须经两方亲属同意方可。

二十五、问姻戚承继者，其本宗绝嗣得返宗否？抑以其子承继本宗？

答：外姻承继之人，本宗绝嗣，可以其所生之子承继本宗。

二十六、问姻戚承继者可否兼两姓？

答：不可。

二十七、问有无以异姓之子承继者？其种类有几（如收买或收养知来历或不知来历之类）？

答：州人谓异姓儿为杂种，间有贤美年轻流落街市者，无人收养。

二十八、问有无于族约中订明不准异姓承继者？

答：不许异姓承继，族约中多订明者。

二十九、问有无异姓虽可承继而加以限制者（如本宗及姻成无人承继，不得承继异姓之类）？

答：异姓不许承继。

三十、问收买异姓之子为嗣，须与其本宗亲属断绝来往否？

答：异姓不许为嗣。

三十一、问抚养异姓之子为嗣者，其与本宗之亲属关系若何？称谓若何？

答：异姓不许为嗣。

三十二、问异姓承继之子行为不正时，嗣父母可绝之使归宗否？

答：异姓不许承继。

三十三、问异姓承继者被驱逐归宗时，得携其妻子财产以去否？

答：异姓不许承继。

三十四、问有无承继后悔继及归宗之情事？

答：有。

三十五、问有无承继之时即声明不得悔继归宗者？

答：无。

三十六、问悔继归宗是否须两家同意？有无禀官立案者？

答：悔继归宗，不禀官立案。

三十七、问遇有下之各事由，承继人即可悔继归宗否：

（一）嗣父生子；

（二）本生父绝嗣；

（三）不堪嗣父母之虐待；

（四）嗣父母遗言不予以生活之资；

（五）嗣父母财产不足偿还债务；

（六）近支中之应承继者有争继之事实发生；

（七）被本生父母寻觅促其归宗。

答：可以悔继归宗。

三十八、问买之承续者悔继时，除偿还买价外，尚须付养育费否？

答：州俗无收买承继者。

三十九、问继者以前所承受之家产应全数退还否？

答：悔继之人，其先分受嗣家之财产，应全数退还。

四十、问继者所欠之债务，悔继后归何人偿还？

答：应归嗣父偿还，以其收还嗣儿一部分之财产也。

四十一、问继者已娶妻生子，至悔继时有留子嗣者否？

答：承继人在嗣父家，娶妻生子归宗时，应留子为嗣，以示不忘，且退还分受一部分之财产，即以此财产养此留儿。

四十二、问各种承继及兼祧所立字据之书式若何？

答：书式列下：

立承继兼祧合约字人（某）。今因夫妻年老乏嗣，无人承祧，本拟接子为儿，余弟兄多人均系一子，不能出继，邀同族戚到场，与某（兄、弟）说合，以侄男过继作为一子双祧。自过继后，生男长子归长房，次子归次房。若一子，仍承两祧；如生三子，则两承生父之祧。家业各归各房，子孙内外不得异言。今当众族戚，特立一子双祧，合约一样二纸，各执一纸为据。

四十三、问继归宗立有字据者，其字据之书式若何？

答：书式列下：

立悔继归宗字人某，原先年过继某叔为儿，既属过继，何敢归宗。但因继父幸生有子，且生父身后无嗣，无人承祧。问心不安，情出无已，只得邀同先年在场族戚，商议自愿归宗，所有继父家产，仍归继父，某不敢争占。今当在场人，特立悔继归宗字一纸付与某叔（即继父），收执为据，在场某押。

第九类 家产

一、问家产未析时，概由家长管理承袭否？

答：未分析之家产，由家长管理承袭。

二、问无子嗣及同居亲属者，其家产应归何人承袭？

　　答：其家产应归外姻承袭或家族承袭。

　　三、问袭产之人不经同居亲属之公允，得将家产典卖否？

　　答：不经公允，不得典卖。

　　四、问负债过于家产有无凭，同亲族或禀官将家产尽数分还，不复承袭者？

　　答：负债多余家产袭产人，有将其家产经众或经官尽数摊还有不复承袭者。

　　五、问同居亲属私负之债，袭产人应偿还否？

　　答：非不得已之债，袭产人不应偿还。

　　六、问子孙繁衍之家有必须析产者，其析产时分配之法以房计，抑以各房之人计？

　　答：其分配家产之法，均以房计，不以人计。

　　七、问以房计者，应以何人辈次为断（如以本生之屋数计，或父子之房数计之类）？

　　答：祖产以父之房数计，父产以子之房计。

　　八、问通常析产系照同辈人数均分，有无因父母之命分配？有多寡之殊者？

　　答：有因父母之命，分配多寡相殊者。

　　九、问下列各人是否平均分受财产：

　　（一）大宗之子及嫡子；

　　（二）小宗之子及庶子；

　　（三）奸生子；

　　（四）婢生子；

　　（五）承继或兼祧之子；

　　（六）赘婿；

　　（七）无子寡妇。

　　答：大宗之子与小宗之子均分，嫡子与庶子不能均分，奸生子婢生子不能均分，承继或兼祧之子不能均分。州俗不赘婿，无子之寡妇，不能分受财产。

　　十、问下列各项人可否分受家产：

　　（一）怀胎未生之子；

　　（二）未嫁女；

　　（三）同居继子；

（四）收养子；

（五）买继子；

（六）被出复归之子；

（七）被出子之孙；

（八）女婿。

答：怀胎未生之子，可分家产。未嫁女除应分妆奁外，不能分受家产。同居继子，不分家产。收养子卖继子，州俗均无。被出复归之子与被出子之子孙，可分家产。女婿不分。

十一、问有无父母在时，由父母预分家产者？

答：由父母预分者多。

十二、问父母在时析产，须另留养赡之资否？

答：必须预留养赡之资。

十三、问父母在时析产，受分者所自得之部分，不经父母之许诺，得随意使用否？

答：除田宅外，不经父母许诺，仅可随时随意使用。

十四、问析产时有另留财产为祭祀、婚嫁之需者否？

答：有。

十五、问析产时所另留财产应归何人管理？

答：先归父母，后归公众，择兄弟中贤者管理。

十六、问祖遗财产之平均分配（如有子数人，祖造之田产、借券等项，须分数股配搭平允之类）应由何人主任？

答：父母在，由父母主任；父母殁，由兄长主任。

十七、问析产方法是否请公亲分配后拈阄为定？

答：是请公亲分配后，拈阄为定。

十八、问有无长子长孙析产时，增给家产之事？

答：长子长孙间有增给家产之事。

十九、问创业之人或其子孙析产时，应多分若干否？

答：析产时应多分三成。

二十、问外姻有分受家产者否？

答：无外姻，无分受家产者。

二十一、问服劳最久之仆役，析产时酌给养缮费否？

答：服劳最久之仆役，逾六十岁以上者，酌给养赡费。

二十二、问浪费之子，其父母已声明不为偿还债务者，得分受祖遗财产否？

答：亦应均分祖遗财产，其所应得之一部分，交代理人存公。

二十三、问析产后有以为不公平者，可否请求再行分析？

答：有以为不公平者，声明其实数实据，亦可请求再行分析。

二十四、问当析产时对外有债权或债务，未经清理，应如何互享其权利或分担其义务？

答：债权分享其利。如有债务，先行提还，度一时无力即还。照债本分占，各自偿还议定，然后分产。

二十五、问同居析产之家，其家产应归何人管理？分配之法若何？

答：亲在归亲管，亲殁归兄管。分皮不分骨，其所以分皮。

第十类　遗嘱（附托孤）

一、问病革口头之类遗嘱，以何者为证据？

答：病革亲族在旁送终，遗嘱共闻，即是证据。

二、问笔载之遗嘱，无公证人在场者，可否作为有效？

答：笔载遗嘱，虽无亲族作证，亦可认为有效。

三、问笔载之遗嘱用圆记封盛者，是否须一般承继人请同亲族或戚属方得开视？

答：封盛遗嘱，非一般承继人请同亲族戚属均到，不得开视。

四、问笔载之遗嘱，承继人有远出者，其在家之承继，承继人或为涂改添注，其遗言仍得有效否？

答：无效。

五、问承继人生前因故被出，遗言准其归宗，他之承继者可不遵从否？

答：不可不遵。

六、问未生之胎儿亦得享遗嘱之权利否？

答：未生胎儿，能得遗嘱权利。

七、问已成丁之男子，病革时得为遗嘱处分其应得之财产全部或一部否？

答：得为遗嘱处分其营得之财产。

八、问病革遗嘱有乱命不可遵从者（如出妻卖子之类）承继人亦须遵守否？

答：不须遵守。

九、问有子数人，遗嘱将财产仅与一子或二子，其他子必须遵从否？

答：遗言以家产全归其一子或二子，其他诸子中不遵者，同室操戈；遵者，彼此相让。

十、问出嫁之女及出继之子，遗嘱与承继者同分财产，承继者应否遵从？

答：出嫁之女与出继之子，彼均自有家产承继者，能遵更笃同怀之义者，不遵隐伤乃父之心，应以少数给之。

十一、问遗赠之权利系预约（如云以某物赠某人，必某日方行给付）必须经一定之期间，受遗者（受赠之人）可否请求将来付物之人供相当之担保？

答：州俗无遗赠之事。

十二、问遗嘱以家产统赠于人，其子孙可留资自养否？

答：州俗无此事。

十三、问无子承继遗嘱，以其家产与亲生之女，亲族可申入异议否？

答：以其家产与亲生女，家族必不许可，以一分与女，以二分捐入宗祠，作祭扫费则可。

十四、问子幼或未成丁，遗嘱托孤非人（如失银钱、信用及讼棍、土豪之类）或所托之人不愿任责务时，其遗嘱可否变更？

答：托孤非人与人不愿担任，尽可变更。

十五、遗嘱托孤之人，其选择贤否，有无亲疏尊卑之限制（如谚云：有亲及亲，无亲及疏之类）？

答：遗嘱托孤，听其人选。择贤否能并无限制。

十六、遗嘱托孤之人是否须互订契约，有无仅须口头承诺者？

答：有互订契约者，有仅口头承诺者，各视其事所宜。

十七、子女幼弱，父母踪迹不明或暴卒时，其托孤之人由何人委托？

答：由家长或亲族委任。

十八、受托人应尽之职务若何？有无特别限制（如产业不准变卖之类）？

为其子女教养婚嫁，无使失时；保护财产，无使失业。凡有背于保护之职务者，不仅任意行为。

十九、各种遗嘱之书式若何？

答：情势各殊，式无一定。

（二）调查民事习惯财产部各类目次

第一类　邻界

第一类　邻　界

一、问山林团村分界有无界标，其种类有几（如石碑、土壤之类）？

答：山林以石碑土壤为界，团村房屋以滴水檐墙根为界。

二、问房屋田地相邻之间区分地界有无界标，界标费用如何分任？

答：各标各界，各公各费。

三、问相邻者间为境界争议时以何物为证据？

答：以契约为证据。

四、问土地相邻之间有无结各种限制契据者（如地近者卖主房屋，或茔地预声明此后建屋不得过高，或只许耕种不许开挖之类）？

答：有结各种限制契据者。

五、问土地被邻地围绕，非经过邻地不能出入，可以任意通过否？

答：围绕必留出路，凡属出路，可以任意通过。

六、问土地被邻地围绕虽有道可达公路，然多周折（池沼河渠之间隔）险阻（岸崖山林之险阻），不如邻地之便捷，可以任意通过否？

答：经邻家许诺，始能通过。

七、问通过邻地致邻地受有损害（如田经践踏，谷物减收之类），通过者须偿金否？

答：有禁约者须照禁约偿金，无禁约者应照其所损害者赔偿。

八、问高低自然之流水经过邻地，致邻地受淤塞之损害，疏通费用应由何人负担？

答：甲地之水由乙地经过，致乙地有淤塞之损害，其疏通之用费应由甲地任之。

九、问甲地因蓄水、引水、引或放水之工作物破溃，致邻地受损害，或其工作有破溃之虞，邻地得要求赔偿及请为损害之预防否？

答：邻地得要求赔偿，及请为损害之预防。

十、问水流地为甲乙所共有，所受之利益不均，欲变更水道是否须甲乙同意？

答：必须甲乙同意。

十一、问沟渠及其他水流地两岸之地，一为甲有，一为乙有，甲欲变更其水路及幅员可否？若两岸同属甲所有地，变更水路及幅员有无一定限制（如不得逆水自然之性，使邻地受不利益之类）？

答：水流地为两方所共有，非经两方许可不能变更。至于两岸同属甲所有之地，欲变更水路及幅员必有一定之限制，断不得逆水之自然之性，使邻地受损。

十二、问有利用水利遏水，使流高地（如筑坝遏水之类），致低地受不利益，低地所有者可请求高地受利益者出金补济否？

答：可以请求补济，不谐则成讼。

十三、问高地之所有者欲干其浸水地，及欲排泄家用或农工业所用之余水，非经过邻地不能达于河川沟渠，得使水通过于邻之低地否？

答：水无损与邻地，尽可任其经过。

十四、问甲欲于乙之水流地设堰，其堰必附着于对岸之邻地，致邻地受损害，有赔偿之责否？

答：设堰必附着于对岸之邻地，以致邻地受损害，理应赔偿。

十五、问数家同一水源（如一村公用一井之水）适用灌溉，如何规定平均？

答：听其取携，无须规定平均，但分次序灌溉，可免争阋之患。

十六、问建筑屋宇或修缮，必须借用邻地时（如堆积砖瓦、木料之类），可否任意借用？其有特种工事，须借用邻人院落者，须先经邻家许可否？

答：凡借用邻地及院落者，必须邻家许可，不得任意从事。

十七、问乙住甲之后宅，遇重要事件（如婚丧之类），非通过甲之大门不可，是否必须先经甲之允许，其通行有无限制（如夭殇及秽物不准出入之类）？

答：房屋有数栋，乙住甲之后栋，平日由后门或旁巷出入。遇有嫁娶丧葬之事，须经甲住之前栋出入，断无不许。至于夭殇及秽物，有限制不许出入者。

十八、问比邻而居，室家相望，须于中间陈地设立屏障（如板屏或竹垣之类），其屏障多用何物？高若干尺？费用如何负担？

答：通常多用土墙竹篱为屏障，高不过五六尺，其费用两方照派。

十九、问两家公议设立前项之屏障中之一人主张用良好材料，及增高若干尺，因此而生出之费用增额应由何人负担？

答：如甲乙二人中有一人欲于原定方法外再行加工，以图美固，其费用多由一方面负担。

二十、问甲地竹木之枝与根逾过乙地，乙得擅行剪除否？

答：竹木之枝及根逾过乙地但无妨碍，不得剪除。

二一、问建筑屋宇致檐溜直接注泻于邻地之屋基，邻家有无预为防止之权？

答：邻家有预为防止之权。

二二、问筑造建屋距邻之地界，通常约须留若干之隙地？

答：通常须留三尺隙地，以便作为行走之同巷。

二三、问筑造建物不留隙地，或侵入邻之地界屋宇，已经竣工，应如何处理？

答：成功之物不可毁，仅得请求其所侵入者按年纳地租，以示分别。

二四、问建筑楼房门窗俯瞰近邻之家室，应于门窗之间设窗檐隔帘否？

答：应设窗檐及隔帘。

二五、问欲于邻界近侧从事开掘（如凿井穿池、开地窖、坑侧、沟渠之类），其危险将及于邻地（如土砂崩坏，牵及邻地之类），有无限定距离远近及开掘深浅之事？

答：在自己界内掘井、开池、挖窖恐危及邻地，必先酌留拒离之地五六尺宽以保险，限定一丈七八尺深以防崩。

二六、问各种划界契据之书式若何？

答：

> 立划界合约字人甲乙。今因先年契买某处山林团村屋宇地基一处，甲乙以某地碑，标牌、沟檐水为界畔。兹因现年卖契内填写界限朦混不清，以致甲乙两下各执意见，争论不休。邀同各戚族团保到场，看明四抵来历，劝令甲乙以东西南北为界，二家各管各业地皮，自分界后，永不得借端争论，如有此情，任从在场人执约鸣官究治。今恐无凭，当众特立合约，一样二纸，各收一纸为据。
>
> 代笔某签
> 在场某签
> 中人某签
> 年　月　日　立划界合约字人甲乙某押

第二类　共有（共有者，二人以上公有一财产之谓也。例如数子承其父遗产未经分析，或数人共买一田产，均谓之共有。本系共有，后经分析者，谓之分割。）

一、问共有物之使用是否各共有者均有使用全部分之权利，抑仅得使用其一部分？

答：仅得使用一部分之权利。

二、问共有者非得他共有者之同意，能变更共有物否？

答：欲变更其共有物，非得他共有者之同意不可。

三、问关于共有物之契据是否由共有者轮流保管，抑各共有者互选一人经理？

答：一人管物，一人管契据，轮流保存。

四、问共有物取得后系作合约，抑分立账簿各存一册？

答：分立账簿，各存一册。

五、问关于共有之财产是否由共有者轮流管理？有无预定管理之规则者？

答：有预定管理之规则。

六、问共有物管理修缮及其他费用（如田产纳租税之类），各共有者应如何分任负担？

答：凡属共有分内应支之费用，照股分任负担。

七、问共有者一人不付给其应出之费用，他之共有者能出相当之金额取得其所有否？

答：能出相当之金额，便能取得其所有。

八、共有者一人愿弃其所有部分，或死亡无继承人，其所有财产应归之公业（如家祠善堂之类），抑归属于他之共有者？

答：有归家祠者，有归属于他之共有者。

九、问共有者之一人欲出售或抵押其所有部分，应由他之共有者先承受否？

答：应由他之共有者先行承受。如他之共有者不能承受，然后听其售押。

十、问共有一抵押物，业主可向共有者中之一人取赎否？

答：不可向共有者中之一人取赎。

十一、问以共有之物抵押于人，得由共有者中之一人取赎否？

答：不得由共有者中之一人取赎。

十二、问甲乙共有一物，甲于共有物代乙垫有费用（如房屋修缮、田土纳税），乙未归还，以其物出售于丙，甲所垫之费用向何人索取？

答：甲所垫之费用向承受物之丙索取。

十三、问各共有者有无结若干年不分割之契约者，未至分割之年，其中一人可请求分割其所有部分否？

答：其中一人在期限内请求分割其所有之一部分，此必困穷所致，可以听其诉请。

十四、问共有者之一人对于他之共有者负债务，当共有物分割时，负债者得以其所应有之部分作价偿还否？

答：负债者得以其所有之部分作价偿还。

十五、问共有物之分割协议不谐时，是否请公正人分配抓阄，抑求官长为之判断？

答：分配抓阄。

十六、问共有物难于分割（如房屋一所），或分割不易平允（如共有物中有动产、有公债，难于平约），又或因分割有损价之虞（如田数亩，分割后零星出售将致减价），是否全部变价按数均分？

答：分割不均平，不得不全部变卖按数均分。

十七、问共有物分割时，与共有物有关系者（如田地分割，租赁此田之人即有关系）得到场参与否？

答：有关系者，得到场参与。

十八、问共有物分割后，各共有者有无互相担保之习例（如共有物未分割时，恐有盗卖或私自典押情事，故虽经分割，不能不各负此责任）？

答：分割后各自保存，无互相担保之习例。

十九、问共有物分割后有无证书？证书是否各执一纸？

答：各执分阄一本以为证。

二十、问共有字据管理管泽、分割字据等书式若何？

答：分割书式列后：

> 立分公田字人某。今因承父下未分之税田一处，坐落本洞，田名某共田几亩几分，正先系公众管理，近因人口日多，弟兄商议，情愿将该税田照股匀分，各自耕种，其粮在于某乡某都某甲户名某户内推出，入于本甲户名某，照田收粮完纳，不得多开少收。今欲有凭立，分公田合同三纸，各执一纸存照。
>
> 何甲一纸　何乙一纸　何丙一纸
>
> 宣统元年吉月吉日
>
> 　　　　中人某押
> 　　　　代笔某押

第三类　抵押

甲 不动产抵押（田地房屋之类）

一、问抵押契据是否必须税契？其未税契者，当抵押物有纠葛时可作为证据否？

答：抵押物如有纠葛成讼，其契据往往临时报税。

二、问田产抵押之价格与原价之比例若何（如原值若干，抵押物当半数之类）？

答：不动产之抵押与原价比例，只可占三分之一。

三、问抵押物有必须保证者，其保证系何人延请？

答：保证系出押人延请。

四、问为田产抵押之保证与寻常保证责任不同否？

答：为田产抵押之保证，其责任重于债务之保证。

五、问田产抵押时所需一切费用（如中资酒食等费），押主业主何人担任？

答：中资酒食归业主担任。

六、问抵押物之使用收益（如田产可取租金之类）是否专属之押主？有无专属之业主，仅向押主纳息金者？

答：抵押物之使用收益专属之押主。

七、问抵押物必要之费用（如田土须纳丁粮之类）由业主担任，抑由押主担任？

答：丁粮仍由业主担任。

八、问押主为抵押物必要修缮（如房屋倾颓、堤防冲决之类）时，其所用之费是否得向业主索取？有无一定之惯例？

答：抵押物修缮费向业主索取。

九、问抵押者除于抵押物使用收益外，有无再向业主请求利息之事？

答：不得再向业主请求利息。

十、问抵押物因天灾事变全部或一部致损失时（如水灾、火灾田屋被毁之类），业主得向押主请求回复原状否？

答：因天灾事变致抵押物损失，押主不负赔偿之责，业主无有求偿之请。

十一、问抵押物因期间经久或自然损坏，业主于赎回时是否得请求押主回复原状？

答：自然损坏，不得向押主请求回复原状。

十二、问抵偿许久未清，业主有无向押主索加利息并将抵约作废者？

答：抵价逾期未清，业主得向押主索加利息并取消抵押之约。

十三、问抵押田土有无通常一定之期间（如惯例正月抵田、二月抵地之类）？

答：无一定之期间。

十四、问抵押未到期之田土，有无倒认利息之例（如田土以正二月为抵押期间，若年前九十月抵押，须认押主数月利息之类）？息率多寡若何？

答：无倒认利息之例。

十五、问抵押取赎期限最长若干年？有无不定期限者？

答：最长之期限不过三年，亦有不定期限者。

十六、问抵押期限已满，业主不能取赎，押主得以其抵押物变卖否？

答：押主得转押其抵押物，不得变卖。

十七、问业主于取赎期限不能取赎时，即以其业售之，押主是否俟议价不谐后，始可以其业转卖他人？

答：押主不售或议价不谐可以转卖他人。

十八、问抵押期限中，业主可以其业转卖他人否？

答：期限中不可转卖他人。

十九、问抵押之产业复私卖与他人，其纠葛如何处理？

答：处理之法，由原业主赶紧取赎。

二十、问无期限之抵押，业主得随时取赎否？有无须经过若干年之惯例？

答：无期限之抵押，业主可以随时取赎。

二一、问抵押田产，押主不经业主允许，得转押于他人否？

答：限满未赎，可以其所押之业转押之于人，不须商之业主。

二二、问押主以抵押之业转押于他人，业主可径向其后之押主取赎否？

答：各赎各业。

二三、问设甲以田产先抵押与乙（如俗有抵田不过种，常年收息之类），复抵押于丙、丁，嗣后乙、丙、丁之抵价甲均不能偿还，遂变卖其抵押物，所得之偿金不敷偿还之额，乙、丙、丁如何分配？

答：应由业主另行筹款偿还，亦有按年让息者。

二四、问业主罄产变卖抵押物摊还债主时，押主较他债主得有先摊还之权利否？

答：业主变卖其抵押之业摊还债务，押主得有尽先摊还之权利。

乙 动产抵押（谓一切可以移动之物品）

一、问典质小押专以收押动产为营业者，其种类有几？组织及方法若何？

答：只有小押一种。

二、问开设各项典押是否须向官署请帖？有无私行开设者？

答：小押系在配军犯所开，不请帖。

三、问各项动产抵押之价格原价比例若何？

答：抵价低原价十分之一。

四、问抵押动产之期限有无长短之分？至长者及至短者若干年月？

答：小押五月满限。

五、问抵押动产之息金多寡之率若何？是否均有定例？

答：小押息六分。

六、问抵押动产取赎时未满一月，或数日十余日者，以何法计算息金？有无一定惯例？

答：未满一月取赎，以一月之息计算。

七、问经过抵押之期限，物主无力取赎时，押主是否即行出卖？有无展期后赎之惯例？

答：小押满限后即行出卖，无展限后赎之惯例。

八、问抵押物由损害时，押主是否负赔偿之责？

答：无赔偿之责。

九、问抵押取赎有无一定月份为减息时间（如典铺于十一月十一日起至正月初十日至，为减息取赎之期)？其减少之利息有无一定之惯例？

答：小押无减息月份。

十、问下列各物是否得行典押？一、违禁物（如军器军装之类）；二、祀神物（如庙宇内神袍炉鼎之类）；三、食物及动物；四、各种农器。

答：前三项不押，后一项有押者。

十一、问抵押息金按月交付，抑与抵本同时交付？

答：取赎时本息同付。

十二、问取赎期限限已满，物主认给息金得请求展延一定之期限否？

答：可以给息转票。

十三、问抵押动产亦有用保证人者否？

答：不用保证人。

十四、问抵押动产之保存即收管费用，是否概由押主任之？

答：由押主任之。

十五、问抵押票据不问何人，得持向押主取赎否？

答：认票不认人。

十六、问抵押票据遗失时，得向押主请求补给失票否？

答：得向押主声明失票。

十七、问物主清补给失票，须觅保证并纳费若干否？

答：须觅保证，不须纳费。

十八、问抵押物因押主适用而致损坏，有无赔偿之责？

答：应赔偿。

十九、问押主将抵押物借人使用致损失时，物主得请求赔偿同样之物否？

答：应赔偿。

二十、问借他人之物以为抵押，过期不能取赎，致抵押物丧失，抵押人对于物主应如何赔偿？

答：抵押人对于物主照原物赔偿。

二一、问物主任取一物央中说合，押取过当之抵价（俗名信当。如物值一千，押钱二千之类），若物主迁延不赎或罄产不能取赎，保证人之责任若何？

答：小押无信当。

二二、问押主为预防抵押物之欺伪，或有损失，于抵押字据应如何批明？

答：小押票据，无论何物，总以破败字样书于其上，防后纠葛。

二三、问抵押物来历不明者，经他人发现时，是否仍须备价始准赎回？

答：来历不明非押主所得知，必须备价，始准赎回。

二四、问典押各店收入官物及窃盗物为抵押时，有无责任？

答：无责任。

二五、问抵押物因天灾事变致损失时，押主有赔偿之责任否？

答：无赔偿之责任。

二六、问典押各店因自己之过失（如遗火自烧），与不因自己之过失（如被邻火延烧）致典物概行损失，其赔偿额数有无差别？

答：有差别。因己过失照物全赔，因人过失照物赔半。

丙 证券抵押

一、问以有价格之证券（如债债券及田土契约之类）为抵押时，其抵押与原价之比例若何？

答：原价一百元抵价五十元。

二、问以有记名债券（债券上注明债主姓名者）而为抵押时，是否须预行通知原借主，得其承诺，方可抵押？

答：必须原借主承诺，方可抵押。

三、问以汇票及兑票而为抵押时，抵押人当以何方法给付，俾押主得以行使？

答：州市汇票兑票不为抵押。

四、问以不可以价计之证券为抵押时（如牙帖、执照、商牌之类），其抵押之价格以何者为标准？

答：州市不以牙帖、执照、商牌为抵押。

五、问证券抵押之期限至长至短若干年？

答：无一定期限。

六、问支付权利之价金有无差别异同，亦有按年或按月缴纳者否？

答：有按年者，有按月者。

七、问证券抵押之息金其至多至少之率若何？

答：多不过三分，少则一分。

八、问以数人共有之证券将己之一部分抵押于他人时，是否须得数人之同意？

答：必须得共有者之同意。

九、问以证券先后抵押数人，遇抵押人罄产摊还债务时，各押主取得本利有无先后多寡之殊？

答：照本算利。

十、问指定某证券之业为抵押，如抵押人逾期不克清还及付息金，押主可即管理其业否？

答：只可索讨息金，不得管理其业。

十一、问抵押人不经押主允许，可将其抵押之证券转押他人否？

答：不经押主允许，不能转押他人。

十二、问债权抵押后，原借主逃亡或罄产致债务无着时，押主可向抵押人追问否？

答：借主可向抵押人追问。

十三、问证券抵押后期，目的物或因天灾事变致丧失（田屋被水淹火灾之类）时，押主可向抵押人别索他种证券为抵押否？

答：可索他种证券为抵押。

十四、问证券抵押于期限中，押主或因他故而致权利丧失消灭时（牙帖、商牌抵押后因事倒闭，致失其效用之类），抵押人可向押主请求一相当之证券为抵押否？

答：州市无用牙帖、商牌抵押之事。

十五、问押主于抵押证券有遗失时（如票帖凭照之类），当以何法偿还抵押人？有无通常处理之方法？

答：州市无用票帖凭照抵押之事。

十六、问典质押各种票据之书式若何？

答：小押各种票据书式录后。

票小昌森

今字第　　号。今将自己

小押制钱　遵照

旧例每月六分行息，以五月满限，过期不赎。来历不明与本押无涉。至于虫伤鼠咬，各安天命，认票不认人。

宣统　年　　月　　日

十七、问抵价收字及取赎抵押收字之书式若何？

答：抵价收字及取赎抵押收字书式录后。

今向到　　　今收回

押主抵出物价四十元。所收是实，须至收者。

押金四十元原物照退，所收是实，须至收者。

年　月　日　业主某收字

年　月　日　押主某字

十八、问各种抵押约据之书式若何？

答：各种抵押约据之书式列后。

立抵田字人李甲。今因拮据，以自己名下分占之产业，请中人向到张乙名下抵出实银三十元，当即立约。两交周年满限，按月三分行息。俟有余赀。定于期限内备还原价归赎。特立约字一纸证信

第四类　债务

一、问有无特种债务，对于借主之财产，有先于他债主受偿还之权利（例如乙住甲屋，不付赁金，甲可将乙之器具扣留作抵，无论乙之器具向何人

赁借或赊欠,甲可扣留之类)者?

答:有。

二、问债务有预定偿还某种货币,至偿还时,某种货币不能通用(例如言定以银元偿债,届时因行一两银元,而七二银元不能通行之类),借主得以他种货币代之否?

答:借主得以他种货币代之。

三、问借主财产仅足偿还债务,忽任意赠与于人,债主得提赴诉讼请求,罢赠与之行为否?

答:可赴诉讼。

四、问借主己身之权利怠于行使时,债主可代为行使否(例如,乙欠甲债,丙欠乙债,丙不还乙债,乙即无力还甲债,丙将罄产,乙不知索,甲可代乙向丙索债之类)?

答:各还各债,不代为行使。

五、问通常债务至高之利息若干?

答:通常债务至高之利息不过三分。

六、问以贷放银钱为业者,每月收取利息可过三分否?

答:以贷放银钱为业者,每月利息亦不过三分。

七、问约付利息之债务而不书利息若干,其归还时如何核算?

答:利息未定若干,归还时照通常办法核算。

八、问债务须经过若干月未付利息,其利息即作为原本(俗谓利上加利)否?

答:债务随经年久,不得利上加利。

九、问借券上未书明有无利息者,至归还时债主能索取利息否?

答:书明有利照算,未书明有利,不得索取。

十、问债务须有保证人者,保证人由何人延请,其责任若何(如代偿债务之类)?

答:保证人由借主延请,有代偿之责任。

十一、问保证人要其有下列之资否?

甲:已成丁者;乙:有代为偿还之资格者;丙:与债主、借主同居一处者。

答:非有前二项资格不能为保证人,后一项不拒。

十二、问保证人有数人时，借主不能偿还债务，债主可向保证人中之一人请求偿还，抑须向各保证人索取？

答：应向各保证人索取。

十三、问多数保证人中之一人代借主归还债务，他之保证人均免除其责任否？

答：既有一人代还债务，其他保证人均免除责任。

十四、问保证人死亡，所保之债务尚未完了，其承继人尚负保证之责否？

答：承继人不负保证之责。

十五、问保证人代借主偿还债务，对于借主即立于债主之地位否？

答：保证人既代还债务，对于借主即立于债主之地位。

十六、问保证人负有代为偿还之责任者，至何时债主始可向其索取？

答：逾期即可向其索取。

十七、问保证人于债务期限中因事罄产，债主得要求借主另觅保证人否？

答：可要求借主另觅保证人。

十八、问保证人有无仅任督促之责者？

答：仅任督促之责者居多。

十九、问数人同负一债，是否债主对于其中之一人皆可请求偿还全部？

答：可向一人请求偿还全部。

二十、问多数借主中之一人偿还全部，得向各借主索偿其各自负担之部分否？

答：一人既偿还全部，得向各借主索偿其各自负担之部分。

二一、问多数借主中之一人或二人已偿还其已分之债务，余之借主设有逃亡或罄产之事，债主得向先行偿还者再求偿还逃亡或罄产者之部分否？

答：债主可以请求。

二二、问数人同负一债，其中一人兼有保证之责任，各借主不能偿还时，其保证之借有无偿还全部债务之义务？

答：有。

二三、问数人同负一债，其中兼有保证之一人逃亡或罄产，债主对于其余各借主尚得请求偿还全部否？

答：债主对于其余各借主，不得请求偿还其全部。

二四、问一人负数人共有之债务，归还时是否向一人给还全部，抑须照应得之各部分分别给还？

答：必须照应得之各部分，分别给还。

二五、问一人负数人共有之债务，原约偿还时仅付债主中之一人，后借主由罄产之事，其一人仅向借主收得债务之一部分，其所收得之一部分是否一人独得，抑各债主均分？

答：应各债主均分。

二六、问设乙、丙、丁、戊、己五共负甲一千元，甲又负五人中之丁一千元，若乙、丙、戊、己四人无力偿还甲债，甲得将乙、丙、丁、戊、己五人之债一千元与欠丁一人之债抵销否？

答：以各自还清为主，不得抵销。

二七、问债券已载明债主之姓名，债主欲以此项债务转让他人，是否须通知借主俟其允许？

答：须通知借主，俟其允许。

二八、问经久不索取之债务，经若干年后即作为消灭？

答：虽久不消灭。

二九、问借主至偿还期限未能偿还，致债主受有损害（例如，债主另负他人厚利之债，俟此款清偿，今借主至期不还，致债主多负利息之类），借主有无赔偿之责？

答：借主无赔偿之责。

三十、问借主未届偿还之期有罄产之事变，债主可不俟到期向之索取否？

答：债主可不俟期到索取。

三一、问借贷时债主、借主同居一地，嗣债主迁移他处，还债时所需汇兑费用应由何人负担？

答：应由债主负担。

三二、问债务未定偿还日期，是否可以随时索取？

答：可随时索取。

三三、问有无预定到期不偿还债务另付违约金者？

答：无。

三四、问借主所负之债务有利害关系之第三者（如债务中之保证人或借主亲属之类）得代为偿还否？

答：有之。

三五、他人代偿债务后能向借主索还否？

答： 既代偿债，可向借主索还。

三六、问子弟因不正行为所负之债能责其父兄偿还否？

答： 不能。

三七、问家主所负之债，未成丁之子弟可代为偿还否？

答： 未成丁者不能。

三八、问借主指定某物数种（如牛马羊之类），任债主选择其一偿还债务。设当选择时指定之物有毁损者（如牛死、马死之类），是否即于其余各物中选择？

答： □□□□□□[1]

三九、问借主指定同类之物数种（如房屋几所），任债主选择其一偿还债务，设当选择时指定之物全数毁损（如房屋几所均被火灾），借主不另偿他屋或无力另偿他物，能免偿还之责否？

答： 不能免除偿还之责。

四十、问债主定期选择借主指定之物，届时爽约，借主可否代为选择？

答： 不代为选择，听其再行约期。

四一、问借券遗失时借主归还债务除应取之收据外，有无另行声明之方法否？

答： 借券遗失，于应取之收据中声明。若后寻出，作为废纸。

四二、问归还债务未能悉数清付，其已还之部分是否给付收据？抑于借券中批明？

答： 于借券上批明。

四三、问多数人共成一会，或以谷物或以银钱互相借贷，其名称有几？起会之办法若何？

答： 州俗称曰"打会"，其起会办法以倡首之人得首会。

四四、问每起一会约若干人？聚集之数至巨者若干？会中用费约几何？

答： 每会约十人，每人一百元会金，至多不过一千，会中用费只有起会酒食而已。

四五、问首会之人责任若何？应行偿还之数各约若干年？付清其利息各

---

〔1〕 以下系原件缺省，可参照善化县财产部对应内容——勘校者注。

若干？

答：十人约会，十年付清本利，由首会之人监督之。

四六、问解会次序如何办理？有无一定期限？其利息比首会若何？有无抵押物者？

答：除首会外接会次序抓阄为定，会期以一年为宜，利息不及首会，无用物抵押者。

四七、问除因借贷起会以外，有无因特别事件行之者？其类名有几？以何者最为通行？

答：无。

四八、问请会期间有意外之事实发生（如会中之一人死亡或罄产之类），应如何办理？

答：请会期间有意外之事实发生，有解散其会者。

四九、问借贷银钱、谷物，因时价涨落不同，以何时价格为标准？有无由债主任意规定者（如借债时借主制定当时最高之价为准，嗣后听涨不听落之类）？

答：公同商酌，不能由债主任意规定。

五十、问解会及散会如何处理？

答：由首会与会众商酌办理。

五一、问偿还会款不清有无罚规？

答：偿还会款不清者公罚加息一倍。

五二、问为使用之借贷（借一金表使用后将原物退还之类），若致原物丧失或毁损，借主当以何法偿还？

答：丧失原物照原价买赔或照价赔还，毁损原物照现象修理或赔修理费。

五三、问借贷使用物为必要之修缮时（如借住房屋必须修缮之类），其费用贷主、借主何人负担？

答；费用由贷主负担。

五四、问借贷使用物违其契约使用（如借马本云服乘，今以之负货之类），致物有损害时，应如何赔偿？

答：应照损害之轻重定赔偿之多寡。

五五、问借贷使用物，不得贷主允许，可随意转借于人否？

答：不得转借于人。

五六、问有专以借贷物品为营业者否（如市间赁明瓦店之类)？

答：无。

五七、问借贷极贵重之物品（如字画、古玩之类），因意外致灭失毁损，其偿还之方法若何？

答：延公正之人裁断偿还，使两不吃亏。

五八、问各种借券之书式若何？

答：录各种借券之书式于下：

立借银字人某。今因家贫，请中向到某处，借边百元，以税田十亩为抵。其田坐落某处，与某田接壤，上至高坡，下至大河，水灌运，并未先抵他人，三面言定。每年秋收行毂息二十石，由该佃某照纳。立契给与贷主征信。

宣统元年　吉　月　吉　日　立

五九、问保证人有与债主立字据者，其字据之书式若何？

答：无。

六十、问债主受取债款有应付收据者否？其收据之书式若何？

答：录债主应给收据之书式于下：

今收到

某某还清债款若干，所收是实。

宣统元年 吉 月 吉 日　债主某亲笔

六一、问请会之会书以外有无登记款项之账簿？其账簿之书式若何？

答：会书以外，无专记会款之账簿。

第五类　买卖（无论何项买卖皆在此范围之内，非专指商人而言也）

一、问彼此预约买卖物价，均未交割，卖主、买主可随时将原约作废否？

答：未经交价，可将原约作废。

二、预约买卖有先付定金者，金额系由买主随意给付，抑照物价有一定之标准？

答：由买主随意给付。

三、问预约买卖某物，已付定金若干，买主欲废约，尚可取回定金否？

答：可索回定金，亦有不肯退还定金者。

四、问买主付定金后，若卖主主张废约，退还定金外有无罚金之惯例？

答：退还定金之外仍照规公罚，亦有不罚者。

五、问定买之物约定按期陆续交付，至中途卖主违约，买主因受损害，得向卖主请求赔偿否？

答：不向卖主请求赔偿。

六、问以他人之财产为买卖者，设至期不能交割与买主之时（如卖主中途不卖），买主受有损害，得向代卖者请求赔偿否？

答：不向代卖者请求赔偿。

七、问以不动产为买卖者，卖主不能即时交割，其价金应何时给付？

答：价金应于交割产业后给付。

八、问以动产为买卖者，除现金交易外，给付物价有无一定之期限？

答：听凭约日，无一定期限。

九、问以债权（如借券转卖于人之类）为买卖者，卖主有担保债务者（借券之借主）偿还之责否？

答：州市不以债权为买卖。

十、问买卖物已经交割，买主付价未清，卖主可否请求买主于未清价额内附加利息？

答：可向买主请求于未付清价额内附加利息。

十一、问买卖物交割后买主能将原物退还或更换否？

答：不能退还更换。

十二、问因买卖之物与原约不符，可否由买主退换货索还价金？

答：物与原约不符可以退换或索还价金。

十三、问买卖动产有包管回换者，其准予回换之期限至长若干年？

答：包管回换必货真价实，自信无欺，然后给人票据，包用一年或半年。

十四、问买定之物于未交割于买主时，或因卖主之过失而致毁损灭失，其损失之部分应由何人负担？

答：损失部分应由卖主负担。

十五、问买定之物如他人之权利于其上（如田宅已经抵押），或为私人所不能取得者（如违禁、窃盗及公家所有之物），因此致买主受损害，卖主应负若何之责任？

答：卖主应退价。

十六、问卖定之物于未交割于买主之时，或因天灾事变而致毁损灭失，其损失之部分是否由买主负担？

答：损失之部分不由买主负担。

十七、问隔地买卖因途中运送遗失或毁坏，其损害应由何人负担？

答：损害由运送者负担，并由保荐运送之人负担。

十八、问隔地买卖货物约定按期运送，嗣买主发信请易他货，若卖主未收到买主之信，至期仍运到原货，应如何处理？

答：货物已运到，势难运回，只得收受。

十九、问买受之物他人主张系己所有，或有承管之一部，其纠葛应由何人清理？

答：买主清理。

二十、问卖主以诈欺行为出卖某物（如泥做油靴、纸做大呢之类），交割后买主发现，应如何处理？

答：退换货物，或索回原价。

二一、问一己之利益，以恐吓行为强买他人之物，契约成立后卖主尚可主张废约否？

答：卖主尚可主张废约。

二二、问不动产出卖以后，有无他人出头请求增价之事？

答：无他人出头请求增价之事。

二三、问代理他人买卖，价经议妥，尚未交付，适代理人死亡，买主或卖主可将前约作废否？

答：可将前约作废。

二四、问买卖某物定约后买主或卖主死亡，其死亡者之承继人可否将前约作废？

答：可将前约作废。

二五、问有专以介绍他人之买卖为业者否？分若干类？

答：无。

二六、问买卖有必须中人者，其中人之资格若何？责任若何？

答：中人之资格必须老成持重，识字识人，其责任重在经手。

二七、问买卖契约成立后当事者之一方违约（如买主不交价金，卖主不交货物之类），中人应负何种责任？

答：中人有两方说合之责任。

二八、问中人有数人，其所负责任与取得费用有无轻重多寡之分。

答：无轻重多寡之分。

二九、问买卖所需之费用（如中资、酒食之费）是否由买主独任，抑与卖主分任，分任之中有无差别（如买主输三成，卖主输两成之规例）？

答：由买主独任。

三十、问不动产买卖之中人抽收费用，以何者为标准？

答：中人抽收费用，以每千文抽三十文为标准。

三一、问买卖交割后，卖主为买回原物是否须于契约成立时预为声明？

答：买还原物必须预为声明，经买主认可方可行之。

三二、问可以买回之物约有若干种？

答、可以买回之物有房屋、田地、坡塘、山林四类。

三三、问约定买回期限至长若干年？设于买回期限内因天灾事变致原物毁损灭失，买主得以此对抗卖主，免除其责任否（如房被火灾，卖主不能在买回之类）？

答：约定买回期限至长不过三年，中因事变灭失，卖主不得以前约为定。

三四、问约定买回期限内，若买主将原物转卖他人，原卖主能否阻止？抑可向后之买主买回？

答：可以阻止。

三五、问卖主买回原物时物价已经变迁，系按时价计算？抑仍以原价买回？

答：以原价买回。

三六、问买回原物是否将买主之价金附算利息归还？抑以物产之收益（如田宅已得租金之类）与价金之利息视为相抵者？

答：以物产之收益与价金之利息视为相抵者。

三七、问买回之物以前所需保管修理费用，卖主能向买主请求偿还否？

答：卖主得向买主请求偿还。

三八、问动产买卖有无字据者？

答：有用字据者。

三九、问卖主为卖某物，有先将物状开写清单者（如俗谓之水程），其书式若何？

答：清单书式列后：

今将己名下田塘屋宇山场庄房出售，开列清单交中人代呈。

买主

计开

长洞税田三十亩，大洞税田五十，号大洞税田十亩，大洞庄房一所，分占己名下房屋二座，茶山四分之一，后山场四分之一，随田山全座，田塘三口，实价九百五十元，酒席谢中，各归买主，开消原契字据，临时交清。

松柏堂清单

四十、问不动产之买卖，除卖主书立卖契外，原有之各种字据（如老契清大单完粮串票之类）应一律交付买主否？

答：各种字据一律交付。

四十一、问关于买卖各种字据之书式若何？

答：关于买卖各种之书式列后：

立卖塘字人某。今因贸易缺货，情愿将祖遗分占己名下塘三口出售，请中向到某处说合承买，言定价银九十六千文，即日立契交足。嗣后应凭买主放鱼、灌田、运地、筑堤、聚水、收获种种权利。卖主内外人等不得异言，今欲有凭，立字征信。

计开

中人某押　　在场某押　　亲属某押　　原契一纸　　卖字一纸

宣统元年吉　月吉　日　某亲笔

第六类　租赁

一、问通常租赁是否须觅人担保？

答：通常租赁必须觅人担保，若亲友租赁，不觅担保亦可。

二、问租物已纳押金者可否不立保证人？

答：租物已纳押金者，亦有保证人担任。

三、问租物之保证人对于租物损失或租金滞纳时，是否应付代偿之责？

答：租物损失与租金滞纳，均惟保证人是问，虽无代赔代偿之事，觉有代为追讨之责。

四、问租物押金多寡之数，以何者为标准？

答：押金多寡，视租物之大小轻重为标准。

五、问保证人于租主共为租户时，其租金未给付，是否仅向保证人追偿？

答：租主为租户，保证人亦同时为租户，其租金均宜给清，否则固可向租户直索，并可向保证人问讨。

六、问保证人有仅担保证租主之行为无他，而不担任偿金者否（如俗云保人不垫钱之类）？

答：有。

七、问保证人与引佃人责任若何区别？有无引佃人即作保证人者？

答：有引佃人即作保证人者，其责任同。

八、问有无重交押金而租金轻纳，及专交押金而租金免纳者？

答：均无。

九、问租主所纳押金有无算回利息者？

答：无。

十、问约定租佃田宅先付定金，若租主中途废约，得索回其定金否？

答：可以索回定金。

十一、问租定田宅房屋，除租金以外有无小租名目？

答：无。

十二、问有无租地垦开经过若干年始纳租金者？

答：租地垦开，必经三年，始纳租金。

十三、问房屋租金如何计算？其交纳有无一定期限（如以月计算，以月之初日或月之终日交纳之类）？

答：房屋租金以年底交纳为定限，无月底月初交纳之事。

十四、问田地认租有无专以金钱计算者？

答：无。

十五、问田地收取租金额数，以何者为标准？

答：田地收取租谷，每亩二石五计。

十六、问租地以采取植物、动物、矿物为目的者（如山林、池塘、菜园、果园之类），其租金若何计算？

答：田地以采取植物、动物、矿物为目的者，视得利之多寡为租金之抵昂。

十七、问租用地基建筑房屋者，通常期限约若干年？其租金如何计算？

答：租用地基建筑房屋者，不拘年限立约，以每年底交租，至多不过三五金而已。

十八、问有专以产出物充纳租金者（如赁地种园只供菜蔬，不纳租金之类）？

答：有专以产物充纳租金者（佃园一亩议纳菜果年租四十，佃山地一亩议纳竹木年租四十根，佃池地一亩，议纳鱼年四十斤之类）。

十九、问佃户交纳租金有无一定之期限（如按年、按月收获季节之类）？

答：佃户交纳租金有一定之期限（如年租按春季纳，桑租按夏季纳，杂粮租按秋季纳，油糖鱼各种租按冬季纳，茶租按谷雨季节纳，墓田租按清明节纳之类）。

二十、问田地租金遇丰歉或无收之年，佃户可请求减额或豁免否？

答：可请求减额或豁免。

二一、问租佃房屋租金已纳，或因天灾事变而致房屋灭失，得请求退还前纳租金否？

答：州俗房屋租金年底交纳，无先纳者。

二二、问租佃田地期限内，设佃户不纳租金，能径使其退佃否？

答：租佃田地在期限内，设佃户不肯纳租，理应责其退佃，然能退者少，不能退者多。

二三、问租金逾期不纳，能将其滞纳之租金附加利息否？

答：租谷逾限不纳，田主只好催讨再约期限，不能因滞纳之故附加利息。

二四、问租主至无力交纳租金，可将其附属于田宅之什物变卖充当租金否？

答：租主至无力交纳租金时，可将其附属于田宅之什物变卖抵充，在田主多有此思想，在租主多不愿认可。

二五、问租佃房屋有定租若干年者，于期限内房价腾贵，能请求增加租金否？

答：既定租若干年，在限内不能加租。

二六、问有无租主出费修缮，约定业主减少租金者？

答：修缮费归业主，不减少租金。

二七、问以土地租人耕种或畜牧，其预定期限至长约若干年？

答：以土地租人耕种或畜牧，有预定三年者，有预定五年者，至长不过十年。

二八、问租佃田宅不经业主之许可，得转租于他人否？

答：州俗分佃、转佃，并不告知业主。

二九、问租佃房屋不经业主之允许，得自行增修改造否？

答：租佃房屋租主不增修改造。

三十、问租佃田宅之一部，不因租主之过失（如邻屋失慎，租屋焚等类），灭失时租主得于其灭失之部分请求减少租金否？

答：可以请求减少租金。

三一、问租佃房屋有必要修理时，其费用是否全由业主负担？

答：全由业主负担。

三二、问租主代业主出资修缮，言明按年扣还，费未偿清，业主将原业典卖于人，租主之修缮费如何偿还？

答：租主不代业主修缮。

三三、问商店为发达商业，自行修缮增饰华美者，其修缮费至退租时，业主应全行给还，抑给还半价或几成？

答：商店增饰华美，至退租时业主不算还修缮费。

三四、问租主租佃住宅，于宅内添设之物，退租时系由租主自行撤去，抑可听业主备价买回？

答；租佃住宅，所有宅内添设之物，退租时均由租主自行撤去。

三五、问租佃房屋，因期间经久自然毁损者（如门壁朽坏，房屋坍塌之类），至退租时不能回复原状，租主能免其责任否？

答：租主可免其责任。

三六、问租佃房屋，租主自主增改之部分，退租时应回复原状否？

答：租主增改之部分，至退租时果无损于业主，可不回复原状。

三七、问租佃田地期限内，设佃户因亏失资本，可不俟满期退佃否？

答：租户因亏资本，自行求退，虽期限未满，亦可听其退租。

三八、问租佃田宅，未定继续期间，当事者之一方欲解约时须前若干日声明？

答：须前三日声明。

三九、问田地租佃每季可得收获者，地主于收获前通告可得解约否？

答：地主于收获前通告可得解约。

四十、问山林、田园收租时，现存于其上之果实应归何人所有？

答：山林、田园收租时，未摘下之果实应归租主所取。

四一、问无论田土、房屋，于租佃期限内物主已将所租田产出卖，仍得接租否？

答：可以接租。

四二、问以动产出赁（如动物、植物及各种杂物之类）者，有一定之赁金及期限否？

答：以动产出赁者，视物之贵贱为租金之增减，期限多不过一年，少则三月。

四三、问赁用之物由毁损灭失时，应以同样之物偿还，抑可以金钱合算偿还否？

答：赁用之物如有毁损灭失之时，应照样偿还，抑可折价赔偿。

四四、问赁用之物因天灾事变致毁损灭失，赁用者得免赔偿之责否？

答：赁用之物因天灾事变灭失，物主如查得实情，亦可免其赔偿。

四五、问赁用之物于赁用时生有果实（如赁用之牛马生子之类），应归何人所得？

答：赁用之物于赁用时生有果实，应归赁用者一半。

四六、问赁用之物所需必要费用（如牛马养畜费之类），由何人负担？

答：赁用之物所需费用，由赁用者负担。

四七、问赁用之物未定归还期间者，可由当事者一方随时归还否？

答：赁用之物未定归还期间者，可由当事者一方随时归还。

四八、问房屋召租告白之书式若何？

答：房屋召租必须告白，其书式列下：

某街某里有屋一座，上下三栋，厨房、客厅大小数间，一概出租，有愿佃者由某号引进，面议租价。

某年某月某日主人告白。

四十九、问房屋租约之书式若何？

答：房屋出则必有租约，其书式列下：

立租屋字人〇〇〇。今佃到某街某里某人房屋一座，上下三间，佃租若干，年第交纳，特立券约为据。

某年某月某日某人签字。

五十、问山林、田园各种佃约之书式若何？

答：山林、田园各种佃约其书式列下：

立佃山林、田园字人〇〇〇。今因无山可开，无林可栽，无田可耕，无园可种，似此坐食，何以聊生。兹查某处有山一座，有林一圈，有田一顷，有园一方，彼此比连，上下交壤，可以垦荒，可以牧畜，可以稼穑，可以种植，自请中人向到贵堂，求批一年，纳租一次，不得有欺。立字征信。

年月日某人签字　中人某押

代笔某押

五十一、问赁用杂物字据之书式若何？

答：赁用杂物必有字据，今列书式于下：

立赁用耕牛字人〇〇〇。今因春种缺牛，请保人向到贵主人名下赁用黄牛一只，言定每年秋收时纳租一石，嗣后生子，宾主公分，永远发达。立字征信。年月日某人签字

中人某押

第七类　雇佣［雇佣之范围甚广，凡以体力（如仆婢夫役之类）、技术（如工匠之类）、精神（如教习、医士、商店伙友之类），为人服劳务取酬金者均属之，非专指仆婢一项言之也。觅人服劳务而予以报酬谓之雇主，为人服劳务而取得酬金谓之佣者，有此两方而雇佣之关系以生。］

一、问通常雇佣期间至长约若干年？

答：通常雇佣期间至长不过十年。

二、问有无定终身为人服劳务之约者？

答：为人服劳务定约数年者有之，无定约终身者。

三、问有无特种佣人先向雇主纳保证金者，其类有几？

答：无。

四、问有无专以荐引佣工为业之人？荐引费用如何计算？是否雇主、佣者两方负担？

答：无。

五、问荐引佣工为业之人对于佣者是否负担保赔偿之责？

答：州地无引荐佣工为业之人，其引荐佣工非亲即友，向负担保赔偿之责。

六、问佣者有不法行为（如窃物或长支工价逃亡之类）致雇主受损害时，引荐人是否赔偿。

答：佣者不法行为致雇主受损害时，引荐人折半赔偿。

七、问佣者工资按日计算之法若何（如俗有算进不算出之治习）？

答：佣者工资按日计算，算进不算出。

八、问已定期间之雇佣，佣金应何时付给？

答：已定期间之雇佣，佣金应年节给清，中间亦可随时支取。

九、问已定期间之雇佣，佣者于期间内因物价昂贵，可请雇主增给佣金否？

答：不增给佣金。

十、问商事雇佣有无佣金之外兼分红利者，农事雇佣有无不给佣金仅予谷物者？

答：商事雇佣程度高者于佣金外分红，息一二成，农事雇佣有给佣谷，不给佣金者。

十一、问经过应给佣金之期间始行补给，佣者得向雇主请求其按月付息否？佣者预支佣金至若干月亦应转向雇主付息否？

答：雇主过期不拒佣金不付息于佣者，佣者预支佣金数月，亦不付息于雇主。

十二、问雇主负欠佣金至无力给付，雇主变卖财产时，佣者得先取得佣金否？

答：可先取佣金。

十三、问约定以年月计算工资，佣者中途辞工，其工资应按日扣除否？

答：工资应按日扣除。

十四、问佣者不经雇主之许可得使他人代服劳务否？

答：可暂使他人代服劳务。

十五、问雇主未经佣者之承诺，得使其他人服劳务否？

答：雇主欲使佣者为他人服劳务，不须佣者承诺亦可使去。

十六、问预约需要劳务时（如订约、插禾、割麦时为之帮工）服役若干日，佣者届期爽约不能达，雇主需要之目的因而致受损害（如收获愆期），佣者有赔偿之责否？

答：无。

十七、问雇主使佣者服约定以外之劳务（如系管账，忽使买物），佣者可拒绝之否？

答：雇主使佣者服分外之劳务，可以拒绝。

十八、问佣者为雇主服劳务，无过失致他人受损害时（如无意伤人或损人器具），雇主应担其责任否？

答：雇主担其责任。

十九、问佣者为雇主服劳务，无过失损伤物品时能免赔偿之责否？

答：免赔偿之责。

二十、问当事者已定长期雇佣之约，于期限内有不得已之事由须解约时，得由一方径行解约否（雇主辞佣者或佣者辞雇主）？

答：由一方径行解约。

二十一、问未定明雇佣期间者欲解约时，是否须先若干日声明？

答：未定明雇佣期间者欲解约时，必先三日声明。

二十二、问无保证人之佣者有不法行为致雇主受损害时，可向其家属追索否？

答：可向其家属追索。

二十三、问佣者因服劳致疾或死亡而解佣时，雇主于佣者或其家属有无给养之事？

答：佣者因服劳致疾而死，雇主于佣者之家属有给养膳费者。

二十四、问雇佣各种字样之书式若何？

答：雇佣以言为定，并无字据。

第八类　请负

一、问关于某项业务托人承办，有无预供担保金者（如大工程告竣，需时防托办者资力难继，使指定工程以免亏损之类）？

答：州境无大工程承办之人，不预供担保金。

二、问关于某项业务承办者于承揽时有无预定违约金者（如届期不完工则罚金若干之类）？

答：有预定违约金者。

三、问因托办者须预定办法或供给材料致其业务有瑕疵时，承办者仍负责任否？

答：不负责任。

四、问工事建筑中遇天灾事以致材料灭失毁损，其承办人损失之额系请求托办者赔偿，抑与托办者平均负担？

答：由托办者赔偿。

五、问承办者之业务尚未告竣而托办者无力中止时，承办者因中止所受之损害，能向托办者请求赔偿否？

答：不能向托办者请求赔偿。

六、问承办者因财力不足不能完成工事，得向托办者请于原定价额内随时支用否？

答：可于原定价额内随时支取。

七、问工事价金于经始即支付与俟完成始交付，二者孰为通常之规例？

答：工事价金以完成交付为通常之规例。

八、问大工程立有保证人时，设承办者中途要求增价或借端中止，保证人之责任若何？

答：保证人有禁阻之责。

九、问关于承办大工事有定保固年限者（如建筑屋宇包若干年不倾颓之类），其年限通常约若干年？

答：有定保固年限者以二十年为限，然空言不可恃。

十、问保固年限中承办者死亡，其承继人应接续负担责任否？

答：承继人不接续负担责任。

十一、问立约承办之后因物价腾贵或占计差误，承办者得请求加增价额否？

答：承办人得请求加增价额。

十二、问订以期限内必须完成之承办事件，届期爽约，至不能达托办者应用之目的，托办者得径将前约作废否？

答：可将前约作废。

十三、问工事久延，计难如期告竣，托办者得于期限之前另招或添招他人承办及分办否？

答：度工事不能如期告竣，托办者尽可于期限内另招承办或添招分办。

十四、问托办者因承办者迁延不能完其工作，另招或添招他人承办及分办，原承办者有无抗阻不许他人承揽或工作之情事？

答：如承办人抗阻，托办者得有禀官究治之权。

十五、问设因另招他人继续承办之工作，此前多糜费用能令原承办者赔偿否？

答：如较前多糜费用，可令原承办者赔偿。

十六、问为承办业务所应需之杂费是否由托办者独任，抑与承办者分任？

答：杂费均由托办者独任。

第九类　委任（以己之事委托人办理，谓之委任，所委任之人谓之受任者。）

一、问受任者处理委托事务有受谢金者，有不受谢金者，其责任有无轻重之别？

答：受谢金与不受谢金其责任同。

二、问受任者从委任者之指挥，以善意处理委任事务，若事务生有损害时，受任者有无责任？

答：受任者无责任。

三、问受任者处理委托事务，反乎委任者之意思，致事务受损害时，受任者应负责任否？

答：受任者应负责任。

四、问受任者处理委托事务所获之利益逾与于原定之范围时（如以物品托人代售，原价一百元，后多售数十元之类），受任者可分润其余利否？

答：受任者可分润余利。

五、问受任者处理委任事务代给必要之费用（如自长沙托人往岳州办事，往返川资势不可少之类）或代负债务（如息借债项代人买入田宅之类），偿还时应付利息否？

答：偿还时不付利息。

六、问受任者所处理委任之事务因天灾事变致目的物受有亏损时（如代人买房屋，买成复被邻家遗火焚去一半之类），受任者有赔偿之责否？

答：受任者无赔偿之责。

七、问多数人受同一之委任事务，其中一人因错误致事务全部或一部受有损害，赔偿之责系一人独任，抑多数人分任？

答：一人错误只一人任赔偿之责。

八、问委任期限中，委任者或受任者之一人死亡，或资力不足办理原议之事务时，其委任契约当然作废否？

答：可以作废。

九、问因委任事务难于处理，受任者得随时声明废约否？

答：可以声明废约。

十、问解除委任原约之时，委任者不能自行接办（如将有远行之类），又难觅人代办，因此致受任者被莫大之损害（如有最大利益之事为委任事务所羁，不能办理之类），得向委任者请求赔偿否？

答：不得向委任者请求赔偿。

十一、问关于委任行为有无各种字据？其字据之书式若何？

答：无各种字据。

第十类　寄托（以己之物件寄存他处托其保管，谓之寄托。）

一、问寄托物不经寄托者之承诺，保管人得随意使用及赁租或借于他人否？

答：物各有主，不经寄托者承诺不得使用及赁租、移借。

二、问寄托物因天灾事变而被损失，保管人应负赔偿之责否？

答：果因天灾事变而被损失，情有可原，无用赔偿。

三、问保管者如有不得已之事由，得将寄托物请他人代为保管否？

答：诚有不得已之事，得请他人代为保管。

四、问保管寄托物应需之费用，得向寄托者请先付给否？

答：保管寄托物应需之费用，受托者不能代出，得请寄托者先付。

五、问寄托物之返还定有期间，保管者设有不得已之事由，得于寄托期前返还否？

答：受托者既有要事，可于限期前交还寄托之物。

六、问管理寄托物之有谢金者未定明支付之期间，保管者何时可以索取？

答：未定支付之期，随时皆可索取。

七、问关于寄托物所收取之利益，保管者已经消费，偿还时须并付利息否？

答：必须并付利息。

八、问因寄托物之性质或瑕疵，致保管人生有损害时（如寄托爆发物致起火灾，寄托腐败物致酿成疾病之类），寄托者应负赔偿之责否？

答：应负赔偿之责。

九、问寄托物寄托之期间甚长，保管者不为之修理以致损坏，有赔偿之责否？

答：有赔偿之责。

十、问保管者代付寄托物保管用费，寄托者久不给付，保管者可否将其寄托物变卖偿还？

答：不得变卖寄托物。

十一、问寄托物定有返还期间，逾期已久，而寄托者踪迹不明，无从返还，应将其物如何处理？

答：应保存其物，俟寄托者归时再行交还。

十二、问寄托物交人保管，有关于寄托物交付及收取之字据，其字据之书式若何？

答：其书式如下：

立寄托合同字人张、李某。今因张某在省肄业，暑假归里，所有书籍皮箱等件不便随身往返，寄托于店主李某，保人某。在场当面将各件点数开列，交付收取，请为保管，不得失误。迨秋初旋省之时如数取还。奉酬操心钱若干。一不食言，一不过取，特立寄托合同，各取一纸为据。

在场某

宣统元年吉月吉日　立寄托合同某

第十一类　契据

一、问契据之种类有几（如田产买卖、典押均有字据之类）？其订立之方法若何？

答：田房有卖契、当契两种，其订立方法以三联官纸为凭。

二、问契据成立，中证、亲属、团邻是否均须到场签押？

答：契据成立必须中证、亲属团邻到场签押。

三、问凡立契据，除画押外有无用特别记号者（如手摹之类)？

答：除签押外，不用戳记、手摹等号。

四、问契据所用纸类有无特别程式？

答：田房契用三联官纸。

五、问契据是须亲笔书写，抑可请人代笔？

答：不能书写者，可请人代笔。

六、问用代笔人书写者系由何人延请？

答：代笔人由卖主延请。

七、问契据成立所需费用由何人担任？是否因事项而异（如订田房契据由买主出费，订租田契据由租主出费之类)？有无彼此分任者？

答：田房契据成立费用买主出，租田日佃字成立费由佃户出。

八、问孀妇无子或子未成丁，立契据时可用己名否？其立约时之方法若何？

答：孀妇无子，立契约用某氏，如有子，用子名，子未成丁，则曰某氏并子某。

九、问抵押买卖公共之产，其成立契据是否仅由经理者出名？抑须公共在场者出名？

答：须公共在场者出名。

十、问抵押买卖一家一族共有之产，其立约时是否仅由家长、族长出名？抑其他诸人均须到场列名？

答：仅由家长、族长出名。

十一、问家产已经分析，其中一人将已分析产出卖或典押，除本人自主外，立契据时他人之析产者尚须当场列名否？

答：不须他人之析产者到场。

十二、问出卖田产契据甫成，卖主亲属人出头阻卖，其甫成之契据可以作废否？

答：可以作废。

十三、问问原买契据有遗失时，于新产卖约中应如何批明？

答：新立契据上批明原契已失，以后寻出，作为废纸。

十四、问原买契据为数人共有之产，如一人出卖时于原买契据中应如何批明？

答：原买契据中批明公告有之产，今将分配己名下之部分售与某为业，其余各部分仍照前保存执管。

十五、问于全部产业中出卖一部时，不及交出原契，应于卖约中批明否？

答：应于卖约中批明某业系全部中一部，卖与某人，原契未便交出等语。

十六、问典质契据及买回契据是否须经官税契？其未税契者，有纠葛时可为证据否？

答：须经官，税契未税之契，遇有纠葛成讼，多临审投税。

十七、问契据有遗失时，以何法为保存物产之证据（如房田契约遗失，禀官存案之类）？

答：禀官存案。

十八、问租赁、借贷、抵押之契据遗失，偿还、取赎时当以何法处理？

答：照原价偿还、取赎，将遗失事由立字为据。

十九、问有无无中证之契据，其效力若何？

答：两方相信者虽无中证，亦有效力。

二十、问凡订立合同契约有无用特别符号者？其符号若何？

答：无特别符号，以签押为号，以己图章交相印盖为号。

二一、问买卖田土推过丁粮，是否仅予契据内订明，抑须另立字据？

答：仅于契据内订明推过丁粮，不须另立字据。

二二、问彼此因财产纠葛，由中证人清算后，所立之契据是否彼此互执一纸，抑由中证人收执？

答：凡立约，均彼此互执一纸为凭。

二三、问各种契据书式若何？

答：录呈契据书式于后：

卖店定约书式

承蒙

光顾，在小店订得北流沙糖百缸，五香片糖四十缸，当面选过优胜品料无误，逐一条封。除收订钱四十元外余数请于发货上船之日兑交，不误上。
天客商台照　　　某号订定

买店定约书式

面向

宝号订得皮箱十口、龙须草席十床、九嶷雷竹十捆，做好烦赶紧送来，
不误主顾。所来之货若与看过之品质不符，得以面退勿怪。除付订钱十元外，
其余俟货到时应一律照价补清，　此定呈。

贵宝号台照 过客竹林正订定

买卖正约书式
（以下无）

三、湖南湘阴县民事习惯财产部报告书[*]

调查民事习惯财产部各类目次

---

[*] 本件现藏于南京图书馆，索书号：GJ/EB/357417。

[1] 因后四章原文太潦草，大多难以辨认，也影响标点，无法完整表达，故本书收录时予以删减，特此说明。如将来能找到清晰原本，再行补录。另外，原有又问无"答"字，特加——勘校者注。

第十一类　契据

第十二类　广告

第一类　邻界

（一）山林团村分界有无界标？其种类有几？（如石碑、土壕之类）

答：团村分界向无界标，不过于园林、庐舍、路途之不相连属处，略分区段。惟山林私业也。有天然之界、人力之界。人力之界以窑石筑壕筑墙立墩，树木掘钩为界标。至于天然之界，或以山脊分水，或以山中路径，或以形势高低处为界标。如李怡、李植本等祖山毗连，年久界没，互控到案。县主李查阅两造所呈谱，据图说注载明晰。惟该山香草坡、青竹坡内植本有屋有坟，中有岩石刊载横截界及内外字样，确凿可凭。断令照岩石横截界至出水沟以上归植本等管业，以下归怡等管业。此天然之界标也。

（二）房屋田地相邻之间区分地界，有无界标？界标费用如何分任？

答：田亩只认丘段，以阡陌为界，并无别样标志。房屋砖墙外嵌竖石，颜曰某宅通前直后私墙私脚，并无寄缝。至地土相邻之间，例多窑石为界。其费用自应公分公任。然其地或有利益之多寡，形势之缓要，宜斟酌轻重，和衷会议平允无颇，庶免争端。

（三）相邻者间为境界争议时，应以何物为证据？

答：相邻之境，或年久标界已湮灭，或奸人于久不经意之处混图越占。争议时，总以契约为证据。盖契约为民法中之主质权，故又曰第一权。如国朝与俄争伊犁界，曾惠敏执明旧约以相证，而俄人息喙。又古人立界多用阴记，如石碑底下则用石灰，俗名灰桩；土壕则用石脚。年湮世远，寻其旧迹，细意考察，更以契约合证之，则争自息矣。如朱黄氏荷叶冲祖坟山与朱子才马形山毗连，子才妻，故安厝该山。黄氏因年久，认界不清，疑有越占，控诉在案。县主李调契集讯。查子才妻，棺系在界内。饬各照契公同仟明界址，加窑石界。又颜泽林祖遗白水村山地田业与胡上德田亩毗连，公共古圳车放。颜因田干，车水荫禾，胡向阻，致控到县。县主调契查阅，将胡申斥，饬令嗣后遵照契据，公共车放，彼此均不得争阻。

（四）土地相邻之间有无结各种限制契据者？如地近卖主房屋或茔地预声明，此复建屋不得过高，或只许耕种不许开挖之类。

答：相邻之地各有室碍者，欲设限制，有建立合同、批载文契两法。如坟茔旁之余地不许他人开挖、进葬及掘井等事。系新卖，则于他人文契内批载限制字样；系老业，则可要求建立合同限制，彼此遵守。否则必开争讼之门。如朱耀堂有梅家湾，堤外古垠古堨与王南彬坟山毗连，因修垠毁垠控案。前县断以后，修垠照堨一边平量，商以三尺五寸为止，取结完案。

（五）土地被邻地围绕，非经过邻地不能出入，可以任意通过否？

答：邻地在外，土地适居其中，不经过邻地，则出入无路。必经先于受业文契内批明公共出入，照古源流字样，方无阻滞。否则必起争端。田以忠陆续置易姓基宇，门首有水沟一条，冲溃成堨，彼此争以沤粪。易德成以该屋总门间前面地基均未卖水沟，以忠无分，控案。前县林查得总门间及屋前基地为两姓出入要道，契未载明公管，则田姓屋无出路。断令以忠备价易姓，立契公共出入。该水沟仍作泄水之区，均不得沤堨。

（六）土地被邻地围绕，虽有道可达公路，然多周折（池沼河渠之间隔）险阻（崖岸山林之险阻）不如由邻地之便捷，可以任意通过否？

答：通过则可，任意通过则不可。盖晋伐虢必假道于虞，伐曹亦假道于卫。近日公法有租界，租与假皆非可以任意也。准租假之法而变通之，以己意与邻意曲为商办善处之，以归于无滞碍则得矣。

（七）通过邻地致邻地受有损害（如田经践踏谷物减收之类），通过者须偿金否？

答：理论上必须偿金。惟辎车载道，每因路途窄隘，不便循行，虽通过田地禾物受损例，无赔偿之事。此法自高子羔开之。

（八）高地自然之流水经过邻地，致邻地受淤塞之损害，疏通费用应由何人负担？

答：流水既属自然经过之，低地虽受淤塞之损害，其疏通之费用不宜责之高地。应由受损害之人负担。然或高地以邻地为壑，使泥沙下塞；或低地疏通高地并受大利益，则费用自应公同负担，但有轻重多少之别。

（九）甲地因蓄水引水或放水之工作物破溃，致邻地损害；或其工作物将有破溃之虞，邻地得要求赔偿及请为损害之预防否？

答：预防是上策。不预防而破溃，遂致邻地大受损害，理论上得责甲地赔偿，以对于侵犯加害者之求偿权，则属助质权，故又曰第二权，或曰救济权。然莫如请为预防。如公安垸护堤溃口于安乡县境，大有关系。若不从速修复，则安乡县堤虽牢固，仍难当此巨冲害。伊胡底九月安乡县主禀岑抚咨陈督，请拨款复修公安溃堤，以免安乡受破溃损害之虞。督宪电允。邻县得请，则邻地亦可例推。

（十）流水地为甲乙所共有，所受之利益不均，欲变更水道，是否须甲乙同意？

答：甲乙所共有之水流地，虽其所受之利益不均，此或形势使然，或为售例所限，必须甲乙同意方可变更，否则势难疆合，必肇讼端。如竹山壮田亩陈墨林私将公塘角培壅作田。夏雨过多，田水无处宣泄。复掘口由春生田内放水，以致控案。县主断令照售开挖培复。嗣后塘水荫救，田水消泄，照契经管，取结完案。

（十一）沟渠及其他之水流地，两岸之地一为甲有，一为乙有。甲欲变更其水路及幅员，可否？若两岸同属甲所有地，变更水路及幅员，有无一定限制（如不得逆水自然之性，使邻地受不利益之类）？

答：两岸之沟渠水流地，虽属甲乙所各有，其水路之源流先有。故道幅员之广狭先有成例。甲忽欲变更，必须得两岸均有利益乙有同心方可。反是则否。如南阳围内沤麻湖李汝梅田坐南，吕光贻田坐北。中有公圳，系两田出入消泄之区。圳侧吕有祖坟八塚。去年李人私理其沟，吕人阻止，以致互控。本年三月，县主履勘，断令圳归公管，不得填塞，亦不得再挖。即两岸同为甲地，然欲变更其水路，或有害于下流。欲变更共幅员，或有害于行路，人人皆得伸阻止之权。如楚南新筑围垸，其水害波及楚北。去岁鄂督咨湘抚不准增修新垸，亦可见幅员水道不能任一人变更。

（十二）有利用水利遏水，使留高地（如筑坝遏水之类），致低地受不利益。低地所有者可请求高地受利益者出金补济否？

答：利用水利或遏或否，自有售章。且各有契据。由售章遵契据，低地虽受不利益，似不容出金补济。若新创坝堰遏水逆流，使高地受利益，低地受损害要高地补济可也。

（十三）高地之所有者欲干其浸水地，及欲排泄家用或农工业所用之余水，非经过邻地不能达于河水沟渠，得使水通过于邻之低地否？

答：水就下性也。如古塘围诸水，必经一姓围而过荆塘围。诸水必经三合围而过，自成围以来则然，初无异言。惟北乡获湖围，有下围业户余业吾各姓，私筑间堤于上围，不无妨碍。湛竹楼等以主统强筑等情具控。前县陈勘讯明确，断令嗣后永远不得增修间堤，仍准上围开挖老港。俾溃水由该港泄入获湖，由该湖再出外闸，则上围既有出水之处，而下围亦无淹灌之虞，实为两便。取具遵结定案。

（十四）甲欲于己之水流地设堰，其堰必付诸对岸之邻地，致邻地受损害，有赔偿之责否？

答：理论上应有赔偿之责，抄录字样于下：

立承认字人李尔华。今因后冲水流甚急，欲于雷公塘前设一长堰。其堰直抵至大星塘塍下，以免浸倒敝宅墙垣。如致贵府近堰田禾受伤，自愿如数赔偿。今恐无凭，立此承认字一纸，付刘蔡照贵堂为据当批，水消字退。

凭地邻 周之翰、甘芾棠、王有法、杨柳春

宣统元年六月二十八日立

（十五）数家同一水源（如一村公用一井之水），使用灌溉如何规定平均？

答：使用例无规定。惟灌溉田亩，则以契据为有无，视多寡为规定，公请看水人看管，均平车放，不致此少彼多。

（十六）建筑屋宇或修缮，有必须借用邻地时（如堆积砖瓦木料之类）可否任意借用？其有特种工事，须借用邻人院落者，须先经邻家许可否？

答：邻地在暇，理论上固有可借用之谊。以堆积砖瓦木石各料，其有特别工事须借邻家院落，皆宜先向邻人说明，借用必经许诺方可。若任意借用，于事势上决不能成。昔有建筑屋宇租借邻舍院落，先立字据者，照式录下：

立租借院落字人常桂芳。今因修缮屋宇，请戚友向戴注礼贵堂租借屋后院敞坪，囤积树木，并在内做木工。自愿借纳租钱。承贵堂以邻谊为重，不肯受钱。倘或损坏墙垣，理合照式修整。此据

熊春棠

凭在场人李绂罩 王芸艚 常伯壬

光绪十八年十月初六日立

（十七）乙住甲之后宅，遇重要事件（如婚丧之类）非通过甲之大门不可，是否须先经甲之允许？其通行有无限制（如夭殇及秽物不准出入之类）？

答：乙住甲之后宅，遇有婚丧重件，自必经甲之大门通过，理论上甲无

阻止之权。然亦有分别。如婚事之生离妇有不准由大门出之习惯，俗云"出生离妇，则一门不发。"盖大门乃礼门也，生离非礼，故不准再醮。妇亦然。此二者即前后宅均系乙住，亦只可从后门或从侧门出。丧事无论寿夭，大门许出不许入。虽俗见，亦本人情。移物则当后别门而出，所以昭清洁也。市镇多无别门，仍由大门通行，并无限制。

（十八）比邻而居，室家相望，须于中间隙地设立屏障（如板屏或竹垣之类）。其屏障多用何物？高若干尺？费用如何负担？

答： 设立屏障，或用砖砌，或用竹垣（俗云篱壁）。或用木板，其高多齐大门，费用当东西两家公同负担。

（十九）两家公议设立前项之屏障中之一人主张用良好材料及增高若干尺，因此而生出费用之增额应由何人负担？

答： 隙地之立屏障，专为室家相望而设，所以蔽内外而别嫌疑也，非以壮观瞻。材料何必良好？非以防贼盗，尺寸何必增高？设立之费用应共任，增额之费用应由主张人独负。爰录合约于下：

立合约字人张大富、何有仁。今因两家大门以内地坪宽敞，一家不成，两家不是。公议于交界之处缝中直下，共砌土砖墙一板。上覆茅柴，约高五尺。张欲砌以窑砖，高与檐齐。西邻何帮钱十千文。其余费用皆张一人承当，不兴何人相涉。今恐无凭，立此合约字二纸，各执一纸为据。

永远发达（四字杨占春笔钳）

凭戚族

王富山　杨占春　李辉照　何有德　刘锡福　张学成

光绪三十三年十月十六日立

（二十）甲地竹木之枝与根踰过乙地，乙得擅行减除否？

答： 理论上得请求减伐，但以其同意者为有效力。擅行减除者，每多生纠葛，致成讼案。如吴如集祖遗林家围山地修建庙宇，庙前大树一株，根入刘会世坟内。刘见有戕伤，旋即砍伐。吴以未经商知，具控。县主李断刘估赔钱十千文了案。

（二一）建筑物宇致檐溜，直接注泻于邻之屋，其邻家有无预为防止之权？

答： 理论上有预为防止之权。如南正街苏祠横屋后檐溜，注泻于东邻李姓屋基。李姓鸣论苏人将檐缩齐，外竖石碑刊无有滴水四字。又南正街李伯伦房屋后檐溜，注泻于十字街苏姓屋基内。苏人鸣知街保，斥令将檐缩进。苏人刊立私墙私脚，嵌入墙内。

（二二）筑造建物距邻之地界，通常约须留若干之隙地？

答： 无论建屋、筑坟，距邻地界，以留隙地为上策。而隙地尤以多留为贵。窄则一二尺，宽则三四五尺不等。若不留余地，异日改作，难免不生越占纠葛。如楚松桃妻故葬诸大沙坪山内，后筑罗围，误占左清樵界内，互相争闹。地保查契据，楚界内实无余地。劝左将罗围基地，俾楚备价出钱六十千文承买所有丈尺，并于契内载明，以卫坟茔而分界限。

（二三）筑造建物不留隙地，或侵入邻之地界屋宇，已经竣工，应如何处理？

答： 未留隙地侵入邻界，微论该地是否为邻家紧要，一经清查，须早期允许偿金方可。然邻家亦当于始造时，邀入核契扦界，理谕力阻，毋俾侵入。若已经竣工，势难处理，必起讼端，不留隙地之案。如李遵瑛修造庄屋，因东角檐滴水，有碍李树钧祖坟，以至互控。前县林核阅两造契据，所载界址不符。劝瑛将已修庄屋之东折退二尺，让与钧修筑罗围以卫。祖墓侵入邻界之案，如萧启梁荆塘围田业基地与张见光住屋毗联，张因屋窄狭，在萧界内兴造灰屋、围墙，以致控案。县主李调阅萧契四纸［抵］，注载明晰。断张折屋腾基。又中峰窑董海棠造屋侵占邻人苏姓地界，工已造竣。经该窑地保会同苏户首苏樾南受全善为理处。因苏董既系邻居，又属至戚，令董将伴苏屋左边隙地酌量丈尺，兑苏管业寝事。

（二四）建筑楼房门窗俯瞰近邻之家室，应于门窗之间设窗檐及隔帘否？

答： 楼上有房高峻已甚，其门窗可俯瞰近邻家室，毫无疑义，匪设窗檐隔帘以为屏障而别嫌疑，殊非光明正大之事。然高处设而低处不设，则高处仍可任意窥伺，犹未得为尽善。

（二五）欲于邻界近侧从事开挖（如凿井、穿池、开地窖、坑厕、沟渠之类），其危险将及于邻地（如土砂崩坏，牵及邻地之类），有无限定距离远近及开掘深浅之事？

答： 理论上邻界人无限制之权。然推己及人，总以远隔浅掘为一定不移之法。

（二六）各种划界契据之书式若何？

答： 分类照式抄写于下：

（甲）田契

立约出卖粮田坑塅池塘湖井沟圳水湖水鱼例水例车埠水管堤塝等项人周玉廷兄弟父子等。今因出业就业，兄弟商议，将先年所置之业，坐落地名义合围五柱内毛小围居西粮田总共六十一亩五分。上分计田四十三亩五分，二人公分居南二十一亩七分五，东抵园内小港心为界，西抵大湖边为界，南抵老港心为界，北抵出业周人秧田为界。下分粮田十八亩，二人公分居，东计田玖亩。承荫泥鱼塘硬汉湖长湖头塅港心围堤塅并象井水例出入车放荫救车垱水管，概与周玉廷公共，上下两共田三十亩零七分五。其田大小不计坵数，额载秋熟粮七升五，合围内大小堤塝与周玉廷照亩摊派修筑。差役等项，又周玉廷照亩摊派承当。又菱角湖本围内港鱼例照亩摊派，尽行出售。请托中人蒋科名向前说合，卖与围内鄪宗耀父子为业。当日凭中得受时值银捌十两整，一概亲手领归，外不具领。自卖之后，田听银主管业，粮听拨户完纳。抵界之内，已载未载，尽卖无存。倘有人借口生端，系出业人承当，不与受业人相涉。今欲有凭，立此文约一纸，付银主收存为据。

凭中人　蒋科名　杨兹贞　蒋高化　周南桂　刘晋修　曾以文
宣统元年九月十八日周玉廷立

（乙）山契

立约亲口吐契。出卖山场树木柴薪壕墙人陈向明，今因出远就近，难以设凑，只得兄弟商议，愿将先年私置之业，坐落地名骆马桥邵家冲唐家坟山苏公石墓下山场一所，横从宋界起过量陆丈陆尺，直由苏界下至古壕墙内土沟，东抵宋人山界，西抵自山，北抵苏墓，南抵古墙内土沟为界，四抵踩踏清楚，尽问亲房人等，俱称不受。只得请托中人曾南田向前说合，出卖与十九都苏蕴珊父子为业。当凭中三面，得受时值山价钱四串文整。比日领讫，外不具领。此系实价实契，并无得生端。彼此自心情愿，永无续赎反悔异言。自卖之后，听其钱主阴阳修造百为，陈人无得阻拦滋借。今恐无凭，立此文契一纸付钱主，永远收存为据。

计批老契挂耳，不便交出此据。
凭中人曾南田押
光绪十八年十二月二十六日吐契人陈向明立笔

（丙）屋契

立约亲口吐契。出卖房屋基地人郑邹氏，今因家事逼迫，难以设计，只得将夫遗私置之业，坐落地名牛角巷，内房屋一栋，大小房间六间，又厕屋一间，门楼一栋，围墙、地基、门片、窗格、楼脚、砖瓦、木石、（木玄）角、（木领）子一概俱全。南抵官街，北抵徐人园内自己墙脚滴水为界，东抵巷内为界，西抵向人园内自己墙脚外滴水沟为界。四抵四界踩踏清楚，寸土寸木、砖石瓦块毫无存留。问过亲疏人等，俱不承受，只得请托中人方焕彩等向前说合，卖与熊秋林兄弟为业。当日凭中三面得受时值屋价钱七十五串文整。此系自卖自业，实价实契，并无谋买等情。自卖之后，听其钱主管业，永无续赎反悔异言。今恐无凭，立此文契一纸为据。

凭中人方焕彩　何培生　黎春林

永远发达（钤口）

光绪十七年八月十二日黄有政依口代笔立

（丁）湖业草山契

立约亲口吐契。出卖洲土、草山、湖场、坮基、树本等业人易晋卿，今因出业就业，母子商议，将父遗私置芦渡湾洲土柴草山场一百弓坮基一所，树木在内，其山南抵殷娃出路为界，北抵黄甲桥易娃山为界，东抵大河水为界，西抵李遭湖出水沟为界。其粮在一总易西庭户内，尽户过拨完纳。又山塘全湖，并大小子湖，申子辰己酉丑六年应管全湖，亥卯未寅年应管四分之二，午年应管八分之五，戌年应管四分之三。又港溇草山一所，北有港心抵水为界，东有港心为界，南抵众姓山有石敦为界，西抵湖水为界，挑运路途在文豪兄弟山内，听其出入，无阻其粮。在鱼稞易文豪户内按年分尽户完纳。其湖汇堤，任其照原挑修挖压无阻。尽问亲疏人等，俱云不受，只得请托中人易章贵、易竹溪向前说合，卖与苏中和父子为业。当日凭中三面得受时值湖山价钱二百四十串文整。比日亲交领讫。自卖之后，湖山听其另佃经管。粮任拨户完纳，百为无阻。倘有内外人等借口生枝，系出业人承当，与受业人无涉。今恐无凭，立此文约一纸付钱主，永远收执为据。

又批年接置敬武老契，尚有存留，未便检交。

又批芦渡湾小港溇二处，柴草山场洲土并三塘湖全湖各处，大小子湖棚台等业。晋卿分内寸土勺水毫无存留，已载未载概付钱主管业。

又批芦渡湾洲土柴草山场一百弓，凭中卖与王本立父子为业。因有毗连，老契不便交出，批载为据。光绪二十七年十二月吉日 批

凭中人　彭维受　易竹溪　易章贵　易子钧　易玉梧

道光二十五年十一月十八日 （立约代笔）人易（晋卿　章贵）立

（戊）土契

立约亲口吐契。出卖园圃菜土地基字人文三无，今因出业就业，将先年私置之业，地名镇朔门小牛角巷内园圃菜土地基一块，南抵街心为界，西抵谭人屋滴水为界，东抵私自圆墙滴水为界，北抵城墙为界，四抵分明。地内有灵官朝竹木井，并韭菜□五连在内一概出售。先问亲房，俱不承受。只得请托中人向前说合，出卖与刘万山兄弟叔侄名下为业。当日得受时值典钱七十二串文整，其钱当日亲手领足，外不具领。自卖之后，再无翻悔等情。二比无得异言，恐口无凭，立此文契一纸，并老契一纸，付钱主收存为据。

凭中人　刘枝先　方福生　蒋宝皇　袁少卿　谭玉林　文懋巷　刘三元

光绪三十年六月初二，命孙懋巷立。

立全领字人文三元。今领到刘万山名下圆土业价典钱七十二串文整。所领是实。今恐无凭，立此全领字，付买主收执为据。

凭原中一干

光绪三十年六月二日懋巷笔立

（己）图说

田迦山在牛口堨闵家巷后，乃光绪纪元镇朔门苏氏十八世祖幼卿府君私置，曹长庚之业。契载东抵山脚，西边掘沟窖石（与今罗界毗连），南抵山塝自己屋基（今售罗姓），北有古墙为界。是年十一月，葬其配龙孺人，壬丙兼子午向虚左以待。十八年，君卒，夫妇合葬于斯。其孟孙飏赓亦附葬于墓右南山之西，蝉联而下为仙人。旁较山抵一二尺许，原属闵家巷苏氏故业，左抵田迦山脚，右抵田旁，南抵今罗界，北抵今傅界。十六世祖少卿葬马十七世祖西池，系少卿冢。子即葬诸其父。墓前两房界址分明，碑石确凿，一目可了然矣。

（庚）合约

立合约字人新市苏，及县城镇朔门苏氏等。今因山隆桥苏家园坟山，原系屋基。两家皆有祖坟。山前有附墓山一所，前抵墓园，后抵河旁路，左抵殷人壕基，右抵巷路为界。每年得田土租钱一千二百文整。两房分领，日后永不进葬。此据。

又批合约字二纸，各执一纸又据。

外批殷人园后（土畲）地二块

百世其昌（四字钳口）

凭宪章嗣孙 克武 种玉 於前 文榜 业田 镜波 宏文 日生等押

光绪二十八年二月十八日公举张公桥苏光德笔立

（辛）清界字

立凭众清界，听其拆修字人姚公祠户首等情。因我等宗祠在十字街，与蔡祠毗连。查蔡祠文契，系道光二十一年价，置郭存门叔侄之业。契约并石碑皆载四围私墙私脚。我祠文契系道光十年价，置郭峙山之业东边椽檩，从前至后，向系寄搭老屋。即今蔡祠西边私墙，但无砖墙砖脚，旋经我族起造祠堂，自前门起至宗堂横墙止，共计椽檩、天枋、楼栿，大小五十四根，寄在蔡祠墙上。又我祠契尾批载，后园围墙东边，向系寄搭。然自修祠以来，宗堂以后久，已无有寄缝。本年我祠起造后栋，自愿另竖木排扇，不寄蔡墙。至通祠天井沟水，我祠自行开导消泄，不致侵碍蔡祠墙脚。但蔡（竹泉、六生、保初、伯安）霜士等公议，不久拆墙改造，请凭地邻（苏樾南、张松轩）等三面公同验契，踩踏清楚。自后两祠均仍照契为据。若蔡祠拆墙修造之时，我祠所寄椽檩、天枋、楼栿，自应竖檩，听蔡祠凭契管界，百为无阻，断不反［返］悔异言。今恐无凭，立此字一纸，付蔡祠收执为据。

苏樾南 李南生

凭地邻顾西和 赵清香

李毓山（保正）巢和清

宣统元年九月初四日姚（采箕、春溪、锡九、书堂、志臣、咏宜）合族公立系其华笔

第二类　共有（共有者，二人以上共有一财产之谓也。例如，数子承其父遗产，未经分析；或数人共买一田产，均谓之共有。本系共有后经分析者，谓之分割。）

（一）共有物之使用，是否各共有者均有使用全部分之权利，抑仅得使用其一部分？

答：皆有使用全部分之权利。即就各湖之鱼利论之，各共有者不分疆界，但以年份轮管。而轮管之中，又有分际之多寡。或间年轮管一次，或数年轮管一次，皆得使用其全部分。如南江潭各共有者七姓，分为四帮，曰吴、曰郑杨、曰朱樊、曰陈宋，各执契据管业。虽渔稞、粮米与船只人数各有多少不同，而捞取之时无彼疆此界，惟各执各业，遍于全潭，谓之分业不分潭。此共有者，使用全部分之一证。又千秋夹草山分十八柱，轮流取草，各共有者值年轮取，遍及全山，亦共有者使用全部分之一证。抑有仅得使用其一部分之权利者，如乌龙嘴窑户合几人醵金共造一窑，分为数埫，每人仅装一埫，不得独装全窑。又胡桂生与姚三和共买山地一所，姚未告知于胡，即在该山葬坟。县主李断姚按照契价缴胡，免其迁改。此皆仅得使用其一部分之明征也。

（二）各共有者非得他共有者之同意，能变更其共有物否（如旱田欲变为水田、房屋欲改造之类）？

答：物为共有利害，亦共之物之可否变更，当有同意。然不先共商量，乌乎能？故必欲变更，须先集各共有者建立合同，方能济事。钞录于下：

立合同字人（黎先述、萧正清、唐冬生、李训庚、苏樾南、江吟波、熊樵生、杨穆生）等，今因先人公置响水坝粮田一庄，计种三石，共田十五坵，庄屋一栋，山场树木园圃俱全。隔□甚远，公同商议出售。其价钱约在千串以外。各人觅主立契时，如有因他作故，不能到场者，毋得借口反悔。今欲有凭，立此合同字为据。

宣统元年九月廿日公举苏樾南笔。

立字之后，田售李双桂堂，均无异言。

（三）关于共物之契据，是否由共有者轮流保管？抑各共有者互选一人经理？

答：轮流保管者最多。如黎先述、杨穆生等响水坝公田契据，向系轮流保管。上交下接时，书立承领契据字，交上届管契人，并注载账簿。簿内亦钞录契据，以免遗失。亦有互选一人经理者，如苏、周、朱、周、罗、苏六人公置涝溪桥田契，公举周多让经管，注载账簿，并录文契于后，以防意外之虞。

（四）共有物取得后系作合约，抑分立账簿，各存一册？

答：书立合约，箝立口号，各执一纸，其法亦善，仿行多最多。惟县治城南苏祠，向分六房，公立账簿六册；亦有箝口，各房分存一册，一切共有物皆载诸簿。每年九月望日分缮核对，可云尽美尽善之法。

（五〔六〕）关于共有之财产，是否由共有者轮流管理？有无预定管理之规则者？

答：轮流管理，皆有预定规则，钞录于下：

苏祠规则

每房公择房长一人总理，族正一人管理祠事。凡祠内祭器、公谱、文契、字据，概归族正收检，而房长经理其事。均以三年为限，限满凭族正公报。如有因循左袒，瘠公肥私者，许族众攻诘，随时更报。

黄谷局规则

各团公项，务择老成殷实之人管领生息，不得假公济私，亦不得以私抵公。尚有糜失，凭众核算，如数责赔，甚毋徇隐规避。如此则公无渗漏，其积易盈。

长乐局申禁私宰费规则

公议归值年、董事轮流经管。其钱加二行息，每年定期七月二十日请客鸣锣贴规条，将所申息钱以作用费。但公项不足，各姓当头人势难一概邀到。一姓或请一二位，多至四位为度。地方人须念公事为重，无得挟私见以相訾议。申禁后，其钱当即交卸，不准坐管拖欠，致坏公事。酒席公议每席钱六百文，如拿获私宰，由董事传会，各姓齐至二岳公庭，照规条重罚，毋得徇情。

应元公规则

每年公举经管四人承领公项生积，以为祀神之费。平日传人议事，尤宜节用，毋得侵吞。交卸时凭众点簿算账。倘有侵瞒亏欠，罚令加倍赔偿，永不许干预公事。

（六）共有物管理修缮及其他费用（如田产纳租税之类），各共有者应如何分任负担？

答：房屋须加修整，田亩须完粮饷，即在共有物生息款下取用。如有特别费用，照股摊派，不得使管理者之一人为难。

（七）共有者之一人不付给其应出之费用，他之共有者能出相当之金额，取得其所有否？

答：理论上应无不能。

（八）共有者之一人愿弃其所有部分，或死亡无承继人共所有财产，应归之公业（如家祠、善堂之类）抑归属于他之共有者？

答：自己愿弃，任其归于何所，无人过问。若已死亡而又无承继人，不如为之立嗣，以承受其所有部分，此为上策。其次则应归其亲属。又其次则应归其家祠。若系异乡，并无亲属、家祠，即归诸善堂。断无应归属于他之共有者。

（九）共有者之一人欲出售或抵押其所有部分，应由他之共有者先承受否？

答：习惯例先归共有者公受。否则尽问同业人，不受，再归他人承受。

（十）共有一抵押物，业主可向共有者中之一人取赎否？

答：例如城隍庙娘娘正庆，公十余人家积钱一百二十串文。当有谭蔡氏，田种一石，其当约存值年经管人萧紫蒸处。谭蔡氏备原价，向萧取赎。钱被萧一人耗散。厥后众向谭理论，谭以价凭契交为辞，众皆塞口。即此亦可向中之一人取赎。

（十一）以共有之物抵押于人，得由共有者中之一人取赎否？

答：物虽共有，既已抵押于人，其中有一人有钱，亦得由其备原价赎取。例如县城萧祠□与嫂萧苏氏，以衙正街共有之住宅公卖诸吴姓，后年余，嗣□一人买转。即此可以类推。

（十二）甲乙共有一物，甲于共有物代乙垫有费用（如房屋修缮、田土纳税之类），乙未归还，以其物出售于丙。甲所垫之费用向何人索取？

答：宜向乙索取，亦可向丙理论。例如，县城黎先述、江吟波、苏樾南等八家共有响水坝粮田一庄，丁未秋租，归黎值年经管。江子鄂循在庄收租二石，照公议规则，应归黎垫出。今年各各有者，公以其田出售于李双桂堂，将钱照分分派，江即如数归还于黎。

（十三）各共有者有无若干年不分割之契约者，未至分割之年，其中一人可请求分割其所有部分否？

答：理论上亦可请求分割。盖既结约前后欲违约于后，必系迫不得已而求。若不许其分割，小则激成讼端。事详下十五条内。

（十四）共有者之一人对于他之共有者负债务，当共有物分割时，负债者得以其所应有之部分作价偿还否？

答：理论上原得作价偿还。如西乡王壬臣与其外弟刘建三共买□肥子划子三只，均归刘建三父子装客装货往来各埠。壬臣妻故向刘贷钱四十串文。壬臣又病将船分析，自愿分受划子二只，以一船抵还建三债务。建三亦无异言。

（十五）共有物之分割协议不谐时，是否请公正人分配拈阄？抑求官长为之判断？

答：人既公正，请其分配共有之物品搭，断无不匀。拈阄受分，甚属妥协。罔不遵行，不必经官长判断。如刘正齐、黄松林、杨贵生公判王三槐堂大樟树五株，大松树四株，议定存蓄山内两年。迨次年冬，黄因母故，需钱将己一部分伐卖，分配不匀，与刘角口争闹，几致构讼。王邀地邻周必发，照原价估计天字号樟树二株，樟树一株品出钱一千五百文，地字号同外品搭钱六百文，人字号松树二株，樟树一株外品搭钱九百文。三人允许拈阄，无有异言。

（十六）共有物难于分割（如房屋一所）或分割不易平允（如共有物中有动产，有公债，分割难于平均），又或因分割有损价之虞（如田数亩分割后零星出售，将致减价），是否全部变卖，按数均分？

答：如李、蔡、陈、高、常、夏、龚七家共有北正街坐东朝西铺屋一栋，不能分割。梅、邵、黎、朱、彭、刘、李等七家共有文洲围田，种四石五斗，分割出售，价值大损。郭、卓、吴、张、陈等五家共有生生公田，种八石有奇，分割不易平允，皆前后全部变卖，按数照股均分。查此三项田宅，皆若辈先人酿金共置，勒诸碑石，以图永垂不朽。一旦废弃，其若先人何闻者惜之。

（十七）共有物分割时，与共有物有关系者（如田地分割租赁此田地之人即有关系）得到场参与否？

答：到场参与，分配无不均匀。县城钟智堂鉴堂分割仁合围大六柱湾田产，其佃户姚子云、于四海等皆经到场品搭。

（十八）共有物分割后，各共有者有无互相担保之习例？（如共有物未分割时，恐有盗卖或私自典押情事，故虽经分割，不能不各负此责任。）

答：物已分割，人各一心，谁肯互相担保？故无此习例。

（十九）共有物分割后，有无证书？证书是否各执一纸？

答：共有之田土屋宇出售立契时，其有者皆于契尾亲书押字。至分割共有之物，即于其取得时所作合约内批注某年月日公同分割字样，皆不另立证书。其立证书者，有若李嵩山等七人、刘玉山等六人分割铺屋是也。书录下条。

（二十）共有字据管理规则、分割字据等书式若何？

答：共有字据照式录下：

立合约字人（朱师赤、苏菱丹）各备铜元六百枚，公买母羝二只喂养，共图利息。朱备糠米，苏备养工。日后赚贴，均照两股摊派，毋得异言。今欲有凭，立此合约二纸，钤同心合力四字，各画一纸，互收为据。

同心合力（苏长庚钤）　当批伙分字退　宣统元年五月初十日消

光绪三十三年九月二十日凭　苏长庚　立

管理规则书式，见上第五条，不赘。

分割字据照式录下：

立分铺面房屋基地字文昌阁油会公人等情。因我先辈等起一文昌阁油会，原为恭祀文昌起见，置有铺面二所，经管有年。近因人心不一，未免垂涎，势难再合，只得从今将先辈所置北正街口坐东朝西铺屋二间一，现为陈聚源所赁铺屋，分与七人承领管业。其紫和轩所赁住铺屋，分与六人承领管业。其分与七人之铺屋，系陈聚源所佃住者。前抵官街为界，后抵文庙砖墙契内排扇为界，左抵契内砖墙为界，右抵公共排扇木棚竹壁砖墙阄定为界，横抵学门口官街契内墙为界。其七人系蔡郁香、陈北芹、高海帆、常长庚、李嵩山、夏落瀛、龚梅生。自后陈聚源之佃钱，归此七人承收。即陈聚源所交之赁屋押子钱叁拾串文，亦已归七人承认，不与六人相干。其分与六人之铺屋，系紫和轩佃住者，前抵官街为界，后抵文庙砖墙为界，左抵以公共排扇木棚竹壁砖墙为界，右抵契内砖墙为界，横以砖墙为界。自后紫和轩佃钱归此六人承收，即紫和轩之赁屋押子钱贰拾串，亦归此六人承认，不与七人相干。本屋二间，契据于光绪十年交经管李咏仙收存，至二十二年咏仙交卸，当缴出木箱、契据等项，凭众查验后，仍交咏处收管无异。二十五年咏身故，加以该店双南斋歇业，伊子酉生下游至三十年酉生。查究文契字据，化为乌有，实系遗失。三十一年四月哲生兄弟等书立遗失字交公。八月将遗失字钞附在县存案。今邀集同会人见，立分关二纸，各执一纸为据。自分之后，各管各业，各立各公，修造、存留、变卖、另佃各听其便，不得另生借口。二比毋得异言。此据。

凭　陈聚源　紫和轩　同会人（徐春生押　张俊川押　刘玉山押　李哲生押　郭吉来押　陈友生押　高海帆押　夏落瀛押　李嵩山押　陈兆芹押　常长庚押　龚梅仙押　蔡毓香押）

永远发达（钤口）

光绪三十二年冬月廿六日立

第三类　抵押

（甲）不动产抵押（谓田、地、房之类）

（一）抵押契据是否必须税契？其未税契者，当抵押物有纠葛时，可作为证据否？

答：抵押不动产契据，俗名当契，习例亦写卖约。但于约尾批载几年之后原价赎取。其契亦誊四联纸投税。如本年九月十七日，黄连钧以田九斗五升山一块，托中黄南田等向四凭堂黄抵押银六十五两。是月钞即行投税。此其明征。然未税之当契，纵有纠葛，未经控案，从未有不作证据之事。

（二）田产抵押之价格与原价之比例若何（如原值若干，抵押当丰数之类）？

答：先抵后卖之价，谚云当丰找丰，则抵押田产其价格似须当原价之丰数，不思早晚时价不同，无物不然。故谚有之曰时价买时田，则抵押之价格须照时价减丰。然亦有抵押后听押主另佃耕种者，其价格多与时值同。

（三）抵押有必须保证者，其保证系何人延请？

答：业主因家计窘迫，始或抵田押地，故延请保证，多系业主。即如上

第一条内所载黄连钧以田山抵押四凭堂为业，其契中有情因年老亏虚，只得请托中人黄南田等说合等因。详见契据内第二十三条。

（四）为田产抵押之保证，与寻常债务保证责任不同否？

答：为田产抵押之保证，例有中资业主无力取赎，向有抵押物可以借口为寻常债务之保证。谊关至好，债主无力偿还，保证虽例不赔偿（俗云保人不还钱），而受累不少。两相比较，具负任之轻重回不相同。

（五）田产抵押时所需一切费用（如中资、酒食等费），押主、业主何人担任？

答：例归押主担任。但契尾多批先期赎取，凡一切中资、酒席、税契等费，皆归业主补给。

（六）抵押物之使用收益（如田产可取租金之类），是否专属之押主？有无专属之业主，仅向押主纳息金者？

答：习例专归押主。然亦有抵押田亩，仍归业主自耕，则画佃字交押主。或归业主召佃，则业主凭佃户书拨租字，佃户书承认租谷字，俗名纳子租。钞录于下：

立拨租字人蔡承德堂。今凭中钟致和等，将殷家冲田契一纸，共计田六石四斗，抵押夏以松名下。押省称纹银一百六十两整。言定来年秋收，将李佃春生所纳刈净租谷三十二石，拨送夏宅租斛量交，以还利谷，不得短少升合。今恐无凭，立此拨租字并李佃承认字，付夏收执为据。

凭中保（钟致和　杨达生）佃户　李春生

计批取契清租此字退出。此批

光绪三十二年十月二十八日

立承认租谷字人李春生。今因东主蔡承德堂将我所佃之殷家冲田契抵佃夏以松名下，省秤纹银一百六十两整。将我名下应纳租谷割拨三十二石，送交夏宅，一刈二净，车捣上仓。无论有干无干，不得短少升合。今恐无凭，立此为据。

凭东主蔡承德堂

光绪三十二年十月二十八日　立

（七）抵押物必要之费用（如田土须纳丁粮之类），由业主担任，抑由押主担任？

答：由业主担任者多，由押主担任者少。又有互相担任者。均于抵押契据内批明，无一定之习例。

（八）押主为抵押物必要修缮（如房屋倾颓、堤防冲决之类）时，其所用之费是否得尚业主索取？有无一定之惯例？

答：抵押房屋契据多批检盖归押主，倒塌归屋主。抵押田亩契据多批修理塘坝归押主，堤防冲决归田主。然亦无一定之惯例。其未批明者，理论上须互相担任，不得专尚业主索取。钞录公判字于下：

立公判地邻（徐中理、李南祥）情因黄东成于光绪三十年正月，将本宅东边房屋当中直下一边，并后园藷土三万，当与刘玉田住种，批载五年赎取。不料今春雨水多极，将夹房后墙浸倒。刘人立要黄人修完，互相争闹。我等均系近邻，劝黄帮钱一半，估钱三千六百文，于赎屋时一并交清。二比毋得反悔异言。今恐无凭，立此公判字，并黄东成亲笔钱票一纸，付刘玉田收执为据。

凭地邻（徐中理　李南祥　杨培成　蒋文德）　原中（周元进　王植槐）

光绪三十三年四月初九日　徐中理　立

（九）抵押者除于抵押物使用收益外，有无再向业主请求利息之事？

答：理论上不得向请求利。录案于下：

胡因桃借何闰生钱六十串文，以田租作抵。因田被水灾，无租可收，胡向何索取前欠。控案，县主李断胡借何钱，既以田租作抵，何不应以岁荒翻约索欠。令胡依照原议年限，备价赎田了案。

（十）抵押物因天灾事变，全部或一部致损失时（如水灾、火灾、田屋被毁之类），业主得向押主请求回复原状否？

答：律载：凡失火烧自己房屋者，笞四十。典当粗重之物，自行失火烧毁者，以值十当五，照原典价给还十分之三。邻火延烧者，照原典价八折给还十分之三。据此，则抵押之房屋因火灾焚毁，不得向押主回复原状，只须照原抵押之价仿例赔钱。若田被水冲毁，实属天灾，尤不得向押主回复原状。

（十一）抵押物因期间经久，或自然损坏，业主于续回时，是否得请求押主回复原状？

答：期间已久损坏，又系自然是物之成败有数，理论上不得回复原状。有意损坏者又当别论。

（十二）抵价许久未清，业主有无向押主索加利息，并将抵约作废者？

答：查光绪二十七年正月内，白水局苏韫山故葬后欠钱。其孙辈以田土住屋抵押与徐为上耕住。立据后抵价半年未清，至秋收徐愿补息，将抵约退还。

（十三）抵押田土有无通常一定之期间（如惯例正月抵田，二月抵地之类）？

答：通常抵押田土屋宇均无一定期间，大约在五、腊月者俱多。

（十四）抵押未到期间之田土，有无倒认利息之例（如田土以正二月为抵押，期间若年前九十月抵押，须认押主数月利息之类）？息率多寡若何？

答：习例抵押在何月取续，即在何月先期。后期均照契约扣加，无预先倒认利息之例。

（十五）抵押取续期限最长若干年？有无不定期限者？

答：三年五年者居多，最长者十年。亦有不定年限者，契内批明，无论年月，远近续取。

（十六）抵押期限已满，业主不能取赎，押主得以其抵押物变卖否？

答：取赎期限多于抵押契据内批明。或有批几年之内原价赎取，几年之外不得赎取者，则期限已满，亦得变卖。

（十七）业主于取赎期限不能取赎时，即以其业售之。押主是否俟押主议价不谐后，始可以其业转卖他人？

答：抵押物期限已满，业主无钱取赎，欲以其业出售，例先尽问押主承受，名曰找价押主。不受或议价不谐，然后始售他人清还押款，名曰取当契。如萧硕臣以蔡家巷房屋押于李祜罩，去年曾向李卖，然后卖出。

（十八）抵押期限中，业主可以其业转卖他人否？

答：谚云佃不能阻当，当不能阻卖。虽期限未满，亦可以转卖他人，但须补给抵押时押主一切费用，方为近理。

（十九）抵押之产业复私卖与他人，其纠葛如何处理？

答：不问押主即行私卖，势必难免纠葛，致开讼门。如周元臣将瓦罐塘田契凭保抵借王马氏钱二百串文。原议每年纳子租二十八石。后周未商知王，私将其田卖出，致控到案。前县林断周将所借之钱限期如数偿王，王将原约退周了案。

（二十）无期限之抵押，业主得随时取赎否？有无须经过若干年之惯例？

答：抵押既无期限，契内必批有无论年月远近，原价赎取字样。理论上得由业主随时取赎，无须经过若干年。

（二一）抵押田产，押主不经业主允许，得转押于他人否？

答：不经业主允许，不得以抵押之产业转押于他人。如涂务本公光绪二十年以衙正街房屋抵押于詹王宫，赁钱壹百串文。至光绪三十三年，该押主催业主取赎不能，因转抵押于徐麒麟阁，得钱八十串文，实先经业主许诺而后转押，故无纠葛。

（二二）押主以抵押之业转押于他人，业主可径向其后之押主取赎否？

答：如光绪三十一年苏筠陔以苏春和所押之房屋转押于王教之，去年春和径向教之取赎，并未经筠皆手赎。举一以概其余。

（二三）设甲以田产先抵押于乙（如俗有抵田不过种常年收息之类），复抵押于丙、丁。嗣后乙、丙、丁之抵价，甲均不能偿还。遂变卖其抵押物，所得之价金不敷偿还之额。乙、丙、丁如何分配？

答：按律：重典计赃，准窃盗论，免刺。田宅从原典主为业，追价还后典主。若重典之人知情同罪，追价入官。不知者不坐。据此，则丙、丁无论是否知情，必须先偿清乙之抵价。

（二四）业主罄产变卖抵押物摊还债主时，押主较他债主得有尽先摊还之权利否？

答：业主变卖抵押物摊还债主时，必先清还押主之款，俗云未卖先清当。

（乙）动产抵押（谓一切可以移动之物品）

（一）典质小押专以收押动产为营业者，其种内有几组织？及方法若何？

答：本境专以收押动产为营业者，有典当、质当、小押当三种。北乡有专以动产抵谷者，名曰放头谷。其组织多系鸠伙集资，亦有一人独出巨资者。方法多于票内注明（向有代当一种类，今已久废）。

（二）开设各项典押，是否须向官署请帖？有无私行开设者？

答：典当、质当皆先向官署请帖，即乡间放头谷者，亦请有印官示谕，专以救济本境贫民。惟小押当则系各军犯私行开设。

（三）各项动产抵押之价格与原价之比例若何？

答：金银玉器抵押原价十分之五。棉布衣服抵押原价十分之四。纱罗绸缎、各色皮衣服抵押原价十分之三。无一定之比例。

（四）抵押动产之期限有无长短之分？至长者及至短者若干年月？

答：期限有长短之分。至长者两年，至短者一百一十日。

（五）抵押动产之息金多寡之率若何？是否均有定例？

答：息金亦有多寡之率。典当每月加二五，质当每月加三。乡间放头谷加一五至加三加四不等。小押每日加五厘行息。亦无一定之例。

（六）抵押动产取赎时未满一月，或数日十余日者，以何法计算息金？有无一定惯例？

答：典当、质当，每四十日做一月算息。过四十日即做两月算息。乡间放头谷，无论几月，一例算息。惟小押当则九出十归（当钱一百文只给九十文），十日内取赎不算息钱，十日以外按日算息。此一定之惯例。

（七）经过抵押之期限，物主无力取赎时，押主是否即行出卖？有无展期候赎之惯例？

答：过期不赎，押主即行出卖作本，无展期候赎之例。惟将息钱偿清，另给一票，俗名转当。亦有预给若干月息金，批注票内候赎，俗名留当。此亦通行之惯习。

（八）抵押物有损害时，押主是否负赔偿之责？

答：不负赔偿之责，当票内注明。详本类丙第十六条。

（九）抵押取赎有无一定月分为减息时间（如典铺于十一月十一日起，至正月十日止，为减息取续之期）？其减少之利率有无一定之惯例？

答：典当自十一月十一日起至正月初十日止，质当自十一月十一日起至正月初十日止，每月均减息五厘取赎。此一定之惯例。

（十）下列各物是否得行典押？

一、违禁物（如军器军装之类）

二、祀神物（如庙宇内神袍、炉鼎之类）

三、食物及动物

四、各种农器

答：物既违禁，不得典押。若神袍、炉鼎以及食物、动物、农器诸种类，典当质当多不典押。惟小押处则有典押之惯习。

（十一）抵押息金系按月交付，抑与抵本同时交付？

答：有按月交付者，亦有本利同付者。无一定之惯例。

（十二）取赎期限已满，物主认给息金，得请求展延一定之期限否？

答：见上第七条。

（十三）抵押动产亦有用保证人者否？

答：乡民一时掣肘，尚有钱人借贷，人不知信。有请保证人将动产抵押之例。

（十四）抵押产生之保存及收管费用，是否概由押主任之？

答：保存收管用费概由押主担任。

（十五）抵押票据，不问何人，得持向押主取赎否？

答：认票不认人。无论何人，皆得持票向押主取赎。

（十六）抵押票据遗失时，得向押主请求补给失票否？

答：得求押主补给失票，俗名挂失票。票式见丙第十六条。

（十七）物主请补给失票，须觅保证，并纳费若干否？

答：欲挂失票之物主，须觅保证，向保证处先取给票，然后换给当票。每当银一两约费银二钱，保证与管楼人均分。此通行之习例。

（十八）抵押物因押主使用而致损坏，有无赔偿之责？

答：押主既受物主息金，理论上不得使用。若因使用而致损坏，押主应负赔偿之责。

（十九）押主将抵押物借人使用致损失时，物主得请求赔偿同样之物否？

答：物主得请求押主赔偿原样之物。例如，军犯牛丑在难民湾开小押，有黄迪凡押女衣一件，取赎时遍寻不见。经街邻顾春山处，令折钱赔偿。

（二十）借他人之物以为抵押，过期不能取赎，致抵押物丧失。抵押人对于物主应如何赔偿？

答：应照价赔偿。但过期不能取赎，必系贫穷，往往乞怜求援，拖延无效。

（二一）物主任取一物，央中说合，押取过当之抵押（俗名信当，如物值一千，押钱二千之类），若物主迁延不赎，或罄产不能取赎，保证之人责任若何？

答：既为保证人，自应负催促赔偿之责任。然赔偿者究无实际，每每拖延推诿，难收效果。

（二二）押主为预防抵押物之欺伪，或有损失于抵押，字据应如何批明？

答：如物主以参茸、金银、玉器等种类为抵押，押主恐有欺伪损坏等弊，比时即由押主封号批明于抵押字据内，以为预防之法。

（二三）抵押物来历不明者，经他人发现时，是否仍须借价始准赎回？

答：查各当票内载有来历不明与本典质无涉等字样，他人发现，仍须备价，始准赎回。若民间于来历不明之物，无有敢收押者。

（二四）典押各店收入官物及窃盗物为抵押时，有无责任？

答：典押各店，凡一切官物，无敢收入。至以窃盗物为抵押时，典押各店并无责任。

（二五）抵押物因天灾事变致损失时，押主有赔偿之责任否？

答：天灾事变致抵押物有损失时，押主难有赔偿之责任，然亦有区别。详见下条。

（二六）典押各店因自己之过失（如遗火自烧），与不因自己之过失（如被邻人延烧），致典押物概行损失，其赔偿额数有无差别？

答：典商收当货物失火烧毁，以值十当五照原典价计算。邻大火延烧，照原典价值酌减十分之二，均按月扣除利息，照数赔偿。如系米、豆、棉花等粗重之物，典当一年为满者，失火烧毁，照原典价给还十分之三。邻人延烧，照原典价八折给还十分之三，均不扣利息。若系被窃，无论何物，照当本一两，再赔一两。被劫，照当本一两，再赔五钱，均扣除失事以前应得利息。如赔还后起获原赃，即给典主领卖，不准物主再行取赎。此赔偿当额数照例之差别。

（丙）证券抵押

（一）以有价格之证券（如债权及田土契约之类）为抵押时，抵押价与原价之比例若何？

答：以原价折丰数为比例。

（二）以有记名债券（债券上注明债主姓名者）而为抵押时，是否须预行通知原债主，得其承诺方可抵押？

答：理论上须预行通知原借主，得其承诺方可抵押。如王为善往年曾借苏光辉钱，苏光辉又曾借有钟某钱，均立有借券。光绪三十二年苏光辉疑往闽省，欲将王为善借项拨归钟某，必先邀王转立借券交钟。是以有记名债券而为抵押时，不但须先通知原借主，并须得押主承诺，方可成事。

（三）以汇票及兑票而为抵押时，抵押人当以何方法给付俾押主得以行使？

答： 如去年苏玉书由邮政局寄回省垣邮政局洋银十七圆，兑票二纸，在丰厚街李九和京布店兑用。先告以"其兄苏得胜，现在福建漳州府道署当巡捕官，此钱系寄交苏家坝胞弟苏庆国收用"。并以信面给付李九和，以为领取之据。

（四）以不可以价计之证券为抵押时（如牙帖、执照、商牌之类），其抵押之价格以何者为标准？

答： 价格无一定之例。以两方及保证人交情厚薄为标准，虽多亦不过十分之六。

（五）证券抵押之期限至长至短若干年？

答： 至短一年，至长五年，亦有年清。年息五年，期满再长期限者，初无一定之习例。

（六）支付权利之价金有无差别异同？亦有按年或按月交纳者否？

答： 以田产契约为抵押物，其利金必系用谷支付，约在秋熟。以铺屋契约为抵押物，其利金必拨佃钱支付，约在三节，无按月交纳之例。其差别异同如此。

（七）证券抵押之息金，其至多至少之率若何？

答： 息金多寡，自一分五至三分不等，以债主之红黑为率。

（八）以数人共有之证券，将己之一部分抵押于他人时，是否须得数人之同意？

答： 须得数人同意方可。否则不独押主不肯收受，即共有者亦必拦阻，难免争端，查邹宋氏亏欠私债，欲将夫兄弟为分之公田契约三分之一抵押私债。其娣邹王氏鸣知户族。族人言公田既未分晰，仍应三房轮管。所得租谷按股品分，不得将己之一部分以抵私债。惟念宋氏现受债主逼迫，劝王氏代钱偿还。以宋氏每年应得田租提作息谷，归王氏收候。宋氏有钱时取赎寝事。

（九）以证券先后抵押数人，遇抵押人罄产，摊还债务时，各押主取得本利有无先后多寡之殊？

答： 已见本类甲第二十三条，然事势上不能照例。如卢益林先以北正街铺屋契约抵押钟金声，堂其屋系关茂生佃开油坊。因钟与卢契好，未至该铺看屋。卢又在关另开钱庄内借钱，亦许以该铺作抵。至卢将罄产，关先迫卢立卖约，后摊还债务。关家本利清偿，钟家本不足，先后多寡未能照例。

（十）指定某证券之业为抵押，如抵押人逾期不克清还及付息金，押主可即管理其业否？

答：理论上可即管理，事势上究不尽然。如李佑罩以衙正街房屋契约为抵，押借萧桂秋钱六十千文。借券上注明每节纳利钱三千文。越二年，不克交付利钱，又不肯以该屋付萧管业。迨将该屋出售，仍抵还钱十余串文。萧子志坡贫困已极，即书收据了债。

（十一）抵押人不经押主允许，可将其抵押之证券转押他人否？

答：已见本类甲第二十一条。

（十二）债权抵押后，原借主逃亡或罄产，至债务无著时，押主可向抵押人追问否？

答：可向抵押人追问。若原借主转立有借券，不得再向抵押人追问。

（十三）证券抵押后，其目的物或因天灾事变致丧失（如田屋被水淹火焚之类）时，押主可向抵押人别索他种证券为抵押否？

答：原可别索，但不免藉词推诿。亦有实无他种证券可以为抵押者。理论上不得因此拖骗。

（十四）证券抵押于期限中，押主或因他故而致权利丧失消灭时（牙帖、商牌抵押后因事倒闭，致失其效用之类），抵押人可向抵押主请求一相当之证券为抵押否？

答：理论事势，均与上条相同。

（十五）押主于抵押证券有遗失时（如票帖凭照之类），当以何法偿还抵押人？有无通常处理之方法？

答：有名借券、有期铺票，可凭邻保书立遗失字据，招告悬赏。若牙帖、文契、凭照，则必广帖禀官存案，发给执照，通详补给。此皆通常处理之方法。

（十六）典当质押各种票据之书式若何？

书式均录于下：（略）

（十七）抵债收字及取赎，抵押收字之书式若何？

答：书式均列于下：

抵债收字书式

立收证据字人吴余庆堂令。因顾闰庚借去头钱三十千文，当付交湛家冲管业。田契二纸，共计田六斗三升每年，每年纳河厍子租谷六石。日后头息两清，仍将原契退还，不得损坏遗失。今恐无凭，立此收字一纸为据。

当批钱契互交，仍将此字退还。是为故纸。

凭保证人 苏悭夫 杨一溪

光绪三十年二月十一日立

抵押收字书式

立收回文契字人顾闰庚。情因先年借得吴余庆堂头钱三十千，当付交湛家冲管业，田契二纸，共计六斗三升。今已头息两清。贵堂仍将原契退还，并未损坏，所收是实。此据。

凭原保

光绪三十三年十一月二三日立

（十八）各种抵押约据之书式若何？

答： 书式录下：

抵押产业书式

立抵约字人熊松林。今借到吴味经大老爷名下头钱十六串文，言定周年二分行息。当将光绪十七年私置邹郑氏小牛角巷房屋一栋作抵，凭保人将契交出。日后头息还清，仍将原约退还，毋得遗失霉烂。今恐无凭，立字为据。

凭保人 王有政 刘万山

光绪三十二年十二月二十六日立

抵押什物书式

立借字人邹溪山。今借熊锡金堂头钱二十千文，言定每月一分行息，将银钏一对，凭保人耽承交出作抵。约至来年三月头息一并相还，仍将原物取出。今欲有凭，立字为据。

凭保人 杨保山

光绪三十三年九月十六日立

抵押证券书式

请发铜元钱五十四串文整

付至双柱堂本月丰业价票一纸许铜

元钱一百串文整上

鼎顺宝号照　己酉十月初四　苏谦恕堂

条

第四类　债务

（一）有无特种债务，对于借主之财产，有先于他债主受偿还之权利（例如乙住甲屋，不付赁金，甲可将乙之器具扣留作抵。无论乙之器具向何人赁借或赊欠，甲可扣留之类者）？

答：查司马少卿欠蒯衡浦钱十余串文。一日少卿借人袍套，尚未送还。蒯托转借为名，当钱扣除将当票归少卿，此亦先受偿还权利之一端。

（二）债务者预定偿还某种货币，至偿还时某种货币不能通用（例如言定以银元还债，届时因行一两银元，而七二银元不能通行之类），借主得以他种货币代之否？

答：昔年通用制钱。近因铜元盛行，制钱缺乏，故有先年制钱债务，近亦用铜元偿还者。但有因铜元价低，不够制钱之值，另加补水之法。

（三）借主财产仅足偿还债务，忽任意赠与于人，债主得提起诉讼请求，罢赠与之行为否？

答：例如，刘谷生亏欠钱商张自丙等银两，其财产仅足偿还债务。忽昧良冒为提作赡养。自丙具控在案，经县主李押追。即此而推何得任借主赠与他人。

（四）借主己身之权利怠于行使时，债主可代为行使否（例如，乙欠甲债，丙欠乙债，丙不还乙债，乙即无力还甲债。丙将罄产，乙不知索，甲可代乙向丙索债之类）？

答：本年钟玉生负欠朱煌之债，有钟鉴堂手票钱二百串文，归朱煌代为索取。

（五）通常债务至高之利息若干？

答：有钱加三，谷加四之习例。

（六）以贷放银钱为业者，每月收取利息可过三分否？

答：不可过三分。僧净因凭保借高瑞生钱五十三串文，原议年纳子租谷二十石。其次年，该僧即揩租不纳。债主提起诉讼。县主李核阅借券属实，惟所议利谷过重，究属干律。从宽训斥，令该僧以二分扣算，按头息如数还清借券涂销了案。

（七）约付利息之债务而不书利息若干，其归还时应如何核算？

答：应照约付之言核算。其归还债务时，年月虽多，不过一本一利。

（八）债务须经若干月未付利息，其利息即作为元本（所谓利上加利）？

答：钱商习例，每逢五八腊月，谓之大比，期与来往商家结算一次，即将利作为元本。

（九）借券上未书明有无利息者，至归还时债主能索取利息否？

答：理论上亦可索取利息。然借券既未书有利息，事势上难收时效。

（十）债务须有保证人者，保证人由何人延请？其责任若何（如代偿债务之类）？

答：保证人无非任督促之责、代偿之责。须由借主延请。

（十一）保证人要具有下之资格否？

答：（甲）已成丁者

刑律草案第十一条云，凡未满十六岁者之行为不为罪。又第五十条云，凡十六岁以上二十岁未满之犯罪者，得减本刑一等。保证人责任匪轻，必须已成丁者，而后能胜其任。

（乙）有代为偿还之资力者

债主虽有产业。或平日负债已多，或名誉不见信于人，保证人必具有可以代偿之资力出为担承，而后借主方允其借。

（丙）与债主借主同居一地者

同居一地，出入相友，守望相助。非若异地之人，如秦越人之视肥瘠忽焉，不加忻戚于心，方可以为保证人。

（十二）保证人有数人时，借主不偿还债务，债主可否向保证人中之一人请求偿还？抑须向各保证人索取？

答：理论上须向各保证人索取。然债主多视保证人之红黑强弱。若其中有一人独红或独弱，则又专向此一人请求偿还。

（十三）多数保证人中之一人代借主归还债务，他之保证人均免除其责任否？

答：数人共为债务保证，其中一人代借主赔偿，各保证人均须督促借主归还，何得免除其责任？

（十四）保证人死亡所保之债务尚未完了，其承继人尚负保证之责否？

答：尚须负保证之责，但有轻重之差。

（十五）保证人代借主偿还债务，对于借主即立于债主之地位否？

答：借主不能归还债务，致保证人代为赔偿，则保证人即立于债主之地位。借主应转立借券交保证人，以保证人为债主。

（十六）保证人负有代为偿还之责任者，至何时债主始可向其索取？

答：借券立有期限。届期借主不能偿还，债主始可向保证人索取。

（十七）保证人于债务期限中，因事罄产，债主得要求借主另觅保证人否？

答：理论上亦得要求。但他人不肯轻为人作保证，借主亦可借词推诿。

（十八）保证人有无仅任督促之责者？

答：保证人本境习例仅负督促之责，俗称保人不还钱。

（十九）数人同负一债，是否债主任对于其中之一人，皆可请求偿还全部？

答：理论上止可请求各借主共还全部债务。然债主每视借主之境遇、性情以为率。若数人贫而一人富，数人强而一人弱，则又任对此一人专求偿还全部。

（二十）多数借主中之一人偿还全部后，得向各借主索偿其各自负担之部分否？

答：得向各借主索偿，各借主亦应归还。盖多数人同借一债务，非至戚即契友。且或有公产可抵，不能相负。

（二一）多数借主中之一人或二人已偿还其已分之债务，余之借主设有逃亡或罄产之事，债主得向先行偿还者，再求偿还逃亡或罄产者之部分否？

答：多数借主中有一二人已偿还其已分之债，务必已于借券中批明，或债主已给付收据。余之借主纵有逃亡或罄产者，债主不得再向已偿还之人求偿还各部分之债务。

（二二）数人同负一债，其中一人兼有保证之责任，各借主不能偿还时，其兼保证之借主有无偿还全部债务之义务？

答：多数人同负一债中，有一人独负保证之责，必具有偿还之力，否则必有挟制之权。若众借主不能偿还，此一人应有偿还全部之义务。

（二三）数人同负一债，其中兼有保证之一人逃亡或罄产。债主对于其余各借主尚得请求偿还全部否？

答：理论上仅得请求各借主偿还其已分之债务。即欲请求偿还全部，亦视债主与各借主之能否以为衡。

（二四）一人负数人共有之债务，归偿时是否向一人给还全部？抑须照应得之各部分，分别给还？

答：视借券在何人，即向何人给还全部债务，取出券约为据。详见共有款第十条。

（二五）一人负数人共有之债务，原约偿还时仅付债主中之一人。后借主有罄产之事，其一人仅向借主收得债务之一部分，其所收得之一部分是否一人独得？抑各债主均分？

答：应各债主均分，不得一人独得。

（二六）设乙、丙、丁、戊、己五人共负甲一千元，甲又负五人中之丁一千元。若乙、丙、戊、己四人无力偿还甲债，甲得将乙、丙、丁、戊、己五人之债一千元与欠丁一人之债抵销否？

答：例如，蒋竹村借蒋凤楼、炳生、应龙三房人钱三十千文，蒋凤楼后又借竹村三十千文。迨蒋凤楼无力偿还蒋竹村债务，蒋竹村即将蒋凤楼之债三十千文，与己所欠三房人之债三十千文两相抵销，易地而现，则甲亦得将乙、丙、丁、戊、己五人之债与己所欠丁一人之债作为抵销。

（二七）债券已载明债主之姓名，债主欲以此项债务转让他人，是否须通知借主，俟其允许？

答：已见抵押类丙第二条，不赘。

（二八）经久不索取之债务，经若干年即作为消？

答：俗云账无三年不讨就，必经过三十年方可作为消灭，此为本境通常之习例。

（二九）借主至偿还期限未能偿还，致债主受有损害（例如，债主另负他人含利之债，俟此款清付。今借主至期不还，致债主多负利息之类），债主有无赔偿之责？

答：届期不能偿债，借主之无力，可知债主虽因此受有损害，借主何能任赔偿之责？求能偿还债务是矣。

（三十）借主未届偿还之期，有罄产之事变，债主可不俟到期向之索取否？

答：债主虽不可俟到期即向借主索取债务，然借主易于借词逃抵，难收实效。

（三一）借贷时债主、借主同居一地，嗣债主迁移他处还债时，所需汇兑费用应由何人负担？

答：应由迁移人负担汇兑费用。借主、债主皆同。

（三二）债务未定偿还日期，是否可以随时索取？

答：借券注明遇月相还，可以随时索取。

（三三）有无预定到期不偿还债务，另付违约金者？

答：理论上应付违约金，但无此习例。

（三四）借主所负之债务有利害关系之第三者（如债务中之保证人或借主亲属之类），得代为偿还否？

答：借主负有债务，其与有利害之关系者，莫如为借主之保证人，及借主之亲属，或借主之经理人，然皆无应代为偿还之理。俗云保人不还钱，又云欠账人还钱。如吴仲勤借朱用庚钱不能偿还，其保证人苏海涛未曾代还。吴颐丰亏省垣李质堂军门巨款，其堂兄弟吴子贞等皆被差拘拖累数年，亦未收实效。钟佐廷亏欠李辀银两，案经控府，县主林详前县讯明佐廷已故，碍难于所控之该店管万福堂名下追赔。现李辀久未呈催，应请注销，以清尘牍。

（三五）他代人偿债务后，能向借主索还否？

答：虞献臣之兄代苏春江偿清胡家债务后，以春江借券问其子达生索还。达生即如数还讫。

（三六）子弟有不正行为所负之债，能责其父兄偿还否？

答：不能责其父兄偿还。录案于下：

临沺口伍忠耀碓坊欠王坤祺谷钱四百四十千文，并立票二纸。届期王执票向兑。伍称被伊家长孙取用无存，致控在案。县主林断王所存谷钱，伍何得在任其孙擅取？且立有票据，并不见票发钱，显系捏抵。饬伍如数归还。王坤祺之孙曾否借伍钱，应由伍自向清理，以免纠葛而杜蒙混。取结完案。

（三七）家主所负之债，未成丁之子弟可代为偿还否？

答：孙城蔡碧梧，幼孤，成立后其父所负之债皆照据归还。

（三八）借主指定某物数种（如牛马羊豕之类），任债主选择其一偿还债务。设当选择时指定之物有毁损者（如牛死或马死之类），是否即于其余各物中选择？

答：可即于其余各物中选择其物偿还债务。特恐各物已为他债主取出，并无他物可选，而又力不能偿，则当别论。

（三九）借主指定同类之物数种（如房屋几所），任债主选择其一偿还债务。设当选择时指定之物全数毁损（如房屋几所均为火焚），借主不另偿他物或无力另偿他物，能免偿还之责否？

答：理论上不能即免偿还之责，但亦可以借口究之偿还不偿还，仍视借主之信与否。

（四十）债主定期选择借主指定之物，届时爽约，借主可否代为选择？

答：借主可代债主选择。然受与不受，视借主之红黑，亦视债主之信否。

（四一）借券遗失时，借主归还债务，除应取之收据外，有无另行声明之方法？

答：光绪三十三年李伯伦遗失钟玉生二月底期票一纸，往钱四百串，内已批付钱一百串文。玉生归钱时，伯伦书立收据抵票，并四处张贴票被窃去广失。又邀街绅王森亭、高萃芝、苏樾南等存案县署，其方法如此。

（四二）归还债务未能悉数清付，其已还之部分是否给付收据？抑于借券中批明？

答：对于票据则批明付数，事见上条。对于借券则另取收字，见下第六十条。此通常之习例。

（四三）多数人共成一会，或以谷物，或以银钱互相借贷。其名称有几？起会之办法若何？

答：六人共成一会，名称六合会；七人共成一会，名称七贤会；又有八人共成一会，名称八仙会。本境最多九人共成一会，名称苏九会，本境少有。

以外有退头会（众会不接不答，首会按期退钱若干，归众会照股均分）、大头小尾会（众会应答钱十成者止答一成）。其起会之办法皆由首会人纠集议定。式录下第五十八条。

（四四）每起一会约若干人？醵集之数至巨者若干？会中用费约几何？

答：人数详见上条。醵集之数至小者数金，至巨者数十金、数百金至千金不等。其用止须酒席一桌，外无他费。

（四五）首会之人责任若何？应行偿还之数各约若干年付清？其利息各若干？

答：首会人责任至重。凡众会应答之数届期不清，皆为首会人是问。至清偿之年限与利息之多寡，见下第五十八条会书式。

（四六）接会次序如何办理？有无一定期限？其利息比首会若何？有无用抵押物者？

答：无用抵押物之习例。余俱见下第五八条会书式。

（四七）除因借贷起会以外，有无因特别事件行之者？其类名有几？以何者最为通行？

答：起会之事件，因借贷行之者固多。亦有因置业而起会者，如临澧市朱毓栖是也。有因远行而起会者，如文家向杨名臣是也。有因事变而起会者，如牛口□、刘少生是也。其类名难以枚举，大约因置业者为通行。然亦视起会人之交情境遇以为衡。

（四八）请会期间有意外之事实发生（如会中之一人死亡或罄产之类），应如何办理？

答：或另求一人以补其数，或即少集一人，其办理之方法不外乎此。

（四九）借贷银钱谷物，因时价涨落不同，应以何时价格为标准？有无因债主任意规定者（如借债时债主指定当时最高之价为准，嗣后就涨不就落之类）？

答：本境习例，借银还银，借钱还钱，借谷还谷。间有议定价格者，即以所议之价格为标准，并由债主任意规定就涨不就落之事。

（五十）解会及散会如何处理？

答：众人意气不孚，中途解会（俗名烂会），其处理之法，已接者将应答之钱算扣交出，分给尚未接会之人。接答已毕，有始有终而散会，其处理之法不过将各会书交与首会人当众涂消，视为废纸而已。再无他法。

（五一）偿还会款不清，有无罚规？

答：向无罚款。但可请求首会人督促清偿，逾期太久补加息利。此通常之办法。

（五二）为使用之借贷（如借一金表使用后将原物退还之类），若致原物丧失或毁损，借主当以何法偿还？

答：理当照价或照原物偿还。

（五三）借贷使用物为必要之修缮时（如借住房屋必须修缮之类），其费用贷主借主何人负担？

答：当仿照赁屋规章。借主负担大食费用，贷主负担工价材料费用。

（五四）借贷使用物违其契约使用（如借主本云服乘，今以之负货之类），至物有损害，应如何赔偿？

答：理论上应照价照原物赔偿。

（五五）借贷使用物不得货主之允许，可随意转借于人否？

答：物各有主不可任意转借于人。

（五六）有专以借贷物品为营业者否（如市间赁□瓦店之类）

答：市镇有专以租赁寿轿、执色、抬盒为营业者。乡间并有租碗之习。

（五七）借贷极贵重之物品（如字画古玩之类），因意外致灭失毁损，其偿还之方法若何？

答：应照物品估计价格偿还，无他方法。

（五八）各种借券之书式若何？

答：书式录下：

（甲）借银字据

立借券字人钟金声堂。今借到孙庆云贵堂纹银壹千两，议定每月一分行息，遇月相还，不得短少丝毫。此据。

凭保人　熊春棠

光绪二十九年七月十八日立

（乙）借钱字据

立借钱字人毛有伦。今托中江东山向前说合，借到黄晓浓名下头钱五百串文，当日凭中三面言定满年二分行息，子母全归，不得短少分毫，并不得遇月相还短息。如违所议，任其追问。所借是实，今恐无凭，立此为据。

光绪三十年四月十六日　毛有伦书

（丙）借屋字据

立借屋字人易孔祥。今因家室自远方归，暂借刘兆庄表兄庄屋寄居数月。所有修葺费用，兄出工资材料，弟备伙食。如或任意毁坏，自愿照式修整。恐口无凭，立此为据。

凭心

光绪三十三年六月十八日立

（丁）借玉字据

立借字人常在春。情因账目逼迫，转借到刘墨庄兄名下美玉一大元，暂作抵押。限期四月，设法取赎相还，断不敢损坏遗失。今欲有凭，立此为据。

凭保证人　刘润林

光绪三十四年四月二十二日立

（戊）借谷字据

凭票发头息谷贰石八斗整。

己酉八月□日　李秋汤挥

（五九）保证人有与债主立字据者，其字据之书式若何？

答：向无保证人立字据之习，故无书式可录。

（六十）债主受取债款，有应付收据者否？其收据之书式若何？

答：借主归还债务，未能悉数清付，债主收受其所还之债款，自应给付收据。爰将书式抄录于下：

立收钱字人周吉士。今收到何石生名下借券内头钱五十千文，所收是实，此据。

光绪三十三年十二月二十六日　凭保人　杨达贞立

（六一）清会之会书以外，有无登记款项之账簿？其账簿之书式若何？

答：会书之式不一。除会书外，不另登记者多。亦间有登记账簿者，爰将各书式抄录于下：

计钞

公订六合会局式

原局共计银贰百串文整，定期一年接纳。

首会人曾南元（宣统元年得头钱贰百串文，每年纳出钱四十八串文）

二会人曾西玉（宣统二年得钱贰百串文，每年纳出钱四十八串文）

三会人朱伯堂（宣统三年得钱贰百零四串文，每年纳出钱四十四串文）

四会人王春源（宣统四年得钱贰百零八串文，每年纳出钱四十串文）

五会人冯嘉志（宣统五年得钱贰百拾贰串文，每年纳出钱三十六串文）

六会人柳全林（宣统六年得钱贰百拾陆串文，每年纳出钱三十贰串文）

编立天地日月古今六字号

（钳口）共昭遵守

古字号付冯嘉志收

宣统元年二月十八日公立

计钞

七贤会局式

计钱肆拾串文，其钱一年一转

首会人李春生（宣统元年得钱四十串文，每年纳出钱八串三百三十二文）

二会人胡迪吉（宣统二年得钱四十串文，每年纳出钱八串三百三十二文）

三会人李桂荣（宣统三年得钱四十串零六百六十八文，每年纳出钱七串六百六十六文）

四会人杨得帆（宣统四年得钱四十一串三百三十四文，每年纳出钱七串文）

五会人周米氏（宣统五年得钱四十二串文，每年纳出钱六串三百三十四文）

六会人唐立达（宣统六年得钱四十二串六百六十四文，每年纳出钱五串六百六十八文）

七会人王克生（宣统七年得钱四十三串三百三十文，每年纳出钱五串零二文）

李春生押　胡迪吉押　李桂荣押　杨得帆押　周米氏押　唐立达押　王克生押

宣统元年正月初三日公立

八仙会局式

计钱贰百串文，言定十月一转，不计闰。

首会人胡吉生（宣统元年得钱贰百串文，每届纳出银三十四串五百七十二文）

二会人张太店（宣统二年二月得钱贰百串文，每届纳出钱三十四串五百七十二文）

三会人傅桃生（宣统二年腊月得钱贰百零贰串零四文，每届纳出钱三十贰串五百七十二文）

四会人蒋明玉（宣统三年十月得钱贰百零四串零四文，每届纳出钱三十串零五百七十二文）

五会人周棣善（宣统四年八月得钱贰百零六串零四文，每届纳出钱二十八串五百七十二文）

六会人周达彰（宣统五年六月得钱贰百零八串零四文，每届纳出钱二十六串五百七十二文）

七会人梅励生（宣统六年四月得钱贰百一十串零四文，每届纳出钱二十四串五百七十二文）

八会人江正泉（宣统七年二月得钱贰百一十二串零四文，每届纳出钱二十二串五百七十二文）

编立孝弟忠信礼义廉耻八字号

（钳口）始终如一

忠学号付傅桃生收

宣统元年四月十五日立

账簿书式

四月十五日

收二会张太店铜元钱三十四串五百七十二文

收三会傅桃生铜元钱三十二串五百七十二文

收四会蒋明玉铜元钱三十串零五百七十二文

收五会周棣善铜元钱二十八串五百七十二文

收六会周达彰铜元钱二十六串五百七十二文

收七会梅励生铜元钱二十四串五百七十二文

收八会江正泉铜元钱二十贰串五百七十二文

第五类　买卖（无论何项买卖皆在此范围之内，非专指商人而言也）

（一）彼此预约买卖物价，均未交割，卖主买主可随时将原约作废否？

答：预约买卖，非物价交割不清，不至废约。若物价均未交割，而半途生变，放弃原约者多矣。如前年冬，易经训堂买杨顺昌铺屋，将立约，因墙与李祠毗连，即废之。又徐春林买文昌阁香油公铺屋，已立约，因与德礼堂毗连，随废之。至于矇买笼卖，弊窦丛生，有渐成讼端者不可胜记，故不录。

（二）预约买卖有先付定金者，金额系由买主随意给付，抑照物价，有一定之标准？

答：商家买卖定金，均由买主随给付。至田屋买卖，如价银值一千两，则付定金一百两或二百两，于立契时买主凭中付给，名曰押契银。其标准之大致如此。

（三）预约买某物，已付定金若干。买主若欲废约，尚可索回定金否？

答：买物既付定金，复欲废约，非情理有可原之处，未易索回。县城寻西成□坊买夏澍生谷五十石，先付定金五十串，约七月归谷（俗名买期谷）。旋西成倒闭，鸣知地方，向夏索回定金。街保以买主事尚可原处，令卖主秋收后退还定金。其事遂寝。

（四）买主付定金后，若卖主主张废约，除退还定金外，有无罚金之惯例？

答：大凡卖主受人定金后主张废约，必其人之轻诺寡信，处事荒唐，以致买主受其笼络。畏事者只好退约求价，以期无累，并无罚金之例。

（五）定买之物约定按期陆续交付，至中途卖主违约，买主因受损害，得向卖主请求赔偿否？

答：定买之物果系路程弯远，陆续交付，难保卖主中途不变。如东乡文家向顾河清至湘潭定买石灰一百石，约两期交付。第一期如约付讫。至第二期如约，不觉暗掺砂灰后，顾向卖主论事，咸以为交易不公处，令赔偿水脚钱十串文。又北乡黄立中至白塘湖定买红薯三百石，约五日为期，每期付薯一百石。至三期卖主以涨价违约。黄向卖主论事。人以为时价不一，不能赔偿。总之买物须视卖主平日之为人何如。一至中途违约，纵卖主略为赔偿，而得不偿失，终受损害。

（六）有以他人之财产为买卖者，设至期不能交割于买主之时（如卖主中不卖），买主受有损害，得向代卖者请求赔偿否？

答：财产买卖，至期不能交割，致买主受有损害，自应请求赔偿，□以他人财产而为代卖。湘阴民气尚厚，从无此事。如近年县城李惺见代其婿倪姓卖铺屋一栋，于易经训堂如期交割，并无异议。此其明证。

（七）以不动产为买卖者，卖主不能即时交割，其价金应何时给时？

答：不动产买卖，如买田则曰清庄脱业，买屋则曰搬眷出屋（俗名锁门交□）。价与物之交付，或即时，或一月两月，均属预先言定，彼此无异。

（八）以动产为买卖者，除现金交易外，给付物价有无一定期限？

答：动产买卖，如面生者均须现金。纵有尾欠，非保人不可至。若往来识主，除现金交易外，所欠物价，或比期（乡俗以每月朔望前一日为小比期），或五八腊三节（俗名大比期）给付。农工商贾莫不皆然。

（九）以债权（如借券转卖□□人之类）为买卖者，有担保债务者（借券之债主）偿还之责否？

答：债权思想不甚发达，向无有以借券转卖于人之习。惟承当人之产业转当于人，近多有之。如县城王敏政之屋当与柳雨门，柳复转当于钟玉生。徐阳春之屋当与詹王公，伊复转当于徐珊宝。至乡间田土一当再当，迭更数主，不可胜记。盖以债务者偿还之责为易于担保。

（十）买卖物已经交割，买主付价未清，卖主可否请求买主于未清价额内附加利息？

答：西乡王植樾堂于去腊买曾立吾田八石。田已交割，买主付价，除现金外有腊底手票钱四百串文至期未兑（乡俗云业价不过月）。至本春二月按月扣息，一并付清。此不动产买卖之习。至于动产买卖，未有概论。

（十一）买卖物交割后，买主能将原物退还或更换否？

答：买卖物交割后，买主非因别故，不至退还原物。至更换亦事之恒情。近日商家买卖各有限制，如衣铺招牌上有当面看货、出门不退字样，以图省事。银铺符号有包管回换字样以示真，道人多仿行之。

（十二）因买卖之物与原约不符，可否由买主退换或索还价金？

答：买卖之物与原约不符，买主欲退契求价，彼此已经交付，事后之变，势难转圜。有渐成讼端者，如湛绥羧买萧立华所置牛头嘴田三石四斗五升，当议仍将田佃萧耕种，凭中立契，两面交付。后湛查悉该田，有移垅换□、以少报多情弊，即□县。经前林令将原约涂销，断令物价并退，案遂结。

（十三）买卖动产有包管回换者，其准与回换之期限至长约若干年？

答：动产买卖者，有包管回换者，系印贴牌名于物上，以办真伪，并无期限。然买物亦鲜有经年不用者，如绸缎、布匹已经裁断，理无回换。即食品、器皿，纵买主隔远，亦宜从速寄换，方为两便。若历年太久，除金银玉器外无此习惯。

（十四）买定之物于未交割于买主之时，或因卖主之过失而致毁损灭失，其损失之部分应由何人负担？

答：买定之物尚未交割，或因卖主之过失而致损失，其负担有两方面。如无心之失，买主卖主各负一半。若过失出乎有心，则负担应由卖主，与买主无涉。

（十五）买定之物于他人已有权利于其上（如田宅已经抵押），或为私人所不能取得者（如违禁、窃盗，及公家所有之物），因此致买主受损害，卖主应负若何之责任？

答：买定之物于他人已有利权于其上，除田宅外，甚少有此事。谚云未卖先清，当在买主尤宜加意于未然之先。至若为私人所不能取得之物，查县治向无此习。近年间有盗卖祀田一事，如北乡张庆堂置买张福庵田，东乡蔡高玉置买伊茂生田，被族长均以盗卖废祀，具控在案，致买主受有损害。均经地方公判，一以蔡系异姓处，令茂生退还原价，取田归公；一以庆堂系族人，明知故祀，处令福庵退价一半，取田归公。卖主均以家法惩治，□请销案。所负责任亦有差等。

（十六）卖定之物于未交割于买主之时，或因天灾事变而致毁损灭失，其损失之部分是否由买主负担？

答：县治习俗，惟田产买卖至重。如已经立约，或田被水淹，屋被火焚，纵然交割于买主，向有定例，各负一半。至若不立约之动产，仅凭卖定，纵遇天灾，而买主多不负担矣。

（十七）隔地买卖，因途中运送遗失或毁坏，其损害应由何人负担？

答：隔地买卖，若途中遗失毁坏，其负担有三面。如系卖主着人运送损害，应由卖主负担。如系船户运送损害，应由船户负担。如系买主托人运回损害，应由买主负担。然亦无一定规章。

（十八）隔地买卖，货物约定按期运送，嗣买主发信请易他货。若卖主未收到买主之信，至期仍运到原货，应如何处理。

答：买卖货物，若隔水程，用民船运送，必乘顺风，方能如期送到。至请易他货，亦属恒情。纵信未收到，而原物仍至，买主不过替补水脚，将原货退换。处理之法如此。

（十九）买受之物，他人主张系己所有，或有承管之一部，其纠葛应由何人清理？

答：买受之物系己所有，或有承管之一部，非请托他人，何得妄为主张？若有纠葛公事，则由团保清理。私事则由戚族清理。

（二十）卖主以欺诈行为出卖某物（如泥做油靴、纸做大呢之类），交割后经买主发见，应如何处理？

答：县治工商买卖向无欺诈行为。间有行商来县贩卖伪货，比如桔梗冒充洋□料货冒充水晶玉器、洋铜首饰冒充铝器等类。其来去踪迹无定，纵经买主发见，轻则逐去，重则送惩。

（二一）为一己之利益，以恐吓行为强买他人之物，契约成立后，卖主尚可主张废约否？

答：强买他人之物，无非因人孤寡愚懦而恐吓之。迨契已成立，卖主欲主张废约难矣。北乡徐润农有庄屋一栋、潦地一亩，约值钱百串。徐病故，遗一子尚幼，妻危氏抚之。先是庄屋西边原佃与戴姓，戴见其孤寡，阴使人埋虫吓之。危氏遂向佃出卖，戴省价四十串买之。越数年，徐子成立，欲索回原物，邀同团保理论。团保处令戴再补业价钱四十串付徐寝事。

（二二）不动产出卖以后，有无他人出头请求增价之事？

答：先年钟高贤置价□海棠等公管獭塘湖一业五年。海棠族人□湘自外归，以卖价过轻控案。经县主李质讯，到场人供称无异，均与契据相符。虽卖价较旧稍殊，究系时值不同。断令钟照契管业。

（二三）代理他人买卖，价经议妥，尚未交付。适代理人死亡，买主或卖主可将前约作废否？

答：凡不动产之买卖，价议妥，后必须立据（俗名准议）。已立准议，虽代理人死亡，无论买主卖主均不得将前约作废。若未立据，尚得以未成立论作废，当无不可。至动产买卖，少有立准议之习惯。虽自行主张，尚有因价值涨跌而废约者。若代理他人买卖，如遇死亡，有一方欲将前约作废，各听自便。

（二四）买卖某物定约后，买主或卖主死亡，其死亡者之承继人可否将前约作废？

答：继父之志，谓之孝子。父在时已定有买卖之约，何可作废？如曹长庚有住屋一栋，并外面余地菜园屋后左手山土一形，已凭中议定，卖与众积厚重为业。长庚病故，其子楚卿仍遵遗命立契，未将前约作废。

（二五）有专以介绍他人之买卖各业者否？分若干类？

答：本境商业不甚发达，虽间有介绍他人之买卖者，名曰经纪，究不能专以此为业。

（二六）买卖有必须中人者，其中人之资格若何？责任若何？

答：必须中人之买卖。其中人之资格，非已成丁者，非有代为赔钱之资力者，不能胜其责任。以责任匪轻，凡卖主之物有欺诈行为或损坏灭失，以及揩抝不交他人，请求增价，并卖主之价金迟延不清等事，皆属中人之责任。

（二七）买卖契约成立后当事者之一方违约（如买主不交价金及卖主不交货物之类），中人应负如何之责任？

答：应负督促赔还之责任。

（二八）中人有数时，其所负责任与取得用费有无轻重多寡之分？

答：中有旁正旁中之责任轻，并有不负责任者。正中之责任最重。取得用费正中较旁中或相倍徙，或相什百不等。此轻重多寡之分。

（二九）买卖所需之用费（如中□、酒席之类），是否由买主独任？抑与卖主分任？分任之中有无差别（如买主输三成，卖主输二成之规例)？

答：乡间产业买卖所需费用，皆买主一方独任。商务中买卖，有由卖主分任者，但分任之中亦有等差。如鱼行买主每石出用钱一百文，卖主每串出用钱五十文。通常又有买七卖三、买六卖四之说，相沿成习，不能一例。

（三十）不动产买卖之中人抽收用费，以何者为标准？

答：中人抽收用费，以银数之多寡为标准，每两三分，久成习惯。

（三一）买卖交割后，卖主愿买回原物，是否须于契约成立时预为声明？

答：多于契约后批明原价取赎。见本部契据第二三条。

（三二）可以买回之物约有若干种？

答：有田土、山园、湖屋各种类，大抵皆不动产。若债权、植物、动物、用物，皆非可以买回之物。

（三三）约定买回期限至长约若干年？设于买回期限内因天灾事变，致原物毁损灭失，买主得以此对抗卖主免除其责任否（如屋火焚，卖主不能再买回之类）？

答：约定买之期有限数年者，亦有无期限者，皆于契内批明。详见本部契据类第二三条。但契据既批明买回，即与抵押无异。此条事理可与本部抵押类甲第十条参观。

（三四）约定买回期限内，若买主将原物转卖他人，原卖主能否阻止？抑可向后之买主买回？

答：买回之期尚未逾限，而买主不与原卖主商知，即将原物转卖他人，必生纠葛。原卖主应行阻止，并可向后买主买回。若先经原卖主许可，仍照原价批明取赎。如詹王宫以徐务本公所抵押之屋转押与徐麒麟阁，原卖主又何至于出阻？事见本部抵押类甲第二一条。

（三五）卖主买回原物时，物价已经变迁，系按时价计算，抑仍以原价买回？

答：卖主约定买回，其契内必批有原价取赎字样。纵买回之时，物价已有低昂，仍应以原价取赎。如吴受益堂原当刘安仁堂田一庄屋一栋，共议钱九百五十串文。契载纹银七百两。迨光绪三十三年刘取赎，欲仍以钱给付，吴以银正昂不允，系仍以银计算。是其一证。

（三六）买回原物，是否将买主之价金附算息利归还，抑以物产之收益（如田宅已得租金之类）与价金之利息视为相抵者？

答：买回原物，止以物产之收益作价金之利息，不得再算息金。事详本部抵押类第九条。

（三七）买回之物以前所需保管修理费用，卖主能向买主请求偿还否？

答：应由买主担任之费用，卖主可向买主请求偿还。事实字据见本部抵押类甲第八条。

（三八）动产买卖有无用字据者？

答：亦有用字据者。书式录下：

立卖船字人司马正午。今将自置辰船一只，三枪、锁栿、篷索、篙桨、锚舵，凡船中应有之物一概俱全。凭中卖与邹桂新名下装运管理。议定时值船价铜元一百四十二千六百文整，比日船钱两交，均无反悔。倘有罅漏、损坏、伙账不清及来历不明等弊，惟我卖船人承理，不与买主相干。今欲有凭，立此付钱主为据。

凭中人　甘有才　周兴隆　何德广

光绪三十三年九月十七日立

立卖中字人刘其化今将家□黄牛一只，凭中顾润庚、郑小林等，卖与蒋德元名下牧养耕种。三面言定，牛价银四十六串文，整此日交足。如有来历不明，系我承当，不与买牛人相涉。今恐无凭，立此付刘收存为据。

宣统元年九月二十八日立

（三九）卖主为买某物者，先将物状开写清单者（俗谓之水程），其书式若何？

答：谨将清单五式开写于下：

立清单字人刘傅氏。今将现开客栈内已分下器具等项，凭中卖与钟盛德名下开店生理。议价钱二十八串文，当交钱十八串文，余候开店时交足。其物不得遗失。两无反悔异言。今欲有凭，书此为据。

计开

菜柜一只

案板一张

架子床二间

小床六间

棉絮八床

桶被六床

单被二床皆有红呢印心

夏布帐子八床

棹凳四套

大小锅二口饭盆二只

大小甑二只盖底俱全

淘桶二只

水桶二只

提桶三只

脚盆三只

单内所有什物，如有遗失损坏，照式赔足。此批

又批交钱交物字亦退还。此批

凭街邻　何长仁　胡有胜　吴仵良

光绪三十三年五月初八日陈致中代笔立

（四十）不动产之买卖，除卖主书立卖契外，原有之各种字据（如老契清文单完粮米票之类）应一律交付买主否？

答：所有老契、议约、粮券等类，一律皆交付买主。

（四一）关于买卖各种字样之书式若何？

答：书式录下：

立卖笋字人刘履中。今将自己屋后已分山内春笋，卖与杨春山砍伐造纸。当日凭中言定，笋价钱二十五串八百文整。现交钱十五串八百文，余候开山交足。自交钱之后，任杨蓄禁砍伐稀密各安天命。二比均无异言。恐后无凭，书此付杨为据。

计批周围走边留三尺宽，不砍稀处，存笋四十根。若砍伐已毕即收此字退还。此批。

凭中人　何长福　李吉人　张化富

宣统元年三月初二日立

立兑船字人吴庆堂。今收自驾新倒划子船一只，凭中兑到李庆生名下旧到划子船一只。当日得找价钱六十三串文整，一手现交分文领足其船。二比兑交，并无损坏、漏泄等弊。倘有来历不明原主各自理落。自兑之后，各照兑契装运管理，两无反悔异言。今欲有凭，立此兑约为据。

凭中人　刘学忠　周自生　江子福

光绪三十三年八月初六日立

第六类　租赁

（一）通常租赁是否须觅人担保？

答：通常租赁，如素识，不须保证人；不相识，必须觅人担保。

（二）租物已纳押金者，可否不立保证人？

答：租物已纳押金者，其须立保证人与否，亦以相识不相识为衡，又必视其平日之为人若何。

（三）租物之保证人对于租物损失或租金滞纳时，是否应负代偿之责？

答：理论上应负代偿之责。事势上不免推诿拖延。然本境习例，损失者租物人无不赔偿滞纳租金者。间有不纳租金者究无。

（四）租物押金多寡之数，以何者为标准？

答：租物纳押金者惟喜轿一种，亦无一定之数。其余皆不先纳金。

（五）保证人与租主共为租户时，其租金均未寄付，是否仅向保证人追偿？

答：应仅向兼为保证人追偿。然本境向无租物不纳租金之事。

（六）保证人有仅担保租主之行为无他，而不担任偿金者否？如俗云保人不垫钱之类？

答：向不担任偿金之责。

（七）保证人与引佃人责任若何区别？有无引佃人即作保证人者？

答：本境佃屋或佃田，止有引佃人，俗名引进人。外无保证人。详下第四十九条、五十条。但引佃人即负有保证之责。

（八）有无重交押金而租金轻纳，及专文押金而租金免纳者？

答：重交押金而轻纳租金者，如熊两钱堂佃蔡境秋迎秀门住屋，交押金银三百八十两，岁仅纳佃租钱三千文是也。专交押金而免纳租金者，俗名没庄。如李寅谷佃其十字街宗祠公屋是也。

（九）租主所纳押金，有无算回利息者？

答：向无算回利息之习例。

（十）约定租佃田宅先付定金，若租主中途废约得索回其定金否？

答：不得索回所纳定金。如顾某佃杨九畴东门外田一庄，苏季梁佃陈某迎秀门内屋，皆中途废约，未能索回定金。

（十一）租定田宅房屋除租金以外，有无小租名目？

答：向无小租名目之例。惟佃田问有外送稻草，佃土间有外送菜薯者。

（十二）有无租地垦辟，经过若干年，始纳租金者？

答：习例经过三年，始纳租金。易于垦辟之地，次年即纳三成之一，第三年即纳半租，亦无一定之年限。事见民情风俗部职业类第二十六条开荒字据。

（十三）房屋租金如何计算？其交纳有无一定期限（如以月计算，于月之初日或月之终日交纳之类）？

答：本境房屋租金以年计算，交纳之期以三节为限。辞退不居，亦以三节为期限。向无以月计算，即每月交纳租金之习例。

（十四）田地认租有无专以金钱计算者？

答：地认钱租，田认谷租，初无专以金钱计算之习例。惟以谷照时价估算。折钱交纳者则间有之。

（十五）田地收取租金额数以何者为标准？

答：收取租金额数，四乡各殊。西乡垸田东三佃七，北乡东四佃六，南东二乡东佃各半。盖西北多低洼，东南多高腴，收取之多少，其额数类以田亩之高下为衡。至各处地亦有肥硗之不同，其租额亦以此为准。

（十六）租地采取植物、动物、矿物为目的者（如山林、池塘、菜园、果园之类），其租金若何计算？

答：租赁山林杂树，止许批枝脚柴茅柴方许割取，约以值十租五计算租金。租湖潭以取鱼，租园圃以种菜，其计算租金之方法亦同。冬季判树，夏季判竹，其租金照时价计算。判桑养蚕者亦仿此以为标准。现无矿产，故租金之若何计算不详。惟北外上中下三窑冬，间有掘取罐子泥者，以十成之一为地主租金。此向来习例。

（十七）租用地基建筑房屋者，通常期限约若干年？其租金如何计算？

答：有约限五年不纳租金，五年以后将房屋归地主者。亦有约限十年，止酌纳地租，十年之外折屋腾基者，无一定之习例。并录字据于下：

立租地建屋宇人杨芸华。今租到苏公贵祠十字街屋基一块，建造小屋一间，约限五年之后将所建之房屋概归苏祠管业，听其另佃。此五年内并不另纳租钱。自系甘心情愿，二比无得反悔异言。今恐无凭，立此为据。

凭引人　李小松　冯大有　易为贵

光绪二十八年九月十六日立

立租地筑屋字人苏瑞应。今租到康大定名下小牛角巷难民湾地基一所，筑屋一区，言定每年纳租钱四百文，十年之外折屋腾基，十年之内不得催促。倘租钱不清，自愿折屋无异。今恐无凭，立此为据。

凭引人　牛明月　胡桂之　杨三保

光绪二十年十月初八日立

（十八）有专以产出物充纳租金者否（如赁地种园，只供菜蔬，不纳租金之类）？

答：有专以产出物充纳租金者。如县城内熊劲根家有东外下垸柴山一只，佃与刘大武细武兄弟。每年只纳茅柴一百捆，松枝柴四十捆，以为租金。是其明证。

（十九）佃户交纳租金有无一定之期间（如按年、按月、按收获季节之类)？

答：佃户交纳租谷，以秋获为期间。交纳土租金，以年终为期间。交纳湖潭租金，以立水程之日定期间。交纳房屋租金，以三节为期间。此通常之习例。

（二十）田地租金遇半歉或无收之年，佃户可请求减额或豁免否？

答：可求减额，亦可求豁免。详下第五十条书式内。

（二一）租佃房屋租金已纳，或因天灾事变而致房屋灭失，得请求退还前纳租金否？

答：房屋灭失非由佃户所致，皆得请求物主退还前纳租金。如本年扁担夹突遭回禄，凡佃户交纳押庄钱及所纳佃钱，有无力再佃者，屋主皆如数退还。

（二二）租佃田地期限内，设佃户不纳租金，能径使退佃否？

答：租佃湖场草山，尚限年岁，先期纳租，故无久租不纳者。租佃田地，向不限期，设佃户不纳租金，无论期限内外，均须径使退佃。如方家冲胡景臣佃种县城孙景康田四石，本年未纳租谷，经县主李饬差押，令清租退佃。

（二三）租金逾期不纳。能将其滞纳之租金附加利息否？

答：不加利息。东家之体恤，如西塘冲钟荫棠佃种县城苏子威田四斗七升，光绪丁未、戊申两年共欠租谷十石，并不加息，至今尚未偿清。亦有锱铢必算附加利者，如［加］苏家坝苏庆国佃种谢某田，偶欠租谷二升未送。次年附加利谷八合。俗云让者人情要者本等，原并行而不相悖。

（二四）租主至无力交纳租金时，可将其附属于田宅之什物变卖充当租金否？

答：租谷不清，常将己田受与业主，以钱折还租谷，久成惯例。又有复兴饭店歇业，将押庄钱扣除外，尚欠李青连堂佃钱，即将店内棹橙作价抵清。

（二五）租佃房屋有定租若干年者，设于期限内房价腾贵，能请求增加租金否？

答：熊雨钱堂佃居蔡境秋房屋，原借押庄银二百八十两，限期十年。方满五年，房租昂贵。蔡向请增加进庄银一百两。

（二六）有无租主出费修缮，约定业主减少租金者？

答：房屋必须修缮，业主无力，租主代为出费，原可减少租金。如苏春和镇朔门房屋，势欲倾颓，租主钟富润代为缮修，减少租金五成，认作十年扣还。

（二七）以土地租人耕种或畜牧，其预订期限至长约若干年？

答：向无预订年限之习例。但年清年租，业主不将此业出售，鲜有改佃他人之事。

（二八）租佃田宅不经业主之许可，得转租于他人否？

答：租佃田屋，先与业主说明，分佃他人者，名曰总佃。不经业主许可，理论上不得转佃于他人。然乡间间亦有之名，曰背东贩佃。此习最劣，每生纠葛，为财产权之障碍。

（二九）租佃房屋不经业主之允许，得自行增修改造否？

答：不得自行增修改造。详见下第四九条。

（三十）租佃田宅之一部，不因租主之过失（如邻屋失慎，租屋被焚等类）而灭失时，租主得于灭失之部分请求减少租金否？

答：租佃房屋田亩之全部，或因水灾事变而致灭失，其一部分理论上应得请求减少租金。如刘春阳佃杨四知堂田种五斗，其伴江边田八升被涌水冲陷，求减长租一石。黄某佃夏锡九房屋四间，被连绵春雨浸倒一间，酌减佃钱二千五百文。此皆情理之举。

（三一）租佃房屋有必要修理时，其费用是否全由业主负担？

答：屋主担任材料、工资费用，租主担任伙食费用。详见下第四九条。

（三二）租主代业主出资修缮，言明按年加还。费未偿清，业主将原业典卖于人，租主之缮修费如何偿还？

答：须按当日缮修费用若干，历年已扣还若干以外，再欠若干，如数偿还，庶几近理。

（三三）商店为发达商业，自行修缮，增节华美者，其修缮费至退租时，业主应全行给还，抑给还丰宅价或几成？

答：杨植臣佃与贤堂三井头铺屋开设烟店，自行修缮增饰。本年退佃，其所费用皆系与贤堂如数给还。

（三四）租主租佃住宅，于宅内添设之物，退租时系由租主自行撤去，抑可听业主借价买回？

答：如系宅内紧要之物，可由业主借买回。否则听租主自行撤去。如逻整容店租佃苏务本堂十字街铺屋，本年中秋后退租。其整容店前面之窗户门均归逻某撤去。房中门片则业主照价买回。

（三五）租佃房屋因期间过久自然毁损者（如门壁朽坏、房屋坍塌之类），至退租时不能回复原状，租主能免其责任否？

答：如房屋自然倾倒，尚宜酌减佃钱。详见上第三十条。门壁自然朽坏，应归业主修整，何能责租主回复原状？

（三六）租佃房屋，租主自主增改之部分，退租时应回复原状否？

答：回复原状，本境通行习例。

（三七）租佃土地期限内，设佃户因亏失资本，可不俟满期退佃否？

答：本境佃田向无限期。凡佃户亏失资本，不能清租，即可退佃。详见上第二二条。

（三八）租佃田宅未定继续期间，当事者之一方欲解约时，须前若干日声明？

答：习例佃屋应在三节前，佃田应在春前。俗云春不退田。

（三九）田地租佃，每季可得收获者，地主于收获前通告，可得解约否？

答：理论上收获前地主不得通告解约。

（四十）山林田园改租时，现存于其上之果实应归何人所有？

答：现在果实应归前租主所有。如八月田已退定，田中种有拖泥豆，皆须俟前租主收获毕，而后新佃始得耕田，向系本境之通例。

（四一）无论田土房屋于租佃期限内，物主已将所租田产出卖，仍得接租否？

答：如本年陈月盛某将常公桥田产售与陶毕门惠堂为业。所有佃户皆系全耕一载。县城房屋出卖，仍归原佃承佃者，不可胜纪。

（四二）以动产出赁（如动物、植物及各种杂物之类）者，有一定之赁金及期限否？

答：如苏式敬堂三塘湖鱼，例出赁与程本立管取。限定丁未、戊申、己酉、庚戌四年，每年赁钱二十千文。钟种福堂桑林租与李春朝管取十年，种金二百串文，皆其明证。

（四三）赁出之物有毁损灭失时，应以同样之物偿还？抑可以金钱合算偿还？

答：应以同样之物偿还。如实无其物，即照价赔钱亦可。

（四四）赁用之物因天灾事变致毁损灭失，赁用者得免赔偿之责否？

答：典当染房，遇有天灾、窃盗，尚宜照价赔偿，况赁用者。何得免赔偿之责？

（四五）赁用之物于赁用时生有果实（如赁用之牛马生子之类），应归何人所得？

答：赁用之物赁用时生有果实，例归物主所得。乡间租牛生犊，向用此法。字据列后：

立豢养字人周峻山。今豢养张自福堂名下水牸牛一条，当凭引进人周桂生认定，屡年纳东租庤谷一石八斗，约定秋收后一燥一净，送至东处。上仓不得拖延迟误，短少升合。其所产之牛□则全归东有。惟自替畜养一岁，再请东牵去。倘或失手被人窃去，及脱逃走失，自愿如价赔还，不得支吾抵赖。所有屡年租谷，无论产牛与否，均系全租。如租谷不清或豢养不善，水草不过，无论何时，任东牵去，另择豢养，不得阻挠。至或自养或出售，亦任其牵回。毋反悔异言，藉端滋事。此据。

凭引进人周桂生

宣统元年正月十八日周峻山笔立

（四六）赁用之物所需必要费用（如牛马养畜费之类）由何人负担？
答：详见上条。

（四七）赁用之物未定归还期间者，可由当事者之一方随时还归否？
答：详见上上条。

（四八）房屋召租告白之书式若何？
答：书式录下：

内有房屋出赁，要者问内便知。（此系贴诸门首式）
内有铺屋全栋出赁，要者请至十字街刘青照堂一问便知。
正月初六日特白
与贤街有房屋一栋出赁，要者请至北正街巢日新堂，一问便知。
正月十六日特白

（四九）房屋租约之书式若何？

答：书式录下：

立佃字人苏儒臣。今佃到彭静泉名下镇朔门内房屋东边一边，计房大小十三间，前面铺房、梭板、铺台、楼板俱全。其余窗户门片一概俱全。厕屋、晒场在内。当凭引进人出借押庄钱二十千文，每年认纳佃租钱二十四千文，分做三节交清，不得短少分文。倘佃钱不清，愿将押庄钱扣除出屋无异。日后辞东不住，除佃钱外领清，押庄钱出屋，所有检盖修理，先请东验视，不得擅行增修改造。一切费用佃借火食，东出材料工钱。今欲有凭，立此佃字为据。

凭引进人　李镜生

光绪三十三年正月初八日立

（五十）山林田园各种佃约之书式若何？

答：其书式录下：

田产佃约

立佃字人郑小林。今佃到李双桂堂响水坝田一庄，计田大小十四坵，种二石八斗。庄屋一栋，门片窗户俱全。山林树木一概在内。当借押庄铜元钱六十千文，每年认纳河斛租谷四十石，一燥二净，回车过斛，送至上仓，不得短少升合。如有租谷不清，愿将押庄钱扣除，退田出屋无异。倘有天年不一，请东验视纳租，日后退田不种，仍将租谷送清，再领押庄钱退佃。今恐无凭，立此佃字为据。

凭引进人　郑富华　吴少桃

宣统元年十月处五日　请吴少桃立

园土佃字

立佃字人苏瑞应。今佃到逻富之名下小牛角巷园土一形，每年纳租钱三千文，分作三节交清，不得短少。此据。

凭引进人　钟印生

光绪三十三年二月十六日立

山林佃字

立佃看坟山字人符方来。今佃到苏积善堂坟山一所，周围壕墙为界，山内荒土树木听看山人开辟蓄禁。坟茔特其者守，不得疏忽。当凭引议定每年纳租钱五百文，清明交收。每年又备便饭六餐。山中树木只可批枝，不可砍伐。茅柴任其割区。周围墙基不可毁败。今欲有凭，立此为据。

凭引进人　程本立

光绪三十三年十二月初八日　符方来亲笔立

（五一）赁用杂物字据之书式若何？

答：书式录下：

湖场水帖

立水帖之人苏式敬堂。今将乙酉年山塘湖分内应管全湖之部分佃与陈本立管取一年。当得租金二十千文。倘有外人拦阻，系我立水帖人承当。此据。

凭引进人　陈有善

光绪三十四年十二月十六日立

第七类　雇佣

雇佣之范围甚广。凡以体力（如仆婢、夫役之类）、技术（如工匠之类）、精神（如教习、医士、商店、伙友之类）为人服劳务取酬金者，均属之。非专指仆婢一项言之也。觅人服劳务而予以报酬，谓之雇主。为人服劳务而取得酬金，谓之佣者。有此两方，而雇佣之关系以生。

（一）通常雇佣期间至长约若干年？

答：通常雇佣期间均以满年计算相得者，或数年至数十年不等，而无须预订若干年者。

（二）有无定终身为人服劳务之约者？

答：有终身为人服劳务者，而无定终身之约。

（三）有无特种佣人，先向雇主纳保证金者，其类有几？

答：无特种佣人先向雇主纳保证金者。惟学习工业者，则先纳师傅钱，期间定以三年。学商店主生理者，亦有押柜钱，期间亦定三年。期满之后，其钱仍得退还。如期内有不法行为，则将其钱扣除。

（四）有无专以荐引佣工为业之人？荐引费用如何计算？是否雇主、佣者两方负担？

答：无专以荐引佣工为业之人，亦无荐引费之名目。

（五）荐引佣工为业之人对于佣者是否负担保赔偿之责？

答：既无专以荐引佣工为业之人，则荐引之人对于佣者多系亲友，系应负担保赔偿之责。

（六）佣者有不法行为（如窃物或长支工价逃亡之类）致雇主受损害时，引荐人是否赔偿？

答：佣者有不法行为致雇主受其损害，雇主得向引进人追问。事情大者酌为赔偿，小者亦即勿论。

（七）佣者工资按日计算之法若何（如俗有算进算出之沿习）？

答：佣者工资按日计算。若期间久者，雇主亦量为通融。无算进算出之沿习。

（八）已定期间之雇佣，佣金应何时付给？

答：已定期间之雇佣，佣金多按三节付给。有随时支用者，亦有按月付给者。

（九）已定期间之雇佣，佣者于期间内因物价昂贵，可请雇主增给佣金否？

答：雇佣期间多以一年。如因物价昂贵，可于年满时请雇主增给佣金。

（十）商事雇佣有无于佣金之外兼分红利者？农事雇佣有无不给佣金仅予谷物者？

答：商事雇佣，有为雇主特别出力，为雇主所倚重，许以兼分红利者，则可于佣金外兼分红利。农事雇佣，通常俱给佣金。惟西乡有雇佣伙种，约秋收予以谷物者，不给佣金，亦属特例。

（十一）经过应付佣金之期间始行补给，佣者得向雇主请求其按月付息否？佣者预支佣金，至若干月亦应转向雇主付息否？

答：经过应给佣金之期间始行补给。及佣者预支佣金，至若干月均无付息之习例。

（十二）雇主付欠佣金至无力给付，雇主变卖财产时，佣者得先取得佣金否？

答：雇主于佣金，多系随时付给。如负欠至无力给付，变卖财产时，佣者自得先取佣金。

（十三）约定以年月日计算工资，佣者中途辞工，其工资应按日扣除否？

答：雇佣期间多定一年。佣者中途辞工，其工资按日计算。商事雇佣，于冬间生意繁盛时，每添一二人，俗所谓帮冬之说。佣金约定若干，如佣者中途辞工，其工资仍按日扣除。

（十四）佣者不经雇主之许可，得使他人代服劳务否？

答：佣者必经雇主之许可，得使他人代服劳务。

（十五）雇主未经佣者之承诺，得使其为他人服劳务否？

答：雇主必经佣者之承诺，始得使其为他人服劳务。

（十六）预约需要劳务时（如订约、插禾、割麦时为之帮工）服役若干日，佣者届期爽约，不能达雇主需要之目的，因而致受损害（如收获延期）。佣者有赔偿之责？

答：需要劳务，如割麦、插禾，为农事之最大者。其时受雇者最多。佣者届期爽约，雇主可即时另雇。纵或偶致损害，佣者亦无赔偿之责。

（十七）雇者使佣者服约定以外之劳务（如本系管账，忽使买物），佣者可拒绝之否？

答：雇主使佣者服约定以外之劳务，佣者亦量力为之，无径行拒绝之者。若商事雇佣，约定管账，不过以管账为其专主，以外仍须兼顾。

（十八）佣者为雇者服劳务，无过失，致他人受损害时（如无意伤人或损人器具），雇主应担其责任否？

答：佣者为雇主服劳务，无过失致他人受损害时，雇主应担其责任。或为雇主之事致他人受损害，雇主之责任较重。若仅为己事，雇主亦得从中调停。

（十九）佣者为雇主服劳务，无过失损伤物品时，能免赔偿之责否？

答：佣者损伤物品，若受雇已久，宾主相得者，可免赔偿之责。

（二十）当事者已定长期雇佣之约，于期限内有不已之事由，须解约时，得由一方径行解约否？

答：雇主辞佣者或佣者辞雇主，已定长期雇佣之约，期间内有不得已之事须解约时，必雇主佣者两相说明，始可解约。或即由荐引人间接亦可。

（二一）未定明雇佣期间者，欲解约时，是否须先若干日声明？

答：未定期间之雇佣，欲解约，须先数日声明。

（二二）无保证人之佣者有不法行为，致雇主受损害时，可向其家属追索否？

答：无保证之佣者有不法行为，致雇主受损害时，有家属者，仍可向其家属追索。

（二三）佣者因服劳务致疾或死亡而解佣时，雇主于佣者或其家属有无给养之事？

答：佣者因服劳务致疾或死亡而解佣时，雇主或于佣金外另相酬赠，罕见有给养家属之事。

（二四）雇佣各种字据之书式若何？

答：雇佣之范围原广，少有立字据者，无从调查。惟精神一类，聘教员多用聘书。商家雇请伙友间有用字据者，亦非定例。式均录下：

本岁敦请

王老夫子（印子恕）担任上下两学期舆地一席，兼教体操。认定脩金洋二百元按月补送。

宣统元年二月朔，湘阴高等小学堂堂长刘潜亮订

立专请字人义记茶庄主陈明亮。

今专请

戴克度老先生带管小记事务。凭引荐人关懋生。言定补送薪金纹银八十两整。自春茶起至荷花白露茶止，所有茶箱花香下汉时，均请经售。银两均由汇兑，其薪金原约收庄后照付。无论赢亏，不得短少。此据。

凭引荐人　关懋生　杨春生

光绪三十三年二月吉立

第八类　请负（请负者，包办他人工程及其一切事务之谓）

（一）关于某项业务托人承办，有无预供担保金者（如大工程告竣需时，防拖办者资力难继，使指定工款，以免亏损之类）？

答：业务托人承办，由承办人请保证者有之，无预供担保金者。

（二）关于某项业务承办者于承揽时有无预订违约金者（如届期不完工，则罚金若干之类）？

答：无预订违约金者。

（三）因托办者指定办法或供给材料，致其业务有瑕疵时，承办者仍有负责任否？

答：承办者不能照指定办法，致业务有瑕疵时，承办者仍负责任。

（四）工事建筑中遇天灾事变，以致材料灭失毁损，其承办人损失之额系请求托办者赔偿，抑与托办者平均负担？

答：工事建筑中遇天灾事变以致材料减失损毁，须请同中证人理论。或由承办者自认，或由托办者赔偿，或平均负担。察看两方情形，酌定无一定之沿习。

（五）承办之业务尚未告竣，而托办者无力中止时，承办者因中止所受之损害，能向托办者请求赔偿否？

答：承办者因中止而受之损害，得由托办人请求赔偿。

（六）承办者因财力不足，不能完成工事，得向托办者请于原定价额内随时支用否？

答：承办者因财力不足不能完工，得向托办者按工支用。若支用过多，托办者恐其难于竣工，仍须保证人负担。

（七）工事价金于经始即支付，与俟完成始交付者，孰为通常之规例？

答：工事价金于经始时付一半，俟完成付清，此为通常之规例。

（八）重大工程立有保证人时，设承办者中途要求增价，或借端中止，保证人之责任若何？

答：重大工程承办者中途要求增价，或借端中止，保证人得察其情形，或实系价金不敷，得向托办者请求增价，或系承办者借端中止，亦即催促兴工。

（九）关于承办大工事，有定保固年限者（如建筑屋宇色若干年不倾颓之类），其年限通常约若干年？

答：凡承办工事，向有预订保固年限之习。必由承办者凭保证人书立字据，交请负人收执。其年限原无一定，大约视事项而为差异。

（十）保固年限中承办者死亡，其承继人应接续负担责任否？

答：理论上有应负之责任，事势上多未能实行。当初原立有字据，迨后限中不能保固，即承办之本人尚有不负责任者，其承继人又何论焉？例如，蔡松林于光绪三十四年包修县治西门外洞庭庙石岸，原书字保定二十年内不至倾。今岁夏秋大水，石岸仍被冲溃。邑人士非不知执字以相责，而经手请负者竟若莫能。令蔡仍负担责任，此其一证。余多类此。

（十一）立约承办之后，因物价腾贵或估计差误承办者，得请求加增价额否？

答： 承办业务之人，立约之时只求承揽多年，率尔立约，其后或因物价昂贵或借口估计差误向托办者要求增价。察其价金亦实不敷，有增至原价一倍，尚不能完工者，向有此等之习例。

（十二）订一期限内必须完成之承办事件，届期爽约，至不能达请托办者应用之目的，托办者得径将前约作废否？

答： 承办之人届期爽约，托办者得请同中证人退约，另行招人承办。

（十三）工事久延，计难如期告竣，托办者得于期限之前另招或添招他人承办及分办否？

答： 工事业务已经与工者，不得另招及招人分办。

（十四）托办者因承办者拖延不能完其工作，另招或添招他人承办及分办，原承办者有无抗阻，不许他人承揽或工作之情事？

答： 工事业务已经人承办，尚未竣工，其余工业之人均不能再行承揽工作。否则原承办者必生阻力。向有此等之规例。

（十五）设因另招他人继续，承办人之工作比前多糜费用，能令原承办者赔偿否？

答： 既已令招他人，自与原承办者无甚关系。纵比前多糜用费，亦不得令其赔偿。

（十六）为承办业务所应需之杂费是否均由托办者独任抑与承办者分任

答： 均由托办者独任承办者向无分任之习例然亦有托办时将应需杂费一并归承办者承色不在此例但须于立约时认定注明。

（十七）承办者因工作致他人遭其损害（如建筑木料之倾覆，或砖瓦下坠伤人之类），托办者应负责任否？

答： 托办者应负责任，理论上固如是。事实上亦常有之例。于光绪二十八年，故提督钟紫云建屋于县治西正街。其后墙界抵冯姓祠屋墙。工甫竣，被风吹倒，冯祠屋之相连属者一并倒塌，并压毙赁屋冯祠之巢聚奎一女婴。后经街保从场，以冯祠年久破坏，修复颇难，劝冯买归钟受，另由钟置普田巷新屋一栋，兑归冯作祠屋，彼此两全。至巢姓女婴，钟念事属惨伤，出钱二十串，以作衾匣等费了事。以此见托办者之担负责任也。

（十八）各种承揽字据之书式若何？

答：录式于下：

立承包堤工字人谢怡福。今包到

酬塘公局新塘闸堤一则，请托保人李少海投局耽保。每棚先领棚敞、什物、油盐等费钱八串文，自放棚之后即日与工挑修，不得动辄停锄勒向加价，并不得有草输偷脚螂腰等弊。如有走棚亏欠，均为保人是问。今凭此据。

凭保人　李少海

光绪三十四年冬月十三日立笔

（十九）各种保固字据之书式若何？

答：字式录下：

立包华墙壁字人谢国青。今包到三姐矴

苏公祠正栋窑砖墙二板好为华正。保定六年之内不复歪斜。原议工钱六串文。如限期未满或有偏歪，为我是问。今恐无凭，立此为据。

凭引人　李春生　杨福林

光绪二十八年九月十六日立

四、湖南长沙县民事习惯人事部报告书[*]

调查民事习惯人事部各类目次

---

[*] 本件现藏于南京图书馆，索书号：GJ/EB/357414。

第九类 家产

第十类 遗嘱

第一类 人

（一）人自出生后即能享应得之权利。如小儿出世，即能承继其父产，所谓子承父业，而他人无可觊觎、无可攘夺者也。乃竟有觊觎而欲攘夺其业者，如长桥柳义门，年临六秩，无子。其弟妇以初生之子某某出嗣，并承继其产业。其时义门羸弱，其子稚弱，其子之胞兄二人欺弱，大有瓜分其业之意。于是义门请凭房族书立托约，交房长户首如柳海文、柳云陔、柳海楼、柳青晃、柳子恒等。厥后其子之胞兄虽履〔屡〕行吵闹，亦未能遂其瓜分之愿，不过略为给予而已。

托约字

立托约字人柳义门。今因年老，子无弟妇，以第三子某某承继。已凭房众书立承继子。唯念其子口不能言，日后恐多滞碍之处，为此深托房长户首代为照料。所有本身所置产业，概为其子承受。所谓承继承产，自古已然。无论亲房叔伯人等，均不得染指分毫。如或有枝生节外，家法、官法后先运用。铭配具有已时耶，是为托。

同治十年十月 日立 南溪信南

凭房众 恒进 保初 晴初 瑞卿

（二）胎儿有权利能力者有之，无权利能力者亦有之。如前者张小鹤曾欠蔡氏二十金之谱。张后起家，蔡请求偿还债务。张不理，反殴蔡。呼冤。长沙邑尊沈将张收押，勒令偿还债务。以其妇既孀，子尚幼，不能长其欺嚼之风。又如柳松之已故，其妻不久而生子。其亲房唯欲肆虐而不能，所谓胎儿有权利能力者也。若浣李氏之夫，原系承继而来，曾出乳母银一百两，并租谷十六石为夫之本生父母养老费。原议本生父母故后，仍将其田归承继人。乃其父母已故，其夫又故，其夫弟德臣揩田，不见退还，以致现控长邑有案。又如王姓胎儿之母与张姓和奸后，经家人拿获其母，投水而死。其儿虽有父顾复抚养，而受无形之损害颇多。当是时，不过将张割发痛打，后竟不能如张何。所谓胎儿无权利能力也。

（三）未成丁者与他人为重要行为，必须父母许可。即如买卖田屋，必由父母主持。即由父母分给已分，亦必禀请父母之命。故契据上或称父母子商议云。此等契据录在契据类。

（四）未成丁者经父母或代理人之许可而为营业时，其行为有与成丁者具同一之效力。即如柳镜堂开设线号，年以四十三而卒。其子一人未成丁，其母许其营父业。现在开设数月，其行为一切无异父在时云。

（五）未成丁之人与人有借贷行为，父母或代理人自己无代为偿还之责，何也？子借，父不知也。曾见有富家少子在外左借，而人以为某家某人，无不可借。迨时至三节，入门索债，其父母不腾骇异。有受怜少子而代为偿还者，有忍偿还分文者。其借贷主莫能如何，只得含忍。俟其成丁，并俟其父母殁，谚云堂前鼓响，本利周全。此事如长沙李氏、胡氏，湘阴李氏均有之矣。

（六）心神丧失者或浪费者与他人有交涉行为，不得作为有效。如柳五峰之弟以疯癫殴人，而人只得避之。张星垣之子以疯癫殴人，而人亦不校。曾默林之孙以疯癫殴人，而人亦不闻。至于狂嫖阔赌、酗酒行凶此类，不可胜数。而有识者以为此特妄人也，已如此，与禽兽溪择哉？！

（七）心神丧失者或浪费者，其家属尚可预为声明。其声明之法如下：

立晓单字人吴某某。今因第三子某某，号某某，年二十六岁。心神恍惚，不省人事。为此敬告乡邻族戚，预防一切。如或被辱詈、被支扯，我家人一概不理。莫谓之不早也。

光绪丙子年正月二十日吴某某特白

立晓单字人胡某某。今因长子某某，一号某某，绰号某某，年二十六岁。不守家教，惯行招摇撞骗，嫖赌逍遥，无所不为。凡百君子，勿为所诱所误。倘或被害，听人惩治。此子久已逐出我家，概不与闻。勿怪言之不预也。

光绪二十年十月　日立

（八）他人不知其心神丧失而与之有交涉行为，既知之后可以作废。即如湘阴李恕先，前几年往岳家贺婚礼。如新妇房，即将其桌上灯柱、茶碗、一切瓷器碎打毁灭。其语言无状，血气刚强。彼时不知何为。旋经捉住，问他，彼即昏而不觉。随命肩与送回家室，始知其人忽为心神丧失者也。谚云打破禁忌，打破吉庆。其男女家及新夫妇均无怨言。

（九）心神丧失者或浪费者，对于他人有交涉行为，其限制方法或以房关住，或以链系往。如长沙程氏有一心神丧失者，以房关之，送饭与食。柳五峰之弟亦曾以房关之。又如长沙杨某某长子某某滥费，常窃时辰表与服物出外，并窃邻家及外处一切物器等项。其父遂以铁链系足，并以房关之。其父死后，其兄弟析产，近较早年略愈也。

（十）心神丧失者或浪费者，被人引诱为不正行为，失去至巨之财产时，父母或代理人可问引诱人追还。其未给付者尽可作罢。但其财已去已散，追之而无可追。所以李恕光被袁人引诱包家室，用费千金上下。其父母知之，只禁外出而已。又如早岁陈汉某柳清某，本系白痴人，被同学引诱，大赌大输。其先生知之，父兄责之。除现兑不追外，所有未兑手票一概追还。

第二类　户籍

（一）清查户籍方法，近由警务分局巡官，按户查明，并发给门牌。
督同团保按册填注。门牌如下：

湖南巡警道为给发门牌事。兹查东局五区段内清福巷街第二百十号，现住户系本省本县人。

姓名＿＿＿　职业＿＿＿　年岁＿＿＿　男（大小）若干丁　　女（大小）若干口
家长柳云卿　　住家＿＿＿＿＿　四十　　　一三　　　　一
附查雇工（男女）几人：店伙几人　学童几人　　　信教几人
未在家者系名　　年　岁住
附住
团总吴松桂　　地保李万源
光绪三十四年　　日给

（二）各户户主皆以尊长充当，向例如此。

（三）不知来历之人，如道路弃儿，当以血统主义为原则。查日本定法，父母不明，而生于日本，则为日本人。如弃儿之类此，可推定其为日本人所生者，仍是血统主义，非出生主义也。然则某处所生者，即当以某处之籍为族。属于某人者，即以某人之籍为籍。即如长沙东乡曾有私生子弃之于道。有章姓人老而无子，即收养以为子。其子即得以父之籍为籍。至于掠卖婢仆，亦必以出于何地、生于何人者为籍。若不知何人所生，即以住所法，视为本籍。若不知住所时，即以居所法以定也。近日所买婢女，均得问其籍。掠卖婢仆，人多任言其籍也。

（四）日本法例，重籍之人以最后取得籍为籍。中国近亦如此。如长沙朱某某原系江南人，后入长沙，即以长沙为籍。现在南州田土广阔，长善人及各处人到此置产业谋生活计，即为取得南州籍，即以南州籍为定。

（五）随母改适外籍人之子，多不列入本地户籍。如善化李氏，随母适长沙郭氏。郭氏户籍未载李姓二子。其明证也。

（六）外籍之人为本籍人赘婿招夫，均不入本地户籍。以为义子，即为养子，即并入己籍。又如柳启煌曾任浙江南塘通判，带子名玉陈归籍，以为养子，即并入己籍。此类尚多，不胜述。

（七）因前项事实占籍，旋因离婚或离缘，转入他籍，嗣后不得回复所占之籍。如养子既丧失占得籍，转入他籍，即为他籍人。若再回复所占籍，决无是理。当见柳某某由广东带一养子归家，旋入岳州巴陵籍。继而仍欲归柳，柳不许。

（八）从教之人居住本地，并无出籍之习例。如福音堂信义会系耶稣教，而从教之人如梁家驷、陶澍恩等，均仍得为长沙籍人。

（九）外属或外省流寓者，已置有不动产，早岁入籍。惟善化限制稍宽，不待二三十年住居本地，只要他捐入学宫费数千两或数百两，不论何省人，均可入善化籍。故入善化籍者颇多。长沙限制极严，向以不许外人入籍为要点。故以外省如长沙籍者极少。至今岁还举之事行，始以满十年以上之居住本省地者准其入籍。并不责令捐金。（长沙老章程列后）

（十）外来执业之人如娼皂，不得准其入籍。

（十一）不能自立一户之人，如流民乞丐等，不得准其入籍。

（十二）地方公事，外籍人亦得管理及与闻。如小吴门外周团总，本衡山县人，得为长沙团总。东长街杨正兴，本江西人，现为长沙团总。小吴门向海清，本平江人，曾为判官庙值年。张嘉福本益阳人，亦为判官庙总管。此类甚多，殊难悉数。

（十三）未入籍者于地方公益之事，亦多书捐输之义务。如修街修桥等项，不论籍贯，无不乐于捐输者。

（十四）地方公共财产以慈善为目的者，外籍人亦得享有救济之利益。如省垣恤无告堂、同善堂、普济堂及各善堂等处，均不问籍贯而一视同仁。若一乡一里一团之育婴费，则只给予本地之育婴则有之矣。

（十五）本地不动产无不许本籍人卖与外籍人之例，而近来有不许卖与外籍人之习，何也？恐其卖与外国人，永远无可买回本籍也。

（十六）新立学堂外籍人亦可肄业。其间如省垣绅班法政学堂第一班速成科，已有广西学生严荣者。其余各学堂，外籍均可附学。

（十七）丧失国籍之人，如系户主，则家督相续之事以起。如非户主，亦不能取得本地户籍，而与本户籍人有同一之权利。

（十八）寄籍外属或外省之人，得随时回复原籍。但回原籍时必须有住所。亦分三种言之：（一）因婚姻失本籍者，婚姻解除之后有本籍住所者；（二）依自己之志望取得外籍而丧失本籍者；（三）失本籍者之妻及子，因取得本籍而失本籍者。此皆有本籍而失本籍者也，故得为回复。

长沙永禁私请入籍公禀

具禀职员易卓、柳启洪、丁敏忠、余世谟、刘攀桂、萧锡畴、童丙焕、康阜、李家骅、余肇钧、萧大载、常锡昌；举人左世觉、谭信燮、徐树锦、胡钧学、屈杭、罗祥麟、曹泽棠、何绍远；贡生左世望、戴正心、靳其藻、柳大莹、张延珂、章俊、萧赓、周绍芳等。为谨遵 功令恳恩存案事。窃惟士人发迹，先在滕岸。考试论才，比严籍贯。煌煌功令，具有明文。近有流寓星沙，希图诡遇，违例冒考，流弊滋多。或置产提写岁年，或假借同姓文契，或混捐输册籍，或假托捐银学宫，自称年例已符，便谓呈请有据。籍贯可冒，士习曷端？今职等公同集议，凡新人入本邑，应文武试，必由学宫会议得实。例果符合公出呈词，其有私行呈请，不协公议者，求 仁宪公祖赏赐批驳，以杜冒滥，以端士趋。

合邑沐 恩感戴。靡书谨禀长沙县正堂刘 批准。如禀办理，并饬房存案。

同治七年冬月初一日 案存礼科

续禀

具禀职员柳启洪、彭申甫、柳大莹等。为恳杜冒入以肃考试事。窃惟士习，必清流品。考试当严籍贯。军兴以来，外省流寓长邑者颇多。虽各省渐次底平，而还籍者少。现在科试，届期除本籍照遵，厘剔违碍过犯不许与考外，难保无原籍违碍，便假寄籍，希图违例冒考者，或置产时提写年月，或诡列绅者姓名禀请，或假借同姓文契呈验，或捐输与保举冒填册籍，或因续修学宫诡捐银两。去岁已缕禀前宪，奉准在案。职等伏思，查例在载寄籍地方，必查明产业，如室庐以投税之日为始，田亩以纳粮之日为始，扣足二十年，始准移会原籍。地方官确查有无身家违碍。俟原籍移覆，据文立案，永不许再回原籍跨考。乃为详咨（抚学）宪会街具奏奉准　部覆，方许入籍考试，如有年例已符，未经呈明现行考试者，一经查出，原籍、寄籍均不准其考试。

功令昭然。长沙为附郭首邑，自应照例清剔。嗣后凡呈请入籍者，恳饬将即契及历年粮串具呈，旋饬持契串赴　学宫，公同验明。且确查田墓庐舍，实系该本身契据，并无提写年月日、假借同姓等弊，方为合例。至捐输保举册籍或有误填者，原可自行更改。

学宫捐修或有误收者，自当如数掷还，不得以此借口。凡此皆为清查籍贯分别流品起见，除禀两学师外，理合禀恳剀切告谕，并批饬定案立碑。职等遵批于　学宫，监立竖立石碑，以垂永久是都有当。伏祈

公祖台前核饬施行，并乞会详

学府宪立案，以杜冒滥，以免讼端。合邑士林，不胜顶祝。上禀

禀两学师同

第三类　失踪

（一）生死不明之人，自断绝音信之日起隔七年间，其家属可于门牌或保甲册内注明其失踪。若临于战地者，在沉溺船舶中者，及遭遇其他当得死亡之原因之危难者，战争既止之后、船舶沉溺之后又其他危难，既去之后三年间犹不分明时，亦得注明其失踪。

（二）失踪之人无父母妻子，其所有财产必得其亲族管理。即如柳长庚早岁略有余赀，出门后十余年杳无音信。其妻子本无，其父母均故，其财产即由其姊丈某经理。

（三）失踪者无管理其财产之亲族，所有财产应如何为失踪者运用？如唐姓一子出门久无音信，所有祖遗财产，其邻里均着归其子使用。或做道场，或焚纸钱。又或于申元化包钱办盂兰会。

（四）失踪者之财产归其亲族管理时，管理人对于其财产可以随意处分。

（五）失踪者失踪后，其父母遗产经其兄弟分析，其应归失踪者之一部分，必须代为保存。如柳殿桢之子，号春林，出外七八年全无音信。其兄弟分析其应归失踪者之一部分，即由亲房房长某代为保存。

（六）失踪者失踪时，其子女业已成立。自断绝音信之日起一二年三四年间均可完娶或出嫁。如曹某某出门在最后音信之日时，其子已十九岁矣，其女已十五岁矣。越二年，其子完娶。越三年，其女出嫁。此无一定年限也。

（七）失踪之父母只此一子，失踪后有急欲收养他人为子者，无一定年限。即如王某一子失踪不满一年，即买一子为子。

（八）夫为失踪者须二十年之久，其妻方可改嫁，无须经官给照，否则必有纠葛。即如前门萃春轩，孙某之侄媳。夫为失踪只，三年即行改嫁。不聊其夫旋即归家，现控长邑有案。又如早岁曹某出门，失踪已十年。其妻改嫁，夫旋归。经乡团理处断，令受亲人再出钱百串予其夫，另娶寝室。又有失踪八九年，其妻改嫁，亦无异说者。如南门外曹某之妻柳氏，现已改嫁到八角亭某姓线号。此系柳姓出礼金二十四两，向曹赎回另嫁。其礼金仍系受亲人出。曹姓将庚帖退出，并无他字。

（九）妻为失踪者，夫欲另聘另娶，均听其便，并无年限。

（十）失踪者之财产业已归公，或被管理人经手散失，失踪者年久复归，自可请求恢复原有之财产。

（十一）失踪者年久复归，回复其财产之后，前之代管理财产者无过失，自当予以报酬。

第四类　代理人

（一）孤幼未成丁之人父母死亡，其代理人由戚族充当。早岁柳大年孤幼未成丁，其母虽存，而家事曾由彭宫保刚直公着户首柳海文代为经理。又如柳慎薇出生时而父母均故，其户首柳云陔代为经理养育，顾复教读婚配，以至学贸营生，皆云陔之力也。又如李某父母均亡，其一切事物均由四十岁未出阁之姊及其舅父为之经理，以书恤孤慈幼之义云。

（二）亲族或戚属为代理人，其代理权限尚有限制：（一）为保存行为。保存者，谓保存其物与权利也。如屋坏不修，必颓败，则修缮即保存行为也。不动产不登记，则不能对抗第三者，则登记即保存行为也。（二）如不变代理人之目的及权利之性质之范围内，而以利用或改良为目的之行为，则关于此项之规定，盖不仅保存，且于其物与权利，得以有利益之方法而使用之。

（三）充当代理人者，非有赀产不可，非公平正直不可。

（四）心神丧失者或浪费者，若无父母，其一切财产应由有赀产之亲族代为处理。

（五）夫为心神丧失者或浪费者，妻得为其代理人。如长沙文某最嗜酒，每醉而神昏。其妻遂经理家政。善化胡某最好赌，每赌必大输。其妻遂经理家政。

（六）代理孤幼未成丁者与心神丧失或浪费者之行为时，其权限亦各有别。代理孤幼未成丁，必为之正性情，保身命。代理心神丧失或浪费，则为之保财产是也。

（七）代理人之一切代理行为，不可与本人同意。即如梁某早岁家甚富，不念其父当勇出身，吃尽辛苦后，官浙江协镇。虽积赀产，不知费了几许心力。而其子今日起大屋，明日填大塘，又另做一大塘，旋要大做生意。经代理本家力行阻止。

（八）代理人对于本人不动产或重要动产必须变更，本人幼弱或智识不能判别利害时，代理人虽可专行，亦必商之亲族或戚属。即如柳保元之子，当孤幼时，必须将房屋出售。代理人必与亲族商酌行之。

（九）心神丧失或浪费者，不得代理人之同意而为重要财产之变更时，有时得为取消，有时不得为取消。如心神丧失者不知利害，浪费者不顾利害，如所见不谬，不妨与之同。所见若非，即不能与之同也。

（十）他人不知其为心神丧失或浪费者，而与之有交涉事件，代理者可以取消。如曾某与张某大赌，张大输，不兑钱。曾大怒。经众说明某某本系疯子，汝如何与之赌？伊有何钱，请即作罢可也。曾依其说。

（十一）代理人遇有不得已之事故，可请他人复代理。其请他人复代理，必与本人说明。亦不能限定本人认可。但本人以为必不可者，不得勉强。如长沙黄某在外为戚代理一切。后因病归家，伊遂托堂弟某复为代理，与本人说明。本人不以为然，遂罢。

（十二）代理人因处理代理事务，致本人受损害时，本人有时可向其请求赔偿，有时不可向其请求赔偿。有时可取消其所为，有时不可取消其所为。何者？查曹氏某某为钱氏代理人，曹姓为己计，将租谷不必发卖之时，而竟发卖。过后谷价大涨，钱氏受损害不少。钱氏问他谷钱作何事件，曹无辞。钱请赔偿，曹不允。旋经人劝解作罢。而止若谷本当发卖之时，虽大受损害，不能请求赔偿。所以代理人果正当行为，不能取消其所为。否则无不可取消其所为。

（十三）代理人因处理代理事务，致自身受损害时，本人有时任赔偿之责，亦有时不任赔偿之责。何也？因代理事而身受害，理应赔偿。惟不审其详密，轻举妄动，则不赔偿亦理也。如韩少康为至亲代理放账一节，后因索债，致自身亦受累不少。其至亲以为索债受害，而我所放之钱本息归楚，则费精力亦至矣。其伊受害，应酌赔偿。又王某为之戚密之友代理置田业，不加审慎，以致纠葛不能清厘，而其身亦受害，则不赔偿。系自取之咎也。

（十四）代理权应事实消灭，他人不知，而与之有交涉事件。认为代理本人时，本人应将其事一一说明。如店中管事人今已出店，亦必与之说明，而不得承认为仍在本店也。

第五类 宗族

（一）族中订立族规，必由族众公议，族长订定。有不禀官存案者，如长桥柳氏族规是也。有禀官存案者，如吉祥巷李氏族规是也。其证据列后。

（二）祠堂奉祀木主，其位次昭穆，有大宗小宗之分。所谓昭与昭齿，穆与穆齿是也。其大宗小宗图列后。

（三）宗祠祭祀主祭，例应宗子。长桥柳氏向以宗子充当主祭。并有宗子田屋一庄，租谷二十余石。现宗子已故，无出。族人有议承继，并承产承宗。有议承继可，承产可，而承宗则不可。纷纷议论，尚未决定。其陪祭向按各房选年尊派长者充当。吉祥巷李氏宗祠主祭，以分房为定。陪祭亦然。长沙王氏、宋氏主祭陪祭均以分房年尊，派长者充当。曹氏、邓氏亦然。

（四）抚养异姓之子不准入祠，并不准主祭。陪祭均以分房年尊，各祠多系如此，柳祠尤严。曹祠、邓祠、周祠及各大姓祠可考。又如宋祠、王祠、邓祠亦然。

（五）新认远代之同族，其于族内享受权利及负担义务均不能同一。即如长桥柳氏，原系由江西迁浏邑，后由浏邑迁长沙。其旧族居浏者尚多。迨久隔之后，二比忽认为远代同族，其故老坟墓多在浏邑，而其长桥祠内早年所发考费科举费以及捐输各项，浏阳旧族概不与闻。若如黄氏、李氏、邓氏、颜氏、陈氏以及曹氏等，合各县各处各祠集为一总祠，则享受权利及负担义务自无不同之事。

（六）族人唯不准为异姓之承继人，而亦不能禁止为异姓之承继人。承继异姓后，于本宗并无关系。即如欧阳简氏之子承继舅父简润生为子，命名承宗，年二十岁。欧阳称本籍福建向有此例。其实简润生有自置房屋一栋，在晏家塘，承继者即承产。后因纠葛具控善代。邑尊断钱三百串归承宗，以其为承继人也。承宗已承继异姓，于本宗有何关系？

（七）承继异姓之人，悔继后有许其归宗者，族人少，本人或无子也。如长沙尹某承继舅父杨某，后欲归宗，其族人及本人许之是也。又如长沙新康都五甲桐子园吴盛斯归宗，改名龙吴斯。其事实亦闻如此。有不许归宗者，如衡州常文即公之孙承继陈姓，并未归宗。又查榔梨宋氏抚继异姓或僧道均许归宗，只要确是本宗人。

（八）充优隶及有其他之不正行为者，族中虽有禁止之条，而究不能有禁止之实。无论大小各族，均不能无是人也。惟长沙王族无之家规，严禁贱役。

（九）违背族规者，其最重处罚如曹姓、郑姓、柳姓，则以入祠责板数百，年老者跪香一日。乃柳祠曾有一八十岁人，将所领之谱，不遵规约，尽行虫伤。遂罚在祖宗前跪香一日，不准再行领谱。又有两父兄某某十分桀骜，动辄殴打，头破血流。经族长传入宗祠，遂责小板各五百。此柳祠前数年之事也。又曹姓因小党不服族规，其户首曹翼庭、曹庆云等在祠责罚小板数百。金铿黄姓有出族者。

（十）处罚违背族规之人，罚规均系预定规条列后，亦有临时公议者。如所犯出于罚规之外，而实有损于宗祠及同族名誉者，均临时公议责罚。

（十一）处罚族人，有禀官立案者。如早年柳氏以赌博，禀柳七木匠立案禀帖。原稿现遗失。

（十二）被处罚出族之人，后经改过，自许归宗。闻金铿黄某如此。

（十三）关于族中个人身份行为，如柳姓曾立红黑簿，交各房长。凡生卒、婚配、承继、兼祧等项，均一一登记，并无特别登记须出费用者，各族大略相同。

（十四）族中族长多系以行辈年齿递推，不过由族众公议，并无公选之法。

（十五）族众有事会议，由族长邀集。即如柳祠现修族谱会议之事，由族长值年柳谅三传齐是也。各族均系如此。

（十六）族中与他族诉讼，关于宗祠之事，由族长值年出名。关于个人私事，由族长值年出名，具公禀。如柳祠早岁与湘潭周姓构讼，均系值年出名。如柳与张姓构讼，则族长具公禀。

（十七）族人争讼，应由族长族众处理，不谐始得起诉。如前三年柳丙章与柳清臣等争公山界址，先经族人柳谅三、柳尚友等处理。数次不谐，遂起诉讼。

（十八）族长不孚众望，应由族众另选。

（十九）族长经理族中事务有一定报酬者。如柳氏为值年，每岁夫马费三石谷，其收租钱、租谷等项，概不给付息钱，听值年自行生息，以入私囊。

（二十）族长侵蚀公费，永不准本身及子孙并本房复充值年人。如柳文纂侵蚀祠款，经众罚跪，当祖宗立誓，凡子孙及本大房永不经管银钱。故数十年柳文纂一大房只可为副管值年，银钱不许经手。

（二十一）同姓不宗之人，通常不准入祠，何谕族长。

（二十二）抚养异姓之人通常不准入祠，何谕族长。榔梨宋氏族规，凡抚养子随母子及娶妻五六个月所生之子，均不准入祠内祀祖。其修谱则注明来历，以免其乱宗也。各姓多系如此也。

（二十三）曾受国法之处分者不得为族长。如长沙萧军犯年满归家，大有余积。旋族人以其富厚，欲举为值年。识者阻之，遂止。

（二十四）族中公产多系捐集。如长沙李氏墓田、祭产、学款均族长族众捐集。柳大年曾捐赈恤款一千金，额定嫠妇二十名，每名每年给钱三串。若修谱修祠，即在墓田、祭产、学款内支用。若族约会，族内各会并无专款。查各姓均如此。

（二十五）经理公产之人，有时为族长责务，有时为族众公举云者，有时按房举齿德派俱尊者及殷实老成为众所信服者，有时亦不按房公举，以房分之，人不齐故也。查各姓大都如此。

（二十六）公举经理公产之人，无所谓族众族长监督，不过按房公议或不按房公议，只要众以为然而已。

（二十七）经理公产之人，任期多系三年。有再留三年者，如曹柳各姓均如是。其办事权限，凡公产事任其行为，族人毋得侵越。其有被侵越，如柳晋谦者，只是为人太愚懦耳。

（二十八）经理公产之人非有资本不可，非老成公直不可。

（二十九）族中公产如何使用权益，以及置买田屋，有时可由经理人专主，有时必得族众之同意，何也？事小事大不同也。查各族经管公产均如此。

（三十）族中公产永不准典卖，此通例也。然亦有破例者，如长沙汪氏宗祠、葛氏宗祠房屋已出典矣。潘家试馆、陈家试馆房屋已发卖矣。又如朱氏宗祠已出卖矣。余不多见。

（三十一）独立捐出多金充公产者，如长沙柳晋陔曾捐学款二千金，赈恤费一千金。以及柳大年捐赈恤费一千金，均未享特别利益。又如长沙李新燕独捐数千金修造祠宇、修造谱牒，亦未有特别利益。又如梁静凡亦捐千金入祠，未闻有特别利益。

（三十二）经理人滥用或吞蚀公款，应任赔偿之责者，设已死亡，其承继人应仍负任，何也？父欠子还之义也。然亦有不能赔还者，如长桥柳文蓁吞蚀公款，死后其子亦未赔偿。

（三十三）应受公产抚恤者，鳏、寡、孤、独，约四类。如柳培龄资性极高，家计极窘。宗祠设有义塾，入此读书数年，蒸蒸日上。由是最少之年，补弟子员，以至庶常。后未书有特别义务。

（三十四）管理公产有，公立规章以资遵守。着其规章书式列后。

（三十五）族规之书式列后。

长沙李氏族谱序

族谱之修，吾先君子志也。吾族谱一修于乾隆丁巳，再修于嘉庆丙子，屈指于今又七十有五年矣。咸丰初，族众尝有续修之议。缘粤逆扑省，不果。后不得已，乃于其季年两房各为支谱之修。当是时，我房董修者，先伯恒齐公也。先君子鹤笙公手编辑，命英显同校字，辄慨然相顾曰：谱者，谱也，所以普亲亲于一族也。吾祖始自江右来湘，源用、源贵两公本同气。当年兄弟弗离，今日世纪各异，虽计日可藏厥实，而实于谱之义有乘。予年近五旬，异日族谱之修，恐不身及。其事汝会逢是举，必殚心瘁力，与族众共襄成之于呼。其惨惨于族谱之修者何如也。越数年，先君子踵先伯即世矣。而族谱之修，迟之久而未有成。议岁癸未余馆蔼梧公家坐对，中宵屡语及是。后各不自暇，辍其事者。又有年客岁冬，曾晤省垣复商及。适子庶子慨然举首长。至日集总祠汇众，议定章程，而各委其任于房户首，责成于一岁之中。英显不敢辞，而重虑才力有所不逮。幸祖零默牖各伯叔昆季皆踊跃从事，不数月而草稿齐。乃加意校正，损者损之，益者益之。凡先世坟墓有何稽与夫行谊，有可传节孝，有可纪者皆详记之。规模率本乎先纪载，无遗于后。将书与子庶蔼梧，公合次卷帙，付诸枣梨，既成世泽珠光，源流璧合。爰缀数语，简端执笔之余，不禁喟然也曰：族谱之修，乃先君子凤志。而九原不作，弗观厥成。本原之念，盖不胜风木之感云。

光绪十六年冬月十六派孙　英显谨撰

昔孟箕着宗约七则，士晋立宗规十六条，简要切当，至今传诵。兹特异仿其意，公立家训凡十，并议家规列后。我族人能着实遵守，一切知所法戒，为国家良民，为祖宗肖子。端在是矣。

家　训

一忠君

君，天也。雨露自天降之，涵濡并沾其泽。爵禄自君，锡之显荣，韦被其光，理有同归，事无二致。顾朝廷设立文武职官，各有司事。一登仕版，无论职大职小，总期不负君、不负亲、不负民，方于做官无愧。若贪污不法，上干显戮，下流为祖宗不肖子，返躬自问，天地何容？况忠之一字，随分可以自尽。祖宗以来，历享太平之福，室家欢聚，衣食有赖，无在不是君恩。但国课早完，安分守己，为乡里好百姓，即是朝廷好臣子。各思自勉，贯泰家风。

一孝亲

子之身父母生之，父母养育之。由孩提至成人，不知费几许勤劬，乃成一个儿子。由是教读分配经营备至，饮食衣服筹书必周。父母无日不望其子为好人，而为子者诚能读书，则志期上进；耕田，则力勤作苦。以至执艺事习商贩，总期竭志任劳，求为父母增色。此即父母好儿子，此即谓之孝。若不听父母教训，任意非为，荡产败业，流为无用子，致令父母年老无所依靠。试思父母生我何为，不能使父母安，乃反增父母虑乎？天鉴维昭，谁能自逭？家法具在，岂得宽容？俯念亲思，各宜自勉。

一睦兄弟

兄弟，手足之谊，人人所知。然人每于升斗锱铢，辄生计较，以至遇一事，非兄不满弟，即弟不满兄，彼此参商，遂成仇敌，甚或构讼公庭，亡家荡产。盖思手足一体，适必均适，痛必均痛。偏废每弗安骈枝恒两碍。兄弟不睦，势必同残。诚令兄弟之间视一体为重，而视财产为轻。即或父母所遗家资稍有不均，亦绝不存猜尤之念。如是，则心自平，平则和，和则手足之谊笃矣。语云：兄弟同居，忍便安。莫因毫末起争端。眼前生子又兄弟，留与儿孙作样看。为兄弟者，当三复斯言。

一正夫妇

凡人家与福致祥，多由和气。而和气之积，莫先夫妇。易曰：夫夫妇妇，而家道正。故内助之贤，君子重之。若立配之始，不论门户，不择贤淑，迨婚姻既成，又或过于爱昵，唯言是听，则恃宠而骄，势所必至。而鸡之司晨，狮之吼听，其所由来者渐矣。久之，夫不能堪凶终隙末，甚有鞭挞冻饥，逼逐再适。此非所以厚伦而正始也。当思父母为子婚娶，原欲宜尔室家，为延祀亢宗。计而反目异志以事，父母岂不伤哉？诚去沉溺之爱，夫不至始宠终弃，妇不至恃宠横恣，相与黾勉从事，如陈仲子之夫妇灌园食力。冀却缺之，夫妇相敬如宾，斯则善矣。

一尊师

人生于三事之如一，然则师顾不重哉？盖自成童以来，无不赖师以教之。幸而读书有成，进学中举、中进士，师恩固无日不当思报。即不终于读书，而识得几个字，亦有几个字的受用。读得几句书，亦有几句书受用。无在非师所成就，即无在可以相忘。他如工买商贩，莫不有师循其教训。所至家累千金，亦所必有。即仅仅衣食藉以不匮，室家赖以常存，趋事赴功，大抵非师无所本。平居一思学习所至，自其报答，当复如何？若稍有寸进，反眼若不相识，为师者又不加责，自问何以无愧？有则改之，无则加勉，慎无流为薄俗无赖子可也。

一慎交

朋友相须而成未友，宜审择。既友宜笃挚品行在我之上，则亲敬之；学问在我之上，则就正之；过失规我，宜思改行，不可认为攻击。恩惠加我，宜思图报，不可久而忘却。持身涉世应求问，皆不可苟且，受益必当不少。圣朝教泽涵濡，人思向善，结盟拜会，例禁特严。近有无业游民，造为放飘之说，引诱良民不少。我族散处邑中，尚无一人误入其内。然防维必密，父母自不得稍忘警戒。若游荡肆行，迷途自狙，一旦发觉骈戮市朝，适为祖宗羞辱，大抵皆交之不慎，以至于此。况不择正人，随俗相习，以至习嗜洋烟，败家废业。结瘾既久，不顾父母，不顾妻子，徒留一幅骷髅，奄然待尽，可耻孰甚！他如嫖足伐性，赌必伤财，幼年子弟往往不觉，身入其中。虽由自家立脚不稳，而朋友引掖为害，固亦多矣。呜呼！朋友五伦之一，不以为改过迁善之资，反以为积恶丛慝之具，可惜也已，可慨也已！勉之，慎之！毋贻后悔。

一虔祭祀

祖宗已达，所以引之，使近者莫如祭祀。古之人笑语，居处饮食嗜好，当祭时无不思之又思，无非欲以亡之精神，通祖宗之精神，非徒以陈牲礼示其丰，循拜跪隆其节也。我族总祠向在省垣，每岁冬至祀祖，轮流各房承办。虽值年有定，要必躬亲典礼，庶稍伸其诚敬之心。至于寒食、清明及七月十五、十月初十，各房因时致祭，皆有一定章程。凡房下子孙，务宜如期，各诣支祠，肃修祀典。若夫年节家祭及三代生日忌日，所陈祭品自可称家有无而馈献。所将总以求达其孝思为尚。我族人其共勉之。

一和宗族

尧典，明德首亲九族。周雅念祖，特重本支。我族自元季来湘，历今六百余年，支分派别散处邑中，自幼至老未经谋面，往往有之。然由敬宗收族之意，以聊分形固气之情，无亲无疏，总属一体。年日灾相恤吉相废，岁时伏腊，居处稍近，可以各致其情。即相距颇远，春冬祭扫时一欢聚，亦足畅其和睦之怀。或过有难平事故，请凭户首房长，大家剖论断，不得径行与讼。总之和气致祥，父与父言慈，子与子言孝，推之恭兄友弟，相习成风，必不至辄起乖异之端也。一旦遇有外人欺侮，虽是非曲直理自难，越要宜共为扶持，俾不至覆败难起。而祖宗坟墓之互相保卫，子弟动作之互相约束，更不待言矣。

一力勤

治生之道，莫重于勤。左氏云：勤则不匮。邵子云：一生之计在于勤。勤之一字，可不共勉哉？读书非勤不能有成，勤则性分虽远不及人，而铢积寸累，一旦得所悟入，自不难出人头地。若聪明子弟勤于攻读，一日自可抵人十日也。辛苦莫如耕种一日之勤，自受一日之益，一年多收几石谷，即一年多余几石谷。衣食足则礼义与。古语云，种田为本，信不爽矣。他如工，非勤则艺不精，商非勤则事不习。若偷堕自安将淫酗赌博，必且相乘。而至求上进者，既无可期，而室家相聚，亦岂能常保丰足哉？总之，一勤天下无难事。能以勤自力习惯，无有不成自然者。童子使供洒扫，妇女必亲纺绩，一家无一闲人，则富裕有基矣。

一崇俭

俭，美德也。书云：慎乃俭德，惟怀永图，俭之足尚也久矣。近来奢侈成风，家计颇能充足，即起造屋宇，置买器皿，无不以华丽相高。布衣粗食，自属民间本等。而子弟或习用绌纨日食，或恒餍粱肉，甚至嫁女娶妇，百般求胜于人，饰妆查则百金不惜侈，宴会则数日为期。此皆取贫之道，稍不自检，往往明知之而明昧之。及至财用告匮，家业不能自守，旁观或私相窃议，谓其先能通盘打算一切，无有过费，必不至。此当局者反迷不知悟。且恧颜相责，以为我岂好自滥用，但不能习于鄙啬，效龌龊子所为耳。此等风气岂易速为挽回而不力。为挽回之，亦安能从事于俭耶？记云：量入为出，此言极有至理。一家之中，无论尊卑长幼，莫不贵有恒业。而家庭产，或遗自先人钱谷，或得自贸易，以及日积月累，谋裕盖藏。而综核一年所入以供一家之用，取给无常，岂能悬计？必有成算，乃能留有余地。至于席丰履厚，所入不赀，自当别论。然规模既大，非平时筹画有经，讵免一败难起。总之居家，非俭不能有余，持身非俭不能自裕。一年之用几何，一月之用几何，一日之用几何，为父兄者随时检点，为子弟者竭力奉承。苟能若是，未有犹不免饥寒相迫而流离失所者也。若夫谊敦宗族同恤同周情切，友朋相推相解，则又但宜樽节行之，不可流为吝啬不堪矣。

家　规

一居家莫要于教子。聪明子弟兄，父兄必预为训诫，引之正路。即性成椎鲁，亦须宛转开导，使皆知所约束。语云：父兄之教，不先子弟之率。不谨若聪明者任其放纵，稚鲁者听其横蛮，一旦至蹈，非为子弟。固宜严加责惩，父兄亦不得自告无罪。

一士农工商子弟，各有本业。平日务听父兄教训，凡是必禀命而行。而持身居家，必以勤俭为本。勤则事无难成，俭则用能有备。明效立睹，万无自弃。若礼法自外，罔知检束，淫酗赌博，甘为下流，遇有此等子弟，无论亲疏，公同责惩。

一卑幼殴詈尊长，无论有理无理，先责后论。或尊长理乖及无故欺压，卑幼宜鸣族公论，请凭户首，以祖宗之家法责之，不得擅自冒犯。

一兄弟叔侄，既门户各立，自宜振作精神，求为祖宗增色。况分形分同，气有异体，并无异情，何得因财产挑衅，辄形竞争？倘敢藉藉端生故，需索诈害，公同重责。

一孤寡必须存恤，骨肉 [月] 岂容戕害。若肆行欺嚼，使孤寡无自以自立，任意摧残，俾骨肉 [月] 不能相安。甚至以强欺弱，以众凌寡，及压买压借，强索强掘，唆非唆讼等故，一经投鸣，或遇事觉察，公同 [全] 责惩。尊长则加倍议罚。以妄论断，不得以溺爱混升。至于年幼夫故能守志者固嘉，不能自守，原可听其改适。鄙俗转房之说大乱伦理，莫此为甚。律载：兄亡收嫂，弟亡收弟妇，均予绞罪。宜自凛遵公议。自童养媳起，但名分既定，一概严禁。倘有不奉规约，私自举行，公同送究。

一散发谱牒，各宜严密收存。如有不肖子弟钞售异姓，以致藉端混宗，一经查出，公同究惩。

一我族禀请 宪示，奉颁各房支祠子弟。倘有不平家事，不先鸣族理论，私行捏控，准受累者请凭户首，无论尊卑长幼，奉行责惩，再行理处。

一各房户首，凡遇族事，不得挟存私见。无论尊卑长幼，一以理处。越理者重责。如户首为私侵公，堕坏族遗，公同另举。

长桥柳氏族谱序

国无屡代不更之法，家无易世不续之谱。法不更则政敝，谱不续则情离。吾族自太原而江右而清浏而星沙，源远流长，支分派别。前之人虑其久而散佚也。为之述祖泽，定宗法，详世序，系纪祠墓，订家规，体例庄严，条款缕晰。其渐次修明昭兹来许者，用心益周且挚马。顾自道光甲辰续修以来，又阅册余载。咸同间潢池弄盗，沧海横流，铁马金戈，所在蹂躏。名门巨族，转徙流离，敬梓恭桑，怆马禾黍。间有凭藉宠光，涉猎声誉，而怅乡同增呜咽者比比也。人情经患难则有余悲，居安乐复无远虑。甚或菅蒯期切斧寻根本，举族人而秦越之有心者，所为抚育太息也。吾祖注籍湘南，传世二十，虽屡经烽燧，而庐墓依然，而室家如故。家承阀阅，绍箕裘才，而售者增黻佩之荣，壮而强者备鼓声之选。大率入里门问风俗，习弦诵安农桑，有朴呐而鲜□□，知自爱而重犯法，端详雍睦犹肃然，见河东之遗风，以视大江南北浩劫。余生幸不幸固大相悬焉。要非祖宗功德，隆隆炎炎，以保世而滋大，曷克有此？方今武备克绥，江表无事，圣皇缵绪，百度维新。国史馆饬修志，乘懿铄隆茂，薄海同文，俨跻天下于休明之盛。兹谱续修，于以登版，籍而诵先芬。又乌容已夫，莫为之前。虽美弗彰，莫为之后，虽盛弗传。陈完负担而昌齐石奋恭谨而显。汉七叶珥貂之贵，一经诒燕之庥，岂运会固殊哉？根实而末茂，膏沃而光华，道固然也。用是搜讨载籍，追述旧闻确者，补之厥者，仍之礼切于家者，毕诸古事，系于祠者，厘以规。且分房敬易以子布牒概逸其号起例，稍变其文，发凡各矣。以引匪踵事而增华，务去浮以崇实。其亦政与时更之意也，与是役也。议起于同治辛未，蒐集于光绪乙亥，事蕆于光绪丙子。值其年者，经其费，总其成。主修、协修，各房分任，以竣厥举。於戏子孙之身、祖宗之身也，子孙之心、祖宗之心也。祖宗默谐族姓为一体，子孙即续编族姓为一书。世宗宪皇帝谕曰：立家朝以奉烝，当设家塾，以育子弟。置义田以赡贫乏，修族谱以联疏远。天语煌煌，宣布中外。前者遵，后者继，祖灵实昭。鉴之守其旧，更其新，宗牒为愈光矣。若夫擅潘陆之词章，侈金张之门第，于文为夸，于义无取，非今日续辑斯谱之意也。

光绪二十年丙子孟秋 月吉旦合 族谨 序

柳氏旧例 十八则 择录五则

一谱式莫善于欧苏。欧仿史记年表，苏法礼家宗图。今谱合欧苏而小变其体，酌其宜也。

一自详甫公至镇公，编世系于卷首，溯其源也。曰纪略者，时代叠更，亦欧阳氏其谱亡之憾也。奉文政公为一世祖，缘公自浏迁长，立业溪沙，即别子为祖意也。

一自文政公至仁父公，官阀绳承，渊源确凿。惟字号、生卒年月、葬地，家乘流传，详异各异。文献之征，不知则厥，不敢诬也。厥而犹幸有存，不敢忘也。

一各支系图书早卒者，不复列支牒。左氏所谓伤无服也。无传者系图作□系已断也。立继者于本生父及所嗣父，俱系以丝。本生父下书出嗣某重宗祀也。所嗣者书某子入嗣详所自出也。支牒上格易生为嗣，谓为人后也。无配而后他人子者，书本某人子于本生父下书过抚格。上亦书某抚鳏无承继之律变文也。他徒必书所游有常也。书远出莫详所往也。出家者直书不列支牒外之也。

一异姓篡宗，律例森严。族中有他姓子乞养者，不系以丝，直书乞养子本某姓附末。原稿无姓者，直书异姓。本人有乞养子，复自生子者垂丝，乞养子仍附末分别注明，毋饰毋紊混。

柳氏祠规

祠有制祀，有产，家塾有成法，所以饬祭典、育英才也。前者刱始，后者述之、守之恪，谓之贤。庙宇森严敬慎昭马几务纷庞才智出马执事有恪宗衿之福循谨不俄，家族之祥。吾宗人克自树立旧章而由之，务于远，毋忽。方今近图其大，不遗其小门伐之宏视此矣。谱祠规

一君子将营宫室宗庙为先。先灵式凭，无敢亵慢。经管宜随时察看修葺，饬佃勤加洒扫。堂室必周，免滋蚁蚀。门片窗格毋或损坏。祖龛尤宜拂拭，尘氛香灯岁给有规，必精必洁。朔望必须灯烛辉煌，毋任该佃潦草塞责，亦不得任闲人之游览。

一冬至祭祀，值年人先期三日入祠打扫，陈设备什物，补缺乏。先日省牲告　祠前　祖墓。届期肃祭馔，正衣冠相礼八执事十有九仪制一遵。国朝典礼分献择人与祭，各宜整肃，依派序立，随班拜跪。毋越毋哗，以昭敬慎。

一祭毕而燕，所以领神惠，联族谊。值年人令襄办，严督率，饬堂役谨伺候。席必正坐，必次饮以节，饭以时。毋议私事。族长有公议，听无哗，违者罚。

一家庙祭器为先，牲杀器皿不备，不祭。制备齐全，收检完固，毋得概假佃户之手。其余桌椅等项亦完整，不得任佃贩借。即族人亦不得擅行取用。倘与上届点单不符，经营人听众议罚。

一宗祠重地，礼法森严。言语谨慎，坐起恂恂。毋得冒昧搀越，致乖秩序。与祭人等，十五里以内无得歇宿远者，先期来后期去。

一宗祠原系祖基应有所年，所绿树阴浓，修篁掩映，乃不失故家气象。近因习佃砍伐，渐形荒旷。以后须严饬佃户加意栽培，留心看守。毋得稍为剥削。庶茏葱荟蔚，元气充盈。

一祠外山场历有界址，宜时常巡视修培，毋任侵占。宗祠来脉尤关族运盛衰该山系（佑贤弼侯）公两房坟山，同治十三年弼侯公房某开基，起造房屋，以碍　祠基来脉，议令拆毁。当立碑永禁，以后断不得再行起造开掘，其山仍弼侯两房公管。

一宗祠及祖山竹木，族人毋得砍伐，宜饬佃严巡。倘或恃强佃，宜速报经管，传族责罚。如有徇隐，责令佃户赔补。

一各庄产业，向佃他姓经管以时。巡视田塘水路，逐年修理。山场竹木加意栽培。祭祀所需食物用物，照例供办，不得妄为加损。其租佃轮纳本轻，倘积久弊生，宜斟酌更易。各处铺屋亦不得任佃毁坏。

一各处茔墓，祖先体魄所藏，宜安静，不得惊扰。近者固常祭扫，远者

岁一二至，必信宿剪荆棘，清界址，饬修培。凡墓山，出脉过峡处尤显紧要。一有开挖，为害无穷。倘有价买，宜酌商以保全先垄。

一家塾原以培植人材。人材，国家之元气也。族中佳子弟颇多，或因家贫，竟致弃废家塾。储积稍盈，必须择请名师，勤加训迪。值年人亦时加课督，俾无蹈浅薄轻浮恶习。下能为宗祖光荣，上可备朝廷策用。

一每岁冬至前三日家塾大课，凡年在三十内外者，均宜与考。不得听子弟因考试失意，遂尔闲散，至来岁临渴掘井也。是日黎明入试，酉刻齐卷。监试者密加防闲，阅卷师秉公甲乙。冬至日值年人衣冠悬榜门首，课生衣冠谢赏，听阅卷师宣明题旨，陈说理法，各宜静悟。祭时，即派课祭生襄理执事务。令进退雍容，趋跄有节。祭毕而燕，阅卷师与诸生另席寝室之西，以示优异。余人不得阑入。

一家塾奖赏 小试入（文武）库银六两。乡试（文武）中式三十六两。（文武）进士五十两。连入馆选授侍卫二十两。优拔贡二十五两。恩岁副贡十五两。北上加十两。补廪四两。弁委六两。乡试卷费一两二钱，文武同。入北闱卷三两。举人续行北上者，资斧银八两。留京入会场者同。就职北上者，资斧银一十二两，在京取职者减半。至小考赀费，视开馆之行止，公赀之盈歉，不立定额。

一叨阴服官理官报祖教职外委俟议外，同通五十两。县令、州牧一百两。知府、直隶州二百两。臬司、道员三百两。藩司五百两。督抚一千两。京官已补缺，照外官品级减半。放差者，试差一百两，小者减半。学差三百两。武职照文官等级减半。自军兴以来，行伍保举得官，及由俊秀捐纳京官、外官、武职、补缺，后或积俸饶，虽未曾邀奖，实属宗功庇佑，亦应自行酌量报祖。

一祖先虽往，莫不欲子孙显荣。一旦腾踔，冥冥中若何忻慰。子孙不为告语，未免恝然。凡入库登科得职，理宜诣词敬恭祭告，亦视［事］死如生义也。

一经管年限已满，扦交下手，不论房分尊卑，择举殷实老成。毋闲身阑充，毋推诿。邀请族人凭算账目，侵亏追缴。各处契据当众交清，田山界址上下手必须亲身扦踏明白。什物各上点单。上手不清，族众当面议罚赔补。下手怠玩，除赔补外，仍将举报人议处。

一房下私事，不宜远行告官，须各自理处，或请凭族众理。宜跪祖龛前陈说，不容争竞。听族长从公剖断抗违。卑幼毋冒犯，尊长不得凌压，至太无情理，反形纵肆。定执家法，以警习顽。

一族谱之修，以三十年为率。领谱遵前例有旧谱者，新谱每册银五钱。无旧谱者银一两。每逢甲乙年，携全谱到祠请验，各有钤记，损坏者罚。倘揩谱不缴，族长立同房长坐取，更加深究。

柳氏大坟山规十四则

一祖墓每年春秋祭扫。春定清明日，秋定初冬初十日。准备四桌席，各房与祭人必整齐衣冠，以昭诚信。敬春冬更报，各依房次，不得紊乱。当年有获隽者，不待邀约，如期必到。

一潭邑碑头市等处祖墓，定期初冬月半，东屏、松崖公两房各派一人扫墓。值年人亦必躬亲。毋得因路远疏懈。当年获隽者，必约同往与祭，以彰祖德。

一扫墓之日，各宜详视坟墓石缝或裂，即召工补葺。近团荆棘，必并根剪除。本山及近砂树植饬佃户勤加守护，不失从前峥嵘气象。有窃伐者，佃户即时踪迹，报知经管。或系墓下子孙，即饬该房长传至墓前，严加责惩。重者禀究。又或即系佃户伙窃，重罚示惩，立限退耕。

一凡盗伐树木，多在风霜雨雪之期。近墓佃户五家，专为守山而设。倘或怠玩，不勤缉捕，或明知其人，徇情故纵，一经查出，立即责令赔补。又各佃均给有柴山，披斩枝桠荆棘，足供薪爨。亦应蓄植成林，以慰观瞻。或查有薪柴出卖者，即立行退逐。

一经管公项，不拘房分尊卑，公同择举殷实老成二人承领。房众不得□充，经手亦不得恋管。年满传众核算，上下交代，以昭清晰。

一经管向系六载。今公产稍增，事务较繁。更议三年交卸。或经管实在得力，又年力正富，数年后仍听再举，不得推诿。

一子孙成名于祖，有光必奖赏，以示鼓励。遵原议入（文武）庠，奖银十二两。（馆选侍卫）奖银八十两。优拔贡奖银五十两。恩岁副贡奖银二十两，北上者加三十两。补廪奖银五两。弁委奖银十两。乡试卷费银一两二钱。赴京兆试奏费银六两。举人续行北上者，赀斧银十四两。留京会试者同。或人数过多，只发银一百二十两，按名分给。取职北上者，资斧银一十二两。凡不在议中者，概不给银。

一子孙或叨祖荫，备选登朝，理应输捐，以酬祖惠，以裕公赀。遵原议，赴任三年，同通捐银百两。知州县捐银二百两。知府直隶州捐银四百两。余照宗祠定规，视品级递增，武职减半。其器量慷慨，宏捐巨项者报祖，尤见诚心，祖灵必为嘉佑，房众自同忻感。或廉俸不充，亦应照原得奖银奉酬。惟广文外，委廉入无多，不早定议。其有未曾邀奖者，文职由捐纳，武职由保举，超擢显职，积俸自饶，皆沐祖先庇荫。各宜酌量酹报，以植根本于勿替。

一鳏寡孤独废疾，王政所必先，亦祖先所甚悯。宜推　祖惠，以示矜恤。公议各房长查明实在艰苦情形，先行报明年岁，有无子女。冬至日每名给银三串文。身殁给送老钱二千四百文。孤子以十六岁能自给供养之日停给。或所报不确，即系徇情。一经查出，本年恤费，罚房长代偿。

一读书为明理上进之本。房内佳子弟颇多，间因修俸，力难设措，遂至废学，深为可惜。兹议公项有余，即与家塾条规，仿照宗祠细项，临时酌定。或遇租收歉薄，谷值极贱，公项无余，暂须停止经管，即传众公同核商通晓。

一田山房屋等各契据，俱系值年人收存。原议年满交迁，时新头人亲书领字，族众花押，付旧头人收执。至年满另报，始将领字当众毁弃。所立公簿一本，逐页钤记。今更议以后新旧交代，按次亲书，领字于簿，族众花押。至扦报下手时，即将此簿轮流交管为据，永不毁易，以凭考核，以昭久远。

一坟山所置田契、山契，据粮饷逐一登刻，以便览阅。值年人务随时巡视冈垄，稽查界址，修理塘坝，毋得怠忽。

一谱牒系合族公书，各支细故无论何项，未便阑入。惟大坟山事务颇繁，今仍旧章，另刻十余页编入。东坪松崖公两房帙末，以便查阅。外有东坪公支春台公裔先章字白陔捐入，似绪公墓田碑记，附契文共二页。白陔不幸，已有子媳，莫延禋祀。因奉祀田，藉绵四世之祀。情极可悯，故谅为附入。

一嘉庆丁卯谱汇齐销毁，只留一册存。　大祠经管手因　慧庵公房人数蕃衍，酌留一册。道光甲辰谱亦仿而行之。兹将丙子新谱并丁卯、甲辰谱共三册，俱存大坟山值年入处轮。

柳氏宗祠祀礼

冬至全礼　本家礼兼

国朝会典，祠祭仪注，贵贱可通行及诸儒礼书。今可遵者参酌用之。

每年冬至先期数日，族首入祠堂主办祀事

告祭期

家礼惟时祭，四亲卜日告期，祭始祖先缺。如或以冬至、立春，有定期，无容卜且告也。家礼用前一月，令族众每于前一日始稍集，即用前一日亦可。

仪节

宗子率族众盛服立祠堂中门外西向通唱行告祭期礼　执事者各司其事　声爆　奏乐　启门（启龛堂中门左右门）　主祭嗣孙盥手进位　以下序立　跪　叩首三　起立　主祭孙诣香案前行上香礼引唱　诣香案前　跪　焚香　初上香　亚上香　三上香　通唱　乐止　读祝生跪　致告祠　孝孙某某率合族裔孙将以某日长至吉长祗万岁于始祖考　甫府君　敢告　起乐引唱叩首　起立　复位　跪　叩首三　起立　乐止　击磬　通唱　阖门（合龛堂中门左右门）　礼毕

礼行事始启门，事毕即合门，重其地也。今俗非行事，而门常开。事毕而门不闭，殊非致恪之道。

正祀

合用之器

倚（神所倚坐）坐褥　方桌（作奠案）条桌（作香案）香炉　香盒　香匙箸　烛台茅沙（束茅聚沙用以沃酒）茅沙盘　祝版　帛　帛篚　燎帛祝炉　箸　羹匙（俗名调羹。古用匕）羹匙托（托以盛羹匙）酒壶（古用尊）酒琖（古用爵）琖托（托以盛琖）楪（用小碟以盛各味）果脯盘（用中磁盘。古用籩）托盘（用禾为之，以捧祭馔）毛血盘（用中瓷盘）牲俎　馔盨（用大盨，古用豆）饭盨（盨用小盨。古用簠簋）汤盨（用中盨。古用登）茶壶　茶杯　杯托　受胙盘（用中瓷盘）盥盆　盥加帨巾　拜垫

合备之物

牲（羊豕鸡鸭）鱼　元酒（酒用甜酒。古用醴斋）脯（干肉）果（枣栗之属）监醋酱菜（姜豉瓜菹之属）面　米粉　稻米（作饭）茶叶　柴礼

运元酒在室。元酒，即明水也。太古无酒之时，以水行礼。后世祭，则设之重古道也。今用清水，但设之，不以祭。

书仪注：面食，如薄饼、油饼、枣糕、馒头、馎饦之类，米食，谓黍稷稻粱所为。粢糕、团粽、饧之类，若家贫或乡土异宜，或一时所无不能办，不必拘。

合用之人

祝一 通赞二 引赞二 执事者无定数 各项系本族子弟但择其知礼者。

前期三日斋戒

宗子率众丈夫致斋三日。于外沐浴更衣，饮酒不得至乱，食肉不得茹荤。不问病，不听乐，凡凶秽之事皆不得预。荤，谓葱韭薤蒜芸薹也。食之气恶，使心乱，故禁之。斋戒食肉考古礼及国朝典礼皆然。盖以不食肉为斋，非儒教也。

前朝一日净祠阵设（家礼作位陈器设）

宗子率兄弟敬拭主椟，亲监执事，洒扫龛堂阶庭，洗拭椅［倚］桌。龛前正位设桌二张，为长案，正向袝位，设大桌各一张，东西相向。每桌设倚二张，或用完牲，则正位奠案前设盘架，前设香案一张。内香案设办香炉一具，中门外两阶间再设香案一张。外香案设条香炉一具，烛台一对，于香案之东南设桌，陈帛篚、元酒、旨酒、酹酒盏、受胙盘、匙，再设桌以升馔。香案之西南设小桌，陈祝版设大桌，以备彻馔。东阶设盥盆帨巾二，一有架，一无架。面阶下设奏乐所，庭下设燎祝帛炉。

祭榜式　为祭祀事今逢长至良辰恭祀

始祖所有承祭执事人名合行先期榜示，俾各凛遵。

谨开

主祭嗣孙某

分献嗣孙某某某某某某

通赞某某

引赞某某

司阍某

读祝某

司鼓某

司钟某

司香某

司帛爵某某

司奠案某

司福胙某某

司燎某

监仪某

盥祭某某某某

榜

年　月　日

省牲

日晡后，执事者牵牲至大门外，羊一，豕一，雉鸭等，设香案。然条香三枝烛二条。

仪节

行省身礼鸣鞭奏乐诣省牲所三上香三献爵

省牲（执事者牵牲过香案前省视之）。执事者牵牲诣宰牲所洎杀（执事者备中盘二，一盘盛羊毛血，一盘盛豕毛血，皆取耳旁毛供香案上。一云每牲毛一盘，血一盘，雉鸭取血并翅羽。家礼羊首心肝肺一盘，豕首心肝肺一盘，切肝一小盘，切肉一小盘，脂膏一盘。今从简，只用毛血，余俱付庖人治馔）。省毕（主人奉毛血，设馔案。其杀牲所血渍于地者，以土掩之，勿为诸物践食。余毛埋之僻处。）黄氏从宜家礼谓。

会典，惟三品以上得用羊。又例称兵民上坟及百日周年致奠，皆许用羊一只。则祀祖用羊，当亦不禁。但兵民不得过一只礼。杀牲割毛，以告纯示物也；取血，以告幽实告杀也。取脾膋升首报阳也。具肺心肝，心贵气主也。脾膋牲血与肠间脂也。凡羞首者，进喙则升首，宜以喙向神腥生肉首肝肺心也。中古以后，祭熟以俎，盛腥进于神前，示不忘古也。且古人血腥□熟，皆取诸本牲。无陈完牲，别杀一牲，以供□熟者。若用完牲，则只荐毛血，而首心肺肝无庸解荐。或力不能具牲而市肉为馔，则毛血腥肉之荐当从略。今有借用屠门羊豕临祭陈之，仍荐毛血，全失礼意。

演礼（家礼无，今本祀典增之）

通引赞请演礼，礼如正祀。执乐请演乐，乐如正礼。先日演习，临时不至错误。

具馔

所具熟食及夜间烹饪，饬令司厨精洁。未祭，勿令人先尝及为虫鼠等所污。

具肉汁不和五味者为大羹，具肉汁加盐菜者名和羹，即铏羹。

礼谓陪鼎（言非正馔也）。和羹宜多备，凡羹用中碗。

礼云：庶羞不踰牲。庶羞，谓正馔以外各异味。若祭以羊，则不以牛为羞也。

古祭品。古人以牲为重，牛羊猪为毛血牲，雉鸭为羽牲，鱼为鳞牲。故省牲莅杀郑重其事。牲解后，除两髀蹄甲猪肠胃不用，其余皆升之于鼎。今行省牲莅杀之仪，而奠馔却以山海珍错为主。仅将牲肉配搭，不亦昧所重乎？虽曰视死如生，珍错在所，当用赤当，稍存古礼，为是。

正祭仪节

行冬至祀祖礼 内外肃静 执事者恪执 声爆 鼓初严（初余徐，后疾，以百桴为节） 鼓再严 鼓三严 鸣钟九叩 掌大通 奏天乐 更细乐 主祭嗣孙澣手就位 分献嗣孙澣手就位 以下序立 启户 瘗毛血 樑奉主升食案 降神

引主祭嗣孙诣香案前行上香礼 引 行上香礼 诣香案前跪（凡堂上拜跪，堂下不拜跪。惟读祝时拜跪同） 焚香 初上香 亚上香 三上香 酌酒 进爵 醉酒（尽倾于茅沙上） 覆爵 叩首 起立 复位 通 参神（谓神既至而参拜之也） 跪 通 皆跪 三叩首（堂上下同） 起立

引主祭嗣孙诣始祖食案前 引分献嗣孙诣各祖先食案行初献礼 引 行出献礼 诣酒尊所 司尊者举幂酌礼 司帛者奉帛 司爵者奉爵 诣祖先食案前 跪 皆跪（堂上皆跪） 献帛 初献爵（每席二杯） 献箸 初献馔 叩首 起立 诣读祝位 读祝孙诣读祝位 跪 通 皆跪（堂下皆跪） 止乐

读祝

祝文

皇上御极之 年 仲冬月 朔越祭日 主祭嗣孙

率舆祭嗣孙 等谨以香楮清酌束帛庶羞之仪致祭于

一世祖考柳君文政府君

一世祖妣柳母陈老太君

二世祖考柳君实夫府君

二世祖妣柳母陈杨老太君

三世祖考柳君仁父府君

三世祖妣柳母杜老太君

四世祖考柳君慧庵府君

四世祖妣柳母刘老太君

五世祖考柳君盈庵府君

五世祖妣柳母刘王老太君暨以下

列列祖妣考之神主前曰复始一阳物悉资于

苍昊乐成六变祭特重夫

圜丘

制袭前王配严大禘情深报本礼达有家惟我

祖肇祥浏北启宇沙溪经数百载勿弃厥基历二三朝益恢其绪朴农秀士

宗功之佑启与疆食德服畴

庙䌽之声香敢阙兹临冬至只率彝章肃展微忱聿将祀事尚䌽　起乐　叩首
起立（堂下同）引　复位　通　执事者斋鸣钟鼓　奏大乐　更细乐

引主祭嗣孙诣始祖食案前 引分献嗣孙诣各祖先食案前行亚献礼　引　行
亚献礼　诣酒尊所　司尊者举幂酌礼　司爵者献爵　诣祖先食案前　跪　赞
皆跪（堂上皆跪）亚献爵 亚献馔 献汤 献麦食 叩首 起立 复位 通 执事者斋
鸣钟鼓　奏大乐 更细乐

引主祭嗣孙诣始祖食案前 引分献嗣诣各祖先食案前　行二三献礼　引
行三献礼　诣酒尊所　司尊者举幂酌礼　司爵者奉爵　诣祖先食案前　跪
赞　皆跪（堂上皆跪）三献爵

三献馔　献粢盛　叩首　复位　通　执事者斋鸣钟鼓　奏大乐　更细乐

引主祭嗣孙诣始祖食案前　引分献嗣诣各祖先食案前　行侑食礼　引
行侑食礼　诣祖先食案前　跪　赞　皆跪（堂上皆跪）　司尊者加爵　起箸
授箸　侑馔　侑麦食　侑汤　侑粢盛　反箸　叩首　起立　通　主祭分献
与执事者皆同

合门　齐鸣钟鼓　奏大乐　更细乐

祝噫歆（噫歆，祝声也。祝当门北向，作歆声者三，将启门使神知也。）
启门　仍诣祖先食案前　引　跪　献茶　叩首　起立　复位

引主祭嗣孙诣福胙位前行饮福受胙礼　引　行饮福受胙礼

诣福胙位前　跪　通　皆跪（自此至起立堂上，下同）　引饮福酒　通
皆饮福　引　受福胙　通　皆受福　引　谢胙　叩首　三　起立　通　祝
告利成辞（利犹养也谓供养之礼已成也）　引　复位　通　辞神　叩首　三
（堂上，下同）　起立　司帛者奉帛　司祝者奉祝

诣燎所　燔祝帛　望燎　复位　执事者奉主升神座合椟　合户　鸣球

大合乐　鸣鞭　礼成　彻班鼓以声众。故先三鼓而后行事。声以收乐终而后击磬，以收其韵。

古之祭以一人为主。凡降神初献侑食饮福诸仪，皆主人于香案前或神位前，或福胙位前二拜。与众皆不拜礼。注：所谓分有所限也，其亚终献，亦皆升堂，承祭者拜，余不拜。惟参神乱皆同拜。礼注所谓情得伸也。读祝文，与祭者跪，不拜。拜告拜福，主人不拜。

家礼及诸礼书开载，俯伏皆在告词读祝之后，谓自下达上，俟其听审也。凡奠献毕，亦俯伏者，俟其饮且受也。

程子谓：灌以降神，是求神与阴阳有无之间，故酒必灌地。

杨氏复谓降神酹酒是尽倾于地，祭酒是少许于地。

家礼注：序立再拜后，若尊长、老疾者休息，他所谓陪祭，有疾不能久立者，可于参神毕退休。至辞神时，仍就位再拜。

家礼仪节：主人升堂进馔毕，复位，始行初献礼，升堂献酒。今不复位。即献酒亦从省。

家礼仪节：初献进腥熟、米面、羹饭、献酒。后助祭者进炙肝。亚终献进。

彻

祭毕，乃唱彻馔。主人尚有送神望燎诸仪，未遑监彻，姑命执事守之。俟礼毕，主人视瘗毛血于两阶间。监彻酒之在他器中者，入于壶，所谓福酒主人所受。未尽之食之胙及诸肉食蔬果酒茶，并传于燕器。彻毕，监涤祭器而藏之。

馂

家礼注：主人监分祭胙以遗亲及同姓亲属，则馂从宜家。礼谓同姓之应归胙者，亦不可缺。或熟随颁一味，盖胙肉只取诸祭牲，或应颁人数众多，即一脔亦可明惠。若不可足而别买他肉佐之，殊失礼意。主人不自受肉胙，以行礼时，既受胙也。

仪节

此礼文所谓族食，亦所谓会食也。是日但讲雍睦，申明祖先遗训，考求坟墓籍记本年生殁，存问族之孤寡贫困，量公储余资，共谋周恤。有敦行孝友贞义者奖之。子弟向学，无力延师者，设义塾，命族之敦品能文者教之。无后者识其墓，清明相为祭扫。徙异乡者，录其派系与徙去年月日事由，男名女氏，命亲房掌其墓，清明相为祭扫。因察小宗各房家教之修废，有道近无故全房，不与祭者，酌罚其小宗出钱帛充公用。俾毋弛其所领宗职。

豫章可贵，斧削材良。荆璞虽完，磨盘益光。功资初化，绳墨斯张。毋谓庸浅，菽粟馨香。毋蹈肤浮，黼黻文章。英姿莘莘，迅踔腾骧。塾立于祠，学始于乡。储为国器，衍为家祥。谱家塾。

宗祠家塾记

宗塾励学记

宗祠家塾记（碑在庙门东）

宗祠之建，先贤论之详矣。诗有之：奉璋峨峨，髦士攸宜。夫奉璋义主承祀，而登进髦士，由之以此知建祠与设学两相显也。吾族自豫章迁浏，由浏迁长，旧有宗祠值明末毁于兵，迄今百余年矣。戊寅岁纠族续建，越辛巳始竣。上立寝室，以妥先灵。中构厅堂，以展祀事。东西两庑设立四斋，集族中俊秀，延师教授，并置学田，以备膏火之资。定议每年冬至之明日，甄别子弟，以定来岁肄业之数，略如各府州厅县书院章程。岁之四仲，值年人严加考课，将其优异者鸣呼一族之众。虽支分派别，实一脉相承也。宗族之身，祖宗之身也。兄弟向犹父母之心伤矣。宗族向悖，祖宗之心伤矣。体祖宗燕翼之心，为宗族育才之举仰，对先人庶无恫至。若植学敦品本家修为廷献是尤晟等所□□愿与族人交相戒励，以无忽焉者也。爰书其建制之由于右族子弟敬而懔之，吾宗其光有耀乎？

乾隆壬午岁嗣孙宗晟厚生昌豫昌进等记

家塾励学记（碑在寝室，现多剥落）

壬午冬，吾族祠宇告成，所以敬宗尊祖收族之道，已纪其实矣。顾所为扩尔基址，大尔垣墉，不惮艰难营构者，岂徒为观美已乎？吾族来长多历年所先，后人文蔚起而家塾，罕建族子弟之有志于学者，往往聚散不常育行储才规犹未备用。是纠族捐资置田，即先灵式凭之地为才子肄习之所，非敢云光前裕后也，深根固本之道存焉。盖古者自国学以迄，庠序命名虽殊，立教则一，而家塾尤人材发轫之阶也。所居游者，桑梓所对越者，祖先所禀而承者，父兄所日接而往来者，非师长即叔侄昆季。事虽平静无奇，而异日朝廷拜献之资器，识先占于此。世之论者，动曰制科取士，莫如时艺。

夫时艺固不可废也。婺源朱子云：古诗之圣贤，未尝有意学为文，惟有是精明纯粹之实充于内，则其若于外者，自条理分明，光辉发越而不可掩。北溪陈氏亦言：躬行心得者有素。则商订时事，敷陈治体，莫非闳中肆外之儒。然则所谓文者，具可知矣。族之士果能敦品励行，以植其根，然后经经纬史，以应朝廷科举，是则设教立学之至意也。爰书于右以验，吾族人之有志于学者。

乾隆乙丑岁仲东月谷旦嗣孙昌豫熏沐敬书。时年七十又三。

长桥柳氏族谱卷首

圣贤了不异人也。吾人所常行之事，皆圣贤所必行之事。圣贤所日接之人，悉吾人必接之。此其中有道焉。日用有经起居，有节养生送死，有规圣贤酌理准情，事事悉归于恰当。时俗事不师古，留于鄙陋，而不知一二，自以为智者，任情直遂，偭规错矩。或更出于情理之外，均不可以为训。惟有宋文公朱子制为家礼，宋栗庵先生从而节之，及司马氏居家杂仪，吕氏乡居杂仪，准圣贤之道，合时世之宜，实天理人情所必至，遵而行之。所以持身涉世在，斯所以为卿为相在斯，所以光吾祖宗者，亦莫不在斯。谱成敬编，是书冠之首。

司马氏居家杂仪

吕氏居乡杂仪

朱子四礼摘要

大宗小宗图

始祖（始迁及初封为始祖，即所谓别子也。或诸侯嫡子之弟别于正嫡，异姓公子来自他国别于本国不来者或庶姓，于是邦为卿大夫，别于不任者）

长子（别子之嫡长子继之子孙世世）为大宗（统合族之人主，始祖之祭，小宗皆宗之，百世不迁）

庶子（别子之庶子不得祢其别子，故以其长子继之）为小宗（庶子之长子，所谓继祢小宗也）

同父（兄弟宗之）

二世（所谓继祖小宗也）

同父（兄弟宗之）

三世（所谓继曾祖小宗也）

同父（兄弟宗之）从（兄弟宗之）再从（兄弟宗之）

四世（所谓继高祖小宗也）

同父（兄弟宗之）从（兄弟宗之）

再从（兄弟宗之）三从（兄弟宗之）

由四世至于五世四从兄弟无服矣。故不复宗五世之嫡子，而复自别为祢其同父之兄弟共宗之，而复为小宗之始矣。

嫡子之长子，谓之嫡孙。以其父为长子，故名其长子为嫡孙。若众子之长子，其父既谓之庶子，而其子焉得谓之嫡孙乎？观论语，嫡孙当立之说自明世。众子之长子，父不在而为祖服，亦服三年之丧者，过矣，过矣！

鸦灵桥新旧碑记

其一

碑形如圭，上横泐鸦灵桥三字。下三行直挂皇明万历四十年壬子岁九月朔长桥柳如□鼎新建造串桥一座。

其二

柳子茂重修 按吾族捐修鸦灵桥已六次，有碑者四，无碑者二。其道光辛卯一次，虽无碑前谱记，惟茂公一次带叙，碑记中未经捐明。又按乾隆戊子，距右渠公创修之岁一百五十四年，据茂公生卒之年，揣之兹桥重修，当在康熙三十年外，历年所费益巨。乾嘉道四次续修，可历稽也。前人义举未必借以留名，然就前后例之一届独修，不合从略。今依次补明。公名奇，生子茂，具字也。前明崇祯辛未岁生，康熙丙戌岁卒。并附记。

其三

湖湘之地，以水着溪流不与焉。然是溪出于陶真人祠左庭，衷数十里，其水源曲折，旁带支流，总汇于桥下。每春夏雷雨交作，四面灌输，鳌吼鲸吞如滟滪，不可触前。明神宗时，右渠公捐资于陶公祠，建石级以时登临揽其胜。复设桥以径渡。桥成，适有鸦欢集，遂名曰鸦灵。历今百余年，其间族子茂公重葺之。戊子夏，山水泛溢，疾驰如驶，桥又圮。石茔茔散于河，存者以数记，任犇车牛相望于道。族众议复之，穷其梁，厮其渠，以成前人之志。事云捐数列下：

慧庵公八十五两

竹有四十五两

象予四十两

朝宗二十两 捐银甚多未尽录，共捐银二百七十两

乾隆三十六年辛卯八月谷旦河东柳氏立晓庄昌柄书

其四

柳义学续修（旁注）乾隆五十三年孟冬月立

其五

前明万历四十年祖右渠公创建鸦灵桥并 陶公祠前石级。乾隆三十二年溪涨冲激，桥石多没于河。族人捐金重修建后，东岸淤塌石根穴土者骨尽露，路亦浸没。复垒石培岸，此在乾隆五十三年。已因西岸地势磬折，行者每苦倾跌，又加修石栏，此则嘉庆元年也。我族于兹鸠工不一，聊志其略焉。

嘉庆六年岁次辛酉十二月癸卯，谷旦长桥柳氏合族公立

其六

道光十一年辛卯岁，大水鸦灵桥□岸就颓。时家塾勘余资，族众集议，修培共费二百余金。除捐资外，系家塾开销捐数列下：

慧庵公八两

盈庵公十两

东堂公二十五两

卜子公三十两 捐名未书尽 共捐银二百零八两

捐建祠前石级碑记

岁壬午祠宇告成。门外地势敧斜，宜甃石为岸，砌级以登。族之人议而未行。辛卯壬辰见，五男肄业于祠，年甫十七，慨然有念捐修，及请于予。予嘉其志之能笃，根本允之而未及为也。不幸乙未、丙申两载，夫妇相继逝，深悲是儿之纯美而不克蒙其泽也。将为之立，复即其遗资捐修，以竟其未成之志。五男名昌榕，字秀拔，其妻善邑增生黄公，讳树绚之第四女也。厚生记。

续捐宗祠学田银碑记

嗣孙世售，今年九十有四矣。子六人，五男□和，字熙光。少读书，祠宇周览松楸，慨然有念 祖之志。年二十有九，卒娶史氏，生二子，亦早夭。念余悲五男之赍志以殁，而殁且无后也，出其遗金百两入祠以充学田，勒石寝室，非云不朽也，成其未成之志也，及吾身而为之纾吾痛也。嘉庆辛酉世售记。

唐氏六修谱序

吾族之有谱也，肇于康熙庚辰，再修于乾隆甲午，三修于嘉庆丁巳，四修于道光丙戌，五修于同治癸亥，至今四十三年。历时既久，支属日繁，居处愈涣。若不续为备载，恐其存其没益漫无稽考。其何以承先绪而联后裔？于族众集议，金以为当务之急，乃造册集费，就旧议体例增补、更正、类纂、校刊，凡三阅寒暑而功始竣。昔苏明允为族谱，引云：情见于亲，亲见于服，无服则亲尽，亲尽则相视如途人，幸其未至于途人也，使之无至于勿忘焉。此谱之所为作也，盖谓人本乎祖，由我身而上之，则有父母，有祖宗，旁推之则有兄弟，有宗族，下之则有子侄，有孙曾，固一体之所分，而一气之所合也。但其间为类不齐，所居不一，非明其所。自出世比隔膜相视，忧乐不相恤，有无不相通，疾厄患难不相救助，伏腊腰腊祭绘饮食不相周族，不独此也。或因干糇之失，反眼若不相识。诚有如柳氏所谓落井下石者，是孰使之然哉？盖犹体一而势，不能不殊属毛离里。一传再传，至五世而亲尽。礼制所载，由三年之爱以至缌麻，至于无服、服尽，皆与外人同。势日离情日疏，未能即其支之分。一思其本之，一又苟且以自便其私图，故相忍至于斯极也。使家有谱牒，而以时修之，以时阅之，于清源流、辨亲疏、序昭穆以上溯一本之所生，必有油然动仁孝之感者。罗忠节曰：人以祖宗之身为身，当以祖宗之心为心。凡孝弟节义，乃贵而有位、富而好礼者，皆祖宗默为庇荫者也。鳏寡孤独及生不能养、没不得葬者，皆祖宗隐为悼叹者也。能心祖宗之心，则一族之内莫不一体相关。李文真曰：以祖宗之心为心，无不和之族人。愿与吾族共勉之，则敦族谊而维礼教者，为有本矣。

唐氏续议家祠章程

一我族祭祀原分五房承办，非因六派祖分六房也。若以六派祖六房论，则二、三、四与六、七等房生齿，家境不敌五房。一房祭祀难以照派，故前辈以二房为一房，以五房柳网一支为一房，以柳网长子廷仲、次子廷选、四子廷彦三小支为一房。三子廷宣一小支为一房，小网一支为一房，六七两房为一房。中元、冬至祭祀，六分轮流承办，议定每年给谷十石。龙姓网户水租钱八千文，以作用费。六年一周至第七年公同合祭一次，归总理承办，以作入主之年。庶免私行，悄入任意位置，以致亵慢。

一入主礼以五世一迁为祧。盖亲尽服穷，祭所不及，不得不迁。附左右昭穆龛内，得以冬至合食，然必太高祖乃可。若高曾祖考四亲之主而不朝夕奉祀，以笃孝思，亦何赖有此子孙？而子孙亦何庸服衰乎？若谓一主之祠，家中仍设一主，试问在家之主，将来作何处置？今遵礼无二主之义，酌定七年为入主之期，每主费银以三钱为额。凡入主者，必于冬至前二日赴祠报名登簿，于合祭时先行祔主礼，按照穆挨次递升。将以上主书立总牌，祔入中龛，以便共享祭祀。

一祠祭所以报本追远，礼宜诚敬。凡牲杀器皿，值年房众须先期预备。即楹联祝文，亦应早择人缮写，不得临事周章。赞礼读祝读生于致祭先一日分派演习，庶无陨起。若主祭、陪祭及执事与祭之人，尤宜整齐衣冠，分次序立，不得任意行坐，以及插立堂中，有乖体制。礼毕序派，派同序齿，亦不得错乱失次。且与祭时，本房及各房子孙各备祭费，先交值年，报明某房某名登簿领筹，便数之多少，依次坐席，庶无混淆之弊。盖以情而论，族众虽有亲疏，自祖宗视之，莫非其子孙也，何敢为区别？然使漫无限制，则是以有定之财用，供无定之席费，固有常不及之势。且百物昂贵，亏损过巨，必至承办维艰，此犹其小者也。先夕之备办酒食，原为执事诸人起见。近来族中积习，凡在幼稚之年，每逢祭祀，无不群分类聚。一遇开席，即争先据坐，至再至三。而实在行礼者，反不能分一席。甚至夜色将半，犹未及用晚餐者，致使先事之告白，已成明日黄花。所为何事，竟至如此？良可浩叹。夫幽明虽隔，只此一理。今俗宴会，必先期致告，否则即为不恭。何况礼重追远，故不得不改良办法。嗣后设席，必验筹列坐（或仿考试终场之例，以席捭为据），则混食者自无从掺［搀］入。尤在各房长各清其房，不得徇情破例。

一祠宇为祖宗栖息之所，必择异姓老成人看守。谨慎笵钥，勤奉香灯，照料房屋器具，不许闲杂人等擅行出入。族众亦不得混居。每年议给食谷七石，香油钱四千文，本人进规银十两。倘或看守不慎，房屋任其捐坏，器具听其散失，甚至门板、匾额、桌凳有心破坏，以供炊爨，房屋或私堆杂物器具，或私借与人，致有损失，即扣规银培补。平时神龛座前，务须洒扫洁净。如有渗漏剥蚀之处，即报明值年，房族随时修葺，毋得怠玩。倘有不遵，另择谨慎之人更换。

一祠中出入各款应分晰，详载簿据。每年所收租谷水钱，除祭祀岁修杂用外，必应有余，方可仿古人耕九余三之意，以备荒歉。但必公管公放，各房经理者不得私自挪移借贷，并不得借端折扣。至卖出谷米，尤必通知房族，公平议价。每年用项，按长至节，由经管随带出入银钱各簿据来祠，共同核阅。倘有私亏私吞实际，公推更换，责令赔还，以昭公充而示激劝。

一公事各房宜择老成经理。所有契据字约，均付总理收管，不准典押盗卖。如交下首，各据随交，无得隐留。一书交单，一具领字，庶无吞噬之弊。至一切公事，概由经理及各房首理处。不理族事者，毋得干入。理族事者，各宜认真。

一古者大夫祭器不假，祭器未成，不造宴器。况今不必如古者簠簋边豆之属，止用今器，以从简便，所需瓷物数种而已。宋儒邵康节有言，吾高曾皆，今时人以簠簋边豆荐牲，不可以此说最通。吾族尽可用，何必尽遵家礼？但所用祭器管理宜专责成，祭毕即敬谨收藏，不得轻亵。即凳桌碗筷诸物，亦为致祭而，均应珍惜。毋得随意损坏，违者令赔还。若因办祭而致损坏者，值年人随时补置。

一蓄养树木，非独以壮欢瞻，亦实以厚培植。我祠山势绵亘，树木丛茂。祖宗既栽培于前，子孙宜护惜其后。以名伯之甘棠，后人尚不忍翦伐。以武城之薪木居者，犹戒其毁伤。况祖先之所手植乎？嗣后非实系干枯者，不准加以斧斤，任意砍伐。违者公同议讯，并严加斥责。

一凡田山屋宇招佃，则值年房首轮流管理。但斟佃时，请凭族长及各房长公议，不得私相接受。且佃户与引进必异姓，不及同宗。恐其恃爱逋负，一以防侵蚀，一以别嫌疑。

一祠堂图及墓图，各板俱用梨枣刊成。后概置祠柜，每层冬至，首事轮流交点收拾，不得遗拾失损坏，以免续修重资。

一各处坟山，其已经公议禁葬者，族中毋得违禁进葬。至可进葬之山，亦宜分昭穆，通知族众无干碍处方可。倘有私自进葬者，稍有牵涉，上下公同议罚，并令改迁。

一奖赏之设，所以鼓励人才、培养士气。现今科举虽废，改建学堂，然当考　奏定章程内所列奖励各条，仍以毕业考试为进身之准。按高等小学堂毕业考最优等者作为廪生，列优等者作为增生，列中等者作为附生（以上均升送入中学堂）。中学堂毕业考试最优等者作为拔贡，列优等者作为优贡，列中等者作为岁贡（以上保送升入高等学堂）。高等学堂毕业考列最优等者作为举人，内以内阁、中书尽先补用，外以知县分省尽先补用。列优等者作为举人，内以中书科中书尽先补用，外以知县分省补用。列中等者作为举人，内以部寺司务补用，外以通判分省补用。（以上学级，以教大学预备科，科为宗旨为中学毕业求深造者而设。其程度盖亦普通学之较深者矣。）大学堂分科大学毕业考列最优等者用翰林院编修、检讨，列优等者用翰林院庶吉士，列下等者以知县分省补用。此学堂奖励，皆由考试而定者也。且廷臣会奏，请停科举。折内除学堂，实系毕业生届期奏请考试外，其余则专取已经毕业之简易师范生，予以举人、进士出身。以皆国文素优等，学术纯谨，断无流弊。且多系举贡生源为之，本可以得科第之人，亦非激幸。外国无速成小中高等各学，而有速成师范，具有深意。又各省优拔贡照章举行，皆于旧学生员选取。惟优贡之额过少，请按省份大小，酌量增加，分别录取。朝考后用为京官知县等项，其已中举人五贡者，请令各省都抚学政每三年一次保送，略照会试中额加二三倍诣至考试。（凡算学、地理、财政、兵事、交涉、铁路、矿务、警察、外国政法等事，但有一长，皆可保送考试，分别录取。）其取定者酌量用为主事、中书、学正、知县等官。由是观之，虽停止科举，而士子出身仍不能不由考试，则祖考宗所以奖励之恩自不可废。今变通旧例，酌议补附生者，给洋四十元；补增者，给洋四十五元；补廪及出贡，各给洋五十元；优贡、拔贡及举人倍之。考选如会试入词馆者尤倍之。武职有进京引见者，亦一体酌给。奖赏出仕之后，即照原奖加二四生息还祠。能慷慨加捐者，更为幸事。此例一定，庶族之有志者益争自奋兴。子孙有实得之功名，祖宗无虚縻之奖赏，国恩厚而家声亦振矣。至捐纳军功，亦足为宗族光，非不足重第捐纳，必多富足。军功自获薪赍资，故不议奖。

一宗庙设刑具二，以惩元恶。族中如有忤逆父母、冒渎尊长、仇视兄弟，及贪污淫乱、败坏伦纪者，实先灵所隐恫，为家法所不容。本房宜鸣知房长，细入宗祠，堂听族长严加鞭挞。若势不使入祠者，即请房长就其家惩之。倘再强横无礼，不遵条约，然后送官治究。至若无辜牵连，被异姓欺凌，力不能抗者，许其告明房族，入祠计议，共相扶持，以御外侮，以维族谊。

一所载规则劝戒各条，实修身齐家之本。故反复诰诫，不厌求详，义正而周，语朴而直。在有志之士，必以身为倡率。久之从容渐渍，必大有可观。又恐积久视为具文，务移于习俗又申之以祠规宗约，一以准人情之所安，一以守家声于不堕。后之阅者，尚其勉旃。

一房长由各房公举，不拘派序年齿，但择平日居心公正、贤而有能者，方能任族事而明家法。盖迩来族中恶习，往往视房长如赘疣。不独平时约束不遵，且因之怀憾抱怨，一遇房内公事，稍能牵涉房长者，则起而攻之。为房长者，见口众我寡，亦隐忍以求息事。推原其故首在房长不得其人，凤无名誉实行可以服众心而收众望。偶尔充当房长，人人早有腹非之心，人人遂生轻慢之意。是不得谓之房长，直谓之房小而已。此等情形，成何家法？虽曰房长不能胜任，房内子弟亦何越礼犯分若是哉？夫不能胜任，易之而另举可也。乃听其不能胜任，又从而轻慢之。此不独藐视房长，直藐视家法也。故自今酌议，凡房长必慎择其人，一经公举，则房长者直一房之长也。房内之男妇大小，均当归其约束。即派较房长尤尊，年较房长尤大，皆不得恃派恃年，稍生狎侮。为房长者，亦必正身率下，随时教戒。凡孝弟忠信之大旨，礼义廉耻之大闲，逐条指点，以启愚蒙，以端趋向。倘有肆志不遵已伏为非之渐，则宜严加斥责，令其甘服改悔。苟不悛，则公同治以家法。再不悛，则送案重惩收押，俟自新后，方许保出，或送入自新苦工所，以示惩警。在受惩者，须知身所经历皆系应得之罪，在房长不过执法不苟而已。有何仇怨，惟痛改前非，期无犯房长之法。由是畏房长、敬房长之心油然生矣。畏与敬并，自无不乐为裁成而为良善矣。必如此，方不失立房长之始意。且房长非实有尊崇之分，实操约束之权，亦必不能为房长，何也？房内人皆善，原不能居功。房内人若有无善，则不能无罪。不独罪而已，且为罪魁小事，既遭拖累，大而逆案，则房长亦在斩决之条。是房长之命即悬于房内人之手，可不畏哉？然则欲使房内人有所惮而不敢妄为，首在房长得人，次在严立家法。而使房长能执法者，尤在有事共相扶助，无使独为其难。虽极横逆无知，亦不敢犯众怒以相尝试，而房长亦庶有所恃矣。有卸事者不得徇情滥举，亦不得任意混充。

家规六条

一惩悔逆　善事父母曰孝，善事兄长曰弟。论语云：孝弟也者，其为人之本。与人能务本，使不至好货财、私妻子，以亏孝道。若根本不立而犯上作乱，莫非忤逆所致？父母兄弟可以任其纵肆与。我族中倘有此等子弟，务宜严加训饬。如或不悛，公同送治。与其日后牵连，何如早为地步。

一严侮慢　族中长幼尊卑不一。为尊长固须正直慈惠，思礼相维，以尽尊长之道。卑幼人等尤不得轻视尊长，肆行无忌。如或派尊而齿幼，不得倚派而幼，慢待老成。抑或齿长而分卑，亦不可扶齿而忽视长辈。知随行雁行之节，父事兄事之文，则长幼不至凌节，而齿让以敦矣。倘或有违，各房长首责以家法，使其服罪。

一勤职业　人生以衣食为本，礼义为先。但于士农工商各守一业，庶知崇俭约不敢放弛，存忠厚不敢刻薄。衣食足而礼义兴，上可以对　祖宗，下可以法妻子。若荒弃本业，游手好闲，结交匪人，日肆淫荡，势必倾家荡产，玷辱家声。我族如有此人，家长及各房长从重惩戒。

一崇礼教　同姓不婚，周礼则然。世人于不宗之族，或因未经合谱，借口姓同宗异，与为联姻，甚非礼也。至弟娶兄嫂，兄收弟妇，及当丧嫁娶，以妾为妻，不独有玷家风，抑且大干国禁。有一于此，各房长公同斥责。

一遵服制　临丧与易□戚，圣训昭垂。凡附身附棺，必躬亲详慎，庶无后悔。葬地山向，时日吉凶，尤宜慎终慎始。祔葬左右，昭穆不可或紊。圹垒尤宜完固，亦不得省力草率。至随俗纳奠，称家有无，务朴无奢，方为近礼。若临丧懈怠，祔葬苟且，而惟崇尚奢靡信用浮屠，置礼制而勿遵，以习尚为可，好公同唾斥。

一保邱墓　祠堂所以萃先祖之灵，坟墓所以葬先祖之骸。虽堪舆家称为风水所系，然犹赖乎培植之功。倘墓远年深不为巡视而修培之，非牛马践踏，即掘挖伤残。甚至奸人斩龙截脉，盗葬牵涉丈尺被人侵占，祖宗为之不安，何以有点佑之理？嗣后坟墓，有后者固宜祭扫，乏嗣者公同修理，立碑为界，轮流挂扫。凡所存保墓丈尺余地，无论广狭，永禁起造外售。凡我族人，毋因己坟而估人地，毋藉私坟而估公山，毋贪风水而相争，毋置祖墓而不顾，则心地存而阴地即在其中矣。

宗约四条

岁丁未，续修家谱落成。诸父老虑近今世风浇恶，不比昔人循循守法。遂撮其要，公议宗约四条，俾共相遵守，以无坠家声。幸甚！幸甚！今将所约，胪列于下。

一曰务正业

士农工商，不拘何业，必勤。其一以仰事父母、俯蓄妻子、和睦戚里，不失　先人忠厚传家之本，即是孝子贤孙，祖宗必为默佑。近日标匪风炽，劫盗杀掠，无所不为。凡务游惰之人，动为引诱入伙。更有一种票匪，变乱名法，背叛君父，倡平等自由之邪说，肆排满革命之狂言。稍见理不明，信不笃，鲜不为所荧惑。一经破案到官，无不立予绞斩，甚至连坐父母妻子以及亲属。如戊子庚子之已事，可为殷鉴。今与我族人约，以后父兄，尤宜严束子弟，使务正业。尚有惑入匪类，能改悔自新者，房长为禀官销案。如有阴入其类，责成亲属查送祠惩治。或一经众举及房长查出，立即送官法治，并罚及其亲者，以责其约束不严之罪。

二曰振伦常

礼曰：父子笃，兄弟睦，夫妇和，家之肥也。近来皆尚淫逸，子女游荡佻达成风。推原其故，皆由一家之长不能自正，嫖赌逍遥以及吃洋烟之类，无所不为。于是子弟亦效而行之。甚至上下烝淫，内外混乱，人命相戕。犯案到官，照律抵罪，倾家荡产，往往皆然。今与我族人约，如有此等子弟，乱伦伤化，败坏门风者，由父兄缚交房长严惩，逐出支外铲谱。至妇不孝顺，废女工，好淫妒者，家长约束不遵外，即报于房长查实理处。又有家长纵容恶妇，凌虐小媳者，一经众举及房长查明，先予其家长杖罚，再传至母家公议，予杖祗鞭背。如有家长不能自正，丑类新台，归各亲属报明，房长议罚。

三曰敬宗族

今天下郡有守，州有牧，邑有宰，皆所以统摄民心，齐民俗也。一支一族，何独不然？今与我族人约，每房公择举老成房长二人，合族共择立族长二人。凡祖墓祭扫，族内公事，及子弟不遵约束，妇女不肃闺门，均归房长公正严明办理。如有故意抗习，目无尊长，再鸣知族长议与杖罚。再或顽梗不化，公同送官惩治，以肃宗规。而每岁清明墓祭，各父兄尤必遣子弟来会，帮同挂扫。一以识祖宗邱垄之所以，一代房长细务之劳，不到议罚。至七月尝新之期，礼宜焚黄荐祖。议定值年房首之士，于每年七月十三，邀各房首及赞礼者诣祠祀祖。化包必须诚敬，不得视为具文。

四曰笃本根

本根者何？祖宗子孙事是也。我族谱续修之例，原定以三十年为度，取三十一世之义。自同治癸亥修后垂四十三年，屡议续修未果。今赖族人同心协力，始得合辑成册。其如何艰重哉！今与我族人约，续谱六十五册，编立天地元黄，宇宙洪荒，日月盈昃，辰宿列张。寒来暑往，秋收冬藏，闰余成岁，律吕调阳。云腾致雨，露结为霜，金生丽水，玉出昆冈。剑号巨阙，珠称夜光，果珍李柰，菜重芥薑字号。又编公字号一册存祠，以便查对。其余承领者，注明某字号，再加图记于卷首，防异日假冒私窃之弊。仍仿前例，照丁起费。每男丁收钱六百文领谱，每册议钱三千文。倘有讹字刊定后始查明者，议另刊本字印于讹字之旁。其有空缺，未经刊明者，亦补刊印之。各谱一律，毋得异言。凡领谱者，必敬谨收藏。不得借阅及油污墨迹、鼠咬虫伤、私自添改典押等情弊。每逢合祭，会谱验看。如有犯各条者，视所犯轻重议罚。又仿陈氏义门法，别立广生、归真二谱各七本，一本存祠，六房各分一本。遇房内有男娶妇者，特将年庚氏姓登入广生谱。有物故者，将没期葬向登入归真谱。入谱会费公议，生男一百文，娶妇五十文，余不取费。其事归房长经理，每逢冬至，该房长通记年内所收之费，携带入祠，凭族核算，概交总理。倘有不请房长代出庶出费者，不得藉词推诿。收费者亦可紧急追催。总理收钱后一年不取息，以为收管之资。遇此则每年议定加一二生息。此等良法微特悉户口之增减，亦以便谱牒之须修。愿共永远守之。

东山罗氏族谱序

盖闻根之深者枝必茂，源之远者流必长。故蕃衍既启乎宗盟，斯记载宜详于家乘。倘昆初星列而谱牒日销，则上而祖宗何以序其昭穆，下而孙子何以溯其渊源？甚至历代坟茔失其葬处，同宗长幼视若涂人。而且唱骊驹于异乡隔绝，存亡者有之员，螟蛉于他姓紊乱，宗族者亦有之。是岂为人之道哉？将欲联远□，辨亲疏，定尊卑，别同异，势必族能修，而后家声丕振矣。我祖友文公，发迹江西，卜居南楚，披荆斩棘，世阅五百余年，开地开疆，派衍十有六代。秀者学朴者农世敦本业光于前，裕于后代起良才。自乾隆丙申年修草谱，迄今九十余年矣。其间生者几何丁口，生齿甚繁也。殁者几何，葬地匪一也。时代既久，志载仍不免疏。至同治乙丑年议章程、发草稿，按房亲支造就鱼成鱼鳞之册，择贤董事纂成燕翼之谋。戊辰冬缴草册，族中人众咸集商议创修。爰是举子纯公坐馆秉笔，命我辈共襄同事纂修。己未春遂登馆，或采旧牒之所在载，或检出于断简之所存，或故老之所传闻，或主碑之所缕刻，细为详以稽之，严以校之。原欲黾勉同心以毕乃事耳。无如仲夏洪水横流，将屋宇以倾颓，集捐赀而莫果，故尔迟延，又久未能刊刷成章。洎去冬长，至日金曰谱事万难缓图，仍命吾侪前功敬续，不觉年踰六七，人之生殁尤多。虽然搦管挥毫，几经校对，敢谓系图派纪，并得详明。由是倩梓人之厕梨枣，陈纲植纪朗若列眉，碁布星罗，了如指掌。自春正始事先人之遗命未忘，至冬季告成。后世之续修，攸赖从兹父慈子孝尊祖，亦且敬宗兄友弟恭齐家，尤能睦族，萃琳琅而立品，文章克继前贤，守□钥以铭忠武，略能承先烈媲孝，思于温席，俎豆常新，宗理学于儒门衣冠永绍。惟予小子用志片言。

族规（东山罗氏）

一冬至祭祀，先期三日，值年入祠办理，务须整顿一切，护族、总领一同越宿致告。翼日黎明奉祀，凡来祠者，俱宜整饬衣冠，以次拜跪。礼毕，然后序坐。庶昭如在之，诚毋得视为泛常。

一祭祀重典，各房必须一人与祭。惟宜恪恭将事，不得短衣小帽，致形亵慢。祀毕而馂席彻而退。即路远者，亦各归本房，以公祠难于周族也。其值年、护族、总领暂留在祠，将本年出入账目逐一算明，详载各簿。余人不与。停席之年未传者，不得入祠，如违斥退。倘有藉酒乱性，高声哄闹者，即行责罚。

一冬至日专以祭祀为重。祭毕，惟宗祠公事方可言论。语后辈务宜循规静听，不得妄行争论。至各房私事，平时鸣本房房长秉公理释，不得于此日夹议。倘有万不得已事，必凭族理论者，须过日在宗祠再邀护族及各房长剖断。如违，公同斥退。

一祠宇为宗祖所凭依，即为子孙所记庇也。务须随时修葺，不得任其凋残。所有团壕竹木，祗应修培保卫，毋容毁伐惊侵。且祠内祭器什物，平时总宜捡点，用时更加珍惜。董事自有责成，尚其懔之。

一茔墓乃先人遗骸所藏，最宜珍重。清明为古人祭扫之期，无论晴雨远近，各宜挂纸祛尘泪飞。冢草平则加筑，塌则宜培。遇有碍坟竹木，及时砍伐。孝心相感，勿谓九原无知也。亦越冬至，值年限期择老成熟人，凡我族茔墓通用挂扫。遇有平塌之家，亦宜修培。即或葬地迢遥，不可因风雨之阻，而解跋涉之劳。至各房私墓，或彼葬此山，此葬彼山，尤当一体互重，不得侵犯。

一山有树，犹身有衣。无衣何以遮体，无树何以庇荫？凡祖山前后左右，务宜蓄禁。倘不肖子孙剪伐侵害，一经指实责罚，绝不徇情。

一船形山系先入落籍遗业，合族公管。老祖若宗叠葬此山。前辈议立章程，凡进葬者，每冢出银十两。入祠厥后以山价太重，改作钱五串。此议之行亦有年所。嗣后族中进葬，遵照后议，但须邀各董事登山踏看，以免□塞惊范。

一族人虽有亲疏，自祖宗视之无亲疏也。倘或尊凌卑，下犯上，强欺弱，富压贫，致启嚣竞之习可乎哉？是必吉凶共相庆吊，缓急互相扶持。在寒微者固宜绝其忮求，在业厚者自当相与为周恤。庶几雍雍秩秩，合族浑如一堂，里党咸推望族，讵非厚幸兴。

一家有后秀子弟，无论贫富，总宜教以诗书。一旦显亲扬名，则门闾光大，并合族增辉矣。即未必画获显荣，然大而礼义廉耻自识闲防，小而举动言语以亦除野鄙。其人以下，亦当教以正路。或农工，或商贾，皆可为。仰视俯蓄之资，但须训以勤俭，毋使怠惰自甘。倘游手好闲，正业不务，则贫无生路，富必倾家。此岁子弟不肖，抑以父兄之教不先也。族众其共勉为贤父兄焉。

一光大门户，莫先功名诗书。子弟应县府院试，宜给卷费入泮。补廪乡会中式，均宜奖赏，以申鼓励。奖赏条规列后。

一讼则终凶，居家宜戒。族中大小是非，先鸣本房房长理释，不得动邀族人未寝，再鸣护族及各房长公剖。如实衡逆难制，方可控究。倘不先行鸣知，不俟族众理处，遽然逞私妄控，是谓立意伤和，公同据实禀究。今谱牒既修，族谊尤宜和洽，族众其各凛遵。

一凡承继或应继、爱继，伦序莫乱。生养葬祭，亦如亲生家资田业，毋许觊觎，永承其后，毋得归房。其立后者，必继本支子。本支无继或不允继，即由亲及疏，或族中择继，绝不可以他姓子乱宗。如违立逐。倘一时未能查逐，日后续谱，断不收入。

一凡不孝不第及干犯伯叔长辈，语言悖逆，不遵礼法者，传集宗堂核实责罚。不悛者公同送究。

一恶以淫为首。天眼恢恢，疏而不漏。犯者纵逃法罔，必受冥诛。甚有无知之辈，兄收弟妇，弟娶兄嫂，名曰转房，大坏伦常，大干法纪。有犯此者，公同送究。

一品行不端，莫如偷窃。人纵穷困，夙夜勤苦，断无不可营生之理。至偷窃财物，窝贼分赃，则上而玷辱宗祖，下而贻累子孙，并合族含羞矣。族倘有次，不用家法，即行送惩，断不徇情。

一至贱莫如娼优奴婢。人纵运蹇命乖，乞丐亦是正路。断不可将子女出卖，甘为下贱。一陷其中，身败名裂。后虽子孙辈出，耻辱难堪，其能盖乎前愆也哉？

一律法昭彰，更严抢夺。凡属抢掠财物及倡首阻禁诸陋习，不独首恶罪魁，干庚不小。即同党助恶，皆未有轻脱者。我族已往幸无不法，将来更当免旃。

一牌赌皆是败路，今人继以洋烟为害更甚。凡父兄辈既当门户，均宜自傲，庶免子弟效尤。其子弟辈，虽父兄远离，亦当知此有害。切不可从场。倘迷途一入，士农工商诸业皆空，城市乡村容身无地。甚或朝乞丐而不羞，夜穿窬而无忌。其害伊胡底哉！我族中误入者及早回头，未入者宜防失足。

一办理祠事，无论停席开席，供奉、值年四人，不论房分，惟选廉明公正，方可承理。其更立则以三载为期，外奉护族一人赞襄一切。举总领一人经管一切公项契约簿据，但必属殷实老成方可胜任。此两人者虽轮流择举要，不必以三年拘也。公举之人毋容推诿，非公举者不得争充。

一护族、值年，原为族纲。祠中大小事务，任其商酌举行，余人不得干入妄议。

一护族、值年责任甚重。若于祠事不尽心，经营族事不极融化，甚或侵蚀公项，暗地滋事，族众更立可也。

一孤寡无靠，患难困穷，不能自给，义当赈恤。或无故而遭外人欺陵，及冤沉莫白者，族之能者当共助之。

第六类 婚姻

甲、婚姻之成立

（一）通常结婚，有父母者，必须有父母之命。然亦有不须父母之命者，如子有三四十岁未完娶，或顶再娶者均得自为主张。如杜某三十岁未娶，遂买婢女为室；李某前妻已故，续娶邹氏丧夫之妇。均系自为主张，此类不可枚举。

（二）指腹为婚，其效力不一。如李秉钧之子聘余氏之女后竟失约，若柳先赓之女字易姓之子后竟践约。此指腹为婚效力之不同如是也。

（三）纳采问名之礼式，乡城贫富不同。通常乡间不论贫富，凡定婚不言下定，只言回红。庚有女家用一红单帖写女庚外，用签套请媒人送至男家，媒人通常一人。男家将红庚放在祖龛上，用酒席陪媒，有男家先写红庚，用一红书将男女生庚写外，用签套请媒人送至女家，女家照男家红庚式，写一红庚，请媒人送至男家。男女家均用酒席赔媒。此定庚只用红庚，不用一切礼物，实为简便。若城内贫家下定，必用首饰二件或四件定子糕包子等及他礼物。其庚书系以红书写双庚，并请媒妁二人，谓男媒、女媒是也。多有原系一人说媒，临下定之期又请一人为媒者。如长沙陈守栋之子聘李琮之女，原系柳锡畴为媒，至下定时陈守栋另请黄勤生为媒，以为男女家各须一媒也。是日下定，男家用银五两钱成如意头，并以银钱成一枝笔插在如意头上，谓必定如意也。又用奉盒八个，盛红缘庚书鞭烛笔墨，以及各色点心，请二媒人送经女家，女家亦用针线各色礼物回男家。往来仆从多人，约计陈李下定之日，用钱约二十余串。又李琮与易泽鸿联姻，下定约用七八十串，此婚礼之极奢也。乡间耕种人家，通常办一堂喜事，用钱不过三四十串、五六十七八十不等。而城中下定尚如此，其亲迎时动辄数百串，亦势所必然也。

红庚式有只用一单帖写女庚者，式如下：

封套上用一签子写乾坤定矣
单帖上写坤顺丙子八月二十午时

谯国郡具有男家先写双庚者，式如下：

封套上用一签子写天作之合
内用一封全红书写乾健壬辰八月十七子时
顺坤癸巳七月二十丑时
龙飞光绪三十四年戊申仲冬月谷旦河东谯国郡订盟

女家照男家写双庚，式如下：

封套上用签子写文定厥祥
内用一封全红书写乾健壬辰八月十七子时
顺坤癸巳七月二十丑时
龙飞光绪三十四年戊申仲冬月谷旦河东谯国郡覆盟

（四）父母为子女主婚，不必子女之同意。惟女至三四十岁未字或须醮者，必问清女意，以为然否。子至三四十岁未娶或须再娶者，亦同如。长沙夏云峰之妹年至三十，未字，后许字时必得女之同意。若男子年龄已过未娶或再娶，即系父母主持，未有不得子之同意者。通常乡城再娶必由受亲男子到女家，二面看清，男女二比合意，方可成局，此事甚多，殊难枚举。

（五）无父母或父母远适，主婚应由亲族人。即如长沙某之女，父母均故，年将二十，尚未字，后由其堂兄某主婚，嫁与郭姓云。女子有自行主婚者，经邻人。如早年张某由四川带来一女为室，后其夫已故，无子、无钱、无亲人，经邻人说合，嫁与蒋姓，系自由主婚。若男子主婚，必是年长未娶或续娶者，此类甚多。又叶氏之妻带衣自去，嫁与吴姓。

（六）结婚之先，多由主婚人互相其子女，皆例如此。惟贫贱男家不能十分择女，贫贱女家亦不能十分择男。若中等以上男家，定女较易，故必选择而后。谚云：在男家为功亲，在女家为相男。访亲者不能亲至女家，直言其看女也。相男者尚可，亲看其人也。

（七）结婚媒妁向只一人。现乡间尚只一人，而城内必二人，谓之双媒，谓之男媒、女媒。有专由男家延请者，如长沙陈守栋之请黄勤生为男媒是也。有由女家延请者，如湘阴李琮以女字陈守栋之子，而请柳锡畴为女媒是也。亦有只用一人为媒者，惟小户人家有之。中人以上人家多用二人。

（八）订婚不用媒妁者，如长沙柳先赓与易女生订婚，系指腹为婚，未有媒妁。又如袁炳烺与柳树鸿订婚，胎儿时面订，未有媒妁，此皆为子女订婚。亲迎时由男家请一人为媒，并无须厚谢媒人。

（九）专业媒妁者，省垣有一种老婆，名提针线，其实专为买卖婢女为人使用，或为人妻妾兼续娶。再醮者均无不以笼络而成，其间作伪最多，受累者不少。又有一种无业无良之男子，年有五六十不等，如长沙廖某伍某惯说媒，而纠葛颇多。

（十）结婚除庚帖外并无婚约。

（十一）无

（十二）无

（十三）婚约中以红庚及红缘庚书为重要之据。即如曹某与黄某为子女婚约，尚未书立红庚，后因俚事稍生意见，即未定妥。又田某与柳某约某尚未书立红缘庚，旋因追催过门，男家不允，即未定妥。又有因婚成讼者，地方官审判必以红缘庚为凭，此定例也。

（十四）结婚财礼，通常多用猪羊过聘，并鸡鹅鱼蛋酒饼面食点心靴帽针线等用。金钱之外，或数两、数串、数十两、数十串为门包。其女家贫窘，男家甚富，间有过银钱者，为女家妆奁之用。至若再醮之妇，多用礼金，大规矩二十四两，亦有过取为三十二两，或五六十两不等者，只看原意议如何。其以闺女而取男家金钱为袖裹笼，此系男子极难得配，方肯出此。女子极难出门，乃得如此。

（十五）有由媒妁说明财礼多少者。如长沙黄氏与柳氏订婚，由媒说明，过聘时抬盒四十对双猪双羊，鸡鹅鱼酒龙凤饼不计其数。而女家铺房亦极奢侈，寻常通用礼物无不备。又如柳氏与冯氏、郑氏订婚多如此。

（十六）女家收受彩礼至完时，无退还男家者。

（十七）纳聘后男女有死亡者，女家所受财礼未有退还者，以为人既死，财可不论。如杨瑞卿之女许字于张某，已经下妥，礼物颇丰厚，其女忽死，男家亦未取还各物。

（十八）通常完婚请期，不送礼物，其礼式只请媒人送期单。
期单如下：
婚期单式

外套用签写预报佳期，内书面上写星期或全福。
　内面写　谨诹
　正月初六亲迎
　是日午时合卺
　大　吉
　兰陵郡具

右式为乡间通用期单，若城内期单不同。式如下：
城内婚期单式

外套面上写预报佳期，内书面上写兰桂森桂馥
　内写谨詹戊申年九月初八日巳时过聘
　初九日亥时安床　初十日未时开容
　十一日申时亲迎　酉时合卺
　掌线人宜西南方，午未生人大吉　汝南郡具

又有匀配成双写如下：

谨詹
九月初八巳时行聘
九月初九亥时安床
九月初十未时开容
九月十一申时亲迎
九月十一酉时合卺
西南午未生人掌线
大　　　　　吉
河东郡具

（十九）婚期专由男家选择，女家若有事故，不允男家所择之期，男家自另改选。

（二十）婚期未定，因婿病或舅姑病革，而赶速完娶者有之。如前年长沙东乡邹某因病革，而子之婚期未定，即行选择一期，请媒送至女家，即如期过门，俗称冲喜。亦有婚期已定，而缩近者。如刘某之年临八十而病革也。

（二一）娶妇有行亲迎礼者。其礼式如用二喜轿，先由男坐一乘，或四人八人抬旗伞，持事牌额等项。送至女家，新男进门，对女之宗龛拜跪起立，女家招待。旋由女家发亲，女子入轿，新男仍乘轿归，俟于门外，女轿入时一揖如古者。御轮先归行礼各节，亦有只用一喜轿、一绿泥轿或一马者，新郎先往乘喜轿，回时乘呢轿或骑马，无一定。

（二二）合卺礼式，通常用成双无缺陷之两妇人，各持水果茶一杯交换，兑茶与新郎新妇互饮三次，其礼已成，始启去女子盖头。

庙见礼式，通常用酒席枣栗，由翁姑率新郎新娘至祖龛前，行庙见礼，礼生四人或八人。礼如下：

行庙见礼，执事者恪执声爆，启积发鼓，鸣金鼓初严金。初札鼓，再严金，再札鼓，三严金，三札大通，三迭奏大乐，更细乐。嗣孙率新郎新妇各就位，拜典四起立，平身，行上香礼。嗣孙诣盥洗所盥洗毕，诣香案前，跪上香，三酳酒，反爵，起立复位。拜兴二起立，平身，行奠献礼。嗣孙诣食案前跪，陈设羹箸酳醴。初献爵，亚献爵，三献爵。初献馔，亚献馔，三献馔。列馔全陈，献汤，献麦食，献粢盛，奉茗，俯伏。止乐，读文。文如下：

庙见文

维年戊申，维月甲寅，维日庚子。嗣孙典绎，谨以香楮清酌庶羞不腆之仪，致祭于

谯国曹氏堂上历代祖先之神位前，曰书美厘降帝，功肇起于宫闱。诗咏关雎，王道造端于夫妇。礼着大婚之典，易占归昧之词。此两姓既云合好，而六礼亦庆告成也。今以嗣孙之子某，择配李之女为室，当写典之。既诇宜枣栗之是陈，爰具不腆，敬谒祖先。伏冀祖德宏深昭，兹来许宗功浩大，佑启后人，宜其室而宜其家，功垂燕翼，位呼内而位呼外，瑞起龙文麟趾呈祥，冠裳兆乎！百代蠡斯衍庆享祀，绵于千秋矣。谨告

起乐，起立，复位。拜兴二，平身，行献枣栗礼。嗣孙夫妇暂离位，新郎新妇诣祖先前，既献枣栗，奉茗，起立复位。嗣孙夫妇仍就位，拜兴四，平身。化楮焚文，合梜，鸣球，礼成，告退。亦有用三献礼者。

（二三）嫁女妆奁需费无定，通常数十串数百串不等。有中家人事及极富人家，有用至千金者，此类甚多。

（二四）订婚时预定妆奁多少者少。

（二五）以田产为妆奁者，富家多有之。如长沙魏氏、朱氏、黄氏各大富家，均有田为妆奁。柳正鋐以女嫁黄氏，妆奁田一庄，租计一百七十五石。田载万寿都。

（二六）女家预备妆奁，有由婿家送金资助者，此为袖衷笼。如长沙彭某续娶周氏女，闻先过银六百两到女家，为女家妆奁一切费用。

（二七）同姓不为婚，向例如此，各族皆然。

（二八）亲戚中不当结婚者，如派次不合，或姊妹之子女是也。然如曹、柳、郑三姓，婚姻各亲其亲，不论派次，姊妹之子女亦无不可，不得以俗见为骨月还乡也。

（二九）异姓而血统同者，当禁结婚。乃现在朝阳巷有异姓一妇人生一子，即以前夫所生之一女带来娶之，是子女虽各一姓而一母所生，于理似为不洽识者，以为何如？

（三十）种族不同有通婚姻者。如贵州界苗女，每岁定期三月三日招亲，女唱歌，男和之，和之合即娶之，不论其为汉人为苗人也。招至苗洞，成婚生子，不许归。

（三一）婚姻之禁忌，如生辰不合，或男带狼籍无形，女带八败，及出仓扫回草庚时，或打碎物件，亲迎时或遇灵枢，或四眼人红眼人一切不吉祥之事，皆禁忌。

（三二）夫或妇所有之财产，自属共有。如周某之妇由母家带来财物，口称系自己私积，其实夫要用，未有不焉夫用也。

（三三）夫妇有分析财产者，如王雁峰之子调成夫妇是也。

（三四）夫妻各有之财产，设一方死亡，其财产自可互相承受。如柳葆元财产颇多，死后概归妻经理。

（三五）妻不得夫之许可，得以己之财产营业者。如李某之妻瞒夫而以己之洋银二百元，交娘家堂弟某，伙为彩票局是也。

（三六）妻任意使用其财产，如梁某之妻起造大屋，并买大房开粮栈。后其夫回，力行禁止，不许再用。

（三七）妻之财产，夫或任意滥费，如王某将妻柳氏过门时，所有衣服首饰及押箱银两尽行典卖，妻不能禁，只得扫兴而归娘家居住云。

（三八）庚帖及种礼单书式

男家书立庚帖式

天作之合

乾

健　丙午七月十六子时

顺　丁未三月初七卯时

坤

清皇光绪二十四年戊申岁季冬月谷旦　河东谯国　订盟

女家书立庚帖式

文定厥祥

乾

健　丙午七月十六子时

顺　丁未三月初七卯时

坤

皇清光绪三十四年戊申岁季冬月谷旦　河东谯国　覆盟

男家过礼书式　书面上写喜全字

谨具
喜烛双辉
金花二树
凤钗成对
龙钏成对
金簪成对
彩鞋成端
色绫成端
喜酒双尊
喜猪成车
喜羊成牵
喜饼成盒
香茗成瓶
奉申
某某顿首拜

女家铺房书式

元冠特品
缎袍成件
缎套成件
衬衣成件
京鞋成双
笔墨扇全
玉钏二枚
云肩一领
奉申
某某顿首拜

请上亲书式

谨詹月之某日洁治喜筵恭迎迓
文驾莲与　名正肃

另用书一本写忝姻愚弟某偕室本某顿首敛衽仝拜
又一式　系乡通用

谨詹月之某日喜酌先期恭迎迓
文驾莲与　名正肃

另用全书写忝姻愚弟某偕室本某顿首敛衽拜
请媒人

谨詹月之某日为小儿完娶恭迎
执柯　名正肃

另用全书写　愚弟某某顿首拜
请媒人吃酒

谨詹月之某日洁治喜筵恭迎迓
文驾莲与　名正肃

另用全书　愚弟周开祥偕室本张顿首正容拜
催新妇
谨催　一次

新妆　愚小姑某某敛衽

再催　二次

速催　愚小姑某某敛衽
恭候
贲临　三次　御轮生某某某竢门

请新郎妇回门礼式

谨詹某月某日涤卮恭迎迓
文驾 香车 名正肃

另用全书写 奉命愚内兄某某偕室原某顿首敛衽拜
请亲友

谨詹某月某日喜酌恭迎迓
文驾德与 名正肃

另用全书写 愚弟周某某偕室某顿首正容拜
妇初生子女报岳家礼式

谨具
鸡酒二事
盆宜几缙
奉申

外氏送外孙三朝浴兰礼

谨具
喜酒成罐
喜盆几色
德禽几双
衣被略具
奉申

送外孙弥月礼

谨具
金冠一品
麟铃成颗
绫袍成件

缎套成件
襁带成幅
锦褓成团
奉申

又一式

谨具
花冠特品
群仙满座
金铃几对
襁褓成幅
奉申

亲友送人生子弥月礼

谨具
喜联成对
喜铃成颗
金印成方
手钏成对
喜袍成件
喜盆几色
奉申

送人周岁礼

谨具
绣鞋成双
果宜成封
奉申

送人年礼

谨具

年糕成盆

家酿成罐

红桔成盆

冬笋二篓

海参成斤

洋鲍成封

德禽四翼

家兔四掌

奉申

送人端节礼

谨具

角黍成盆

香荔成盆

玉糖成封

猪腿成肘

鲜鳞二尾

家兔二掌

奉申

送女婿分居礼

谨具

喜盆几色

喜宜几缗

席器成副

家物八程

奉申

送人酒席

谨具
粗席全筵
鲁酒盈尊
奉申
送寿礼
谨具

寿联成副

绣屏成架
锦帐成轴
寿烛双辉
云履成双
绣履成双
寿饼二员
寿桃百颗
寿面千丝
寿果几封
寿星一尊
如意二柄
鹿参成封
燕窝成封
吉猪一索
吉羊一索
鲜鱼二尾
家兔四掌
德禽四翼
野雁四掌
寿酒百明
寿报千秋

鼎爵双晋

寿盆几色

寿宜几缗

奉申

送入学纳监礼

谨具

爵顶特品

贺联成副

微物几色

袍宜几缗

奉申

贺婚礼式

谨具

贺联成副

京顶一员

加冠一品

朝鞋一双

粗箎一握

网巾一幅

金花一对

蜂蜡百枝

贺宜一□

喜报连声

奉申

贺嫁女礼式

谨具

喜钗成对

喜钏成对

奁资几事

喜盆几色

送人起屋迁居礼式

谨具

喜花双树

喜彩成端

喜灯成对

喜烛满堂

奉申

送人双喜礼式 寿婚

谨具

寿宜成缛

寿宜成对

奉申

送文士书房礼式

谨具

端砚一方

□墨二盒

云笺百幅

湖□十全

奉申

乙、婚姻之变例

（一）抚甫出生之童养媳，其亲生父母必辅助抚媳者之养育费。如长沙东乡师省之初生一子，予龙潭柳六生抚之为媳，当出谷七石。又有出十石十两或数两者不等。总之抚初生女子，未有不辅助抚养费也。

（二）有未养子而豫抚养媳者。如长沙柳月桥未生子，以所生之女送到育婴堂，由育婴堂另发给一女带回抚养为媳，越三年而生子，子成人即拜见为室。后其媳娘家亦找出，遂往来亲戚尚厚云。

（三）无子而豫抚童养媳，若过十年尚无子，即必以为女至应嫁之时自必择嫁。其择嫁多由抚养之人，但亦必商之本生父母。

（四）童养媳成人后，有用媒妁过庚致送财礼者。如唐某童养一媳成人时，女家仍要过庚，行茶过礼，并用喜轿，以为女子一度时光也。然乡间不如此者，亦复不少。

（五）童养媳完娶时，女家有馈送妆奁者。如唐姓照常办喜事，女家亦不得不用妆奁。

（六）童养媳完娶后，夫死改嫁，有视前夫家之翁姑如本生父母者，此惟无娘家，即以前翁姑为本父者有之。若有娘家可归者，即必以娘家为重。如漆俊德之妻袁氏系月窝过门，至二十岁时，妻流出，不以翁姑为翁姑。父在时尚如此，何谕夫殁而改嫁乎？

（七）省垣有招赘者，其家或无多人，其家甚富，重视女子，而其男家或先富后贫是也。如晏家塘李锅之女许与傅姓。李招为赘婿，并非以他为嗣也。李家无多人，田租七八千石，傅宅先富而后贫。现李琮之女许与陈姓，亦拟招为赘婿，其一切均同，亦非令他为嗣也。李锅、李琮均有嗣，特不多耳。

（八）以养子为赘婿者无之。

（九）赘婿改从女姓亦无之。

（十）无。

（十一）无。

（十二）赘婿对其本身父母及亲属仍照常有关系。

（十三）无。

（十四）无。

（十五）有仅生一女而无子者，遂招一男为赘婿，其遗产即由其人经理者有之。其女亲族另派一人经理，或另行承继者亦有之。总之赘婿断不能承继承产，如长沙萧某无子，仅生一女，招一赘婿。厥后其亲族以一子承继，而赘婿不过为客也。

（十六）赘婿生子，不得为继嗣。

（十七）赘婿生子，不可承继或兼祧本宗。

（十八）赘婿行为不正，可使之携妻子以去。乃如李芋生之赘婿不能安于其室，遂去而之他。其携子亦不携去。

（十九）长善无赘婿为承继之人，故无悔继归宗之说。

（二十）由翁姑主持招夫者，必是翁姑无子，而家赀甚富厚，其妇或系童养不忍嫁出，遂坐堂招夫。闻早年江南在省垣贸易，大有蓄积而无子嗣，遂为媳招夫以作子云。

（二一）由妇自主招夫者，多系妇家或母家嫡亲无人，或有人而为晚辈，或稍疏有人不能说话；又或妇本悍强，或家赀甚厚，又或极贫，而早与人有交通事件，则不俟妇家母家亲属之允许有之。即如佳省之平江人，有一潘氏之妇，夫故，子幼，家极贫，自主招夫，并不问前夫家及娘家允许，大约先奸后娶云。

（二二）招夫无改从妇姓，出离本宗者。

（二三）招夫生子得承继夫之本宗，不能承继妇之本宗。

（二四）招夫对其本身父母及亲属亦照常有关系。

（二五）招夫因事故与夫离异可携其子女以去，但难索还原有之聘礼。

（二六）妇死后招夫，自妇宗并可另娶。如早岁张某之妇招夫不久即亡，其夫回去亦继娶。

（二七）招夫因事故与妇之翁姑离异，可携其妻子归去。

（二八）赘婿或招夫之妇死亡，无父母子嗣，其财产难为赘婿招夫所独有，何也？长善风气见人有钱无子，即必为之承继承产，断不许外人承受其赀财也。

（二九）妇欲再醮，距夫丧须三年，从少亦须满周年。然亦有家境极苦者，六七月百日以后均有行之者，此无定限。

（三十）妇再醮由翁姑主持者，须得母家同意。如长沙彭氏之妇，其姑与姑之夫弟主持再醮，必经本生父李某许可，方能定妥。

（三一）妇再醮，无翁姑，有必须夫家亲属及母家亲属许可者。如王氏之妇，无翁姑，再醮，必须夫之伯父主婚立字，并母家亲属许可，然后定予柳姓。然亦有自行主婚者，与自行招夫正同。

（三二）妇再醮，夫家收财礼通常二十四两，或三四十五六十不等。又有不收财礼者，只收水礼等项。

（三三）妇再醮有携其子女同去者。如陈氏之妇再醮与曹，带去子女数人。又有不带子女同去者，如彭氏之妇再醮与柳，其一女为姑待是也。

（三四）妇再醮后对于前夫之亲属为疏，而于母家关系则一也。

（三五）妇再醮后，夫死无子，前夫之子不可迎归，何也？前夫亲属不允许，后夫亲属亦不允许也。

（三六）妇有遗腹子时，当俟分娩后，始得再醮。如生于再醮后者，当属前夫，然多有属后夫者。如曹氏一婢女嫁与佃夫王某，五个月生一子。拷问之下，系老太爷所生，遂以为己子。又如刘某亦六个月而生，乡邻称之为六月报。此皆属后夫之证也。

（三七）妇再醮后死亡，无子，前夫之子可迎柩归葬。即如长沙李某之母改适郭姓，死亡时，李子为之迎柩归葬。

（三八）通常纳妾以居官人为多，虽有禁止或种人不准纳妾之条，而究无效。以至卒隶人役有纳一二妾者，以钱之来者既松，活亦丰足，而使用不恤如泥沙也。

（三九）纳妾概付身价聘娶者，长善极少。若彭氏娶周氏女，托名为一子两祧。

（四十）通常买婢女为妾，不通往来。若买良为妾，有通往来者，亦有不通往来者。

（四一）妾与夫之亲属关系，如生有子女，为家长祖父母服小功，为家长父母服齐衰期年，为家长长子服义服齐衰期年。其名称如妾，称家长为老爷，称嫡为太太，称家长之父母为老太爷老太太，称家长长子众子为少爷，而夫之亲属统称妾为某姑娘或称姨太太。

（四二）以妾为妻，自来确有禁止之例，又限制娼妓婢女以及无子均不准升正室。然亦有升正室者，如景介仁之妻无子已故，以土娼陆氏为妾，生一子；又配汪氏之抚女为妾，亦有出。后介仁死亡，而陆氏、汪氏均争为正，遂起诉讼至长沙。邑尊及熊得寿并团邻等断令陆氏有介仁亲生一子，自应为正。汪氏有子，着令另承继一房，亦为正。其家产作二股品派。又柳葆元前妻无子，亦早故，婢女为妾，生一子又故。以婢女为妾，妾无子不得为正，而自称为正。其另一婢女为妾，生子二人，现仍为妾，为前妾所压，不能以有子而称正也。

（四三）以妾为妻者，非有特别原因，与妾家亲属并无关系，不得视为普通妻亲。

（四四）各种变式婚姻所立字据之书式：

童养媳字

立婚约字人师某。今因满女初生，实难自养，凭媒章某说与柳某，养育为媳。师人当出养育谷十石，柳人比日收讫。迨成人后，再行婚娶礼，师人再具妆奁，再行拨庚。此据。

凭媒 章某

光绪七年二月初吉立

上系女家所立字。

立婚约字人柳某，今承师某厚意，将满女令某某养育为媳，并领到师府。养育费河岸谷十石正。俟成人后，再行婚娶礼，再行拨庚。此据。

凭媒 章某

光绪七年二月初一日立

上系男家所立字

赘婿字仍系庚书写法

招夫字不外写八字庚书

再醮字

立婚书字人曹某。今因第二子出门已十年，渺无音信，未卜存亡。而我家极贫，其妇殊难生活，只得将其妇退归娘家，听娘家另行择配。其娘家柳引田将规银二十四两交出，即将其女接去，所有其女自己衣服物件任其带去。日后其子若归，自应另娶，不与柳人相干。后恐无凭，立此婚书字一纸，交柳人收执为据。

光绪三十年十月十八日立

又一式

立婚书字人马某。今因胞弟某某已故，其妇实难自守，只得请凭媒妁王某等说合，梁某娶之为妻。当日梁人出备礼金三十二两，马人亲手领到其母家，亦亲同访察，毫无异说。此后听梁人择吉为婚，倘有外生枝节，均主婚人理落，不与受亲人相干。后恐无凭，立此婚书字一纸，交梁人收执为据。

凭媒人　柳、王、马

光绪三十二年十月二十六日立

纳妾字

立卖婢女字人郑某。今将其家所养婢女，名喜宝，卖与张某。凭媒得受身价银二百金，即将喜宝交出，令其领去为婢为妾，均听张姓任意施为。倘有一切纠葛，均郑人理落，不与张人相干。今欲有凭，立此交张人收执为据。

凭媒　王、许、廖氏

光绪三十三年十二月十二日立

丙、婚姻之解散

（一）由父母主婚者成立后，一方有不满意时，得取消婚约。如柳某之女嫁与吴姓，此后父母主持过门时，女子无异见，继而不与男人交谈，夜不解衣而寝。窥女之意，以为男家太穷。现在女出外绣花，男出外佣工，二比均愿取消婚约。又如柳哑巴之妻，已经生子，其妻尚以为不满意，遂同他人去了，二十年来杳无音信。

（二）订婚后发现夫家已有配偶，得请求悔婚而卒不行。如林某已正配刘氏，而又另配陈氏。迨陈氏知之，即称正配为疯癫人，原不足算。又有称一子两桃者，不计其数。又有居官于外，称家中无正配。迨归，而正配确存，遂至欲悔婚，而子女已成行矣。嫡庶之争，以至上谱尚多难处也。

（三）无正当理由随意悔婚者，必多纠葛。如长沙东乡早年王姓之女字许徐姓，徐姓贫穷，王嫌之不与，遂生口角。又抢亲之事有数件，长沙署有案。

（四）女子有不正之名誉，婿家可请求悔婚。如漆俊德之妻袁氏原系土娼，漆知之遂退，先嫁与彭姓为妾，后又嫁与张姓为妾云。

（五）男女结婚时有隐匿情事。如蒋姓年已四十，而看亲请一少年人。至成婚时，而老者出见。其女虽不服从，究难离婚。又如三泰笔店有一驼子，看亲请他人而成婚。时拜堂者为驼子，其女虽不服从，卒难离婚。惟柳菊生聘李氏，年太不符，遂离婚，长沙县有案可查。

（六）离婚有仅须夫妇同意者，有须得两家亲属许可者，有不必两家亲属许可者。如柳长拐子之媳夫妇均愿离婚，遂嫁与小拨拐子，其翁姑均以为可，娘家亦无他说。又如柳四裁缝、柳六裁缝均中年继娶，而皆离婚。此仅夫妇同意也。

（七）夫因纳妾拒妻，不与同居。如易晓岑正有此事，其出外任教习，率妾以去，并不养赡［瞻］妻子。其妻以为均老年人，无须请求离婚。

（八）妻有不正之行为，未有确证，夫不可与之离婚。然有确证，而亦不与之离婚者有之。如北正街叶姓摊店店主之妇私通轿码头一轿夫。一日被夫在床上双捉，比至扭至警察局，而警官讯明轿夫到摊店何事，伊称弄灯亮。问往来摊店若干年，三回均称四五年。警官饬轿夫具结不准再往，店主具结领妇归家。问其夫尚不欲离婚，而其妻尚欲离婚。此其妻真正贱妇也。

（九）妻因翁姑或夫之凌虐不堪，如柳伯恒之妻被翁柳慎微及夫痛打，并不许同居，其姑亦极其欺虐，而又不与衣食，致其妻投鸣，族众街邻并娘家陈氏贯章出身向柳理谕，以至控诉在案，案在长署。而其妻尚未请求离婚。其实亦离婚也，何也？妻作工于外，夫当老板于家，现已二年矣。

（十）夫妻失和，夫拒妻同住，或妻不与夫同居。如聂二小姐夫妇失和，夫自愿不与妻同住，妻自愿不与夫同居，各有其所。聂小姐公馆条不称夫家堂名姓氏，而称聂寓。此不离婚之离婚也。

（十一）如果凭众离婚，将二比证据悔出，则再娶改嫁均无不可。其退出之证据持与另娶之女家，改嫁之夫一阅，尚何纠葛之有？如柳菊生之聘李氏，当官退出红庚，任其另择，并无纠葛。

（十二）妇初孕而遭离婚事，夫家知之，而甚望其子，必不远为之。离婚夫家不知，并不望其子改嫁。后所生之子并不索回妇。早年邹氏之妇离婚后，嫁与唐姓，五月而生子，其子即归唐姓。

（十三）悔婚时，除退还庚帖外，尚有立退婚字约者，其字约如下：

退婚字约

立退婚字人章某。今因早年与沈某订婚，刻以家计极艰，不能生活完全。只得将红庚退归，听其另行择配，永无反悔异言。后恐无凭，立此为据。

凭金某某

光绪二十九年 三月 初七日立

收字

立收领字人沈某。今收领

章某某退婚字一纸，并红庚一套。所收领是实，此执。

凭金某某

光绪二十九年 三月 初七日立

（十四）离婚有立字约为证据者，其字约如下：

离婚字

有作为卖义女字者

立卖义女字人漆俊德。情因先年并妇姚氏所买义女发贞，到今及笄，尚未择配。现在姚氏故家极贫，愿将义女发贞凭媒袁某等说合卖与彭某为婢使用。三面言定身价洋二百元，润笔在内。其银当日漆人亲手领足，外不具领在后，任凭彭姓去留，为妻为妾，漆人永无异言。倘外生枝节，归漆人理落，不与彭人相干。后恐无凭，立此为据。

光绪三十三年十一月初三日立

又一式

立婚书字人朱某。今因妻许氏不安于室，加以家贫难顾，自愿听妻另自图谋改嫁。兹凭媒妁说合，苏某娶之为室，并出备礼金钱四十串。朱人亲手领讫，外不具领。自此以后恩断义绝，二比永无反悔异言。后恐无凭，立此为据。

凭媒　韩方余

光绪十六年五月初三日立

（十五）离婚有禀官存案者，禀稿未及抄。兹抄录不允成婚禀稿一纸如下：

不允成婚禀

具禀孀妇黄李氏，年五十四岁，住小吴门正街清安团。为赌笼威逼泣怨作主事，氏夫故家贫，仅生一女细贞。年及笄，氏生养死葬靠此一女。自去秋烟馆歇业，仍依胞叔黄复胜，改贸荒货生理。居境二十余年，毫无过犯，地族咸知衅。缘去年九月初旬，煤炭老板吴中和来馆吃烟，谈及氏女细贞，有氏戚金菊秋砌匠欲娶氏以配偶，不论生死，莫靠比未。兄吴坚劝，诓吴轻浮代书，草八字交金，即云订配。氏闻骇极，今正激氏鸣街邻李福等理论，吴亦凭众声称金未下定，氏未书庚等语，众确质及。乃吴全仗街绅柳文俊、向清涛，及近日举充团总，动辄籍以团总声威武，断乡曲，欺压愚氓。氏女如不娶金，即不准氏住居境内，袒贿滋端，致酿讼累。昨初一日晚，吴诡蒙局聪已经讯完，氏女蒙责。氏叔黄复胜更冤责数千。氏心何忍氏一家冤死何甘，氏叔复胜昨初二日私吞镪水，幸救阻，现尚命危确验。氏女细贞已誓决意自尽。如此祸害，氏复何生？查律载一男女婚姻须两家明白，通知各从所愿，如有悔者，笞五十，再许他人，未成婚者杖六十，已成婚者且只杖八十。典律之严，亦不过如此。况婚姻全凭庚帖，氏女既无红缘庚书，何得以离难，借口不思？氏果身犯何条，总之不颁查讯究断，将氏一家数口均必死于吴之毒手。祸害胡休，只得泣恳大老爷台前施恩作主，赏赐差带一干到案，追草庚证诬逼，彻究施行，免祸全生，上禀。计开：

吴中和（即吴松贵，系闲媒，藉逼受贿埋冤，武断乡曲，欺压愚氓，势焰莫当新任团总。）

李笛生（即学南）

李渭生（即学荣）均系假冒职员顶戴，听金贿嘱袒，不言公人。

金菊林（即氏戚系贿吴代书草庚，为凭笼娶诡谋人）

正堂沈批（准移请大分局，将查讯情形，见覆核夺）

嗣经前县沈断令仍归黄氏，领归另字与金无干，将吴松桂申斥在案确调，摘妾争讼禀。

具禀命妇景汪氏，年三十六岁，厢黄旗人。

为迭奉投案，恩赏讯究事情。氏与遗妾景陆氏上控一案，情载原词不赘，迄今新旧两载。迭沐抚臬各宪批饬，令两造投案备质，迅速完结，毋任延讼滋累等语在卷，恩莫如之。去岁氏迭经投案，嗣沐批候查明核夺在卷，恩更渥。旋以年毕，未沐审讯。今正月二十三日，氏复以禀确求讯，仍未沐审。可怜氏系女流动□艰，于倩代匦颁讯，究将见延讼而转形滋累。情实难堪，后祸莫绝。为此再泣。

公祖台前施恩作主，赏赐传案讯断，究结施行。德洽再生，啣结上禀。

计开

均载前词

光绪三十四年二月

景汪氏禀

为沐恩勘验恳批详结事情。氏与景陆氏控诉一案，昨初二日已蒙勘验明晰，将原向辰山戌向煞，方改乙山辛兼卯酉向就吉，恩渥。但氏夫探花官景元身后，家赀兹凭乡寅世咸崧、官煜文、官富熊、官得寿等定立分关，各执为据。嗣因陆氏悄葬氏夫灵柩于北关外唐山巷内王家坟山，有犯山煞，以致禀恳改向，并请详覆定案。乃柳绅大纲等劝令氏与陆氏永敦和好等，因均蒙准理在案，恩更渥。现在氏旗族信来，氏拟归家承办荫生之事。该氏夫灵柩或仰改定该山，或再搬故里，氏系女流，难以定见。并请批示，附详在案，以杜争端。为此禀恳

公祖台前垂怜作主，赏赐批示，迅速详覆，定案施行。则不胜感戴之至矣。上禀

正堂沈批 此案业经具禀，应否扶榇回旗，由该氏请凭熊绅等公议酌定，毋庸来辕具禀。

光绪三十四年二月二十八日具

第七类　子

（一）嫡子应享之权利，如分家产，与庶子无别。此类颇多，难悉数。

（二）妻无子，妾之长子可为嫡子，此通例也。柳葆元之妾子已如是矣。

（三）庶出之长子不可为承重孙。但嫡无子，此子即为嫡长子祖父母。故而仅有此子，则此子亦得为承重孙也。如长沙萧某两大小仅有一子，后为祖母服承重，亦理势之自然者也。

（四）缺

（五）禁奸生子为嗣，各族皆然。柳氏有奸生子如柳小州家有此事。光绪丙子修谱，留一行，不载名，以合族不准入谱，只可入谱末故也。所留之行有顾以为可入者，即用一戳盖印。不顾伊入谱者，即不以戳盖印。故各房所领之谱，有空行，有不空行者。

（六）欲认奸生子为己子，利害关系人有反对时，尚难指指明证。据长善

风规，凡有家赀，无子，必为之承继。断不许奸生子承继其家产。先奸后娶者任之。

（七、八）认知之奸生子不可为嫡子。有无子而以为抚养子者，各族皆载于谱末，然必族人之同意也。

（九、十、十一）早年善化有章文某，临终时遗嘱谓王三本我子，今已成立，尽可奉我归山。所略有余赀，母子可共为勤勉。不料母须改嫁，其子已随去云。

（十二、十三）不法奸生子，人必逐之同居不同居，继子不可为嗣，各姓家规最忌异姓篡宗。

（十四）同居继子及继女之婚嫁，有由继父主持者，有不由继父主持者。其由继父主持者，亦必得本宗规属之同意。有时亲属亦不理，如柳正益同居继子刘三完娶，即系正益夫妇主持。其亲属并无他人。正益予以田产租约二十余石，成婚后令自居另爨，以立门户。现住长沙东乡。又为其继女择婿，亦系正益夫妇主持。其本宗亲属，亦无他人。若不由继父主持者，多系送归本宗住，本宗亲属为之相攸。其母不过为送亲人，如伍氏之女是也。

（十五）继子至抚养成立归宗后，有扶养继父及母之义务。如郭姓同居继子二人，抚养成立仍归李姓。厥后二子仍必顾养其母云。其父非全不理，以其生有数子也。

（十六）以继子为嗣，只可为抚养子本族人同意，附入谱末。各族皆然。

（十七）继子不可兼祧其继父。

（十八）继子与继父之女不可结婚。

（十九）子不守家训，逐出者有之。如长沙胡氏之子是也。

（二十）长善风规出子者，不过逐之于外族。人之同意不同意，任之。

（二一）出子后有须声明者，声明之方法不外出一晓单。晓单已见第一部人类。

（二二）被逐出之子，已分所得之财产不许携去。

（二三）出子留孙与被出之子仍有父子关系，何也？子有一时被出，迨其父故，即许归家。如杨瑞某之子是也。

（二四）被出之子所负之债务，被出后父母有不能代还者，有一概不理者。如杨瑞卿凡子欠一概不理，所谓子欠父不知也。

（二五）被出之子，父母死亡后随时可归，前条已言之。

（二六）被出之子已经离俗，如唐三和尚返俗归家，仍得归承宗祧。

（二七）因不正行为被出者，后经改悔，可归宗。如早年长沙有一周姓人，窃人物被逐。后十余年守正积赀，并带妻子归家，则仍为本宗事祀人也。

（二八）有收养弃儿为嗣者，经其本生父母或亲属之认知，请求退还，有可拒绝，有不可拒绝者。如初收时即有人认知索还，似难拒绝。若收养已久而欲索还，则非多索出抚养费，不可现。善化有一舅父甚富，无子，急望子其外侄极贫而子多。外侄女有孕时，其舅母与外侄女商通，生时即携归，以为己子。厥后外侄向舅父借银数百金，舅父不允。外侄即请退还其子，舅父即云还子无不可，但将养育费算清交来，即将其子带去。此事正在有人暗中和解，告者不肯言姓名，恐损人名誉，弄出不良结果也。

（三十）送子入自新所禀稿

具禀氏妇夏李氏

为不遵约束，期望自新，恳恩收押事氏。夫早岁身故，若不自胜。长子福生，年二十岁。氏令习生理，竟敢怠惰自安，游荡忘返，花天酒地，赌博牌场，无所不至。氏屡加教训，毫不遵循，再四思维，无法管束。为此恳大老爷台前赏准收押，严加惩治。俾得改过自新，将来习艺有成，实为德便。上禀。

此禀系书科抄来，未填年月住所。

查自新所有父母送子、子送父、兄送弟、妻送夫者。

补（二九）弃儿归宗后，与养父母亦有养之义。如唐三和尚本系柳某抚养成立，厥后亦常省视，并略有奉赠云。

第八类 承继

（一）夫折或犯重罪之人，不当为之立嗣。然夭折有立嗣者。如柳小溪二十二岁而卒，其母以其第二子生子承继。又如黄恪士二十三岁而卒，亦以弟之子承继。仅生一子者尚可继与他人为嗣，如李直臣仅生一子，即与老兄为子其己子，尚待另生。

（三）缺

（四、五）长沙王廷宪之母本有子，与廷宪之亲生母最相得。一日王廷宪生，其母去道喜，伊称实实难养，其母以为难养我，即带去廷宪之亲生母，以为甚好。于是廷宪之母遂将廷宪带归，养育成人。后即为承继人。有子而养他人子，不以为子多也。

（六）承继而为幼稚，亲长主持而已。若承继系成人以后，亦必承继人合意。如陈桂堂承继胞弟之子，年临二十，经其子欣然乐从。桂堂为之完娶，同居一室，而乳母银尚不付给。此桂堂之非也。

（七）承继即承产，承产即承宗祧，此通例也。长善风气向来如此。

（八）承继之证人，亲族姻戚以外无人。

（九）子孙承继于人，祖或父可收抚养费为乳母费，有数十金数百金不等。如柳义门承继弟妇之子，弟妇即收乳母银一百金是也。

（十）大宗无后，当先为大宗立嗣。所谓长房不可绝是也。若小宗而先立嗣，惟小族则有之。

（十一）长子或承重孙断不得继与他人为嗣，各族均订有规章。

（十二）承继惯例以房属之亲疏为承继先后之次序。族约中均订明，族约列后。

（十三）有不依亲疏先后次序，择爱择贤为嗣者，必须亲族公认。如柳某无孙，而爱姨妹之孙，承继长子为子。幸为同宗，又同大房。然必其亲支认可方行。

（十四）一子兼祧两房，如柳克煜无兄弟，即兼祧伯父是也。

（十五）兼祧仅生一子，仍系兼祧。

（十六）兼祧两房有娶两妇者，如朱福生本生一子，后娶一妇无子。将来如果不生，即必以一子又兼祧两房也。

（十七）兼祧之人，其承继父生子，或本生父生子，兼祧之约早已凭众订定，或入宗谱，何能解除？

（十八）兼祧之人对两房之父母亲属关系及称谓，均照寻常有别。

一子承两祧为 国朝特别之条，道光九年议准。独子之子分祧两房，各为其父母嫡孙承重者，各为其祖父母大宗子兼祧小宗，小宗子兼祧小宗，各为所生父母小宗子兼祧。大宗为兼祧父母。小宗子出继，小宗尚未为所。后父母持服丁忧，而所生父母无嗣，仍以一人兼祧者，为所生父母均服斩衰三年。（大宗者，始祖嫡长子孙世世相承，合族之长房也。小宗者，高祖嫡长子孙，五世则迁者也。）独子之子分祧两房，各为分祧父母小宗子兼祧。大宗为所生父母大宗子兼祧小宗，小宗子兼祧小宗，各为兼祧父母均服齐衰，不杖期，并令辍考解任。（所生父母均服斩衰，兼祧父母均服齐衰。惟小宗子兼祧大宗服所生父母，降齐衰服。兼祧父母加斩衰。）其余本生亲属，俱从正服降一等。其子孙则只谕宗支服制。

（十九）姻戚继为嗣，如尹子林承继舅父杨某为嗣是也。此类甚多。

（二十）族约中虽未明言姻戚不可承继，只严禁异姓子不准承继，以乱宗祧。

（二一）姻戚限制不可承继入祠。

（二二）姊妹之子承继，仍是异姓，不可入祠。

（二三）姻戚承继，如尹子林改从杨姓是也。

（二四）姻戚承继，必两方亲属同意。

（二五）姻戚承继，只可为抚养子，不得承继宗祧。既为人子，自难返宗。其子亦然。

（二六）缺。

（二七）异姓之子不许承继宗祧。但有收买或收养者，谚呼为抱崽子。又有完娶后五六个月而生者，亦是异姓之子，均不许入祠。

（二八）族约中订明不准异姓承继，各族皆然。族约见前宗族内。

（二九）异姓不可承继。

（三十）收买异姓之子为抚养子，本宗亲属自绝断往来。

（三一）抚养异姓之子，于本宗无多关系。

（三二）异姓承继之子行为不正时，嗣父母可绝之使去。

（三三）异姓承继被逐时，可携其妻子以去。通常有财产无子嗣，亲族必为之承继。至抚养子被逐，不过带其妻子以去而已。

（三四）承继后悔继归宗，如尹子林之归尹是也。

（三五）承继时声明不得悔继归宗者，闻早年唐少华家有此事矣。

（三六）缺。

（三七）遇有下之各事由，承继人有悔继，有不悔继者。如冯卓怀承继一子，后自生一子，未曾悔。如柳大年本生父绝嗣，亦未悔继。至不堪嗣父母之虐待，及遗言不予以生活之资，及财产不足偿还债务，则其子断难安于室。早岁吴某承继一子大致相同，后果悔继而去。又有家资甚厚，近支中之应承继者，而承继之事实发生，则承继人亦可悔继。又被本生父母寻觅，促其归宗者，亦可悔继。

（三八）收买之承继者悔继时，除偿还买价外，尚须付养育费。如早年谭某收买一子为养子，至十二岁时养子亲属索归，偿还买价二十串，并养育费四十串。

（三九）悔继者以前所承受家产自全数退还。

（四十）悔继者所欠债务，悔继时应清厘交付明白。如系自己私债，即归自己偿还。

（四一）悔继者已娶妻生子，悔继时有留子为嗣，有并带子而去者。闻其语，未见其事。

（四二）各种承继及兼祧所立字据书式：

承继字

立承继字唐德生。今因长胞兄无子，父母及兄弟商议，自顾将第二子立人承继胞兄德华为嗣。所有抚养、教读、婚配，一切均听胞兄经理。以后余夫妇及兄嫂及诸弟均无反悔各项异言。后恐无凭，立此承继字一纸，交胞兄收执为据。

　　凭房族

光绪八年九月十二日立

兼祧字

立兼祧字人邓某。今因长房无子，而二房又只一子。亲族商议，长房必为之立嗣，只得将二房一子某兼祧。所有两房财产均归其子经理。因请凭房族书立兼祧字一纸，以后永无反悔异言。今欲有凭，立此为据。

　　凭房族

光绪十九年十月十二日立

悔继归宗字

立悔继归宗字人唐某。今因早年抚养外侄何某为子，刻将成人，又不听教训，被人唆耸悔继。余夫妇亦听其便，任其归宗。所有我家财产概不给付。以后各归各姓，断绝往来。二比均无纠葛。抚养费亦不索取。今欲有凭，立此为据。

　　凭族戚　李季生、唐少生、何子成

光绪二十八年十二月初八日立

又一式

立悔继归字。宗字何某,今因早年蒙舅父康某抚养为子,刻被家族迫之归宗。因请凭族戚书立,悔继归宗字。所有舅父财产毫不沾染。自此以后,二比永无反悔异言。后恐无凭,立此为据。

凭族戚 何子成、黄利生、唐少生

光绪二十八年十二月初八日立

第九类　家产

(一)家产未析时,概由家长管理。如长沙周省吾兄弟五人,后辈合男女大小三十余人,五处耕种,而家产统归长兄经理,不得为一人独力承袭。

(二)无子嗣及同居亲属家产,有由团邻理处者。如小吴门正街有一外省人,系阜隶,往住周宅,蓄积约有六百金。身故时,周报团,团绅出身经理,为之购阴穴卜葬埋,竖石碑,做道场,多化纸钱,报销殆尽。

(三)管理家产之人,不经同居亲属之公允,不得将家产典卖。若独力承袭,不为一人一家所共有者,得以自由行之。

(四、五)缺

(六)子孙繁衍之家,有必须袭产者。其析产时,分配之法以房计者为多。如柳正笏兄弟二人,本应以二股品分。乃正笏生子四人,正箖生子二人,共兄弟六人,即六股品分。此分房照后辈正笏之谲,正箖之忠厚也。

(七)以房计者,大都以老辈为断。如老辈三兄弟未分析,则必以三房计之。即或赚钱有多寡之不同,而按房分派则一也。如柳正新早年起馆,每年能赚数百串。其长兄及二兄均未能多赚,每年不过数十串。厥后分析时,仍照三股品派。此柳正新忠厚也。

(八)通常析产,系照同辈人数均分。间有因父母之命分配,有多寡之殊者。如柳正新之二兄名绍远,本承继叔父,以理论所有家产,应照老辈之股品派。其兄稔原本家产无多,现有家赀多系三弟正新赚入,故不以老辈论,只以兄弟论。而其父以为绍远承继叔父,自应分配不同。着原有租谷二十余石之田产另行提出归绍远方,不负承继一番也。又柳清泉三兄弟析产,满弟未曾赚钱,分时仍三股品派。而父命以清泉心力过劳,着另提银三十六两给予清泉,其二弟亦无多言。

（九）下列各人，有可平均分受财产者，有不可平均分受财产者。如大宗之子及嫡子、小宗之子及庶子均可平均分受财产。如李质廷及粟雨田家如是也。承继或兼祧子均应平分，乃承继平分，如萧晋蕃之孙以二子品分家产。兼祧如柳克焜未以父辈三股品分，亦是克焜父子忠厚之至也。若婢女收之为妾生子，亦无异视。如柳竹溪两收婢女生子三人，并无歧视。无子寡妇必为之承继立嗣，乃可平分财产。如萧晋蕃之媳为无子寡妇，一经承继，即二房平分财产。若奸生子及赘婿，均不能分财产。

（十）下列各项人不可分受财产。惟未嫁女有分受家产者，如先住小吴门李宅，有一女未嫁，已四十岁。分析时家产照兄弟姊妹品派。又如李辅家凡生一女，满三岁，即分予租谷一千石，任其生放蓄积，以为将来妆奁之用。

（十一）父母在时由父母预分家产者，如李新燕在时，将家产照股一一品派。柳静皆在时，亦以家产照六股品派。柳恒晋现在亦以家产照三股品派。

（十二）父母在时析产，必另留养赡之资。如李维桢在时析产，留养赡田一庄，租约二十余石。陈子皋现在析产，留养赡银数千两。

（十三）父母在时析产，受分者所自得之部分，不经父母之许诺，不得随意使用。如陈子皋以田产分给各子，有子欲出典，不经父母许诺，不敢父出典。

（十四）析产时有另留财产为祭祀婚嫁之需者。如冯石箴兄弟分析提田为祭祀田，子女未婚嫁，提银数百金为婚嫁费。

（十五）析产时另留之财，产应由其家长管理。如柳大锐为孙女留妆奁费三十串，即归柳大锐管理。

（十六）祖遗财产之平均分配，如李子光三兄弟分析，即由李子光主任具如何分配匀称，并由房长户首如李开泰、李文华等商酌行之。又兼与至戚曹连丰、周逢桂共行商酌。

（十七）析产方法请公亲分配后，大都以拈阄为定。如李润堂兄弟分产，由公亲匀配，做纸它放升筒内，禀告祖宗，各自用箸夹出，并无私弊。

（十八）通常析产以房计，必照股品分。未有长子不同而多得者。为长孙多得间有之矣。如萧春林家提有长孙田，柳大黉家承继本房之子为长孙，又系姨妹之孙，已拟提长孙租二十余石。其如此者，无非望之切而得之喜也。

（十九）创业之人，其子孙析产时欲多分而不能为。创业之人兄弟均在，不照兄弟班辈，而照子侄兄弟品分，即使自己多分，如柳正笏之家赀原本不多，后来均系正笏一手赚回。故其弟亦任兄如何分给也。若至子孙手分析财家产，如萧华亭以经理家政有功，其叔以极愚懦不理一事，而华亭欲多分，房族不准。华亭遂暗中作伪，其叔亦不知。卒至数年间，华亭家赀先行败尽，其叔父尚多延数年也。

（二十、二一）缺

（二二）浪费子父母已声明不为偿还债务。如胡氏已经张贴晓单，日后若能归正，其祖遗财产仍可分受。此胡氏之言也。又如杨瑞鑫之子从前浪费，其父声明。现在其父故，而其子即归，家赀照兄弟品分无异也。

（二三）析产后有以为不公平者。如早年长沙黄如东生子四人，长无子，其余子侄颇多。其父以为长既无子，又未承继，只一妇人，无须多分。遂于长子有少分之处。其房族以为太不公平，请再平分。其父与第二第三第四诸子均以为不可。其长妇遂嫁与刘四道士。

（二四）当析产时，对外有债权，如李质廷有银存放粮栈内，每年收息，即由栈房分给李质廷之子各房给收息折一本。又如现在李质廷本公馆，系各子共有。其每月佃钱，即由房长一人经理，再行分给。又或有债务未经清理，如李兆基欠人数千两，二兄弟分析，其弟仲基亦应允担负偿还二千金之义务。

（二五）同居析爨之家，其家产有归家长管理者，有归账房管理者。如柳克成兄弟同居而析爨，其家产即由其父管理。李树荣兄弟同居而析爨，其家产即由其账房管理。分配租谷，每房若干石，照股份计算。分配佃租亦如是。

（二六）财产有不可分析者，归数子管业时，其契据归长房保存。如柳德和家本住屋一栋，田一庄，七房所共有，其契据归长房和夫手。又如李树荣本公馆系五房所共有，其契据归长房宝臣保存。

（二七）析产时请亲族及姻戚作证，向例如此。早岁邹子亮分产，仅凭舅父，未请亲房到场。后亲房大怒，以为家事家人断族事族人言，外戚何敢干涉？谚云：兄弟斗殴，至亲不能帮忙。于是再请亲房到场，其产遂分妥。

（二八）各种析产分书之书式：

分关

立分关字人柳恒进。今因生子三人，已成三房，人口日众。予夫妇年届七十，家事甚难经理。特请人凭房族将所有资产什物一切等项概作三股品派，品派匀称，即留房长做纸它，禀告祖宗，当众拈阄为定。拈定定之后各自领去。惟黎家坵田一庄，租谷每年八十四石，暂时不分，留作予夫妇生前身后之用，三房人均不能支用。予夫妇百年之后，三房仍应照股品分。若我欠人、人欠我一切账项，亦三股照品。此系秉公至正，毫无偏颇［陂］轻重之分。自此以后，各勤各业，力图上进，永无反悔觊觎。各意见家庭雍睦，光大门闾，恢宏先绪，则诚不负予夫妇之厚望也乎。爰立分关三纸，分天地人三字为号，各自亲书名押，由房长箝记，各执一纸为据。

计开

天字号延长亲领所分各件 押

地字号玉章亲领所分各件 押

人字号芝田亲领所分各件 押

凭房族　德和云、章良臣

箝合字系恢宏先绪

光绪三十二年正月二十八日 立

又

立分关字人萧润湘、萧润和。今因食指日繁，家事日杂，意见亦有难同。爰请凭房众析居另爨。其祖遗财产及余兄弟所置财产以及一切物账项等，概二股平分。其田屋配匀择定，另行细载于后。此系二比当众拈阄妥帖，毫无情弊。自此以后，各自努力，十分勤俭，以图恢厥先绪，光大开闾。余兄弟永无反悔异言，并无觊觎异见，则诚余兄弟之大幸也乎。因同［仝］立分关二纸，以忠厚二字为号，由房长箝记，各执一纸为据。

计批

忠字号：润湘领到忠字号，所分田产什物一切等项，田在本屋前某处起正屋东边一边，从神堂分界云云。厚字号：润和领到厚字号，所分田产什物一切等项，田在本屋下边及他处某某屋西边一边，从神堂分界云云。

箝合字系光大门闾

凭房众有章秩冬有恒

同治五年九月二十六日立

第十类 遗嘱

（一）病革口头之遗嘱，有人在旁，即以旁人为证据。如早年梁有文无子，病革恐卒，对其妇云，予卒后当以侄儿承继。比时有其婿在旁，后即以此为证。又如黄得胜无子病革时，欲以堂弟利亭之子承继。比时与其妇谓利亭子多，尽可将一子承继。后得胜卒，其妇宣言谓利亭之父亦闻其语。利亭遂以第五子承继云。

（二）笔载之遗嘱，无公正人在场者，不能作为有效。如柳楚湘于簿上批云神龛一座、大桌二张、板凳八条，做祖父见龙公笔批，此物概归满房承受。经大房人见之，问他证人为何，且笔迹断非见龙公之笔。楚湘无辞以答，遂仍将各物充公。

（三）笔载之遗嘱，用图记对盛者，当一般承继人请同亲族戚属，方得开视。即如李桂生之父将契据一切字据封锁木箱，其父因其次子已故，其媳年轻，而桂生夫妇又为极不洽意之子媳，故封之，以待亲族戚属共行开视。其中遗嘱只要桂生重视，其侄云此系桂生堂兄，开视知之矣。

（四、五）缺

（六）未生之胎儿亦得享有遗嘱之权利。如早岁刘云松病革时，有遗腹未生。比时嘱其家人谓生而为男，其妻可抚养成人，不必再醮。其家稍有余积，当照股品分。若生而为女，其妻亦当抚养成人。我兄弟亦当选择良家子弟，并略具妆奁至嘱。

（七）已成丁之男子，病革时有父母在。如王子文年临二十，谓其我一部分财产留作父母日用外，请略分其余以予我姊。

（八）病革遗嘱有乱命，如李文德谓妻不顺夫，子不顺父，当一并逐之。予恨病不能起，请房长户首代为驱逐。房长户首闻之一笑而已。此人目不明，口多言，妻子均不耐烦奉侍。况久病之下，不独病者焦灼，奉侍者亦焦灼，不待言矣。

（九）有子数人，遗嘱将财产仅予一子或二子，此事绝无而仅有。如早岁柳大田生子三人，第三子以屋上跌下而卒，年二十零。其妻二十三而守节，妻亦生子二人。妻守正抚子成人，各完娶。长子又生子，其大田长子极不得父欢心，次子亦能干，其父以为大二两子无足虑。孀妇虽有二子，二子亦不强梁。遂令稍有余赀，均归孀妇所有，债务不与孀妇相干。所有应照三股品派之费用，亦令与孀妇无干，而大二两房均不允。

（十）缺

（十一）遗赠之权利系豫约。如黄子健病革时，其婿在房守候两数夜。子健遂令取携皮袍一件，但刻下不能捡出，不能持去，俟百日后方可领取。比时伊与岳母及内兄云，岳父已许我矣，岳母当无异说。内兄其许乎否乎？岳母及内兄均以岳父之言，无可或违矣。

（十二）缺

（十三）无子承继遗嘱，以其家产与亲生之女，而亲族必申异议，必另行设法承继，断不许尽归亲生女。如吴德馨仅生二女，未有亲房承继，外房亦多不合。病革时遗嘱家赀无多余，本身葬祭动用外，尚有二女未出门。其妆奁及日用饮食一切费用所余更无多余。决意有余，概归二女承受，以无负予生平之苦为蓄积云。厥后其亲族设法兼挑，以共分其产，而后寝事。

（十四）遗嘱托孤非人，如张子新之子尚幼，遂托本房楚卿照料，而楚卿只知牌与赌。亲族遂请辞其责。又有所托之人不愿任责务，如刘有高之子未成丁，托以关垂，而以为不暇顾及，遂皆另归亲族理处其事云。

（十五）遗嘱托孤之人选择贤否，无亲疏尊卑之限制。如柳义门之托孤于外房为侄辈，均无不可。其托约字已列第一类人类。

（十六）遗嘱托孤，必立字约，但不必互订契约。如柳义门当日仅书立托约字一纸，交房长户首。而房长户首未书字交柳义门。

（十七）缺

（十八）受托人应尽之职务。如柳义门之子既已托之于柳云陔、柳海文、柳海楼等。而每逢其子有事之时，无不到场为之调处。至产业虽不准变卖，而当负债之时，亦不能不卖。即如前年义门之孙已将祖遗菖蒲塘田业出售本家，而所托之人亦有一二到场者，如柳正新之侄柳大黉是也，又如柳正新之侄柳克焜是也。

（十九）各种遗嘱书式

立遗嘱字人吴德馨。今因无子而年老，其病日革，窃以所有家赀原属无多，除本身葬祭动用外，尚有二女未出门。其妆奁及日用多余饮食一切费用所须尚不少。余决意有余概归其二女承受，以无负予生平之苦为蓄积云。

凭王云章

光绪十九年二月二十二日立

第四章

《湖南商事习惯报告书》所载之商业条规和章程

【按语】《湖南商事习惯报告书》在体例结构上分两编：第一编为通例，有商号、度量衡、货币、会馆四章，全面介绍商业概貌，如资本筹措、人员组成、交易进行、盈亏结算、开张歇业等；第二编为分业，一章介绍一业，介绍了钱业、牙行、船业、堆栈与小卖商业。正文约占全书篇幅四分之一，其余均为附录。附录汇集了湖南省城及省内主要县城十二行商业一百二十多个同业公议的章程和条规，详尽记录了当时商界各行各业的从业要求和行规守则，由此洞悉湖南商业运营的整体情况。

劳柏林先生认为《湖南商事习惯报告书》系《湖南民情风俗报告书》之一部分，其理由是《民情报告书》第四章"职业"，按"四民"士农工商的序列分列四节，可正文中只写了士、农两节，工、商两节连标题都没有，只在目录中工商两节标题下有"俟续编"三字。[1]此说谬矣！笔者认为，民事习惯、商事习惯等民情风俗虽均由湖南调查局法制科第一股负责，但就《湖南商事习惯报告书》之规模与内容分析，已然十分详尽完备，似无并入《湖南民情风俗报告书》之可能。再者，若如劳柏林先生所言，则《湖南民事习惯报告书》也应为《湖南民情风俗报告书》之一部，然而却在后者中未见到与《湖南调查局调查民事习惯各类问题》相关联的内容。因而，笔者认为《湖南民情风俗报告书》《湖南民事习惯报告书》与《湖南商事习惯报告书》应均为独立之报告书。

《湖南商事习惯报告书》于1911年五月由湖南调查局编印，除编印单位和出书时间外，别无可知。查《湖南省志第一卷·大事记》《湖南通史·近代卷》对湖南调查局和法制院的情况均无记载。劳柏林先生认为估计此书也别

---

〔1〕 参见（民国）湖南法制院编，（清）湖南调查局印：《湖南民情风俗报告书　湖南商事习惯报告书》，劳柏林校点，湖南教育出版社2010年版，前言第1页。

无他版，故他在点校时也只有依据此底本，别无他种版本参考。报告书系用文言文写成，直排本，无标点符号，版式亦大异于今，点校整理实属不易。本书现据劳柏林先生校点的《湖南民情风俗报告书　湖南商事习惯报告书》中之"附录"部分商事章程和条规选录。节选史料难免会"不见树木，只见森林"，读者若想领略全貌，可阅读劳柏林先生点校本。不当之处还望劳老先生谅解。

一、特许商业条规和章程*

1. 盐号条规（省城）

盖闻大德不逾，圣人常昭其律度；朝廷立法，薄海莫出乎范围。故虽末艺微工，必循矩篗；岂以官商正贸，反失行规。原夫我行盐油之为业也，上关国课，下济民生，权量必平，免贻重入轻出之消；祖提须净，严定挽硝熬肉之条。而财神为众庶所瞻依，故祀典期有举而无废。乃近年以来，店伙人稠，贤愚不等；弊端百出，良莠不齐。爰集同人，共创条议，俾公私咸归画一，庶泾渭不致混淆矣。所议条规开列于后：

一、分销票引专提官盐，间有煎卤挽硝等弊者，为害民间不浅，屡经宪示严禁在案。惟行规不立，则种种弊端，在所不免。嗣后如有射利之徒，胆敢仍蹈前辙，藐视煎挽者，一经查出，公同禀宪请封，同行徇隐者，公同议罚。

二、公立盐秤法码，存值年店。凡我同人，时常赴较，以归画一，庶不致高下其手，任意低昂。倘有大小参差者，鸣知值年，公同议罚。

三、往行吊盐，须用纸挥，盖本号图记交行。每包每张其行就挥批码，登明轻重，随交脚夫带回，一则防脚夫错运他处，受者未免混淆轻重；二则以便照码复秤，庶不致错秤短斤。倘无图挥交行，擅自洒发；及有图挥而行不即批码跟交者，均行不受，以防舛错。违者议罚。

四、凡吊仓货、水货引盐，倘盐内泥沙、包屑、卤泾太过者，即鸣值年，

*《湖南商事习惯报告书》"附录"部分收录特许商业条规和章程共28部，涉及盐号、茶业、典商、质商、丝业、瓷业、竹木行、山货行、粮食行、石灰行、棉花行、摊店渔（虾）行、油蜡、药材行、马嘶市牙行等行业，在地域分布上除省城长沙外，涉及湘乡、新化、安化、新宁、武陵、巴陵、益阳、宁乡、湘潭、会同等县，其中安化县居多。本节按照行业和地域选录。

传知同行，庶免暗中受亏。

五、照盐行法较立，公议准盐秤照油行法较立，公议钱平正秤。又立公议，花秤均交值年经管，倘行秤不符行号，以公议秤当面较准。如果系实欠，向行补足。如行不补，即鸣值年从公理处。

六、帮伙私在来往处扯空银钱等项者，店主查实，传知同行，不许容留帮贸，并经鸣值年荐主，追索归款，方许帮贸。违者议罚。

七、新开盐油号者，捐牌费钱六串文，以作财神祀典之资。歇业复开原牌者，不复加捐；更牌名者，照新牌捐资；改字加记者，减半入捐。抗捐者，同行均不与交易，违者议罚。

八、公举值年，轮流择派，毋得推诿。每逢财神瑞诞后，移交下首。两届值年，必须将账目等项眼同核算，比较清楚。不得移挪亏空，以私抵公，庶不致公项有亏。倘贪图侵蚀把持者，公同禀究。

以上各条，均系公议章程，务同遵守。如违公议，从轻重分别处罚。

光绪十九年癸巳孟夏月　日 公立

2. 黑茶条规（安化）

一、颁发官秤。秤茶照奏定章程，用十六两足秤。银买银兑者，戥较库平短三分，合市秤九七六。

二、规正兑算。产户兑账，每串钱给行用钱五十七文，作九四三兑算，不得抹尾短算。

三、额定斤两。黑茶成包，照章廿四斤。毋得多取。

四、禁止野茶。安化产茶最佳，驰名中外。屡经宪示，不准外县野茶入境，掺坏货色，有累客商。并防掺入贡茗。

五、持平交易。买卖茶叶须公平交易。成交之后，产户不得贪价翻悔，客商亦不得多方卡抑。

六、搀草和沙。产户奸狡者，或于茶内搀草和沙。一经看出，公同将茶烧毁示罚。

七、背地洒潮。产户于成交之后，将茶洒潮。一经客商看出，鸣公处罚外，仍责烘燥。如途中遇雨渗湿者，不在此例。

八、斛包换印。成交归包后，客商加灰印为记。产户或将灰印变动，斛换茶包，一经查出，从重罚处。如运夫在途撞坏印记，货色相对者，不在此例。

九、肩挑船运。产茶者多则数百包，少则数十包不等。向由行户邀客沿乡收买，不准肩挑船运，向行携样，投行买卖，以免纷沓拥挤，易滋弊端。

十、脚夫舞弊。脚夫运茶至行，倘在中途破坏灰印，偷取茶叶，鸣公罚处外，永行禁革运货。

3. 典商条规（新宁）

一、典中公举总理一人，原以专责任也。典中大小事件，执事人等，及各店账目，均由总理人管理。如账目倒闭，问总理人耽承。执事人等，不遵约束，不守章程，即各股东子弟亲友，均归总理开销。

二、典中执事人等，每日必须早起，各司各事，不准贪眠。即日中偶有闲暇，亦应静坐典中，不准出外任意游耍。如私行出外，初犯罚钱二百四十文，再犯由总理人即日开销。

三、典中午后几点钟关锁大门及便门，锁匙存总账房处，不准私自开闭。如典内遇有要事，由总理人给匙开锁。违则罚钱一千六百文。

四、典中左右两盆银钱，无论何许人等，不准借用。每日左盆当货几票出钱若干，右盆赎货几票进钱若干，逐一注明经手。夜间由总账房清对明白，不准存票过夜，亦不准存钱部上。如清对不实，钱货不符，查出即行开销。

五、典中柜上当货，务宜照货当钱。即至亲密友，不得瞻徇情面，以贱当贵。如瞻徇情面及将己物请人代当多钱，致出货时，本息不足，难以出售，除调簿查问经手赔偿外，立即开销。

六、典中执事人等，每月俸金务须对期支取，平时不准借贷零钱。即管内账之人，亦不准私自支用。如有过支私用情弊，查出罚钱八百文，再犯开销。

七、典中各股生理，公议本金五年开支，平时各股东向典借贷，每月议一分二厘行息。如股东子弟零借银钱，总理人不得徇情私借分文，并不准信当等事。如持强硬借，由总理人将该父兄本金扣除。在典者即日开销。

八、典中架上货物，公议每年查点二次。初次六月点清，二次仍归年终点清。未点货以前，宜先通知各股东，然后定期点货，以清界限，而昭大信。

九、典中架上衣服及金银铜锡等物，不准私自借用，亦不准借出于人。违则罚钱四百文。

十、典中每月每人伙食钱一千六百文，向有定额，不得过用。

十一、典中添置物件器皿，应办者归公添办。然必定有限制，归公酌议。

或一年添，或二年添，倘任意损破，问经手人赔偿。

十二、典中柜上人等，无论当物、赎物，均宜和气相待。不得故意倨傲，若任情使气，顿起口角，应由肇衅人自行了息外，另行酌罚。

十三、典中所当物件，执事人务须加意打包存放，不准乱拖乱套。至绸缎、皮货尤宜细心照料，以重当款。违则罚钱三百文。

十四、典中用人，最宜慎重，概归总理人以专责成。如有系各股东所荐之人，在典扯亏钱物，无论多寡，均问荐主赔偿。倘经理用人不善，以致亏空，有涉亲友者，一律问经理赔偿。

十五、典中执事人等，在柜或当或赎，概注明经手。倘有错误，不难调部清查。查出初次错误归经手赔偿，二次错误，除赔偿外，即日开销。

十六、典中执事人等，宜小心火烛。平时不准留火在房，即夜间进房时点灯，上床即当吹熄。尤不准提火上楼，楼上系存货之所，除执票取货外，平时亦不准上楼。如无故私行上楼及点灯过夜，留火烘鞋者，查出初次罚钱八百文，再犯开销。

十七、典内禁止赌博、打牌，及吸食洋烟、酗［凶］酒等事，如有此种人等在典，无论股东、总理所荐之人，由总理人开销。倘总理人徇情，一经查出，即向总理人是问。

十八、典中金银首饰，期满出货，应由总账房提出，当大众秤定，照时价算正，推归钱店。典中人不得预为私留，违则于追取原货外，罚钱一千六百文。

十九、典中执事人等，请假归家，远者每年回家两次，每次十天。若居住城边，不准无故私行回家。每月或回家一宿，平时不准寄宿于外，亦不准留客在典寄宿。每晚由总理人清查一次，倘查出未在典中，及留客在典寄宿，将犯事人开销。至有人归家，务须向总账房请假，注明何事归家，何日返典。如有逾限，酌扣薪资，以示惩警。如挂工不实，及托词遗漏者，即将挂工之人罚钱一千六百文，以重典规。

4. 质商条规（安化）

一、估价必须公平，即遇亲朋，不得徇情，要知资本为重。倘有此弊，除开销外，问经手赔偿。

二、赎当乡人拙于计算，或有争长竞短，必细心将申水补足，一一说明，俾其心中通晓，方不致招怨尤。

三、为人以立身行己为先，凡嫖赌洋烟及一切外路，不得从事，以免后来学样。其出外歇宿者，斥退。

四、伙食有盐同咸，无盐同淡。其贪图口腹者，试回头把自己居家一想为何如。倘嫌淡薄，另投主顾可也。

五、身俸不得预支，亦不得长支。无论多少急需，必与管事说明，由钱房领支，不得柜上扣取，以重宾主。

六、下架货物，如有自己须用，开单交经手人，代为拣就。不得在堆上翻阅拣选，如有私行翻阅者，以窃论。

七、往来朋友，不得在典中歇宿停留。除自己父兄子弟，不拘久暂外，其余只准一宿两餐，其留连者，各自备。

八、归家省视，亦属常情。惟一年只准一次。或有他故，亦不得再支路费。

九、请假以六七八九十月为期，或与同事商知，轮流前后。惟不得延搁。一月外，其冬腊正二三四月，不准请假。

十、每月烟酒，除在此照给外，其归家外出者，不得补给。

十一、火以御寒。或四五人，或七八人围炉一处，不得一人一炉。近年百般昂贵，当知节用惜财，并要爱惜物力，谨防不虞。

十二、灯火，每房一间点灯一盏，无论人多人少，睡即熄灯。亦惜财惜物之道，兼防失事。

以上数条，务各遵守。不惟于我典有益，即将来各位出身，亦不失为忠信笃敬之君子。彼此相与有成也，其各勉旃。

5. 丝业行条规（武陵）

常郡乃八省通衢，商贾云集。各行俱有成规，我丝行一业，向章极为妥善。凡客路丝斤到岸，概系归行，凭时价代卖成交之后，照章抽厘取用。近因人心不古，常有自行暗卖，行虽知觉，碍于宾主情面，不便认真。在少者原无足计，多有整千两、数百两，私自售卖，以致行中生意日微，不惟缴用差费不敷，实在有亏成本，即按卯每无厘金可报。究其底细，外间私售之货，不减行内所销，实属不成事体。若不及早整顿，将来受累滋深。只得邀集同人，并请买卖各号公同商议，重整旧规。自议之后，务望共守规章，彼此均有埠益。如有阳奉阴违，一经查出，照章罚处，决不徇情。特启。

丝业重整旧规条列于后：

一、常地大宗货物，各有专行，均不得掺杂。我丝行遇客路丝斤到岸，无论多寡，向来投行凭时价代卖，以便按抽厘金报局酌罚，行用照章扣收。

二、本地丝出产日旺，非零星可比。照客路一律投行，随时当面估价代售，纳厘扣用，不准私买私卖，违者照前议罚。

三、无论买卖，客商有意贪图便宜，私相授受，一经查出，每丝百两各罚钱一千文，以充谢费。多者照加。如卖主已出，即罚买主。

四、凡运丝到岸，卖客必须至行报数，归行代书起票呈局，然后起货。俟丝售出，照章完厘取用。倘有昂价不合，不愿售者，任客转运他往，仍由行报局销号，换票放行。

五、凡有各路丝斤到常，由各号代书起票者，生意成交之后，厘金概归行代报，以免影射而归划一。仍由行载明某号经手，俾局中有所查考。

六、厘金局定价每丝一百两，纳钱四百二十文。其行用遵牙帖例，每银一两，叩取三分。毫无增减，以杜欺饰。

七、向来津市以及本地丝斤，俱要晒干议价。有潮者不谈交易，庶为平允，而昭核实。其河溶、酉阳各路等丝，仍照旧章散块吊潮，以免更张。

八、有在行屯丝，仍归本行代卖，照旧取用分半。凡线店、机坊往各路自办丝斤归自用者，虽未经行代售，向来取用一分，以作帮差之费，今仍其旧，概不得瞻徇情面以叩实惠，祈共谅之。同人公启。

以上八条申明之后，务望共守，期有实济。如有阳奉阴违，一经查出，罚戏一台，酒十席。

公立

6. 瓷业条规（省城）

我等瓷业，向有牙帖科差，兹又奉牙厘局示，加捐并派缴常年岁捐，以办地方要政，谨遵照矣。惟我等于光绪十九年重请长善宪示禁，凡装运镇磁土碗来省，必须投行入店发售。若无行单，不得私自完厘起入，以杜漏厘悄卖等因在案。无如日久玩生，近忽镇瓷土碗肩挑篮提，以及沿街摊摆，卖者不知凡几。河下私销过载，累万盈千，悄卖搭售。城门混入，既不投行，又有厘金偷漏之取巧，而无门差捐税之可当，肆意滥为，害伊胡底，匪颁示禁，何以重捐税而正商规。嗣后凡镇瓷萍碗土碗，由三汊矶、靳家河完厘务，须投行盖戳，持单起坡，以免互混。凡我同行，各照后开条规，永远遵守。

计开

一、凡属装运镇瓷土碗来省，必须投行售卸，揭起坡过载票据完厘，方准起坡。如无行单，不得私自完厘起入，以免乘间混进城门，逃捐漏厘等弊。如违指明禀究。

二、凡镇瓷土碗泊岸，不准串通古玩店、荒货担，及各搭卖者，私行买卖，或假荒货挑篮，或借他样篾篓，乘间肩挑携坡。倘敢故违，许即惩究不贷。

三、装运镇瓷萍碗土碗等，有由三汊矶、靳家河完厘，必须投行盖印，持单起坡，以免互混逃用等弊。如违，许即禀究。

四、凡装运镇瓷萍碗土碗来省，如有歪疲脚货，托行托店发售，亦不得沿街混卖，藉名悄售。倘敢故违，许即带惩。

五、瓷器起坡过载，必须照厘局定章，注名粗细、大小，篮只核实填名，并将官厘按月分别缴局，弹收清楚，仍照还行用，毋得拖延违误。

六、该行遵奉牙帖局示，派缴常年岁捐，自应届期缴全，以办地方要政，无得有误干咎。

宣统元年己酉九月　日

7. 竹木行条规（巴陵）

一、竹木饰料到埠，先行报明厘金局，查明多少数目，以便完纳。毋得偷漏瞒税干咎。

二、行户抽收用钱，遵照定章收取。如有多取，照例追帖究办。

三、该商所领竹木板片牙帖，应照帖内指定地方开设，毋得移设他处及兼揽别行货物干咎。倘有无牙帖者争夺阻挠，亦即拿究。

四、竹木发卖客商不知买主之人，倘一经卖去，拖骗客本，理应行户赔垫，免客羁留。如违许禀究追。

五、每年牙帖费银及水手茶钱酒资，行户仍照向章给发。至各署差役，毋得藉公需索。

六、竹木日夜不便收藏，如有盗贼偷窃及顽童强取树皮篾缆者，一经拿获，许禀究惩。销赃庇纵者并究。

8. 山货行条规（益阳）

自古有坐贾行商，为懋迁有无之计；当事欲兴利除弊，特设立沿革之条。故无论百行买卖，厚其生，利其用，未有不先正其德者。我行以山货居奇，自乾隆间为承应科场钳款开设，屡经奉宪核定章程，其法甚良，其意甚美，而所以导其先路者，惟长善两邑焉。迄今盖百有余岁矣。值此海禁大开，与外洋各国通商，而山货尤为急需之物。我等欲开致富之门，广生财之路，能不率由旧章而扩充新规乎？是以酌议条文十一则，请宪核定，以垂久远，开列于后，我行通传知之。

一、议开市收买货物，倘遇军装、古玩等件，必须查察。或来历不明，不可滥收。开灯后，不准收买货物，违即从重议罚，或公同禀究。每有无耻之徒，惯行骇诈，甚至买盗扳良，我行受累。如有此等情弊，公同禀宪严办。

二、各店用秤以十六两正法码为准，盖火印为记。另置公秤一杆。每逢庆期，各家齐带比较，如无火印者，罚钱四串文充公。以正权衡，庶无争论。

三、收各项货物，必须全干洁净。倘有潮湿及搀拌泥沙等弊，无论多寡，即罚戏一台。

四、买干湿牛皮及毛油筋角，务须来历清白，每有藐法店徒，从道途以私宰拦劫骇诈，如或遇之，公同禀宪严办。

五、我行买卖利小，各埠山货往来及水陆客商，装运挑运并自行收取者，进出价值当归划一。额定每月朔望，大彰公议，酌量增减。如有滥行买卖者，查出从重议罚。

六、买卖各有主顾，凡客到市，毋得邀截外货，添价俄买。使店徒供门面而花用费，致启争竞。违者罚戏一台。

七、各口岸船贩乡担来店卸货，不准抽撤向各行零买。如有此弊，报信者由经营给钱四百文，随传同行，不准收受脚货。如违罚戏一台，酒席四桌。

八、乡担船贩，或在此店领本，将货物悄卸他店；或将货物隐藏，卡涨价值，只图便己者，是为有心拖欠，理应公同追缴。店主将此人姓名账目，各店县牌告知，如遇有牌上欠户名目，将货钱代扣，即报知债主，如有隐徇，公同议罚。

九、同行咸宜互相关顾。倘知在尔店领本，我店不得悄收。如有此弊，即属帮同昧骗，着买货店主赔偿代讨，或将欠户姓名改换，及静人来卸货者，一经查出，即将货篮扁担扣除，出挥禁革，不许城乡贸易。如徇隐不报，罚戏一台。

十、新开门面，当离同行上七下八。开设牌费额规挂双牌者，捐钱十六串文，挂单牌者捐钱十二串文，挂牌者捐钱四串文，以此积公生息。外备酒席二桌，演戏一台敬神。如合伙之店有人愿分伙，原店归一人独开，或将招牌加记，并添改一字者，捐钱减半。若歇业之店，只许本人及后人复开。倘添合新伙，均照新开店论。

十一、值年轮举经管四人，共襄其事。三月十五财神诞期，先日齐集办理，次日凭公核算，将所积公资旧交新接，不得支延。公资每年每串以二分行息，至一切公务分应承办者，务须随呼即至。倘推诿不到，有误公务者，公同议罚，断不徇情。

9. 粮食行条规（省城）

从来朝廷定法律，天下所以享太平；行店有条规，生意所以无欺诈。今我长善粮行，酌定章程，俱从公议，或照古法，或立新章，总以诚信通商为上。毋取巧，毋恃强，俾得风俗朴纯，财源茂盛，是则我行所同心属望者。所有行规，缕列于后。

一、议谨遵帖例，我国家设立牙行，颁发部帖，严禁私卖私买，以示毋相欺也。近因私买私卖甚多，显违帖例。今同行酌议，恪守部章，其应归我行出入之货，或店主自行办回，应用起坡，不得寄存销货。人家以自办借口，若无本店办货清单，例与客商等用同行筹斛起坡，每石归用钱三十文。货作银盘，每石归用银三分。其私自买卖者，我同行经手查出，仰照帖例，每串收用钱三十文。货作银盘，每两收用银三分。以上两项，所收行用，以一半归长善公，一半归经手行。倘或结成口舌，归长善同行公同禀究，不与经手人相干。若同行故意徇情，罚戏一部，海席三筵。至有一而再者，加倍举罚。

二、议永定银盘。因近年钱色不一。买卖家各有肥瘦。今同行商酌，均议银盘。若客商需钱应用，我行尽可仰照钱店时价，填入诺单，止可写每串钱作银几钱几分，不可折成钱价填写钱盘，免至日久生弊。倘同行有违公议，罚戏一部，海席三筵。至有一而再者，加倍举罚。

三、议店主投行办货，议成银盘，均归九八六扣现。今同行商酌，受主照诺单日期算起，五日内，仍归九八六扣现；五日外，每日四分品息。其以一月期日照兑者，归足纹实兑。凡用解宝，每百申三点，出入一律。同行或任意脂韦，罚戏一部，海席三筵。至有一而再者，加倍举罚。

四、议客商投行卸货，议成银盘，仿照汉镇行户章程，归九八六扣现。若客账能以一月期日拨兑者，归足纹实兑；凡用解宝，每百申三点，出入一律。同行或稍分轻重，罚戏一部，海席三筵。至有一而再者，加倍举罚。

光绪十七年正月吉立

10. 石灰行条规（省城）

窃商贾以行规为重，杜欺诈始见公平。我等颁请牙帖，开设灰行，纳税承差。定章历颁示禁。奈迩来人心浇薄，奸猾良多，加以时局艰难，弊端百出。若同类相残，必外界乘隙而败坏，诚不堪设想矣。欣逢国恩浩荡，兴商尤重如商；宪德深洪，为国倍殷富国。特开商局，以振利权；俯念民瘼，更加保护。在我等灰行小贸，整顿宜殷。爰集同人，公同酌议，禀请杜弊。全商特录规条十则，刊列于后。凡我同行，务宜恪守。

一、我等石灰买卖，颁请牙帖，开设灰行，纳税承差，宪章历奉。向定城厢内外，上至南关外南湖港，下至北关外毛家桥，概归行发卖。间有射利之徒，私贩情卖，一经查获，除公同禀究外，将灰起至各宪辕，听差应用。我等不得私吞干咎，以昭公允，而杜弊端。

二、各宪辕及文武科场，需用石灰。凡我同行，轮流承差，必须认真办理，毋得延误，致干罪戾。如违公同禀究。

三、每年三月十五日恭逢财神瑞诞之期，我等同行，诚心庆祝。所有公项公议，值年轮流，掌管生息。是日凭众算清，上交下接，银钱出入，毋得侵蚀。遇有紧要公事，必须随传随到，如违公同议罚。又月目照章挂号，如有隐瞒者，加五倍处罚，决不徇情。

四、我同行必须公平交易。凡需灰之家，照时议价，毋得把持高抬。第有市主狡猾，由一行买至数行，凡我同行，亦毋得暗地少价抢夺，以肃行规而昭诚信。

五、凡市主买用石灰，原有净角及八角二洋、七角三洋之别，任听市主自便。船户装灰到埠卸灰，务须认真，亦毋得洋角互混，如违公同议罚。

六、城厢内外，起造民房，需用石灰。凡我同行进灰须分先后，同日者总以五石为定，越日不能进灰。若零星修理，则以一节一石为定。如有误进者，限三日内将灰拨归。先进之行，至公司祠庙无分先后，不许短价斛灰。如违公同议罚。

七、凡市主兴工起造，买用石灰，向有搁账不清者，许由本行通知各行。而各行不得妄行邀截，必须俟账清后，任听市主自便。亦不得以上首老市主，借此生端。如违公同议罚。

八、船户装运石灰到埠，如有私自悄卖，贪图重利，一经查出，照章议罚。倘桀骜不驯，应即公同议革，永不复雇。

九、本行常有乘便寄搭银钱货物至窑厂者，船户必须将原物如数妥交，中途不得以伪换真，以多报少。倘有射利舞弊者，一经查出，公同议罚。

十、船户装灰到埠，须将窑户所开灰数多寡清单交行。俟空载时，须逐一算明交行，倘灰数不符，即将水力照价扣赔，无得异言。此议。

光绪三十二年 月 日

11. 棉花行条规（新化）

一、码称六条，均编一号、二号、三号、四号、五号、六号字样，禀官验明，分存东南两门，以便就近取用。

二、棉花到埠，任客投行，不准互相争起，留难客商。

三、行户为成就买卖起见，称花时以多报少。一经查出，其与事主通同者，行户、事主分别议罚。

四、行户把称，以撒手现它高抬水平为度，俟买卖两比看明，方准收称。

五、花包中租重底索，凭行户当面抽出，免滋后议。

六、行户既得用钱，自有责任。其价值或钱或票，务须当面交付。如遇倒骗，由行户认赔。

12. 鱼虾行条规（湘潭）

一、行称斛斗，均由官司较勘印烙，不得任意瞒背私造增减，愚害商贩。如有此情，任行户查实禀究。

二、各色渔船来邑，须先报行卸货。通知经纪，然后开斛开秤。毋得私卖私买，擅用私秤、私斛，变易成规。违者禀究。

三、各色渔船到邑，须听买卖之人亲勘货物。价随时值，钱照旧规。毋得瞒听欺饰，违者公同禀究。

四、各色渔船来邑，总须公平交易。不得以贵为贱，以贱为贵，恃强欺弱。违者禀究。

五、各色渔船来邑，其中贤否不齐，只宜各循本业，无得酗酒赌嫖，唱演花鼓，败风乱俗，致酿祸端。违者公同禀究。

六、市中痞徒、乞丐，只许凭买哀求，不许坐索扒窃，更有任意投掷石块泥沙，损坏舱棚，为害不浅。违者即时驱逐。倘敢恃横，公同捆送，禀究不贷。

13. 油蜡行公议行规（会同）

尝思通财鬻货，使相推移；立章定规，以昭平准。故章程立而货财殖焉。

— 353 —

洪江为楚南上游商贾辐辏之区，所出土产，惟桐、茶油、蜡为最盛。开市以来，向立牙帖定规，原为买卖权衡之准，秤志公平，免较锚铢，率由行之，靡不尽善。近因世俗浇漓，人心诡诱，利弊业生，或无帖秤而灌支，隐瞒行栈而私卖，或包盘阄夺，或恃强起坡，甚至私相授受，瞒行骗用，种种弊端，难以枚举。以致客货星散，生意日衰，行商裹足，坐贾寒心。若不重整旧章，诚恐油商颓败胡底。爰集大小油栈公议，此后仍照旧规，恪守无违，以归划一，斯弊端除而生意日盛矣。是为序。

谨将公议规条列后：

一、议桐茶菜油灌支，务须归坐栈上号议卖，小油栈不得越规私灌，封口即卖。路挑水运客油，亦宜报坐栈代卖，无帖秤者不准灌支。倘有故违，查出禀究。

二、议灌卖支油务，宜割脚提净，照志秤足。如有掺和枯楂水脚杂油，以及欠秤等弊，除照价赔补外，公同议罚。

三、议本街店号，不准私灌支油下河。如有恃强私行灌支者，即属估骗行用，紊乱帖规。查出禀官究治。

四、议囤油之户，务宜向行栈收买，不得私行零收。倘有往来水运到埠岸寄售之油，必须报明油行，方准起坡。如有恃强私起者，一经查出，公同处罚。

五、议油帮银色照依阛市定规，足宝每锭伸水五钱。到票不伸，进出一体，公同恪守成章，勿得任意射利，朦混客商。违者议罚。

六、议支油一石抽帖用到票银三分五厘二，草篓二分六厘四，均归买客自备，历久无欺。过江之油，并不浮收，亦不得支吾隐瞒，藉此骗用，致干讼累。预此告白。

七、议小油各栈折卖零油，只准担半为度。每百斤抽取牙帖费遵照帖规（每两三分），以作办公之费。倘至二三担之多，必归坐栈发售。违者议罚。

八、议大油各栈，务须遵照旧章，每日公同议盘，以昭公平。勿得格外踩价、卡买，致使客路星散，亦不得私行添价、圈夺。违者议罚。

九、议各乡挑油上街零售兑货，只准竹筒挑运。倘用篓担挑者，不拘多寡，皆由行栈过秤。凡有路挑水运客油，挑至店号发售兑货者，务须由行栈过秤抽用。倘无栈挥，私相授受，一经查出，买卖客分别议罚。决不徇情。

十、议水运桐油到埠或起坡，今售小油栈，或自卖于油榨房，均须照章抽用，勿得隐瞒。违者议罚。

十一、议木油到埠，必由牙行过秤发售。不得私称起坡。违者查出，加倍重罚。

十二、议白蜡到埠起坡，务须投行盖印，照章完用，方准发售。倘有屯户亦然，或桶装下河，均属一体盖印完用。如无行印者，一经查出，照私货瞒骗行用论，加倍议罚。恃强故违者禀究。

以上所议各规条，凡我油业同人，及路挑水运各客商，本街各店号，自议之后，务宜一体恪守旧规，始终如一，勿得紊乱，致干讼累。特此预白。

年　月　日 油蜡牙帖公立

14. 怀帮药材行公议条规（省城）

一、议地黄、山药、牛夕、黄芷、当归，过秤不退。

二、议凡卖黄茂风肉，均依原来把头，不许解草去绶（校记：绶或褛。褛，裳腰也。）出售。倘过卖客解取草绶，不准售货。违者处罚。

三、议买卖交易各货，三面议价看货。隔宿不许退货改票。

四、议本帮在行卖货议价时，别人不许私捏诡盘，以致参差。均要报明卖出某货某价，本日帮中不准放价售货，次日方准提放。违者受罚。

五、各行所用之秤，系会馆备置公秤。在帮字号卖货均用，不在帮者不准私用。特为预白。如有妄用者，面责勿怪。

六、议扣现卖货银，上旬以十五日交兑，下旬以月底交兑，不得逾时不兑。

七、议定足纹八八兑，药平每两加行平七厘。如交钱平票，百两外加平银三钱。出入通归画一，以免争竞。交兑现银以足纹药平为率，如少平毛水不补者，传单扣货。

八、各行公秤每年较比四次：以三月、六月、九月、十二月，皆于中旬日期，送至中州会馆较称。

以上各条规，违者罚戏一台。

15. 马辔市牙行条规（安化）

一、行户开市生理，务须公平交易，无得讴买欺卖，尔诈我虞。如违重罚。

二、油称均以尾比对针为正。产户油磴至行过秤，须看明白，不准退流。以少报多瞒称之弊，前已革除，至行用正取之外，议出勾油一斤，以归画一。

若有流秤点水者，（称尾未定曰点水。）罚受主钱十千八百文，行户罚半，拿报者赏钱二千四百文。决不徇情。

三、收办产户油称须斟酌货色，如有掺和枯渣水脚石膏在内者，重罚定照前章，毋得短少。

四、钱色，奉宪禁革沙谷私钱，遵用制典铜元、官票、常票，制典仍归九七通用，铜元十足兑用。倘恃刁逞横，多进少出，从重议罚。

五、斗斛向以宗祠石斗为正。各行在祠较准，均盖火印，以昭诚实。如无火印以私斗论，更行重罚不贷。

六、船户领装粮食杂货，必要亲自经手，装载谨慎。益米至马市九五归斛过秤之货，均有旧例。倘故意加害发水揽糠，欠称欠斗，除照数赔补外，尤必重罚。领装油礤，更宜防闲。

七、外行钩用，已有成议；本行正用，岂无成规。公议油礤每一千斤收用钱一千文。各货当取用者，援例向取，不得混取滥收，以拒客路。

八、设立牙行，乃万商安憩之所。今岁煌煌宪谕，验换新帖，煞费多金，岂容奸商巧骗行用，致干公究。查市上有种逞刁之徒，每烟土客来埠，不投行户，竟至伊家，胆敢千万土药，任意过秤，随去点钱付行。忍心罔利，任意骗用。领帖开行者，甘心任尔骗乎？从兹大整行规，严查密访，一经查获，照章议罚，决不姑宽。特此预告。

二、通货商业条规和章程*

1. 长善银号公议条规（省城）

一、议客师每年公举值年，经管账目等事。每年凭众核算清楚，轮流交接。倘有上手银钱不清，下手值年不接。

二、议每年二月十五日祖师瑞诞。凡我同人，务宜拈香上表，以昭诚敬。

三、议省垣客师上会钱二串。外省客师入帮者，上会钱六串。同行备茶一台，其钱均交值年收管。

四、议客师帮店，不理正艺以及私情等弊，查出公同议革，不准做艺。

---

* 《湖南商事习惯报告书》"附录"部分收录通货商业条规和章程共9部，涉及银号、汇票、钱业等方面，在地域分布上以省城长沙为主，还涉及永顺、新化、巴陵等县。本节按照行业和地域选录。

五、议客师帮店，辞工不做，所有长支一并收清，方可出店做艺。违者议罚。

六、议钱店议定银价，如有私滥者，客师不报公议，罚钱五串入公。

七、议外行请外来之人开炉，私滥我规条者，公同查出，罚纹银十两入公。

八、议老板带徒弟，无论亲疏子侄，三年两进两出，不准多带。进师之日，预备海参席二桌，师俸纹银二十两，外请值年茶钱四百文，进师上会钱一串，出师上会钱一串。如有不遵公议，外水无分。

九、议老板以后帮店，要入帮钱二串文。如有不遵者，外罚钱二串文入公。

十、议客师做工，不行晚工，遇三节方可。行工章程：四月二十日起至五月初四日止，八月初一日起至十四日止，十二月初一日起至年终止。平日天明开炉，起更为止。如有老板不遵者，无论客师、徒弟，一概停工。不遵规者，客师罚钱三千文，徒弟罚钱一千文入公。如有半夜开门，私自开炉，以后查出者，罚钱十二千文入公。内提报信钱四千文。

十一、客师没后焚化包束，以三十年为终。

十二、值年公举八人经管。遇会之期，必须前三日上店登名，各备香资钱二百文赴席。

十三、同行遇事，均报值年知道。无得扰乱满行。违者照规议罚。

十四、议值年账目，准期二月十六日，备茶一台，凭众核算交帮。违者议罚。

十五、议办公之期，十四夜十五早，值年上表敬神。如有一名不到者，罚钱一千文。

十六、议凡我同行，必须遵议举公。倘有不遵，罚钱二千文。

不得把持欺卡，庶几公事责有攸归，永垂不朽矣。

光绪二十五年 月 日立

2. 钱铺条规（新化）

一、定平色。凡外路输入之银两，上有宝庆、武冈，下有益阳、汉口，平色各不一定。新化向以漕平为标准。本店或出或入，皆执守漕平，以昭划一。

二、辨兑换。与同行交易概用同行平；与外行交易，出进只扣三分，谓之出平。凡有兑换，本店悉依此施行。

三、抽月厘。银一两提钱一文五，银元一圆提钱一文，由本店每月汇缴宝源会。由宝源公会包缴厘局。

四、不借票。凡向本店借用票据者，无论亲朋戚友，概不承允。

五、不起会。凡向本店扑集会股者，概不阑入。

六、认票不认人。凡本店发行票据，内有亲书笔迹，盖用图章为记。执票来照者，若非假伪，临期即便照发钱文。存留之人，各自谨慎。

七、票据不用衙署。本店发行票据，只可通行市而，概不兑用衙署。

八、本票无展限。本店所发行之本票，票内注明期限者，临期照数过付，决不展限。

九、烦票无押逼。本店有执烦票来照者，对于来票之招牌，有未便处，本店可以随时发回。执票之人，不得向本店押逼勒索。

十、短少毛钱兑半数。本店所发付钱色，皆系过手大钱，制钱用九九七，铜元用十足。倘有向本店静换毛钱及补取少数者，本店概认半数。

3. 湖南商钱局集股简章（省城）

一、本局为提倡商业兼筹商会起见，议集股银十万两，开设钱局。以入股诸君，概系湘商，故定名为湖南商钱局。

二、本局仿股份有限公司办法，每股省平足银一百两，共计一千股，交银之日，即填给股票、息摺按期起息。

三、本局既呈由商会保护，应即援照商部奏定商会章程第十九款，于股票上盖用商务总会关防，以昭信守。

四、本局遵照商部定章开办时，即禀请立案注册，以垂久远。

五、本局官息见月六厘，永为定例。未开办以前所收股银，暂择殷实商号存放，以资保息。开办即行拨归。

六、本局账目按月造报，年终汇结总册。其余应办事宜，均定于每年正月内，订期约集股东核查会议。

七、本局所得红利，除官息及局用开支外，余作一十五成品派，以拾成归股东，以一成津贴商会，以三成作局中诸人暨创办人酬资，以一成提作太平银，以厚公积。

八、本局发息分红，定期每年十二月发给，凭摺支取。逾期未领者，随时补给。

以上集股简章八条，合即先行刊布，俾众周知。所有详细章程，及用人设局各事宜，一俟股银交齐，即开股东会，公同决议，次第举办，此订。

三、杂品商业条规和章程*

1. 山货店条规（省城）

盖闻明工巧匠，不以规矩，不能成方圆；坐贾行商，不立条章，不能厘奸究。以故百行贸易，莫不各有行规，以昭划一，而重稽查。我行山货贸易，自乾隆年间承应科场以来，迄今百有余年。屡经议立行规，泂为尽美尽善。无如人心不古，日久玩生，虽规章具在，相率视为具文。兹特邀集长善两邑同行，重整旧规。禀请宪示核定。凡我同人，务宜一体遵守。庶权衡重而日盛月新，规章严而源清弊杜矣。所有奉宪核定规条列于后。

计开

一、议门市收买货物，倘遇成器物件及军装等类，必须跟究明白，不得贪图便宜，买受一切来历不明之物。如违从重议罚外，公同禀究。

二、议新开铺店，定规海席二桌，演戏一部敬神，外捐牌费纹银二十两入公，值年备办烛爆致贺。如合伙之店有伙计，折成原店归一人独开，招牌添改一字者，捐纹银十两，海席二桌。如不添改字不收牌费。若歇业之店，日后本人原牌复开，免出牌费。或顶或租或添合新伙，均照新开论。

三、议各店所用之秤，定期每年三月十六日齐送至公所，将颁请正士六两官法公同较准，烙盖火印为记。每店出进通用。

四、秤倘用无火印秤称货，查出罚戏一台。外照依正法公较正称二杆，一存城内值年处，一存城外值年处，以备随时比较。各店给发取称牌子一块，持牌取称。比较后随即将称送还，仍将牌子带回。如过夜不送者，罚钱一百文入公。

五、议各货买卖，任客投店，不得拦截勾引，悄添价值，希图牵扯夺买。如违罚戏一台。

六、议乡贩及船贩，常有在此店领本，及该欠此店账项，将货消卸于彼店者。放账之店，将欠贩姓名、账目，开送各店悬牌，各店买货时，遇牌上有名者，即将货钱代扣，随报债主。如各店扶同瞒隐，查出罚戏一台。若账

---

　*《湖南商事习惯报告书》"附录"部分收录杂品商业条规和章程共12部，涉及山货店、斋馆、南货店、京货店、广货店、杂货店、贩卖果实、照相店、彩票店等行业，在地域分布上以省城长沙为主，还涉及湘乡、武冈、巴陵、邵阳、益阳等县。本节按照行业和地域选录。

项仍由该店收清，必须通知各店销牌；或仅收半，亦必批载清晰，送报各店。如违公同议罚。倘欠贩见各店悬牌，改名换姓，及斜人来卸货者，昧良已极。查出通知值年，即将货篮扁担焚烧，出条永革，不许城乡贸易。若铺户明知，假推不识，徇隐紊规者，罚戏一台。

七、议凡各店出船贸易，必须与经手船贩斟酌。如查出同伴做点货之人，有该欠各店账项者，不得带同出外贸易。倘不跟究清白，或被债主查出所欠之账，无论多寡，即向出船之铺户与经手船贩公赔，不得推卸。

八、议船贩领本出外，所办之货，有分给数家者，须照本品分。倘船贩铺店私相串通，不照资本分派多寡者，查出，船贩铺店各罚戏一台。

九、议凡收货物必须干焰洁净。倘有潮湿及搀拌泥沙等弊，无论货之多寡，罚铺户戏一台。

十、议买卖出店有拖欠铺户账项，屡讨不清者，许该店报明总管，由总管处领取条子，开具欠户招牌名目，遍贴同行。同行均不得卖货，如违从重议罚。

十一、议各口岸及船贩运来之货，除皮箱衣服靴鞋等件不计外，凡属过秤之货，不准沿街挑卖。倘遇此辈，不拘何人报信，给钱四百文。值年随传同行，不许收受脚货。如违罚戏一台。

十二、议河下有外路客商装运杂骨来省，有托我行帮忙发卖者，难以叨光，不过取其料骨，稍补人工。近日车店下河私锯，对手者居多，查实何店私锯，亦不阻止。随传知同行，均不得发料。如违公同从重议罚。

十三、议每年轮流举值年六人。三月十四日齐集公所，办理庆祝财神瑞诞事务。即于次一日凭众算明账目，上交下接，不得延推。其公项余存至二十串以上，议定周年一分五厘行息，归总管领放；如数未满二十串，仍不行息。至一切公事，值年份应承办者，务宜即传即至，倘推诿怠忽，抗传不到者，每次罚钱四百文入公。

十四、议每年六月六日，恭逢平浪王爷瑞诞。只须值年六人办理庆祝。通行不得动用酒席，以期节用。如违议罚。

十五、议近有整补破烂靴鞋衣服铺店，每于铜铅杂骨一并收卖，实属避差夺市，泾渭莫分。值年务须认真稽查。倘遇此辈，即传同行理阻。如查系清白殷实，仍许其照规领称入行。此原剔弊清源，整规免累之至要。若值年稽查不力，罚戏一台。

以上各条，奉宪核定。凡我同人，恪遵勿替。

光绪二十九年春月资生普庆公立

2. 斋馆条规（湘乡）

从来贸易一途，均有定规。惟我等斋馆，虽有旧章可率，总未归于划一。近因开设日增，人心不古，而射利之徒，往往以伪作真。是以爰集同行，合议成规，仍仿旧章，稍为变通。各宜谨守，毋得有违。庶同归划一，以杜滥售之弊。特书数条列后。

一、庆祝瑞诞，由会首先期柬请，收香资钱二百文，交香主以备祭筵之用。毋庸过丰，致抽用公资。但须诚敬，以迓神麻。

二、每庙由香主一人掌积祭资，会首人帮办祀事。周年交递一分行息，凭众核算批簿，不得分毫亏欠。即或有事需费，须会众酌商可否，以重公储，而泯争端。

三、各色糕饼牌价涨折，每月朔望，由香主公平酌议，垂牌各店门首。一律照议发售，不得私行增减。如有低价滥售，攒图渔利者，查出罚钱四千八百文入公。以儆〔警〕效尤。

四、议糕饼出入较定足十六两，不得欺弄客商。庶足以昭公平而见至诚。

五、议往来糕饼价值，遵照市规，每逢小比找账，三节全楚。

六、新添齐馆，收牌费钱二千文入公，以为入会之费。如有不出者，公同申论，以全公会。

七、每店偏请熬磨两行司务，须以新正初四日为始，不得以隔年预请，故增薪资。设此店因宾主不洽，而彼店定工须问明原店已退与否，方能定妥，以免生嫌。若实有不法，经某店退出者，各店均不得雇请。以肃店规，而免后累。

八、熬磨行徒弟，须由店主定决，不得由司务自带。出师仍以三年为限，不得故逾，以免滥收。

九、司务烟酒剃（台）〔头〕向在薪水内议定，不得格外帮添。抽工仍照往例，周年以十二天为度，如无故多抽，即在薪水内照扣，以免旷工。

十、请柜房内先生，亦应俟新正定妥。主宾之谊，务须各尽所议，薪水按月支取，不得长支，抽工亦以十二天为度。如遇要事，须向店主商知，请人暂替。如故违及不守店规，经店退出，同行均不准雇请。以昭慎重，而维商务。

十一、遇公事，香主传知，即行齐往，酌议同声赞助。如故徇情碍面，彼推此诿，公同申论，以免滥规而收实效。

以上数条，均经酌议，毋得违背。违者公同处罚。

3. 南货店条规（巴陵）

一、各货物件起岸脚力，均照现定章发给。恐轻重不一，悉照各底力加减。如脚力重索及遗失货物，应问账房赔还。如果推诿，公同报会重罚。

二、各埠运来之货，如船户抽扯、私售、弄弊等情，查出公同报会处罚。

三、凡各号拢岸之货船起货，轮流次第，不许争前速起，免至脚夫选轻弃重，将货暴露。违者凭公议罚。

四、门市买货，倘有痞徒于交易之时，以私钱买货，藉生事端，轻生泼赖，即公同报会禀官究治。

五、各货期逢朔望，公同议价，必须克己从廉，以广招徕。毋得违背，致干公咎。

六、各号往来，必定立有货折。如不合宜，别寻宾主，务将前往之项清价，任凭交易，以免彼此异论。

七、各埠运来出入货物，至卡投税，恐有勒索多加重取。公同鸣会理论。

八、同行买卖货物，均归十六两合一斤正秤。凭会照准，违者处罚。

4. 零星京货店条规（武冈）

国有条律，民有私约。想我等京货生理，合成一会，名曰仁义。是集之爱为敬神之费，每逢圣诞，各出钱四百文。

一、议每年轮流首士八名，所有钱文，上交下付，不准私扯私借。

二、议会内乡间卖货，务须公平交易，不得乱卖。

三、议提货内须要点看清楚，以免争论滋事。

四、议会内只准用公尺，不准私用家尺、短尺。如违查出重罚。

五、议卖货有先来后到，不准乱卖。如不遵者，公罚钱二千四百文。

六、议负小箱者，不准摇唤头。如违会议理论。

七、议卖洋货者，不准开尺、开匹。如不遵者，公罚钱二千四百文。

八、议每年首士，三月十四夜至城隍庙谪议。如不到者，罚钱四百文。

九、议远乡过客未上会者，只准三天为度。如有久留，定出上会钱八百文。

十、议未上会者，只准离城之外卖发。

光绪甲申年京货零星帖

5. 广货店条规（邵阳）

窃闻货贿阜通，原藉以谋生计；市贾同利，不可以无定规。故欲操乎奇赢，要必联夫声气。郡城诸色，各设专祀，和议以利物也。我广货一行，虽属同方，未能合志；思立礼祀，以萃群情。冀惟财神职司金帛，爰集同人，各捐己资，每年生息，以为祀费。颜曰敦义，酌乎当然之理；以立章程，准乎同然之情。以齐心力，务归划一，勿涉二三。斯度义而德同，俾神之凭依有在；亦思议而利获，仰神之护佑无疆矣。议条如后。

一、议尺式以公尺为准，每年较尺一次，如毁尺式用短者，查出罚钱四千八百文。演戏敬神。

二、议国课陆路进城，小关挂号，捣往大关投税，毋得私相授受。如违公同议罚，演戏敬神。

三、议新开店者，捐钱二千入公。倘违悖不出，同行不得与之来往。私相授受者，查出罚钱四千八百文，演戏敬神。报信者谢钱八百文正。

四、议同行有另更招牌者，捐钱二千入公。改一字者，捐钱一千入公。原号添记不捐。如违不遵，照违悖不出，同行私相授受者，公议罚戏一本敬神。

五、各店诸人，务宜恪守店规，洗心涤虑为事。倘有叵测歹人，一经察觉，立即开发，永不包涵。

六、新徒学习及外来先生，每名捐钱八百文入公。先生以一月收徒弟，以财神圣诞收，并议于圣诞日办席，预有红帖相邀，下年则无。如隐不举者，罚该店钱二千文入公。

七、敦义堂公议首事八人，城外二人，东门直至府街上至悬六人。每年三月演戏敬神，以昭诚敬，以邀神佑。另择首士整顿规条，所有钱项概归值年首事承领，周年议息加一六。上交下接，以老连新。一人有误，惟首事是问。

以上条规，均属重要，务望恪守毋忽。其荷神佑而锡无疆之福祉也，必矣。

6. 杂货店条规（湘乡）

盖闻大宗商务，各处方镇，皆有公规，所以杜弊端而正卖买也。永市自咸同间我帮先正立有永正堂公会。迄今多年，业歇规败，有名无实。近因人心巧诈，变态愈多，爰公同会议，以图振作。易其名曰永镇妥定章程，刊发各店，以垂久远。所有条例胪列于后。

一、是会原为正规而立，必垂久远，所有余资任设业者，公积公管，公事公用，有亏谅派。然年久而兴停莫卜，其有名已停而子孙以原牌复业者，不加取捐，否则照新设者捐。如有新设业者，分三等取捐：头等捐花边四员，二等捐花边二员，三等捐花边一员入公。不得妄行增减。

二、公办漕硃十六两八钱比秤八条，每总两条，逢朔日调归公所较准，以归划一。不准假名私钉，如有此弊查出，公同议罚。

三、收买桐、茶、菜油、宝粉、挂面、鞭炮等货，遵用公秤收买。花生、山粉、山折、黄花、杂粉、百合，原流初片各色，以公秤九折扣实。不得违议增减。

四、带行公同议举，不准出市争接，不准独顾一家，不合议价。如未经公举者，圈带客货，同行不准受买。如违罚花边四元入新育婴堂。毋得徇碍。

五、带买客商诸色货物，价凭两愿，秤照议秤，公平交易，不得妄行增减。每百斤出受，各给钱五十文。内任受主扣钱二十文入公。但防代收漏匿。每带公发京摺一个，按次登记。由经管半月照折算收。如代收者有无漏匿，每逢收期，亲书"如有漏匿，立遭诛灭"八字于折。

六、钱纸理宜干洁，不准受买潮湿。如违查出，将纸归盂兰会，罚花边一元入公。不得徇碍。

七、千表纸照公议尺，必须长二尺一寸，宽一尺一寸，价值随时。自来年乙巳六月起，均一体照验收买，不准违议混收。如违查出，将纸充公外，罚花边一元，不得瞻徇。

八、算给船户水力，谅水大小。江日起货照大水算给，厘金照票算给。如有偷漏盗卖，少则赔补，多则除赔补外，公同会镇江首士，看赃议罚花边入新育婴堂，决不瞻徇。不服，公同禀究。

九、由江口起货到市，抬每百斤给钱二百一十文，担每百斤给钱一百八十文，过一总每百斤加钱四文。花边兑照换价。如有偷漏，将力扣除，不服，公同禀究。

光绪三十年十一月 日 永镇堂帖

7. 贩卖果实条规（益阳）

窃惟农工商贾，为国家之常业，各有常规，自然之理。若我等负贩小贸，本小利微，营斯业者，二三月即营别业者，有之；或半年或一年改营他业者，亦有之。惟非常业，因无常规。加之迩来世风，食用昂贵，人多拮据，尚有何钱买食果实。且自来水果行囤买果实，一日一价。倘今日未尽卖完，明日价跌，则前之高价贩来者，不无腐烂，虽价起亦必失本。较之他业，极无成算。兹各水果行用，实足钱方准贩货，但我等贩卖果实，只能向人取九七通钱。况我益邑自国初迄今三百有年矣，除买当产业及各典当外，并未闻有实足之例。如各水果行必要且用实足，凡营斯业者，务宜同心协力，踊跃商议，合立章程，以昭划一。爰将规条开列于后。

一、议我等贩贸果实，向无成众。嗣后佃人门面贩贸者，取规费钱一串六百文，佃人街檐贩贸者，取规费钱一串二百文；肩挑贩贸者，取规费钱一串文；提篮贩贸者，取钱六百文入公。选举管首，三年一更，轮流掌放生息，以资公用。

二、议各水果行一旦要用实足钱方准贩货。凡我等到行暗用，实足不用九七者。一经查出，佃门面贩卖者，罚钱三串；佃街檐贩贸者，罚钱一串；肩运贩贸者，罚钱二串；提篮贩贸者，罚钱一串，并乡市肩运到行贩卖者，我等公同派人梭巡，倘或查获，一例议罚。此系合并商议，无论亲朋戚友，断不徇情，勿谓言之不早也。切切此白。

宣统元年　月　日同益公白

8. 照相店条规（省城）

一、议拍照为光学化学所发明，山川人物，赖以传神。自当精益求精，以图进步。现用药水镜片，均须购自外洋，依样葫芦，不加考察，以致利权外溢，无可挽回。亟应竭力研究，以塞漏卮。凡城厢内外同人公议，于同业中酌收牌费、上会各款作为公积经费。设立研究公所，以广思益而资联络。

二、议凡贸拍照业，均应出具牌费，以作公积。惟生理大小不同，自宜分作三等，以昭公允。如资本二百两以上者，缴牌费钱五串；四百两以上者，缴牌费钱十串；六百两以上者，缴牌费钱十五串。若新开者，以后无论资本多寡，均应缴牌费银十两。如有改牌及顶牌换记，均照新开一律缴纳牌费。若仅只加记，则缴牌费银五两。均应赴商务总会注册，以杜朦混，而肃行规。

三、议凡帮贸拍照诸君，在未立章程以前，所有学习此业者，每人缴上

— 365 —

会钱二串。有愿学三年者，出备伙食银十两，上会钱一串。如学无年限者，出备伙食学俸银五十两，分作两股，以一股津贴店中伙食，以一股为传授者修金，并出上会钱二串。至省城业此者多，或赋闲，或改业，或出外，除立章程通知外，所有上会经费，暂免缴纳。嗣后如再帮贸此业者，即遵章缴上会二串。至外埠来湘帮贸者，每人应缴上会钱二串文正，以示区别。

四、议公积充足，设立研究公所。后同业中人，应随时到所互相研究，徐图制造。如有造成此业物品得与外洋相颉颃者，公同呈由商务总会试验后，转禀农工商部，给予专利年限，以示鼓励。

五、议省城各店，自设立规章后，拍照应力求精良，价目应归一律，不得浮滥参差。如有前项情弊，一经查出，公同议罚。无任含糊，致干众怒。

六、议帮伙进店时，议定期限，于俸金簿内注明。如无怠玩店事诸弊，店东无故辞退者，照期赔足帮伙俸金。如帮伙经手未清，期限未满，无故辞生理者，亦应还赔店东长支。须过本店期限，方可另行帮贸，以示钳制。

七、议凡女相片，从前视为卖品，彼此传观，未免贻玷，嗣后永远禁止。除本人加晒外，有将女相发卖者，一经查出，从重议罚，以肃行规。

八、议同行必须恪守规则。倘有犯规之事，一经值年查实，定即声明同行，轻则议罚，重则逐出。如值年稽查徇情不报者，亦照犯规例，一同议罚。

九、议城厢内外及租界等处，以后开设照相馆，均须一律出具牌费上会。倘有藉势压众，不遵规章，公同禀究。

十、议择举总管值年，必须老成持重，名誉素好者，方可充当。每举总管一人，值年二人，稽查二人，总管三年一举，值年一年一换，稽查每节一换。但逢举换时，将出入银钱凭众核算，方可交代。倘上手不清，下手不得接理。

十一、议所定各规，务宜永远恪守，毋得日久玩生，紊乱规模，任意强越。违者议逐。

以上各节，统于奉示之日起一律遵行。如有未尽事宜，随时添入，以便禀请立案。

宣统元年四月十四日公立

9.彩票店重订条规（省城）

计开规条八则于后：

一、新添彩票公司一户，务须先将牌名及开设处所、交易日期，报局查考。

二、新添彩票公司，须请同行值年人出具保结。不得有违公规，方准开市。

三、新添彩票公司，除祠宇庙观巷口等处不计外，须隔上七家、下八家，方准开设。即以原牌移埠、亦应一律遵照，不得有违定章。

四、买彩票须向公司亲买。如有外错公司，始担责任。凡袖藏打包阄卖，或磨勘伪造，或以已开发票朦混售卖者，自甘受骗卖人，即系前在公司帮伙，亦不得向公司追问。

五、彩票外套号码，须要登时看明。倘内外号码不符，随即更改。中彩原以票码为凭，纵票套不符，亦不得借词诈索。

六、凡以前停歇牌名，再行开设者，仍须遵照新章，邀同行值年，出具保结存局。不得借以老牌，致紊行规。

七、间有贴条卖票，或将招牌时挂时收，借骗月捐。公同禀究。

八、原牌加记，或以原牌出顶，亦须邀请同行值年人换具保结，以归划一。

宣统元年四月十六日公立

四、麻丝棉毛皮革物商业条规和章程[*]

1. 丝线店条规（省城）

盖闻人居覆载，必各务一业而自处。然则务斯业者，始知传斯业之师，如成衣行而敬轩辕，靴店而敬孙祖，皆不忘传业之师。我等共务丝线生理，岂无师而度耶？查阅古典，我丝线一行，出自西陵氏娘娘织女天仙所传，向来敬奉。我等同人，捐资演戏，每岁庆祝，以彰神圣之威灵，而尽我等之虔诚。莫为之前，虽美而弗彰；莫为之后，虽胜而弗传。此昌黎之要语也，戒之慎之。嘉庆二十三年十二月十六日遵府宪断定章程，开列于后。

---

[*] 《湖南商事习惯报告书》"附录"部分收录麻丝棉毛皮革物商业条规和章程共26部，涉及丝线店、绸布庄、花布帮、夏布业、布业、棉花棉布庄、毛货店、绣局、毡扇业、皮箱店、靴鞋等行业，在地域分布上同样以省城长沙为主，还涉及浏阳、武陵、武冈、巴陵、邵阳、益阳、新宁等县。本节按照行业和地域选录。

计开：

一、铺户琢坊，准其请客师十人。五人者，年半带徒弟。

二、在店络丝织带，一要在店相安。恐其开铺之人，话内生枝，任从别寻生意。毋得拦阻。

三、络丝帮打工资之银，毋得争竞，任从自身。

四、称丝师傅每月饭食之资银四钱。如有暗添饭银，败坏行规，查出公罚。

五、织带师傅每月饭食银三钱六分，通行为定。

六、徒弟学习打穿笼者，俱以上入规银六钱。

七、荐师傅讲钱者，罚银五钱。同店不通知者，听罚。

八、元银呈水九三，银钱各半，毋得异言。

九、在店生理，忙月己过，如有开铺之人，冬月另辞。通行十月初一为定。师傅在店，莫不以规为定。争是作非，先通知值年首人，查出，公罚银五钱。

十、夜工通行只许年底四个月为定。如有不遵，公罚。

十一、凡有兄弟侄儿学习手艺，俱以入规银六钱。

十二、徒弟进师，上入规银六钱。其银荐者过付，交值年客师收积。

十三、各府州县新来师傅，上入规银四钱。其银荐者过交。

十四、徒弟进师，同店之人不通知者，罚银五钱。

十五、在店生理，盗人物件，查出逐去。

十六、扰乱行规者，罚戏一本敬神。

光绪　年　月　日公立

2. 绸缎布匹合议条规（省城）

一、原先建庙为齐集同人，以昭划一。锦云、集庆、文质、合庆，无非分列牌名、人名，会同一体。每届会期祭祀，锦云为先，文质为后。办会各用各费。惟庙宇岁修，添置什物，两班照派。什物等件，不准徇情私借。遇事商量办理，毋得紊乱规章。

二、文质同人，务宜循规蹈矩。倘有银钱货件，确切不明，一经查实，店主入庙经鸣，总管、值年会议逐革其人，永不准帮贸，不得徇情。店主不报，总管、值年无咎。

三、帮伙经手账项，即责成经手归原。如有辗转私收等弊，报鸣总管、值年，向荐保追赔。倘未归清，别家不得延请。若有徇情延请者，上首向该店赔究。

四、两会既举值年，必须踊跃认真，派司其事。临期不得荒误，公事相传，不得托言他事不暇，屡屡不到。因连年疲败，故归值年办理。嗣后永不延请司事，重整规章，愿我同人齐心竭力。

五、两会各项事情，一一分派，两班值年，毋得懈怠。司事人毋得乘隙而私务，宜公事毕然后敢治私事。免致临事百无头绪［细］。

六、两班总管值年，三年一举，各司其事。每年文财神会后，传齐总管、值年，批明本年账目，悬挂晓单，三年交班，传通行结账，点明什物，言明情事。上首交割不清，下首不得承接。每届迁班两班留四人兼理，不派司事。

七、三年后更举总管、值年，该上首选择妥善能人，司理。银钱账目仍交资格固深、殷实老成之店。下首亏空，上首总值赔完，以正规章。

八、学徒上会历例规银四两，限一年收清。以店主责成引荐，预先说明，愿学者届期收银，毋得推却。该徒寒素，宽缓日期。倘有店主子侄友戚，一体上会照收。如总管、值年徇情，归文质两班传入，向该店理论。

九、外来入班，新章订纹五两。预先由店主着人向两班总值报名缴清规银，领到收条，方能进店。均行一体，不得徇碍。

十、现在外帮伙计徒弟，而今后倘入本帮，概以五两入帮。惟店主纵伙，不肯出费入公者，庙内贴出其名，俟帮别店，收纹银八两。

以上各条，同宜遵守。

光绪三十年冬月　日 锦云文质两会同订

3. 花布帮公议条规（省城）

一、鹿角办布宜拣选提庄，开通客路，以期永远销行。

二、客商买布，无论本城外埠，只准拣札，不准拣匹。

三、铺户来栈买布及送铺户看者，落价后，布不得退换，价不翻悔。

四、本城期票，自初一至十四归上比，十五至二十九归下比。经纪一比清现，不得拖延。

五、外埠客商来栈买布者，现买现兑，无论多少尾数，概不计账。

六、卖布价值，听鹿角买价，涨跌不得高抬低减。

七、卖布听经纪挨次轮流派卖，任客看布，不得自行搬看。花边钱票，随市估价，不得任意高下。

以上各条，务期永远遵行，毋得自误。如有违犯，公同议罚。

4. 布店条规（武冈）

闻之法创于前，必述于后，斯乃永垂勿替。我州布帛生理，先年所议章程，尽善尽美。自咸丰兵燹后，存款均属乌有，因之条规不振，约束不齐，以至行商坐贾，互相纷争。当此而不亟为振顿，将前创后述之谓，何是以合同。酌议醵金联会，颜曰锡福。每逢赵公圣诞，虔诚办理，以昭祀典，以明旧章。庶我同行，生理复有，成规得以绵延于不朽云。

一、议行买白布，当面交钱，不准对文。如违公罚。

二、议我行均宜用正尺，不得变换。如违公罚钱二千四百文。

三、议各染坊诸色布匹，上街发售大布五匹，小布十匹为度。不准折庄零卖。如违公罚钱二千四百文。

四、议我行往来客商未入会者，不得负布上街擅卖。如违公同议罚。

五、议我行日后新开与负布上街者，定于今年三月十五为度。过期入行者，出钱三千六百文。

六、议我行不得接用烦挥。如违公罚钱一千六百文。

七、议我行出入钱文，均照街市通用。不得违例。

八、议我行现有合伙入会者，日后拆伙，只准一名，不准重开冒名顶替。如违公同议罚，决不徇情。

九、议我行总理值年，择选公直人轮流经理。四关簿据，总理经手，如有遗失，经手人是问。

十、议我行所存公项，值年不得私扯私借。如违邀同会议，加倍还偿。

十一、议我行新入会者，每人出钱一千文。学徒免出。

以上数条，各宜谨遵。如违，公同议罚不贷。

5. 毛货店条规（邵阳）

上古之世，未有种植，衣其羽皮。后圣有作，始治丝麻，以为布帛，上服下服有其制，织人缝人设其官。始于轩辕，成于唐尧，详于虞舜。象取日月，制美冠裳所由来也。顾时不无代赠，而衣服则有变更。单夹宜春，缩络宜夏。姑勿论已至于日隙霜而裘成，月孟冬而裘衣，此非取鸟兽之材，得山川之产，何以雍梁熊黑织皮，任土而纳其贡；狐猫羔羊麋鹿，因分而制其宜。我等权兹货殖，前已设会立规。凡收货售货，请师拜师，恪遵议例，罔敢违越。迩来人心不古，会资鲸吞，稔指买卖，虎噬强谁。我等目睹情伤，撰集各台，复建会以昭画一，公议以定章程。庶无众强凌夺之害，共守公平交易之规。虽不能挽今进古，而懋迁有无，各得其所，亦可相安于无事矣。岂不懿欤！

道光二十六年岁丙午六月二十四

公议条规列后：

一、议每年庆祝师祖圣诞，各出香钱二十四文。

二、议新开店者，捐钱一千二百文。

三、议新进门徒，准于三年为满，出师之后，另带一名。不得早进，毋得紊乱规条。无论亲疏，出钱二千四百文入公敬神。

四、议外来参师者，永不准带。如违公同革去。罚本师钱二千四百文入公敬神。

五、议买卖随客赐顾，如有中证陪买者，永不准抽扣钱文。如违查出，公罚买主钱二千四百文敬神。

六、议外来师傅，捐钱一千六百文入公。如一月未满，不收钱文。

七、议日工每天取身俸钱一百六十文。如违查出，罚钱八百文入公敬神。

八、议同行人等，不得与外人同贸生理及临门训徒。如违，公同不准。另罚钱四千八百文入公敬神。

九、议销染外边各货等件，定要领归自家，不准在外起缸。如违查出，罚钱一千文。

十、议同行人等，凡收买狸尖腿及狐赚腿等，公议概不准同行屯卡收买。如违罚钱一十千文，报信者谢钱一千六百文。如知情不报者，亦罚钱一千六百文入公。

十一、议同行人等于外人铲尖皮者，公议每张力钱四文，挪沙者并力钱六文。止有当司务者宜作。如买有货自作生意者，公同不准。如违罚钱四千八百文，报信者谢钱八百文，知情不报者罚钱八百文。

十二、议同行人等新开店者，凡老店正隔壁不准，只宜在第二间开张。如老店对面，只准在第三家开张。正对上下中空五间，毋得紊乱。如违，不准。公同罚钱四千八百文入公敬神。

十三、议外来新开门面者，捐钱二千四百文入公敬神。

十四、议余笔店分买各色毛皮。兔皮、尖皮听笔店收买，其余獾、狸、狐皮，及各色毛皮，概归我店收买。外行不得紊乱。如违查出，公同向罚。

十五、议销狐皮，每张取钱一百六十文。

十六、议销猿皮，每张取钱八十文。

十七、议销獭皮，大小不等，每双袖料取钱一百二十文。

十八、议染獭皮，大小不等，每双袖料取钱五百文。

十九、议销青宗皮，每张取钱一百六十文。

二十、议销虎皮，每张取钱四千八百文。

二十一、议销豹皮，每张取钱二千八百文。

二十二、议以上各条，同行人等如有违者，知情必报，如不报者，查出罚钱八百文。

以上各条，各宜谨遵。毋得视为具文。

6. 西货毡、毡扇业条规（省城）

窃维我等开贸皮货、毡、毡扇业，前辈立有行规，遵守已久。只缘人心多变，世俗日漓，其初既欠周详，此时均宜酌改。况当商业大兴之际，更宜力图振作，冀成久远之期。为此议定数条，开列于后。

一、每岁恭逢财神瑞诞之日，先期传集同行，整肃衣冠，同申庆祝。每户各派一人，不得增多，徒滋物议。凡歇业者，一概不传。

二、本行须择公正二人，举充总管，经理契据银钱。又公举值年二人，专收牌费及神诞一切事宜。每年账目，即于是日凭众算清，均以三年交卸，毋得恋充。满期之日，将银钱契据，逐一检交。倘款项不清，公同追缴，下首不得蒙糊接管。如处事失宜，不分久暂，听公随时另换。

三、光绪二十一年，置长邑锦绣都二甲四区民田三石，册名是积福诚庆，以作公众祀产，永不出售。每逢神诞，应将租谷变用。所有盈余，择人分管。照例周年一分二厘行息，年久积多，再议置产。

四、牌费不分二字三（宇）〔字〕，向例捐钱四串文入公。今公议每字捐纹二两，开张之日缴齐，总管便将牌衔登册。

五、邀伙入股，其牌无论加记与否，捐纹银二两入公。如更牌者，按字另捐。

六、前经合伙，忽并归一人者，应即告知总管，将大簿注明归某人承开。嗣后与拆出人永不相干。

七、什物码头出顶与人，或用原牌，均照新开，一例捐纹入公。将姓名注明大簿，免致混淆。

八、既经歇业，无分远近，有复开者，查明实系本人及亲子侄，听用原牌，不在入捐之例。倘更字仍应照加。

九、雇伙须保荐二人，以昭慎重。倘有抽制银钱货物，一经查出，立时退革，永不准帮贸。若只辍辕未清，出店有人聘请，其前事归聘请人理清，方许进店。

十、远来客货，如同行人已经诺盘，倘有加价抢夺者，罚戏一部。其货仍归先诺者公分。

年　月　日公立

7. 皮箱店条规（省城）

盖闻商贾贸易，各有一定行规，营业必循规矩。我等开设皮箱铺店，虽然立有旧章，无如人心不古，不克率由，以至铺户客师规章不无紊乱。兹集同人酌议，重整规条，奉宪颁示核准在案。务望我等，各宜凛遵，共相恪守，庶几章程永定，而艺业自可兴隆矣。惟每逢科场，差务仍照旧章办理，所议各条，详列于后。

一、议每逢孙祖瑞诞之期，凡我同人，务宜整肃衣冠，踊跃敬神。毋得洋烟、赌博、酗酒、行凶。违者公同禀究。

二、议值年经管，务宜公择殷实老成，方准交接。不得推诿，亦不得恋管迁交。值年必须账项银钱及什物等件三日内概行清交，存单毋得草率。所有公项归经管人掌放，注载总簿，红黑诸惟经管是问。每月收放不得徇情迟缓，逾期公同议罚。

三、议开设本行铺户，必须有本行召募确实，方准开贸。照见出备牌费钱三千文，交值年收管入公。外不准开设伙贸，违者公同禀究。

四、议本城铺户新带徒弟，只准一出一入。必须知会值年，登记进师日期，定以三年为满。期满出师，即备入帮钱三千四百文入公，随交值年收管，不得展限。师傅亦不得推延，违者公同逐革。本行毋许私请帮贸，倘恃强不服，公同禀究。

五、议城厢内外铺户客师，每逢祖师瑞诞，铺户客师出备香资钱一百三十文。无论兄弟子侄均各出香资敬神，照规清交值年手收，毋得私相授受。倘人钱不到，勿同庆祝，公同议罚。

光绪　年　月　日皮箱店立

8. 靴鞋店条规（浏阳）

一、议先师诞期，古城隍庙距城不远，我行人等，理合虔诚庆祝，踊跃将事。无论席前酒后，有事会商，必须准情酌理，细语轻言，毋得任意喧闹，致失体统。

二、议每年完纳正供，无论城庙内外，多少务须一律清偿，毋得延抗。

三、议祀内总理一人，副理一人，均要择其妥善者为之。总理经管钱文，副理帮办各务，均三年一换。总理交卸时，钱文簿据，须逐一凭众交清，以便接理。毋得拖抗，致有废误。

四、议每年轮派值年八人，办理祀事，并上街查察一切。逐年更换，以均劳逸。火食用费，亦贵得中。毋得任意浩繁。

五、议客师帮工，既经议定年月，必须鼎力顾主，有始有终。切不可听人挑剔，动辄辞卸。倘未结账者，不得另投别东。来清去白，以重身价。

六、议客师在店，务宜蹈规循矩，以为后辈规模。夜出早归，在外酗酒滋事，不与店主相干。违者公同处罚。

七、议客师操守宜洁。倘有贪图小利及长账等弊者，查出比革。店主亦不得挟嫌架堕、故意骗账等情。查出面叱，公同不得帮做。

八、议外来客师，有不遵条规及恃强不入祀者，不准帮作。有私雇或瞒而不声者，查出处罚。

九、议店主与客师。店主不可以微嫌辄起辞退，客师亦不可因细故渐生异心。宾主两得自觉相安。

十、议市主有彼此不合者，必须结账后方可接做。

十一、议市主离城五里之内，只准论工，不准论件，并不准作夜工，以昭画一。违者处罚。在家做包工者不在此议。

十二、议带徒不准任意多带。兹集祀众公议定章以后，准其三年内带两个。无师承者不得擅带徒弟。

十三、议学徒未出师者，不准在外帮做。其入祀之资，师内八百，师外一串四百。外来客师一串四百文。概归店东，毋得拖延。

十四、议各店所做货件价数，历有成规。近来货有好歹，故价亦分高低。雇否听便，不得以价有多少致生觊觎。

抄录成衣荣锦祀规条：

（一）议做市主，每天得钱八十文，帮工者收钱七十文。如有私自短少，一经查出，公同处罚。既受雇请，务宜早作。

（二）议做门面包工，每天收钱八十文者，馀初出门徒新到帮做者，量工之巧，或有耽保，问明面议，工资载簿，不得忙请帮做。

（三）议若有无耻之徒，在市主拐逃是骗等事，有坏行规，一经查出，公同革除，永不许帮请。若在城帮请者，公同禀究，以肃行规。

（四）议包工线钱在外，余外条约，均照旧章。

五、文章用品商业条规和章程*

1. 书业条规（武冈）

盖闻朝廷有律例，商贾有规约。夫规约章程，方可合符王道。市肆之中，各行有条规。惟我书纸一行，乃先圣之遗业，万世之师表，自天子以至于庶民，莫不遵崇圣贤之道业。故耳阖城同行，乐文昌先圣之盛德，至后启者赖其造化，成一行之事业。生生不息，源源长流，协同醵金设祀立章。上酬圣德，以昭诚敬，下立章程，庶免后启勿乱规矩，以自为序。

谨将本行章程开列于后：

一、议在祀人新开铺面，出挂牌钱捌佰文。其钱一个月为度，倘过期延搁，应值年等填出。

二、议祀外人新开铺面，出挂牌钱贰串肆佰文。其钱一个月为度，过期延搁，惟值年填出。

三、议过往客司，出敬神钱肆佰文。其钱一月为度，如过期不楚，于店主是问。

四、议新学徒弟，出敬神钱肆佰文。其钱进店一月为度，如过期不楚，向师店填出。如不遵者，公同罚钱捌佰文入公。

五、议在祀人等帮工以及学徒之人，帮扶主东，必须竭尽其职。近有不请之徒，往往盗取主东货物，在外发卖。今我合众相商，如形迹可疑之人，携来货物，询明来历，方可承受。不得盗买盗卖。如有违者，公同议罚。

---

* 《湖南商事习惯报告书》"附录"部分收录文章用品商业条规和章程共 10 部，涉及书业、书肆、笔店、墨店、砚店、刻字店等行业，在地域分布上以省城长沙为主，还涉及桃源、武陵、武冈等县。本节按照行业和地域选录。

六、议学徒三年为满。如中途而废者，不准入祀，同行亦不得雇请。如不遵者，公罚钱贰串肆百文。

七、议学徒主家不开，三年未满，另投别店，出上会钱肆百文。

八、议每年输流首事，务宜同心。每月初二日上街收钱，不推延。如不到者，公罚钱贰百肆十文。

光绪三十年　月　日阖州书纸店公议规条

2. 书肆简章（桃源）

子舆氏有言："不以规矩，不能成方圆。"推而论之，事事物物无不皆然。方今新主初基，中外和辑，大有天下一家之现象。

然其所以臻此者，良由法律之能力耳。夫法律即规矩之所充，是故各行生意，无不立有规则，即无不日渐发达。书肆为文明之母，诅可步人后尘而放弃其权利。奈近来人心不古，欺诈日生，一切旧章，悉皆紊乱。若不乘时整〔振〕顿，前途何堪设想。兹当教育改良之际，爰集同行，另订新则。上以答大宪之盛意，下以助文明之进步。至于各家利益均沾，犹其余事也。但鄙人初入商界，商务不甚熟悉，未尽事宜，谅必甚多。伏冀高明指海，随即增改。祷切，盼切。时己酉十月朔，耕新书社谨序。

计开新订章程十六条：

一、书肆为文明之场。宾东往来，当以礼貌相待。万勿流入市伶，被人指摘。

二、不准贩卖悖逆邪书，花柳淫说及犯禁报章，并刻刷匿名传帖等类。违则公同处罚。

三、出售书籍如有遗页，均应补给。或装订颠倒，随即更正。违则公同处罚。

四、各家向来附设印刷，并刻字、修谱、检告示，每多鲁鱼帝虎，不堪入目。此后若不改良，仍旧讹错，一经查出，公同处罚。

五、自宣统二年正月起，如有新开书坊、书社者，先捐文昌祀典钱拾串，交值年首人收领生息。然后方可挂牌。再备入帮酒四席，以昭和睦。违则公同处罚。

六、本行向有文昌会，资本不上百串。每逢祭祀，不足供用。并且与祭人等，衣冠亦不整。今议定自宣统二年正月起，至四年底止，每家每月出钱堂百文，月晦收钱，存总首处生息，以扩祀典，不得移作别用。临祭有不着衣冠者，公同遂去。

七、各行均有领袖，惟我书肆独无。今集议用投票法择立总首、副首各一人。凡同行有事或与他行交涉，均应请总副两人剖理。三年再行选举。

八、向来书肆纸张生意居多，银钱价值时有涨缩。每月朔，各家上午九点钟，齐集总首处，公议各品价目刷单。如有不到会及不遵定价者，公同处罚。

九、文昌会资本归总首经管，副首登记出入各家调查。每年祭祀时，核算悬单。违则公同处罚。

十、雇请帮友，均有成约。主人不得于荒月辞帮友，帮友不得于旺月辞主人。同行亦不得添钱暗夺。违则公同处罚。

十一、帮友日中不得出外游玩，亦不得在店同饮，及留落亲朋，舞弊营私。违则公同处罚。

十二、帮友从端节起至中秋止，停止夜作。如有急务，不在此例。帮友身俸三节开支，平口不得零取。

十三、雇请长年帮友，自上工后除端节、秋节各休息三日外，不得耽搁。违则计日扣俸。若受疾病三日不愈，请人代理。惟遇吉凶事务，不在此例。

十四、招收徒弟，主人代备入帮酒两席。请同行为证，三年出师亦然。否则同行不得承认为帮友。

十五、徒弟未曾出师，若因事故逃去，另投他家。他家不得收留使用。违则公同处罚。惟经原主人许可者，不在此例。

十六、本行旧规紊乱已久，从今另编新章，自当遵守如一家。违章积至三五次者，公同禀究，令其歇业，以保我书肆文明之名誉。

3. 笔店条规（省城）

窃工艺以振兴为先，规章以整顿为主。未有规章不整，而工艺能兴者也。我等笔业一行，虽为小道之观，实宗大成之意。开设三十余户，历分西南两帮，匪独驰名，亦且销场甚旺。诚足挽利权于竞争之世，擅技艺之场者也。毫末之精能实富强之基础耳。近因人心不古，流弊滋多，或遇事生风，肆行罔忌；或勒主增价，动辄停工。种种腐败情由，急应改良趋善。爰集两帮店主，共成一会，名曰正业堂。冀改前非，涤除陋习。第事经创始，整顿殊难。匪竭妥筹，焉增完善，用敢规章厘定，毋许积习仍沿。自今公议之后，所有数则条规，即日颁行各店。倘敢违抗，决不徇情。庶几规章定而责成专，工艺精而利源远耳。我等原非好为多事，实欲整顿行规。凡我同人，毋稍差迟，各自踊跃，裨益良非浅鲜，庶同行实有厚望焉。

谨将所拟条规开列于后：

一、议笔业一行，每年二月初二日，虔奉蒙公师祖。所有值年人等，各自整肃衣冠，齐集公社庆祝，以昭诚敬。违者议罚。

二、议公社银钱账项，公择总管二人掌放。每年三月十六日，凭众核算。三年轮流交接，值年六人公议一年一换，并兼稽查各店事务。毋得徇情碍面，违者议罚。

三、议新开铺户，无论西南两帮，公议捐牌费钱贰拾串文。限三月缴足，归入正业堂收存。如有违抗不缴者，公同禀请追缴不贷。

四、议两帮店主所请客师，如在伊店相安，他店不得剜请。倘唆哄出店，暗地剜请者，一经查出，公议罚钱贰串文入公。毋稍徇碍。

五、议接请客师，必须问明原店有无亏支等项。如有亏欠，应归新请之店清偿，方准接请。违者罚钱贰串文。

六、议发做货物，必须查明客师在何店帮贸否，或未帮贸则可。或已在他处帮贸者，不准发做。倘私自发做者，一经查出，公同议罚。

七、议各店收买本行货物，必须查明来历，方准收买。如来历不明，及私自窃出者，一经收买，公同议罚。

八、议外客来店买办梗庄货物，如因一时仓猝，备办不及，尽可向他店通融，分请客师帮忙。互相关照，毋得推却。

九、议西南两帮，西帮原有管城堂，南帮有翰业堂，系客师店主同会。今两帮合一，名曰正业堂。该会乃两帮店主而立，各客师毋得干预。至各帮旧有章程，仍须遵照恪守。

十、议远来之人面生不议，必需有确实保人，方准接请。如无的保，不惟不请，且即公同驱逐，毋许逗留。

十一、议以上条规，我同行均当恪守，毋得紊乱。倘任意故违不遵，轻则罚钱，重则罚戏，临时公议，毋稍宽纵。

光绪三十一年　月　日公立

4. 墨店条规（省城）

我帮墨业，工料精纯，久为远近珍赏。无如迩来诸色材料逐一增涨，虽光绪三十一年稍增市价，尚难自敷成本。兼以厘金食用较前昂贵，故我帮业此者，无不亏折。若不亟为变通，必至辍业。爰集同人公议，每斤再增价一百六十文。自议之后，凡省属城乡各埠门面，俱照新章发售，毋得任意低昂，存私自便。倘有扰乱行规，不遵新议者，查出公同议罚。若无耻奸徒，以低货冒真牌，致仕商为其所愚，尤属可恶。嗣后随处清查，遇获公同禀究。所议条规列后。

一、议货色必要依古法制，毋得草率作伪混充。查出议罚。

二、议减胶墨，以光绪三十一年十月朔起，每斤增价一百六十文。各色贡烟上料，均行照加。

三、议同行墨价，无论随棚坐市，一律俱照定价发售。如有乱规者，公议罚戏一部敬神，酒席二桌。

四、议银价照时作价，制钱不扣。如有滥收者，查出议罚。

年　月　日公立

5. 砚店条规（省城）

盖闻六职工称"攻石二人，利可断金。"惟同行昭划一之规，斯累世播无双之誉。我等迹侨湘水，艺习砚池。即侪工作之班，原备士林之用。新式虽随追逐，旧章总宜率由。一以供贡院之差，一以致文昌之祭。岂可恃聪明而易辙，逞强悍而改弦。近因人心不齐，已见各执，以乾隆之规为无用，薄先辈所议为不凭。舌任鼓厥雌黄，眼不作乎青白，遂至戈操同室，衅启萧墙。亟须复整宏规，上邀犀照；庶免渐生皆议，大肆暗张。为是鸠尔同心，鹿兹一体；公议十余条目，永垂百世。行头既由旧以便行，亦守先而待后。石之美者，采来雌眠之材；工则度之，造出龙鳞之制。用自全乎四宝，价重贵以千金。撰以骈言，特为刊刻；刷将鱼纸，胪列条规。是为引。

一、议科场砚池。轮流公举董事，定需各家承办。无论铺户作坊，历照旧章，帮同办理。加意琢磨完善，毋得临期躲差，不准恃强紊乱。仰遵原系戊子科被作坊把持，蒙长任善景谕饬遵断，嗣后再向造作，如遇科场帮同办理，亦不得恃强把持。倘临期躲差等事，该值年公同扭禀。

二、议凡开新店挂牌者，出钱四串文归公。或开琢坊不挂牌者，出钱二串文归公。其钱以作文昌祀用。倘敢不遵，定即公同禀革。

三、议各处客商及省垣铺户人等，运来材料及已成砚池各样石头，无论公私，已奉宪不照铺面，总以各户人数品分。起用材料者，筹归一人，货归一处，好歹均派，以杜拣选。货分三日，即行归钱。如无钱归，听其各便。毋得横行恃强紊乱。倘有不遵，公同禀究。

四、议同行人等，不许离城开贸，亦不许往山盘踞，拦途造作滥卖。诚恐匪类藉入，株累不轻。而拦途截做，必误科场差事。倘有不遵，公同禀究。

五、议每年轮流公举稳妥首士五人，承办祭祀及经管银钱簿据。年终交卸，毋得把持，恃强紊乱。倘有恋充抽掣等弊，定即公同禀革。

六、议凡铺店作坊，不许与外行伙贸，亦不许搭琢做货。倘有暗藏声色，私相授受者，一经查出，罚戏一台，纹银四两。如遇徇情隐匿者，一并照罚。如违禀究。

七、议各店原有主顾，买卖难以亲身来城，付信至省，不免误投人家。凡我同行，遇有此项，必需看明，注定付谁家即送谁家。倘隐瞒信息，私自给货者，一经查出，罚戏一台敬神，纹银四两归公。如违禀究。

八、议凡带徒弟，毋论亲友戚等，公议进师香钱二串文，酒席二桌。出师照例满两年，一个不得越期早请。倘有不遵，同行人公议照罚。

九、议外来面生客师，不知心性者，不许在城帮贸。如有容留越请，一经查出，该店罚戏一台敬神。其人立即革退。或素识心性者，来城帮贸，出入帮钱四串文。如违禀究。

十、议无论远近客师，在店帮贸者，或长支钱文，畏亏逃走。查出晓谕，公同革退，毋得徇情。如违禀究。

十一、议凡带徒弟学习三年，帮师未满，逞习出店者，不许另投别家从新学习。倘任意收带，该店主罚钱四串文。如有不遵，听其禀革。

十二、议已经犯事革出客师，不许容留复行帮做。如违议罚。

十三、议大小成货，或在店发客，或搬运他乡，均照行码扣算，毋得减价。抢夺情弊，一经查出，罚戏一台。

十四、议未经师授，瞥学手艺者，不许滥规入帮，亦不许在乡造作。倘有不遵，公同议罚。

咸丰十年　月　日 公刊

6. 刻字店条规（武陵）

粤稽上古之世，结绳而治，后世圣人易以书契，而文字兴焉。夫字者，孳也，取生生义也。古圣庖羲氏作睹河图之瑞，征龙马之祥，始制爻象、六书，雨粟、飞金，发天地之精奇，泄山岳之灵秀。字之系乎万世，古今岂浅鲜哉！故五帝三王秦汉而下，如李斯、蔡雕、钟、王辈，因虫鸟而作大篆、小篆，变鼎彝而易秦隶、汉隶。四体八法，字于是乎大备。然虽先圣有作，恒苦于缮写之艰，倘削刚无传，安睹乎利用之溥。我辈虽擅雕虫末技，岂攻金攻木所可同日语乎！今岁仲春，帝君圣诞之期，重整旧规，共襄典礼。见其规矩之井然有条，秩然不紊，莫不踊跃输成。是以爰议数条，公之同人。一以答神庥于万一，一以励人事之整齐也。尤愿同行，自此均相和洽。勿怀嫌而挟诈，恪守规模，永遵勿替，则幸甚！

谨将公议条规开列于下：

一、议各宪差务，向来应派有店，毋得滥承。

二、议我行干系匪轻。恐有不法之辈，贪图重利，私刻官印、钤记、功牌，以及匿名谣词、红式假票等项者，有关法纪，务须验明，毋得滥刻。

三、议各店每会捐钱四百文，司务捐钱二百文，以作文帝圣诞祭祀之需，毋得捏故推诿。违者罚钱一千二百文入公。

四、议生意无论大小，以及城乡摆修谱牒，务必任客投店，毋得低价阄夺。概不准与外行合伙，亦不准请外行帮做。违者罚钱五千文入公。

五、议外来司务捐钱三千二百文入公。其钱起工之日，老板垫出。违者不准帮做。

六、议设桌提盒必遵守公规。倘私行低价，查出罚钱一千二百文入公。

七、新开店面者，捐钱三千文入公。开张之日，酒席二桌，其钱交值年收讫。违者不准开设。

八、议徒弟任牌招带，准以四年为满。进师之日酒席二座，上会钱一千文，随交值年，首人书名登簿。至于伯叔兄弟，均照外人定规。违者不准学习。恐四年未满，不准出师，同行亦不准容留。立字日起，满了二年，方可另带。违者罚钱二千四百文入公。

九、议报条生意开设考棚者，每逢岁试，捐钱一千文，科试捐钱六百文。倘有恃强抗公者，罚钱二千四百文入公。

十、议门市生理各项价值，均有规例。嗣后稍有低价滥规者，经同人查实，即行报公，罚钱一千二百文敬神。

十一、议开店者，亦不准请外行。如有违者，公同重罚。

十二、议外来司务开店，设桌捐钱三十千文。倘有外来开报条铺，亦不准开设。如有持强卡开，公同革除。

十三、议有外人刻各项报条板，我行必须问楚，不刷不刻，并板不出外。违者公同重罚。

十四、议糕签板每块五百文，外套糕名每字二十文。

公白

六、制造商业条规和章程*

1. 蔑业条规（巴陵）

一、议鲁班胜会，届期各捐香资，庆祝寿诞。在会者俱有名目，其余新添铺户，以及初到客师，亦应捐资，公帮修神像公件。又凡学艺徒弟，艺熟出师，亦应照规例捐输。倘有徇情私相授受，紊乱规例者，一经查出，罚钱贰串肆佰文入公。

二、议铺户至胜会各捐香钱壹佰陆拾文。

三、议客师至胜会各捐香钱壹佰贰拾文。

四、议不赴酒席助香钱拾陆文。

五、议新添铺户应捐入帮钱肆串捌佰文。

六、议新添客师捐刀费钱捌佰文。

七、近地徒弟三年已满，当客师只捐钱堂佰文，作为捌佰文。若新开铺面，应捐入会钱肆串文。

八、议父兄子弟开铺面一间，倘有兄弟分开铺面，入会钱肆串捌佰文。

九、议同行铺户可开设不可开设，均凭公议。如有不遵者，商议酌罚。

十、议外来在城市买货，不准卖货。违者公议处罚。

2. 龙须草席店条规（省城）

盖闻各艺原有规条，我行岂无章程。龙须席艺，流传已久。近因人心不古，每至紊乱规条。爰集我行公同酌议，每岁公举值年，于三月十六日恭逢祖师瑞诞，演戏庆祝。于诞期之后三日，公举值年。彼此毋得推诿。凡带徒者，停止六年，候期限已满，仍然酌议。今将条目开列于后，违者议罚。

一、议我行及铺户人等，不准阖办邻邑及一带地方货物。违者议罚。

二、议外来货物同行铺户人等，嗣后不准收囤。倘有不遵，公同议罚。

---

*《湖南商事习惯报告书》"附录"部分收录制造商业条规和章程共60余部，涉及蔑业、龙须草席店、瓷器店、香业、纸烛店、伞店、纸业、窑货店、缸坛店、弹花店、裱店、石木锯泥各行、锯行、雕帮、明瓦店、玻璃店、铁艺、棕绳铺、鞭爆蚊烟、纸扎店、戥秤店等行业，地域分布非常广泛，除省城长沙外，还涉及平江、湘乡、武陵、武冈、巴陵、益阳、新宁、安化、邵阳、新化等县。本节按照行业和地域选录。

三、议蓝山、道州草料捆只，照旧分给同行。嗣后大小照圈，如有不遵者，请凭值年照圈。

四、议乡城作坊各样货物，不准在外阃买。如有不遵，公同议罚。

五、议铺店准其带徒者，三年出一进一，上会钱一千二百文入公。不准重带，违者议罚。

六、议徒弟年限未满，乡城不准帮做，亦不准自做。违者议罚。

七、议新开铺店者，上牌费钱二串四百文入公。违者议罚。

八、议作坊大小货物，每年三月初一起至八月三十止，以六五扣算。九月初一起至二月三十止，以五五扣算。如有私自减价，客师查明确证，报信钱四百文。倘有徇情不报者，二比议罚。

九、议作坊做货，必须工精，详细接草，仍照旧章四六长五尺八寸，三八长五尺六寸，三六长五尺四寸，三四五五二四均五尺三寸。以上宽不准减扣分寸。倘有货不精，尺不足，将货入公。

十、议衣包价钱六百五十文。

十一、议扇片价钱八十文。

十二、议穿耳枕套价钱六十文。

十三、议铺户客师工价钱一千三百文。工六十个。必须精良照时。

十四、议铺户客财，不准搭做。违者议罚。

十五、议凡带徒者，理宜具请值年。

十六、议我行内有不端之人，公同革出，永不准入行。

十七、议嗣后凡我同人，不准行外上门当师传徒。倘有不遵，公同议罚。

十八、议乡城作坊货物上铺，每串实钱抽香资钱十文。

十九、议铺户客师每月抽收香资钱三十文。概归铺店扣收。

光绪二十九年七月　日

3. 瓷器店条规（邵阳）

粤稽大舜，陶于河滨，古公陶于沮漆，黄帝之陶正则有宁封，周时之陶正，则有阏父。厥后如瓶、如砖、如瓮、如甍者，遂于是兴。是瓷器之有资国用也，岂浅鲜哉。第溯其旧制，既非在若有若无之间；考厥成规，竟置诸不议不论之列。我郡自咸丰兵燹后，人日变而日非，即法愈易而愈坏。其中弊窦多端，擢发难数。而所谓同行章程，井然有条者，殆篾如也。兹邀集同人，爰照旧章，添设新条，俾各遵依。庶人有划一之守，而市无垄断之登矣。

是为序。

一、议时价涨跌，公同一样，接月酌议。各市来往以及门售，照章批发，如有射利私松等弊，查确公议罚钱四千八百文。报信者公谢钱八百文正。

二、议各市来往，花边交易，其价按月照市酌议。清单盖戳，不许私行加减。如违公议，罚钱四千八百文。报信者公谢钱八百文正。

三、议中湘装货至埠厘金。议定土瓷每石给钱八十文，镇瓷加一倍，不得多给分文。如违罚钱一千六百文归公。

四、议船户装运瓷器，水力一帮给一帮，不得货少先给。如果同舟共载，务须各照清单起收，亦不得多起。倘有藉货隐瞒，如违公议，罚钱三千二百文整。

五、议船户装运粗细瓷器至埠，较原单之外另有破损，定向该船户问赔。另有上下船户一宗往来货色，恐从中弄弊，轻则议罚，重则公同送究。如有私宽公议，罚钱二千四百文整。

六、议客货到埠验明客单，公同照时定价。各受多寡，照单派起。公议从中抽收月厘每担钱十文。系受户扣除归公。不得一人私买，亦不许私意下河过货。倘有情弊，查出罚钱一千六百文整。

七、议铺户贩客，各有主顾，不许背地松价，抢买抢卖。查出向伊填完前账外，罚钱一千六百文。

八、议出入戥称，从新更换，均照火印为记，以杜弊端。如违查出罚钱二千四百文。报信者公谢钱四百文整。

九、议同行所带门徒，每名上会钱一串文。进店设席，必须请内外首士。三年为期，未满年月，同行不许另带抢请，以杜刁唆。如违照情重罚。内行邀外行入伙者，外行出钱一串六百文，归各财神祀上会。

十、议有公事商议，着人传信，各店主随使归往，毋得藉事推延。如违议罚。

十一、议新开铺店，原规离间八家，免生谁买诋卖之弊。近因有已经仅隔五家之店，不便搬移。公议自今为始，以隔五家为定章，不准再行紊乱。如违公同逐革，永不准违章之人开设。

十二、议镇瓷汉货各件，照时合算，每千公议加批钱五十文。亦不许以汉作湘。如违公议，罚钱一串六百文整。

光绪三十四年五月望日城内外同行各家悬牌为记

4. 香业条规（湘乡）

从来商贾贸易，昔有定例。而百工技艺，各有成规。惟我香店一业，自仙师传流以来，历有章程。奈人心不古，紊规乱矩，靡所底极。且今货料昂贵，采办辛勤，虽价值累增，尚难敷本供用。是以邀集同行公议，重整条规，庶章程永定矣［癸］。

一、议庆祝神诞，公择香主，不得推辞侧称。违者议罚戏一本。

二、议新开香主，上隔七家，下隔八家。议定以后，内行开者，除出捐项外，补钱二百八十文。新添外行合伙开者，捐钱一千二百文。又出牌费钱八百文。倘不遵者，不许司务帮琢。违者罚帮琢人钱一千文入庙。

三、议四乡挑货来城买者，须出捐钱一千二百文入庙。若未出者，值年查获，公议每万抽香二千入庙。违者公同禀上。

四、议铺家带徒弟，只许进一个。候出师方准另带。违者罚戏。

五、议请司务，必由引荐，不许先交钱。请司务不许勒向长支。所有长短工夫，听老板择取。不论先后捆晒，照依中湘规矩。

六、议司务身俸每天六十文，工夫拾箍三二足。余香每箍十二文。新正歇至初八起手。未在店者，初八告辞。元宵歇工一天。五八腊每月歇五天，其余每月二天。

七、议新来司务及出师徒弟，各出捐项一千二百文入庙。两月收全。如过期未出，惟［为］值年是问。

八、议香尺公同较定，不许添长减短。每月值年查视。违者罚钱一千入庙。

九、议司务不守法者，公出革条，永不许入帮。违者公同逐究。

十、议香价，罗汉香每千价一百二十文，观音花箍价一百文，尺八蓝柄每千价一百文，新尺八香上铺六十文。

以上公议各条，毋许阳奉阴违。查出罚钱一千文入庙。

5. 纸烛店条规（邵阳）

盖闻治莫先于礼，礼莫重于祭祀。事既修仪，物斯备故。巧创飞蛛，特藉片楮以致敬；幻成彩凤，用呈双炬以告虔。此纸烛生理所由肇始也。向来营是业者，阖城不下百余家。同行集资，玉成祝融一会名福佑祀。缘是悬牌授徒，并订章程，至严至悉。近今新店日增，学徒愈众，即庆祝圣诞，需费亦颇较繁。使仍固守旧章，其何以协市情而隆祀典乎！爰是公同商议，斟酌变通，妥定新章于下。

一、各店办售纸烛，务宜洁净，以昭诚敬。如违议罚。

二、每年庆祝圣诞，各店抽香钱四十文。届期一律收取，毋得违误。

三、开设新店者，无论开锅不开锅，入会钱二千四百文。如违禁闭。

四、顶他人原牌添改字号者，均作新店论，入会钱二千四百文。违则酌罚。

五、举报经理四人，务择老成殷实，三年轮流选报。如有扯亏公款者，向上届经理填偿。

六、投师学徒者入会钱四百文。如违不准伊店带管。

七、外来门徒投店参师者，与学徒无异。入会钱四百。如违革出。

八、老牌只准子承父业，如有假名冒顶者，查出除缴新牌款外，公同议罚。

宣统元年四月　日 福佑祀公刊

6. 伞店条规（武陵）

常郡乃八省通衢，商贾云集之区，各行手艺均有定章，我等星沙伞帮一艺，向有章程。无如日久规索，是以爱集同人，公议各条，禀宪立规，批准示禁在案。我等同行，永远恪守勿怠。是为序。

计开条规：

一、议每年师祖圣诞，各出香资一百文，预交首人备用。届期凡我同人，踊跃庆祝，理宜肃静。所有用费账目凭众核算，公同酌议，选报首士。上交下领，无得推诿。如不遵者，议罚。

二、议我等客司帮店制伞，大伞八十把，小伞一百把，均照旧例，无增无减。艺有快慢，出货多寡不一，预先言定。愿请愿帮，二比无异。

三、议外来司务出入规钱一串六百，只准一月为度。出师徒弟出入规钱八百文，毋得推诿。报明登簿。如有隐抗收留，不遵规者，公同处罚。

四、议我等帮店言工或有预支钱文，或有长支。务须全始全终，如数归款。不得不清另投别店。违者公同逐革。

五、议同行司务人等，倘有细故口角，只准投鸣值首理剖，毋许传众茶酒强越停工。违者重罚。

六、议同行人等，务须自尊自贵，不得因故挟嫌，另投别帮以致忘本坏规，一经查出，公同逐革。

七、议同行或有素存厚道人病故者，难极乏资买棺，义助钱一千六百文，否则不给。

八、议各店不准带各州外府徒弟，如有不遵者，罚酒席四桌，戏一台。违者公同革退徒弟。

九、议同行人等，身名以坏，爱贪小利。查出公同逐革，永不准入帮。

十、议聚赌集众，易于荒疏正业。不分久渐相诱，或出外因赌生事。查出公同革逐。

以上各条，曾蒙宪示，准议在卷。凡我同帮人等，务须恪守，宜凛遵。庶东伙均安，章程永远矣。

光绪三十一年　月　日公立

7. 纸业条规（平江）

一、槽户所制花尖纸，必须洁白嫩料，全燥剔破，每张照裁尺宽一尺一寸，长一尺四寸五分。其纸不要牵搭角箓，每块净重八十八斤。偶有极燥秀料，稍有轻重不匀，以少至八十六斤为率。若再少，每斤需扣除钱壹百文。其秤过公议，正刀秤为准。每纸一块，计八十把，每把八十张。如有少把欠张，每把罚槽户钱四百文。若潮湿冷焙，排纸了槽，短尺窄帘等纸，概不收买。同行倘有徇情取巧违章者，比即公同查实，每块罚钱二串，以作办公之需。

二、价值必须公平。宜按前途销场公同随市，酌量议妥。即于纸业簿上注明年月起日，并填议条，报告收办纸埠之处，以归划一。查产纸有高下，凡订价，以头等顶盘纸为定议，其中次之纸，则品货作价，随于收条上载明价值，以昭凭信。现收买均系茅胎，每纸一块，应除捆箓角箓钱八十文。如有槽户欲以纸卖期钱者，必须照时价扣算，另行申息。不得并息高抬滥规。同行并不得进山包槽，预议数月长盘，暗中取巧，标价抢买，及加脚力以钱票扣折，兑搭铜元等弊，致坏行规。如有违背所议规章，公同查实，即将该号所封贮百缗。初次违章，罚钱二十串；二次罚钱四十串；三次罚钱四十串，充作商会办公经费。若叠次故犯行规，则勒令歇业，以全商务。

三、船只水力，正船由河泊潭装运花笺纸，到汉口交卸。每块外河水力钱一百六十文。以向章水力价论，如已过半，嗣后不得再行包空私加。其水力现给八成，应挂包红二成，由汉口照给。如有水湿等情，以便将包红钱扣

— 387 —

除问赔。驳船装纸时，以拿筹为准，不得骑许重装。其水力比即议定，以八成现给，其二成到口由正船将纸收清。无有水湿等情，即照给付其问赔。纸价不拘正船驳船，小水湿每块赔钱四百文；大水湿赔钱壹串。决不徇情。倘有骑许重装，半途寄顿，转驳留延，与同受载日船比较，逾延五日不到等弊，除将该船包红扣除外，公同禀官究治。凡我同行就船，若有抢夺船只，暗加水力滥章者，公同查实，罚钱壹拾串，以作办公之需。

四、封贮款项，以重商业行规。此次献钟狮，蹲雷家滩嘉义岭，以及外埠同行集商规则，悉愿遵行。每家缴典钱壹百串，凭众缄封，贮存妥地，不得动用。倘有改业歇业之家，须将该号原存之款，自行领出。如有违背所议章规，即将该号所封贮之百缗扣收，以儆将来。其新添客商，倘私自在埠内滥章收办，公同劝其遵章以公同好。如再恃悍不遵，败坏行规，则照商律例禀究。今我同行，一体遵允，书立牌名，盖印签字，以照信守。

8. 窑货店条规（省城）

盖闻百行均有条规，因差事均有定例，承耽不敢推诿。我长善窑货店业虽微小，差务浩大。上下衙署，修理铺设，学府两县，考试文武科场，迎送往来官员，一切差货，除蒙给价外，而藉办亦复不少。自乾隆间以迄于今，均属议有条规，遵行无异，并屡经禀奉示禁在案。近因人心不古，不遵条规，间有槽坊、粉坊、染行等，自装缸货，来城私起；又有肩挑货担，沿街哄卖。一店有出担二三付不等，且有数人扮充一店而招摇出担数付者。推原其故，实系藉担为名，阴谋斋坊摊馆所需窑货，即行勾引，装来货船私起运送，趋利避差。以致装卖船户乘间勾通摊子，悄发私起，紊乱条规。我等出于不得已，只得长善公同合议，禀恳县主示禁定规。蒙恩垂怜，会印出示严禁，各处晓谕在案。嗣后我等差务长仍归长，善仍归善，照旧承耽。其余一切公议，合一办理。倘有不遵公议者，公同禀究。原议条章永遵恪守。庶几行规正而差务全矣。

一、议上下衙署修理铺设，并大小文武科场，所须缸钵各货，长善均系照旧公分公办，不得推诿。

二、议新开之店，照旧彭复兴之案，独办铺设一月差。半载铺户，上九下十，演戏一台敬神，备席邀请长善同行。外出银贰拾两入公。如有不遵，公同禀究。

三、议月差拈阄派定，轮流承办。毋得推诿，以免违误。

四、议铺店如有生意不遂，自愿停歇，必须预白同行，书立辞卸。诚恐值月差之时，大科之际，巧避一时差务，差竣仍然开设等弊。若此，公同禀究。

五、议歇业码头未顶者，依间上九下十，毋许谋夺。仍开者承差三个月。倘迁移别街，则承差六个月。如顶与别人，照歇业年次，一年承差一个月。如歇业十年，则承差十个月。毋违此议。

六、议长善同行各店，概不准将一切大小窑货发给摊店，如有不遵，公同禀究。并罚出货之家钱二千文入公。每月长善轮流更派二人，互相稽查，不得徇情容隐。每店每月捐钱三十文，以作敬神贴差用度。如有余剩，留作公项。其公项银钱，以分半行息，轮流公管。其敬神长善合办。

七、议鳖鱼通脊花草等项，归我等铺户发卖。如违，公同禀究。

八、议收炭灰，归铺户出担收卖，不准闲杂人等混入悄收放卖。且铺担一家只准五付，不许多添。如有不遵，公同议罚。

九、议各处船户装货来城，必投承差店铺，备价议起，不得悄行运送挑卖。如有不遵者，公同禀究。

十、议买沙罐者，不得贩卖我行窑货广钵。如违，公同禀究。以上所议，原因差事浩大，并无私见。愿我同人恪守弗怠。

咸丰六年三月　日　长善同行立

9. 缸坛店条规（益阳）

当思经营买卖者，其业不一。要莫不各有定规，以垂久远。惟我等瓦货厂，开张仅十余户，当差急公，盖有年矣。往昔章程莫不尽善，迩来人心不古，日久弊生，致贩来益地任意私卖私贩，不能急公，有坏成规。前已蒙各宪赏给告示，严禁在案。兹复公同申议，重整旧规，以昭划一。凡我同人，依照后款，毋生嫉妒之心，毋开争抢之路，庶弊端杜而生理安矣。谨将条款，开列于后。

一、议每年三月十五日财神圣诞，公派首事四名，齐心踊跃，收资敬神，经理一切事务，上交下领。倘有简便从事，重罚。

二、议新开瓦货厂者，当先入上公钱四串四百文交公。外承差一年，席请条规。必须上七下八方许开张。倘有不遵者，公罚梨园一部，敬神无异。

三、议各府州县所有窑户、船户，装运大小瓦货来益，预先通报值年。候值年看货定价，以落票为凭，不得价高价低，毋得一人抬价私受。倘有此弊，罚梨园一部，敬神无异。

四、议老厂不开，或另顶别人，预先知会首事。入场酌定席请条规，承差一年，方许开张。如违，公罚承差二年，无异。

五、议新开小货门面者，当先入上公钱二串文。每年帮办差钱三百二十文。遵规方许开张。若更买大货，必须预先通知首事，加入上公钱二串四百文，席请议规，承差一年。倘有不遵，公罚承差二年，无异。

六、议外运装货到益，不许私贩摆摊，肩挑沿街发卖等行。如有不依者，查出罚运货之人梨园一部。毋得徇情。即同厂之人亦不得如此等行。倘有此弊，查出照罚。

七、议署内及公务差务，凡我同人轮流承当，毋得临差推卸，必须勤当。上下巡查私起、私贩、肩挑沿街发卖等弊。倘徇情不报，及当公事避匿者，均罚梨园一部。如违，先禀后罚。

以上所议条规，各宜遵守毋怠。

10. 弹花店条规（省城）

窃为我等轩辕永庆铺户客师，一脉源流，久经前辈公同合立章程。现今老去新添，日久失规，难于划一。皆由人心不古，以致紊乱行规。缘于咸同年间，不过数十家，均遵宪示所议条约，颇称妥善。为我棉花一行，近来人稠地密，到处随开。其利虽微，开店亦复不少。各铺户及客师迥非昔比。是以屡兴屡败，条款擅置不从。抑且前功尽废。各铺户出货又无定价，只图进门滥做，不顾大局。每遇严寒，属为要物，关系匪轻。或有掺和旧花，或诡贩劣货，其价松减，大势均属光降。殊不知受此物者，宛同菅草。是以率由旧约，重整规章，爰集同人，永守勿替。恭逢祖师瑞诞，共沐鸿麻，庶几竭力同心，恪守章程。公议条约，开列于后。

计开：

一、议每年九月十六日恭祝祖师瑞诞，各铺户出香钱一百二十八文，客师出香钱六十四文。公同庆祝，以昭诚敬。

二、议每年铺户轮派值年八人，客师派值年八人。务须同心协力，秉公办事。所有簿据银钱等项，十七日凭众核算，方准接交下手。

三、议公举值年，须择人品端正，办公从俭。不可繁华滥用，总宜蓄积生息，方成事体。倘有侵蚀等项违误公事者，议革。

四、议同行招入乡师，毋论兄弟子侄，均照外帮上会。

五、议各铺户不得高抬时价，不许掺和旧花。沿门喊卖者，议罚。

六、议新开店内行上牌费钱二串四百文，外行上牌费钱三千二百文入公。值年随给行单一纸，以便各守行规。

七、议行内自愿歇业，准其出顶，或添一字或改一字，出牌费钱一千二百文。外行照前，不得与房主相干。倘退旧佃新，夺人码头，公同禀究。

八、议各铺户及客师，毋论何处，市主上门弹花，必须登门议定。公议上七下八之规，不得滥做。违者议罚。

九、议外来客师及机匠，准其入行，出帮费钱一千二百文。长善公派值年八人，轮流稽查，同行不得隐匿，值年亦不得徇情。如恃强不入，即是滥规，公议罚钱一串文。报信者谢钱四百。以后不许城厢内外做艺。

十、议同行人等，如有吃酒逞凶、赌博不法等事，公同议罚。

十一、议新开门面，必须隔上七下八。双合门面只算一家，牌坊、照壁、栅棚、厮屋，不算门面。如强开，公同封闭禀究。

十二、议凡带徒弟，出备师傅钱五千文，酒席二桌，三年为满，另帮师一年，议工钱六千文。不得重带徒，出一进一。违者议罚。

十三、议客师帮铺户，除长年并月工，每工钱八十二文，夕卜花每卷钱十文。外行每工钱九十二文。不得私弹棉花，违者议罚。

十四、议出师入帮钱四百文，火印钱一百文，交值年登簿免遗漏。

十五、议外帮司务上会钱一千二百文，火印钱二百文。如有不遵，罚钱二千文入公。

十六、议上门做典工，棉絮上四斤，每床钱二百四十文，酒烟钱在外。如弹卷花，每工五斤，外弹手工花每斤三十二文。公议四斤起，八斤止。外重照算。倘有私弹花瞒工不报者，议罚。

十七、议客师入行用火印，长善公议为记。归值年查明，以杜假冒。

十八、议主顾请人弹花，或因正事延搁不及完工，又不辞工，别人不得接做，违误店事者，议罚。

十九、议客师帮工，倘手足不稳，归值年查明，不得徇隐。轻则议罚，重则革逐。

二十、议公事传单，必须随传即到，庶几同心合一。如有推诿，公同议罚。

宣统元年九月十六日　立

11. 裱店条规（省城）

盖闻官有政条，民有私约。百工居肆，莫不各有行规。划一从公，以防紊乱。但我等裱店，原有旧规，日久废弛。今集同人，复行酌议，重整规章，永远遵守，众美同臻。兹将议定章程十条列后。

计开：

一、议每年六月二十四日，恭逢雷祖瑞诞。凡我同人，预期齐集，拈香上表，同伸庆祝，以昭诚敬。所有一切，自应遵照旧规。瑞诞期过，公同择举殷实老成谙练总管二人，经理公事。每年公举值年八人，既举毋得推诿，亦不得妄争。一年一轮，将一年出入账目算结清楚，不得以上抵下，以私抵公，移交下首。按月上街收取各铺户徒弟并入帮香资，催令按定限期，如数清楚，不得徇情容隐。在公之人，亦不得临事规避，借词推诿。如有滥用公款及延展不归清者，公同议罚，不遵者，公同禀究。

二、议逢雷祖瑞诞之期，同人愿来祝寿者，不论长幼，每人出备香钱二百文入公，以资津贴。免致大公亏损，以重公款。

三、议各铺户新带徒弟，只准一出一人，不得重带多名。例应以三年为满，不准一年半载出师。如有半途不学，同行不得雇请。进师之日，由带徒弟之家，将徒弟姓名开明交值年登簿入册。遵例出备香资一串六百文入公。其钱限于一年内，由值年向带徒弟之家收取清楚，不得借故延宕。如有不遵，公同议罚。先前尚有旧欠者，香资未及清楚者，此次经众重议，限三个月一律缴清。如再有延抗不归者，由值年人传行业议罚。

四、议外来客师进店帮贸，应由店主报明值年，将客师姓名开明登簿入册，出备入帮香资四串八百文入公。其钱按月由店主手收钱四百文，限一年内如数收清。倘有恃强不遵，或借端狡拗，传集同行逐革。不遵，指名禀究。倘与同行各伙事同，一律办理。

五、议外行开店，应出备客师入帮香资九串六百文入公。如系外帮入帮，应出备客师入帮香资四串八百文入公。其钱限三个月如数清楚。倘有延宕搪塞，同行公议。不准本行客师帮贸，违者查出逐革。不遵者公同禀究。

六、议各铺户子承父业，兄出弟开，或父开子学，兄开弟学，均应将子弟姓名开明，交值年登簿入册，应出备香资一串六百文入公。其钱限半年内清楚，方准上案做艺。如有违抗不清，强霸不出者，传行议罚。如不遵者，公同禀究。

七、议我行客师在店帮贸，无论零请长工，不准私夺主顾，此乃我行规矩，务宜遵守，顾全大局。如有行止不端，玷辱同行者，报明值年人，查实公同革逐。倘有各铺户，希图轻价，私自滥请者，查出议罚。即众客师中亦不准入彼店帮贸。

八、议铺户雇请零工，每日公议辛资一百二十文。或雇请长年，即为一年谋。望务宜体贴东家，尽心竭力，全始全终。如有无故生风，借端中途辞退客师者，应遵老例，向取一年辛俸。如若不清，众客师不准入彼店帮贸。倘客师无故辞退东家者，鸣行理论。按照情节轻重，公同议罚。如有不辞而去者，加倍议罚。

九、议客师犯规自愿受罚，同行店主如有相信请伊者，必须问明值年，是否交代清楚，可请则请。若不问明，私自雇请，公议罚钱四串八百文入公。不遵者，公同禀究。

十、议我行遇有公事，以及同行中有犯规者，有被欺凌者，均应报明值年。由值年查实，发给传单，传集同行公同商议。如有闻传不到者，公议罚钱一串文入公。

宣统元年己酉岁　月　日公立

12. 石木锯泥各行条规（安化）

古有造云梯，作木莺，其术通神，其名为仙者，曰鲁班，即孟子所云："公输子之巧"是也。凡属石木锯泥各行手艺，胥以为宗。以其有功于天下后世，允宜俎豆馨香。故前辈于邑西门城内，置买基地，创建鲁班殿，以为操作聚会之所。光绪二十一年毁于火。屡约同人，商请修复，苦无余资。今夏重行合议，订立捐簿募修，现已修立铺屋，惟正殿尚未兴工。我同行人等，必须同心合意，踊跃输将，集腋成裘，指日兴复。俟工竣后，迁拨首事，收取铺屋课钱，掌放生息，以奉仙师香灯祀典，并为后来补葺计，庶几得垂久远。而我同行人等，讲习其间，精益求精，巧益求巧，皆无愧为班门子弟，则幸甚。惟行内规条，势难迟缓，不得不先为议定，以便遵行。所有各条，开列于后。

一、议我等石木锯泥各行手艺，皆须先入鲁班会，方准在各家佣工。如未入会，擅自归帮操作者，公同处罚。

二、议石木锯泥各行工价，原有成规。近因时值乏钱，备办器物不易，公议每行照旧加价十文，不准行内擅自准折增减，违者公罚。

三、议我等手艺营生，各行既已归行入会，自应一团和气。无论在城在乡，或包工，或点工，或零工，只许由东家主人自行雇请，不得争充谋夺，致伤情面。违者公罚。

四、议石木锯泥无论何行，凡来投师者，不准争带，亦不准学习半途，另投他师。致前师为其难，后师享其成，劳逸既不均匀，抑复大伤和气。违者公罚。

五、议将来迁拨，首事必须公举。不准争充首事，亦须限定一年轮流充当，毋得久恋鲸吞。违者公罚。

首事夏昌晏等十六人

光绪三十三年五月初七日 公刊

13. 大木众师条规（武冈）

盖闻百工居肆，以成其事；百工有师，以成其艺。夫业之传，皆有考而传之，岂由忘本哉。历代以来，士农工商，莫不有师，各授一业。惟我公输仙师，乃一代正直之聪明，垂万世方圆之流传。继承他师之遗训，当尽竭报于虔诚。虽知木本水源，必当同心协力。聚资成集，大则公举福地，小则神诞祀典，凡我同行人等，遵而鉴之。

一、议仙师每年圣诞之期，值年首士各整衣冠入庙庆祀，经理公事必先预办，毋得临期违误。如不到者，公罚钱二百四十文。

二、议总理值年，所点每年首士轮流分派，毋得趋前卸后。会内簿注挥票，俱系总理执掌，如有借项，上付下交，如不付者公罚钱一千二百文。

三、议会内钱文，在会人等，不得私扯私借。恐彼借用代言私借，一经查出，先罚代言，后罚私借。皆罚钱八百文。

四、议在城乡内外做艺，日工取典钱八十文。同行照例不得多取，自减身价，如违公罚钱六百四十文入公。

五、议同行在城乡内外做点工，每名每天取钱一百六十文。如有私减身价，一经查出，公议罚钱二千四百文入会。

六、议新来客师做艺，只准五天为度。五天之外，出上会钱四百八十文。如不上会，不准各厂停留。如违公罚四百八十文。

七、议城乡内外做艺，牙祭日期不许停斧歇工。若有人持横，众师查出，公议罚钱四百八十文。

八、议众师不准肩料。若不遵条规，公罚钱二百四十文入会。

九、议众不准进厂问工。如有不遵，不准各厂停留。查出罚钱二百四十文。

十、议同行众等必须正直品行，循规遵矩。毋得酗酒生事。如违重罚。

十一、议新来学徒，上会钱二百四十文，定准学习三年，完满出师。

十二、议众师不准挑担游街问工，不准挑货发售。同行报会，给报信钱一百二十文，拿获其货，交值年，多寡以为罚项。

以上数条，各宜谨遵勿替。

宣统元年吉月吉日 公立

14. 锯行条规（省城）

盖闻各行贸易，俱有成规。我辈锯行，亦垂法守。忆我前人建立鲁班先师庙，为朝廷大典、衙署各差石刻规章，竖立庙中，流传百余年，无敢或越。自乾隆年间，分为五柱，承办各署文武科场，俱系五柱分派，毫无紊乱。奈人心不古，不免有违条犯规者，实属恨深切齿。由是邀集同人，再三商议，重整旧规，永为遵奉。然徒油石于庙内，有难周知。惟有各刊一张，黏贴家中，庶几触目惊心，恪守不紊。为此公议条款，镌刻刷印，遍给周知。嗣后各照行规，踊跃急公，岂不幸甚。所有重整规章，开列于后。

计开：

一、交武科场及各署差务承办头人，邀集同行遵照办理，不得推诿。传唤不到，听头人罚钱一千入公，违者禀究。

二、公举值年，每逢鲁班［般］仙师五月初七日瑞诞之期，动费敬神，结算账项，点交下手，轮流交卸。倘拖欠公项不清，除赔账外公同议革。

三、师祖诞期，每岁香资值年收取。期归期款，无得迟限。如违，公同议罚。

四、我行公举经管每岁值年及科场并铺什头人，无得误差推诿，亦只许迁一不迁二。如违公禀。

五、学艺开店者，仍照公议牌费钱十串入公赔贴差务。如违公禀。

六、城厢内外新开铺面，上下均隔八家。开设捷径，厮屋不算。违者封闭，不遵者公同禀究。

七、我行带徒弟，每名入会钱三千二百文。其钱定于五月初七日交清，毋许拖恋移至下首。违者议罚。

八、我行带徒弟开店者，准两进两出。客师亦只一进一出。如有隐瞒寄带，公同重罚。

九、从师之人出师已满之后，方许自行带徒。外来入行之人，向不许带徒。违者不准注册。

十、乡师来城务须确实查明，取具同行人保结，方准入行。每名入会钱四千八百文，外席费钱五千文，由值年收缴入公，帮贴差务及师祖庙岁修香火之费。

十一、由主顾雇请，每工辛力钱八十文，酒资在外，不得私行消灭抢夺。其有起造修理或包或点均有定价，不得短价抢夺。如有上账未清抢做者，演戏敬神。

十二、外运杉板，取巧避差，于己卯科控县，蒙恩批断，每贩每岁帮差钱二千文，由值年收缴。

十三、我行规出罚随。以上各条，公同恪守。如有不守本分，违拗不遵，及知情朦弊者，公同照罚。

光绪十三年　月　日公立

15. 雕帮条规（武陵）

窃闻百官分职，无非率由旧章；百工惟和，亦宜恪守成宪。自古迄今，未有不遵先王之法而能成厥事者也。盖智者作之于前，巧者述之于后。念创业之维艰，当思守成之不易。七十二行均有成规，议定章程，永无紊乱。而我等雕琢一艺，何独不然？况公输巧削木鸢，尊为鲁圣；《周礼·考工》令典，阙补冬官。创雕镂刻画之文，千秋共仰；制梓匠轮与之用，百世相资。其创造利赖之功，又岂小哉！但我同人，人心不古。我诈尔虞，同行则生嫉妒；貌和心险，同事则起猜疑。所以年年徒有演戏做会之虚文，事事毫无规矩章程之定例。以至怠忽了事，不能整顿行规。前此老庙虽树有碑文，至今时势亦大为改变。而且字迹消磨，难以考核。不如再立新石，庶可遵循。爰集同人，齐赴公所，再三商议，异［一］口同声，妥定章程，若合符节。庶我等继往开来，守业不朽云。今将永定成规，镂刻于后。

一、议雕琢工资，乡城俱照成规。主东所请雕琢工师，只许请一人到底，不准同行圈夺。一年已满，工资清算楚兑。来年主东工师，各随所愿。如仗主势卡夺，公同约庙罚戏一台，酒四席，决不宽减。如有抗不听罚者，公同革除，永不准再入此行。

二、议新带徒弟进店，师父整酒，须接值年首人，上告钱二千四百文，上会入帮钱八百文。徒弟不做，不准再从同行师父帮做。徒弟三年已满，师父另招徒弟一名。出师后任凭东西两帮不准阍夺，无论父兄，均照老规。如有乱规者，公同议罚逐革。

三、议外来雕工，照规矩做十日起身。欲常做者上会入帮钱三千六百文，捐钱一千文，酒四席。如有私请者，查出公同罚处。

四、议值年首人凡办公事入会，香资借项每件务宜归齐，交付下年首士。如有怠惰不收，及徇情侵触等弊，公同议罚赔补，决不轻恕。

五、议东西两头工师，遇一切公事，均合意斟酌裁夺。不得挟私紊公，藉缓其事。亦不得各分彼此，推诿不前。违者公罚。

六、议我行人众，于四季入庙办会祀神，无论首士散人，夜晚均宜静坐闲谈，五更诚心跪拜皇经。不准在庙内打牌掷骰。如违公同罚处，小则酒席，大则革除。决不宽贷。

七、议有事约庙务，须先告总管与值年首人，酌量事当约否。如当约先送典钱八百文与总首人。总首人交住庙当家，早备买摆茶，茶食齐到庙中。无论公事私事，与外人同行口角，均宜平心论理，秉公剖断。不得树党偏袒，打架设闹。如违公同另罚，再议本事。

宣统元年六门拜帮五月　榖旦公立

16. 明瓦店条规（省城）

盖闻百货贸易，俱有章程，而我同行，岂无定例。我等明瓦买卖一业，虽经前辈严禀，目下尚有未周。则前人有志，岂后辈独无。惟我师祖公输，百变甚巧，遗谋于我方员各行，成规遵守，毋敢紊乱。爰是公同酌议，续立各条规章，开列于后。

一、议我等开设铺店者，每街两头栅内，只准开设一家，不准开设二家。两头栅内无铺店者，听凭开设。

二、议我行货物因时价昂贵，如有城厢内外到得有货者，知者必须晓众公分派买，毋得隐瞒独买，如有隐瞒独买者，公议罚钱二串文入公，货仍归公派买。

三、议定价之后，必须俱遵一体，不得高抬减价。如有高抬减价私买者，查出罚钱二串文入公。

四、议无论值年散人，查实减价废规，以及私买隐瞒不报者，罚钱一串文。

五、议城内买货者，不论多少俱照零卖时价，不得照贩货减卖。如有减少者，查出罚钱二串文入公。

六、议租瓦不拘多少，市主将价议妥，随主斟酌。只可尽先，不能尽后。行内人等，毋得闻问抢盖。查实如有抢盖者，将租价之钱，毋论多少，一概充公，外罚酒席一台。晓众公论，如未议妥，任客投店。

七、议进师之后，即将入帮之钱交清。出师之日，开设铺店。一人进师，只可开设一家，店内人等毋得冒名重开。如有假冒重开者，一概不准。

八、议外行入帮，均要学习三载。香钱酒席，诸照旧章。如未学习手艺者，均不许入帮。

九、议我行内以后新开铺店，务必先出牌费钱四串文入公。

十、议行内诸色人等，不准挑担上街发卖。如有不遵规者，将担打烂，公同议罚。

十一、议自议规之后，如有滥废行规，被我等查实者，务必传公议罚，不得二人抵实一人，以成恨怨。

无论前辈后辈，俱可开说，公事公论，毋得袖手旁观，不发一语，体谅徇情。如有体谅徇情者，先罚钱五百文，以为茶费；后罚废规人钱二串文入公。

十二、议我行同心合一，重立章程，俱无不允。以后必须比前辈更加严紧，不负同心，谨遵有始有终。进出货物，亦不得苟且糊涂。自立章程，永垂不朽矣。

道光十一年　月　日　公立

17. 玻璃店条规（省城）

一、议财神瑞诞之期，我等齐集公所，各备衣冠，上表拈香，以肃观瞻而昭诚敬。

二、议每届瑞诞，各人出备香资二百文，值年先期收齐，以作演戏酒席等用费。候公项饶裕或裁或减，再行公同酌议。

三、议每届出入银钱并一切费用数目，必须注明。值年于会后数日，邀同上首与新迁之人，三面核算清楚，载明簿据，以便轮流交卸。

四、议铺户带徒学贸，以及参师者，该徒出备行规钱二串文，其钱进师之日交纳。如违不遵，不准带学。

五、议店主请外帮帮贸，必须先向值年言明其人可否准入之处。值年查明行止果端，方可雇请。并令出备入帮钱四千文，其钱预先交楚，方准入店。

六、议公举值年轮流迁换。所举之人，务须踊跃从公，分理其事。不得因循推诿，以坏公事。

七、议值年管理公项，经放生息，务宜慎择其人。倘有亏缺，归经手赔补。

八、议每年同行身故之人，每名钱包四束，值年经理，永为定例。

九、议我帮各宜恪守规章，如有苟且非为，查明确据，公同逐革。倘有不遵，即行禀究。

十、议创立章程，原期垂诸久远，如有越规坏矩，查出议罚。

光绪九年　月　日订立

18. 白铁帮客师友重整条规（省城）

盖闻天下商贾，均各有规。惟南省乃万商云集之所，百工技艺之场。我白铁帮众师友，来南贸易多年，老去新添者不少，向有条规。因人众浩繁，恐生异见，今约我同人，重整章程，以昭久远，永垂不朽矣。

公议各条开列于后：

一、议每年十月十五日，庆祝香资钱三十文，恭逢太上老君瑞诞，演戏一部敬神。

二、议师友每年五月初一日起，夜作不准乱规。

三、议未起夜工之时，如有做夜工者，须照日向工价若干，每百文另加酒钱三十文。只准三更为止。

四、议每年八月二十日，各铺户整酒一席起夜作。

五、议每年初一十五歇夜工。违者罚钱一串文入会。

六、议每月歇工二个，如有不准者罚钱一串文。二日之外，每日扣伙食钱四十文。

七、议北帮师友来省帮贸，每人捐钱三串五百文。其钱半月归清，入会敬神。

八、议师友每月工价多寡，抽收厘头典钱十文。其钱按月收清，入会敬神。

九、议带徒弟每铺只准一名，两年满方可再带。进店捐香钱二百文，出师捐钱八百文入会敬神。

十、议我帮师友在省若无私弊等情，有未就事者，会内助钱八百文，以作路费钱，准在省帮贸外行。违者公同革去。

十一、议每年逢中元之期，我等会内助钱若干，以作焚包之费。

光绪十七年二月十五日 同立

19. 棕绳铺条规（省城）

盖闻百工技艺，各有专成。一切差遣，庶几踊跃。我等棕店铺户客师，自乾隆、嘉庆至今，公立合约，迭请示谕，恪守规章。长善公举二人，承各宪差务并万寿文武科场、军需事件，以专责成，庶无违误。近因人心不古，坏规讦讼。奉宪断令，嗣后我等同行，恪守旧章，毋得滋讼。取结立漱，案存工科。我等因公起见，爰集同行，除禀请示谕外，照旧续议条规，一体遵守，开列于后。

一、议每年八月二十五日，恭逢伏羲圣帝瑞诞，各铺户客师捐香资交值年首士，演戏庆贺。

二、议新开棕店，必须上七家，下八家。倘有不遵，公同议罚，不准开贸。

三、议同行棕店，只准上顶下接。出屋之后，并无码头。倘有违者，议罚。

四、议外来客师在省开贸，入帮设酒席二桌，牌费钱六串四百文入公。

五、议大街小巷，因地制宜，方准开贸。别行不得阻滞，同行不得抢夺。

六、议棕绳嗣后不准包揽别物。知者隐匿，公同一并议罚。

七、议承差头人必须经公择妥，三年一更，新承旧卸，承卸务必禀明。未经公择，不准阄揽。择妥毋许推诿。倘头人承办不公，揽充不卸，传集同行人等，公同议革处罚。

八、议出师徒弟出香钱四百八十文，交值年人演戏庆祝师祖瑞诞。

九、议承办军需，听承差头人领缴，照数派给各铺户客师，毋许私吞，作造亦不准草率。倘有不遵，公同议罚。

十、议挑棕货担，不许挑担河街，沿河发卖，抢夺铺户生意。如违议罚。

十一、议差货毋许私包。交承差头人分派各铺户公办。倘有不遵，公同议罚。

十二、议外行不许私做棕扇、麻绳、棕索，倘有沿河街发卖者，禀究供差。

十三、议铺户请客师帮贸，若宾主不合，必须算清账目，他铺再请，毋许暗地刁唆抢夺。如有不遵，公同议罚。

十四、议铺户客师，每岁派值年头人八名。至八月初十日，必须收清各费，演戏庆祝师祖瑞诞。

十五、议客师凡做寇货者，只许内行铺户扎住，不许在河街搭外行门面自做。如有不遵，公同议罚。

十六、议铺户并做建货，带徒弟，不准挑担沿街，只许在店学艺，以遵规模。如违，公同议罚。

十七、议铺户带徒弟，三年已满，一出一进。三年未满，不许同艺生理。如有不遵，公同议罚。

十八、议外来棕荐，每一条出香钱一百文，交值年手收。

十九、议每年值年首士交下首时，必须照簿算清，上下交代。银钱必要生息，毋得存私利己。如有不遵，查出公同议罚。

二十、议众铺客师帮贸，每月歇工二天。俸内之工，不许私包。如违议罚。

二十一、议每届值年，限十月内将银钱账目，一概交清。倘出月不交，公同议罚。

二十二、议外来客师出香钱四串八百文，交值年首士，演戏庆祝师祖瑞诞。如有不遵，公议不许入帮。

二十三、议未学徒弟，外行不许帮做摇索，亦不准挑棕担上街。如违议罚。

二十四、议我等同行，务宜恪遵规条。如有掣□，来去不明，永革不准在省停留同艺生理。

同治壬申年　月　日　同行公立

20. 鞭爆蚊烟公议条规（省城）

盖闻人本乎祖，艺本乎师。我等鞭爆艺业，创自唐朝，共相率由，传从李祖。庙貌既已崇隆，祀典尤当丰洁。爰集同人，捐资致庆。公议章程，开列于后。

一、议每逢师祖瑞诞之期，城厢内外各铺户，出香钱三百文，交值年入公，演戏敬神。拈香上表，永祝千秋，以昭诚敬。不得迟缓。

二、议每年祝融大帝瑞诞之期，城厢内外各铺户，出香钱二百文，交值年入公，演戏敬神。拈香上表，永庆千秋，祈保清泰，以昭诚敬。其钱不得迟缓。

三、议城厢内外新开铺面，以及顶旧码头，无论牌名姓字已更未改，并各铺重开新店，出牌费钱一千二百文。屋内棚厂减半，后设铺面照式添补。其钱一月内归清，交值年入公敬神。不得迟缓。

四、议非由本行人开店者，取出牌费银十两正。倘或与内行人揽伙，以及屋内棚厂减半。后设铺面仍照添补其钱，月内归清，交值年入公敬神。不得迟缓。

五、议老牌揽人合伙者，出牌费钱六百文。倘或揽伙人承接独开，或伙计多者，分开数店，分别照式添补其钱。月内归清，交值年人入公敬神。不得退缓。

六、议城厢内外各铺门首，无论旧店，分设新店，初开必须上隔七家，下隔八家，采就街道开设方可。如违，公同阻逐。

七、议七八算法，无论转弯［湾］抹角，及过棚分街，除本店门面外起，如遇合街，除对门别行门面外起，或有双合门面，两牌、两色、两姓方算两家；一牌、一色方算一家。内宅及有牌者，均不算数。邻街有印字墙者，可算一家，十字大街可算一家，其余厮屋、实巷、栅棚、后门亦不入算。以及蚊烟店亦不得新开，以前所开者勿论。如有不依规矩者，有金兰、同庆值年理落。客师不得帮贸此店。如违，公同议罚。

八、议客师帮贸铺户，倘或宾主参商，不得龃错停工。如系实在不得已之事务，经金兰、同庆值年秉公理论。查实情亏者，公同议罚。

九、议已经出过牌费者倘有歇业，迨后复开，以原牌原人者，勿论其所开牌名。庙内已经刊碑者，原人未改，作为老牌。倘或未曾捐过钱文，以及未经出过牌费者，均照新牌一式。

十、议所议牌费倘有不出钱者，有永远、同庆值年客师，不得帮贸此店。其所外来客师入帮费钱六百文，倘不出钱，经铺户理落。

十一、议新带徒弟，无论兄弟子侄戚友族，三年出一进一，不得重带。进师之日，出香钱二百文。其钱交金兰值年入公敬神。

十二、议同行倘有被人窃来已成未成之货物材料，以及裁断之引务，须指明追究来历。毋得希图便宜，肥己吞受。查出公同议罚。

十三、议每年值年务须秉公轮流公派，上交下接，不得推辞。如违，公同议罚。

同治年　月　日公立

21. 灯笼店条规（邵阳）

我等灯笼店，前辈先生历稽载籍，有云王母授帝洞霄［宵］。盘云九华灯，连药二主，宫殿光彩。有云灯笼名曰篝灯，烛燃于内，光映于外，可引人步。执此二说以相证，确见有其事必有其创制之人。业斯事者，安可不宗祀一主教者哉？因剧一祀，宗教一人，人曰燃灯古佛。祀即燃灯神祀。每岁八月庆祝古佛神诞，立有井井规条，沿传已久。近因人店众多，府县差货繁冗，规条既已紊乱，差务不无搁误。加以工本腾贵，各艺均加工值，我等灯笼纱纸朱料，俱系远来，亦似应稍加价。再集同人，复拟规条。价值开列于后。惟望同行诸人，守斯条例，勿怀二志，致干公论。是为序。

计开规条价值：

一、新开店者，出挂牌钱三千二百文入公。

二、在乡学徒者，后入城开店，出挂牌钱五千六百文入公。

三、带新徒者，出钱一千六百文入公。

四、本牌只许一店。开二店者同行公封。

五、带新徒者四年为满。如年月未满，不准出师另带。如违公同禀革。

六、新开店者，须分上七下八，方可另开。

七、外来有人仅开设冬季者，先帮差货钱一千六百文，方可开张。如不遵者，同行公封。

八、老牌只准子承业原牌。如子多另传者，各出钱八百文。另开店者，入挂牌钱三千二百文。如违，公同禀革。

九、叔传侄、兄传弟，入会钱八百文入公。

十、外行与内行合伙者，出钱九千六百文入公。

十一、外来客司帮做者，一月之外入钱四千八百文入公。

十二、帮长年者，既在彼家帮扶，不准此家抢雇。如抢雇者，罚钱三千二百文入公，仍归原雇者雇做。

十三、买卖等件，不准邀货充假，上门问做，及夜不关铺门者，均属无耻行为。如违查获，罚钱一千六百文入公。

以上条规价值，务宜齐心依行，如违公罚，决不徇情。所有收入前项各钱，概归经理首士从场允诺。经理五年择举，首士每年轮流议当。其公钱公簿及一切钱文，年清年款，不得侵吞拖延。每年八月庆祝后一日，老首士点交新首士，归常开店者收存。

光绪三十三年 月 日 同行公贴

22. 戥秤店条规（省城）

盖酌法度贵乎维新，章程宜于守旧。故凡各行技艺，无不议定规章，以垂久远。我等戥秤一行，贸易楚南，历有成规，彰明较著。犹恐日久弊生，章程多变，兹故复集同人，重申旧规。各宜恪守，毋轻此议。倘有故违，照议公罚。

计开：

一、新开店者，入会银二十两，演戏一台，备席请同行先交入会之银，然后开张。违者倍罚。

二、新带徒弟：入会银五钱。如徒弟未满三年，恐有人诱出者，查出引诱之人，罚银二两四钱入会。其徒仍归本店。

三、未经星沙学习来此帮琢者，入会银二两。违者议罚。

四、往来挑担上街只贸易三日，要在此长贸者，入会钱扣银二两四钱。入会之后仍只上街，毋许开店。

五、带外路人为徒者，罚戏一部。徒弟仍然毋许留学。违者倍罚。

六、与外处同行来此合伙开店者，罚银五两，戏一台。仍然毋许开店。

七、新开店者，要隔十家之外方许开设。违者公罚。

八、每年九月十六，恭逢师祖瑞诞之期，值年首士上街，捐资演戏庆祝。

乾隆五十八年 月 日 公立

七、被服装饰商业条规和章程 *

1. 成衣店条规（省城）

我等成衣一行，自轩辕以来，为年已久。经前辈议立规章，俾后人有所遵守。杜争端，绝流弊，举习为例，幸相安于无事之天。奈入行日众，人心不齐。好事辄图更张者，迭起口角；无识因肆放浪者，共惹愆尤。是条规之

---

* 《湖南商事习惯报告书》"附录"部分收录被服装饰商业条规和章程共29部，涉及成衣店、西帮衣店、原典衣庄、袜店、帽庄、首饰店、翠店、包金担、眼镜店、梳篦店、古玩玉器店、整容店、衬铺等行业，地域分布也很广泛，除省城长沙外，还涉及桃源、湘乡、武陵、武冈、巴陵、邵阳、益阳、新宁、安化等县。本节按照行业和地域选录。

不行，实缘贤否之杂处也。非法不自立，必得威严之交需。爰合众议，欲复旧章；相率为常，援往成例。务各遵照后开条规，公同恪守，毋许稍事紊乱。倘有抗违不遵，许该总管人等指名禀究。其各懔遵毋违。

计开：

一、铺户客师岁租香资，每逢圣诞之期，各归各班，演戏庆祝。至铺户每岁出香资钱一百二十文，交铺户值年人收取。客师

每人出香钱八十文，交客师值年人收取，不得混交。定于九月十六日圣诞之期以前，收齐演戏，以便庆祝。同行人等，不得推诿。而值年人亦不得弛情，以专责成而昭诚敬。倘有不遵者，公同议罚。

二、议班虽分大文、大庆、罗湘名，成祀轩辕殿，总属同行。一艺成立已久，永不准设立新班。如有再立新班，滋生事端者，公同禀究。

三、带徒弟无论铺户客师，先出入班钱一串文。均交铺户值年收取，入庙庆祝。内抽钱四百文交总管收取。且带徒弟是否亲朋族戚，均限于进师十日内，报公入册。逾期者罚钱一串文归大公。并由入册日期扣算，年半后方许再带。至带外徒进省，未出师者仍照此例。本省带徒，即计通报之日始，如有学未成者，将册缴销。倘销后仍欲从师者，亦准援例带入。否则，罚戏一部。同行徇隐者，议罚。

四、新到省客师，应由铺户店主报明登簿。出备入班钱三串文，交客师值年收取。内抽钱一串文交总管收取，发给行单，以便遵守。其钱归铺户酌追，限定一年清楚。一年不清者，无论曾否收取钱文，隔年仍归新到。倘不遵规，不许做艺。倘值年稽查不力，同行徇隐，查出公同议罚。

五、新开铺户，务须报明铺户值年，出备新铺钱二串文，交铺户值年收取。内抽钱八百文交总管收取，发给行单。未出费者，不准开店。若合伙开店，只许一人统作铺户，其余仍归客师。无论父子兄弟，听客师值年照客师例，按名收取香资。倘收店主之家暗仍做艺，仍归铺户收取。违者公同议罚。

六、徒弟三年已满，及参师徒弟满期出师者，另听其便。未出师徒弟，同行不得雇请帮做，至同官来省未入班者，我行不许帮做。违者公同议罚。

七、做主雇无论衣庄典店，每工制钱八十四文正。帮做主雇者，工钱七十六文。店内帮做者，工钱七十文。如衙门上任之官，只许一班生理归我等。出外上门，尽先做动，一节为满，方可更换。别人同行，毋得滥夺。有请做工者，必查明账项，倘账项未清，不许揽做。若果此节无人做动，方可投做，

违者罚戏一部。其请客师同做，主雇或有欲请帮做者，帮做者不许各做生事。倘主雇一节工资未清，归做主雇者垫还。客师倘轻价滥规，公同议罚。

八、做衣服、寒衣、营棚、号褂、旗帜等项，原归我行生理。倘有行外生理之人，经手承包，我行不得裁做。如有投伊私裁、私做者，是败坏规章，自残生理。查实革出。知而不报者，议罚。

九、本城厢内外，无论铺户客师，父子兄弟，另生别情，暗地诡谋裁做帮做者，即是违规。查实公同议革。

十、帮作长年，毋得借揽辞工，东家亦不得无故辞师。所有账项或另有别情不合，凭众理清算结。去后无论徒弟出师，均无庸揽做工夫，东师主雇，违者公同议罚戏一台。同揽者、帮做者亦并议罚。

十一、做艺须持正行事。倘行不端，传众革逐，永不许雇请帮做。如违者，议罚。

十二、拆伙铺户，其先公做之主顾，务须凭众分做，毋得越分阄夺。违者公同议罚。

十三、提篮上街之人，不准捐资入班。城厢内外，不许开店。倘有恃强开店者，公同禀究。所有铺户客师亦毋许交相帮做。违者议革。

十四、每年交卸新班值年，均以五月为止，以便齐集簿据移交下首。所有银钱各归各班，轮流管掌生息，毋得侵蚀索害。倘有侵吞等弊，向上首值年赔还。如有伙同侵蚀者，禀究。

十五、行单虽公颁，班有分别。查有违规事件，酿成是非者，其一切用项，各归各班理落。如有要紧事件，传众至殿公议，是否公用可也。

光绪二十一年八月 日 同行公立

2. 西帮衣店条规（省城）

夫衣裳之制，创自轩辕；而文绣之恒，垂于《戴礼》。长短广狭，必期度数之得宜；改造缝纫，务使剪［剪］裁之合法。前次章程迭出，往往视为具文。只缘趋利是图，罔知忌惮。因设立七会，首曰轩辕，次曰福佑，此两会归衣东经理。又曰福主、福胜、福兴、福生、福庆，此五会系店伙、客师、成衣经理，其一切议立章程，无不美备。乃人心不测，紊乱条规，今再合集同行，重整旧章，俾扫除恶习，革故鼎新，合志同心，勉旃勿怠。

今将酌议条规，开列于后：

一、议同行人等，不准私引客贩，赴外省衣店买办货物。违者罚戏一部。

二、议同乡丰城客师，不准帮买外省外府衣店，只准帮丰城本县衣店。违者革出三代，不许入帮。

三、议同乡开店者，裁就衣物，不准发与外帮，只准发丰城县。违者罚戏一部。

四、议衣店并成衣概行不准携带外省外府徒弟，只准带丰城本县。违者罚戏一部。

五、议衣店并成衣，只请丰城本县客师，不准雇请外省外府客师。违者罚戏一部。

六、议同乡成衣生理，不准私地裁剪，接做外省外府衣店货物，只准做丰城木县货物。违者罚戏一部。

以上重整规条，均宜恪守。倘若犯者，内有知此情弊，隐瞒不报，罚戏一部。如不遵，罚革出，三代不许入帮。

光绪 年 月 日 西帮公立

3. 原典衣庄条规（巴陵）

一、本地典货及外地典货，各有宾主。每逢春盘出字贯利，无分涨跌，必须同行酌议。不得私自擅加，有害生意。

二、典货来往有年者，自应照旧承买，不得暗中诡托，有紊定章。

各庄画货提货者，必有先来后到，总以轮次为定。不得恃强争夺，有伤和气。

四、门市贸易必须公正和平，言语清白。不得任意诈欺，有碍客路。

五、买主入门，姑无论生意成否，总由客便。不得高声呼唤，有失商体。

六、店请帮伙，以一年为率。同行如有加钱抢夺等情，一经查出，除处罚外，即将帮伙开去，不得徇情碍面，有背公议。

七、新开衣店者理应捐钱入帮。不得任性不出，有碍公举。

八、每年议派四人经理一切事务。届逢二月二日，公同到场算账，轮交下首经管。如有余款，公放生息。不得任意扯用，有亏公积。

九、衣庄素无积款，办公辄须敛费。拟向门市提货原包每串抽钱一文。不得抗傲不出，有违公约。

十、凡有公事会议，必须随请随到。不得托故推诿，有乖公理。

4. 袜店条规（省城）

盖闻士农工商，各有一业；百工技艺，各有一行。行立则艺自贵，规立则业有恒。此行规所由设也。凡我同人，各遵其例，勿坏其规。所有议条开于后。

一、议夹袜桶子不准发女工。如有私发者，同人查出，拿获货物送交值年，罚戏一本。或在店客师或同行寄居，如有碍面不报者，同人查出，传众罚钱二千文。或闻坏规之店，查实的确，报知值年，谢钱五百文。或拿获货物，送交值年，谢钱一千文。

二、议各铺店发货于同行人做者，长夹袜每双裁里子工钱九文，不裁里子工钱八文。短夹袜每双裁里子七文，不裁里子者六文。裁洋布帮子不论长短，每匹七十文。裁大布不论长短，每匹五十文。如有私少工价者，同人查出，罚钱二千文。

三、议外来新师捐钱一千文入会。未入会者，不准延请。如有各客师不遵规者，公同议革。

四、议新带徒弟，三年为例，满师捐钱四百文入会。如有各铺店不遵规者，公同议处。

以上公议各规，如有知情碍面，隐匿不报者，皆同人查出传知值年，公议重罚。倘有恃强不遵罚者，公同革去，永不入会。事从公议，决不徇情。

　　　　光绪二十七年六月　日 值年首士同行人 等公同刊立

5. 帽庄条规（浏阳）

一、九月十六日圣诞，总副理及值年办理庆祝事宜。议前一日，各备衣冠入庙，以昭诚敬。如有托故不到者，处罚。

二、演戏庆祝，固所以集同人而崇圣诞，亦所以申约禁而重行规。经费有余，自应举行罔替。

三、本祀总理一人，副理一人，值年六人，必须公举酌议，择妥实者方可胜任，不得徇情滥举。总理、副理均限五年一换，值年限两年一换。值年议留旧三人，新举三人。每年稽查一切事务，责成值年人办理，不得推延。倘藉故抗违，公同处罚。

四、客师并参师来入祀者，每名议捐钱二串四百文。或由荐主先告，或店主面定，必须布明捐项。限一月内兑足，不得拖延。

五、学徒入祀钱一串二百文。限进师一月为定，其钱仰师店代出。

六、客师经店雇定，无论长年、点货，均在定录议。客师无故不得告辞，店主无故不得擅退。倘两不相投，必将来往结清，方可别店承雇。否则必俟年终，方可停作。违者公同处罚。

七、店中售货管账，及外来客师接货做者，必捐资入祀，方准接货，倘逞刁抗捐，不准在城执业，以重行规。

八、客师不准私收学徒及参师之徒。违者从重处罚。

九、我等执业，本系正庄，但恐薰貌杂处，其间或有行为不轨。一经查实，即宜报知值年人。公同逐出，不得徇情。

十、大帽小帽女勒及各色点货，工资均有议妥价章。另单书载。

十一、本祀起自光绪初，并未设立条约。每逢圣诞，不过于庆祝之余，互相箴诫。近缘师承辈出，陆续捐入，颇形繁杂。其守分安常者固多，而荡检逾闲者亦复不少。爰集条约，以正行规。凡我同人，各宜恪遵，毋得违约。

6. 首饰店条规（桃源）

盖闻六齐美于吴粤，三品贡自荆扬。火候十分，必锤炉之在手；丹成九转，须变化以从心。此追金可以成章，修金可以利用也。我等技妙镂金，业精嵌玉，贸易桃源，历有年所。彼货居八政之中，皆有定例；况金列六工之一，岂无成规。兹值纯阳老祖圣诞之期，爰集同行，共襄胜会。演古全部，庆祝良辰。所有规条，胪列于后。

一、议各店首饰，均用足色纹银，务须出入公平。如有假冒欺笼，罚戏一台。

二、议新开铺面者，现捐宝银四两，方准入会。违者公同禁革。

三、议新来客司，每名捐上会钱一千二百文。着店主代出，以一月为止。

四、议各店雇请帮司，不准添钱耽夺。如违，公同罚处。

五、议各店雇请帮司，订于正初议定去留，两无执阻。但不准届节退司，违者公罚。

六、议各店主雇如不相投，主不准荒月辞帮司，帮司不准旺月辞主。违者公罚。

七、议各店帮司如有背主舞弊等情，公同革除，不准在本地另帮。违者逐去。

八、议新招徒弟，进师出师，均系上会钱四百文。如三年未满，不准各店收留。违者公罚。

以上八条，永定成规。凡我同行，各宜恪守。庶胜会得以常兴，而获利益正无穷矣。是为约。

宣统元年吉月吉日立 公议单

7. 翠店条规（邵阳）

我等一艺开派，三皇至老君炉头，授法沈公，尽得真传。取水火之精，兼刚柔之性；有经天纬地之妙，有描龙绣凤之奇。洵足以传世利用矣。但楚宝邵各行，俱有定章。我等原有旧规，因年久人心各异，日见紊乱。今同行会议，复订新规，刻刷公布，永远为记。所有条规，开列于后。

一、议开店卖客货者，每封九十口为准。如违者查出罚钱八百文入公。报信者谢钱二百四十文。决不失言。

二、议不准内行与外行合伙。违者公同禀究。

三、议老板带门徒，三年为定，出香钱一千二百文，内除钱四百文公为红帖请头酒席之费，其钱席上交给，不得藉词推延。如违者公同议罚。

四、议老板请本师出香钱一千二百文，客师出香钱八百文。进店问老板理落，先交钱，后做艺。隐瞒不报者，公罚钱八百文。罚如不遵，公禀究治。

五、议老板请师务，如师务存钱，老板交给明白；如师务过支钱文，必须还清，然后过铺。否则公同议革。

六、议开店者，左右对门，不准接连开设。如违者公禀容治。

七、议出故香钱，在城故者任照旧章。如四乡及外县故者，概不准出。

八、议首事每年收店租各项钱文，公举老成谙练封存，值年及首事经管掌借。如另行修造及置各项等件，务要同行会合，然后行事。

九、议老板不准收买东安之货。如有私买者，公同议罚钱二千四百文入公。报信者，谢钱四百文。如店内师务隐瞒不报者，公罚钱八百文。如违者公禀究治。

十、议开新店者，出招牌钱八百文入公。其钱先交首事。

十一、议学艺未出师者，或逃走在外复归，不许混请混带。参师必要从原师学满。如有乱规或请或带者，公罚钱八百文，其徒仍革。

同治十三年九月　日 同行公贴

8. 包金担同行公议条规（省城）

一、议本西二帮会商，今百行昂贵，惟我包金一行，资本实贵，生意难做。同行议妥，大金每张涨价八十文，小金每张涨价五十文。刻板成章，以垂不朽。

二、议如有不遵规条，抛金少价者，公同议罚钱六串文。各归各帮。

三、议本行内查出或行外仕商查明，送信报公者，公同谢酒钱二串文。各归各帮所出。

四、议两帮合行涨价，一同知悉。各正其各，毋许私违。

五、议两帮老立，俱照旧章。所有一切办会，新带徒弟摆茶上会。如有不遵，抛金烂价，若犯规章，各归各帮值年总管理落禀究，不必两帮合一。

六、议老君瑞诞二月十五日，各归各帮。值年总管各整齐衣冠，以昭诚敬。十六日办会一周，派值年毋得推避。一切账项［顶］，上交下接。倘账项不清，归上手是问。

七、议行单两帮公刻公用。

光绪三十四年戊申十一月十五日起　永远、长庆公立

9. 眼镜店条规（省城）

盖闻女娲［蜗］炼石补天，神农造晶耀日。迨至后世，擅琢磨之工，巧助眼目之神光。水剪双瞳，明原似月；冰凝一片，老更无花。而且远近各因其质，老少各适其宜。货之真，价之实也。前辈因生理甚微，虽有规章，并未禀请宪示，以至日久年深，渐至废弛。

爰纠同人禀请府宪饬长善宪颁示立案，重定规章。凡我同行人等，永宜恪守，毋得再生觊觎。所议各条，开列于后。

一、议新开铺面，务宜另取牌名。不得以老牌重开，亦不得在三对门两隔壁逼近开设，致相排挤揽夺。行规如有违者，公同禀究。

二、议卖水晶茶墨等镜者，不得以假冒真，致坏门面。如不遵者，查出公同议罚。

三、议上街修整眼镜者，准其入行开店之时，不准上街。如违者公同议罚。

四、议帮贸之人，无论外来本帮，须入行规钱一串文正入公。听店东在辛资中扣留。违者归店东垫出。

五、议挂眼镜招牌者，当入牌费钱二串文，以免滥行规。新开铺面者，亦须缴牌费钱二串文。并须在未挂牌以前缴出，违者公同禀究。

六、议店主带徒，无论亲疏，上行规钱一串文，以免滥行。如违者店主垫出。

七、议每年总首一人，值年四人，均由同行公举，毋得彼此推争。一年一交，以八月初十为期，交接清楚，不得以私抵公。其办公用费及存放银钱，

凭众核算登簿，以免侵蚀。如违者，公同禀究。

八、议每年三月十五日恭逢财神瑞诞，八月初十日女娲［蜗］圣诞，均宜届期各整衣冠奉祀，以昭诚敬。违者议罚。

光绪三十四年六月吉日　同行公立

10. 古玩玉器店条规（省城）

盖闻事必循乎规矩，斯动不逾乎范围。虽贸易有大小之分，而章程以美善为要。如我行古董生意，由来久矣。自同治光绪惟我上藩城堤生意最盛，开店亦多。原系买卖珍宝，收售各色新旧原当等货。近因人心不古，动辄借图诈索，被害殊深。是由规不立之弊。兹特爰集同人，妥议章程，共相援守。庶几永保无虞，生财有道矣。凡已入会者，所有条规开列于后。

一、每年恭逢财神瑞诞之期，凡我同人，齐集寿坛，拈香礼拜，以昭诚敬。

二、每年同行择派公正六人值年，理办祭祀，掌收行费，稽查滥规等弊。

三、各铺户每逢财神瑞诞，预期备出香资四百文，交值年助办祭祀。有歇业愿乐从者，备香资钱二百文。

四、取买各典原当无容酌议，惟门市间收各色新旧货物，须当斟酌。如遇形迹可疑之人，务必询访明白，方可收买。如有贪利滥收，致遭辍辕，公同议革。倘有痞徒借端诈索，小则自行了处，大则公同酌议，以正行规。

五、贩卖同行货物，或内有误收者，遇失主查出，准备原价赎取，无得异言。违者议罚。

六、新开门面，值年登门捐牌费钱四千文入公。倘有借此遮身，无所不为，公同察实，果系不法之徒，不得准依开设。

七、顶牌或老店分设门面，均照新开店例，捐牌费钱四千文。若老店与人合伙，更改牌名一字，捐牌费钱二千文入公。

八、投店学习生意者，进师先期知会值年，书名登簿，出备上会钱二串文入公。日后自行开店，捐作牌费钱二千文，每年香资照例。

九、值年准于三月十五日交接。将本届所收各费并经理用度，逐一核算，所存余数交与下手。或本届应出之费未楚，由本届追收清楚，方可遗交。倘有不清，下手不得转受交代。

十、公举总管择谨慎一人，经理三年，收管银钱契据总簿等项。以每年三月十五日持簿当值年等核算，以凭查考，经理年限完满，公同再议。

十一、凡属帮贸者，各宜恪守行规。倘不守规私自弄弊，一经查实，公同议革，永不准入行帮贸。如有滥规复请者，将斯人退后，伊店罚钱五千文入公。

十二、各店请人帮贸者，宜先察明上手经理清白，无他枝节方可。倘上手事有未楚，任意私相抢请者，罚钱五千文入公。

十三、外行与内行合伙开店，及入店帮贸者，须先知会值年，书名登簿，出备入会钱四千文。倘更改字，与日后开店牌费，均照章程。

以上各条，均削切详明。凡我同人，务宜恪守。

光绪三十三年　月　日　同行公立

11. 整容店条规（新宁）

一、议新带学徒，必须邀同首事，从场认捐本年谒圣香纸钱六百文。

二、议父兄带子弟，出香纸钱三百二十文，以外均照学徒出费。

三、议外来司务在城作艺者，出钱四百文。

四、议另开新店，出香钱一千二百文。先交钱入公，然后开张。

五、议另开新店，不准在同行隔壁或对门。如违革除。

六、议另开新店，必先邀请首事看明远近。如敢故违，公议重罚。

七、议出外作艺，必须与同行隔过二三间。如违议罚。

八、议学徒出师，务须先尽师店。不得任意帮人，亦不许同行抢请。

九、议出师徒弟，各遵各教。如有得艺忘师，不守正业，公同革除。

十、议各店师徒出外作艺者，概不许捶捻。违者永不准在城作艺。

十一、议每年庆祝之期，如有隐匿学徒及客师者，查出从重议罚。

十二、议庙内有公事商议，首事邀请不至者，罚油五斤。

十三、议各店所带学徒，两年圆满，方准另带。如违，公同议罚。

十四、议同行中进庙面礼，彼此各带钱三百六十文。

12. 衬铺条规（省城）

盖闻工商手艺，莫不各有章程。惟我等衬铺一艺，在省会贸易者，仅数十余家，早年虽立有规章，奈年日久远，规条紊乱，皆由于同人不力于旧章所致。今公议仍复旧规，务须公平交易，不得彼此抢夺。或远方人等赴省垣开设衬铺，或客师新开衬铺，固应理之当然，但旧规条内原议有香资钱文入公敬神，务必谨遵恪守。庶几物有始终，财有本末，买卖公平，则条规永无紊乱矣。

今将各条开列于下：

一、议每年六月二十四日恭逢雷祖大帝瑞诞，演戏敬神。公议派定，不得推诿。如有恃强不遵者，公同议罚。

二、议开铺每逢庆祝之期，出香资四十文，客师出香资二十文。如违，公同议罚。

三、议在城客师新开铺面，出钱二串文入公敬神。如违，公议罚钱一串文。

四、议外方行来省新开铺面，或与本城铺家，或与本城客师合伙开店，公议出钱二串四百文入公敬神。违者罚戏。

五、议远方来做客师，出钱二串四百文入公。倘客师不遵，同行不得雇请。如违，罚戏一台。

六、议外行新开铺店，公议出钱二串四百文入公交清。如违者议罚。

七、议每年轮举首士，瑞诞之期捐收香钱敬神。违者议罚。

八、议店内带徒弟出钱八百文入公，一月交清。违者议罚。

九、议店家带徒弟，三年为满，设席出师。倘年限未满，同行不得雇请。如有请者，罚戏一台。

十、议客师徒弟如有贪图小利，公议革出，不复入店。

十一、议带徒三年一出一进，毋得滥规。违者议罚。

十二、议中元节届，十三日焚化包钱，以表同心之谊。毋得滥用。

乾隆五十二年四月　日 公立

八、饮食料染料及药材商业条规和章程*

1. 槽坊条规（省城）

窃以一代鼎兴，治郅必资乎法度；而百二市肆，交通尤赖有规章。我等迹寄当炉，业非资曲。挹彼金叠之贮，飘兹红杏之帘。迁有无于其间，恒机变之迭出。爰商同人，具禀各宪，核定规章。俾各遵守，庶贸易便而公平昭

---

* 《湖南商事习惯报告书》"附录"部分收录饮食料染料及药材商业条规和章程共 38 部，涉及槽坊、酒席店、杜康庙、饭店、面店粉馆、酥食汤点、豆腐店、烘糕店、豆豉店、烟店烟业、茶馆、染坊、药店药材、槟榔店、戒烟店等行业，地域分布非常广泛，除省城长沙外，还涉及湘潭、武陵、巴陵、邵阳、益阳、新宁、安化等县。本节按照行业和地域选录。

焉。兹将规章逐一列后。

一、新开铺面，毋论吊店及内吊老铺，上下对门坐对及侧七家，方准开贸。如祠庙街口厕屋照壁不计外，双合门面只算一家。现在对门开贸如已歇业，迨后复开，毋论本人亲属，均照新店章程，不得仍挨老店，以杜争端。违者禀究。

二、新开吊店议出牌费钱四串文，油盐槽坊议出牌费钱二串文，租开伙贸添记议出牌费钱二串文，如顶贸改牌者，仍照新店出牌费钱四串文。均归值年人经收，以备神诞庆祝。

三、香油之资不得展延。如违，公同追取。

四、帮伙出备入帮钱二串文归公。倘有店内舞弊支扯，未经清结，同行不得雇请。

五、带徒学习，毋论子弟亲友，均以三年为满，出备入帮钱一串文归公祀神。如违，不准帮贸。

六、议公派各店月捐，每月每家捐钱五十文，以助庙内香油、修理、添置、斋供各项之资。公议三年停收。

七、公择总管两人，值年六人，经理牌费公项庆祝等事。议定三年为满，凭众核算。然每年亦须汇总一次，以防侵蚀。轮流交接，不得恋管津贴。遇有神庙及同行公事，急须会商妥议，不得擅为理处，以昭公允。

光绪三十四年正月初八日 公立

2. 酒席店条规（巴陵）

一、议我等生业有开馆售卖酒菜者，有住家专为人办酒席者，皆得捐资入会。如有未入会者，暗为人包办酒席，查出公同送局，惩治议罚。

二、议我等向立詹王会，因庙毁不能复修，暂借庙宇空处，设立牌位。一俟经费集成，再议建庙。

三、议每年以八月初三日为神会之期。我等在会诸人，届时均要前往致祭。所有酒席用费多寡，照人数摊派。如有故不到者，每人捐香钱一百文。每年轮派首士二人经理，不准推辞。

四、议此次立会之后，倘再有来岳挂牌开馆者，应照牌捐钱六串文。来做手艺者，无论公事人役，均照入会钱三串六百文。违者禀局处治。

五、议凡本地婚丧喜庆，及外来客商来馆包办酒席，本无一定之价，均须面议。其堂菜亦须公议。堂牌画就一定价值，一律照牌价售卖，以归划一。

六、议馆中堂菜及酒食工价，经此次公议评定之后，如有私加及减让情弊，查出罚钱五串文入公。

七、议出外代人做酒食者，所有酒食工价，均照向章，不得多取。遇有大事酒席，必多掌作，只以一人为主。其余帮作，概归掌作自雇，每天给工价钱四百文。

八、议馆中雇请油案、白案及堂馆水杂人等，平日不准出外游荡赌博。即或宾东有不洽者，必到三节方许辞工。平日如有大错，亦任东辞退，不得藉口滋闹。

九、议凡代作酒席听人雇请，不准谋托，亦不准暗里窃取人家海味。倘有此等情弊，或被人目睹，当场搜出，即由事主家禀局，送官枷责，以为无耻者戒。

十、议本城绅商士庶之家，未有不办酒席者。用人须有一定之规，如遇有大张酒席需帮人，只可由掌作另请，事主家不得改请他人。即有不相洽者，亦必俟三节更换。

3. 杜康庙订定行规（省城）

一、议师祖瑞诞，先期各户齐至庙内，整齐衣冠，上香致祭，以昭诚敬。每逢祭祀后一日，总管值年将账逐一算清，凭众登簿记数。

二、议各户煮酒，只用各项杂粮，不准耗用谷米。

三、议各户官厘，如数按月交纳，承充缴局。毋得任意拖延。

四、议杜康粮厘，无论仓粮水粮，每月初二日一律缴归杜康庙，公同核算。

五、议酒价每月十三、二十八两日，各户齐至庙内，听候总管值年照市议定制价。均归画一。不得私自高抬低作，有暗地取巧等情事。

六、议各户贩卖吊店均系银盘，只许收用典钱、票钱、洋钱、纹元、两银，每月十三、二十八日，听候总管值年照市议定制价收受。不准滥收行钱使用。

七、议贩卖吊店至各作坊买酒，每次以五坛为止，限半月内送清。随买酒随清现银者，九八兑；半月内归清者，九八六兑；一月期满，即须实兑，一律全清。如有吊店任意拖延者，一概不准接卖。上家未清，下家不接。

八、议各吊店付各大作账目，概登大作盖印招牌收折为凭。如有大作店伙，从中私相支扯左借者，除照数赔还外，嗣后该店伙与该吊店，概不准往来。

九、议新开大作，应出牌费银三十两，或原牌加记，或添改一字者，出牌费银十两。开张三日后，归值年领取。

十、议各大作卖酒吊店，由杜康庙各发诺酒折一部，交上街卖酒者随身携带。凡诺酒时，须令吊店清白载明坛数、价值及年月日期，盖印招牌。

4. 饭店条规（省城）

盖闻经商贸易，类各悬规，而我饭店一行，亦先植矩。溯自嘉庆年间，我行前辈早已创立章程，数十年遵行无紊。迄至同治中叶，有以坏规构讼，旋经戊戌岁，复因殊贰兴讼。前仰邑尊陈君堂判，遵老示亦遵权宜；继经全县颁行，准规章更准示谕。于是择举精明谙练首董，具详斟酌切要数条。呈县立澈在卷，妥议章程十条，刊行张贴。店堂无非杜剔弊端，勿致变更紊乱。诚谓礼门悬规，义路植矩。庶期昭示久远，统归划一；同安生理，共保太和云。所议条规列后。

一、每年恭逢雷祖大帝瑞诞之期，值年人等先期入庙司理其事。各铺户照牌捐香资二百四十文，归值年人演戏庆祝，以昭诚敬。

二、新添开店，除本屋不计外，须隔上七下八。遇有双合门面，只作一家。以及巷口未立门面之处，均不作数。如碍老店者，即令搬迁。凡有接顶码头，必立字据，须盖公上戳印钤记。倘日后歇业，存留码头，备有查核。后来新添开店，仍照上七下八定章，方准开贸。如有恃强越规者，公同禀究。

三、新开铺店，值年预先查明来历清楚，方准开张。捐牌费钱四串八百文入公，限三日内缴清，登簿盖戳。概不得徇情庇护，容隐延搁。违者公同议罚。

四、牌名无论新老歇业，六年内原牌听其子孙接开。或子孙不开，租与同姓及外姓者，捐租牌费钱一串六百文入公。倘有私行租顶，查出加倍议罚。歇业六年外，子孙仍立原牌复买者，捐牌费钱二串四百文入公。或现开之店迁移别街，捐移街牌费钱一串文入公。违者议罚。

五、安宿客商，必须查明宾客姓名，来历清楚，随登号簿，候局稽查。更派值年随时清查，不得屯留来历不明、无从着落闲杂等人。倘有故违，公同禀究。

六、碗盏粗细，听其自用。每碗饭价必照米价高低，随时公议，不得任意低昂。如违罚戏一部敬神。晓众恃强者，禀究。

七、雇请帮伙，必须凭引荐人三面议定工资。以三节为满，方许辞工，不得借端卡辞。倘有私情诡弊，惟引荐人承担［耽］或别店圈请，或长支未清，概归所请之家垫还，方准上工帮贸。如请人替工，一切责任皆归原人理落。倘有前项情弊，经鸣值年议革。

八、凡有烧腊酒店，已颁定宪示，立漱在卷，不许悄卖餜蔬粘糯饭，留宿客商，混乱我行。倘恃强不遵，查出公同禀究。

九、所贸餜饭酒馆，咸遵宪断统归饭店一行，照捐牌费香资，均加一倍。后有新添，不得借以熟食酒馆等因为词，不归行类。如违，报案禀究。

十、雷祖诞期后，出入账目凭众算清。公举值年八人，轮流交接，毋致推诿。契据簿账等件，不得恋管。倘账项不清，归上届经手理落。所积公项，归值年掌收生放。如有假公营私，及侵蚀情弊，查出鸣众议罚。

光绪　年四月　日公刊

5. 面店粉馆条规（省城）

盖闻商贾贸易，各处不无经营；城市艺业，百行均有条约。议惟我等面馆、粉馆、饼店、油货、茶室、饺饵等店，利于缓急，便于需餐。虽云微末生意，理宜永定章程。兹因开设甚繁，客师徒弟亦众，以致人心不一，抢行争夺，说短论长。虽早年立有规模，奈日久怠玩。若不重行严议，将来规坏风颓。我行雷祖每逢瑞诞，公同庆祝。三年建醮，答谢神祇。今已捐置公所，以为永奉香火，以昭画一诚敬。是以谨将行规，公同复加妥议。庶交易公平，则生财有道矣。所议各条，开列于后。

一、议每逢雷祖瑞诞，预须公议值年人等办理。凡同行铺户客师，各备香资钱一百文。梅公祖师瑞诞，亦各备香资钱六十四文。至收香资之期，以六月初二日发挥。值年人等，沿街两次，概行收清。倘有迟延，罚油一月，共香资一切入公之钱，均交值年人手。逐年除庆祝费用外，所余之资，加二行息，以作三年建醮之资。承管之人，不得分领侵吞，亦不得浮载开销。

二、庙宇公所及祭器什物等项，均交值年人轮流管理，不得捐坏遗失。无论亲友人等，概不借用。违者罚油一月。

三、新开粉、面馆茶、饼店，须隔上七户、下八家，彼此除本店不算，及衙门、庙宇、祠寺、厮屋、巷口、公馆等并居家门面，均不得抵算在内。在同边者，即以同边所隔数起；在对面者，即以对面所隔数起。遇有合面铺户，仍算一家。如开在衙署之前，即以对面所隔铺户数起；倘开转湾之处，

— 418 —

亦须照算。彼此毋得牵扯两岸多寡，混争远近，免致抢夺生非。倘有不遵，不许开张，众客司亦不得进店帮贸。违者均革行外。

四、新带徒弟，除子承父业之外，无论兄弟子侄亲友人等，学习面馆者，应备行规钱六千四百文入公；学习饼店者，应备行规钱六千四百文入公。倘外行新开，及外来客师，分别面馆、饼店应备行规钱，均照此数入公。其徒弟进师之日，备酒邀请值年，具名载簿。至神诞期临，其行规钱分文向铺家归楚。倘过期不清，议罚。值年人徇庇，演戏一部。其徒弟以三年为满，出一进一，铺家不得重带。如违者罚戏。

五、外行开设面馆、饼店，或与内行合伙，均应预备行规钱，照上分别数目入公。倘有不遵，行内众客师不得进店帮贸。违者将客师革出行外。

六、外来粉店面馆客师，亦应备行规钱，照上分别数目入公。倘有不遵，行内铺家均不得雇请。违者罚戏一本。

七、饼店改贸面馆者，应备加行规钱三千二百文入公。无得争论。

八、铺家不得雇请酒馆、小斋客师帮贸、暂替。如违罚戏。

九、行内客师已入酒馆者，及小斋雇请帮替，复入我行帮替，罚戏一本。

十、铺家有越规违议，经值年未及理清，客师不得乘此图落生意。阳奉阴违者，察出此情，应革行外。

十一、无论本地教门人等，除早年开设外，嗣后新开铺面，不遵行规所隔，任意排列，抢夺行规，概不得进店帮贸。并新开干湿切面等铺，俱未经入行遵规者，客师亦不得进店帮贸。违者将客师革出行外。

十二、客师在铺家帮贸或不竭力，偷闲懈怠，听东另雇。俟请有客司进店接手，始可出铺。如违同行不得雇请。违者均罚油一月。或不秉公正直，倘有客司私图小利，一经查觉。公同革出。

十三、行内倘有违规人等，已经公同革出。本值年人具名登簿，以凭查核，不得复入我行。

十四、往来客商或有银钱服物等项，倘遗失在店，果系主人、徒弟、客司、工人收检，本人查问，应当给还，毋得隐瞒。倘不遵规，一经查明，公同禀究。

以上所议规款各条，同行务须谨遵。倘有违规或应罚、应革，值年首士毋得徇庇懈怠。谨此行单，毋得特议。

同治八年十月十五日　公订

6. 烘糕店条规（省城）

兹因我行昔年请示，立规在案。人心不古，日久废弛。只得重兴续议，永定规章。昨公同酌议，各色烘糕涨价，另有行单，毋得短价滥规。违者公同议罚。久欲添设公所，起见均蒙踊跃乐从。各户捐资，存公生息。遇有妥的房间，另作计较。惟新开者须先送牌费洋银四元归公。领取行单及集庆永年会牌，悬挂店内，方可开张。违者公同禀究。客师帮贸者，预先查明该店悬挂会牌，张贴行单，方可起手做货。违者公同议革，我等永不准雇请。如有徇隐支吾展延，查实公同革退，永不准经理公事。昨各作户出有本票五串文，值年存公以备矮价滥规之弊。如违照票兑楚，毋得展延推诿。总管处张贴罚条。遵规者该票日后以作废纸，乐捐者听便。经管值年等亦不得借此票据，别生异端。所有契据簿账存款，公举值年八人，豆店糕店各半，不得借此争论。内经管二人，择一管账，一管据。存款以便生息而杜侵吞之弊。以上续议各条，务望同人公同踊跃，永远恪遵，而垂久远；以警规章，而昭划一。是为启。

公议分销者票钱八折，总以五斤开秤。门市现售，均照议价，不得短价悄卖。如违公同密查，如有滥规者，无论何色人等，查实罚钱五串文充公。外公给查者辛力钱一串文。倘有支吾强辩者，仍照老例，加罚钱十串文而杜弊端。

公议每年取香资一百文。

光绪二十六年七月　日 长善集庆永年公立

7. 豆豉店条规（省城）

盖闻圣人有言，不以规矩，不能成方圆。斯不仅技艺为然也。即如百行商贾，莫不各有条规，共相恪守，勿敢逾越。惟我豆豉一行，未即决定条规。纷纷售卖，乏有同心。近因开销缴用各款甚巨，实难调办，兼且豆价昂贵，较前添涨数倍，若不议准条章，必致进不敷出，安望有益无损哉。是以公同议妥，重整章程，以昭划一不二，永垂久远。凡我同行，切勿视为具文。谨拟条规列后。

一、议涨跌时公同议价，不得私坏条规。

二、议各店发卖，不许滥售分文。如有阳奉阴违，经手滥售者，罚翅席两桌，决不留情。

三、发贩大豆豉，每担价钱四串五百文。中豆豉，每担价钱四串二百文。

均视豆子涨跌。

宣统元年六月二十一日 谷旦

8. 烟店条规（省城）

窃本公司系奉宪示，饬办长善属地烟税所有一切办理章程。业经禀请立案，颁发告示在外。但恐城乡阻远，一时未能周知。

兹特将禀立条规，详细刊布，一体遵行。惟事当创办，成竹全无。暂拟试办一年，通盘筹算，多则议减，少则议增，点滴归公，造册备考。所有公司办事诸人，除酌给薪水外，不许格外需索。祈兴利除弊，以垂久远。同此食毛践土之传，谅无不踊跃输将，急、公奉上。倘有奸商，罔知义务，不服抽收，私行偷漏，查出议罚十倍，决不宽贷。本公司实为保全税款起见，不得不认真办理，削切申明，并非敢稍存苛刻也。谨将长善烟税公司议立条规，一切申明，以归划一。

计开：

一、议城乡各烟店均由本公司请领执照，以重税款。倘有未领执照，私做包送，即仰该处领有执照烟店严缉禁止，以防漏税。如理谕不化，恃强阻挠，听其指名禀究。惟必须实据实证，不得挟嫌诬指，致干众叱。

二、议城乡各店如有新开及顶贸者，由该处领有执照殷实烟店，出具保结，由本公司补请执照。惟有歇业者，仍将执照缴销，不得顶替遗失，致干追究。

三、议城乡各店采办烟叶，业经公举经纪，请领官牌，以专责任，自应大家保护维持。倘有未领官牌冒称经纪者，各烟店不得徇情，令其代称，致干重究。

四、议本城各烟店凡起货者，先赴公司完清税钱，填给起票，领筹起货。倘有无筹私起，以及筹货不符者，查出议罚。

五、议本公司填给起票，注明日期，随时起货，不得迁延数日。倘有因故未起者，随到本公司报明验实，次日方许原票起货。特先申明，以杜朦混。

六、议代称经纪，请领官牌，原防漏税。凡带买各处烟叶，该经纪悉数报明，本公司以备查核。如有贿通隐匿等弊，查出受主议罚，经纪革补。倘有不法棍徒，未领官牌，恃强代称听领有官牌，经纪指名禀究。亦不得挟嫌诬指，致干反究。

七、议烟叶抽税，取之买客与山户，毫无所损。惟山户自行屯卖，以及运往长善境外者，税仍照抽。违者议罚。

八、议各乡烟税既经各烟店按月包缴者，所有该店应用烟叶，听其凭经纪采办。本公司不再抽税。惟贩运长善境外者，税仍照抽。违者议罚。

九、议经纪代买烟叶，凡收税钱一千。本公司酌提五十文，给经纪津贴。惟各乡烟店既经包税者，不在此例。如有格外浮收诈索等弊，查出追还官牌，革去另补。

十、议囤户采办烟叶寄乡者，随赴本公司缴清税钱，悉数报明寄存某处，以备查核。倘私匿不报，查出照偷漏例议罚。

十一、议外河客到长善境内采办烟叶，责成经纪经手，会同山户于价外另抽税钱。倘山户从中把持阻挠，听其指名禀究，决不宽贷。

十二、议凡各烟税倘本公司司巡及各店户经纪山户人等，如有从中贿通、偷漏、隐匿等弊，除本公司派人稽查外，如有人知情，据实投报者，本公司给花红钱二串文。惟须实据实证，不得挟嫌诬指，致干反究。

附录税则：

建条每担抽洋银三元六角。

西条每担抽洋银七角。

土叶每百斤抽洋银三角六仙。

郴州每百斤抽洋〔银〕五角。

黄冈每百斤抽洋银四角。

邓片每百斤抽洋〔银〕四角。

江夏每百斤抽洋银三角。

烟筋每百斤抽洋〔银〕一角。

以上烟税，均系五长洋银出入，惟尾数用小毫，只能九折扣算，以备解缴。

光绪三十年六月二十八日 立

9. 烟叶行规（益阳）

我等贩贸烟叶，本小利微。近奉宪抽收烟税，几与包税经首酿成讼案。嗣凭商务绅惊议定，派我等每月共缴税钱十串文。我等是以邀请同乡客总，及各绅公同商议。凡在益阳开设烟门面，与夫侨寓客栈，肩挑沿市零售，并外帮初来贸烟各商，照后开规条，派抽资费，日后不得异言。如有越规漏税抗费等情，照章议罚，决不徇情。所有各项规条，胪列于后。

一、凡在益开设烟叶门面，自本年三月初一日起，每家遵缴费钱拾串文。所有向年请客鸣官用费，另载簿据，已归旧设门面垫去。日后准以此费填完。

二、凡来益沿街肩贩者，原议每条扁担遵缴费钱二串文。合仍议定照缴，以为填完前用各费。

三、凡来益贸烟各商，或由船运，或由旱挑，议定每担抽收税钱二百文，以归月税之项。

四、凡外帮来益插贸烟叶者，无论门面肩挑，均依我等议定规条缴费抽税。不得异言，违者革逐。

五、凡我帮外帮运烟肩烟到埠者，即投公派首事处，照规缴税，毋得偷漏含混。查出议罚酒席四桌，戏一台。

六、凡在益贸烟者无论门面肩挑，均须缴费入会，每年首事限于三月十五日，邀集同帮宴会结数。其首事人每年公议轮派，毋得擅充。

10. 茶馆条规（省城）

盖闻烹调饮食，而祭重报本。况兼饮食以营生，而可无报本之思哉。《易》曰："饮食必有讼。"绎斯言也，习其业尤当思患而预防焉。今我辈酥食汤点，生理术业虽微，而祀事宜隆矣。且同业者繁，不立章程，终难划一。兹特公议规条列后。

一、每年六月二十四日，恭逢雷祖瑞诞，各出香资。铺家、客师，捐钱二一百文。又每年重阳日，欣逢梅公师祖瑞诞，铺家客师捐钱五三十文。其两次香资均须先期十日交值年承办。我等至期齐整衣冠，拈香上表，以昭诚敬。

二、每年捐项，除用费外，或有余项，交下手轮流管理生息，照见月加二行息。届期前十日，传齐上下值年者，将本息交出，以为祀事之资。

三、铺面对门，以及上十下十，不准同行开铺。凡入帮上新行者，出钱六串文，方准新开铺面。与捐过银之内行合伙新行者，捐钱三串文。违者除照数归出钱，仍照罚。

四、旧铺顶与新行，仍开原铺者，照新开设捐钱六串文。顶与已捐银之内行，不得再捐。但不许顶与未捐银之内行，违者议罚。

五、本行有未捐神资之客师者，铺家不得私请。已经捐资之师，亦不得阕人未捐资之师家帮做。违者公逐，铺家议罚。

六、铺家请客师以三节为度，不拘长年。凡宾辞主，预为说知，俟主家另请有人，方准出店。主辞宾，亦于节前说明。倘客师亏挈钱物，不能归款，公同议革。知情隐匿者，议罚。

七、外来之师，甲辰年公议涨价会钱四千四百文敬神。不出钱者，铺家不得私请。违者公逐，铺家议罚。

八、带门徒三年出师后，明知各铺，方准再带。如现未出师，私再带者，查出公逐，铺家公罚。

九、铺家新带门徒，无论子侄，捐钱二千文敬神。前五日内，其师先行垫交，值年者登明入师年月，方准学习。三年满师，再捐钱二千四百文，方准帮请。违者公逐。

十、铺户照箩［萝］每担出钱二十文，按三节核算，该各客师分领。

以上各条，公同酌议，务宜恪遵，以昭划一。刊板刷印，每年各执一纸为据，以杜外来乱规之弊。庶神祀丰隆，而艺有专归矣。

道光八年八月吉日 长善同行公立

11. 靛坊条规（邵阳）

一、洞市沙市两河，先年议定，篓皮以五斤为度，盖为山上干篓干叶而言也。今加议到郡之货，仍照前岁，每只篓子定以九斤为止。交易已成，凭买客本载内择挖一只。如过重多寡，照依包口扣除。一半归客，一半入公。春季，篓子因沉塘日久，每只议定十二斤为止。倘再重者，亦照包口扣除。如此则染户不得受害，而远客亦闻风云集矣。倘恃横不遵，公同鸣上究治。倘买客徇情，计匿不择挖过秤者，公议罚戏一本。

二、买客来郡买货，银钱多少，均交店主，买客将货运去。或有店主扯用，甚至钱搁一二月。弗一以后，务照老规定以五日兑账，不得延缓。如过期不楚，卖客邀同首事，定向买客追齐，方许开船。毫无情徇。

三、河边每载择挖篓子一只。有等不顾门楣，见其过秤太重，背地丢叶情弊，嗣后只准刮靛，毋许丢叶。倘有违规，公同重罚。

四、本城染户买货，定已五日交半，十日全完。如过期不楚，卖客向行贴挥通众，不得再卖，以免抗搁前账。

五、插筒掠带样靛，久已革除。近有无耻之徒，不顾客本，乘时丛中买靛为名，实图掠带样靛，殊属可恨。今同行谪酌，如后插筒带靛者，一经拿获，即以盗论。

以上整立各条，务宜谨遵毋违。庶交易公平，而宾主两相宜矣。切切！

光绪三十年六月靛贸同人

12. 药材店条规（巴陵）

一、议药业货物乃卫生之品，即治病之资。所有各种炮制，务宜精细。照单发售，分两平足，不可忽略。如有以械破乱玉，鱼目混珠者，查出凭会处罚。

二、议货物价值，早晚不能一律。涨跌总以入手银价为凭。门市零星是卖，不许任意高抬，亦不许故意低售，有乱行规。

三、议帮伙在甲店帮者，乙家不得隔年刁请。或有半途出店者，必须有故方可东辞伙，伙辞东。无故均不得任意自便，庶免刁唆而维商务。如有前项情节，许该店报由公会议处。

四、议各铺户门市收买货物时常有之，或过往短少路费，或完关税不敷，一时掣手，不得己将货物变卖。价值高低，均各自愿，铺户明买明卖，不为越分。近有一等奸徒，串通斗诈，或一二月之内，或周年半载之久，伊等聚集众伙，或勾引地痞，捏指盗赃，嫁祸栽诬，投街鸣保，任意横行。竟至以少报多，备增资价，勒令赔还。藉端伙诈，暗地分肥。稍不遂意，砌词耸讼。种种伎俩，难以枚举。近年受害者不少。向来质典各铺列条请示，倘有来历不明，不与铺户相涉。同一市廛，生理自应仿照，以昭公允。并可以杜射利取巧之徒，贻害商民。嗣后遇有此情，准该店主报明商会，饬勇查实，归会论究，不与店客相涉。

13. 槟榔店条规（武陵）

盖闻常郡乃八省通衢之地，买卖辐辏之区。各行生意，均有成规。惟我槟榔一业，规章不齐。前因钱价平和，槟价颇廉，稍有微润。近时世变迁，百物昂贵，槟榔自粤运至此，路途遥远，厘税水力较前加倍。向槟业历来摊子只售一文一口，毋分妍丑，何能加价。兹槟榔价近增涨，钱市日挫，本钱成重，难以沽出。不但槟店获息甚微，兼之摊子从何取利。用费大贵，日食为艰。再不协力整顿，将来斯业付之流水耳。是以爰集同人，议定章程。每口嫩尖槟售二文，泡槟售一文。公演戏一本，府庙敬神。另立条规，开列于后。各宜恪守遵规而行。谨启。

一、议自正月起，每包抽钱二十文，以作公款。

— 425 —

二、议各店不准上门榨槟榔。违者公同议罚。

三、议整规之后，不能滥卖资本。违者公同议罚。

四、议四五正庄每百售六六。

五、议新开铺者照包抽钱入公。

六、议五十正庄，每百售钱五八。

七、议五五正庄，每百售五四。

八、让杂槟榔随售看货议价。如货松涨，再议可也。

宣统元年闰二月 公立

14. 戒烟店条规（省城）

窃以朝廷立宪，百度维新。凡百事业，皆力求进步。如学务之有教育会，农桑之有农学会，商界之有商学会。凡一切工艺，亦莫不有会。皆所以俾同人集聚，互相讲求，精益求精，同归至善。我行戒烟，尤属当今重要事业。历年以来，人各一方，优劣不一，况今朝廷禁烟，屡颁明诏。我行上体朝廷旨意，下念民生艰难。爰集同人，公同商议，立一戒烟研究会。总以脱毒断瘾为宗旨。经四川巡警道监督考验，彼此稽核，互相调查，方虽不同，总不许一家掺杂吗啡等物，贻害同胞。然药既认真，其本必巨。于是公同酌定一价，不得私涨私跌，以归划一。倘有药不认真，紊乱行规者，凭众照章议罚，决勿徇情。谨将公议条规十则，开列于后。

一、此会之立，原以四川巡警道研究医术，考查至善之方为旨。

二、戒烟丸药原系应济于人，必用真正良方，道地药材，方能脱毒断瘾，补益卫生。倘药不认真，掺杂吗啡等物者，一经查出，立即禁售。

三、议初到新铺户、新摆摊者，必先捐入川主会经费，铺户捐银五两，摆摊捐银二两五钱。又入本帮药王、财神二会银照川主会数目分别捐入，以作祀神底金之用。嗣后勿论谁家，恐有碍于局面者，即凭众议，可用公款则用公款。然入帮之银，须先缴清，方准开张。违者不准开市。

四、戒烟丸药，公同议妥每两定价售钱六百文。按粒数推算，只准多卖。批发贩价，照码八折为止。其余再不得减价。折扣定价之外，格外有乱价者，查有证据，即罚神戏一台，又罚洋银一百元，归入会内。再重者，格外由四川作坊罚银二千二百两。

五、议戒烟药一业为本，勿论糕粉茶丸，分别易名，亦照我行规模所载定例。不许挑往下乡各处发售，诚恐夹杂吗啡等物，不便稽查。并假冒等情一切坏规者，罚洋银一百元，归入会内。

六、经理生意任客投店，不准忌妒妄谈，伤刺别人生意。如有此等情形，一经查出，惟店主是问，罚神戏一台，并洋银二十元，以作酒席。

七、公议初到新开生意，无论开铺摆摊，新张五日之内，听其任意减价折送。五日之后，必须价归一律，勿得抗违。如不依定价乱售者，罚神戏一台，洋银一百元。

八、议帮伙初到捐入钱一串文，上在会内。所有各帮伙身居异乡，倘有不测或病故者，凭本帮验明，该店主助钱五千文，会上助钱五千文，以作衣棺抬力等费。

九、章程所载各条，自宣统元年九月十六日定价为始，各家均已从场面订议妥，理应信行遵守，不得阳奉阴违。嗣后有事勿能徇情碍面，有始有终。亦不准挟嫌播弄，嫁祸栽诬，与一切诡作非为之事。故违章程者，查明议罚。公同邀聚如不到者，罚洋银二元入公。

十、公议我行戒烟一业生意，如有外省人开铺，请有我行同乡帮伙者，亦要先入我帮，捐入会银十两。亦要照所定章程一例。如未请我行同乡帮伙者，亦不能干涉外帮人。若有者，不能分别，是以布告。

宣统元年　月　日

九、矿属商业条规和章程*

1. 宝生瑞矾矿有限公司章程（武冈）

第一节　总纲

第一条　本公司初以归矿禀请湖南矿政调查总局，札委地方官勘复立案，再由南路矿务总公司编号。嗣采挖实得矾矿，随即禀请换案，遵章遇卡纳厘。

第二条　本公司采买武冈州花园团、宝华庙、银子岩等处民地矿山，故以宝生瑞取名。

---

*　《湖南商事习惯报告书》"附录"部分收录矿属商业条规和章程共20部，涉及矾矿、锑矿、铁店、锡店、铜业、冶坊、煤炭行、砖瓦窑厂等行业，除省城长沙外，主要涉及武陵、武冈、巴陵、邵阳、新化、新宁、益阳等县。本节按照行业和地域选录。

第二节　办法

第三条　本公司遵照商律有限公司定章，办理额集壹百贰十股。内红成贰拾玖股，实成玖拾壹股。资本钱肆千五百五十串文。概系华商合办，并未参有洋商官。一切办法，秉公无私。

第四条　本公司会议分两种：

一、凡会议清算出入大账，派分股本息利赢余，及公司内一切得失利弊事宜。各股东皆得入场陈说，择善而从。订定每年正月二十八日，大开议会，决不改期。

二、本公司凡有事关紧要，刻须施行者，不及通知全体股东，只能商同参议员，随时决议。

三、订定会议之期，由本公司预先通知各股东。无论远近，务须届期惠临，以伸公论。若有因事不到者。可请他股东代会转达一切。否则事经议定之后，不得藉口未场，取巧趋避。唯会议时，酒席公办，不给各股东来往伙食夫费。

第三节　用人

第五条　职员列后：

一、督办一员。

二、总办一员。

三、副办兼监工一员。

四、管砂兼管器械一员。

五、会计兼书记一员。

六、调查二员。

七、检算二员。

八、参议员无定员。

九、雇用土石工匠，厨丁杂役，随时定夺。

第四节　职权

第六条　督办有督率总办以下之职，即有督责全体之权。

第七条　总办有总揽公司内一切事机之权。凡筹画因革损益，节制内外职员，主持往来文牍，皆其职也。

第八条 副办有赞襄总办之职。凡遇总办不在公司，所有总办职事，皆有代理之权。

第九条 监工以鉴察公司内土石工匠丁役之勤惰良否，以定去留为职任。凡各项工数悉归掌记。每月尾日，汇交会计处核算明确，按照工价钱文领取散发。以免错误。

第十条 管砂之职任，凡窿口出砂，厂内推砂、洗砂、堆砂、贯篓、粘封，以及运砂下山下河，概归其管理。所有砂数，统归掌记。

第十一条 管器械者以管理公司内一切应用器具为职事。凡有收发更换存储，数目固为所司，及当修理添置者，随时查报会计处。估价发钱买办，亦皆其事。

第十二条 会计掌公司内出入、收支、存储一切款项数目，并核算造册等事。

第十三条 书记掌缮写文牍、报告及收发存记等事。

第十四条 调查专以稽查公司内外各员，能否胜任，有无情弊为职事。一经查出，有随时指发辞退之权。

第十五条 检算于每年分按四季月尾之时，赴厂一次，钩稽簿记，细察各项数目，核对无讹，加盖查清戳记，以照凭信。查有弊端，即有当众宣布之权。

第十六条 参议以参赞全体大局，议商公司内外事宜为职任。凡属兴利除弊，通筹布置一切，以及遇有疑难之事，各议员不敢专主，皆须亟邀场会，有参商可否议决行止之权。

第十七条 督办、总办，由全体股东公同选举。副办以下各职员，由总办商同督办，量能任事。至土石工匠厨丁杂役人等，概由监工商知总办雇用。

第十八条 运矶卖矶，及与外界交涉各事件、或由本公司内任事职员兼摄，或另于全体股东中选派委员，皆由总、副办商同督办，慎择行之。

第十九条 各股东只有选举督、总办之权。选举后，不得以占股多少，干涉督、总办职内之事权。

第二十条 凡各职员应受督、总办之节制，听同事之商榷，总以和衷共济为宗旨。

第二十一条 各股东有为职员者，在公司内只能以职事上相看待，不得以其占有股份，妄自尊大，有旷厥职。

第二十二条　本节内画分职权，所以专责成而规趋避，不可遽分畛域。倘各员中或有因事暂离职守者，仍须互相照管，通融办理，以免旷误。

第五节　股本

第二十三条　本公司红成二十九股，用酬发起人组织办事人员之劳，每股给票一张。不出资本，然须量劳酌给，以昭平允。实成九十一股，每股刷票一张。每张派出本钱五十串文。钱到给票，不得预发。

第二十四条　本公司实成股票九十一张。从光绪丙午九月起，至丁未九月止。按来钱多少，估股算息。

第二十五条　各股东愿出售矿股者，准将所执股票转卖。须先尽股内无人承受，方许外售。售妥之后，彼此同赴本公司报改姓名，更换股票。不得违第四条妄干事权章程。

第二十六条　本公司于每股东发一息折。从钱到日起，按周年二分算息。矿砂获利，除提存三千串文，以资公司接济外，先按各股本息，照数退清后，所余若干，方为净利。即按照一百二十股均分。

第二十七条　各股东或有遗失股票息折，准其速邀的保，同赴本公司出具保据，核对明确，方予补给所失。原票、原折作为废纸。

第二十八条　职员每月薪水：

一、总办俸钱　　　　　串文。伙〔火〕食钱　　　串文。

二、副办兼监工俸钱　　串文。伙〔火〕食　　　　串文。

三、管砂兼管器械俸钱　串文。伙〔火〕食　　　　串文。

四、会计兼书记俸钱　　串文。伙〔火〕食　　　　串文。

五、督办、调查、检算、参议等员，平时不驻公司，故亦不议薪水。

六、土石工匠厨丁杂役，每人每月工食钱若干，临时酌定。每人除工食钱外，按月各给牙祭肉一斤，分两期给发。

第六节　限制

第二十九条　本公司应用钱文，无论多少，只由总办向立中典折，取交会计，开具各项付数清单，交总办核明。然后再向立中典折取，以资应用。所有出入银钱，滚领滚销，按季由总办汇总核定，列柱造册，交书记眷真，以备检算清查。年终汇造总册，以备开会时公鉴。

第三十条　本公司钱文概存武冈州城立中典，陆续取用。彼此来往按月一六行息，以折为凭。

第三十一条　各职员薪水，按月由会计处分发。不得预发，亦不得过支。如有滥予，惟会计是问。

第三十二条　土石工匠厨役人等应发工食钱文，每月由监工向会计处查对工数，按照算给。

第三十三条　本公司雇用厨丁办理火食，凡在厂任事职员及各色工役人等，既按月领有伙〔火〕食钱文，概不由分司开餐，各自向厨丁交涉。惟督办、调查、检算、参议等员，及来往事关公司者，另设客饭一项，不在此限。

第三十四条　各股东有来公司参观者，一宿两餐。即非股东，别处矿友，招待亦同。若系职员人等亲朋因私事来者，各自礼款，本公司概不招待。

第三十五条　本公司各职员及各股东，除银钱交涉外，有不干公司之事者，概不与闻。

第三十六条　本公司与各处银钱货物来往交涉，均以本公司图记为凭。无图记者，与本公司无涉。

第三十七条　本公司内外职员，及工匠、丁役诸色人等，倘有不安本分，假借公司名义，在外招摇撞骗者，查出重罚，立即革退。而受其撞骗者，只向本人追索，不与本公司相干。

第三十八条　本公司任事职员，各宜束身自爱，以资表率。不得在厂酗酒赌闹，吸食鸦片，及在外行损名败誉之事。违者辞退。至约束工匠丁役等事，另有厂规详列，不赘。

第三十九条　本公司工匠人等，务各慎防炮石火药等险。倘有误伤，本公司惟视伤之轻重，量给医药之费，以示体恤。设有不测，各安天命。但愿天福长吉无凶。

第七节　附　则

第四十条　本公司章程，自发布之日起，作为有效。遵照办理。

第四十一条　以上各节，如有未完善后事宜，应随时酌宜增删更改。但必于会议时，经多数人许可，方得施行。不得以一二人之私见，妄自删订。

光绪三十四年十一月　日 立

宝生瑞股票式附后

本公司采得武冈州西北乡，花园团宝华庙银子岩矾矿山壹大座，集华股壹佰贰拾份。内红股二十九份，不出资本；其实成每股派本钱伍拾串文正，订一期缴楚。钱到给票，永为定据。嗣获矿利红息，按照壹佰贰拾股均分。如工〔功〕程浩大，照股加本，不愿意者准将股票另赁，并由本公司另换票。务须先尽伙内，后招伙外。后获红息，归后起加本人享受。以折为凭，有无利益，各安天命。今收到□□□□□股本钱伍拾串文正。所收是实，当给股票执存。须至股票者。

光绪三十三年七月初八日给

2. 锑矿公司条规（新化）

一、本公司系遵商办章程，一切事务由本公司自行经理。

二、本公司遵照部章，领有开矿执照。所有一切开采之事，悉遵章办理。

三、本公司与矿务总公司有直接之关系。

四、本公司开采之矿质名曰锑。又名曰安的摩尼。

五、本公司系集多数人之资本，合共为之。所有股份及股本办法，另有股折为凭。

六、本公司所勘定矿地，由本公司与业主租买。实系民人私产，并无田庐坟墓妨碍。

七、本公司所获之砂，由总公司发给护单，装运出口发卖，不受境内一切卡制。

八、本公司除纳井口税、出口税等外，一切抽捐名目，概不干涉。

九、本公司准于赢余中酌提红利，作为地方善举。

3. 铸厂条规（益阳）

盖闻范金合土，《考工》详冶凫之官；禁贼息事，《周礼》示均平之法。故市价不二，圣人之雅化堪钦；而先民是程，各行之成规俱在。今我铸厂一业，凤遵王制，自有定章。近因取精用宏，工昂利小，竟至操奇而鬻禁，遂各罔利以贱售。故特爰集同行，大申公议。毋或陶熔禁器，有累同人；毋或垄断贪惏，有伤同谊。务期旧章是率，不愆而不忘；庶几营利有方，乃同心而同德。所有条例，谨载于后。

一、议私铸禁器，大干律禁。同行毋得贪利犯禁，自罹法网，累及同行。

二、议各厂入倡首钱一百串文，存公生息，以充敬神之资。永定章程，预防后患。嗣后有开新厂者，先入牌费钱一串二百文，酒四席，戏一台，毋得徇情。

三、议同行用秤，较准一样。毋得轻出重入。

四、议同行百货，不准自装往外贱售，任客投买。

五、议各家售货，令买者当面看明，不准退斛。

六、议买卖遵用官钱制板、铜角花票。

七、议各埠贩运铸货，均要照规批单。如有阳奉阴违，查出者罚钱五十串文，断不徇情。如有查清指名报信者，谢钱二十串文正。决不食言。

4. 铁工条规（武冈）

盖闻城厢各业，均有条规列。惟我行铁炉手艺，虽属围炉营生，以便农耕之需，禾蔬生芽，非行事业，非器械不能成规矩之方圆也。窃我行非规矩莫不成约束也，是以我等公同酌议。欣逢炉头祖师圣诞之期，爰集章程，胪列于下。

一、议每年公差首士，众传入庙，派办各店差货，二次定要办齐。如货延推，公同禀官。

二、议每年圣诞，首士传信办会，入庙敬神。如不到者，公罚钱贰佰肆拾文。

三、议每年公项所存之钱，公同放借生息。不准在会人等扯挪。

四、议四乡每年各炉帮差之钱，不准私收，公议派收。如私收隐匿者，公同重罚。

五、议在城乡开新炉者，公议出上会钱贰串肆佰文。其钱先交后开，如不遵者，不准开炉。如在城学徒开炉者，出上会钱壹串贰佰文，先交后开。

六、议祖师寿诞，各店出香纸钱三百文。其钱二月十五交半，九月二十六日全交。

七、议作广盆箍，每年各店所作者，公议共出钱陆串文入公。其钱二月十五交半，九月二十六日全交。

八、议各师带徒弟者，每年出香纸钱壹佰贰拾文。敬神学徒以三年为满，如不满年者，不准在行作艺。

九、议在城乡当司务者，每年出香纸钱四十文敬神。

十、议各店请司务者，如工不满，同行不准安宿。是否同行？查实不准刁唆。如司务跳皮者，不准在城帮工。如老板店内货物司务私盗私卖，一经查出，公同革出。

十一、议同行在城不准上街卖货。如不遵者，不准开炉。

十二、议外来卖客货者，公同拿获，入庙公罚。

十三、议店内买卖，务须公平。不准抢买抢卖。如不遵者，公同向店主议罚。

十四、议上街卖货，如有人拿获者，谢钱二百四十文。

光绪二十年　月　日 同行公立

5. 锡店条规（省城）

一、议每年二月十五日恭逢师祖瑞诞之期。值年先期传知同行，将应出之香钱，如期收齐，诵经演戏。

二、议每岁值年，准于二月二十日交接。必须将银钱账目，及各店徒弟上行费并簿据等项，凭上下两班值年，逐一核算清楚，方可交代。如有私吞，以及朦混迟延，轻则议罚，重则禀革。下首滥接者，亦议罚。

三、议每年二月初二日，本班值年必须商酌，另择公正廉明殷实老成八人，充当值年，管理簿据公项，收取各费，经放生息，及刷送行单。俾众咸知，均遵恪守。凡我同行，有违议滥规者，听其值年传众理处，轻则议罚，重则革禀。值年人亦不得挟嫌栽诬，借公报私。

四、议每年三月十五日，恭逢财神瑞诞。值年先期入庙，张灯进表，演戏敬神。

五、议每年三月二十七日，恭逢炉神先师瑞诞。值年先期传知同行，将应出香钱，如期收齐，演戏敬神。

六、议外行与内行合伙开店者，仍照旧规出银十五两入公。于开张日，即将银交值年存公。如不出者，不准帮作起手。倘有知情徇隐者，均罚戏。

七、议各店凡带徒弟，只准两出两入，不许多带。当带徒弟之日，务先知会值年，登簿记名记日，以便查考名目年数。其应出上行银一十五两，又灯油香钱四百八十文，均交值年入公。三年期满，设席请众出师，外帮师傅一年，然后听其出店生理。如违不准别店雇请。倘有不循规矩，行费香钱不楚，及过期不设席者，值年人当将该徒唤出，不准在店学习，我行客师亦不许帮做彼店。如违罚店东银二两以充公项。同店帮做以及隐瞒者，照罚。

八、议江班与黄永二班合伙开店，或兄弟同店不同班者，凡带徒弟，彼此轮流，只准各带徒弟一人，毋得专向一班，仍然先出后入。本店客师不得

— 434 —

徇情隐瞒，倘有违议，公同罚戏。如带外班，亦议革出。

九、议各店三班带有徒弟，或参师辞班再学，必须前学者清楚，然后方许再带。如有擅自多带者，公议罚店东银六钱，罚店中伙计银四钱，以作香资，永不准带。如值年有徇情怠玩者，罚银六钱。

十、议各店无论兄弟同开，及两班合贸，或子、或胞弟、血侄学习徒弟者，每店只许出入一人。公议不备上行费银，须先报明值年，登簿注载名目日期。倘出自店另帮别店，仍然设席请众，出灯油银六钱入公，方可帮贸。违者议罚。或自带有徒弟已经出师，及一切规矩清楚，则已分不必请众。即一店分作两店，亦以一店为主，一人为定，不得推兄推弟，推伙推班。其有再将子侄学习者，仍照带外姓徒弟规矩，出备酒席上行银入公。不遵者，公同禀究。

十一、议门里师或承父业，或合伙贸易，或另设分店，因未备上行费钱入公，每岁值年必须查明注载公簿。如有将子侄学习者，亦当告知值年，登簿记名记日，以备查考。均不得借称门里师，图骗费项。仍照前带外姓徒弟规矩，出备上行费银入公，方可学习。违者禀究。

十二、议店东雇请客师，已定长年，二比无得半途而废。倘因事故不做，必须先明告值年，理论是非，听值年处罚。非理者罚戏，然后各听其便。

十三、议店东已定长年，原惟依靠长年，不得或日或夜帮作别店。如违罚油二十斤入公。徇隐者罚同。

十四、议长年帮作及未出师徒弟，各有专职日夜，不得别店借帮。违者革去。

十五、议长年不准做外作包货。违者议罚。

十六、议店东雇请帮作，每工九五银六分起，一钱止。照时价扣钱，不得滥做。如有滥做或四分、或五分算工者，查出公同酌议。各店亦不得雇请。

十七、议店家雇请客师，其有规矩未清，以及未上行者，我行不准帮作他店。倘有帮作他店者，公同革出，永远不准复做，亦不许开店。倘店主雇请者，议罚。徇隐者，照罚。

十八、议各店有外行呼上伊门做工者，均归本店客师帮做。如急忙加请外作亦可，俱不得另行抬价，卡索停工。亦不得剜请各店长年。如有违者，罚店东银二两入公，罚帮作者银一两，革帖革包。

十九、议未入规者，挑担沿门不许帮做，亦不准开店。如违者，公同禀究。

二十、议店作包货，预先鸣知值年登簿。每两取收香资银二分，照价推算，称出交值年人入公，方可起手。倘有徇隐者，亦照价推算，加倍处罚。

二十一、议帮作及门徒，如有私卷东家器皿服物银钱，及在外掔骗偷窃，一经查觉，即行革出，永不准帮贸，亦不许自行开店。倘店东知情隐匿，滥规雇请者，罚戏一部敬神。如有客师徇情隐匿，不告知者，公同罚油二十斤，均革去酒帖。

二十二、议庙内禁止停留闲杂人等，无论内行外人，均不许在庙内赌博酗酒，行凶滋扰等事。违者酌议处罚。

以上各条，务宜恪遵永守，毋得渎理。有碍必罚，有违必革。庶几同心划一，俾章程始立终成，永为一定之规，而不致有紊乱矣。

同治 年 月 日 公立

6. 锡器店条规（武陵）

盖闻常郡乃八省通衢之地，各行买卖均有条规。我等锡店一业，原有章程，因咸丰四年遭乱以来，未能规复，买卖紊乱。今集同人商议，酌量重整旧规，亦蒙各前宪批准存案。俟后各家齐办好锡，货物平戥发客，价定公平，童叟无欺，以免紊乱。倘有阳奉阴违，私自乱规，一经查出，决不姑宽也。是为序。

今将条规开列于后：

一、议门市花锡货，每斤价钱二百四十文，并无折扣。如有乱规者，查出罚戏一台，酒席四座。

二、议定货高昂点锡，每斤价钱面议，落簿备查。倘有不遵者，公同处罚。

三、议无论宾主客商，秤戥十五两为定，亦不准少秤，再不准多秤。如有违者，罚戏一台，酒四桌。

四、议我等本行人现在各行号店阘夺生意，以假作真，及私造货物发售等弊，低价违规，再有不遵者，查出公同指名赴县，公恳禀究。

五、议外姓只准收买收卖旧锡，不准造新货出售。如有违者，有防差务，查出当差领票上会入公。勿谓言之不早也。

同行公白

7. 铜业条规（省城）

尝闻自古以来，俱托先圣所传，历来本有章程。近年人心不古，以至于此不遵行规。惟冀同行人等，一体同心，重整条规，永远不移，始终如一。今将规矩详列于后。

一、议公上有名开店，捐牌费钱一串六百文，搭琢各半。

二、议外来开店公上有名者，捐牌费钱二串四百文。无名者捐牌费钱五串六百文。

三、议外来客师入行者，捐钱三串二百文。十日为期，或做登名。其钱东家承认，不问客师。

四、议外行来入行者，捐钱二十串文正，海参席四桌。上清开店。

五、议铺家带徒弟，两年一进，方可再带，均以一月为止。进师登名捐钱四百文，出师捐钱八百文。四年做酒，方可留用。

六、议铺家无论兄弟子侄学艺开店，与异姓一样。毋得私行。

七、议铺家各有宾主来往，货价倘有宾主不合，听客自便，不得难卖刁唆抢夺。价值照上，以免行内争论。若有大小营货，公接公办。

八、议科场年岁，外府县之货来省，如五更鸡抽每套钱二百文，铜罐每个抽钱六十文。如违，不准发卖。

九、议客师晚工均以八月十六日起，至年底止。每晚酒钱八文。上半年赶货，每晚三十二文。若不遵守清规而胡作乱为者，公同逐出。

十、议每年清明、重阳二节，酒席各一桌。

十一、议每年中元会期，有值年料理。毋得错过。

光绪十六年仲春月吉日重整行规铜店公立

8. 铜业笔筒条规（省城）

盖闻百业贸易之规，莫不隆师重道，而事有规矩，必成方圆也。窃我铜业之由，查阅古典出自太上老君而始制之。古往今来，前传后度，不忘先师之道德也。今因我行各色材料高昂，实难固于资本，定有亏累之虞。兹邀同行商议，增涨须要照规条价沽，公平交易，毋许私情减价贱售。兹邀集同行人等，各捐银元，逢师祖瑞诞之期，俱从值年虔诚踊跃，衣冠上表敬神，以彰明先师之道也。且我笔筒生业，原有旧规。至今重整章程，将条例列后。

一、议新开店者，捐花洋二元正。或原牌添记者，捐花洋一元正。交值年领收。

二、议新老店生意均要规条价沽，毋许私自减价贱售。花银只照市价公

— 437 —

平交易，不许私情高作分文。如有不遵，一经查出，罚戏一台敬神，另加酒席钱四串八百文。违者议罚。

三、议客师平套章程工资银每千一两六钱，双套加倍。坐套每百工银八钱，白套工银每千六两正。每月保本银一两八钱正。每月正工面议。

四、议客师在店帮理生意，主宾相爱可行。不相安者，或宾辞主或主辞宾，毋许阻拦。如若后来客师入会者，上钱三串二百文正。如违，公同革出。

五、议晚工正月十六日起至五月节后收，至中秋节后起工之日，各店整晚工酒一堂。如若不做酒者，将晚工停止。如有私起晚工者，公同查出罚钱八百文归公。违者议罚。

六、议学徒弟投师之日，相请同行人等，摆茶一堂。进店学年半，上会钱一串二百文；后出师之日，定两月之内上会钱一串二百文，两月之外定要行息。百日之内，要做出师酒一堂。如违者革出。

七、议不准外帮入会。如有不遵规章者，公同议罚。

八、议值年经管银钱账项，上不清，下不领。如有上班值年扯用不归，公同议罚。

以上议规，同行均要照规。如违不遵，公同议罚。

年　月　日 同行公立

9. 铜货店条规（武陵）

盖闻常郡乃通衢之地，商贾云集。买卖各行，均有条规。惟我星沙帮黄货烟袋，以及天平、眼镜、包钉等业，历来原有章程。近来人心不古，概行紊乱，未守成规。于是会集同人，酌议重整旧规，以免紊乱。倘有阳奉阴违，一经查出，公同处罚。自议之后，务宜谨遵。是为序。

谨将条规各款开列于后：

一、议老君瑞诞之期，每年公举值年首人庆贺。公项钱数，任其首人管放。周年更换交卸，上清下接。

二、议门市发小货照件，大货过秤。每斤十五两为定，不准少称多称。如有违者，罚戏一台，酒四桌。

三、议倘有开店者，上挂牌钱二千四百文。

四、议有外来新开店者，须上挂牌钱四千八百文。

五、议老板客司来清出白，恐其不依规矩，公同议罚。

六、议外来客司帮贸者，上会钱二千四百文。准其十天客饭，十天之外，应值年登册上行。两个月为满上清，不准东抵西拨。如有不遵者，公同处罚。

七、议带徒弟以三年为满，两年开带，勿许乱带。如违罚钱八百文，外戏一台。

八、议徒弟进师、出师，均上会钱六百文。

九、议不准招带外帮徒弟。如不遵规者，罚戏一台，典钱十串文入公。

以上各款，务须遵照。

光绪三十年　月　日　同行公白

10. 冶坊条规（新宁）

一、铁货出售，只准照依定价，不准高抬，亦不许减价发卖。

二、县地并无行炉，自后一律禁止。如违重罚。

三、铁货只准本店销售，不许下乡零卖。如违议罚。

四、买煤只准商订公分照价买用，不许添减上下，致碍同行。

五、学习铁艺，必要三年出师。如未满期，不许另帮别厂。

六、各厂请工，必俟学徒满期之后。如未满期，不许别厂唆换。

七、军装洋炮等项，只许修整，不许新造。如违重罚之外，扭送究办。

11. 煤炭行条规（新化）

一、本行块炭分老窿、新窿二种，凡商船来装者，无论毛板、撑驾，本行交易，悉秉公平。

二、新窿老窿，时价不一。悉随山窑出产衰旺为凭，本行并无欺卡。

三、块炭过秤码交付，柴煤过鸳箕交付，本行一律施行，并无扣克。

四、过炭之船，各宜预先交易。一经水涨，本行对付先后，一照次序行事，不徇私情。

五、挑夫运炭，由本行点名领发。如有瞒混等弊，查出重罚。

六、挑夫脚费，本行公议有定价。如有赶水者，由船户格外另加，不与本行相干。

12. 阜湘机器制造砖瓦窑厂有限公司简章（省城）

一、本公司在长沙创设阜湘机器制造砖瓦有限公司，招集股本长平足银二万两正。分作二百股，每股银一百两正。均按一次清缴，公司收银，发给股票息折，次日即行照章起息。

二、本公司厂地为制造之场。现已接受李敦说堂善邑八都契业，采建设厂。取其泥料，合用水道通便。

三、本公司堆栈即与公司同设一处。拟在长沙城外，或佃或售合意房屋基地采建。取其商货交通，厂货运到堆存，易于发贩待卖。

四、本公司应设总理一人，所有公司厂内一切用人行事，均责成总理，妥为办理。另设查账董事一人，随时往来公司厂地，清查账目。

五、总理及查账董事，均由股东于每年正月开会时公举。创办之初，即由发起股东公议推定。一年一任，每届二月接卸。总理如续被举充，可以连任，惟不得接连充至三任。查账董事则定为一年一换，被举者均不得辞却。

六、总理须有本公司股票十股以上，查账董事须有五股以上，方得被举。

七、本公司每年正月二十日开股东会一次，结算一年账目，清查公司及制造厂一切情形。决议应行改良及扩张办法。平时如有特别要件，随时开会议决，但须有发起股东三人以上到会，始得开议。凡发起股东平时因事离长沙省［城］，应自举代表，以备有事可以随时商办。若于会议股东因事不到，又无代表人到会者，会期已过，一经决议后，即作为业已认可。

八、本公司每股发给股票一纸，息折一扣，官利统按长年八厘行息。红利分作十成：以一成之半归发起股东之任事人酬红，以一成之半归发起股东六人酬红，以一成归公司厂地在事人酬劳，以二成作为公积，（公积二成，俟公司生财及不动产原位归清后，即行停止。均归按股均分。）以六成按股均分。均于每年三月内发给。

九、本公司股票如有转售出顶，应先尽问公司原有股东。如无愿受再行售顶，他人售定后，出股人与受股人同到本公司注册转户，换给股票息折。

十、本公司股票息折，不得转售出顶及抵押与非中国人。如有此项情弊，该股股票息折均作废纸，该股股本即全数充作公司公积。

十一、本公司将来发达，经股东公同决议，添收股本，须先尽此次老股办理。

创始人：汪兰皋、朱明镜、沈焕琅

姚寿池、陈镜仁、戴佩衡

十、农产物商业条规和章程*

1. 碓坊条规（省城）

从来凡事掌握，必率良规；而同业章程，尤宜尽善。我等碓坊，诚正大交易之商家也。欲安居而乐业，须奉上以急公，故前人捐资立议，已历有年。迩来添置租息，更可以公济公。现已湖石神农殿前，共相遵守。所有公议，一一列后。

一、神殿向在天妃宫，因坛基逼窄，庙宇倾圮，光绪二年，公同商议置买织机巷房屋，以妥神灵。惟入项不敷，创建尚未尽善。其各条规内因旧变更何项，皆因公起见，值年人等不得各存私意。

二、新开门面，无论合伙、独开，捐钱八千文归公。其已出牌费，歇业三年者，续捐钱四千文。原牌原人改一字者，捐钱四千文，添某记者捐钱四千文。其合伙无论同姓异姓，牌上有载姓有不载姓者，日后或改姓或加姓，于新开门面一体捐钱八千文。歇业既久者，同姓人不得借骗新开牌费，冒充老牌。违者加倍议罚。值年人亦无得徇情，致干众议。

三、科场食米二百三十石，立簿载明。碓户多寡，分别派办呈缴，不得浮派。所有额外添补，值年领价承办。至散户所领米价，不许折给差役。倘有折给等情，仍问散户完缴。

四、较斛桶斗升，向奉宪示，每年十二月初一日起，初五日止，各携至殿内交值年一体火烙较准，以免大小互异。不较者，照牌费罚较。后私改者，公同禀究。

五、买仓栈河谷，或自买，或由经纪代买，向由碓户亲自过扬，近有赖于过扬者，以致因私坏公。同治十三年，长善合同请示在案，不得由经纪私自起发，必碓户亲自过扬。嗣后我行必须遵奉宪示，如有私通经纪，不亲自过扬者，一经查出，罚大戏一本，罚钱六串文归公敬神。不遵罚者，公同送案禀究。

六、起谷下米，原议碓户自行挑运，以防遗失等弊。嗣因箩行争讼在案，

---

* 《湖南商事习惯报告书》"附录"部分收录农产物商业条规和章程共20部，涉及碓坊、粮食槽坊、米业、磨坊、糖业、糖坊、漆店、芽菜、菜园、粪行等行业，在地域分布上除省城长沙外，还涉及武冈、巴陵、益阳、新宁等县。本节按照行业和地域选录。

不得不暂为变通。仍恃强纷争，公同照案禀究。

七、挑夫力钱，业奉宪示，分别街道远近，酌给钱数，永定章程。嗣后碓户各宜照例发给，挑夫亦毋得混争吵闹。违者即鸣值年，传知算头斥革。

八、碓户雇工，久奉宪示，禁革停工挂碓卡分，先后夯害店主等弊。倘有仍蹈前辙者，即鸣值年照案禀究。

九、经纪代买仓谷，仍旧章给用。碓户兑谷出仓，经纪毋得约期延搁及吃斗升支扯等情。一经查出，公同斥革。其发谷必由经纪插筹过数，倘有中途抽掣者，仍问经纪赔还。毋得徇情。

十、每年值年上街同查新开门面或摆设米簸，须分别长善管界，毋得任意入长。庶几科场额米领办皆均。

十一、拦街摆设米箩，理宜一体遵示，毋得掺和潮湿，及小升短价等情。一经查出，即传值年验实禀究。

十二、每年新举值年，必公择殷实老成，临事持重者，以便收管公同办理公事。新值年毋得任意推诿，除值本年外，仍留总首管公。一载公项，每年一分行息，到较岸后，又与本年值年核算租息等项，及本年余项，又交本年值年总首管理一载，如前执簿核算交出。毋得抵公扯私，约期迟日。其每年屡次会期，值年均宜入庙虔心办事，不得藉端支吾。有不到者，公同议罚。

十三、庙内灯彩、什物、器皿等项，除祭祀外，值年人点清封锁，交斋公看守，外人不得擅借。违者议罚。

十四、每年三、六、十月初日，上街随带制升较量。倘有过小者，公同议罚。其添发新开碓户章程，捐收牌费，兼收香钱九十六六十四文，演戏庆祝雷祖神农财神瑞诞。事毕，值年卜六人核算用费，张贴晓单，以示公道。

光绪二十九年十月　日立

2. 粮食槽坊条规（武冈）

盖闻嘉会之文足合礼，裕用之道在储财。依德式凭，享因祀而不忒；注兹挹彼，源以开而长流。如我杜康公生中古，世业夷狄，望重北葵。或宗族，或乡邻，众欢赖以合；或冠婚，或丧祭，六礼赖以成。此当时名莫能名而名以仙，后世尊无可尊而尊以师。宜乎俎豆千秋，馨香百世。我辈继守斯业，虽未能崇德报功，又焉敢数典忘祖。不早酿敛，何以明理；匪立章程，奚以善后。爰集一会，敬答神庥。拟建庙以妥灵，并祀雷而重粟。一祠丕振，两祀同尊。意至美焉，法甚良也！凡我同人，齐心协力，每逢圣诞，顶祝维虔。

所存赢余，轮权子母，毋得私借私挪，庶祀事孔昭而神恩永锡也。是为序。谨将条约胪列于后。

一、议新开粮食槽坊。近因奉宪承办酒税，按月缴纳。公款甚重，惟恐填补不敷。尔等自应入会，仍照向章出钱四千文。其钱先交后开，毋得短少、缓限、拖延。如有不遵，公同革罚。倘敢持横藐抗，禀官究治。

二、议承办酒税，按月缴纳，所收之项难敷。以前未入会者，每日每缸缴纳税钱二十四文，按月照算，一月承缴，毋得缓限。如有拖延，公同议罚。倘敢违抗，禀官究追。

三、议贩夫肩挑零酒入城沽卖，照例每斤抽取制钱一文，张贴印花，以免偷漏。如有隐瞒等弊，查获报众，公同重罚。恃横禀究。

四、议乡愚贩卖熟米，其弊甚砲。涨势居奇，跌势肩挑沿门。殊属不成事体。曾奉宪札谕，凡卖熟米者，照依入会，毋得仍蹈前愆。如违公同重罚，恃横禀究。

五、议杜康雷祖二圣诞期建醮。值年董事赴各店登取香纸钱文，往往参差不齐。公同会议：雷祖诞日每家出钱四十文，杜康诞日会内每家出钱四十文，以为建醮费。未入祀者，出钱二百四十文。毋得重此轻彼，而昭公平。如有徇情，公同议罚。

六、议所存公款及新捐上会之钱，总簿红票，理合公举清廉董事掌管。每年某月某日，约众核算一次，共入若干，共付若干，除付尚存多寡，公议存典生息，会内人亦不准私放私用。如有私弊，公同重罚，以昭公平。

光绪三十四年吉月吉日 立

3. 米业条规（巴陵）

一、郡城积谷，原存城团有田之户及各米铺。捐集向来定章，以陈易新。旧谷出仓，归各米铺分上中下三等承领，办米自卖，秋收后各米铺加二行息缴仓。嗣后逐年以陈易新，仍归各米铺按分具保领办发卖，秋收后仍加二缴仓，不得掺杂毛谷。如违惟该保是问。

二、每年会社值年首士，凭请商务会绅，并邀集各行户及米铺，将序斗升子较准，以归划一。务期永久免生弊窦。违者凭会处罚。

三、米价高低，按时酌定。谷价高则米价高，谷价低则米价低。公同酌议，勿得任意高抬时价。如违，公同凭会处罚。

四、斛斗行户，仍照旧章，只用行岸。米铺及各肩贩概用火印米斗。行户用后字行舟，米铺用后字米斗。其行户卖米，必须成石，不得私用米斗零星售卖。前经管理积谷各绅，取具各行户切结在案。嗣后如违定章，查出公同投会重罚。

五、卖米近来船装肩挑，类多到市随时挽糠下潮等弊，易至霉滥。非独居民受害，实属阻碍生意。嗣后如有此弊，无论何人，查出准其报会，公同处罚。

六、各米到岸，行户必须照向章先邀集各米铺分销。如分销不尽，再听行户拨卖过江船客。庶遇凶荒年岁，地方可保无虞。其价亦须行户及各米铺当面议定，行户不得欺朦渔利，米铺亦不得私商对卖，以昭信守。如违，公同投会处罚。

七、每年三月十八日后稷会社，先于前三日，邀请商务会绅及四城地保，并各行与各米铺，将库斗升子送至洞庭宫较对。如有大小不一，听其挖补，逐年加盖火印一次。若临期不送，未经较准，罚钱一串文入公。

八、自较准烙印后，如有各行及米店用行岸米岸升斗无后字火印者，无论何人，查出即将再斗升提拿，知会首士，报商务会处罚。

九、会社日，米店愿吃酒席，用后照摊。如不到者，先与走丁说明，以免复请。随交香纸钱一百文，会后有晓单张贴。

十、米店凡新开者，须先至首士处报明招牌，入商会注册，又须出上会钱二串文，开研坊加钱一串文入公。

十一、米店收买岸上存仓之谷，由行每石抽用钱十五文。如在外埠运回谷米，在河下发卖花户，须当完纳行用。若是起回店碧研零卖，无得完纳行用。倘或对手私卖，查出听其处罚。

十二、在光绪三十四年五月二十六日请示，具有名牌，嗣后歇业。异日再开，只要先知会首士，再不加入会钱。

十三、碓坊碾坊请柜上先生及长年并零工司务，照向章落定工价，不得私自另加。如有抢夺等情，查出公同处罚。若司务挟制店东，纠众排工及不合理之事，同行公议。如不能完事，再行报会，听其处罚。

十四、社会日酒席以五连碗为例，不得奢侈过甚，以节糜费。

十五、后稷社会，杜康先师均请至洞庭宫供奉。每年补庙上香纸租钱六串文。后稷公原有租钱十串文，除补香资六串外，其余作补庙中炭火茶水之费。每逢会期日归给。

4. 糖坊条规（省城）

从来行商坐贾，不无规约；百工技艺，各有章程，吾侪长善糖坊，虽云蝇头微利，不有定规，何能一体。自乾隆、嘉庆、道光年间以来，章程划一。近因粤氛犯境，致规条紊乱，积弊日生。爰集同人，共襄美举，谨将旧章逐一妥议。庶几人心皆一，而积弊全除，行规正而商程永定矣。凡我同人，务宜恪守，永远遵行。兹将议定规条，详列于后。

一、每年六月二十四日，恭逢雷祖圣诞。值年人等先期备办祭祀各项用物，凡我同人，至期理宜斋戒沐浴，拈香上表，以昭诚敬。福有攸归矣。

二、每年十二月二十六日，欣逢杜康仙娘瑞诞。值年人等虔诚致祭，自有神灵庇佑，获福无涯矣。

三、议值年四人轮流公举。凡遇公事，务须龟勉同心，竭力办公。每于六月办祭毕，签派值年四人，先期具柬相邀新值年，凭众接管办公。既经派定，必须踊跃从公，毋得借故推诿。遇有事端，值年人等亦必公正剖断，不得徇［循］情。

四、议新开门面，无论城厢内外，必于老铺本铺外上隔八家，下隔八家。其中或有双合门面、两牌两姓者，可算两家；或有单门面、两牌两姓，只算一家；庙宇、衙门、公馆、客栈、铺内埔道、住屋，无论大小买卖，厮屋、照壁，及巷口均不算。除对门不算，从对门之隔壁起。若不在老铺之本街，亦必除更棚、街口、轿肉码头等处不算，方可开张，出牌费银四两。若开铺面，未开作者出牌费银二两。其钱交值年人经手生息，以作祭祀香资用费。倘有违傲不遵，值年鸣知同行，公同决裂。

以上，光绪丁亥年秋节重整。

五、议每户无论买卖大小，只准双缸作二日。倘加修一座者，罚钱六千文入公，并鸣知同行人等齐集，立即将该作拆毁。

六、议客商买卖货，任客投店。凡我同行，不得高抬时价。其糖高低，向由粮食价转其行市，或涨或跌，由值年妥议。每逢朔望，发挥为定。倘减价坏规者，罚钱五千文入公。

七、议白糖价值，只准照饧糖价每斤加钱四文，药糖只准照白糖价每斤加钱六文。违者罚钱二千文入公。

八、议凡门面零星物糖，向无报锣钱文。倘有私相受授者，查出罚钱四千文入公。

九、议葱管糖永不准做。违者罚钱二千文入公。

以上各条均系公同酌议，永定章程。倘有违议，鸣知值年，照议定各条罚钱办理。值年人等务必秉公持正，不致徇［循］情碍面，坏乱行规。凡我同人，同心恪守，永远遵行，不无裨益云耳。

5. 漆业条规（巴陵）

一、议大小差事过境，各漆店轮流当办。毋得推诿，致干咎戾。

二、议油漆庙宇、衙署、匾对、招牌，装彩神像、椅桌、妆奁，油漆寿纺、零星物件等项，应归各漆店承做，别行不得恃强夯做。如有恃强夯做者，公同报明商会处罚。

三、议各店来往生意有斜换者，结账后方可领做。如不遵议，每串罚钱四百文。

四、议各处招牌匾对，不许上工。如有强做，罚钱一串二百公。故各工技艺有鉴［见］于此，各立章程，列条规，用斯统同，以杜异趋。独我漆行亦有旧章，相沿以久，俾无抢夺、暗包、明骗，一切坏规等弊，诅非甚幸。后因有一种丧心射利之徒，彼此串合，卖用假漆，或夺人生理，或横行暗抢，只图一己得利，弗计他人受害。将见此辈，实属鬼诈之行，大肆鲸吞之志。我等生理益觉艰微，更恐衣食难度。言念及成，殊堪痛恨。爰再纠合同行，仍收旧章。嗣后务宜革面洗心，不得徇情。苟有犯者，我行协力酌罚。照依旧章，以振后来。是为序。

胪列条规于后：

一、议在同行包红漆及漆货者，诸货均照旧章，亦不得乱例。如果私抢紊规，罚钱八百文，将货充公。

二、议同行不许勾同外行同财，暗地抢夺本行生理。如违，公罚钱三千二百文。

三、议同行各有主顾，不准抢作。若主人愿出多钱作者，果获重利勿论。如违谎报，多数减价人同行查实，公罚钱二千四百文。

四、议城乡工夫或用上漆油红，及漆寿材，日工谅为包货以作，身价钱一百二十文正。

五、议伊主或放漆上桌，止许原放漆水做，不许另放漆暗夺。如违，罚钱一千六百文正。

六、议不许觊觎主顾，致生嫉妒。违者罚钱一千二百文正。

七、议城外三十里止，同艺者定要上会。司务钱八百文，学徒钱四百文。如违，约众公罚。

八、议城厢新开漆店者，上会钱一千八百文。当司务钱八百文，徒弟钱四百文。如违，重罚。

九、议无论亲朋戚友来同行店，定十日外要上会钱一千文，徒弟四百文。如有隐瞒不报者，公罚店主钱一千四百文。

十、议各店请司务，不许暗唆出夺。如违查出罚钱一千二百文入公。并要唆者填还请者一年身价。

十一、议买卖必须公平，务宜货真价实，不得利己损人。

十二、议往来客商，恐有丧心之徒，暗造假漆。一经误买，假我行名贻害他人。嗣后遇假卖漆者，即将拿获送公，协同重罚。我行更不准卖用。违者罚钱一千文，将货充公。

十三、议学徒三年已满出师，不许忘义，亦不得抢夺生理。违者公逐。

以上数条，各宜遵规蹈矩，同心协力。倘有恃强违傲，犯前各规，有一卸肩不向罚者，公同照逐直革。爰立章程，永垂不朽。有报信者，公议出钱四百文。如有欺押报信者，首士一并承当批明。每年议定首士四名，上交下接，不准同行私借私放。如有不遵者，公罚钱二千四百文正。

光绪三十二年十二月十五日 立

6. 菜园条规（省城）

盖闻临淄洁士灌园，高仲子之风；洙泗名贤为圃，仰樊迟之学。此一丘一壑，桑泄桑闲，古人每藉以娱情，而我辈则资以食力。善邑城厢内外，铺管都管五里之处，约有百十余家，姓字既殊，贤愚各异。窃恐嫌疑莫识，遂至参商；或者强弱相倾，顿生牙角。此等情弊，难罄笔书；不有规章，奚彰公道。自丙子年，我等议捐成公，名为万物资生，盖取义于坤厚载物，德合无疆也。然而公立有年，规模亦古，是以同人再议，准酌宜今。爰集同行，更议条规，以垂永久。庶一心同德而千古不朽云。谨将所议条规列后。

一、议恭逢城隍福王、赵公元帅圣诞之期，经管值年人，务须整顿衣冠，虔诚庆祝。诞期之后，演戏一部敬神，以昭诚敬，共乐升平。

二、议城厢内外，铺管、都管同行人等，倘有欺挟嫌疑，藉端乘隙，恃强欺弱者，一经查明，剖别是非，公同议罚。

三、议管公及同行人等，各宜安分守规，不得遇事生风。倘借公闯凶，仗公搪挡，弗循理法，欺挟私仇，经众查明，公同议罚。

四、凡园土自业自种者甚少，批佃园土者甚多。由上至下，宽窄不一，历有顶项佃将园内菜兜、种子、器用什物等件出顶者。谅物作价，肥素不一，上交下接，与东无干。

五、新添种园营生，未入红册者，每户分种者，或有顶项，或无顶项，当初言定，免至日后争论。倘有弄弊私谋佃种者，议罚。

六、公举值年人，城厢内外共计十人，三年移交。诞期之先齐集值年人收各园户香资，依遵旧章收清归总管领收。如有各处新添搬来者，香资费亦照向章收清，发给收条，行单登上红簿。

七、客师营工或长年或月工，凭引荐人议定身俸，务须始终如一。忙工之际，不得辞东卡索，寒冷之时，不得退工卡师。隔年留请，候大冬节定妥。行内请人，必须尽问上首，两无生嫌。倘有夯制立辞，不做同行。如有擅请，一经众觉，执情理论。

八、各园土四季遗苗种子，无论菜数，毗连共界者，互相照管。倘有悄窃等情，一经查出，公同议罚。若遇外人偷窃等情，须至查实赃证确切，经众自有公论。

九、以上各条，同行务宜遵守。倘有败坏行规，轻则议罚，重则禀究。

光绪二十三年　月　日

7. 粪行条规（省城）

盖闻丰衣足食，上古曾陈稼穑之艰；大道生财，下愚亦切躬耕之愿。况南国普嘉禾之荫，实赖乎人功；西畴芸黄稗之田，端资乎粪草。此所以家盈麦菽，乐有干而有年；室满仓箱，庆多黍而多余者也。乾隆年间，奉示创立农民一帮，历有年矣。同为活计，共处于斯，前辈既尽经营，后世克遵矩燃。无如年湮代远，成规日觉其乖张；即此地广人稠，法度愈形其越分。光绪十七年二月内，蒙善化沈详请抚宪张批准在案，颁示遵行。既已往之不咎，庶来者之可追。爰定章程，事悉合乎众谕；斟酌条款，意固出于同人者耳。

计开：

一、客商来埠装载，只要账目清楚，任客投行，毋得卡索。如违，公同议罚。

二、装载有由行送书，以草挥交船户。彼客或再要船户另投别家，诡捏自买。似此所为，滥规已极。倘被查实，将船户并代买人概行议罚。

三、同行在城厢内外收买，穿房入室，毋得贪图小利。违者查实，永革不复。

四、同行所佃厕屋，及大街小巷缸厂桶担，各有其主。毋得私行悄窃，违者议罚。

五、犯规既经众革，或暗地收买托人代卸。经众查实，公将代卸人一并革出不复。

六、同行桶担，须当自别嫌疑。毋得停放衙署公局、要道门首，致生口角。违者议罚。

七、送货上船，必须对筹交卸。毋得私行抽掣。违者查实议罚。

八、送来街市撮箕之粪，实由各处窃来。有同行暗地伙通，贪图渔利。倘同行目击，收买者切勿隐匿，即投鸣值年人公议，给钱二百文。将伙通受赃人，永革不复。

九、同行无耻，伙通外埠上抢下夺。日后查实，公将伙抢人永革不复。

十、运货来厂发卖，毋得私掺假粪情弊。持爬人亦不得徇隐收卖。违者验实，一并议罚。

十一、担桶均要本年火烙，方可发卖。若无烙者，持爬人收买，公同议罚。

十二、同行无得私引无名人运货来厂发卖，违者议罚。

十三、同行雇请工人，必须将各项规章告知。倘违规生事，过归其主。公同议罚。

十四、同行兑米均照时价，公挥不得任意高抬。并禁潮碎毛糠。米升亦要本年火烙。违者议罚。

十五、同行无论老迈年高，不得将名出租。违者公论。

十六、近有无名人，在城厢内外挑桶问货。恐生他故向我等理论。凡我同人，倘在街衢撞遇者，比即鸣知值年，请众逐出。公将借桶人议罚。有目击徇情不报者，一并议罚。

十七、同行交贸，均要公平，毋得恃强夯压。价值当面议妥，不得多接分文。违者议罚。

十八、持爬收买，总归公厂禁碑之外。各处收买者，查实议罚。

十九、四乡路担，必须至码头议价。毋得恃强争夺，拥塞城门口各处要道，致生口角。违者勿理。

二十、同行挑运由城门口出入，及街巷经过，务宜各备桶盖。不得各处停放成堆，惹是生非。违者勿理。

二十一、在埠头闲坐之船，必让客船入临装载。毋得恃强霸占。倘不遵，公同理处。

二十二、河岸上下缸厂桶担，不准灌洗清粪。违者议罚。

二十三、埠内缸厂桶担，禁止捞蛆情弊。倘有不遵，将桶毁碎。违者公同驱逐。

二十四、本埠河边自天符庙起，至泗洲硬岸祠止，立碑永禁停放厮棚。违者立毁。

二十五、同行买卖均要正直公平，总宜各守规章。倘有口角参商，经鸣值年。不准酗酒凶横，恃强争斗，及不分尊卑等情。违者公同指名禀究。

二十六、值年与同行人等，凡事公论，均要至公理断。毋得藉公挟私，以图报复。违者理叱。

二十七、值年六人承办公事一载，务宜秉公正直。毋得私心肥己。违者听众人议罚。

道光二十二年　月　日 善南永庆立

十一、动物商业条规和章程*

1. 屠行条规（武冈）

一、议我行官厘照依旧章，不加取分文。同行各桌，每日洗猪一口，加公费钱二十四文。首士按日登桌，收钱缴公。如有隐瞒延搁不交，加罚十倍。恃横不遵，公同禀究。

二、议厘金。首士轮流上街，官厘公费，随到随收。每日巳刻速交公收。如首士推卸，不上街收钱缴公者，公同议罚。

三、议先年入会者，照依老例子顶父桌，或系亲叔脉侄，方准开设。如占亲占故，混名私开，实属不成规矩。今我行公议，

来年由正月起，务要循规蹈矩，不准假名混开，乱我行公事，难归画一。

＊《湖南商事习惯报告书》"附录"部分收录动物商业条规和章程共5部，涉及屠业、牛皮坊、鱼虾业、鸡鸭烧腊等行业，除省城长沙外，还涉及武冈、益阳两县。本节按照行业和地域选录。

来年查出私开混乱规矩者，公同提肉入庙重罚，决不徇情。倘有恃横不遵者，公同禀究。

以上三条，各宜谨遵，切切此白。

又：

窃我州屠行生理，前奉抚宪批示，永革差事。业经勒石，由来久矣。今庙中费用浩繁，厘局加税，每年缴厘三百余串文。春秋祭典，每年缴二千余斤，每斤给钱四十八文。城厢所收无几，难以凑集。近来人心不古，先年上会挥据，屡屡拖欠。今我等酌议，禀请州宪施核定章程，永远遵守。嗣后瘟肉减价另卖，自后新开屠桌，较前加倍如数入公。凡我行各守条规，不得违抗。庶庙费丰隆，公私有济。是垂不朽耳。

一、议新开屠桌捐钱二十四千文，设酒席二桌，邀首士当面入册。其钱先交后开，以为补庙费。不准书挥拖欠分文。如违，公同革罚。

二、瘟毙猪肉摆板，照依时价每斤减钱三十二文，亦不准多卖。如违，公同重罚。

三、客商贩猪下河，每口猪取厘税钱一百零二文。如违，查出重罚。

2. 鸡鸭烧腊条规（省城）

盖闻百行贸易，俱有成规图永远。我等鸡鸭一行，何独不然。原立规章，共相遵守。秉权衡以利用，相期称物平施；酌轻重而咸宜，久已同心竭力。节有度而守有序，我无诈而尔无虞。特恐人心不古，难于划一。爰集同人，将所议各节，具禀长善两宪立案，请示晓谕，以垂久远。我同行尚其恪守定章，各安生理。所有各条、开列于后。

一、议每届文武科场，先期公举值年八人，承认办理差务。领价备办，临期不得违误。所收同行帮费，及外帮等理应照章收费，值年人等不得格外勒收。出费之人，亦不得支展延搁。违者议罚。

二、议每年三、五、六月恭逢财神、雷祖、城隍列神瑞诞，总管值年经理，先日酉刻、是日辰刻各整衣冠，齐集公司，拈香上表，以昭诚敬。所收各户席费、香资，均照旧章。每逢七月朔日，演古文一部。值年交班，务望同心踊跃是幸。

三、议新开铺户，无论本帮客帮及老店码头等处，遵照案规须隔上下十家之外，方准开设。自戊申年起，凡属客帮在此开贸，每户应上牌费钱八串文。本帮照章如客帮人。沿街游贸者，须隔五家。倘有不遵，公同禀究。

四、议牌费等项，概归值年入收取，登入红簿，付总管积蓄。如违议罚。

五、议客师帮贸，年终为定。如宾主不合，三节辞卸。其中有长支者，理应归清。然后另帮别处。如违议罚。

六、议凡各铺户带徒，只准一进一出，不得连带数名。进师时贽敬听便，以后具柬相请总管值年酒席两桌。出师之日，入会钱二串文。如违议罚。

七、议凡各入会钱文，概交值年收账汇册。惟有力之人，日后自行开贸者，加上牌费钱二串文归公。听其设立门面，谏吉开张贸易。

八、议本帮沿街贸易者，先投昭穆，然后邀请总管值年，预备酒席二桌，入牌费钱四串文，凭众交值年，以便汇入红簿。违者议罚。

九、议凡船来货物到省，概归经纪速即通知同行，我等公同看货诺价。务宜公买公卖，经纪不得私自作价悄卖等弊。如违罚戏。

十、议每鸭一只，照章抽收厘头一文。经纪用钱五文。其厘头概归值年照算查收。如或其中舞法作弊，一经查出，即行更换。如违议罚。

十一、议我行人等通欠客账不楚者，概不发货。如有倒闭潜逃，经众议革，断不徇情。

十二、议外县人以及乡间等贩挑卖鸡鸭，并船货来省沿街生理者，遵照案规，每名入行费钱二串，其钱作四期归楚。倘恃强不遵。经众公同处罚。

十三、议照例每年七月中元胜会，原议善果三天，归总管值年经理承办。所有用费，每年十月朔起至年底止，抽收各铺户及客帮等，每鸭一只出钱一文，作为此项用费。惟此系我同人善举，谅有同心此议。

十四、议总管为管理房屋佃租、契据红簿、银钱账目等事而设。向例公举四人承充。须择殷实老成，限以三年交卸，所有出入银钱账目及置买房租，经众核算以后，方可交卸。如有亏挪公款，经众照赔无异。

十五、议另举值年十人，一年一交经管牌费、行费、厘头等项，且将各项一一汇总。每逢七月朔日，凭众核算多寡，概归总管登簿收存。其中账目有不符合者，仍归上首经众算明，然后交接，以杜朦混。如违议罚。

以上所议条规，已具禀长善两县请示定案。我同行人务宜恪守，是所厚望。

　　　　　　　　　　　　　　光绪三十四年六月　德庆咸熙公立

十二、交通商业条规和章程*

1. 客栈条规（湘乡）

一、城市开张，不论栈寓，店主亲具不得招藏匪盗切结，并请的实承保，出具特保、切结二结，送交街总造册。然后发给循环号部，以便注载客商姓名、居址、事业。无保无结者，不得开张。

二、各店换主顶牌，必须另保另结，另注册另发号部，以便稽查。原保原结冒名私顶者，禀究不贷。

三、栈寓向例不准窝赌窝娼，及一切违禁不法等事。违则禀究。

四、城内无业游民及外来形迹可疑之人，与夫面生单客，一切不准停留。违则禀究。

五、客商投宿，或三五人或十余人，店主必须逐一查明姓名居址，何处来城，作何事干，明白登载号部，以便查核。店主不查，禀究店主；客商不报，禀究客商。

六、客商银钱货物，各亲自点交，各亲自领取，不准替代，以杜冒诈。未经点交，倘有遗失，与店无涉。

七、客商寄行李货物，必须凭点开单，日后执单领收，照单发给。领取无单者不发。伙［火］食未楚者亦不发。主客两相情愿，不在此例。

八、伙［火］食五天一清。倘有此店火食未楚，他店争寓者，向该争寓店主垫完。至于无赖痞徒，诈称遗失，藉抵伙食。任店主扭禀严惩。

九、栈寓二更落锁，客商外出必须商知店主，以便检点启闭。倘有擅出擅入，招引盗窃者，任店主禀究。

十、饭价照依谷米价增减。城市一例由经营刊板填发，不准私行涨落。倘敢故违，公同议处。

光绪三十三年十二月二十八日 立

2. 船埠条规（株洲）

从来商贾百工，莫不整规肃矩，以期道一风同，各安生业。我株洲埠为

---

* 《湖南商事习惯报告书》"附录"部分收录被服装饰商业条规和章程共18部，涉及客栈、船户、毛板帮、箩行、官轿竹木材三行等行业，地域分布上除省城长沙外，还涉及株洲、湘乡、浏阳、武冈、湘潭、邵阳等县，其中武冈者居多。本节按照行业和地域选录。

吴粤通衢，行旅辐辏，故船户以人载谋生者，不下百计。同治初，蒙江右万寿公首事请示存案，设立船局。复协先辈厘定章程，永远遵守。迨日久废弛，且世故日更，不无因革。爰集帮众，邀请团绅客总，重订帮规数则，晓众遵行。庶良莠悉受范围，而商旅亦延〔诞〕登彼岸矣。谨将所议规条，胪列于后。

一、向议装运人载由局给筹，大船以三十人为限，中船二十五人，小船二十人为度。违额私行，多装者处罚。

二、船只必须修整完固。如破滥损坏，船局概不发筹。倘恃强暗地揽载者，查出议罚。

三、装牌固宜轮流先后。前列者每日以五船为率，于值日辰刻至局挂号，以便船局按号发筹。已报者不得故意留难，未报者不得越次闻载。违者处罚。

四、装载客货必须谨慎安置，交卸清楚。如有损坏客货，及雇伙不正，私地偷窃者，经客查出报局，除按多寡赔补外，任由帮众分别罚革。

五、向议红茶、诸粉、鸡鸭蛋贩以及乡街店货，任其雇载。其余往来商旅，一概由局发筹。恃强邀截者处罚。

六、客商雇写包船，及乡街装运谷米货物，各有主顾，不得自唤。如先已有船户议定，旁观不得圈揽及短价抢夺等弊，违者处罚。

七、小划只准停泊渡口，亦须先后挨次轮渡。倘客商有要事急渡者，听其唤雇，无得纷争。违者处罚。

八、轮船泊埠，每日派小划五只，送客登岸。但每次以十人为度，不得多载，致有意外。违者议罚。

九、客商有愿搭行船，任客至渡口雇划送搭，不准划户私至饭店揽载。违者议罚。

十、向议外埠船只至本埠装运谷米，必须量帮差费，每米一石收钱四文，每谷一石收钱二文。其零星杂货，每船收钱四百文。概由船总经管，他人不得擅自多收。违者面叱。

3. 官轿竹木材三行条规（省城）

窃我等客帮竹木裁三行合一，历有多年。旧章惟冀各精其艺，官轿执事等前人自创条规，禀官立案，咸知遵守。兹因行杂，更于其中分别立规，重加厘订。凡我同人，毋得异议。俾永垂久远，是幸。

所议条规列后：

一、议轩辕祖师每逢九月十六日瑞诞，公同庆祝。

二、议每年公举值年四人，轮流交接，经管公项，毋得利己肥私。如违，公同议罚。

三、议铺户带徒一出一进，各带各艺，及子侄一切毋得朦混重带。三年出师，入上会钱一千二百文归公。

四、议外来客师入帮钱贰串肆佰文，限一月上清归公。如违，加倍照罚。

五、议竹木两行带我行徒，须拜座师为门，议钱贰串肆佰文，归师得。已往不究，嗣后如违，议罚。

六、议诸人私做强变违规等情，公同议罚钱二串四百文归公。

以上各条，毋得不遵。如有滋事不端，滥公延私，公同革出，永不复行。

光绪三十四年十一月 同行公立

4. 箩行条规（株洲）

潭邑株市箩行一业，创自前明。其时此处属建宁县治，后遭倾覆，生意式微，仅留株洲一市。其道路上通闽粤吴楚，客商往来云集之区。箩行码头，历代只一百零三名，皆随客商店铺行号，呼箩挑运各色物件行囊，上岸下河，均归箩行挑送。帮外人众，毋得浸闰阻扰。自昔承差抬轿挑担，东至白关铺交卸。又于光绪二十四年创修萍潭铁路，屡承差务。蒙坚督铁路总局薛宪示，谕火车客商货物行李，均归箩夫挑运。今又承抚民府并分司差务，概行慎始慎终。但算行规章历刊碑立于城隍庙侧，兹因年代久远，恐各视为具文，因将旧规重行刊布，以资遵守云。

计开规章十条：

一、议上船挑货，毋许拥挤争先。

二、议客商店号挑运货物，交卸清楚。

三、议黑夜毋许挑起货物，以免遗失。

四、议起货不准重挑挟力，以多报少。

五、议货物力价定规，毋得多取，假公肥私。

六、议毋许恃强欺弱。

七、议毋许凶殴，强词夺理。

八、议力资归公平分，不得私自瞒昧。

九、议火车货物上下轮流挑运，毋许争先霸多。

十、议轮船客商货物喝轿挑抬，轮牌不得强先弱后。凭议规条之后，一切犯者，照议罚处。重则烧算革退，永不复埠。轻则歇业受罚。总凭公论毋异。倘有经理值年徇情，凭众重治。

5. 水府宫公议夫力条规（武冈）

盖闻不以规矩，不能成方圆。我州水府宫历有章程，无异如码头脚夫，经先辈禀请在案，蒙蔡宪恩准出示晓谕，永为定章。后同治三年夏功茂等希图加增，具控在案。蒙文宪批定章程，分别发给，以杜争端，订成铁案，刊碑立石。谨遵宪示，恪守不移。不意箩夫藐视宪批，近来脚价有违旧章。今冬宝郡水府宫首士，来州席请阖州绅商，公同理论。前章旧例，视为具文。将先年铁案古碑，当众验明。奈码头箩夫，违例日久。似此情形，若不再行整顿，流弊匪浅。是以协同公议，谨遵同治三年章程，刷印发给。胪列于后。

计抄录旧章，凡遇大水货多，码头挑夫运之不及，蒙前宪示准，各家铺户及客商等，自行雇夫挑运上下货物，码头挑夫不得擅行阻违。公同酌议，嗣后客商各铺，自行雇夫挑运，每挑存钱二文，以归码头差费。如老岸老例外，旧章未载沿河一带，任凭客商富户铺店自行雇夫挑运，码头挑夫不得阻拦，亦不得加抽差费。如敢故违，禀官究治。

一、公议起落上下货物，凭团绅商议，照老例每挑权加钱二文，以近年荒岁歉，码头挑夫之苦。如遇丰年，仍照老例发给。倘再违例重罚。

二、公议谷米下河，如遇水大以及阻关，齐来争先，或背地私相受授，殊属不成事体。议立粉牌悬挂码头，如各商即行下货，仰船户至伊处，必须载明某店何处起落。先书牌者先挑，后登后挑。同心共济，不得争酿。如违重罚。

三、公议谷米下河，均由码头公斛量校。如遇水大，码头公斛未停，公同加办公斛十把，存水府宫座斛二把，余八把经总首各领一把。如不公平者，先送钱一串至总理处，然后发斛。以凭质言，随取随送。不到遗失亦不得过夜。送斛退钱，违例重罚。

四、公议谷米如遇大水阻关，分甲乙班照粉牌挑运。如一家有数百硕至千硕者，只准挑一百硕为度。以便分次轮流转运，无得争先。倘或故违，禀官究治。

五、公议谷米及百货上下起落，不得私加脚力。若果私加，不拘各色，查明罚钱六千四百文。不得徇情。公谢报信钱一千六百文。亦不得食言而昭诚信。如船户暗加挑力，藐视公规，查明加倍议罚。如果持横公同扯船，严究以杜流弊。

六、公议码头挑夫上下起落俱货物件，凭主人安放，不得任由挑夫自专，至门不管，恐防跌伤损破。惟此情形，照赔严罚。

七、公议船户领运谷米山货，不得掺砂灌水，及棉花百货不得改色欠称，私卖客货。到埠照原称交卸，若果不符，向船户追赔外，轻则议罚，重则送究。决不徇情。

6. 码头章程（即箩行挑夫）（武冈）

各位伙计议定禁止，店内不准赌钱打牌，如违公同重罚。

一、议各铺户挑钱不准先担上身。违者重罚。

二、议东南西北货物在本店铺户，喊人未来，听人随担。不知者不许另请人代担。

三、议不论远近，抬了一厂从一二来不准论。

四、议抬定担子，不准先后相争，以强欺弱，以大欺小。如违重罚。

五、议各铺户下货起货，上下远近，各铺口请人。如违重罚。

第五章

《湖南民情风俗报告书》所见之民事习惯

【按语】《湖南民情风俗报告书》系湖南调查局法制科第一股（调查民情风俗与民商事诉讼习惯）调查所得，虽未以民事习惯调查报告命名，同样是湖南调查局的重要调查成果之一。该报告书全文均为陈述体，共有住民、家族、教育、职业、生活、礼俗等十二章。各章详略不一，有的章内只有节，有的节下还有款、项，少的一章只有两千多字，多的一章近两万字。如"住民"章就土著客籍、苗族三节分述；"职业"章只述及士与农，士的内容只占百分之七，百分之九十三讲农；"生活"章讲了衣、食、住和货币"礼俗"章讲了冠、婚、丧、祭；"礼俗"章的篇幅是"生活"章的六倍。该报告书记载民事习惯较多，兼具实践性和应当观念，如第一章的苗民风俗、第二章的族规与制裁、第六章的冠婚丧祭等礼俗、第七章的宗教组织与授受、第九章中的造谣、械斗、健讼、拐骗等习染，等等。如"住民"一章中记载了生苗、熟苗、高山苗、侗苗、平地苗、寨苗等苗民的婚姻、丧葬、祭祀习惯；在"家族"一章中将家族的任恤之制、劝惩之制等族规以及家族制裁方式详尽记述。其中不乏与国家制定法相冲突者，如长沙、善化、巴陵等地家长的制裁权。[1]中国古代法律是禁止私刑杀死不肖子孙的，子孙违犯教令，家长可以将其送官府"谒杀"，不得擅杀。湖南大部分地区的习惯法均遵循这些国家法，但长沙、善化、巴陵等地竟有沉塘之习，《湖南民情风俗报告书》能够记述此类陋习，证明其所载内容较为真实、全面。

---

[1] 诸如："湖南世家大族，家庭之间无不尊重家长权。子弟咸受其约束，有不肖者轻则鸣房长斥责，重则鸣族长惩治（俗云开祠堂门），或送县禁锢（浏阳多此习），或送自新习艺所，或立约驱逐出户，或预请戚族取消其一切行为之能力（如借贷买卖之事，皆不准行），或并限制其所有权（如不肖子弟受有遗产家族宣告，只准其食用，不准其典卖，或勒石存案）。若子弟初犯过或能悔过者，则请凭房族取具永遵家训字据。此种制裁殆湖南普通之习惯。至株洲易氏宗祠内，更设有拘留房，浏阳则祠内设有刑具（笞刑枷具），长、善、巴陵各族子弟有为窃盗者，族中父老不愿鸣官，竟缚而投之水（俗名沉塘）。野蛮残酷，殊失制裁之义矣。"

　　本书现据劳柏林先生校点的《湖南民情风俗报告书》一书，摘录其中之较为典型的民事习惯部分内容，分成几个专题叙述。读者欲观全貌，可参阅劳柏林先生之校点本，不当之处还望劳老先生谅解。

一、湘省苗族婚丧祭风俗[*]

　　苗有族属养生送死之道，咸具同文化者曰熟苗，输租服役等于齐民，生苗反是。高山苗、峒苗之类多聚族而居，自为风气。平地苗、寨苗有与平民杂居者，渐泯畛域。辰、沅、靖州蛮俗类土著，外愚内黠，焚山而耕，所种粟豆而已。农隙时至一二百人为曹，手相握而歌，数人吹笙而前导之，聚饮以为乐。五溪蛮风声习气大抵相似，语言服食率异乎人，其俗刻木为符契，长短大小不等，穴其傍多至十数，各志其事，持以出验，名为木契，犹上古刻木为契之遗制也。伀佬及瑶苗则妄自尊大，岁时旦望或客至，则排衙主盟其事者为队公，又其次名左右押衙，其受犒者如熟户之瑶，既纳款听命，纵其出入省地州县，差人管辖；或许自推首名卖首，随从者如军中队伍然，名队小。蛮乡最重端午，不论生熟界，出观竞渡，三日而归。既望复出，谓之大十五。船分五色，皂船之神尤恶，去一必有风雨。一月前众船下水，饮食男女，不敢共处。吊屈原，正楚俗也。苗性懁忮猜狠，睚眦之隙，动至杀伤，仇家习为报复，遂成风气。谚云："苗家仇，九世休。"其好杀之性然也。要之，苗族之风俗各以其种派自相沿袭，兹特就其普通者列项以说明之。

　　（一）**婚姻**。苗无同姓不婚之嫌，然同族亦不相婚配。其嫁娶由父母主婚，媒妁相通，以酒肉牛只财物为聘，谓之插香。嫁之日，男家备钱物交媒人送女家，谓之过礼。女之父母、兄嫂、姊妹、诸姑伯叔偕至，新妇由窗户耳门入，登坐火床，无合卺礼。欢饮三日，夜则新妇与母同宿，母索婿家财物而去，名曰娘钱。归后乃成配偶。母家所赠首饰簪环，或至十数两、数十两不等，婿家俱照数还银，不能短少。富厚之家择女美者，令子牵其臂名曰抢亲，则女不更许人，而后挽人议财礼。处女有与人私通者，父母不禁，以为人爱其美。若犯其妻妾，则举刃相向，必得钱折赎而后已。夫妇不相得，则售其妻；翁有悦子妇者，则收为己妻而为其子另娶；兄弟故则收其妻！此

---

　　[*] 节选自劳柏林先生校点之《湖南民情风俗报告书》第一章"住民"第三节"苗族"第二款。

苗蛮习染之陋俗也。

（二）**丧葬**。苗人之丧也，临尸哭泣，无衣衾棺椁之殓，无衰麻绖带之服。亲友以土物吊其家，主人椎牛设饮，谓之送死。葬所以玫卜之，随其所卜之地，掘窟三四尺，镶以木板，置尸其中，封之以土。三日割牲覆墓，邀亲戚食饮，号眺以尽哀。次年二月，以牲楮祭奠，男陈设于左，女陈设于右，各以其类。如是者三年，过此，则岁时伏腊无复过问矣。

（三）**祭祀**。苗人畏鬼，信巫，人病则曰"有鬼"，延巫祈祷，酿酒割牲，约亲邻饮福，名曰"做鬼"。既祭不愈，则委之于命。祭后插标于门，禁人入其家室，误人者谓惊其鬼，必勒偿所费之数，复祭如前而后已。岁首祭槃瓠〔弧〕，杂操鸡豚酒食陈之木槽，叩槽群号为礼。五月逢子寅午日，祭祖先毕，老幼避入山洞，曰躲鬼。是日不举火，道路相值不偶语。小暑节前，以辰日起巳日止，祀白帝天王，禁屠沽，忌钓猎，不衣赤，不作乐，献牲后始弛禁。稍不谨，即谓有疾疫瘴疠为灾。遇有冤忿必告庙誓神，（誓曰你若冤我，我大发大旺；我若冤你，我九死九绝。）拉猫血滴酒中，饮以盟心，谓之吃血。吃血后三日，必宰牲酬愿，谓之悔罪做鬼。入庙膝行，股栗莫敢仰视，抱歉者则逡巡不敢饮，悔罪乃罢，以是决祸福。远不能赴庙者，建拜亭于道旁，即亭前盟誓，如入庙然。乘骑过亭必下，尊之至也。事无大小，吃血后无反悔，否则官断亦不能治。盖苗人畏鬼甚于畏法也。

苗性好居溪峒，不乐平旷，弱则伏处山谷，强则辄为边患。镇草为苗疆扼要之区，驻设镇道大员以资防范，其余厅州县地方安营分汛，从事稽查。民苗虽准联婚姻，通贸易，而客商入寨仍经官给照，限日返回。与苗民联婚者，非土著不得为之。立婚书报官立案，所以杜鬻买也。今苗瑶耕凿相习驯扰，无敢佚法，抚之以恩，示之以信，禁绝兵役滋扰及奸人煽惑，则乱萌无自生矣。苗人多不识文字，相传以鼠牛虎马纪年，月暗与历合。《黎平志》载：有苗字，或云罗罗字，盖不可考也。苗在炎黄之世，必有文化可纪，自唐虞遏绝，苗民遂以不振。今其遗类蔓延于湖南者，虽已侪之编氓而愚陋实甚。国朝科举时代，特为苗瑶设乡试新额及屯防义学弋科，名登仕版者有之，谓之新籍。地方官倘能注意教育，则固有黎民于变之一日也。

二、家法族规与家族司法[*]

（一）家族之结合

家族之结合，昉自血统，有由于天然者，父子兄弟是也；由于人为者，夫妇是也。积家以成族，自大宗以及小宗，不相凌渎。故观于家而父父子子、兄兄弟弟、夫夫妇妇，伦理灿然。大著观于族，而世系可考。谱牒昭垂，尊祖敬宗之意，油然而生。楚俗尚鬼，重祖先，故家族之念甚深，则其结合之由来可考见矣。

第一款　家

若者为士大夫之家，若者为农工之家，富贵贫贱，各异其途。或合居以增其繁荣，或分居以谋其独立，因势而殊。然考湘人之沿习，则三世以内合居者，多矣。

第一项　合居。 合居之制，为宋儒所盛称，湘省各属今犹尊尚此风，数世同居，尤难能而可贵也。据调查所得，平江五世同居者，国初至今约一百六七十人。益阳向析荣八世同居，盖鲜见矣，其五世同居者五十六人。近日尚有邓代陞六世同居，刘安琛、傅秀茂均五世同居。桂阳州、道州之数世同居者不可胜纪，其余各州邑大都三四世而止。若子姓繁殖，一室之内或交相诟厉，则去雍睦之风远矣。

第二项　析居。 兄弟析居，异财不仰赖父母，且泯嫌怨，无害乎其为孝义也。湖南析居之风以浏阳、安化为盛，长善次之。邵阳男女婚嫁后，父母即为之析居。嘉禾则多同居［君］各爨。宜章同居不过三代，古丈坪无数世同居者，乾州厅贫民皆析居，盖各沿其祖先以遗传及生计而异。至于析居之方法，则请凭戚族（三党中最重者母党也），书立证据，各属有同然也。录分关书式如下：

甲、父立分关式

立分关合约字父某某，所生四子：某某，俱已成立婚配。今因年迈，难以照

　　* 节选自劳柏林先生校点之《湖南民情风俗报告书》第二章"家族"第二节"家族之结合"、第三节"家族之伦理"和第五节"家族之制裁"。

理家务，请凭族戚（名列后），将祖遗业并自置之田山屋宇、基地竹木、荒熟园土、什物牲畜等件，除屋前后水田若干丘，暨某某地方庄田若干丘，暂为养膳之需外，其余均作四股品分，拈阄为定。自分之后，均宜努力撑持，家声丕振。父母虽存养膳，当报劬劳之恩，兄弟即日分居，宜叶埙篪之奏。慎勿尔欺我诈而见利忘情，依然兄友弟恭不争长竞短。宜思守成不易，务念创业维艰，庶先绪不致凋零，后人亦有根柢。恐口无凭，书此一样四张，各收一纸为据。

  凭族戚　　　　　　　　押
  计批颁富、贵、荣、华字号，各自拈阄为定
  富字号分得田
　　　　塘　　　　　　阄定　　　　　　收管
　　　　屋
  贵　分得田
  荣字号　塘　　　　　　阄定　　　　　　收管
  华　　　屋

乙、母立分关式

立分关字母某某氏，生育三子：长某、次某、三某，教读婚配，俱已成立。今年逾六旬，难以料理，请凭戚族，将祖遗关分及尔父生前自置产业，作五股分析，母留一股，以为日用衣食之资。两女字而未嫁，共留一股，以备将来查妆之用。其余三股，颁日、月、星字号阄定订关，令尔兄弟拈阄为准。母及两女所留两股田山塘地各业，照契录后，无庸阄定。母所住屋壹栋，计九间，俟母终年后另议，不列分关。自分之后，照关管业，粮饷各自完纳，务其相亲相爱，毋伤手足之雅；克勤克俭，大恢宗祖之基。是所望也。

  凭族　某　戚　某　押
  计开：
  一、日字号。田若干　山若干　屋若干。兹经某拈得，即归其管业，收租完饷。
  二、月星字号。同上。

丙、兄弟分关式

立分关合约字人某某，今因家务纷繁，难以料理，兄弟商议分居，请凭族戚将祖遗及父置之产业，除提出某某地田若干丘，岁收租若干石，为父母生忌辰祭费，又提出钱若干串，存放生息，以为每岁整修住屋，培砌父母茔墓之用，永不动本外，其余田塘、山土、借券、屋宇、牲畜、什物分配匀均，另单开列，阅后拈阄为定。自分之后，公事公清，私事私理。克勤克俭，永敦雍睦之风；相爱相亲，常全手足之谊。今恐无凭，各书一纸，互收为据。

　凭　房族　某　戚　某　押

年　月　日某某亲笔

两纸合钤　　棣萼芬芳

第二款　族

《周礼·太宰》言："宗，以族得民。"《易》言："同人于门，同人于宗。"均以宗法系民之证。故不睦有刑，不姻有刑。盖敦族为合群博爱之始基，推之人人亲其亲，长其长，而天下平矣。请言湘人之宗族。

第一项　族会。《礼·坊记》有云："君子因睦以合族。"注曰："因睦以合族。谓会聚宗族为燕食之礼，因以致其和睦之谓也。"后世笃念先祖，隆于祭典，树祠里郦，岁于春秋召族之成人子弟祀之，习饮教孝，徵问族人疾苦，有古君子因睦和族之遗焉。湖南生息日久，人民聚族而居者，动历数十世至数千户。（如长沙之郑、李、周、曹四大姓，善化之皮、黄、张、郭四大姓，皆有丁数千至万余不等；安化丰乐龙氏自宋时徙居，今已二十四代，计万余丁；又李氏宋乾祐时徙居，今历二十六代，丁三万余；邵阳之太平曾氏、尹氏，三溪之周氏，聚族于斯，绵亘二三十里无杂姓，他邑类此者甚繁，不胜枚举。）各量力集绌建总祠、支祠或家庙，于族居密迩，为岁时伏腊敬宗收族之地。如长沙、永州、衡州、宝庆各属之清明、中元、冬至等会，浏阳、武冈、慈利等州县之冬至致祀、序齿、酸祭、举酒、颁胙，习以为欢。（族人之来祠与祭者，各带酒席钱百文。祠产丰裕者，则不取。）蓝山于春秋之季，族之父老集子弟课以孝弟之道、忠信之行。桂阳于春秋会祭之外，有随时集总祠议事之规定，情感相通，休戚与共。至长、善、安化、湘阴祠堂修置之需，动及巨万，斯又爱敬之心所发而为，缘饰都靡之习者矣。

第二项　族规。吾国以宗法治民，观《周礼·地官》族师之制，虽比间族党亦各立条教，使相联相亲。盖犹是一本九族之义所推广，使安而不极于扰，群而不流于漫耳。湖南华宗巨族多订立族规，共同遵守，如祭祀公、清明公、育婴公、族祠、义仓、修谱牒等项，无不著有条文，垂诸久远，罔敢违犯。兹节取其大端更绎之为二目。

第一目　任恤之制。博施济众，王政所难。而一族之中赈孤贫，恤疾苦，实亦人事中所不可阙。湘中族姓富庶者，往往预筹多金为慈善事业。凡族人力不能营丧葬嫁娶，或釐妇孤儿之无可存活，胥佽助有等。如益阳文承斋于孤寡之子，岁给谷七担乡童族之捐置义田，湘乡之蒋氏义庄、罗氏义庄，湘潭之邓氏义庄，道州之祭祀会、清明会，永明之老人会、新人会，衡阳之预储财产为荒年赈济之备，湘阴蔡祠年于冬至日纠［鸠］集谷六十担，分赡族中鳏寡孤独、废疾无养者。扶危济颠，笃于本原，允足风范。末俗已别，如醴陵预酿公款，为祭祀之侈陈；而永绥痞党至集资族众联通里胥以为讼费，又其变例已。

第二目　劝惩之制。劝惩之道，期于贤者有所淬励，而庸不肖者知所诫勉。国法之效远而缓，家法之效近而易矣。湘人群萃州处素，讲明家法有分族自治之观。族有孝子、悌弟、节妇、顺孙，均裒集事实，纂入谱乘以嘉之。占科名者佽银树坊（益阳胡氏），或致金钱酒食。浏阳曰奖赏、曰花红、石门曰衣冠费、宾兴费皆是。又新贵（俗称得科名者曰新贵）初归之日，族人醵金列盛筵、导鼓乐，父老相迎，谓之迎风。复以科目榜诸祠门，表示荣宠。族涉官事，举占科名者询官。湘乡、桂阳、宁远所辖族有显者，则于始归祀祖时设筵，尊之上座，风示族众子弟。有作奸犯科者，或黜罚、或送官惩治，且有斩其祠祀者。（南路州县谓之削清明，言清明祭祀削除其名。）家族制裁中详言之，兹不赘。

（二）家族之伦理

外人谓吾国为伦理实践的国民，（日本建部博士语，著有《哲学大观》参照。）又曰中国数千年之学说，舍伦理学外他无特色之可言（日人纲岛氏学说）。吾国社会自皇古以来所以维持于不敝者，即此家族之伦理也。观于湖湘之间住民家族，秩序谨严，在家则尊父权、夫权，在族则尊房长、族长（族之大事咸取决焉），所以重伦纪也。至奇节至行（邑志所未载者），各族中有可称道者，如益阳丁某（居十二里，因伯兄子多，悉让房产）之兄弟让产，浏阳王显愈贡生、张铁山附生之乡党称贤，（皆有至行，已举孝廉方正。）道州有奇节郑廷彰等十六人，至行裴启贤等九人，益阳贞女邓氏（年十八抚孤守志）、熊氏（年十七养亲守贞）之全节孝，善化熊朱氏（年二十八寡，抚子养姑，咸丰初输团练费千金，又输兵饷五千余金）之尚节义，皆其卓卓者。即闭塞之区如蓝山、嘉禾、通道、桑植等处，亦能修礼教、守家法以食德服畴，此可见湘人家族伦理之优美也。其有重个人而薄公德者，私利则营，私斗则勇（如争坟山、争水利，聚族姓与人械斗，或酿金兴讼之类），于社会伦理盖犹瞀然也。故如雷义范式之周急师友，杜密之除莠安良，陈实之化民成俗，不少概见。而母子争产（平江西乡戴某兄弟母子争产，致以垢泼控其母），父子互控（浏阳大姓父不喜某子，率送于官禁锢，临终始以遗命出之，累代相沿，几成习惯；又平江附生陈某控父裰革，邱某子控父恶，官司惩治，祖母出祖），兄弟缠讼（益阳十一里高某兄弟七人，因争产诉讼十余年），甚或兄娶弟妇，弟娶兄嫂（俗称转房，浏善两乡贫户多此恶习），虽事不恒有，亦当着以为戒也。

（三）家族之制裁

古代国家法律仅及于家长，家长则有自由制裁之权。宗法制度尊重大宗（长子为大宗，大宗嗣始祖），而宗子更有统治一族之权。（观《礼记·内则》篇："适子庶子，祗事宗子宗妇。"及有衣服车马必献其上者云云可见。）所谓尊卑有等，贵贱有别，垂宪立纪，罔敢侵逾。而子弟之服从于父兄，亦由人民之服从于君主，此家族制裁之缘起也。湖南世家大族，家庭之间无不尊重家长权（长沙俗谚有："吃饭一屋，主事一人"之语），子弟咸受其约束，有不肖者轻则鸣房长斥责，重则鸣族长惩治（俗云开祠堂门），或送县禁锢（浏阳多此习），或送自新习艺所，或立约驱逐出户，或预请戚族取消其一切行为之能力，（如借贷买卖之事，皆不准行。）或并限制其所有权。（如不肖子弟受有遗产家族宣告，只准其食用，不准其典卖，或泐石存案。）若子弟初犯过或能悔过者，则请凭房族取具永遵家训字据。此种制裁殆湖南普通之习惯。至株洲易氏宗祠内，更设有拘留房，浏阳则祠内设有刑具（笞刑枷具），长、善、巴陵各族子弟有为窃盗者，族中父老不愿鸣官，竟缚而投之水（俗名沉塘）。野蛮残酷，殊失制裁之义矣。录永遵家训书式如后：

立遵家训字约某某，今因不循礼法，有违家教，业蒙削切开导，自悔前非。嗣后永遵家训，不敢仍蹈前辙。如再有不法情事，执字禀究，甘罪无辞。今欲有凭，立此为据。

　　　　　　　年　　　月　　　日遵家训某押

　　凭族　某某

　　　　某某

三、湘人冠婚丧祭礼俗*

（一）冠

冠为成人之始，其礼虽存，废阙不行久矣。湘省各属志乘之所载，与夫族姓谱牒之遗传，虽多视为具文，然其遗俗犹至今存也。湘省成人之男子，于婚前一日，陈冠服，请大宾，授冠，奠告祖祢，以次拜见长上、昆弟。此礼长沙、宝庆、常德诸郡盛行之，而澧州各属并俗用鼓乐导送匾额（俗称号匾），以题其字，即古礼冠者字之之意也。以下再晰言之：

第一款　成人之年龄

《曲礼》"二十四弱冠"。晋代以十六岁为成丁，本朝定制亦然。湘省各属，若长沙、宁乡、湘潭、平江、益阳、桂阳、宜章、宁远、城步、永绥、古丈坪等厅县，皆以十五岁为成人，谚谓："男子十五当门户"，又曰："人怕过十五"，此以十五为成人之习例也。又如浏阳、湘阴、慈利、安仁、株洲、武陵、零陵、湘乡、安化各属皆以十六岁为成人，亦沿《会典》十六成丁之义。至于新田、晃州、醴陵、新宁、兴宁等处，多以十八岁为成人。石门以十九岁为成人。若道州、安福、永明、永兴、会同、蓝山、临武等属，则多习守古礼，以二十岁为成人。《礼文备录》云："男子年十五至二十皆可冠"，则湘省习俗之所谓成人者，自十五时已然矣。

第二款　成人之礼式

湘俗为冠者加冠，须请亲友之望重者为宾，陈冠服于堂，赞礼唱大宾就位，冠者出房，大宾揖，冠者即席，大宾授冠，执事者加冠，请大宾祝词。（宾祝曰："吉日良辰［晨］，加尔元服，寿考维祺，以介景福。"武陵则以敦孝勤学相勖，词取浅显，使冠者易于领悟。）祝毕，行醮礼，执事者斟酒授爵，冠者奉爵立饮，再拜谢宾，大宾答拜，礼成，主人礼宾。然后主人率冠者设香烛酒果告于祖。（文曰："加冠之典，自古常昭；贲首之荣，于今为烈。

兹以男某年长将婚，爰择吉辰［晨］，谨行冠礼，特陈不腆，昭告维寅云云。"）毕，冠者乃拜见父母伯叔昆弟诸友。此成人礼式之大略也。

第三款 成人之待遇

科举时代，府、县试有已冠、未冠之分。应试者以十六岁为及冠，未冠作已冠之题，可；已冠作未冠题，则不可。又俗于未成年者不能独立与人结契约，（另详民事习惯编），此以学业及行为分别成人之待遇者也。至于各属迷信之习，孩提之童相率书名为僧，（俗谓可消除疾苦。）以寄拜帖存之神庙，其年限以十二岁为度，期满赎名蓄发，亲友亦间有送食品致贺者。其平日往来蓄发者，相待以平等之礼；未蓄发者，亲友于岁时酬酢，必有赠遗，犹以童子相视。是又以蓄发与否分别成人之待遇者也。

（二）婚

婚姻为人伦之始。湘俗敦尚礼教，必六礼备而后夫妇之道成。末流所趋，有专重财贿或至终身废嫁娶者，则于宜室家、长后嗣之义阙矣。婚礼不用乐，幽阴之义也；婚礼不贺，人之序也，世俗置酒高会，而浇弛无行之徒沉湎喧呶，甚且以媟亵之词相轧以笑乐。此则俗尚之所好，非礼之正也。

第一款 议婚

两姓议婚，先由媒氏往来通言（亦有托人相攸者），互相考察（如门第家教，男女年龄，性情容止，及有无废疾等事），皆许可，男家乃先用丹笺书男庚年月日时，排以干支，上书干造，下书某某郡具。（湘俗异姓同郡不为婚，保靖、宁远血统亦不为婚，惟浏阳县有同姓不宗，亦可为婚之俗。）外以同色纸套封之，署日草庚，以授媒氏持如女家，湘俗谓之发草八字。女家受之，置于神前，以香炉或磬压之。主人乃击磬默祝，视其家三日之内物无破坏之事，人无口舌之争，即谓神许。湘俗曰"合天昏。"于是将男庚女庚交星士推合，谐则发女庚，亦用丹笺书之授媒氏持如男家，男家受之，与女家受男庚同。惟女庚视之特重，若男家推合不谐，则必属媒氏取回，至久无逾一星期者。湘俗谓"男八字满天飞，女八字一七归"。此之谓也。其谐者则互议聘礼等事，诹吉行纳采礼焉。益阳、巴陵、龙阳之议婚，先送女庚而视男庚为特重，此又习俗之稍异者也。然阴阳神权之迷信，比比皆是，士大夫亦未能免云。

第二款　纳采

纳采之期男家诹定，由媒氏预告女家。届期主人具庚帖，（其帖红表绿里，或一红一绿，满描龙凤金花），书男庚（列案燃烛设两座，二人东西相向书，同着笔，同落笔，无或先后焉），备银玉首饰（四金四玉或八金八玉，通常以银镀金）、果（如瓜子、莲子等物，共备十种，号为十子。染以红绿色，重十斤或数十斤）、饼（即中秋所食之月饼，而以红绿纸包之，谓之礼饼，亦谓之喜饼，或用半架，或一架，或数架，每架重六十斤）、茶（有用金银纸作瓶盛之者，其数六十或一百，亦有用磁盘盛之者）、盐（亦以磁盘盛之）、鸡鸭鱼肉、鞭爆、花红各礼物，置之抬盒中（盒凡四格，有盖，以红纸封条贴其上，封条书"皇清穀旦某某郡封"八字，或用一扛，或二扛、四扛，每扛二人舁之，亦有用提盒者），从者舁之，随媒氏致往女家。及门，主人鸣爆以迎，肃媒氏入别室，陈抬盒中堂，择夫归偕老者，衣冠相向揖，启封条，开盒检收其礼物。（其茶食、果饼必稍存少许于盘中，谓之回盘子。惟盐则必洗抹洁净，谓之免后来言三语四，取盐与言同音也。）乃请媒氏书女庚于庚帖，留其一而还其一，并益以笔墨数盒，针薙数事，或加以《书经》一册（分六本订，取六部尚书之意），纳原礼俗来抬盒中以回之焉。（舁抬盒之人，女家必赏以钱数百文。）是日男家设宴待媒氏，礼之如上宾。（俗谓作媒须吃二十四抬无名酒，此其一也。）女家则以果饼分贻亲友，以示两家儿女结婚之意。此俗所谓下定拨庚，富而好事者踵行之。通常则以互换只草八字为多，拨庚则并入纳币之日也。惟据安化、株洲、新化、新宁、衡阳、清泉、道州、宜章、永兴、临武、蓝山、嘉禾、桂阳、武陵、龙阳、醴陵（东南二乡），各属之报告，有于礼物之外，别具聘金百元或数十元、十元不等者，而其他各邑，则无不以聘金为耻，虽间或有之，亦由媒妁暗中致送，号曰袖里笼钱。然亦只孤贫者为之，谓之索养老费，否则亦不若是也。至若庚帖有仅用一封者（由男家收存，庚帖上不书郡名与订盟年月，故悔婚者多。前龙阳某令仿长沙庚帖式，令各执一为据，由该县礼房发卖，后因索价太昂，人多不用），如武陵、桃源、龙阳是。有上门定庚者（由媒妁邀女家父兄诣男家订盟写庚书），如宁乡、临湘、平江是。有于庚帖之外，别具定庚启者，凡籍贯三代，年庚别号，媒妁姓名悉载无遗，尚有古人请女为谁氏出之遗风，如永兴、临武、蓝山、宜章、兴宁是。有不用庚书，只书宗亲戚属之名，谓之开帖单者，如桂阳是。

第三款 请期及纳币

古之言婚期者不一端，要以季秋至仲春为得气之正；今之婚期相率取决于阴阳家，不问节候之从违，时日之早晚。夫婚者昏也，湘俗恒于日中行之，古意浸失矣。通例婚期由男家诹吉以丹笺书就，于先年或先数月以爆烛、花红、鱼肉等物将之女家，谓之报日。（亦有不用礼物，请媒氏致送者。）女家许可，乃议索首饰若干（如簪环翠花之类、金银玉器不等），衣服若干（多则四季全备，少亦二三套，开送尺码单，城市并租用凤冠、霞帔、蟒袍），礼物若干（如纳采时之物，但稍加多，又加以龙凤离娘饼一个，酒席四桌，曰开容席，曰祀祖席，曰离娘席，曰太婆席，无祖母者则去太婆席，无母者则去离娘席。开容、祀祖二席则万不可少者也。然近来亦有不用礼物而以钱折之者），红绿团书若干（六十封或四十封，女家索以请添妆客者），门包若干（多者数十元，少亦十元八元，往往女家索门包过重，则男家即起而索女家之妆奁，然亦有不用门包者），媒氏双方传达皆许可（最不容易许可，媒妁因此疲于奔命者最多，故有谚曰"撑媒揽保，自讨烦恼。"亦贴切也），男家乃治具启媒。（谓之启媒酒，恐媒氏于中作难也，乡间必需先行送启媒费数百或一串数串，否则取亲时怒而不来。）至纳币日，如前议治备首饰衣服之类，分别以抬盒及捧盒陈之（抬盒一扛或四扛，以之盛礼物，捧盒四个或八个，以之盛首饰衣服，此惟城市用之。乡间无捧盒，专用抬盒，亦有并抬盒亦不用，以皮箱等代之。城市并须用喜酒二坛，鹅二只，以二人分舁之，然亦有不用者），遣使舁如女家，女家受之，其迎门开盒等事，与受纳采礼同，而还以针萧冠履或文具各物，如男家用二豕二羊者，（女家各受其一而还其一）女家则还以袍褂料全幅。（是日，女家分赠果于亲知，一如纳采时，其意在告以儿女婚娶之期也。）遂赏从者以喜钱（每人二百或四百，俗呼为包封。他日女家铺房至男家，则包封必较女家加一倍。俗语曰："男家一担，女家一头"云云），惟武陵男家于婚之先年，请媒至女家求期，尚知遵守通礼，其报期则于本年诹吉或六月六日，致送期单并果品鱼肉花粉等物，亦有仅用红缎二尺包裹期单者。又若古丈坪苗俗之纳币，除送女家酒肉外，必须另备羊酒送女家之外戚，名曰骨种酒。（长沙善化乡间亦有送之者，则以提盒将之，然甚不多见，且无所谓骨种酒之名目。）醴陵之东南二乡，除聘金外，凡女子若干岁即需具鸡鸭鱼肉若干斤，不得少数（如女子二十岁，即需各具二十斤，三十岁则需各具三十斤）。宁远行聘则用猪肉九斤、钱七百二十文（每八十文穿为一筒，共穿为九筒，取长久之意也）。尤习俗之特异者也。

第四款　送奁

湘省道咸以前俗尚俭朴，妆奁之属不过布衣数事，木器数件而已。近则富者争胜，贫者效尤，不惜变产举债为光宠，故俗有"家有两个女，连娘三个贼"之谚，盖风俗之弊也。通例，婚有日，女家诹吉召缝匠作嫁衣。（必给以开剪喜钱数百文，缝匠乃举剪高赞祝词。）富则纱罗绸皮，四季毕具，贫亦预备一二年之服用者。衣既成，用红绿线订衣之中央，折叠藏诸箱箧。他如作帐必择生命属酉者，作枕必择夫妇偕老者，被必择火日弹之，鞋必择工刺者绣之（俗谓之上盒鞋，男家以之卜女之美术及足之大小。外又备男鞋一双，将上盒鞋置于其内，以铜面盆盛之，铺房时陈抬盒内，称曰同偕到老，取音同之意也），以及床帐、被褥、帐檐、帐钩、门帘、镜箱、灯台、蜡台、茶壶、茶杯、围桶、脚盆之属，靡不备办。届日以抬盒排列，舁往男家，陈之婿室。主人赏从者喜钱喜酒有差。惟舁围桶者（俗谓为子孙桶），赏赉优于侪众。有木器者亦于是日运往（木器通常用一床、两小柜、一大柜、二桌、四椅，富者或加大柜一张，香几、衣凳、面架、桌椅之类，约计每木器一房，多需银一二百金，少者亦百数十金。惟贫者则亦有不用），此送奁之大概也。亦有以妆奁于纳币日随男家抬盒运往者，节省多矣。然此非两家洽浃，鲜克臻此。约计妆奁一切费用，视贫富奢俭为衡，多者用至千金以上，少亦一二百金不等，即至贫窭者，亦需用数十串文。《世范》云："嫁女须随家力，不可勉强。"此言深可玩味也。

第五款　亲迎

亲迎，古礼也。故曰亲迎则得妻，不亲迎则不得妻。今人则多有不行此礼者矣。湘俗男家于吉日治具款媒氏，然后发轿（俗名喜轿，又名花轿，外蒙以盘金或绣花之彩缎，上嵌以顶，四人或八人舁之。此轿及灯仗、执事、盘碗、茶具、礼鹅，一切皆向轿行租用），灯仗鼓乐为前导（灯俗名百子灯，以市中幼孩服彩服携之行，其数通常四人，富家有增至十六人、二十四人者，惟冠服稍异。每编四人为一班，冠有紫金冠、英雄盔等名目，衣有盘金刺绣及五色之分别，旗伞亦如之），随以鹅酒（古用雁，雁非时莫至，今以鹅代之。）如女家。媒氏先入，女家闭门（古丈坪苗俗家执事酬谢），婿家使者乃将开门封与娶亲礼（开门封俗名门包，有大小二种，大门包数元至数十金不等，于纳币日致送；小包则数百文或一串文，于亲迎时洽司阍之人。娶亲礼则鱼肉鞭爆花红蜡烛之类），及拜书（御轮生某某俟门）、催妆书（三到上书敬催新妆，小姑某某检衽），一一赍呈主人，（有一未备，立即补办。）重门启落至再，轿始得人。（迎亲之鼓乐必于门外三次吹打乃开门，谓之三吹三打。）升中堂，女家择夫妇偕老者二人，冠服照轿（各持一镜于左手，而以纸捻如绳状濡油燃之，执于右手，相向绕轿三匝，内外皆遍，二人无或先后，谓可照破一切凶煞）。毕，乃奏乐为女新妆（先一日用吉时审定吉利方向，请偕老妇人为女开容。开容者，除去面孔上之汗毛及稍稍修其眉毛之类也。其开容之妇人，俗呼开容娘子），戴凤冠、服裙帔，胸悬古铜镜，加景（俗呼盖头巾）于首。父兄抱之至中堂，对祖龛四拜，父母兄弟之属亦次第呼名再拜，（宜章则必于此时设宴款男家之迎亲俗者，乃奉女出，邀诸姑姊妹，张伞蔽首围女而坐，唱催妆之歌，每歌一阕，群向媒氏索花箱钱，名打花箱，不遂所索，则歌中必杂词嘲笑媒氏。歌毕饮酒，母女家人乃相抱大哭，良久选福泽亲人负女人轿，洒米饭压煞。（轿初至时，亦洒之也。）乃负女升轿，（省会于此必以红纸包云片糕二封置轿内，使女踩之，取步步高升之意也。武陵于此则置一方斗于轿前，女升轿以足踩斗而过，谓之移星转斗；又以筷子多双抛于地，谓留母家衣禄云。）由媒氏扃轿门加以锁（亦有不锁者），贴"金花诰封"四字于轿檐上（有用红纸书者，有用轿行以彩缎绣成者），轿夫以手升轿顺转者三（俗名打富贵圈，又名回头转脑），给轿夫各钱一百（每盏百子灯亦各给一百），乃鸣鞭爆舁轿而出，此通常之俗也。惟通都大邑之富家，相率以亲迎炫耀人耳目，无复有品官士庶人之分。当发轿时，驺从塞途，执事排列，婿乘新人所乘之彩轿，手如意一柄，至女家，女家设宴以待（曰下马宴，俗但献三爵，虽肴馔陈设，例不得食）。毕，谒女家祖先，行四拜礼，乃对新人所居之室三揖乃别，具肩舆先归，各属有行之者，盖犹不失古礼之意云。

第六款　合卺

女轿将至婿家，预延赞礼者、代祀者遥对轿撒米揖告，名曰迎喜神。（醴陵则请道士对轿诵咒。）女家上轿时亦如之，谓之退煞。且于先一夕请礼生祭轿，轿顶贴"吉星高照"四字，轿后贴"文公镇轿"四字，谓如是则新人不至闷轿云。长沙善化亦先夕设轿于中庭，鼓吹饮酒，谓之闹轿。贫者则否。株洲则不曰迎喜神，而曰回喜神。龙阳则曰祀喜神，以鸡血洒轿侧及屋柱脚下，因其上贴有"麒麟狮子镇中宫"七字也，俗又谓之断煞云。湘乡则使厨人执刀握鸡作将割状而不杀，却［觉］瞑目对轿大声呼叫，谓之斩草。临湘则新郎自迎喜神，对轿三揖，化楮刑牲读告词，名曰送车马。谓女家祖宗皆乘车马而来，故辞送之。晃州厅亦然，但无所谓送车马之名目耳。保靖则延巫对轿诵咒，以雄鸡血溃地，线轿三匝，曰退煞。此皆特别之俗也。其余各邑，皆用代告生，三揖割鸡洒马粮而已，且有不用鸡者（又俗传喜神为纣王云）。乃停轿于门外（俗名压轿，压落新人脾气也。此时翁、姑、新郎及家人辈，皆匿于别室，谓之避热脸，恐闯之则家不和也。此俗各处皆同，而益阳更甚，翁姑等必匿居邻舍，以耳不闻鼓乐之声为度），良久（俗以为愈久则愈使新人之脾气缩小也）升轿于中堂，媒氏启金花、诰封及轿门、轿锁，伴娘遂铺毡于地，自轿前达于房内（伴娘亦名伴婆，又名喜娘，株洲谓之招亲娘子，亦谓之茶娘，例由女家请之，于送奁日至男家专为照顾新人者。其铺毡于地，则因新人未交拜，最忌履地也），乃择全福妇人二，扶女出（株洲则新郎至轿前对轿一辑，女于轿内答揖，由喜娘牵女出轿），女降舆升首者三，谓之连升三级（武陵于此必以马鞍置地，新人出轿乃骑而过之，取"一马不跨双鞍，烈女不嫁二夫"之意。省会亦有行之者，但必其新人是日适逢月事则用之，因俗谚"骑马拜堂，家败人亡"之说。故设鞍以禳之，否则不用），全福妇人乃挈之行（株洲、保靖、浏阳皆用两童子捧花烛为导，不用妇人），均履步于毡上，至洞房东向立，婿西向立（保靖新人至洞房时，每越一门，其门下预置七星灯一盏，以米筛罩之，新人过此，即举足曳裙过其上曰照煞），先拜烛，其指挥拜烛者曰交灯娘，次拜床，（俗谓有床公床母云）次对拜，然后并坐于床，以酒果子汤、杏仁茶交互进之。毕，撒果子于床，赞以吉语，乃垂帐合卺焉。（俗名吃交杯茶、坐床。）须臾，即启帐，婿持红箸去其景（益阳谓之启羞，其礼节甚繁，有在庙见时启羞者；由礼生行启羞礼，姑诣前启羞插钗；亦有在交拜时启羞者：俗谓之揭盖云），于是各亲友皆入房喧闹，以为笑谑（谓之闹新房，数日不休，俗谓愈闹则愈兴旺云），日既暝，于新房设花烛宴，新郎新妇并肩上坐，先请女宾中之年少未字者陪之，片刻皆起去。男宾中之年少者乃入坐，或猜拳行令，或击鼓催花，良久乃散。其席品通常用海味并割鸡一，去其毛，涂以彩色，插烛于上，以盘盛之，置席之中央，谓之凤凰鸡，取"凤凰于飞"之意。惟湘潭王壬秋花烛宴，以不用酒席，用黍稷稻粱四谷物，为仿行古礼矣。

第七款　庙见及见舅姑见宾客

古者三月而庙见，朱子改用三日。湘俗多于合卺后行之，惟巴陵、兴宁次日庙见，庙见之礼节用红纸大书"麒麟狮子镇中宫"七字，贴堂屋横梁上（俗多于进亲时贴之，庙见后即起去，惟株洲于婚之先夕，请礼生赞礼立文公，贴"恪遵文公婚礼"六字于堂上；龙阳则写麒麟狮子七字贴屋脚下，皆不知何意），设馔品枣栗于祖龛前（龙阳不设馔，专设枣栗，即有设馔者，亦仅用三大碗，且此时不设，至夜乃设之），礼生赞礼启椟奏乐，新郎新妇就位，四拜兴、三上香、三献爵毕，至祖龛前行献枣、栗礼，执事者捧枣栗授新郎，新郎授新妇（好事者每照枣栗之枚数，令新郎授妇以为谐谑），乃献枣栗于案，赞礼者歌《关雎》《麟趾》《螽斯》三章而礼成矣。礼成后即开拜（用夫妇偕老多福泽者开拜，收拜亦如之），先见舅姑，婿妇拜跪如礼，舅姑赐以饰件，复再拜谢之（戚眷送揖礼者亦同）。以次请见内亲外戚及媒妁友朋等，视亲疏为先后（另有司书者将来宾名号预先分定先后，书于簿上，届时唱名一一请见焉），是日宾客中之最尊者女家送亲人（俗名上亲。由男家备舆迎接，或即日而返，或留数日而返），及婿之外家与媒妁。其宾客见礼各有赠惠，多少以情谊之疏密为衡，至少亦需数百文（亦有先送鞭爆、蜡烛、喜酒、花红、喜帐者，日送贺礼），如有行辈卑幼出见者（如侄儿、外侄、弟妹之类），新妇则预备赠礼，谓之反礼云。

第八款　女家会亲及男家宴客

婚之前一日，男家备书帖奉迎女家之父母亲属，湘俗曰接过门。至日，先奉催书备舆往接，又以一人持迎书俟于路，轿至，捧迎书对轿施礼，将至门，乃鸣鞭爆奏大乐，升轿于堂，陪宾二人揖之者三，酌之者三（俗曰把杯接风之意也。巴陵又所谓上马杯云）。然后出轿延之上座，进三道茶（湘阴于此时必以六色精馔献之，以酒筵迟缓，先为充饥，陪宾三人，曰随意宴。益阳亦同）。茶毕，陪宾引见婿父母，宾东主西，肃拜如礼，婿、妇亦盛服出见焉。是日主人设宴于堂上，上亲上坐，陪宾二人左右坐，下留席口（以桌围垂之，宴他客亦同，但每桌坐六人耳），故俗谓之独席。席品普通用海参，富者鱼翅，贫者蛏干。婿、妇于出第一碗菜时，鸣爆奏乐，上亲给赏，有伺茶、伺酒、伺乐、伺厨四名目，赏钱少则八百文，多则数元不等。咸盛服出拜于席前，曰拜席（此惟上亲为然，其他男宾则新郎一人拜之，女宾则新妇一人拜之），城市于此，宾即兴辞，鲜有终席者；乡间则或一宿四筵，或二宿三宿不定。于其归也，男家赠以茶食四封，或针黹数色，婿、妇拜送于门外者至再（此惟女之父母送亲者为然，若系兄弟姑嫂辈，则一拜而已），此通常之俗也。惟湘阴、浏阳迎送上亲用锣鼓铳爆，随于轿后，为稍异耳。至于宴宾客，亦于是日设馔，择一人知宾招待一切（浏阳、善化乡间于上席时，请一善于辞令者立梯上，对来宾演说：主人致意众客，今日辱承贺礼，实礼不敢当，爰备菲肴，以共一乐，愿饮一杯为谢。乃自举大觥属客，客各饮一觥。继又陈说新男新妇如何美满，愿众客各贺一觥，又举觥属客如前。连连如此，信口乱道，曰"说酒"）。席终，男宾新郎送之，女宾新妇送之，惟媒妁则夫妇送之，如送上亲然。此通常宴客之俗，无或异者。但益阳有一连三日设宴者，一日为接堂宴，二日为正宴，三日为出堂宴；又龙阳有所谓早泡饭，次喜酒，夜小酒之别，然名称虽异，而敬礼则无不同也。

第九款　回门

通礼婚者，诹日以贽往见妇父母，湘俗则于婚之第三日，由妇家具柬请之，谓之回门（益阳谓之反马）。届日，婿、妇盛服往，妇先婿后，备茶食果品十二封（或二十封，每封一斤），俗曰回门茶，主人欢迎之如妇父母至婿家之礼。婿、妇先谒祖，各尊长以次拜见，亦皆有赠惠。卑幼出见者。婿赠以反礼。毕，妇引婿入坐于其父母之寝室，亲眷等亦入，欢语喧杂，与闹新房同。主人先设茶果享婿、妇及众宾客，次设具宴婿，婿给赏仆役一如妇父母之在婿家时，其宾主相待之情状亦无稍异。宴毕，婿兴辞，婿先妇后，主人返其茶食果品各半，而以针黹数十件送婿家，分给其亲属，人各二色或四色焉。然此但为居处相近者，而言若乡间路远者，则回门不必在第三日，而期以新年。至则婿留一月，妇留一年始返。（除省会外，各处乡间，婿、妇回门时可以同床，惟过一月后，则仍不能。）此皆通常之俗也。惟巴陵新婚回门，必备猪肉数十块送妇家之亲戚，亲戚受之则皆治具宴婿为酬答。长沙、善化、浏阳、湘阴、平江、安化妇家各亲戚，亦有治具请新婿者，俗曰贺新客，且婿家并不必用赠礼。然此但乡间为然，若城市中亦不如是也。

第十款 婚后馈遗及两家之关系

既婿之后，婿家对于妇家有调年礼、调节礼，而以第一次年节为最要。年礼用鸡鸭鱼肉、年糕、水果、茶食。节礼大略相同，惟不用年糕。端午必加粽子及纨扇，扇之多少，视妇家之人数，扇之价值，视尊卑以为等差。中秋则加藕与月饼，此通常之俗也。但富家有增用应时衣料者，扇则团扇、折扇皆备焉。若妇家对于婿家之馈赠，则随意酬达，礼之厚薄亦无定例。他如谢媒妁亦多于年节致送，水果之外，有用猪头、鞋子，以谢男媒，包头、带子以谢女媒（即媒之妻，俗呼媒婆）之俗，富家则以靴帽、衣料，或仅用钱数串以折之，各属亦不一致。

有关于婿及婿家者：一曰谢亲，婿于婚之次日平旦，诣妇家祖龛前行四叩首礼，礼毕即返，妇家并不招待，俗谓谢闺门。二曰谢添妆，婿于婚后数日，偕妇之父兄致谢妇家亲友之曾添妆者，（湘俗某家嫁女，其亲戚必添妆，或赠送品物如妆阁所用之瓷器、锡器，或折钱数百或数串曰代花。）三曰谢酒，婿于婚后数日诣谢各亲友之曾来贺者，如其亲友家中曾有女宾来贺，则婿之母或嫂辈率新妇往谢之，受谢者必随时赠妇以花粉各物焉。四曰抄箱，抄箱为婿之母之专政，于婚之三日，婿之母持一尺于右手敲箱三下，大呼曰："金银满箱，金银满箱。"左手乃启箱，以尺乱插箱之四面者数十下，插已，用右手摸箱，先摸一蓝色布袋（此布袋系女家预置以备抄箱者）出，取蓝与男同音，谓妇必生男也。次以手探袋内，摸线得蓝色者，则大喜，以为必生男；得白色则以为必生女（此线亦系女家所备，女家恐其婿之母摸白而怒，遂全用蓝色者有之）。乃遍视妇之箱箧，取一女勒，一丝带出，则女家备以与婿之母者也。若婿无母在则，女家亦不备。婿家他人亦不敢抄云。五曰禁忌，婿家自女家送夋陈婿室后，其室中以人守之，凡孀妇、孕妇、来月经之妇及人之继室，皆禁止入房。新床上陈女家所送之铜盆、鞋子，另加以镜一、时宪书一于其上，取照破凶煞之意。其妇之便桶，必择一聪颖小儿开之（女家送来时以红纸封之），检视桶内（桶内女家预置筷子一把，取"快生儿子"之意，又钱壹百文，果子少许，红绿蛋数枚，则以与开桶之小儿者。开桶又谓之发桶子云），而溺其中以小儿者，则妇亦必生男也。有关于妇及妇家者：一曰请安，妇于婚之三日内就寝及起床两时间，由伴娘引妇至翁姑及各尊长前行拜跪礼，谓之请早安、请晚安，过三日则不尔矣。二曰拜水，婚之次早，妇进盥具于翁姑之前，并针黹二色。进毕，行拜跪礼，翁姑赞以吉利语焉。三曰下厨及分大小，妇于婚之三日，诣厨祀灶神，祀毕，作羹汤，用鲫鱼一头，取多子之意也。下厨后诣堂中再拜见舅姑及各尊长，谓之分大小，俗以三日前不分尊卑长幼，故可任意闹房，三日后则界限甚严矣。四曰三朝茶，妇家于婚之三日，致送婿家茶食果饼曰三朝茶；第十日亦如之，曰十朝茶；满月时又如之，曰满月茶。五曰转脚，俗于婚之四日，妇独归母家，一餐即返，是日携带常用品来，如篦子、簸子之类，俗以篦子与背时同音，故不用以随嫁，而于此日携来也。六曰赏钱，妇对于婿家之奴婢及宾客之奴婢皆有赏号，其钱不多，每份数十文不等，惟舅姑所雇之人特重，以及上席有赏，（即茶、酒、乐、厨四项）花烛宴有赏，卸收有赏，下厨有赏，皆归母家预先备办，由伴娘分给之焉，此通常之俗也。惟武冈、龙阳间有以花鞋为分赠之品者，则不无稍异云。

第十一款　婚姻之变例

一、童养媳。湘省童养媳之俗，多属乡村及贫贱之家。盖以女子长成，难备妆奁；或子女太多，难于抚养；男子或恐娶大媳难筹聘金；或因人丁太单先为抚养。两家同意，乃央媒说合，先定草庚，其正式庚书，有俟子女成婚时（俗谓之长大圆房），始行过庚礼者。

二、续娶。续娶一事湘俗无定例，或娶闺女，或娶孀妇，或娶婢女，通谓之曰填房。除闺女外，孀妇、婢女皆须身价多少不等，其礼节与初娶略同。

三、冲喜。冲喜必因婿或婿之父母有病者为之，其礼节草率。安化谓之冲凶神，因俗有"一喜压三灾"之说。然当婿患病之时举行婚姻之事，实为危险，此陋俗也。

四、奉主成礼。未婚而婿死亡，女子诣婿家奉主以成夫妇之礼。此事于古礼无征，亦不协于情义，然习俗实有之，且多出于仕宦之家。

五、兼祧再娶。人丁单薄而又富有资财者为之。大概分两处居住，而皆以妻礼待之。甲所生之子属甲房，乙所生之子属乙房，此事习例上有之。

六、赘婿。湘俗之赘婿也，大都因婿家单寒，女家乃接婿至家，诹吉成礼。否则或两家居处窎远，而又急于完娶，遂往女家成婚。有以招赘为轻而易举者，亦有以女家单寒无人照料，乃赘婿同居者。惟以婿为嗣，此风盖不多见。

七、居丧成婚。此种多因结婚有日，而适遭父母之丧，欲避再举之烦，乃请媒于女家从权于所诹吉期，提前举行，礼成而后发丧（亦有改为入赘者，亦有居一亲之丧而奉他一亲之特别命令，从吉举行者，则其请客帖上称奉某命从吉某某拜。礼行而守丧成服如故）。此种背礼蔑义，甚矣。

八、先奸后娶。先奸后娶，细民之奸薄者为之，且有妻而假为兼祧再娶者，虽各属族规悬为例禁，卒未能荡革云。

九、孀妇改嫁。孀妇不愿守节，例得改适。普通由夫家主婚而与其母家公同商酌，然亦须有媒妁，不用庚书而用婚书；又例必取礼价银若干，此银归夫家收用，此通常之俗也。若不改嫁他姓，或弟娶兄嫂，或兄娶弟妇，则俗谓之转房，不须礼价及婚书。附录婚书式于下：

婚书式

立婚书字人某某，今因第几子某不幸于何日病故，惟是家徒四壁，贫苦难堪，所遗第几媳某氏，自应改嫁，以图生路。今凭媒人某某说合，将某氏嫁与某某为室，凭媒议礼价银二十四两，当日人财两交，并无纠葛。自嫁之后，听凭某某娶为妻室，倘有外生枝节，归某某理清，不与某某相干。今凭媒人立此为据，归某收执。

媒人　某某押

母家　某某押

年　　月　　日　　某某（此处用主婚人手摹）立笔

十、以妾为妻。正式之以妾为妻，乃行之于妻既死之后，诹吉召客治具告祖，有官职者并于是日畀以诰封，俗谓之扶正。至于不正式之以妾为妻，则如第八项先奸后娶，假兼祧之名者是也。

十一、悔婚。悔婚之事，例有明条，其原起必双方有他项实之发生，如男家于聘后家忽中落，或子婿有不名誉之行为，或女家于聘后女子有中篝之行，乃因而悔婚者。此俗湘中所在有之，而尤以指腹为婚之追悔者为多。

十二、离婚。离婚必夫对于妇有不良之行为，或妇对于夫有不名誉之事实，或意起一方，或双方同意者，则纯然自由离婚。离异后两方皆可自由嫁娶。意起一方者则多夫嫁其妻，若系婢女买作妻妾者，并得取身价银两，然湘省此俗甚少。

十三、隐妻再娶。隐妻再娶，有根原于情之方面不得已而为之者，有远游他方念切室家之乐，或有所觊觎于妇家奁资及其他而甘冒不韪以行之者，其原因虽不同，而背于道德则一。湘中此等事尚不多见。

十四、血统结婚。湘人对于亲戚之心理以能蝉联为乐，故姑舅姨表间多为婚姻。至于同姓结婚各属实所罕见，惟浏阳有同姓不宗者有联姻之俗。

（三）丧

湘人笃于天性，居丧能极其哀，殡葬亦能尽礼，故丧服有隆杀，衣衾棺椁有常度，虞奠之礼、哭泣之节、赠赙之事、吊唁之文，亦莫不本于礼俗之流传。惟世风日趋奢靡，丧礼或失之过文，城邑尤甚。至于杂用释道师巫与阴阳风水之事，自缙绅先生以至齐民皆然，其纯乎儒者，盖不多见矣。

第一款　初终

湘俗重视送终。死者疾革，家人集床前敬听遗命，否则群訾为不孝，而并议其父母为薄命。故父母寝疾，子孙不敢远离，死者既终，乃去帐，男子散发，女子去饰，号哭踊跃，跪焚纸钱。纸钱以九斤四两为率，加麻线少许，片片而焚之，曰烧"倒头纸"，此俗各处皆同为。益阳于死者气绝时，不许哭泣，子孙咸跪念阿弥陀佛，历一小时方举哀焚楮，曰"起身盘缠"。意谓气方绝，魂始离舍，若骤哭则魂将惊而乱窜矣，故念阿弥陀佛，使之闻经得解脱也。又有富家妇女惑于佛道，于初终时召僧尼至床前念经者曰"送缘"，谓能上西天登极乐云。

又俗于初终时，必购纸轿一乘（其轿以竹为柱，糊以采纸，作纸人二如舆夫状以肩之。职官则或三人四人。市中有专营此业者，曰纸扎店），以红笺书死者姓名贴轿内，焚诸大门之外，曰"烧起马轿"（轿夫手内系以楮钱少许，肉一小方，谓之赏路用。又散焚楮钱于轿侧，谓之赏解差，盖俨然以死者为罪人，将赴地狱也）。此随各地习惯微有差异。亦古人"涂车刍灵"之意耳。

湘俗又有所谓"报庙"者，初终时鸣金赴土地庙，丧主哭拜，默念死者之生死年月日时，叩求导引。并送灯于庙七夜，盖俗传土地管鬼，人死魂魄即跪其前，非拜求不能起行云。乡间亦有召道士报庙者，则当空诵咒，其礼式亦与赞礼略同，酬资亦甚薄云。士大夫家则多延用礼生设香案赞礼，读告祖文，亦遵《文公家礼》之所载，盖知礼之君子也。

第二款 殡殓

殡殓之事，湘省习俗各属略同，惟贫富之间有俭奢之别耳。晰言于下：

一、请水。古者沐尸水但取其清洁，故《丧大记》有"浴水用盆，沃水用枓［科］"之制。湘俗于小殓之前，以一人持瓦盆诣塘或井，焚香拜祷如"报庙"式，乃以盆汲水，哭而归，加檀香于内，煎之作浴汤。（近来开通之家，亦有不行请水及报庙诸礼者，而乡间则视之为最重也。）

二、袭殓。袭殓之时，俗以二人，男丧用男，女丧用女，或丧主子弟自为之。陈殓具，妇人出，（女丧则男子出，）去面巾及死衣，侍者奉汤，抗衾而浴，濡栉理发者三，濡巾拭尸者三，毕，结袭衣，富者或加殓棉绸等物，乃以木扉一、仆于地，以布或绢覆之，（俗呼兜尸布，）迁尸置其上，曰下榻，使阴气得通，免速朽也。此于古人以盘造冰之制，犹存遗意。尸前仍置灯供饭，如未殓时。

三、含饭。含饭之礼，古用米，具湘俗以小珠玉或金银屑加饭七粒，以桂圆肉裹之，贫则以铜钱三枚和饭成丸，丧主跪伏纳尸口中。礼生赞礼，鸣金作乐，为文以告之。贫者则多用道士，其礼式有繁简之不同。

四、奠尸。奠尸，即古人始死脯醢致奠之遗意也。湘俗以布覆尸头，曰面巾；燃灯于其足，曰引魂灯（亦曰引路灯）；以饭一盂作供，曰倒头饭。甚者于尸前割鸡淋血，酹酒于地，曰血食。然后请道士对尸诵咒，曰开咽喉。继又对天诵咒，曰开路。凡贫家皆然。富家则请礼生赞礼，曰袭奠，曰辟路，主丧匍匐行礼焉。

五、入殓。湘俗舁棺入门，燃爆竹以迎之，置中堂（如死者犹有长辈在，则稍偏左或偏右），承以两凳，置棺盖于侧，以红毯覆之（如死者无长辈在，则不覆），熬桐油松香成汁，涂棺内（棺好者与家贫者则不，涂以陈石灰、石膏粉或五谷灰，用五谷灰扎棺，惟益阳有之，余皆尚用陈石灰），倾入厚数寸，铺席箪衾枕之属于其上。侍者乃奉尸入棺，用皮纸裹石灰为包（包数如死者之岁），塞尸之空隙处。乃掩巾加被，以皮纸覆其上，为鱼鳞交搭之状，曰鱼鳞甲。遂以五谷灰或石灰石膏等倾满棺中，稍按紧之，乃盖棺。以苎布褙口，封之以漆，或不即封者，则以纸塞之。棺前悬布帷，下仍置灯炬，妇人哭于帷内，男子哭于帷外。然其起尸入棺之际，俗必延道士诵咒画水书符（水置棺下，符贴棺首，云可镇邪免漏，至发引乃去之），曰上材。若富者则礼生赞礼，曰起尸。人殡礼曰盖棺礼。并告祖、告天地诸神。毕，以长红笺书"文公丧礼"四字贴堂上，对空行六叩首礼，曰立文公，龙阳谓之启圣（龙阳富家启圣，不书长笺而立牌位者，亦有之）。

第三款　丧具

衣衾棺椁为丧事之要需，世俗踵事增华，丧具亦稍稍繁矣。兹就死者附身及栖神之丧具，分析于下：

甲、衣衾。湘俗有官爵者服品服，常人无论男女多作道装，服常服者有之。道装之冠曰唐巾，衣曰道袍（圆领大袖），靴曰寿靴（靴底上用墨点七点如七星式）。然此但用为外衣，里衣仍常服也。其衣之多少无一定，自三层以至九层或十余层，惟不成双数，恐蹈重丧也。衣质尚用绸绢（贫则用布），不用毛羽，恐死者为禽兽也。且必用单夹，不用纱棉，恐子孙稀落也。被褥亦如之。（湘俗寿被例为死者之婿家备送，谚曰："养女一口气，一床被窝一堂祭。"故女多者被亦多，被质尚用绸绢，一面一里，贫则用布，其禁忌与衣衾相同。）又衣上不用纽扣，以绳系之，谓用扣恐扣去子孙福禄。衣之有补痕者亦屏不用，谓为瞎眼衣，恐子孙得目疾，家虽贫必易之。《丧大记》曰："凡陈衣不诎，非列采不入，绨、绤、纻不入。"湘俗犹斯意也。

乙、棺椁。棺木以阴沉、楠梼为上，杉木次之，其木以中心与兜四整者为贵。形式不一，有所谓判官图、一封书、金匣子、平头、瓦板诸名目，价值自数金以至千余金不等。城乡此种商店甚多，曰寿枋店。亦有自行购木为之者，则选木之外尤贵多漆，有一棺用漆至百斤者。漆之外褙磁灰，近又有褙沙者。用磁灰者和生漆以苎布褙棺之内外，取能经久不坏，亦慎终之意也。惟通常用棺而不用椁，用之则必为大贵之家。至若瓦棺之制（瓦棺由潼关窑定制，价值不过三串文），近年始有用之者，然不多觏也。

丙、灵床。棺侧设床，帐枕悉备，所以为死者寝处地，盖事死如事生之义也。孝子咸夜宿于棺旁，不归内寝，盖寝苦枕块居处不安之义也。现在省城一带设灵床者少，惟孝子夜居棺旁无贵贱皆同。

丁、灵几。棺前悬帷，帷［惟］前设位曰灵几，供灵位于上，或张一画像。浏阳乡间又以竹作十字架，选死者最爱之衣服穿架上，用稻草作束如首状，以巾覆之，露半身而插于几上，不知者骤见之，惊骇欲绝也。几前设香案，置香炉烛台诸物，而以白布作围焉。

戊、魄帛。以白布或白绢折成长条，交互穿贯如同心结之状，其上出首，旁出两耳，下垂两端为足，以肖人形。左右两端分书死者之生死年月日时，反面则合两端之中缝，书曰："某公某之魄"。（湘阴县俗：某某之魄数字，不书于反面，而书于正面所出之首上。）日则覆于灵位之上，夜则卧诸灵床之中。（龙阳魄帛以白漂布为之，不写字，以竹扎一标子挂帛于其上，又作纸椅一以乘之，而插于灵几之中。）至发纟刃之前一夕行祖饯礼后，接行封魄礼，执事者散其结而卷合之，置瓦坛中，丧主跪哭，呵气一口，俗曰"呵魄"。压以米七粒，俗曰"压魄"。封以红绿布七寸，俗曰"封魄。"系以五色线七根，俗曰"系魄"。葬时埋于棺侧焉。

己、铭旌。《礼·檀弓》曰："铭，明旌也。"以死者为不可别已，故以其旗识之今之铭旌殆仿乎此，俗用绛帛长七八尺，广尺三四寸，请戚友中之显贵者书款。（下款之姓名不书于帛上，另以红笺书而贴之，至葬时乃起去。）以小竹竿垂其两端，悬于灵右，亦"爱之斯录，敬之斯尽其道"之意也。

庚、灵位。以竹为架，高尺余，广六七寸，裱以红纸或绢。（俗例年未满六十者，用蓝色纸绢；或年未六十，而上无尊辈者，亦可用红。）俗于始死时，请戚友善书者对尸书之曰血灵，供灵几上。（至虞祭时置冥屋内焚化。）俗因始死未立木主，无以栖神，故先设此云。惟龙阳初丧不立灵位，且不立木主，灵几上惟供魄帛一物，至送殡到山，乃由山返灵于宅而安于堂中，为稍异焉。

按湘俗：书灵位与木主必合黄道，黄道之文十二字，曰："道远几时通达，路遥何日还乡。"书之者必恰合"道远通达遥还"六字。如上灵位式是合于道字，余以类推。

辛、木主。以栗木为之，一身一座，式位灵有一定之度，作梜为盖，中竖板而判之。前曰粉面主，后曰陷中主粉面主，正面书某封显考某公某府君神主（主字书时缺上一点。请宾题主者，宾点之；刺血者，孝之点之。）下款书孤子某某，孙某某奉祀。（此丧父之式也，若丧母则称哀子，父母俱丧，则称孤哀子），反面书葬于某乡某山某向。陷中主书几世祖某公讳某字某行几府君神主（主字仍阙一点）。不书下款，左右两旁分书生死年月日时，盖即古人立重之意也（成主之礼节详后）。

第十款　居丧禁忌

湘人居丧禁忌，习俗实繁。凡人死卧于床，必以一人守其侧，而推死者之生命所属何物，若其生命见酉，则谓之属鸡（子属鼠，丑属牛之类），必不准鸡子入房内，若鸡人则尸必起（若起则直行无前，见物即抱，若遇人有抱持至死者），有妨死者精魂云。

人死大敛，必以生前所落之齿牙，囊而纳诸棺。尸之左右手必使持物（忌空手也），如巾扇木梳（巾扇木梳皆用新者，而木梳又必断脱之）、饭碗（子孙有饭吃之意）、桃条（备以打狗）、饭它（备以食狗），六种必备也。

盖棺之时，眷属凭棺哭诀者，其泪珠最忌滴入棺内，谓滴入则以后亡人不能梦见云。

湘俗有重丧之说，其诀曰：春逢甲（正月）乙（二月）戊（三月），夏逢丙（四月）丁（五月）己（六月），秋逢庚（七月）辛（八月）戊（九月），冬逢壬（十月）癸（十一月）己（十二月），若逢之则为犯重丧，犯则必禳之，或请释道，或请礼生，书符诵咒，作草人纸棺焚诸野。有验有不验者（重丧又有正重偏重之分，偏重则易禳，正重则难禳云）。

柩未出殡，丧家男妇最忌沐浴。妇女身不洁净者，不得人哭于孝堂。谚云："热血临丧，家败人亡。"然妇女平常之不洁者，犹其小焉者也。若遭丧之时，而子妇或将产，则必速僦他舍以居之，以避其污秽云。

人死第三日之夜，其魂回家，谓之回煞。煞之大者高丈余，小者数尺。有舍宿邻家而以石灰洒棺前以验者，实渺远难信也。（煞之大小，道士按书算之，其书秘不令人见，然煞之或大或小，亦无人见之也。）

丧家治席以享吊者，其馔必令坟起使之食而有余（无余则为不祥），其饭粒必令硬，不准煮融，不知何所取义，俗谓之干丧饭云。

将出殡，预蒸干饭一甑，置箸数十双插饭中，至礼生起棺踢凳后，即速以木梯一张覆于地（必适中停柩之处，亦先所预备者也），以所蒸饭压之。压之者，压凶煞也（以饭者，取不犯凶煞，犯与饭同音也。以箸以梯者，箸名筷子，取快发子孙。梯则步步高升也）。

凡人死若所染系邪病及生产、疯癫、痢疾之类，其家必于出殡后延道士或巫师，画符诵咒，燃火把，洒法水于室之四围，甚有用硫磺火者，曰打扫，恐鬼为厉也。

湘俗：妇女产亡及枉死者，必延僧尼或斋公道人为台于郊外，诵经焚楮，曰打幽明钟。或半月一月，或四十九天之久，以为死者改罪。相传撞钟一声，能破十八层地狱云。

湘俗：凡年未六十及无子嗣者，例不准入葬于祖山。益阳凡生产及患疫死者，皆不准附葬。湘阴、湘乡皆同。平江则除疫死不葬祖山外，且于出殡时不准用金鼓，以防传染。至益阳上中乡患疫死者，凡正、三、五、七、九月，皆不准进葬，又其特异者也。

（四）祭

湘俗笃敬祖先，族姓聚处，祀事孔明。各族祭礼于繁简之节，互有异同，载之谱牒，可以征考。然大要多本《文公家礼》，而《四礼辑略》《礼文备考》诸书，于祭祀杂引俗例，且及神道，湘人多习用之。盖俗好淫祀，非其鬼而祭之，迷谬越礼甚矣！兹并著之。

第一款　祭祖

第一项　祠祭

甲、清明。湘人宗支繁衍，皆有宗祠，题曰某氏家庙。由公选举族长总管、值年人等，以掌其祭祀及田产之事焉。清明例必祭扫祖墓，为总管值年者乃先数日入祠，集议某公坟墓当修培，某公坟墓多荆棘，皆以次葺除之。遂焚香化楮，剪纸为标插坟上。《风土记》所谓拜扫者是也。拜扫既竟，乃治盛馔于宗祠，以祭赞礼读祝，曰行清明祭祖礼。其不赞礼者，则族长等叩首致敬而已。

乙、冬至。冬至例为祭祖之期，各宗祠之值年总管皆先数日入祠，洒扫内外，备办祭品（羊、豕、笾豆、酒筵之类），阖族人等皆先一日取齐，若系子午卯酉之年，则谓大祭，例必验谱。族人有曾领族谱者必携以来，否则有罚，或收藏不慎致蠹损者，亦罚之。族中添损人丁，亦报明而书于册，（添丁书红册上，损丁书黑册上，）以备修谱时纂入焉。（族谱例六十年修一次，族大丁多，三十年修一次者亦有之。）若非大祭则不验谱，亦不造册也。先一夕陈祭品告祖，族长衣冠率子弟诣祖龛前，行二跪六叩首礼。赞礼者初献读告文，亚献读训词［祠］，三献读戒词，鼓乐喧阗，铳爆交放，极一时之盛焉。届日黎明，又行正祭礼，手续与先夕同。礼毕，坐族丁于堂下，族长衣冠讲《圣谕广训》十六条，颁发族规，申明祖训。乃治馔集饮，饮以三杯为限，恐乱德也。总管值年遂综理一年之账目，以示族人，族人公议，或留任，或另举公正者以替之，乃散酌。计祭费：大祭需金百余两，小祭则数十金而已。此湘省通常之俗也。

第二项　家祭

甲、中元。七月十五为中元（俗传七月初一日，阎王开鬼门关云）。湘俗：无论贫富，皆于初十夜（若家有新死之人，则于初一夜接之，日接新亡人。族姻谊厚者并以楮钱裸锭相赠，曰送新包），燃香楮于门外以接祖，乃启龛陈所有之神主于堂上，有遗像亦悬之，朝夕治馔作供，五日而止（贫家小户，亦有仅接一日者，然其焚包致祭则一也）。至十五夜，仍燃香楮送之门外焉。然此五日中，必择一日治盛馔以祭（名曰烧包饭），购楮钱为包，自始迁祖以次，人各数封，或十数封，舁诸野而焚之，此最为重要之事。其祭品不外鸡鱼豚肉之类，其祭费以贫富平均而论，家各需钱拾余串文。

乙、忌日。凡生死忌日（五代以下或三代以下者惟然，五代以上则否），必治馔于祖龛前以祭，焚楮包数封，生忌谓之阴生。族姻至者，以烛炮、楮钱、裸锭、纸衣为礼。其祭费需一串或数百文。然此惟士绅家行之，下等社会不尔也。

丙、年节。每逢新年，先于除夕插寿字香于祖龛上，饰以烛台花屏诸物。元旦日以猪首、雄鸡、鲤鱼盛盘中作供，或加以年糕及酒筵焉。正月十五为元宵节，以糯米汤圆作供；端午节以粽子、盐蛋、面包作供；中秋节以月饼、菱角、藕作供。家长率子弟叩首致敬焉。

丁、朔望。湘俗：每日早晚必燃香于祖龛及所立各神之前，俗谓之装香。装香时击磬七八声（俗云"早七夜八，越打越发"），鞠躬长揖而不拜。惟逢朔望及朔望之先夕，必燃灯烛，化楮钱，行四叩首礼焉。且是日必煮肉一方，插一箸于上，以酒杯盛饭一，置碗中而供之神前，曰"打牙祭"。此通常之俗，无或异同者也。

第二款　祭神

第一项　祭于人家者

甲、门户行。湘俗：门谓之门丞，户谓之户尉，年终祀以香楮三牲（鱼肉蛋）。而遍贴门神纸（又谓之贴门钱）于各门椽之上，至来年除夕乃除之。惟巴陵贴至新正十二日，即聚而焚于大门之外（俗以十日为年满，《荆楚岁时记》谓之云开日），盖以却鬼也。又通俗除夕夜将半，以楮钱三章，夹于大门之中缝而阖之，谓之封财门。至晓开门而燃其楮钱，谓之开财门，亦祀门之意也。至于行，则与门户同为五祀中之一，湘俗并无祀之者，惟元旦开财门时放鞭［遍］爆，以出燃香插路，对东南西北四方而揖之，俗谓之"出天行"，或即为古人祀行之遗意欤？

乙、灶。祭法：庶民立二祀，或立户，或立灶，则庶民之祀灶，自古然矣。今俗于堂前或厨下设位，以红纸书"九天东厨司命神位"，贴而祀之。俗传司命管一家祸福，故事之最虔，每朔望之夜，必燃香灯于灶下，曰点灶灯，又点七星灯于锅内，以竹筛覆之，曰点锅灯，谓可照破凶煞。又相传八月初三为灶母李氏夫人诞日，二十四为灶君张冶相公诞日，迷信深者，是日必斋戒沐浴，延僧尼或斋公诵《司命经》，拜《虚灵忏》焉。至十二月二十四日，又传为灶神上天之期，（俗云灶神此日子时上天，将一家善恶奏明天帝，善多则降福，恶多则降殃，至除夕乃由天下地。其说荒谬无稽，而湘人信之最深。）先一夕，具斋供诣神前，再拜以祭之，谓之送司命上天，至除夕则又如前致祭，谓之接司命下地。道士送有文疏及祭灶饼者，并于此时置饼于地，谓备灶神踏脚，而焚其文疏焉。此通常之俗也。惟安化于送灶上天之时，必先扫除厨壁上之灰尘，谓此一年中所作恶事，灶神必登记于灰尘之上，故除之灭迹，免致奏闻降殃云，诚可谓无稽之甚矣。至其祭费，则以俗谓灶神持斋，但供糕饵果物，不用荤腥，故所费甚少，以每家每年而论，犹不过一串数百文。但道州风俗，腊月祀灶多延巫现赛会，名曰荣神，祭品用三牲酒醴，则所费甚钜也。

丙、中溜。湘俗：用红纸一章，书"中溜神位"四字，或书"天地位焉"四字，（亦有书"天地水阳"四大神祇者。）贴堂前檐柱上，朝夕燃香，朔望致祭焉。

丁、天地君亲师。通常民家之中堂壁上，必用红纸大书"天地君亲师位"六字，贴而祀之，其书此六字时，最为敬慎天字，必书如天，取天宽之意；地字必书如地，取地润之意；君字必书于君，谓君不乱开口；亲字必书如亲，谓亲不闭目；师字不撇，谓师不当别（撇与别同音也）；位字必较上五字稍为写大，谓其位最尊。其见虽俗，其心良厚矣。

戊、土。湘俗谓地下有神曰土府龙神，最恶人犯其煞（曰犯土煞），至有死者。故逢年终，俗必延僧道致祭，曰奠土。其手续于中堂设位，供土府九垒后土尊神（平常不祀）。五方亦设位，分供东方青帝，南方赤帝，西方白帝，北方黑帝，中央黄帝各土府龙神。道士鸣鱼诵咒，其辞曰："某居此宅，历有数年，土木屡兴，不无侵犯。或东锄而西挖，或北伐而南侵，有触龙神，有惊龙脉，诸多罪戾，幸获包涵。兹届年终，特为奠谢"云云。其祭品大者用猪，小者用鸡，沥其血洒于地，谓龙神见血即安也。其五方供以面包一，三牲一，仍焚楮奠酒于家中所立各神之前焉。其祭费则多至数元，少或一串文。此通常之俗也。

己、其他诸神。湘人无论贫富，迷信神权者十［什］居八九。家中除上述各神外，更有立财神者（财神分文武两种），为求财也。立观音者（谓之送子观音），为求嗣也。立钟馗与天师者（钟馗谓钟馗进士，天师谓张大天师），为驱邪也。立土地（当方土地）与吞口者（土地立于家堂供案之下，吞口则以木雕成狞恶之像，有首无身，悬于大门之外，然此但乡间有之，城市未有也），为镇俗宅也。以上六种，以立财神者为最多数，凡百商家几于无不祀之，且祀之者必固为封锁，因俗有偷窃财神之举动也（俗谓偷来之财神，较自塑者必为灵异）。此外，则各行户人等除另建公庙祀其先师外，其家中亦立而祀之（俗多书其先师之神号，于所立天地君亲师位之左右）。如豆腐店及粉坊之祀淮南先师（即汉淮南王），铁器店之祀太上老君（即周之李耳），面食店之祀关帝（俗呼关老爷），药材店之祀孙思邈（俗呼药王菩萨）之类。（详见第八章神道。）其祭期皆就各神诞日，其祭品则或以三牲，或以斋供。其祭费则多少无定，然总在一串或数百文之间也。

第二项　祭于神庙者

甲、神诞致祭。湘人笃信神道，故各城乡市镇无不庙宇如林。一届神诞之期，其庙之值年人等皆先期齐集，悬灯挂彩，杀猪宰羊，延请僧道诵经致祭。庙款多者，并演唱戏剧，数日不绝；庙款少者，亦演唱影戏或神戏（俗呼木脑壳戏），以达神寐。其附近居民，则皆扶老携幼，入庙焚香，纷至沓［踏］来，道途络绎，极一时之盛事焉。此通常之俗也。此外，则从前科举时代，读书士子多邀集同志醵金立会，或祀关圣，或祀文昌，或祀奎星。凡届祭期，（此等神会多不就诞期，而分春秋两祭。）皆衣冠从事，赞礼读祝，饮福受胙，一如典礼，以祈获福焉。近今科举既废，此等神会多就消灭矣。综而论之，湘人信神已达极点，其神之名号多，难尽举。爰就调查所及者，录一览表于下（略——勘校者注）。

乙、农家祈报。祭有祈焉，有报焉，古之制也。湘俗：农民每逢仲春，醵资祈社，仲秋又报社。祭礼视祈时有加中。于六月初六日又有所谓祀郡官者，礼与祈社同，惟是日必以楮钱滴鸡血，缚之竹竿上，插于田中，以求谷实，此通常之俗也。此外，如零陵乡俗，十月十五日报赛土神，谓之倒稿，农民乃演戏集饮，以乐年丰。又新田农家有祭鸟之俗，祭期在二月初一日，与祭社之意相同，亦各从其俗也。其祭品则无论祭社、祭鸟，皆用三牲酒醴，其祭费数百文或一串文而已。

第二篇

北洋政府时期之湖南民商事习惯调查

第六章

北洋政府时期民商事习惯调查之重启

【按语】北洋政府时期之民商事习惯调查发轫于 1917 年冬，正式重开于 1918 年（民国七年）初，持续至 1921 年前后。

1917 年 10 月 30 日，奉天省高等审判厅厅长沈家彝向北洋政府司法部"呈请拟设民商事习惯调查会"，同年 11 月 9 日被指定照准。[1]1918 年 1 月 29 日，北洋政府司法部发布第 68 号训令：通令各省高等审判厅处仿照奉天高等审判厅设立民商事习惯调查会，并限自令到日起四十日以内报部，经时任司法总长江庸核定后，于同年 2 月 1 日发往各省区，正式重启民商事习惯调查。[2]汤铁樵成为此次调查的谋划者和具体负责人。[3]由于"前清时代与民国时代之调查民商事习惯，性质虽同而内容、体裁全然有别"，[4]亦鉴于民商习惯极其复杂，汤铁樵制定了民商事习惯调查各项程式并颁行各省。汤铁樵还拟定了统一的民商事习惯调查会报告书式、用纸及编制办法，于 1919 年 1 月 16 日颁发全国施行。[5]

组织机构：中央由司法部负总责，其附设之法律修订馆专门负责；各省区则在高等审判厅内设"民商事习惯调查会"为专门机构，由高等审判厅厅长兼会长，下属各审判厅厅长、推事及兼理司法各县知事、承审员为会员，各级检察厅检察长、检察官暨审检各厅书记官得自愿加入，各调查会还设有常任（或专职）调查员及其他各类工作人员。

运作规程：司法部制定了编制办法，包括标题与细则的写法、按语与实例的写法、用纸和印刷要求、页数与装订要求等。各省区调查会几乎都制定

---

〔1〕《司法公报》第 242 期。

〔2〕《司法公报》第 87 期。

〔3〕《司法公报》第 232 期。

〔4〕《司法公报》第 242 期增刊。

〔5〕《司法公报》第 232 期。

了专门的"会章""调查规则"和"编纂规则",如《湖南民商事习惯调查会章程及附属规则》规定了湖南民商事习惯调查会成员数目、任职、经费、所调查的习惯范围、报告的编录格式、其他主体协助调查义务等内容。[1]

1919 年 3 月 15 日,湖南民商事习惯调查会正式成立。1918 年,南方护法军与北洋政府军在湖南的大战爆发,湖南境内战乱迭起。虽然湖南高等审判厅在当年 12 月 13 日即向北京政府司法部呈送了《遵设民商事习惯调查会拟定章则及支费办法》,但由于时局复杂,战事频发,湖南高等审判厅的厅员星散他方,加之各厅县与长沙之间交通闭塞,一时间难以依托湖南高等审判厅组建民商事习惯调查会。考虑到"与其编纂简陋,有误将来法典之根据,何如暂缓设立之为愈",直至民国八年(1919 年)3 月 15 日,湖南民商事习惯调查会才正式成立。三日后,调查会将包括成立日期、职员名册、指派缘由在内的相关成立信息呈报至司法部。8 月 31 日,经司法部 12925 号指令备案,包含"会章""调查规则""编纂规则"在的各项章则得以发布。

然全国性的调查活动于 1921 年后因时局变迁渐渐归于沉寂。据汤铁樵著《各省民商事习惯调查报告文件清册叙》载:"(民国)十年以后,虽经继续得报,然以时局纠纷而渐希矣。"另据单豫升著《民商事习惯调查录·序》(1927 年)载:"丁卯(1927 年)六月,奉令二部阅各省区民商事习惯调查会报告书,得数千则,较之奉省约多十余倍。惜西南诸省,若两广、云南以政权不一致,设会调查之事从未举办。此数千则既不足以赅备全国之习惯,其不足以测全国人民之所好恶,亦可想见,虽然顷年各省区之报告到部者,依事附例,条例井然,诚能举一反三,参悟其异同得失,良者与之恶者汇之未始,非修订法规或审理案件之考镜也。"[2]

---

〔1〕 全文载前南京国民政府司法行政部编:《民事习惯调查报告录》,胡旭晟、夏新华、李交发点校,中国政法大学出版社 2000 年版,第 1084~1085 页。

〔2〕《司法公报》第 242 期。

一、奉天高等审判厅厅长沈家彝呈请拟设民商事习惯调查会 *

1917 年 10 月 30 日

呈为拟设民商事习惯调查会，谨将组织暨支费办法报请鉴核示遵事。窃查奉省司法衙门受理诉讼案件以民事为最多，而民商法规尚未完备，裁判此项案件于法规无依据者多以地方习惯为准据，职司审判者苟于本地各种之习惯不能尽知，则断案即难期允惬，习惯又各地不同，非平日详加调查不足以明确。厅长有鉴于此，爰立奉省民商事习惯调查会，以高等审判厅长、推事，及各地方审判厅长、推事，并与推检资格相合之承审员为会员；各厅检察官如有愿入会者亦为会员，各就所在之地及所遇事件随时调查报告，以便比较研究；并另举编纂员分类汇集，俟荟集成册，即付刊印，分送各会员并报告法律编查会。俾采用会所暂设高等厅，会内一切事物由本厅指派书记官一人暂行兼理，每月酌给津贴若干；另置雇员二人，分任收发缮写各事。奉省民商事习惯甚为复杂，其无案件可资发见者，并拟体察情形派员分途调查，或函请各处商会士绅襄助，以期详悉周知。所有会内应需费用，查有本厅历年积存之律师登录费新旧合计五百三十二元，此款向来未指定用途，各省闻均系以之弥补司法经费，本厅拟请即以此款移作调查会常年经费，除督率进行外，理合备文，呈请鉴核示遵。谨呈

奉天高等审判厅厅长沈家彝

司法部指令第一零零零四号：令奉天高等审判厅厅长沈家彝呈拟设民商事习惯调查会，并经费办法请核示遵由。

呈悉，该厅所拟设奉省民商事习惯调查会，专任调查各地商习，所见极是，殊堪嘉尚。查民商习惯甚为复杂，不独奉省为然。该厅率先设立民商 [事] 习惯调查会，拟将调查所得汇集成书，以为编订民商法之材料，并将历年积存之律师登录费移作调查会常年经费，各节办理亦甚切当，自应照准。将来调查成绩应即陆续报部，以凭采择。所有会则仍应呈部核阅。此令。

---

* 本文引自《司法公报》第 242 期。兹引原件之说明："前奉天高等审判厅长沈家彝呈请创设民商事习惯调查会，呈文系于民国六年十月三十日呈递，十一月二日到部，同年十一月九日指令照准。此实民国时代举行民商事习惯调查之发轫。"

二、司法部训令设立民商事习惯调查会[*]

1918 年 2 月 1 日

司法部训令第六八号：通令各省高等审判厅处，仿照奉天高等审判厅，设立民商事习惯调查会，并限自令到日起四十日以内报部由。

为训令事。六年十一月二日，据奉天高等审判厅厅长沈家彝呈称拟设民商事习惯调查会开具组织暨支费办法请予核示前来本部，旋于六年十一月九日指令照准，并着将所调查成绩陆续报部在案。查民商习惯甚为复杂，不独奉省为然，果能随时随地调查明确，汇集成书，岂惟将来编制法典之基础，即现在裁判案件亦复足资参考，是此项调查实为切要之图。本部正在筹画，拟即通令举办，适据奉厅呈报，正与本部意见相同，合将原程等件发行该厅，仰即仿照办理，切实进行，并限自令到之日起四十日以内，将设立情形妥速拟定，呈部核夺，务必详细规画，以期广搜博采，情伪毕陈，本部实有厚望焉。此令。

三、司法部训令划一报告书式用纸及编制办法[**]

1918 年 2 月 1 日

司法部训令第三二号：划一全国各厅处民商事习惯调查会报告书式用纸

[*] 本文引自《司法公报》第 242 期。兹引原件之说明："查奉省高等审判厅长呈准设立民商事习惯调查会，以后当由本部参事厅规画，通令各省区高等审判厅处，仿照办理。旋于民国七年一月二十九日草拟令文，呈经前任司法总长江庸核定，即于同年二月一日缮发，而民商事习惯调查事务遂至通行全国。"江庸（1878—1960 年），字翊云，晚号澹翁，出生在四川璧山（现重庆市璧山区），中国近代法学家、中国近代法律教育的奠基人之一、社会活动家。早年留学日本，1906 年毕业于日本早稻田大学法制经济科，归国后授法政科举人。曾任清政府大理院推事、北洋政府京师高等审判厅厅长、司法总长及政法大学校长、朝阳大学校长等职。1926 年迁居上海，从事律师业务，设事务所于四川路 33 号，曾义务为救国会七君子辩护。1949 年，应毛泽东手书邀请，出席第一届中国人民政治协商会议第一次全体会议，并被推选为政协全国委员会委员。中华人民共和国成立后，江庸当选政务院政治法律委员会委员，第一、二届全国人民代表大会代表，华东军政委员会监察委员会委员，历任上海市文史馆副馆长、第二任馆长。1960 年 2 月 9 日病逝于上海，享年 82 岁。

[**] 本文引自《司法公报》第 242 期。兹引原件之说明："自民国七年二月一日通令全国各高等审判厅处一律附设民商事习惯调查会以来，各省区厅处渐已次第举办，呈送第一期调查报告书，到部者不勘。惟事属创举，各处所拟定书式、编制体裁及其用纸等项种种不同，复由汤参事铁樵拟定划一全国各厅处民商事习惯调查会报告书式用纸及编制办法六则，当于八年一月十六日司法部训令第三二号颁发施行。"

及编制办法由。

令

新疆司法筹备处长

各省高等审判厅长

热察绥高等审判处长

为训令事。查各省厅处民商事习惯调查会第一期报告书，有用装订式样者、有用折叠式样者，形式既不整齐，汇辑亦多不便，本部现为划一起见，特定办法列下：

一、报告书用纸尺寸以营造尺为准，长八寸，宽五寸二分。如该纸中印刷直行，其周围一线上下距离为五寸九分，左右距离为四寸，上层余纸为一寸四分，下层余纸为七分，左边余纸为二分，右边余纸为一寸，行数以十行至十一行为限，其不印刷直行者听。

二、用纸或毛边光堆及其他项纸类，得从各地之便随意采用，惟以本国纸为限。

三、报告书无论页数多寡，应用装订式，毋用折叠式。装订时另附壳面，其纸宜用稍厚者。

四、报告书壳面左角，应记明某省民商事习惯调查会第几期报告云云。

五、报告书内首列报告目录，而每项目录下又须记明页数。如有跋或例言，应附列于目录之后低二格写。

六、报告书编制内容，除照章分类标题（如关于债权之习惯、关于人事之习惯、关于商事之习惯等题应顶格写）外，其各项细则（如债权内有某项习惯某项即为细目）应低二格写细目下，又应用细字记明此系某一县或全省之习惯字样；其细目外，叙述事实应顶格写；叙述毕，如有按语或历举实例（如某县甲与乙一案即系为此类），应就事实后低三格写，以清眉目。

以上六项，仰各该厅处一体遵照。此令。

四、核示湖南民商事习惯调查会章程令（第105号、第108号）*

（一）指令湖南高审厅第105号

呈悉。该厅现将民商事习惯调查会从事组织，殊堪欣慰，所拟简章十五条尚属妥当，惟第九条均以高等审判厅及厅长下"行之之外"四字上应添"名义"两字。又调查规则第十五条末随时修改句与编纂规则，第十条末随时修改订句应改为"随时修改呈朝廷核定"。合观简章并各项规则，除以上所开应行增删外，余均如拟办理，即督同会员切实进行，本部实有厚望焉。原件存。此令。

附原呈

呈为遵设民商事习惯调查会拟定章则及支费办法，乞予鉴核示遵事。窃本年二月间奉钧部训令（第六八号开六年十一月二日），据奉天高等审判厅长沈家彝呈称，拟设民商事习惯调查会开具组织暨支费办法，请予核示前来本部，旋于六年十一月九日指令照准，并著将所调查成绩陆续报部在案。查民商习惯甚为复杂，不独奉省为然，果能随时随地调查明确，汇集成书，岂惟为将来编制法典之基础，即现在裁判案件亦复足资参考是。此项调查作为切要之图，本部正在筹划，拟即通令举办。适据奉厅呈报，正与本部意见相同，合将原呈等件发行该厅，仰即仿照办理，切实进行，并限自令到日起四十日以内，将设立情形妥速拟定，呈部核夺，务必详细规划〔画〕，以期广搜博采，情伪毕陈，本部实有厚望焉。此令等因，并附呈文清折指令等件到厅，奉此遵。查民商事习惯关系，审判甚为重大，自应遵令设会调查，以求详确，惟湘省自政变发生以后，省会各厅员散他方，省外厅县各员一时亦未遑兼顾，是以久延未能举办。迨厅长到任时，湘省秩序尚未恢复，各厅县与省会不通之处尤多。夫以一省之大，习惯歧异种类繁多，欲求编纂之宏富明确，非藉精密之调查，无以求实效。各厅县情形既困难若此，则会员因外界之阻碍，势难得详确之报告，与其编纂谫陋，有误将来法典之根据，何如暂缓设立之为愈。此厅长到任以后对于该会未即举办之原因也。现在大局稍定，道路较前为通，自应赶速设立，以副钧部谆谆训令之至意。除拟订章则及支费办法

---

* 本文引自《司法公报》第105期。

另册钞呈外，至开办经费如购买器具等项需百元左右，及每月会中支用各项费用约须二百余元，拟以现存律师登录费用票洋三百二十余元，及随时收入律师登录费用支付外，其不足之数另于收入讼费项下截留，弥补实支实销，仍按月由职厅编制计算书，连同收据汇送钧部查核。所有遵设民商事习惯调查会拟订章则及支费办法各缘由是否有当，理合备文，连同简章及调查编纂各规则，并预算表各一份，呈请均部鉴核，伏乞指令祗遵实为公便。谨呈。

附清册

湖南民商事习惯调查会简章

第一条　本会以调查湖南民商事习惯为宗旨。

第二条　本会会所附设于湖南高等审判厅内。

第三条　本会职员如下：

一、会长一名；

二、会员无定额；

三、常任调查员二员；

四、编纂四员；

五、文牍一员；

六、庶务一员。

第四条　本会会长由湖南高等审判厅长兼充。

第五条　本会会员以湖南各级审判厅厅长、推事及兼理司法各县知事、承审员充之；各级检察厅检察长、检察官暨审检各厅书记官愿入会者，得为会员。

第六条　本会职员由会长指派下列人员充之：

一、常任调查员，为专职，由会长选派。

二、编纂员，由会长指定高等厅厅长暨地方厅厅长或庭长兼充之。

三、文牍、庶务各主任，由会长指定高等审判厅内书记官兼充。

四、缮写事宜得酌设雇员。

第七条　会员暨调查员调查所得，依调查规则第八条规定期限报告之。调查规则则另定之。

第八条　本会由湖南高等审判厅刊发木质图章一颗，文曰：湖南民商事习惯调查会钤记。前项圆章用营造尺，长二寸三分，宽一寸五分。

第九条　本会发行文件，除陆续呈报各事均以高等审判厅及厅长行之之外，所有调查进行事件得以湖南民商事习惯稽查会名义行之。

第十条　本会调查所得，每半年编纂一次，分送各会员，并交由高等审判厅分送司法部、修订法律馆、大理院编纂。

规则另定之。

第十一条　湖南高等审判厅所属之律师公会对于民商事习惯如有意见陈述者，得具报告书，函送本会，以备参考。

第十二条　本会遇有必要情形，得由会长召集会员开会讨论。

第十三条　本会经费由湖南高等审判厅长编制预算，呈请司法部拨给。

第十四条　本会收支各费，每月由庶务员编制决算，检同用款单据，送由高等审判厅报部审核。

第十五条　本章程如有未尽事宜，得随时修改增订，呈报司法部备案。

调查规则

第一条　调查分民事习惯、商事习惯二种。

第二条　会员应各就经办民商事案件，随时留心体察，如有发现某项习惯者，应勤加记录；其于经办案件外，别有习识该地习惯者，亦应一并记录。

第三条　会员发现习惯并非亲莅某地调查不能得其真实者，得报请会长派常任调查员亲往调查。

常任调查员应将调查事件切实考察具报。

第四条　调查之习惯如下：

一、天灾兵乱或历史事实相沿所生各种不同之习惯。

二、不论善良习惯与否，但系有关于民商事事件之权利义务足以成为习惯者。

三、各地域不同之各种习惯。

四、一地域内两种相反之习惯。

第五条　调查习惯应注意下列各项随时采集：

一、各官署文卷确有成案者可证明其为一种习惯者。

二、农工商会及自治团体之文件可证明各习惯者。

三、各社会缔结契约及关于婚姻继承亲属各种书类可证明各习惯者。

四、无书类可供证明之习惯其具体事实有先例足以摘举者。

第六条　湖南省发布单行章程暨规则有关于民商事足供审判上之依据或参考者，一并调查，另册抄录。

第七条　凡会员暨调查员调查所得，应分民事习惯、商事习惯二种，其编别式以民律草案与商律草案之目次为依据。至所得习惯不能归纳于民商律草案目次以内者，应分别附录另誊缮。

第八条　每一则习惯编录之格式如下：

一、标题。标题上冠以一二三四五等字，标题下冠以某某县习惯等字。

二、说明。习惯之缘始、变迁、内容、效力。

三、附录。足资证明习惯之契据、合同、折簿、碑谱等类，照式抄录。

标题与说明顶格写，附录低二格写。

第九条　会员就调查所得分类汇集，编订成册，于册面注明官衔、姓名，每年分一月与七月各报告一次。

调查员应将调查所得分类汇集，编订成册，于册面注明调查员某某编录字样，每二个月报告一次。

由本会派赴某地调查某种习惯者，调查完毕后应随时从速报告，其赴各地调查日期，除程期按照湖南上诉路程表不计外，最多不得逾一星期。

第十条　凡不仅通行一县之习惯，应列举其他县名。

第十一条　同一案件中之习惯在合议庭时由主任推事编录之，若案件不同之同种习惯，凡同厅各推事可各任编录之责，俾得互供参考。

前项规定县知事与承审员准用之。

第十二条　在裁判外可资发见之习惯，在必要时得函请各处工农商会、地方士绅协助调查。

第十三条　凡依咨询或传闻所得之习惯不能得其真确时，应将所闻之地暨所访之人姓名、年龄、籍贯详为附注。

第十四条　凡须重行调查之习惯，应以发生疑义者为限。

第十五条　本规则如有未尽事宜，得随时修订。

编纂规则

第一条　编纂各员分任编纂事宜，编纂完毕由会长汇核。

第二条　编纂就会员及调查员之报告随时汇订。

第三条　编纂分民事、商事二类。

第四条 编纂时发现会员暨调查员调查所得系同类同内容同效力者，只录其一。

第五条 凡湖南发布单行章程暨规则，均应分类，另册抄录。

第六条 凡一习惯通行于数县者，应将数县名列举之。

第七条 编纂之目次准用调查规则第七条。

第八条 每一则习惯编录之格式准用调查规则第八条。

第九条 关于应商榷之编纂事项，由编纂协议行之，协议不调，商承会长办理。

第十条 本规则如有未尽事宜，得随时改订，呈部核定。

拟定湖南民商事习惯调查会支用预算表					
用款	员额	月支单数	月总支数	年总支数	备考
常任调查员薪水	二员	六十元	一百二十元	一千四百四十四元	
雇员薪水	二员	十六元	三十二元	三百八十四元	
赴各地县调查旅行费			二十元	二百四十元	
杂费			八十元	九百六十元	纸张、笔墨、印刷、邮费、茶水、油、烛、器具等
统计			二百五十二元	三千零二十四元	

（二）指令湖南高审厅第 108 号

呈悉。查改订民商事习惯调查会章程，尚属可行，应准备案。惟第十五条"前项图章用营造尺，长二寸三分，宽一寸五分"共十八字，应移作为第十四条第二项同条。自"本会发行文件"句起至"调查名义"之句止，应即作为第十五条条文，余如所拟办理，仰即遵照，原件存。此令。

附原呈

呈为改订民商事习惯调查会会章，呈请鉴核事。窃查甘肃，地居边域，界接蒙疆，番回并处，人事复杂，特别习惯自应甲于他省。兼之幅员辽阔，交通困难，调查颇不易周。本会成立之初，因限于经费一项，所有聘定调查各员均系义务，迭次函催，多不能如期报告，即间有报告者亦属泛常敷衍，对于所举各条项未能周咨博访，详细考查，常此因循，诚恐于事实无所裨益。兹拟添设常任调查员二人，以专责成，除该员每日细心调查，自行列项报告外，遇有会员报告到会事件，或疑义不明，或略举一斑未能阐发底蕴时，亦得派该员亲诣地点切实考察，应不致有毫厘千里之谬。至着给津贴，仍由原定经费内酌量开支，不另增加。再原章所定编纂主任由会员公推，原呈谓开支欵项由会员审查等语，查会中所聘定普通会员人数过多，远近不一，施行实不无碍滞，故特仿照江西会章，将本会前经报部核准章程，依该章第十六条规定，重加增修，以期于事实相符，所有改订会章缘由，理合开具清册，备文呈请钧部鉴核示遵。谨呈

附：改定甘肃民商事习惯调查会章程

第一条　本会为调查甘肃全省民商事一切习惯而设。

第二条　本会设置职员如下：

　　一、会长一人；

　　二、会员无定额；

　　三、常任调查员一至二人；

　　四、文牍一人；

　　五、会计兼庶务一人。

查原章定编纂主任一人，今拟改订一人至二人，并添设常任调查员一人至二人，余仍旧。

第三条　本会会长由高等审判厅长兼任。

第四条　本会会员由下列人员中函订之：

一、高等审判本厅及分厅推事、地方审判厅厅长及推事。

二、各级审判厅具有推检资格之书记官。

三、高等地方各检察厅检察官。

四、各县知事及承审员。

查原章前项第三条会长由高等审判厅长兼任、第四条会员由下列人员中函订之云云，今拟皆冠以本会二字，余仍旧。

第五条　编纂员由会长选派。

文牍、会计、庶务由会长指定高审厅书记员兼充。

查原章编纂、文牍、会计、庶务各员均有主任字样，今拟删去主任二字，将编纂员由会员公推者拟改为由会长选定，并增设调查员，亦由会长选派，余仍旧。

第六条 各会员调查所得除随时报告外，其省外各承审员及县知事，每三个月至少须报告一次。

查原章前条系第七条，兹改为第六条，余仍旧。

第七条 本会于各会员报告外，其遇必要时，得函请农工商会、自治会、理番委员、各县土司帮同调查。

调查规则另订之。

查原章前条系第十条，今改为第七条，并增设调查规则另另订之一项，余仍旧。

第八条 本会调查事项每四个月编纂一次，交由高审厅分送司法部、修订法律馆、大理院查核。

查原章法律编查会今应改为修订法律馆，余仍旧。

第九条 凡甘省发布单行规程于民商事有关系者，本会得分汇编辑，随时报告。

编纂规则另订之。

第十条 会员、编纂、文牍、会计等概不给薪，但因其情形得酌给编纂及文牍、会计等，以八十元以下之津贴。

查原章此条系第十一条，今改为第十条，末句改为八十元以下之津贴，余仍旧。

第十一条 本会因誊〔腾〕写等事得酌用雇员。

第十二条 本会经费由高审厅呈请司法部拨给。

第十三条 本会收支各费每届月终由会长检查一次，每三个月由庶务员编制决算，连同用欵单据送由高等审判厅报部核。

查原章第十二、十三等条，今改为第十一、十二等条，第十三条系另行增订。

第十四条 本会附设高等审判厅，并由厅刊发木质图章一颗，文曰：甘肃民商事习惯调查会钤记。

前项图章用营造尺，长二寸三分，宽一寸五分。

第十五条 本会发行文件，除陆续呈报各事由高等审判厅及厅长名义行之之外，所有进行调查事项，得以甘肃民商事习惯调查名义行之。

第十六条　本章程有未尽事宜，得随时增修，呈部备案。

查第十四、十五、十六等条，仍与原章同。

五、汤铁樵：各省区民商事习惯调查报告文件清册叙*

调查民商事习惯自民国七年始也。清之末叶，尝一为之社屋而辍延及是年，本部感于民商法典编订之必要，始议着手调查材料。查五年冬，奉天法庭亦以为请。铁樵既承命综其事。以吾国五方风习错综不齐，民商习惯又极复杂，若调查入手未有准绳，将来挂一漏万，举细遗大，甚至纠牵不析，则实效不可得而睹矣。覃思兼旬乃为之条析，事类厘定，项目制为程式颁行各省，并将奉厅章程略加修改，通令各省法院附设民商事习惯调查会，其会员除法院人员外，兼理司法县知事、承审员及其他法团人员，皆许入会，俾得合力齐举。此都七年事也。于是各省除边远外，络绎册报，堆案数尺，浩瀚大观。十年以后，虽经继续得报，然以时局纠纷而渐希矣。铁樵尝欲根据事例钩提纲目，并采清末所遗报册，总为一编，以便查阅而资参考。继因有哈

---

* 关于民初民商事习惯调查之经过，兹引汤铁樵和单豫升为《民商事习惯调查录》所作之"序"来说明之，另引用当时的《法律评论》杂志的"时评"作为补充说明。在民初民商事习惯调查中，汤铁樵"承命综其事"，成为谋划者和具体负责人。汤铁樵规划将民商事习惯调查会附设于各省区高等审判厅及审判处，并且审定各会章程，颁行各类表式。习惯作为当时的重要法源之一，与制定法、判例等具有相同的法律效力，况且在民初尚未颁行民法典的情形下，民商事习惯的适用率颇高。民初的著名法律人单豫升曾言："审理民事及商事诉讼，每苦无实体法规以为据，恒用习惯为判案之助益，有感于调查民商事习惯之关系重大，且足为修订民商法规之资料。"故审判厅和检察厅的专业人员既深谙法理，又能在司法实务中接触、使用到大量的民商事习惯，是充任调查会会员的不二人选。可见，汤铁樵的谋划是具有现实依据，并且切实可行的。汤铁樵主持民初的民商事习惯调查，既系统梳理了清末的调查成果，又得数千册各省区民商事习惯调查会报告书，填补了民初制定法的大量空白区域，在实务中极大便利了司法工作。此举也为20世纪30年代南京国民政府开展民商事习惯调查奠定基础。本文引自《司法公报》第232期。

汤铁樵小传：汤铁樵，字芸邨，生于清光绪四年（1878年），湖南醴陵茶山岭人。清光绪年间，曾任教于长沙明德学堂，加入华兴会、中国同盟会。1905年至1910年，先后于日本早稻田大学清国留学生部预科一期、政法类专门部修习。1911年辛亥革命爆发后，汤铁樵旋即回国参加革命。民国伊始，汤铁樵出任司法部科长，其协助宋教仁、汤化龙制定了一系列法令。后任司法部刑事司司长、参事、主席参事、专门教育司司长、次长、代理部长等职，于任上组织并参与调查各省民商事习惯（1918—1926年）、建设哈埠司法机关（1923年）、清室善后工作（1924年）、保护故宫博物院（1924—1927年）、接管上海公共租界公廨（1925年）、收回天津英租界（1927年）、调查奉吉黑及东省特别区域司法事务（1928年）等。1928年政权更迭之时，汤铁樵辞官隐居北京，自此不问政事。晚年出任天津五三工厂经理、北平市禁烟委员会委员、静生生物调查所委员会委员兼会计等。

尔滨筹设特区法院之役，役罢遄归，恒苦事务纷繁，卒卒数年，迄未暇举，引为憾事。兹者李君炘于民商习惯素有研究，对于编纂职务欣然乐从，积之累月，遂成兹册，名曰《各省区民商事习惯调查报告文件清册》。阅其所列项目，厘然各当，将来民商法典之胚胎在于是矣。欣睹其为著始末如此。

中华纪元十五年岁次丙寅夏历孟秋月

醴陵芸郘汤铁樵识

六、单豫升：民商事习惯调查录序[*]

予敿历各地司法有年矣，审理民事及商事诉讼，每苦无实体法规以为据，恒用习惯为判案之助益，有感于调查民商事习惯之关系重大，且足为修订民商法规之资料。年来长，奉天司法即督促调查会广咨博采，不遗余力，然其所得，较为正确者，数百则耳。丁卯六月，奉令二部阅各省区民商事习惯调查会报告书，得数千则，较之奉省约多十余倍。惜西南诸省，若两广、云南以政权不一致，设会调查之事从未举办。此数千则既不足以赅备全国之习惯，其不足以测全国人民之所好恶，亦可想见。虽然顷年各省区之报告到部者，依事附例，条例井然，诚能举一反三，参悟其异同得失，良者与之恶者汇之未始，非修订法规或审理案件之考镜也。然则整理编次之举，岂容缓乎？前任诸公已派专员从事整理，并拟分期编印。今者第一期《各省区民商事习惯调查报告文件清册》业已出版，内容分上下两卷，民国时代所调查者编为上卷，前清者列入下卷，定名曰《民商事习惯调查录》，分别省县，据实编录，可谓先获我心之所同然者矣。语云："民之所好，好之；民之所恶，恶之。"斯录之作，非敢谓举全国人民而尽知其所以好之恶之也，亦聊以立知所好恶之始基云尔。

中华民国岁次丁卯秋八月

---

* 单豫升，字瑞卿，河北抚宁县城南街单家大院人，清朝末年赴日本留学，入日本明治大学，毕业归国，从事法务工作，民国元年（1912年），经司法部考取前列，得署天津地方审判厅推事。二年（1913年），调署天津检察厅检察官。四年（1915年），升奉天沈阳地方审判厅厅长。六年（1917年），直隶高等检察厅检察官，七月，保定地方检察厅检察长。七年（1918年），民国武汉政府夏口地方检察厅检察长。九年（1920年），调奉天烟酒事务局局长，任奉天省高等审判厅厅长，民国十六年（1927年）任司法部次长，代理部长，是年，梁启超先生辞去司法储才馆长一职，由单豫升兼任。本文引自《司法公报》第242期。

七、时评：司法部编纂民商习惯调查录[*]

各省区呈报，调查民商习惯在有清末叶颇为重视，民国肇造，中途废弛。司法部鏖于私法制度侧重习惯，曾经令行各省区高等审判厅及审判处，责成调查民商事习惯，切实具报。年来据报到部者为数不鲜。闻司法部拟综合前清调查者，汇编一种专集，业经令派李炘君担任。该项部令，早由本刊登载。兹又觅得司法部《致修订法律馆函接洽办法》之原文，大致谓年来各省高等审判厅呈送民商事习惯调查报告书到部者为数不鲜，既可作法院审判案件之参考，又足为修订民商法典之材料，亟应整理汇编成册，业经本部令派李炘兼任整理民商习惯调查录事宜。查前清各省县具报之民商事习惯调查书录，足资附益者甚多。该项书录均由贵馆保存，该员拟即前往协商办法，以利进行相应函请查照云云。修订法律馆极表赞同，会商办理现已接洽就绪，从事编纂将来成就或有可观。夫习惯乃法源之一，与判例成文法之价值足以相埒。甚望当局毅然为之，早观厥成也。

---

[*] 本文引自《法律评论》1925 年第 129 期，第 12 页。

第七章

湖南民商事习惯调查成果*

【按语】民初的民商事习惯调查取得了良好成果。据载"各省除边远外，络绎册报，堆案数尺，浩瀚大观"，[1]"阅各省区民商事习惯调查会报告书，得数千则，较之奉省约多十余倍"。[2]但因政局不定、社会动荡等原因，各高等审判厅处呈送"民事及商事习惯调查报告"者仅有 16 省及热河、绥远、察哈尔特别区共计 67 册。到 1926 年，北洋政府司法部所收集、保存的民商事习惯调查资料，自清末迄于民国，共 959 册，其中清末调查所得 887 册，民国调查所得 72 册。

1923 年，施沛生等依据上述调查报告编纂成《中国民事习惯大全》[3]，按照民律总目分为"债权""物权""亲属""婚姻""继承""杂录"六编。1926 年，北洋政府司法部民商习惯编纂室李炘编成《各省区民商事习惯调查报告文件清册》，后以北洋政府司法部"司法公报第三十七次临时增刊"由第 232 期《司法公报》刊出，但未能全部刊行。1930 年，南京国民政府基于制订民法典的需要，由司法行政部将前北京政府司法部所编《民商事习惯调查录》之民国时代之民事部分酌加修订后先行付印，即为《民商事习惯调查报告录》。[4]该书与《中国民事习惯大全》同出一源而体例不同。该书按照民法典各编分为"民律总则习惯""物权习惯""债权习惯""亲属继承习惯"四编，每编下分各章，为各省关于该编习惯之报告。

---

* 本书收录部分内容，详见前南京国民政府司法部编：《民事习惯调查报告录》，胡旭晟、夏新华、李交发点校，中国政法大学出版社 2000 年版，第 348~982 页。

〔1〕 汤铁樵："各省区民商事习惯调查报告文件清册叙"，载《司法公报》第 232 期。

〔2〕 参见单豫升："民商事习惯调查录·序"，载《司法公报》第 242 期。

〔3〕 施沛生：《中国民事习惯大全》，上海书店出版社 2002 年版。

〔4〕 前南京国民政府司法部编：《民事习惯调查报告录》，胡旭晟、夏新华、李交发点校，中国政法大学出版社 2000 年版，第 1084~1085 页。

民初民商事习惯调查大体上均按照当时民律草案与商律草案之目次进行，同时，各省区"调查会"对所获资料基本上都做过一番编辑、整理工作，因而各省区上报司法部的调查报告皆为陈述体，且内容较清末更为精要。汤铁樵"尝欲根据事例钩提纲目，并采清末所遗报册，总为一编，以便查阅而资参考"，但最终未成。

据《各省区民商事习惯调查报告文件清册》所载，湖南民商事习惯调查会共向司法部呈报二期报告书，其中，关于物权习惯共计四十四则，债权习惯共计四十八则，亲属继承习惯四十六则，民事习惯共计一百三十八则。[1]据《中国民事习惯大全》载，其中涉及湖南的条目有：第一编"债权"：借贷利率与借券种类、借银还钱与借钱换银、抵当利息、全领字、脱业钱与原业钱、回赎字约、卖契找价、立约与立票之不同、卖契不填价、卖契之执笔人。第二编"物权"：水面权与水底权、领地移转、沉潭费、卖田存耕、佃耕不必具佃字、批规、倒租与庄息、伴进佃规、时租与额租之区别、屯管。第三编"亲属"：否认私生子而认义子、嗣关与付约、长支长子不得出继他支。第四编"婚姻"：婚姻之成立、副媒、童养媳、指腹为婚、嫁女索重聘、定庚礼、孀妇招夫、闭门礼。第五编"继承"：异性外亲之承继、孀妇立继须凭族长到场为证。第六编"杂录"：过房礼。而《民事习惯调查报告录》中涉及湖南省的调查内容则有：第二编第十四章《湖南省关于物权习惯之报告》，第三编第十四章《湖南省关于债权习惯之报告》，第四编第十四章《湖南省关于亲属继承习惯之报告》。因《中国民事习惯大全》与《民事习惯调查报告录》均出自湖南民商事习惯调查会向司法部呈报的报告书，故其具体内容与《中国民事习惯大全》基本一致。

一、《民事习惯报告录》所载之湖南物权习惯

说明：查湖南民商事习惯调查会报告书，送部者有二期，关于物权习惯共计四十四则。

---

[1]　前南京国民政府司法部编：《民事习惯调查报告录》，胡旭晟、夏新华、李交发点校，中国政法大学出版社 2000 年版，第 348~982 页。

第一节　长沙、常德等县共通习惯

房屋寄缝

人烟稠密之区，屋庐栉比，致无隙地，其间架而居者，不得不借用他人之墙壁以为自己之墙壁，名目"寄缝"。最初须得相邻人之承诺，承诺以后应受拘束，迨展转让渡，契约上迭次注明，遂成为固有之权利。但邻地所有人于自己屋墙脚嵌有"不许寄缝"字样之石碑，此项习惯即不适用。

按：此项习惯系由常德地方审判厅易会员报告。

第二节　临澧县习惯

水分与鱼分

湘省民间卖田契约，类皆载有塘堰几口字样，盖因水为田母，卖田而水必随之，原为定例，惟堰水可以畜鱼，故遂有鱼分、水分之别。临澧县习惯，民间卖田，有将鱼分、水分概行售卖者，有仅卖［买］水分而未卖鱼分者，苟于卖契上未经载明并卖鱼分，则卖主对于该堰虽无水分，仍有可以畜鱼之权利。此项习惯已为该邑人民所公认。

按：此项习惯系由临县公署邓、陈会员报告。

第三节　常德县习惯

第一　水面权与水底权

此项习惯之成立，必须多数人共有一湖而发生。例如，甲、乙、丙、丁共有一湖，甲、乙仅有该湖水灌注田亩而无收益鱼利之权，谓之"水面权"；丙、丁则有收益该湖鱼利及车灌之权，谓之"水底权"。

按：此项习惯系由常德地方审判厅廖会员报告。

第二　渔业

常德渔业习惯由来已久，各渔业所有人亦自名曰"标业"。其取鱼之法有三：（一）以钩；（二）以网；（三）以鸬鹚。钩于夜间取鱼，至晓则收；网与鸬于日间取鱼，至夜则止。若违反一定期间，致生损害于他人，被告人对于加害人有求偿权，但须县署鱼鳞册内有纳一定税率之户名，又必依时纳税取得纳税执照，始可对抗他人之权。

按：此项习惯由常德地方审判厅易会员报告。

第四节 湘西沅陵各县习惯

第一 山地卖契须载阴阳字样

买卖山地，契中须载明立契出卖阴阳、山地自卖之后、任凭买主照契管业及开挖进塃字样，如未载明，买主若视为阴地进葬坟茔，则卖主必借"买阳不卖阴"之说出头抗争，非由买主再出重价另立卖契，不能安然取得所有权。故凡买卖山地者，苟未载阴阳一并在内，买主如欲进葬，卖主必生争执，相沿日久，遂成此种恶习。

按：此项习惯系由湖南第一高等审判分厅银会员报告。

第二 山上收益可定期出卖

辰州以上各县，田少山多，而山地之收益，以培植树株为最大。中产以下之家，往往培植杉松等树，未及成林，因急需而出卖于人者，其契据载明以某处杉松山地出卖于某某，价钱若干，约定期限二十年或三十年，任凭买主培植，蓄禁期满，山内树株听买主砍伐，原山退归业主，照旧管业等字，以防日后纠葛。

按：此项习惯系由湖南第一高等审判分厅银会员报告。

第三 典当田土之设定

典当田土之契约，与卖契大致相同，惟不移转粮柱，只载明由钱主照契管业，每年帮粮钱若干文。其所赎年限，有载明者，有不载明者，其不载明者，经过普通期间五年后，随时可以赎回。

按：此项习惯系由湖南第一高等审判分厅银会员报告。

第四 抵当利息

抵当为一种担保债权，其字据须载明向某某借钱若干，以某处房屋或田地作抵，每年或每月几分行息，如息不楚，任凭钱主提出管业字据，普通利息至重不过四分。

按：此项习惯系由湖南第一高等审判分厅银会员报告。

第五 合粮

湘西沅陵各县，有合一村或数村之田赋作一柱名完纳者，名为"合粮"，其原因系以该村落之人民原系一族，或该处田产均系由一家转出者。故所有钱粮均永远由原管人经手完纳，虽田易数主，而粮仍由经管人完纳，其取得该田地之所有人，亦不直接完纳，特每年照送粮费于经管人已耳。

按：此项习惯系由湖南高等审判分厅方会员报告。

第六　桐茶约

湘西山多于田，桐、茶实为出产大宗，每届秋季摘收时，必合数村或十余村先期预定规条，约定本年桐、茶子须至某日以后方可摘收，如有违约先检者，即视与偷摘无异，并将约条明载木牌竖立各村要道，俾众周知。其所定之期，概以寒露节为限，摘收桐子多在该节前五日，摘收茶子多在该节后三日。沅陵各县，乡间凡有桐、茶树山地者，无不通行此俗。

按：此项习惯系由湖南高等审判分厅萧会员报告。

第七　阴地保留

沅陵各县乡间，凡属公有山场，虽将山地阳面分归各房或各人管业，栽植树木，若于各房之分关上未经载明阴地（即窨穴葬坟）分归某某管有字样，其阴地仍永远作为公有。故往往山地系属甲房管业，而进葬坟穴又为各房所公有，甲房人等惟对于他人有妨害森林时，得出而主张权利，否则，不得以该山系属私有，执为阻葬理由。

按：此项习惯系由湖南高等审判分厅萧会员报告。

第八　籽［籽］粒分配

沅陵各县民间习惯，凡承佃他人山地种植桐、茶树者，至秋季摘收桐、茶籽时，即以新旧树定分配之法。如系新种之树，则作主一佃二分配籽［籽］粒；如系旧有之树，则主佃各半分配籽［籽］粒。但新树分配之法，亦只以结实在三年以内者为限，若三年以后，则均作旧树分配。此种习惯，无论承佃当时有无字约，咸视为一定之常规，不得稍生异议。

按：此项习惯系由湖南高等审判分厅萧会员报告。

第九　裸地

裸地云者，即甲以其所有土地租与乙施设建筑物，以为某项经营之用，乙对于甲每年认纳课租若干，按期完纳，不得短少，并须请凭中人书立课约，惟课约上多不载明返还年限，有永归课户租用之势；纵甲以该地所有权转移于丙，丙亦仍受该课约之拘束，不得以取得该地所有权之故，而取消其原有课约。

按：此项习惯系由湖南高等审判分厅方会员报告。

第五节　益阳县习惯

第一　葬坟不得骑头

益阳县人民对于坟地，深信形家之说，均谓骑葬有横断先葬者之龙脉，且女坟尤不得骑葬于男坟之上。故凡葬坟，若紧接邻地而骑跨在邻坟上者，无论男坟、女坟，均须有相去一尺之距离，始免争执。

按：此项习惯系由益阳县陈会员报告。

第二　以里分区划山界

益阳县民间，山地多以里分为界，每于契据内载明某山在左若干里，某山在右若干里，均以四围里分为所有权之界限，设有争讼，则以契载里分明晰者为准。

按：此项习惯系由本会黄调查员报告。

第三　田东收受押规不出具收字

益阳县佃田习惯，仅由佃户交付押规，书立佃约，而田东于收到押规并不出具收字，且其佃约亦系由田东用账簿令佃户就该簿上载明，至退佃时，并不将该佃约退还。此项习惯，惟为益阳一县为然。

按：此项习惯系由益阳县公署周、陈会员报告。

第六节　南县、沅江、汉寿等县习惯

领地转移

滨于洞庭湖一带，历有沉塌或新淤。沿居该处人民遇有新淤土地，即先往该管县公署请领业照，载明弓口，开垦成熟即为良田。如欲将该领地出卖，当事人只立一顶契，将所领业照顶于受业者，而该项领地即因之而移转。

按：此项习惯系由常德地方审判厅秦会员报告。

第七节　安仁县习惯

第一　卖田存耕

安仁县民间有卖田而不退耕者，该项买卖，买主每年只向卖主收取租谷若干，其田仍归卖主永佃耕种，故于卖契上只载明出卖某处、田租若干石或若干桶（安仁习惯，以桶代斗，桶大于斗，六桶成一石）。卖与某人接管收租，契尾亦注明永不续赎等字样，并由买主书立布耕字一纸，交与卖主，以证明

卖主有永久耕作之权。故买主对于该田业，名虽为田主，实则仅能收取每年之田租，即或买主将该田租转卖他人，其田租之代价虽可由买主自由伸缩，而卖主之耕作权则仍然继续存在，称为"换东不换佃"。但必须换立新买主之布耕字，始完手续。但原卖主亦有应受一种之拘束，即卖主如有拖欠田租情事，买主亦可以其所拖欠之价数作为找贴，另书"找贴"字样，取消其耕作权。该邑因存耕田欠租涉讼者，甚属不少。

按：此项习惯系由安仁县公署毛、谢会员报告。

第二　矿物所有权之归属

安仁县民间习惯，关于山林所有权之移转，皆书为顶契，若顶契上载有"永顶"或"永不回赎"字样，则该项山林即永归承顶人垦种、栽植。且不特该山之地面属于承顶人管有，即于该地内发见矿质，亦均属于承顶人之所有，承顶人可自由处分，毫无限制。

按：此项习惯系由安仁县公署毛、谢会员报告。

第八节　凤凰、麻阳、永绥等县苗民习惯

佃耕不必具佃字

佃耕他人田地，须以佃字为凭，此为普通习惯。惟凤凰、麻阳、永绥等县苗族，佃耕田土，并不出具佃字，只凭口约，佃耕某处田土若干。每年纳租若干，一经约定，两造即无翻异。此盖由该苗族素性朴实，识字者鲜，故有此种习惯。

按：此项习惯系由湖南第一高等审判分厅银会员报告。

第九节　汉寿县习惯

第一　倒租与庄息

倒租者，佃户于未耕田之先，预将应纳之租谷送交田主，无论年岁丰歉，田主绝不过问，是谓"倒租"。庄息者，佃户应于先一年冬季，按亩缴纳田主庄钱若干，翌年方能耕种，年纳一次，退佃亦无返还，是谓"庄息"。

按：此项习惯系由汉寿县公署王会员报告。

第二　沉潭费

汉寿县乡间惯例，恒有甲置田百亩，向由乙承佃耕种，历有年所。忽有第三人丙谋佃该田，而乙又不甘退佃，丙则须搇补乙钱若干串，此费永无返

还，故名为"沉潭费"。至捃补之多寡，则视田亩之肥饶［硗］以为标准。

按：此项习惯系由汉寿县公署王会员报告。

第十节　宁乡县习惯

伴进佃规

宁乡县乡间常有伴进佃规之惯例，如甲佃乙田，凭引佃人议定佃规若干，每年完纳租谷若干，即由佃户书立佃约，交与业主收执。设业主又因需钱使用，向佃户加规减租，适佃户无钱应付，而丙有钱出资，亦得附入乙所立之佃约内，作为外加之佃规，其所减之租即归丙收。此种办法，有由丙向甲直接为之者，有由丙向乙间接为之者，皆名之为"伴进佃规"。

按：此项习惯系由宁乡县公署余、傅会员报告。

第十一节　长沙县习惯

第一　时租与额租之区别

佃户岁纳租课有时租、额租之分。时租，则每年收益，约为东佃各半，偶遇荒歉，例得请求减租；额租，则每年收益，田东不及三分之一，无论年成荒歉，佃户不得请求减租。

按：此项习惯系由长沙地方审判厅谢会员报告。

第二　停泊码头

商务繁盛之区河道，船舶鳞集，其停泊码头，多以县名为界，如湖南省河有某某县码头是也。倘甲县船舶偶泊乙县码头之下，则乙县船户均不之许。查此项地域关系，惟省河为最严，其他各商埠则仅某号船舶入某号船帮已耳，不以地域论。

按：此项习惯系由常德地方审判厅易会员报告。

第三　佃田暂耕

长沙县人民，凡新置田产，除受业人自己耕作，或原有佃户自愿退佃外，对于上手佃户留佃该项田亩，即书立暂耕字一纸，期限一年；迨一年期满后，若东佃双方均无异议，则将暂耕字作废，另立佃字，否则，俟年逾秋收后，由田东另行召佃。

按：此项习惯系由湖南高等审判厅杨会员报告。

第四 佃田顶项

长沙县民间，凡东佃解除契约，无论东退佃或佃退东，若在冬春时，佃户对于该田已着手耕作，用有犁汇、冀草等费，则新佃户必须酌出顶项，以搪补旧佃户之损失。至顶价若干，由前后佃户自行议定，田东并不过问。

按：此项习惯由湖南高等审判厅杨会员报告。

第十二节 常德县习惯

卖契头当契尾

以不动产为质，当在该契约首写立出卖田产或房屋约人字样，于契尾写明业归原主或原价赎取字样。

按：此项习惯系由常德地方审判厅秦会员报告。

第十三节 衡山、常德、湘潭、湘乡各县习惯

屯管

产业上有称屯管者，相传为明末大乱，衡山各县遭兵血洗，后来江右人民居此，插标为号（俗呼为"洪武落屯之业"），其某地经某插标，该地即属其管业，故衡山各姓谱牒、谱序均载有来自江右者。当初屯管种类不一，有称屋宇为屯管，有称山林为屯管，有称田地为屯管者，搂厥久不易之主体，则所谓屯业者确系一姓，共有物或以屋宇立为公祠，以山林厝有冢，以田地存为血食，由插标时至遗传后，类属公管，不能分割，又不能变卖。此项产业往往发生诉讼，然不能以屯管二字为占有之空谈，总须人证、物证方能确定。

按：此项习惯系由常德地方审判厅傅会员并衡山县公署曹会员报告。

第十四节 石门、慈利及滨湖各县习惯

搤字与砍字

例如，甲、乙兄弟二人业经析产，嗣后甲房之产移转于乙房，则立搤字，以示其原系一家之意。又如，甲有田百亩，以其半数或过半数移转于乙，则立砍字，以示划分田产之意。石门、慈利及滨湖各县，移转不动产所有权，多有书立"搤字"或"砍字"之习惯。

按：此项习惯系由常德地方审判厅易会员报告。

第十五节　安化县习惯

第一　劖埠

安化县山多田少，其山坡下之田恐被山上树木掩蔽田禾，故对于挨田之山，无论属于何人所有，均须余留三、四尺，不得蓄禁树木，名曰"劖埠"。劖埠内如有树木，田主可自由砍伐，山主不得阻拦。此项劖埠，多有于田契上载明者。

按：此项习惯系由安化县公署崔、曾会员报告。

第二　掘取冬笋之限制

安化产竹最夥，掘取冬笋之时期，多由团保自立规约，以资遵守。如每年冬至以前，无论何人山地，其所生之笋，均可任人掘取，所有人决不干涉。若冬至以后，则匪特不准他人掘取，即所有人亦不得擅行掘取。考其原因，盖以冬至前生笋最多，若不掘取反有碍于竹之生气，冬至以后一经掘取，则竹受损伤而笋亦不能生长矣。

按：此项习惯系由安化县公署崔、曾会员报告。

第十六节　湘阴县习惯

第一　计算田亩之标准

湘阴县乡田多以田种计算亩数，例如，以十斗为一石，每田亩一石，可收谷四十石是也。围田则多以弓尺计算亩数，如纵十六弓横十五弓为一亩，每弓五尺，以营造尺为准，面积六亩三分即为田一石，上田一石可收谷三十五六石，中田一石可收谷三十一二石，下田一石可收谷二十几石。

按：此项习惯系由湘阴县公署陈会员报告。

第二　草山之限界

凡老围溃后，地亩即不能耕种，高处生草者称之为山，低处积水者称之为湖。管有草山之界址，多以刀份为标准，每于契上载明草刀几把、茅镰几把字样，每刀一把宽窄亦不一致，所管刀份若干把。所有人应先于分界处突立土堆，以为限界，俟溃围修复后，仍照契载刀份界址丈量计亩，各管各业。

按：此项习惯系由湘阴县公署陈会员报告。

第三　清理字据

清理字据，系因所有权界限不明，甲、乙两方所有争执，遂请凭团邻从场理落，以清界限。自经书立清理字据之后，均照该清理字所载界址管业，不得再事混争。此种事实，多因新老契据记载四抵不明，或因新契遗失，老契所载之界抵又不足以资证明故也。

按：此项习惯系由湘阴县公署陈会员报告。

第四　荫水权利

查田间荫救水分，有正荫与临时车荫之分，均于管业契上载明水系某塘荫救、倘值旱魃、则由江水车荫字样，该田业所有人遂可依据契载而取得其荫水之权利。

按：此项习惯系由湘阴县公署陈会员报告。

第五　合同字据

合同字系证明共有之权利。例如，甲、乙、丙、丁四房共有柴山一年，则于该合同字上载明某处柴山系属四房公有之业、兹特书立合同字四纸、以资遵守云云。各共有人因执有此种合同字，遂足以证明其共有权利，不致妄启争端。

按：此项习惯系由湘阴县公署陈会员报告。

第十七节　新化县习惯

封禁树木

新化县乡间山地，无论阴宅、阳宅，其宅旁附近之树木，均被封禁，不准砍伐，俗谓之"借衣遮寒"。故该山地虽业更数主，而对于原有树木，若非因天然摧折，从无敢擅行砍伐者。此种习惯，显有制限树木所有权之处分作用。

按：此项习惯系由安化县公署陈会员报告。

第十八节　湘乡县习惯

重进佃规

例如，甲有田百亩，价值五千元，乙进佃规四千元，向甲承佃该田，由甲书"拨耕字"交乙，由乙书"佃字"交甲，遂成东佃之关系。若该田租谷年可收取二百石者，因有重佃之故，年可只纳三四十石，苟甲将此项田亩出卖与丙，未将乙之佃金偿清，仍不得解除契约。

按：此项习惯系由常德地方审判厅谢会员报告。

第十九节　长沙、湘潭、湘阴、宁乡各县习惯

第一　解除佃约之时期

长沙、湘潭、湘阴、宁乡等县，东佃解除耕田契约，无论出于何方，均须于秋收后，以前先行通知。如系佃退东，佃户于秋收后对于该田 即不再事犁沤；如系东退佃，田东亦可于未收获前将该田另佃他人耕作，以免芜废。

按：此项习惯系由长沙地方审判厅曾会员报告。

第二　限耕字

长沙、湘潭、湘阴、宁乡等县，东佃解除耕田契约，如田东于秋收前通知佃户退耕，而佃户一时未能觅有他田耕种，仍向田东要求继续佃耕一年或二年，则佃户须出具"限耕字"交与田东收执，届期即应依约交庄，不得再行展限。

按：此项习惯系由长沙地方审判厅曾会员报告。

第二十节　衡山县习惯

出退费

何谓出退费，例如，甲承佃乙田屋、山林等业，历十余年或数十年，均照约交纳佃租无异。嗣甲佃身故，乙仍将该庄归甲之子丙耕作，并未新立佃约。厥后乙东亦故，乙子丁与丙因东佃不睦，遂令丙退佃交庄。而丙以该田、山系其父甲承佃耕作有年，曾经开垦某处山场，种植某山树株，修筑某方房屋，去工若干，去费若干，设非如数认还，不允退佃。丁因席请戊、己等从场处议，对于确有开垦、种植、修筑等费，劝丁出资偿还此项费用，名为出退费。

按：此项习惯系由衡山县公署曹、马会员报告。

第二十一节　石门县习惯

砍当

例如，甲以不动产质当于乙，其当契上业已书明当价若干。至越数年或数十年，甲向乙取赎时，甲以乙对于该当业历年多有收益，竟要求乙减少出质当时之原价，而质权人亦多有承认减少当价之例，俗名为"砍当"。

按，此项习惯系由石门县公署陈、蒋会员报告。

第二十二节　湖南全省习惯

批规

佃田耕种，必须先立佃约，缴纳批规，而始发生东佃关系。所有田东（即业主）关于该田之土地、山场、屋宇，悉归佃户使用、收益；佃户于每年秋收后应照纳一定数额之租谷于田东，并附送鸡、肉、茶、草等物，均载明佃约。倘遇年成荒歉，佃户须报告田东察验，酌减租谷，若未经报告，田东得拒绝其减租之请求。日后解除佃约，如无罣碍，应将批规如数退还；倘租谷未清，及其损坏山场、屋宇情事，则可在批规内按数扣除。此外，尚有田东向佃户加收批规若干，减去年租若干者；又有将年租全数免除，按照相当数额加收批规者。以上两种，俗呼"重批"，或称"重庄"。

按：此项习惯系由湖南高等审判厅余会员报告。

二、《民事习惯报告录》所载之湖南债权习惯

说明：查湖南民商事习惯调查会报告书，送部者有二期，关于债权习惯，共计四十八则。

第一节　湖南全省习惯

第一　卖契不填价

书立不动产买卖契约时，只写代价之名色，而不写数目，其数目系由受业人于投税时自行填写。当未填写以前，如代价为银，则只书卖价纹银若干两；如代价为钱，则只书卖价铜元若干串。盖税额多寡视卖价多寡为转移，阙而不填，所以为受业人留伸缩余地也。

第二　卖契之执笔人

田宅买卖契约，或由出卖人亲自执笔，或由第三者代为执笔，均属常例。长沙等县则除上述二种情形外，间有由出卖该业人与第三者共同执笔之习惯，其办法，于卖约之开始数字，或前一、二行由出卖人亲自书写，其余则由他人代笔，而于契末批明。

按：此项习惯系由湖南高等审判厅邢会员报告。

第三　不捺拇印，画一圆圈

普通习惯，奸盗要犯始捺拇印。若寻常契约令捺拇印，视为莫大之耻辱，不但当事人不愿捺之，即对手人亦不敢以此相求。故遇不能署名之人，往往画一圆圈，为承认契约有效之意思表示。此种习惯偏于湘省，其效力与署名捺拇印相同，惟狡黠者有不承认，或被诈欺而为意思表示时，须恃在场人以资佐证。

按：此项习惯系由耒阳县公署谭、罗会员报告。

第二节　益阳、宁乡、宝庆、泸溪、常德等县习惯

卖产先尽亲房

益阳、宁乡、宝庆、泸溪、常德各县，民间买卖产业，必先由卖主尽问亲房。如亲房无人承买，始可另卖他姓，故往往于卖契上载明"尽问亲房叔伯人等，俱称不受，只得请凭中人某某说合，卖与某某名下为业"字样。此种习惯不特有限制所有权之处分作用，且不免有借端挟勒、希图短价之弊端。

按：此项习惯系由湖南第一高等审判分厅银会员、常德地方审判厅傅会员、并益阳、宁乡、宝庆等县公署周、余、凌会员报告。

第三节　长沙、湘阴等县习惯

全领字

查长沙、湘阴两县，凡民家田、山、屋宇等买卖，契约内填定价额之后，其领取该项价额，必有全领字，大半附具契约后方，无论受业人当时未能全兑现金，或出立手票，而出业人一经出具全领字，则视该业价已经收楚，不能再生枝节。

按：此项习惯系由长沙地方审判厅管会员报告。

第四节　沅陵各县习惯

第一　卖契找价

土地所有权之移转，以契据成立、交付代价，即发生效力。如母在由其子出卖，契上须载明母子商议，情愿将某处田土断卖；如系兄弟共有之业，须载明"兄弟商议"字样。若卖主有留保之意，得买主之承诺，可于契后批明"子孙发达、原价取赎"字样；如未批明，纵契上未载断卖等字，亦只能找价，另立洗业字据，不能赎回。

按：此项习惯系由湖南高等审判分厅银会员报告。

第二 合伙贸易契约

商业上合伙贸易，视其营业范围之大小，约定几股，每股各出资本金若干，凭中书立合约，载明"在某处开设某号，经营何项商业，共几股，每股资本金若干"等字，由各股东书名画押，各执一纸为据。如营业较大者，其内部权义关系另以章程定之，附于合约之后，以资遵守，而防流弊。

按：此项习惯系由湖南第一高等审判分厅银会员报告。

第五节 长沙、湘潭等县习惯

顶空

长沙商务，自清光绪乙未以后逐渐发达，近尤繁盛，尺土寸金，视昔倍蓰，在房主固可增租金之收入，而佃户亦得藉空架为要求，名曰"顶空"。例如，甲赁乙屋之市面营业多年，及解除佃约时，甲可将店内货架对于房主之乙，或接佃之丙要求顶项，否则，乙不能行使其所有权也。查顶空习惯，光绪三十年以前，至重不过四五十元及百元，今则须自百数十元至数百元不等。此种习惯，首自长沙，渐及湘潭市面。

按：此项习惯系由长沙地方审判厅施会员报告。

第六节 长沙、湘潭、岳阳、常德等县习惯

码头费

商务繁盛之区，欲营某种商业者，恒苦地点难觅，往往不惜重金，赁借他人向未曾供店铺所用之房屋，就之增修改造，开设铺面。该房屋之赁价，又因某种商业发达，渐次增高，赁借人即不啻对于该房屋为无形之投资。若该房屋所有人欲取消其赁贷契约，或转佃与他人时，赁借人得对于房所有人或转佃人要求赔偿"码头（一曰铺面）费"，房屋所有人，或转佃人势必不能不给付。不过，房屋所有人所出之费不曰码头费，而曰修缮费、搬家费。若该房屋之商业益盛，则码头费亦因之而增加。

按：此项习惯系由长沙地方审判厅严、曾会员报告。

第七节　石门各县习惯

交钱记簿与借钱票据

湘西石门各县，承借银钱分为二种：

（一）为登记己账。如甲素有信仰，向乙承借银钱若干，约定周年或半年清偿，乙仅登记己账，不求给付标的，将来如期或逾期清偿时，亦不加纳息金。此种成立要件，以甲收到乙之银钱、乙记己账即为成立。

（二）具记名有期票据。如甲有信仰，向乙承借银钱，乙虽不请求给付有价格之财产，而甲多有书具记名有期票居交乙收执，其利率亦多在百分之二左右。此种成立要件，以乙交银钱、甲交票据，方为成立。

附录

（一）交钱记簿式

某年某月某日

甲某去钱（或银）若干

（二）借钱票据式

凭票发钱（或银）若干

又并息钱（或银）若干

某年某月某日甲某票

按：此项习惯系由石门县公署陈、蒋会员报告。

第八节　长沙、益阳、浏阳各县习惯

拆息与包息

长沙近年以来，金融紧逼，商店每因银钱不敷支付，即先行短期借款，到比期归还（商家每月阴历十四日为中比期，及三十日为下比期），名曰拆息。其方法与打期票无异，本金若干，息金若干，总括在内，并无借券，议定一比期或两比期归还，票末所书之年月日即预书履行之日也。此拆息习惯，长沙通行，钱业店类皆如是。其包息习惯，自近日始，亦因金融奇紧，利息甚高，需款紧急者不暇顾及，而贷款方面以利重骇人听闻，于是约定偿期后，即将本利共为若干，令债务人并载于券内，不另载息，名曰包息。此包息习惯，则非尽人如是。

按：此项习惯系由湖南高等审判厅杨会员暨益阳县公署周、陈会员、本会黄调查员报告。

第九节　常德、汉寿各县习惯

借鸭、还鸭

常德、汉寿濒湖一带，居民岁有增益农事之外，有专赖饲鸭为生者。饲鸭之户，类皆贫乏，欲得多数资本于一时，购多数鸭子而饲养，竭其能力，每难办到，于是有一种借鸭、还鸭之习惯生焉。例如，先一年春夏之交，甲以甫经出孵之鸭雏出借与乙饲养，当借与之时，有书字为据者，有不用书据、仅结口头契约、凭一二中人作证者；其借与之只数向无一定，借与之时期多系一年，期满之后，乙即照原借鸭雏之数，数易大鸭以交还之。所还大鸭之斤两，常于借与之时先经议定，如所还之鸭轻于原议之斤两，甲得拒而不收。如甲借与之后，乙未交还以前，其一年中鸭或被失或死亡，概由乙赔偿之，甲不问也。故借鸭之约一经成立，乙即认此鸭为自己生产上一种利益，在此一年时期中，乙既担负饲鸭义务，所有鸭产果实完全为乙收受，次年孵成鸭雏亦纯为乙之所有，甲不得于原约之外声述他种异议。此就甲方言之，只费购鸭之本，不费饲鸭之劳，一年之后，雏鸭纯成大鸭，似与金钱放债收取利子无异；就乙方言之，虽负饲鸭之义务，亦得享有鸭产之利益。双方交有益处，实为一种良习惯也。

按：此项习惯系由常德地方审判厅王会员报告。

第十节　辰沅道所属各县习惯

第一　卖契与当契不同

卖买必须亲房到场画押，方能杜绝后日亲属先买特权之主张，而生买卖之效力。当契不然，纵有必须一、二亲属到场者，亦不拘定何等亲房，又不必一定画押，即可发生抵当效力。又卖契必须载目的物之四至界限，以凭照契管业。若当契则否，仅指某地某目的，凭中立当，不必载明抵界，即可生效，且当契上中人、代笔亦有，不必一定经过画押手续者，此其区别之点也。又查，卖契既经亲属画押，则卖［买］主之家属间均受该契约之拘束，不比他项文书，可任双方自由变更，否则，买［卖］主必不承认，因以买主取消卖约为不祥故耳。至当契，除未批明年限者外，可以任出业本人自由取赎毁约，但本人无毁约之意思，在亲属人等亦不得无故干涉。

第二 引领人与见钱人

买卖不动产，所有居间说合作证之人，概称中人，此通例也。惟湘西一带，于凭中人外，更有引领及见线两项中人。大概所称引领者，系最初介绍说合之中人；见钱者，系交付代价作证之中人，均立于普通凭中之外，亦特例也。此项习惯，在辰沅道区各县均有之，其人数亦不一定。凡引领与见钱人，均可以二、三人为之，就实体上言之，引领人在买卖上极为重要，若见钱人，不过藉以作代价交付之证，以免书立收领手续而已。

附录文契

立断卖地基墙垣文契人李熹楚，今因要钱用度，无从得处，父子商议，情愿将父手得置己身受分之业，坐落地名西门通河桥横街铺店二间，因去岁五月曾被回禄，未及修造，欲行卖去，自请引领刘鬲鸢，引同县民徐金彰名下，向前承买，三面议定，时值价银四百三十七两正，九五色九九平，其银眼同在内人等亲手收讫，其地基墙垣自截为始，任从买主修造管业，四至载明，前后左右并无存留寸土。此系自己私业，不与户族相涉，酒席画字一并在内，中间并无强迫，如有内外人等异言，俱在卖主一人理落。今恐无凭，立此断卖文契，永远为据。

计开四至：前至大街，后至邹姓墙，左抵许姓地，右抵赵姓地。

凭中：刘诚璞、张绍祖

引领：刘鬲鸢

族孙：李嗣曾

光绪十七年二月初六日李熹楚亲笔

按：此项习惯系由第一高等审判分厅萧会员报告。

第十一节 武冈、长沙、湘潭各县习惯

买卖不动产交价期间

（一）民间买卖不动产，书立契约时，并无业价一次交清之事，计其价期间，分为二种：

定期交楚。如卖田，立约在本年十月或十二月，得价钱一千串，成契时，应先交钱一百串作为押契（以十分之一为标准），此项押契费至远不得过五日。除此以外，如卖主再行多取，必须扣息，其扣算之法，一分或二分不等，

务算至明年三月为止。例如，取钱一百串，每月以二分计算，立契在本年十一月至明年三月，即扣五个月息（计钱共十千，却在田价内扣除）。或取谷则涨不照落，仍以明年三月为期，如取时价昂，对时价落，仍照取时计算；取时价低，对时价昂，即照对时计算。此种习惯，武冈全县皆然。

（二）清庄兑楚。如立约时先兑价多少，其余业价书一种票据，该票面批明此款俟清庄兑楚，但允许佃户转佃者则不在此内。此习惯之发生，全因买主有买清庄之议，长沙、湘潭县间行之最久，且最有效力。

按：此项习惯系由第一高等审判分厅任会员暨长沙地方审判厅郭会员报告。

第十二节　常德、衡山各县习惯

卖契三空白

常德、衡山各县，出卖不动产契灼，不填写者有三：

（一）不填写卖价，所以为受业人留短税余地，已详于第一期报告，兹不赘述；

（二）不填写出卖月日，亦即为受业人留迟税余地；

（三）不填写受业人姓名，任受业人自行填写。

名为三空白，故契约中往往发生不符书契人之笔迹者。至受业人自行填写堂名，在明末清初之契约，已有如此，无非预防查钞起见。今查钞制度久已废止，乃以袭谬踵讹，殊属无谓。

按：此项习惯系出常德地方检察厅王会员暨衡山县署曹、马会员报告。

第十三节　沅陵、辰溪、泸溪各县习惯

画字费

不动产买卖契约，既经缮就，必待价值书妥后，方由卖主及亲属画押，以示成立。但卖主、亲属人等，每以价值不满意或祖业外出，不愿画押者甚多，于是买主各与以金钱为画押费，社会沿用已久，遂为通行常例。当事人咸呼为画字，其数额恒视产业价额而定，每人约在一千以上、十千以下不等，亦有少于一千或多于十千者。又卖主与亲属亦有分别，若于卖契上载明画字与酒席费，包括正价内，则不可另付给。此项习惯，沅陵、辰溪、泸溪各县均有之，其意在慎重契约真伪，以免无故翻异，尚非不善，惟既以金钱规定

画字，则金钱多寡恒为异议之媒介，实不胜其弊。

按：此项习惯系由第一高等审判分厅萧会员报告。

第十四节　安化、衡山各县习惯

买卖田产不交老契

民间买卖田产，其老契有随契交出者，而安化、衡山各县，有时亦不随契交出。

（一）因灾变遗失，买主亦可承买，但须于新契上注明"老契遗失"字样，此后虽寻出老契，不生效力。

（二）因一契原管数处，或摘半出售、或指几分中之几分出售，或指一山一丘出售，全契未曾尽卖，以致不便交付老契，仅于新契上注明"老契未交"字样者。然有田业尽卖，老契尚存，日久发生问题，称某处未售，称某处作为存留，致生纠葛，此种摘售习惯，衡山通县最多。

按〔据〕：此项习惯系由安化县公署曾、崔会员暨（原文中没有该字，但修改者认为此处应该增添，以便语句的通顺）衡山县公署曹、马会员报告。

第十五节　汉寿、益阳、安化、湘阴各县习惯

排解争议

邻间争议事项，经地邻、戚族排解者，办法有二：

（一）令理曲者出钱若干，买羊一只，以一人牵之，沽酒一坛，用二人抬之，由第三者督率，送至理直者家宅，伏礼寝息其事。名曰"牵羊扛酒礼"，此系触犯乡约或违反族亲等事体之较大者。若细微之事，用肉一块，用酒一壶，亦可寝息，名曰"觔肉壶酒礼"。前者羊酒礼伴以铳爆，后者肉酒礼伴以鞭爆。此种习惯，汉寿、益阳、安化各县视之甚重，与民事和解方式生同一之效力。

（二）书"公判字"，或书"和息字"，箝写合同，双方各执一纸，历年既久，即为有效。此种习惯，湘阴县最通行，惟甫经和解，或一方终不甘允，随向官厅起诉者，则仲裁契约仍然不能发生效力。

附录

立和息公判字邻族等，今因徐、李二姓互争青龙冲郭家坝下杨楂坝尾坝

水反车，互控在案，二比各执一词，我等从中公议，判令从郭家坝下至石板邱东头抵挡，任徐筑堤修坝，坝上归徐姓管业，坝下系李姓私水，徐姓不得反车。此系二比情愿，自后各车各水，各管各业、均不得越界混争。恐口无凭，书立公判字二纸，即以永敦和好，徐、李姓各执一纸，永远收执为据。

永敦和好

到场人：地邻某某　　户族徐某某　　　李某某

民国己未岁六月二十日公举傅祉卿立笔

按：此项习惯系由汉寿县公署邢会员暨湘阴县公署陈会员报告。

第十六节　常德、武冈县习惯

散事费

常德、武冈两县有一种散事费，如甲、乙二人因债务或口角等纠葛不清，甲、乙互备酒席，请丙、丁、戊、己等从中排解，若得和平寝事，或甲俯乙礼，或乙赔甲钱，丙、丁、戊、己等即将过付之钱，提出二成平均分受，名为"二八回堂"。又有所谓斗彩者，遇两造各执，相持不下之时，为之排解者若遽分曲直，反激起讼端，每于两造请客说礼时，由排解人剋期约集两造至公众场所，除令平均出酒席费外，并平均各斗重金，交由排解人即行仲裁。理曲者词穷，即将所斗之钱概行瓜分，理直者原璧奉赵，或由瓜分之钱中扣出一、二成备办礼物，向直者俯礼。如此解决，无论输服与否，断不能听其翻异，日后间有不服，径行诉讼，同场排解人等必大彰公道，毫不偏私，谚云"过得乡场、过得官场"。此种习，武冈乡居最盛，城居者则否。

按：此项习惯系由第一高等审判厅任会员报告。

第十七节　宁乡、长沙各县习惯

雇工

乡间招雇百工，均有一年之限制。例如，户主甲于本年正月，雇木工乙来家制作木器一次，如本年内再有木器待造，须续雇木工者，则必仍雇乙为之，不得另雇他处木工，而他处木工如果知甲于本年内曾雇乙工作一次，亦均不肯应雇。此等习惯，宁乡、长沙各县乡间均有之。

按：此项习惯系由宁乡县公署余、傅会员报告。

第十八节 澧县、临澧、桃源、石门、慈利、大庸、湘乡各县习惯

金钱结会

金钱结会创始于同一地域中相友相助之意，其内容有二：

（一）甲因特别事故，金融竭蹶，则邀集与甲声气融洽之八人为会首，再由该八人各邀四人，共足四十股之数，每股平均各出股金十串或二十串，成为四百串或八百串之富人会。是甲为头会，必备酒席邀允会首八人及四十股友，并散给会书（摘录会规于后），各会股始以股金付与头会，俾享优先权利，每越十个月，亦各缴集股金，其收用次序，以抽签法定之。

（二）甲因事故，邀集素有感情之数人，共足十股，分别等第，各出钱物若干，成为一百串或数百串之苏接半会。是甲为头会，得十股许可，则先备酒席，散给会书（摘录会规于后），各会友始按等第，以会金付与头会，俾享优先权利，每越周年，亦各按等缴集会金，其收用次序，先由首会及各会友认定，不得变更，但可许其让与第三者。又查此会每有解除者，解除后，由头会按认定次序及所得会金之等第，以百分之十五年息合本偿清，取还会书，否则，可据会书向头会追索。

第十九节 湘乡县习惯

立约与立票不同

何谓立约？例如，甲借乙本钱二千六百串，每年议量息谷一百硕斗比，书立借约一纸，本利均分载约内，约尾书明"某年月日立笔"字样，是为无定期偿还之借款。何谓立票？例如，甲借乙本钱二千六百串，每年议纳息谷一百硕斗比，分别书立借票、息票两纸，盖用红章，名曰红票，票尾书"某年月日兑付"字样，是为定期偿还之借款。

按：此项习惯系由本会董调查员报告。

第二十节 汉寿县习惯

借贷利率与借券种类

汉寿县，民间借贷利率，钱息加三，谷息加五，有由债务人出具连本带息期票交与债权人者，有由债务人书立字约交与债权人者。期票则有一定偿还之期限，若字约则不约定何时偿还，只载"本金若干，逐年利率若干（加

三或加五行息）"字样，设债务人延不清偿，债权人自可持向愤务人请求给付。盖债务人必须出具此种期票或字约者，原以昭债权人与债务人间之信用，故债权人持有此两种之借券，非经该项债务履行完毕，不得认为无效。

按：此项习惯系由汉寿县公署王会员报告。

第二十一节　新化县习惯

借银还钱与借钱还银

借银还钱，乃预将银价抬高，譬如，每银一两，当时仅换钱一千九百文，债权人预定，偿还时须换钱二千三四百文，借约上只书预定之钱额，而不能写银数。借钱还银，则须将钱价抬高，譬如，每钱一串，当时值银五钱三分，债权人预定，偿还时须值银六钱，约内只书预定之银数，而［不能写钱额］。

按：此项习惯系由本会黄调查员报告。

第二十二节　长沙县习惯

第一　重利

长沙金钱贷借，其始，商业上每月只有六七厘之利息，即商业以外，至多亦不过二三分，近则有自六七厘变而为六七分，且有加二加三者。

按：此项习惯系由本会黄调查员报告。

第二　买卖田产须得亲房同意

买卖田产，须问亲房，得其同意，而后契约乃能成立。

按：此项习惯系由本会黄调查员报告。

第三　回赎字约

买卖不动产，契约成立时，若买主无回赎字约付与卖主者，则该产业即属移转确定；如有回赎字约，载明年限而逾期不赎者，亦同。

按：此项习惯系由湖南高等审判厅杨会员报告。

第四　中人费

查长沙买卖不动产，中人费每百元三元，由买主负担；典当，中人费每百元四元，双方各负其半。若典当契内并无取赎期限，惟从出典之日起三年内取赎者，则出典人须完全赔偿中费酒水，三年后所赎者则否。

按：此项习惯系由湖南高等审判厅杨会员报告。

第五 赁借房屋未满一月须纳一月之赁金

长沙赁借房屋以及铺面，均须押租，赁借人进屋之先，缴纳议定押租若干，书立契约，赁贷人书立收条；亦有因交情不须押租，只书立折据。惟进屋未满一月，亦须纳一月之赁金，满月后则截日扣算。

按：此项习惯系由本会董调查员报告。

第六 伙友聘辞

湘俗多以阴历年关，为商号雇定伙友及使用人之期，号东设席招待应聘者，并推应辞者入座，谓之"乡炮酒"，以饮酒之后，应聘者留，而应辞者去也。又夏月多辞去者，俗曰"歇伏"，冬月多雇用者，俗曰"帮冬"，其有请假托人代理者，谓之"打替"。

按：此项习惯系由本会黄调查员报告。

第七 佃屋交付押租

长沙房屋出佃，必定其佃金之多寡，先取其押租，凭人书立佃约之后，佃户始得进屋。其所以取押租者，恐佃户佃金不清，即将押租扣除，此种保护业主之利益，久已成为习惯。然在殷实之业主，原取押租存放生息，其有经济困难者，亦每藉取押租为补救平日之亏欠。迨至佃户退佃，业主必须佃户出屋后再取佃，屋之押租方得退还，而佃户又恐房屋一时不能佃出，事后不便索讨，只可待到押租到手，再行搬迁，或延展时期，佃户不肯认佃金，业主必须照算，彼此酿成意见，由是各以霸屋、捐佃互相起诉，其不利益又如此。

按：此项习惯系由长沙地方审判厅马会员报告。

第八 佃屋失火，佃不赔东、屋不退佃

长沙县习惯，凡房屋赁贷借，因火失慎，致房屋归于消灭者，佃户无赔偿赁借物之义务，而房东亦不退还押规之款，两相允愿，成为惯例。

按：此项习惯系由本会黄调查员报告。

第二十三节 临澧县习惯

第一 卖田准字

临澧县，民间买卖田产，先由卖主亲书草约，载明某处田亩若干，时价若干，交由中人介绍买主，俗名"准字"。经买主接受后，即协同中人前往勘明，再议定价。惟该项准字既由卖主书立，并经买主接受，则买卖双方均应

受其拘束，如一方或有反悔，即应负相当赔偿之责，苟买卖双方当事人均已同意，即由卖主书立正式卖契，其前交之准字即行作废。

按：此项习惯系由临澧公署邓、陈会员报告。

第二　脱业钱与原业钱

例如，甲卖田与乙，其所有权业已归乙，嗣甲又向乙书立脱业字据，乙即按照原卖契价额，每卖价钱一串，给付钱三十文，俗名"脱业钱"。又甲卖田于乙后，[乙]又转卖于丙，丙交价于乙时，甲又出头索钱，其数与脱业钱相等，俗名"原业钱"。

按：此项习惯系由临澧县公署邓、陈会员报告。

第二十四节　湘阴县习惯

合伙立约与分伙立约

合伙契约开始，须由证人书立合伙字，内载经营何种商业，设立何地店号，及各出资本若干，官息支取若干，选任何人经理，约定何时分利各项，分执为据。迨契约解散，或其中一人声请解约时，须由退伙人缴出合伙字，取消作废，另立分伙字，交各伙人收执，俗又谓之下成字。自愿下成之后，商号所有权义与下成人无涉。

按：此项习惯系由本会黄调查员报告。

第二十五节　武冈县习惯

第一　息上加息

借钱以二分行息，如借本线一百千，每对年则认息钱二十千。对年不能偿息，则债权者与债务者双方算明，连本带利，即以一百二十千作本，次年即以一百二十千起息。又对年再不还息，仍如前算无异，即谓之息上起息。借谷亦同。此系武冈近城二三十里之内则然，谚云"八年九年三十砍"，即此之谓。

按：此项习惯系由湖南第一高等审判分厅任会员报告。

第二　九出十归

甲借钱与乙，议定每年加一行息。一百千钱，每周年应认息钱十千，乙初来取甲钱时，甲预行扣短十千钱，只以九十千钱交乙，此十千钱准扣作本年利息。次年仍照一百千认息，若久期偿还，除每年交息十千不计外，仍应还本钱一百千。此和习惯，非债务者特别紧急，不愿受此苛刻。

按：此项习惯系由（湖南）第一高等审判分厅任会员报告。

第二十六节　常德县习惯

第一　借钱逐日偿还本利与逐月偿还本利

常德借钱偿还习惯有二：

（一）城厢内外有种借贷，需逐日偿还本利者，名曰"打钱"。例如，甲以铜元十串，出借与乙，议定一月还清，乙自受借之次日起，即逐日归还甲钱四百文，归满一月，恰合成铜元钱十二串文，双方之债务关系即于月末最后之日消灭。此等出借之户，多系妇女，或专恃利息度日之人，其承借之人亦多系一般小摆摊或小买卖，所借之数不过十串、二十串而止，其借债时双方皆口头契约，不立字据。询以"打钱"二字之意义，常人多谓系因重利出借，无以名之，故名以打钱。

（二）借钱逐月偿还本利者，则行于常德全县。例如，乙于一月一日承借甲铜元一百串文，作十二个月归清，每月应将本金八串、利息二串偿还于甲，合十二个月计之，共还铜元一百二十串。数目愈少，偿期愈近；数目愈多，偿期愈远。愈少者利息较重，愈多者利息较轻，亦不必书立字据，只须有人作证便可成议。但查此等出借之户，多系略有存储、按月恃为生活者，出借之后，必逐月照收方可维持生活，故此借约一经议定。无论如何，不能稍示变通。

按：此项习惯系由常德地方市审判厅张会员报告。

第二　出卖不动产先尽老业主

出卖不动产先尽亲房，已详述于第一期报告内。而常德于出卖不动产时，则先尽问老业主，然后再尽亲房。例如，乙有田一丘或屋一所，原系向甲承买，是甲即为本业之老业主，乙如欲将该业出卖，则必须先尽甲，如甲声明不买，然后方尽亲房。既认老业主有优先承买之权，如乙不依此程序，则甲、乙之间往往发生争议，纵有买主亦不肯贸然承受。

按：此项习惯系由常德地方审判厅张会员报告。

第三　买卖不动产分为三步

不动产买卖之第一步，先由卖主表示自愿变卖之决心，亲书草约，付与中人之一种凭据，俗名"许成字"，又名"准字"，与第一期报告内临澧县卖田准字习惯相同，兹不赘述。

其买卖之第二步，简分二：（一）曰毛契，卖主未交业，买主未兑价，由卖主作成之一种非［正］式卖契之谓也。如于一定期间内业有纠葛发生，或买价不能如期履行，双方均可主张作废。（二）曰红签，卖主未交业，买主未兑价，由卖主作成正式卖契，但留议定业价若干不载契内，另以红纸书载业价数目，粘之契价空处，一种不完全买卖契约之谓也。如于一定期内业有纠葛发生，或买价不能如约履行，双方均可主张作废，二者相异之点，毛契于点业完价之日，须由卖主另换新契，红签则仅须原主契人添写业价而已。此项毛契与红签尚属于一种预约。

至买卖之第三步，则有脱业字，经买卖预约成立后，由买主对于所买之不动产，如系水田，用木签书明"此业庄归某某承买管业"字样，插于所买田中，名曰钉椿；如系房屋，用红色纸条书同一字样，贴于所买房屋壁上左右，经过十天半月，无第三者发生异议，即由买主订期置酒足价，名曰中人酒，是日即系成立正式契约之日，并由原业人出立脱业字，其应收之脱业钱，与第一期报告内临澧县脱业钱习惯相同，此为买卖成立之第三步。惟原业人如系殷实者，其脱业钱多半抛弃，或让归中人及原业人之亲族所得，亦即不立脱业字。

按：此项习惯系由常德地方审判厅林、傅会员报告。

第四　佃屋无须交付押租

常德民间，佃屋至向例，房客无须交付押租，亦不必请人做中，房客进屋之先，只须交付定钱，进屋之日，先交纳一季租金，从进屋之日起算，三个月期满后即再续交一季租金，俗称"先交后住"。房客出具佃约，交房主收执，房主立折，每季向房客支取租金。如房客于未满季前向房主退佃，房主照例不将租金找还；如系房主向房客解佃，则房客已缴未住之租金，按日计算，应由房主找还。

按：此项习惯系由常德地方审判厅王会员暨常德地方检察厅王会员先后报告。

第五　头年闰月例加半租

常德房客进屋之年，逢有闰［逢］月，例须加付闰月半租，嗣后再逢闰月，即可将此闰月半租免除。此种闰月半租，佃约上向不记载，因常德习惯上既系按季交纳租金，每年计分四季，原不发生闰月半租问题，但在房主心理，房客头年即逢闰月，似乎房客沾有利益，故特向房客加取半租，以明利益均沾之意。

按：此项习惯系由常德地方审判厅王会员报告。

第六　佃屋应先声明孕妇及嫁娶各事

常德房客进屋之第一季期间内如有嫁娶事实，房主向不愿意，多向房客解约，即生产亦同。是以房客佃屋时，房主照例询问家属中有无孕妇以及嫁娶各事后，方能允佃，俾免进屋后发生纠葛。此种习惯，一般房主颇视为重要，而常德城内外民间佃屋，亦均受此习惯之拘束。

按：此习惯系由常德地方审判厅王会员报告。

第二十七节　安仁县习惯

第一　买卖山林书立顶契

安仁民间买卖田宅，其契均书"出卖永卖"字样，惟单独买卖山林，其卖契多有写为顶契者。此种顶契习惯，由来已久，盖称顶字，为当字之代用。其顶契若书有"永顶"及"永不续赎"字样，则该项山林即永远为接顶人垦种栽植，实际上，永顶与永卖之契约毫无差异，而顶契之价值亦与卖契无轻重之别。

按：此项习惯系由安仁县公署毛、谢会员报告。

第二　买卖竹木注重交单

安仁买砍山中竹木，或扫山，或挑取，均于凭中言定价值后，必由卖主书立交单，载明卖出竹木若干，价值者若干，交买者收执，其价向皆进山交半，出山交足。自立交单后，即任买者于竹上号字，于木上逐加斧记，此后无论价值涨落，均不得翻异。如未立交单，其字号、斧记均可认为无效。

按：此项习惯系由安仁县公署崔、曾会员报告。

第三　买砍竹木见十加一

安仁买砍山中竹木，向皆每十根加砍一根。虽未于交单上载明，亦可照加。例如，定买竹木一百根，定价一百串，其交单亦仅载一百根，价一百串。而进山砍伐则直砍一百一十根，卖主不另索价，亦无异议，谓之河规。此外，买竹又有每百加五之篾竹，意在其竹成排［牌］，须用篾缴成也。亦不另索价，但须交单载明，或于成交时言明。

按：此项习惯出安仁县公署崔、曾会员报告。

第二十八节 衡山县习惯

普通租赁与特别租赁

衡山，历来租赁房屋有分二种：

（一）普通租赁，由租赁人书立租约，载明交付押全若干，实纳租赁若干，约内只叙明"赁至无拘远近"字样，交与房主。而房主亦立收到租赁人押金若干，交与租赁人。

（二）特别[定]租赁，该赁约必载明限定赁至五年或十年搬迁，如在限内，无论何人不能争居另赁。

按：此项习惯系由衡山具公署曹、马会员报告。

三、《民事习惯报告录》所载之湖南亲属继承习惯

说明：查湖南民商事习惯调查会报告书，送部者有二期，关于亲属继承习惯共计四十六则。

第一节 湖南全省习惯

第一 家法

湘省区域，人烟稠密，族大人众者，或聚数百家为一族，或聚数千家为一族。族有宗祠，设总副理以总其成，其次则有值年房长等分司庶务。岁有春秋二祭，祭时总理主之，又择族中声望较著者为分献。遇有族中争执事件，总理率族众团坐以判其是非，其不轨于正者，则跪而受教，甚且得逮捕而笞责之，曰"家法"。

按：此项习惯系由常德地方审判厅易会员报告。

第二 族长资格

族长资格，并不限于族内年尊派长之人，凡族内之人，（一）品行端正，（二）身家殷实，（三）办事干练，具备三种要件，均有被举族长之资格。其被举人数，仅有举族长一人者，有举副族长一人者，皆视族内事之繁简而定其数。其公举方法，则不用投票多数取决，常于冬至、清明等祭日，族人咸集合宗祠，询谋金同，书牌悬挂祠中，载明公举某某为族长，或某某为副族长，即生效力。至族长任期，通常以五年或三年为任满，再被举者仍得连任，

但族长有不尽职或不称职时，族人于祭日亦得公议另行公举。

按：此项习惯系由湖南高等审判厅余会员报告。

第三　养膳

凡家族当析产之际，有父母及祖父母在者，多另提产业全部中之一部，为父母及祖父母老年人养膳，无论何人不得私为处分，须待父母及祖父母亡故后，其承继之子孙始得享有利益，但经父母及祖父母可于养膳全部中提出一部为子孙必要之费用者，不在此限。

按：此项习惯系由常德地方审判厅林会员报告。

第四　长孙田及长孙钱

例如，甲有乙、丙、丁三子，此三子中无论何人先生有子戊，不问其为嫡出为庶出，甲即认戊为长孙，于分析家产时先为戊提出田产若干亩，然后以其余平均分配于乙、丙、丁。提出之田，又于分析家产时依前例提出银钱若干给与长孙，谓之"长孙钱"。

按：此项习惯系由本厅易会员、常德地方审判厅谢会员、汉寿县公署邢、王会员、宁乡县公署余、傅会员报告。

第二节　沅陵、长沙各县习惯

第一　婚姻之成立

议婚之初，须由男家先开八字（一名草庚），交付女家与女八字推算，如无冲犯及有许婚之意，然后将女八字开送男家推算，相合，两姓始互写庚书（男家用红帖，女家用绿帖），交换收执（大抵富贵之家皆立庚书，贫寒小户则否）。亦有男家并不开送男八字，仅由女家开送女八字送至男家，经过七日未曾退还（谚云："男八字满天飞，女八字一七归"），不必双方明示同意，均认为定婚成就，并由男家备送聘礼，或用金珠首饰，或用水果鱼肉，如或家无恒产，则亦可缺而不办。

按：此项习惯系由湖南高等审判厅陈会员、湖南第一高等审判分厅银会员、长沙地方审判厅杜会员报告。

第二　嫁女索重聘

普通聘礼以金银首饰衣服及茶食酒菜为多，亦间有以银钱折纳者。若因亲旧，缔结婚姻仅取定庚书，不备礼物亦恒有之，惟至完娶时，无论是否先有亲谊，均须送具礼物，甚有中产以下女家向男家要索重资者。

按：此项习惯系由湖南第一高等审判分厅银会员报告。

第三节　湘潭、湘乡、衡山等县习惯

定庚礼

凡男家对于女家议婚时，须女家于妆奁外认定出具礼金若干足以适其意者，始能与之结婚，名之曰"定庚礼"。若女家富于财产，其议取礼金为数尤巨，以故贫寒之家为女择婿，往往为财产所限而不能如愿。

按：此项习惯系由长沙地方审判厅赵会员报告。

第四节　长沙、沅陵、宝庆等县习惯

转房

兄死后，弟无配偶，可以其兄嫂为妻；弟死后，兄无配，可以其弟妇为妻。此种恶习类多出于下流社会。

按：此项习惯系由湖南第一高等审判分厅银会员并长沙地方审判厅赵会员报告。

第五节　长沙、宝庆、衡山等县习惯

否认私生子而认义子

长沙、湘潭、衡山、湘乡、攸县、湘阴、宝庆县属，各族于修谱时对私生子不特严禁，且特设规条，遇有此等事端，族众公同议处，而当事人缘有此种习惯，即知为己所私生，亦不敢认领。至于义子，则准修入族[零]谱，然其效力亦有不能及于养亲之死后者，故凡养亲死后，义子非道嫡庶子之苛待，即遭亲属之干涉，甚或夺其财产而逐之。

按：此项习惯系由长沙地方审判厅施会员报告。

第六节　沅陵、古丈、永顺、辰溪等县习惯

异姓外亲之承继

承继不限于同宗，凡外甥及女子娘家姊妹或兄弟之子，纵系异姓，均可承继为嗣，正式列入族谱，宗族除最亲者外亦无有反对者。此系取其与夫或妻有血统关系之故，然异姓乱宗，实为现行律所禁止。

按：此项习惯系由湖南第一高等审判分厅银会员报告。

第七节　石门、慈利、澧县、桃源、临澧各县习惯

第一　因变续婚

此种习惯，例如甲有长、次二子，乙仅一女，而甲、乙原有旧戚或至友之关系，又因乙女年龄与甲长子之年龄相等，故结为婚姻，迨后甲之长子夭亡，甲以感情不忍继绝，仍请以乙女与甲次子续为婚姻。又如甲、乙各有子、女数人，乙以长女与甲年龄相等之子丙结婚姻（甲之他子皆已订婚），迨后乙之长女夭亡，甲仍请以次女与甲之子丙续为婚姻。凡此皆因变故而续婚者也，各该县民俗又称之曰"挽亲"。

按：此项习惯系由石门县公署陈、蒋会员报告〔告报〕。

第二　卖妻

此种习惯多因浪荡不肖之人度日维艰，致将其妻出卖，其妻亦以夫难倚靠，而又不堪其苦，故多情愿改嫁。但其先须由卖妻人商请无赖者媒说，若得其妻及其妻亲暨买娶人并自己尊属各方同意，卖妻人即以手模印入婚据，并将其妻交买娶人，买娶人即出相当财礼酬之。

附录卖妻字据：

立永卖发妻字人甲某。今因我与发妻某氏夫妇不和，情同冰炭，爰请某丙为媒说合，愿将发妻某氏出与乙某为妻，言定时值礼价若干串，当凭证等领收清楚。自卖之后，我与某氏如竹破裂永不相生，水归东海再不回头，任乙某与某氏成立夫妇关系，旁人无得异言。恐口难凭，立此为据。

按：此项习惯由石门县公署陈、蒋会员报告。

第八节　武冈、泸溪、益阳、衡山各县习惯

再醮

凡孀妇再醮，先由娘家看定人家，谓之"娘家看山"。继由婆家议定身价，书立再醮字据，承娶人将所有身价及其他各费，一概交付婆家，不得过问，谓之"婆家取柴"。其身价钱既为该故夫荐祭之用，荐祭后该孀妇始着吉服另嫁，谓之"脱白礼"，又谓之"孝边妇"。至于主婚之人，先尽婆家，若婆家不愿，娘家可主婚，婆家只于字据上注明收受财礼若干字据。

按：此项习惯系由湖南第一高等审判分厅任、方会员，益阳县公署周、

陈会员，衡山县公署曹、马会员报告。

第九节　常德、桃源、汉寿各县习惯

孀妇投奔

孀妇改嫁，例须有人主婚，此则自书"投奔"字一纸，交与欲为配偶之人，即生婚姻关系。其字据形式与普通契据无异，但实质不同耳。

按：此项习惯系由常德地方审判厅王会员报告。

第十节　祁阳、新宁各县习惯

买良为妾

凡娶妾者，先到该处向惯行媒介之人详告本意，该媒即行导往各良家面行选择，或由各良家送女至娶妾者之寓所茶话，如得合意，则视其貌之美恶议定身价，不书字据，但仍应过庚通庆吊，与平常戚谊相同。

按：此项习惯由湖南第一高等审判分厅任会员报告。

第十一节　辰沅道所属各县习惯

立嗣铺房

被继人因己无出，欲抚兄或弟之子为己子，则对于兄或弟应将被继人之财产送给若干，在习惯上称此费为"铺房"，其数约以所入继产十分之一或二十分之一为标准。若承继绝房（全无父母伯叔兄弟者谓之"绝房"），则此费多于十分之一者亦所恒有。

按：此项习惯系由湖南第一高等审判分厅萧会员报告。

第十二节　汉寿、湘乡各县习惯

兼祧

例如，甲、乙二人，甲仅一子丙，而乙则无嗣，乙就同宗中亲等最近者，除丙以外又无昭穆相当之人可以择立，甲不忍乙之无后也，以其子丙兼继于乙，是谓"一子两祧"。丙成年后，甲、乙为之各娶一妻，丙于两家轮流居住，在甲家所生之子为甲嗣，在乙家所生之子为乙嗣。

按：此项习惯系由常德地方审判厅傅会员、汉寿县公署邢、王会员报告。

第十三节　长沙、汉寿、常德、沅江、益阳、湘潭、衡山、宁乡各县习惯

遗爱

无子立嗣，自以立亲支最近、昭穆相当之人为原则，若舍近亲而立疏族之子，立嗣之人，须分给动产若干与近亲昭穆相当之人以免争继；若近亲昭穆相当者有数人时，如立其一，则未立各人亦各分给若干财产，是之谓"遗爱"。

按：此项习惯系由汉寿县公署邢王、会员报告。

第十四节　沅陵县习惯

第一　婚姻年龄

婚姻以男女年龄相当为最要，沅陵各乡则以女长于男为一般习惯，甚有女年超过十岁以外者。此由贫苦之家因男小不能工作，特娶一年龄较长之媳，以便执行一切劳务，相沿既久，在女家亦不以为怪。

按：此项习惯系由湖南第一高等审判分厅银会员报告。

第二　副媒

婚姻媒证，普通以一个为之，而沅陵城乡则恒有于正媒之外，另须一个为之辅助，名为"副媒"，或称"帮媒"，大约取成双之义，并无别项关系。

按：此项习惯系由湖南第一高等审判分厅银会员报告。

第三　孀妇招夫

沅陵乡间，多有夫死另招异姓，或同姓之人为后夫者。其原因有二：一因其父母年已垂暮，子死无所依靠，特留其媳于家，另招一人填配，藉为养老之地；一因夫死略有财产，子尚幼稚，无维持生活之充分能力，特招入夫以资撑持。其招入时，均须请凭亲族书立字约，以免翻异。

按：此项习惯系由湖南第一高等审判分厅银会员报告。

第十五节　长沙县习惯

第一　指腹为婚

两姓于怀孕之先，一时情好，每有预定儿女婚姻之事，果造化偶如人意，婚约遂已造成。妇女之间类多有如此行为者。

按：此项习惯系由本会黄调查员报告。

第二　哺乳金

被承继人出金若干，给与承继人之本生父母而酬其哺乳金，又名"抚养费"，并将议给哺乳金若干，书于承继字据之内。在稍知大义之人，则无有在所不计，若系乡愚无知，究不免有彼此争执多寡之事，甚有因此而中止立继者。

按：此项习惯系由长沙地方审判厅郭会员报告。

第三　公议立继

长沙县民间，凡承继事件，如父母俱亡，无人行使承继权之时，得由家族或亲近之人，集合族长、房长及族内公正人等公议承立，经多数表决而嗣子之承继以定。

按：此项习惯系由本会余会员、黄调查员报告。

第十六节　临澧县习惯

第一　童养媳

临澧县人民有家贫不能抚养幼女者，即将其女抱给与人为童养媳。例如，甲有幼女，贫不能养，即由媒介人乙说合，字丙之子为妇，即填草庚，送女过门，由丙抚养及笄完婚，俗称为"童养媳"。

按：此项习惯系由临澧县公署邓、陈会员报告。

第二　嗣关与付约

例如，某甲有子嗣乙，如系双方合意，昭穆相当，均凭族戚书立契约。其由甲书交于乙者，名曰"嗣关"，即叙明某子嗣乙之义；其由乙书交于甲者，名曰"付约"，即叙明某既嗣某，遗产即许其相续之义。此契约一经成立，遂发生嗣父与嗣子之关系，其他族人均不得别生异义。

按：此项习惯系由临澧县公署邓、陈会员报告。

第十七节　道县习惯

以妾升妻

道县风俗有以妾升妻者，其原因多有于妻无子而死，或有子而早死，自后妾既生子且有德于家庭，夫愿升之为妻，俗曰"升正"。查该处族谱，往往有如此之记载。

按：此项习惯系由本会黄调查员报告。

第十八节　常德县习惯

第一　闭门礼

婚姻预约成立后，婚姻当事者之一方死亡，相手方必须以相当之金钱给与死亡者之一方，将其婚姻预约解除，该项金钱名曰"闭门礼"。

按：此项习惯系由常德地方审判厅廖会员报告。

第二　赘婿为子

凡无子而有女者，招入他人为婿，成婚后，赘婿即居于女家，其初生之男随女家姓氏，并能承继女家之产业，次生之男则随其父之姓氏，以后所生子女均以此次类推。其赘婿有于女家族谱上经承认列名者，有不然者。

按：此项习惯系由常德地方审判厅谢会员报告。

第三　蓄意悔婚藉索重聘

男女结婚当亲迎之前，男家须纳相当之聘金，其聘金之多寡随女家之需索，而无一定标准。甚有女家蓄意悔婚，而无以为词，故意索取重聘，使男家馨力不能措办者，当此之际，男家非俯首解约，即纠众掠取，其能调处允协言归于好者，殆不数睹也。

按：此项习惯系由常德地方检察厅王会员报告。

第四　聘妇未经过门，夫家按年送布

常德男女婚姻，除童养媳外，多系及笄之年始行择婿。受聘之后未娶之先，男家每年应备各色布匹送交女家，女家收受布匹之后，有概予其女者，有予半留半者。如家境充裕，所送之布至少须有十匹二十匹，即属贫乏之家，亦应备四匹，或二匹，至少有用一丈二丈者，所谓可少不可无也。揣其用意，若谓女子本从夫姓以终，既与婿家结盟，此女即为婿家之人，自应改着婿家衣，此送布之习惯所由来也，俗有"吃娘饭穿婆衣"之谚，其即此之谓欤。倘男家不能按年送布，或三年五年中有一年漏送者，女家可说原媒向男家催索，男家惹于此时谢过补送，自无他说。如果再行迟延，女家即可出而责让，或于男家预告纳吉之时，多与为难，甚有因此发生异议，至令婚期改变者，更有投凭媒证解除原立婚约者。然此多出于乡僻人家，或男女两家本有其他相左之意见，始克有此无谓之举。若自号诗礼之家，或略负乡望之人，男家无不按年送布，否则，女家亦多置而不论，从不肯轻易浼媒催索者，恐因此细故令男家先存芥蒂，致其女将来过门之后，或为舅姑所虐待，或为姊娌所

嘲讽，然有此识量者，亦属少数。

按：此项习惯系由常德地方审判厅王会员报告。

第五　婚丧相遇平抬而过

常德婚丧之礼，仍多循照旧式，婚家之迎娶，丧家之殡葬，无论贫富，必先期开明主要人年命，报请星命家为之推择日时，一经择定，即珍为吉日良辰，绝［决］不敢有所更易。如甲家择定某日某时殡葬，乙家亦择定某日某时迎娶，彼此又需同经一途，虽明知之，亦不改避，惟于喜轿与灵柩在途相遇之时，彼此平抬而过，不得略有高下，倘或一方未能依此习惯，即认为有意欺侮，势必互相争执，甚至索衅斗殴，其所以必如此者，盖谓迎娶乃人伦之始，殡葬乃人事之终，婚丧本同为大事也。

按：此项习惯系由常德地方审判厅王会员报告。

第十九节　永顺县习惯

第一　长支长子不得出继他支

永顺县人民泥于古来大宗、小宗之义，对于长支长子，均不准出继他支，盖恐乱宗法也。该项习惯虽为该邑人民所公认，但与大理院上字第六一零号长支长子不禁出继之判例，实相抵触。

按：此项习惯系由永顺县公署邓会员报告。

第二　孀妇立继，须凭族长到场为证

永顺县属，孀妇为夫立继，如已凭族长到场商立承继字据，族人即不得再事混争。此项习惯，查与现行律例尚属相符。

按：此项习惯系由永顺县公署邓会员报告。

第二十节　益阳县习惯

过房礼

无子立嗣，固应就同宗中亲等最近者择立昭穆相当之人，益阳县习惯，若立嗣人因择贤择爱而抚立疏属之子为嗣者，即应由立嗣人划分财产给与近亲，名曰"过房礼"，盖取超过亲房之义。惟其流弊，往往亲等较近者，遇有前项情形，一若视该项财礼为应得之权利，每易生争执之端。该项习惯不独益阳为然，即宁乡、湘潭亦均已相沿成习。

按：此项习惯系由益阳县公署周、陈会员报告。

第二十一节　武冈县习惯

第一　男庚不过年

两姓结婚，请凭媒妁，先由男家书写男庚送往女家，与女庚推算相合，若逢年终，即令媒请男家，备办礼物等件择期送往女家，女家连同女庚转送男家，男家不能退还。如推算不合，女家应将男庚即时退回，断不迟到明年，否则，视为定亲成就，不得翻异。

按：此项习惯系由湖南第一高等审判分厅任会员报告。

第二　孝堂成亲

武冈习惯，常有居父母之丧，停枢在堂尚未成服，即将聘定之妇迎接来家，或为童养媳，则令其妆饰在孝堂，完娶成礼。其原因，大率以父母去世，家中人口稀少，需人料理事务；或因家境贫寒，故趁此时，草率成礼，以免后日之花费。先时只有贫贱之家如此，近则富贵人家间亦有踵而行之者。此种陋习，似于礼教不无妨碍。

按：此项习惯系由湖南第一高等审判分厅任会员报告。

第二十二节　宝庆县习惯

第一　以夫妇双全之旁系亲出名主婚

宝庆定婚习惯，由结婚人父母不全，须由旁系亲中夫妇双全之人，于婚书内出名主婚，以取双全之义，自系吉祥起见。然名义变更，双方发生别情，因以涉讼者，往往有之。

按：此项习惯系由本会员董调查员报告。

第二　恩养钱

凡妇人改嫁，将前夫所生子女尚未成年者带至后夫家抚育，名曰"继子"。所有聘金扣留一半在后夫家，以作带养之费，名曰"恩养钱"。

按：此项习惯系由宝庆县公署凌会员报告。

第二十三节　泸溪县习惯

爱亲结亲

男女两家，或以契好或以旧戚关系，愿联儿女婚姻者，则仅指定媒妁某某为证，并不问其男女生庚是否相合，只由媒妁交换庚帖，以为定婚凭据，婚姻即作为成立。于此情形，有双方互送礼物者，有不然者，故称曰"爱亲结亲"。

按：此项习惯系由湖南第一高等审判分厅方会员报告。

第二十四节　衡山县习惯

第一　草庚

衡山县，民间婚配须经女家出有红帖草庚，由媒妁交付，认为有效，嗣后无论填写正式庚书与否，均在可有可无之数，但草庚须认明系女家父兄或其亲属笔迹为要。

按：此项习惯系由衡山县公署曹、马会员报告。

第二　改容礼及订扣礼

嫁女取聘之说，山邑向无此例。惟有改容礼、订扣礼，该二种任男家斟酌，于择日过门，先期行之。

按：此项习惯系由衡山县公署曹、马会员报告。

第二十五节　芷江县习惯

结婚不发庚书

芷江县，有自定婚至迎娶而女家犹未发给庚书者，因女家发庚时，男家必多备茶食礼物，分送女家四等姻亲，需费甚巨，若男家贫寒，无力购此赠品，可与女家相商，不发庚书，省却此种礼物之费。

按：此项习惯系由湖南第一高等审判分厅任会员报告。

第二十六节　汉寿县习惯

伴嫁田

凡富家女出阁，除备具一切妆奁之外，尚有由父母指定某处田亩若干，书立付约，赠与其女带至男家者，俗谓之"伴嫁田"，盖取伴女出嫁之义。

按：此项习惯系由汉寿县公署邢、王会员报告。

第二十七节　湘乡县习惯

继子回户

子出继后，其本生父母或致绝嗣者，出继之子得兼回继本生父母为子，若本生父母家无财产，则出回继之子，自行酌带产业，名曰"回户"。

按：此项习惯系由常德地方审判厅傅会员报告。

第二十八节　浏阳县习惯

正谱与副谱之分

此种习惯，其始系由族大丁多、支派不一，间有抱养异姓之子以为己子，于是，修谱之时分为正、副二种，除本支各派得入正谱外，所有抚入异姓之子概行列入副谱。

按：此项习惯系由本会黄调查员报告。

第八章

民国大理院司法档案中涉及湖南的民商事习惯

【按语】大理院司法档案中，针对湖南高等审判厅上诉至大理院审理的案件中涉及民事习惯适用的问题，大理院进行了回应，从中可见湖南民事习惯的记载及大理院的态度。相关判决如：

1915年2月22日《大理院为湖南澧县颜俊臣与王树楼赎地纠葛涉诉上告案上告驳回民事判决书》中提及：

至当事人真意如有未明，得以习惯、事实及其他印证为解释之资料，此至当之条理，而法院判例亦屡经采用者也……第二审笔录，并以该地方典物回赎惯例，系以出典时之实价取赎为断实之标准……据原判认定事实，就约文"世价"二字解释为"实价"即"原价"之意，至其根据，则除系照原中人供证外，参照三年二月二十八日第一审笔录，及三年六月二十日第二审笔录，并以该地方典物回赎惯例，系以出典时之实价取赎为断定之标准。[1]

大理院在本案中的判决认可了澧县典物回赎的惯例，用以解释约定中的"世价"含义，体现了习惯在审判中作为解释依据的用途。

1919年6月27日"湖南沅陵县宋学用等与张光福因婚姻涉讼上告案"中大理院指出，男方依据习惯，幼聘聘礼从简，仅送礼篮。事后女方为求财物，不认可男方的下聘，并得到原审支持，导致男方上诉至大理院。大理院认可了此地幼聘聘礼从简的习惯，指出借聘礼索取财物实为买卖婚而非允诺婚，从而支持了男方的主张，认可下聘的效力。[2]

---

〔1〕 中国第二历史档案馆编《北洋政府档案·大理院》（第九册），中国档案出版社2016年版，第325~333页。

〔2〕 中国第二历史档案馆编《北洋政府档案·大理院》（第十二册），中国档案出版社2016年版，第241~244页。

判决例如大理院四年上字第 282 号判决，湖南浏阳人宋德健不服湖南高等审判厅判决，上告至大理院，称"浏邑习惯凡卖业必先尽亲房外姓，不得径行夺卖。"而大理院认为"卖业先尽亲房之习惯，既属限制所有权之作用，则于经济上流通及地方之发达均有障碍，即难认为有法之效力"，遂以判决例的形式否认了浏阳"卖业先尽亲房"的效力。[1]

解释例如 1919 年 9 月 11 日大理院在复函中承认了耒阳县的丧葬习惯"迁厝骸骨，棺木仍存原坑"应当受到民法保护，掘弃棺木造成的损失应当承担赔偿责任。[2]

一、大理院判例中涉及湖南的民商事习惯

1. 大理院为湖南澧县颜俊臣与王树楼赎地纠葛涉诉上告案上告驳回民事判决书***

理由：按现行法律，凡当事人间仅就契约上之文字有争执者，审判衙门应以当事人间之真意为解释之标准，不得拘泥于一二语言字句转失真意，至当事人真意如有未明，得以习惯、事实及其他印证为解释之资料，此至当之条理，而法院判例亦屡经采用者也……第二审笔录，并以该地方典物回赎惯例，系以出典时之实价取赎为断实之标准。本案上告理由，系对于赎价不应从原价，应照实价之点，有所不服，据原判认定事实，就约文"世价"二字解释为"实价"即"原价"之意，至其根据，则除系照原中人供证外，参照三年二月二十八日第一审笔录及三年六月二十日第二审笔录，并以该地方典物回赎惯例，系以出典时之实价取赎为断定之标准。

2. 湖南沅陵县宋学用等与张光福因婚姻涉讼上告案****

理由：福女本有小八字，照乡间幼聘止须酒菜、香篮，其首饰可嗣后续送，习惯如此。民与福之婚事，从前已备礼篮，自可不论财物轻重，乃原审

---

〔1〕　黄源盛纂辑：《大理院民事判例辑存》（总则编），犁斋社 2012 年版，第 55~57 页。

〔2〕　郭卫编著：《民国大理院解释例全文》，吴宏耀、郭恒点校，中国政法大学出版社 2014 年版，第 858~859 页。

***　本文引自中国第二历史档案馆编：《北洋政府档案·大理院》（第九册），中国档案出版社 2016 年版，第 325~333 页。

****　本文引自中国第二历史档案馆编：《北洋政府档案·大理院》（第十二册），中国档案出版社 2016 年版，第 241~244 页。

以财轻，而竟武断不认于所谓龆婚，及该地习惯，均置不究，殊有未恰。

卷内所存庚帖，出福家口述双合。聘仪从习惯，于互诺时，已送篮礼取庚为凭，前岁追加指戒，有贤目睹福认收获徒空言。婚姻有允诺婚、买卖婚之别。查民律草案所定及乡间习惯，父母一言，关于子女终身，聘仪从简，习俗如此。若吹求财物，则系买卖婚，非允诺制矣。

二、大理院解释中涉及湖南的民商事习惯

1. 民国四年八月三十日大理院复湖南高等审判厅函（统字第 321 号）*

径复者：

准费厅函字第七九二号函开：案据宁乡县知事甘鹏展详称，"为请示道行事，窃有以同一虚伪事实，一面登载报端，一面告诉公署。其登载报端，已治以《刑律》第三百六十条之罪，其告诉公署，又应治以同律第一百八十二条之罪。如果同一衙门同时审判，自应照同律第二十六条之例，从一重处断。乃登载报端一节，系长沙地方审判厅之宣告，并执行完毕，而虚伪告诉，系属署受理，此案是否成立两个罪名，照同律第二十四条更定其刑？抑或以同一事实之故，仅构成一个罪名？又民国男子应兼桃而妻二妻，可否仍援前清习惯，称从末减？抑或以一夫多妻之故，构成《刑律》第二百九十一条之罪？均悬案以待，理合详请厅长迅赐解释，批示只遵"等情。据此，除民国男子因兼桃而妻二妻一节，业经抄录二年统字第四十二号解释，转该知事知照外，至以同一虚伪事实，一面登载报端，一面告诉公署，是否成立两个罪名？相应函请解释见复，以便转饬遵照等因到院。

本院查犯罪事实，指犯罪行为所构成之事实而言，妨害名誉罪之行为，与诬告罪之行为，情形各别。则其犯罪事实，自系二事，应各自构成一罪，不能因其所捏造之虚伪事实相同，而认为一罪。原详情形，应依《刑律》第二十四条办理。相应函复费厅转饬查照。

此复！

---

* 本文引自郭卫编著：《民国大理院解释例全文》，吴宏耀、郭恒点校，中国政法大学出版社 2014年版，第 447 页。

2. 民国六年五月十一日大理院复湖南高等审判厅函（统字第 624 号）*

径启者：

接贵厅六年函字第五零四号函开："案据道县知事余文鹄电称，有以妾升妻案，妻及长子早死，妾生子女且有德，夫愿升正，查与该族谱列相合，可否婚姻自由，任取习惯？悬案待决，乞电示遵"等情，据此。"事关解释法律，敝厅未敢擅专，相应函请查核见复，以便转令遵照"等因到院。

查前清现行律中，现在继续有效之部分，关于定婚等项，曾经明晰规定，限制甚严，而妻妾失序门内复称"妻在，以妾为妻者，处九等罚，并改正"等语。则该律显系认许以妾为妻，不过对于妻在时为此项行为者，乃加禁止，认其无效。至以妾为妻，除成婚时，应守各律条亦应遵守外，关于定婚专有之律例，自不适用，故仅须有行为，并不拘于形式。相应函复，即希转饬查照可也。

此致！

3. 民国八年五月二十三日大理院复湖南高等审判厅函（统字 991 号）**

径复者：

接准贵厅第三八二号函开：查据安仁县知事毛庆年呈称："今有某甲私邀同亲之某乙、某丙等，各将自己名字，刊立木主，置于祠堂神龛之上，配享祀。经同亲之某丁等查悉，责其有违族规，应即取消。某甲等不理，某丁等遂据情诉案，于此分为子、丑、寅三说，子谓民事诉讼，必系私权之争执，某甲等置自己生存木主于祠堂神龛，实无侵害某丁等私权之可言。该各木主应否配享祖祀，有无违反族规，当然属于行政处分之范围，司法衙门对于此种案件，不宜受理。丑谓祠堂神系某甲等与某丁等之共同所有物，某甲等未得某丁等之同意，速将自己木主置于树堂神宪，是侵害某丁等之共同所有权，照依《民律草案》'所有权'内载，各共同共有人，非经全体一致，不得行其权利之法条。又大理院判例要旨第四十三期物权编第四节，共有物权之解释，凡共有人之一人，非经全体同意，不得处分共有物之法例，此种案件，当归司法衙门受理。寅谓祠堂神龛，虽为甲、乙、丙、丁等之共闻所有物，

---

　　* 本文引自郭卫编著：《民国大理院解释例全文》，吴宏耀、郭恒点校，中国政法大学出版社 2014 年版，第 594 页。

　　** 本文引自郭卫编著：《民国大理院解释例全文》，吴宏耀、郭恒点校，中国政法大学出版社 2014 年版，第 798~799 页。

此项物权，究无实在私权之可以行使，不过为乃祖乃宗妥灵之所而已，与《民律草案》及现行判例所称之共有物，其性质有不同。就令某丁等因某甲等之生木主私入祠龛，亦只得为亲族上之名义争执，当依《各级审判厅试办章程》第一百一十一条第二款之规定，归亲族事件办理。以上三说，究以何说为是著现有此种案件，解决，理合具文呈请解释指令只遵等情。"据此，查案关法律，自应取统一之解释，相应函请迅赐解释见复等因到院。本院查因违反族观涉者，若与权利义务有关，应予受理。族人使用祠堂，若照族规定有办法（明文或例），应准被拒绝使用之人，或族长管理祠堂人，代表族众诉请裁判，其他族人若有直接利害关系者亦间。此等事件，与确认身份，若无关涉，不得谓为人事诉讼。相应函复查照办理可也。

此复！

4. 民国八年九月十一日大理院复湖南高等审判厅函（统字第 1089 号）*

径复者：

准贵厅函开：案据耒阳县知事谭廷彦呈称，"窃审判案件，应以法律为根据，其法律无明文规定者，应行根据判例。兹有关于坟山事件，法律既无明文，判决又无先例，谨陈其事由如下：赵钱孙李四姓，公管坟山一处，赵姓之甲某，先后厝放三冢，紧连一排，依习惯环筑石围罗疆内无隙地，至今已历百余年。中间甲某将罗疆内遍左一坟骸骨，迁厝他处，棺木仍存原坑（该地习惯如此）。今忽有赵姓之乙某悄悄地将甲某罗疆内遍左废冢，原存棺木掘弃厝葬一坟，似此情形，乙某是否侵害甲之私权？其掘弃甲之废冢棺木，应否负刑事上责任？以上二点，颇属疑间，理合备文呈恳钧厅俯赐查核，应否转院解释，伏乞钧裁施行"等情。据此，查案关法律，自应取统一之解释，相应函请贵院迅赐解释见复等因到院。

本院查所称情形，坟山既供公用厝葬，自无问题。其将人已置空棺掘弃，在律尚无相当条文可以援用，亦不为罪。惟在民事方面，如有损失，依应不法行为之例，判令赔偿。相应函复贵厅转令查照可也。

此复！

* 本文引自郭卫编著：《民国大理院解释例全文》，吴宏耀、郭恒点校，中国政法大学出版社 2014 年版，第 858~859 页。

三、大理院民事判例辑存中涉及湖南的民商事习惯

1. 【大理院民事判决】四年上字第一六五八号*
【判例要旨】

国家银行所发行之纸币，固应具有强制通用之性质，但非谓此项纸币发行后，即不容市面以现银交易，盖现银并非国家禁止通行之物，若不交现银即应照现在商场上之惯例补水。

判决

上告人　　朱松乔　湖南蓝山人　住省城司门口瑞康洋货号　年四十岁

被上告人　郭维璜　山西人　年四十五岁　蔚盛长经理

上开上告人对于中华民国四年六月八日，湖南高等审判听就上告人与被上告人因债务纠葛一案，所为第二审判决声明上告，经本院审理，判决如下：

主文

原判除判令被上告人将利息依票，每月每两三厘扣算至执行日止，一并偿还上告人收领之部分外，撤销。

被上告人（即原控告人）之控告驳回。

诉讼费用由被上告人负担。

理由

本案据原审认定事实，上告人于前清光绪末年，由山西蔚盛长票号汇兑长平解项银三千两，在长沙蔚盛长分号取用，除宣统三年七月十五日用去二千两外，其余一千两即存放蔚盛长号，由该号书立借票，注明长平解项银一千两，并每月每两三厘行息。及上告人由晋返湘，执票向蔚盛长用银，该号经理即被上告人，以纸币给付，并于数内扣除上告人弟寿田在山西所借该号之银一百余两，上告人因不承认以致讼争。兹两审就朱寿田固执己见欠该号之款判令被上告人不得扣除部分，被上告人既未声明不服，则本案问题应行审究者，仅在上告人存放蔚盛长之款项应否由被上告人支付现银而已。核阅卷附该借票，虽仅载［长平解项银］，并未注明现银字样，然上告人既谓借款时不独解项为现银，各种货币无一非现。即据被上告人及其代理人在第一审

---

* 本文引自黄源盛纂辑：《大理院民事判例辑存》，犁斋社 2012 年版，第 44~46 页。

供述，亦只谓现在所谓解项银即是纸币，而于往年以现银作解项，原属不争之事实（参观四年二月十九日供词）。是则立约当时解项即为现银，既无现银与纸币之分，而上告人所持借票又明明载系解项，当日所借即系现银无疑。现在该省银行虽系国家银行，其所发行之纸币本应具有强制通用之性质，而非谓此项纸币发行后即不容市面以现银交易，即现银并非国家禁止通用之物无疑。况上告人请求支付之目的又并不限于现银，不过以不交现银，即应照现在商场上之惯例补水。原判徒以湘省自改革以后现银缺乏，纸币与现银价格相差甚远，因谓大势使然，遂判令被上告人毋用照市价补水，殊非正当。关于此点，自应维持第一审判决之效力，上告人之上告即不得谓毫无理由。

据上论结，原判除判令被上告人将利息依票，每月两三厘扣算至执行日止，一并偿还上告人收领之部分外，撤销。被上告人，即原控告人，之控告驳回，诉讼费用由被上告人负担。又本案系属实体法上讼争之件，依本院现行事例，本判决即以书面审理行之，特为判决如上。

中华民国四年九月二十四日

大理院民事第二庭

审判长	推事	余棨昌
	推事	李祖虞
	推事	孙巩圻
	推事	李怀亮
	推事	陈尔锡
大理书记官		郑耿光

2.【大理院民事判决】四年上字第二八二号*

【判例要旨】

卖业无尽亲房之习惯，既属限制所有权之作用，则于经济上流通及地方这发达均有障碍，即难认为有法之效力。

判决

上告人	宋德楗	湖南浏阳县人	年二十岁
被上告人	杨斌	籍贯同前年 三十三岁住	晋安镇
	杨毅	籍贯、住址同前 年二十三岁	

---

* 本文引自黄源盛纂辑：《大理院民事判例辑存》，犁斋社 2012 年版，第 55~57 页。

　　杨铣　　　　　籍贯、住址同前

　　上开上告人对于中华民国三年八月十四日，湖南高等审判厅就该上告人与被上告人因买业涉讼一案，所为第二审判决声明上告，经本院审理，判决如下：

主文

　　本案上告驳回

　　上告审讼费归上告人负担。

理由

　　查本案系争田业原为上告人之所有，坐落浏阳县属龙津潭铺下湾地方，而两造所争执者，即该业之兑兴，被上告人可否照原价回赎，是已检阅原审诉讼记录，据上告人主张可以回赎之论据凡有五点：（一）当时原以债务未还，拟将田作押后，因被其欺朦遂书立绝卖文契，委系错误。（二）当时被上告人藉债逼卖，实由于强迫。（三）上告人当时立契出卖仅十八岁，并未成年，应许撤销。（四）浏邑习惯凡卖业必先尽亲房外姓，不得经行夺买。（五）该业为上告人母养赡之产，不能由上告人专行出卖云云。兹关于第一点上告人所立卖契是否被欺误写，为两造之所争执，然查第一审诉讼记录，据上告人自供以书画为业，而该契又系其亲笔所书，则抵押与绝卖之效力不同，宁能诱写不知？是其所谓该契由上告人起草后，伊即照样誊写云云，殊不足为被欺之据，何得主张撤销？至第二点之所谓强迫一节，据上告人之供述，亦不过谓，杨荣声言若不偿还，将引多人来家吵闹，以为恫吓，就此审究，亦非强迫行为，何至因此精神受其压迫而丧失意思自由？若第三点所谓，当时立契并未成年云云，自当依现在有效之前清现行律规定为断，查该律既定十六岁为成丁，而上告人之为卖业行为，当时业已十八岁，已达成丁之年，自应认为有完全之行为能力，即难无端许其撤销，至民律草案既未颁布，自非有效，而现在审判衙门因成文法之未备，采用一般习惯或条理为判断，而其所采用之习惯或条理，虽偶有与草案之规定难谓为草案规定既已有效，至于外国法例更无适用于我国之理，自不待言。又第四点卖业先尽新房之说，则以该邑习惯为据，兹姑不论是否有此项习惯之存在，既属限制所有权之作用，则于经济上流通及地方之发达均有障碍，亦难认为有法之效力。至第五点，上告人在原审并未有丝毫丰证足以证明该业系其母养赡之产，而核阅上告人亲笔所立卖契，亦书明母子夫妻商议字样，况其母始终亦未主张当时由上告人专卖未得己同意，则原审认定其卖契有效，不容撤销，自无不当。

法律上正当理由，系终应驳回。并依本院现行则例，令上告人负担上告审讼费。至本案上告并无法律上正当理由，系终应驳回之件，故本判决即依本院现行事例用书面审理行之，特为判决如上。

中华民国四年三月十六日

大理院民事第二庭

审判长　　　推事　胡诒毅

　　　　　　推事　李祖虞

　　　　　　推事　孙巩圻

　　　　　　推事　陈尔锡

大理院书记　　　官刘世瑗

3.【大理院民事判决】三年上字第五九五号[*]

【判例要旨】

山主或施主处分庙产，如有正当理由，而住持僧道无故拒绝同意，或有特别习惯法则，认许施主、山主得独立为处分者，则仅得行政长官许可，亦得为之。

判决

上告人　　　僧振规　湖南邵阳县人　　信云岩寺　　二十七岁　　僧人受送达处北门外开福寺

僧志学　年五十岁　　余同上

僧离相　年五十一岁　余同上

被上告人　萧政卿　湖南邵县人　住东乡　二十二岁　业儒　受送达片省垣古顺星桥湖南招待所

上开上告人等对于中华民国二年九月六日，湖南高等审判厅就上告人等与被上告人因庙产涉讼一案，所为第二审判决声明上告，经本院审理，判决如下：

都记载该寺僧人之名，是仅以此点颇难遽认为独力修建之据。其碑碣中，亦仅灯田碑碣有萧友武偕配独修斯寺之文，而此项碑碣被上告人等在原第一审时迄未主张，至控告审始提出其拓本，历经上告人等攻击伪造，而原审衙

---

[*] 本文引自黄源盛纂辑：《大理院民事判例辑存》，犁斋社 2012 年版，第 221~224 页。

门迄未为相当之调查，是其可否凭信，亦难悬断。至于买契是还是真实，姑不具论，而其契中四至已有至云岩寺后之文，是即属实，亦断不足为独立建设之据。更京其他碑碣而论，宋成淳六年萧应之碑则称，该寺创自唐元和间；明弘治十八年之碑则称，该寺僧惠灵尽其橐囊，募缘施主连年鸠治；嘉靖己丑年重修之碑（碑拓本模糊不甚可辨）及清乾隆三十六年设置灯田之碑，均胪列施主多人姓名，且均未及萧姓独力建设之事；而上告人抄呈之实庆府给贴，则又有禁止冒称山主之文名，乃原审竟未京此项证据说予调查，是于职权上应尽能事殊多未尽。又况内务部公布之寺院管理规则第四条，虽有住持及其他关系人，非经行政长官许可，不得将寺庙财产变卖抵押之规定。然此项规则系为行政上便利起见，对于行政长官明定其应有之职权，而非对于住持及其他关系人界以处分庙产之权利。故该条所称住持及其他关系人，自应以习惯法则及条理上可认为有处分权者为限，是本案被上告人对于该庙产所为处分是否有效，仍不得不依前开法则为断。原判关于被上告人是否该寺独力出资之山主及其处分是否已得他施主之同间，或事实上已不能得他施主同意，以及该地方是否有施主得自由处分庙产之习惯，均未予审究，遽引用该规则，认被上告人之处分为有效，于法不免误解，是本案上告人不得谓为全无理由。

系关于实体法上意见并原审未尽职权上应尽能事，终应发还更为审理之件，核与本院现行书面审理之例相合，故本判决以书面审理行之，特为判决如上。

中华民国三年七月三十日

大理院民事第一庭

审判长　　推事　　姚　震

　　　　　推事　　林行规

　　　　　推事　　冯毓德

　　　　　推事　　许卓然

　　　　　推事　　朱学曾

大理院书记官　　　易国霖

4. 【大理院民事判决】四年上字第七七一号 *

【判例要旨】

祀产系共有性质，其所有权属于同派之各房，自其维持祖先祭祀之宗旨言之，原期永远保全不容擅废，故凡设定祀产字据内，例有永远不得典卖等字样。然查我国惯例，紫等祀产遇有必要情形（例如，子孙生计艰难或因管理而生重大之纠葛），得各房全体同意时，仍得分析典卖或为其他之处分行为。此种惯例并无害于公益，亦不背于强行法规，即现行律关于盗卖祀产之规定，意亦仅在禁止盗卖；所谓盗卖者，以无出卖权之人，而私擅出卖之谓。如未经各房同意，仅由一房或数房主持出卖，固在盗卖之例，若已经各房全体同意，自不得以盗卖论。

判决

上告人　　　　湖南大清银行

右代理人　　　周廷杰　湖南长沙县人　　　住本京西交民巷大清银行清理处

被上告人　　　唐世汉　湖南东安县人　　　信省城上坡子街

　　　　　　　唐世瀛　同上

　　　　　　　唐其桢　同上

右代理人　　　唐彭氏　同上　　　唐其桢之母

上列上告人对于中华民国三年七月二十三日湖南高科审判历京上告人与被上告人等因房产涉讼一案所为第二审判决声明上告，经本院审理，判决如下：

主文

原判撤销。

本案发还湖南高等审判厅迅予更为审判。

理由

上告意旨略称：（一）本案系争上坡子街之房屋是否祀产，原不能以之对外。况查唐余氏批载祀产字样，系在石佳冲田业契内，而与系争房产无关，是上坡子街房产，自不在祀产之列，原判援引现行律禁止盗卖祀产之条，殊

＊ 本文引自黄源盛纂辑：《大理院民事判例辑存》，犁斋社 2012 年版，第 397~402 页。

属错误。（二）宣统二年四月唐世汉、世瀛、其琨、其桢与唐钟氏等所订立之同心出售合约，被上告人在前湖南司法司业已承认，虽宣统二年五月间有登报声明之举，然此乃为不卖于叶墨安而发，不能以此而牵彼。原判谓唐世汉既登报声明永不出卖，则前之合约早已不生效力，讵知宣统二年八月二十五日，唐钟氏率子世汉所具这遵结内有："出售大清银行坡子街屋，价银一万四千两"等语，更足为唐世汉是年五月所登之报，失其效力之明证。（三）被上告人前在善化县同讼，实原因于分家之纠葛，此种不可分这共有物，非卖却无由分析。前清州县断案所谓当堂立契，已成习惯，其时唐世汉等屡次到堂备质，且于遵结内亲自书押，何能诿为不知？（四）所领契价作四股品分，而唐刘氏等抚子又各于其股中品分一半，世汉亦抚子之一，苟未与闻其事者，何以刘氏、杨氏之抚子皆有所得，且各对于所奉之母具有收领字据。矧钟氏所分之部，尚有南门外房产及石佳冲田业，而此两业亦属共有者，此数年业世汉即持为私有。更据证人彭学山在原审供称："世汉既领石佳冲南门外两处价银，往银行兑银时，世汉是同去"等语观之，世汉之于此项买卖，亦应视为事后之阜宁认。（五）系争房产，当时即世汉与钟氏居所，卖与大清银行，后此即自行出庄，有世汉之伙夫及街邻供词可证，可邮世汉等事前并无不承认意思，事后亦无抵抗之行动。（六）原判四房之产专归世汉一房，产既属于一房，而价又仍着各房匀缴，目下刘氏等或已死或他适，无从问讯，是令世汉不费一文，独得各房共有之业，而公家无故损失此一万四千余金，事之不平，何至若是云去。

　　本案按，祀产系共产性质，其所有权属于同派之各房，自其设定之宗旨言之，所以维持祖先之祭祀，期于永远保全不容擅废，故凡设定祀产字据内，例有永远不得典卖等字样。然查找国惯例，此等祀产遇有必要情形（例如，子孙生计艰难或因管理而生重大之纠葛），得各房全体同意时，仍得分析典卖或为其他之处分行为。此种惯例并无害于公益，亦不悖于强行法规，按之条理，亦尚妥协。即如现行律关于盗卖祀产之规定，意在禁止盗卖，所谓盗卖者，以无出卖权之人，而私擅出卖之谓。如未经各房同意，仅由一房或数房主持出卖，固在盗卖之例，若已经各房全体同意。自不得以盗卖论。本案据诉讼记录，讼争房产本为唐余氏赡［膳］养财产，而唐刘氏等四妾之抚养费亦即取给于是（见唐余氏遗嘱），前清光绪三十一年经唐余氏遗嘱作为该氏及唐刘氏等生前赡［膳］养，并死后荐享之资，永远不准典卖。自唐余氏死后，该产性质实兼祀产，其所有权应属于唐余氏财产继承人，即唐世汉、唐世瀛、唐其琨三房；至唐刘氏等四妾，不过就该产有取给赡［膳］养之权。被上告人唐其桢虽亦唐余氏之继承人，然据前清湖南臬司李判决，早与唐余氏别爨异财，亦不能共有此产。惟查宣统二年四月初八日，唐世汉等三房与唐其桢暨唐刘氏四妾所立合约内载："母弃世，遗下姨母杨氏、刘氏、康氏、钟氏四柱，叔侄异志，菽水不恭，与四姨母商议，齐心愿将公馆铺产田业变卖，叔侄四房京作四股均分，每房供养姨母一位，养生送死各任其事；内有母子不睦，一股作成二股拆开，另行分居，无论城乡，任母之意，所有银钱，任凭养赡［膳］，子孙不得干预（中略）。兹置石佳冲田业，前经批作祠堂香火，兹既齐心变卖，所批凭作废纸"等语。是自立合约后，该房产复变而为八股共有之业，不得复称为祀产。事经唐世汉等三房全体同意，且出于负担赡［膳］养，防止争端之旨，自凭变为有效。查阅善化县卷，补上告人等呈县禀词屡称：宣统二年四月初八日，央中立约分养四人，各出情愿，议定后来产业出售，四股派分，庶几可弭争端等语，是该合约被上告人亦认明属实，原判谓有名无押，未可认为真实，所见似有未合。且本案讼争房产，既依合约而变为可以共同处分之物，则律载禁止盗卖祀产规定，当然不复能适用，原判引用律条，亦有未当。又据合约内载：立同心合约，甘售公馆铺产田业人及此系母子、弟兄、叔侄同心变卖，并无异言翻悔各等语观之，则本案讼争房产，原在京行变卖之列，以八股共有之业，如非八人全体出名，固不能令所有权遽移转于他人。然既立有甘售预约在先，自不容一、二人事后阻止不卖。原审谓唐世汉于宣统二年五月二十七日尝登报声明遗业永不出卖，则四月初八日所立甘售合约即已不生效力，亦未免失之武断。况查宣统二年五月二十七日以后，唐世汉登报之广告，不过谓讼争房产卖与叶姓，未经被上告人等到场，应作无效，并无永不出卖字样，原判所称尤属无根。总之，本案讼争房产（即南门外房屋及石佳冲田庄等亦同），自订立甘售合约而后，即为唐世汉等三房、唐其桢并唐刘氏等八人共有之私产，非复唐世汉等三房合有之祀产。依共有法例，凡共有物之处分，须得共有人全体同意，否则不生效力；惟未得同意于先，而竟追认于后者，即应算入同意之列，不得复行主张其处分为无效。本案据原审认定事实，唐刘氏等与上告人订立卖契时，被上告人等在善化县所具甘结内载各语，此项买卖契约似显为被上告人等所追认，该结文是否属实，在当事人间固不无争执，而结文内乃明明有被上告人等之书押，自不难核对笔记，并为其他调查。上告人所称刘世汉领银出庄，及数年独管南门外房产，并石佳冲田业等情，如果属实，亦足为追认之证，原审未予详查，殊有未合。至上告人所订卖约，如果失效，则除讼争房产而外，即南门外之房产以及石佳冲之田庄，依宣统二年四月八日所定合约，亦均应认为唐刘氏等所共有，上告人为取还代价，对于此等共有之物，本可按照各该受价人应有部分请求履行，自应另件办理，亦毋庸议。

据以上论断，本案上告为有理由，应将原判撤销，将本案发还湖南高等审判历迅予更为审判。本上告审讼费，依本院讼费则例，应由该审判衙门于更为审判时，并予判决。再本案原审未依法认定事实，终应发还更审之件，核与本院现行书面审理之事例相符，故本判决即以书面审理行之，特为判决如上。

中华民国四年六月十四日

大理院民事第一庭

审判长　推事　　姚　震

　　　　推事　　陆鸿仪

　　　　推事　　冯毓德

　　　　推事　　许卓然

　　　　推事　　石志泉

大理院书记官　　彭昌桢

5.【大理院民事判决】五年上字第一○二六号*

【判例要旨】

债权之移转，债务人与让受人间不必另立约据，即已发生权义关系，虽当时债务从之商号业经倒闭，然苟非该处商场确有倒号所负债务免利还本之以习惯，或当事人已有停利归本之特约，则债务人自应向债权让受人依照原约履行，而不借口债权移转即不负支付利息之义务。

判决

上告人　湖南西路实业学校筹办处

代理人　张伯良　湖南常德县人　　余不详

　　　　高　杰　同上

---

* 本文引自黄源盛纂辑：《大理院民事判例辑存》，犁斋社 2012 年版，第 570~574 页。

　　蒋　谦　同上

　　李寿熙　同上

　　李致桢　同上

　　余嘉锡　同上

　　吴友炎　同上

被上告人即附带上告人　刘仙樵　籍贯同上　住流花口　年五十四岁业商

　　右上告人对于中华民国五年三月二十一日，湖南高等审判厅京上告人与被上告人因债务涉讼一案，所为第二审判决声明上告，被上告人亦声明附带上告，本院审理，判决如下：

　　主文

　　原判除驳斥上告人在控告审所为加算利息，至清偿之日为止之请求之部分外撤销，发还湖南高等审判厅，迅予更为审判。

　　上告人关于上开除外部分之上告驳回。

　　理由

　　本案讼争问题厥有两点，即：（一）系争债权本利额，是否应以清宣统三年前湖南西路师范学堂移交之数为准？抑应照民国四年五月结算之数？或此后仍应加算利息至清偿之日为止？（二）此项本利债权，被上告人是否应即时如数清偿？抑应照清光绪三十四年折存之数？免利还本？或其本银并应减成分期摊还是也。关于第一点问题，上告人意旨略谓：常德商场固有六个月一结、滚息为本之习惯。是清宣统三年结算之四千零四十两零六钱二分六厘六毫，乃上告人承受前西路师范学堂移转此项债权本银之数，以后利息当然照算。第一审仅判偿本息银五千六百一十两零八厘六毫，而未将利银算至清偿之日为止，于法已有未合。原判不予纠正，反谓商号倒闭之后，不能加算利息，而因被上告人所开之恒庆钱号倒闭已久，遂仅照前校移交之数令其偿还，尤属违法云云。本院查，此项债权系清宣统三年前湖南西路师范学堂移转于上告人，原为两造不争之事实，则被上告人与上告人间不必另立约据，即已发生权义关系。虽当时恒庆钱号业经倒闭（清光绪三十四年），然苟非该处商场确有倒号所负债务免利还本之习惯，或当事人已有特约停利归本之情形，则被上告人自应向上告人依照原纸履行，而无于债权移转以后，不负支付利息义务之理。乃原审于上告人所称该处商场快习惯六个月一结、滚息为本一层全未置议；又于被上告人所主张倒号之习惯，及该号倒闭时曾经破产了债有案等情是否属实，亦未审究释明，徒凭空言认定商号倒闭之后，存款不能加算利息，并以此项债权移转时，上告人示与被上告人另立约据，遽判令被上告人只照清宣统三年结算之本利额数偿还，按之认证法则殊嫌未当，此部分上告即难谓毫无理由。惟此项本利债权，上告人在第一审时，已自确示其请求之额数，系算至民国四年五月止，共计五千六百一十两零八厘六毫，供状具存不难覆按。则依本院历来判例，上告人对于此外应得之利息，可视为已有舍弃之意思表示，于诉讼上当然发生效力，不得更于上诉审任意扩张其请求。上告人乃复向原审附带控告，主张此项利银应算至清偿之日为止。且强指其请求原额仅算至民国三年十一月为止之数显然不合，原判予以驳回尚非失当，此部分上告自难谓有理由。关于第二点问题，被上告人之附带上告意旨略谓：常德商事公断处采用该处习惯，倒款减成分期摊还，有例可援。且恒庆钱号倒闭，所欠官商合款破产了结，亦有成案可查。原判不察，仍令被上告人偿还清宣统三年结算之本利全额，而不照清光绪三十四年折存之数，免除利息减成摊还，何能甘服云云。本院查阅诉讼记录，被上告人虽在原审主张该处习惯，倒号、欠款均系减成摊还，然在第一审时，仅请求援例减免利息（民国四年十二月二十一日诉状），而于此项原本债权则已承认偿还，并未以减成或分期为请。依现行法例，当事人于其在第一审已经承认之事项，不得于上诉审更行翻异，是第一审就其承认事项所为之裁判并无声明不服之余地。则被上告人在原审所为此项本银减成摊还之主张，无论是否果有此种习惯均属无可成立，原判予以驳回亦非不当，此部分附带上告不得谓有理由。惟其主张照清光绪三十四年折存之数免利还本一层，既在第一审及原审迭称，倒款让利该片有此习惯，且该号倒闭以后所欠官商各款，亦均让免利息破产了结有案等情，究竟是否真实，审理事实之审判衙门自应详予调查，以资判断而昭折服。乃原审概置不理，率将其控告驳回，实于职权上应尽能事有所未尽，此部分附带上告即不得谓全无理由。至上告人谓被上告人拖欠公款故意缠讼，应令其给付迟延利息一节，本院查所谓迟延利息，当即指利银加算至清偿之日为止而言，上告人此项主张不能成立，前开第一点论断业已说明，自无庸更予置议。

依上论结，应将原判除驳斥上告人在控告审所为加算利息至清偿之日为止之请求之部分外撤销，发还原高等审判厅，迅予更为审判。上告人关于上开除外部分之上告即予驳回。再本案上告系涉及诉讼法及实体法上见解之件，依本院现行事例得为书面审理，故即以书面审理行之，特为判决如上。

中华民国五年八月二十九日

大理院民事第二庭

审判长　推事　余棨昌

　　　　推事　李祖虞

　　　　推事　孙巩圻

　　　　推事　李　栋

　　　　推事　吕世芳

大理院书记官　郑耿光

第三篇
南京国民政府时期之湖南民商事习惯调查

第九章

南京国民政府时期民商事习惯调查之兴起

【按语】国民政府定都南京以后，民法典的编纂工作又重新启动。1930年7月南京国民政府在制定民法典的过程中，再次对民商事习惯调查予以重视，发起全国范围的民商事习惯调查运动。由于亲属、继承两编与各地习惯关系紧密，所以立法院"民法起草委员会为慎重起见，特先商同院统计处，制定调查表多种，发交各地征求习惯"。在清末以来的前两次民事习惯调查的基础上，当时南京国民政府立法院民法起草委员会的立法者们对民事习惯的作用有了较全面的认识，中央政治会议在所提出的十九条立法原则之中，于第一条明确肯定了民事习惯在民事立法中的地位，即"民法未规定者依习惯，无习惯或虽有习惯而法官认为不良者，依法理"。同时，民法起草委员会还在民法总则说明书中说明了习惯适用的范围："习惯之效力，欧美各国立法例本自不同。我国幅员辽阔。礼俗互殊，各地习习惯，错综不齐，适合国情者固多，而不合党义违背潮流者亦复不少，若不严其取舍，则偏颇魇败，不独阻碍新事业之发展，亦将摧残新社会之生机。根据法制精神原则，定为凡民事一切须依法律之规定，其未经规定者，始得援引习惯，并以不悖公共秩序或善良风俗者为限。"[1] 1930 年南京国民政府立法院发布第 656 号训令，再次开启民商事习惯调查。这也是近代中国的第三次民商事习惯调查活动。

但此次调查涉及面较小，从目前史料留存的《民事习惯调查表》来看，调查事项仅涉及亲属、家长、亲属会议、婚姻、抚养、抚子、承继及悔继、遗产承继权、遗产管理权、遗产之处置、遗嘱、遗嘱之执行、承继债权债务共十四个问题，且具体落实十分缓慢。不到一年时间，民法典业已颁行，此次民事习惯调查再无下文。此后，南京国民政府再无组织全国性的民事习惯

---

〔1〕 谢振民编著：《中华民国立法史》，张知本校订，中国政法大学出版社 2000 年版，第 753~756 页。

调查活动。对此，若干学者的研究成果均已就此达成共识，这里就不赘述。

一、南京国民政府立法院第 656 号训令[*]

为令遵事，案据本院统计处处长刘大钧呈称："窃职处前因本院民法起草委员会托为调查全国各地民事习惯，备供起草之参考，当经迭与该会妥为酌商，并详慎拟定表格……"计呈分发各省表件数目清单一纸，民事习惯调查表六千四百份。据此：查调查民事习惯，为起草民法亲属继承两编所必须之手续，该处长拟就表式，呈请饬查，系为缜密周详起见，自应照准！除指令并分行外，合亟照章检发表件，令行该省政府仰即分饬民政、教育两厅遵照办理！

二、法部令调查民事习惯^{**}

立法院民法起草委员会因起草民法亲属继承两编，函托司法行政部调查各省民事习惯以资考鉴。法部特于昨日通令各省高等法院云，案准立法院民法起草委员会函，开敝会起草民法亲属继承两编，亟须调查各地方民事习惯藉资参考。兹检送民事习惯调查表二千份敬希查收，饬发各地方法院、律师公会等，依式填就，早日送交敝院统计处检收等由。准此除分行外和亟检发原表令，仰转饬各属地方法院律师公会一体遵照，并限于文到十日内迅即详填汇报云。

三、湖南全省地方自治筹备处调查科办事细则^{***}

第一条　本细则依据本处办事规则第三十一条之规定订定之。

第二条　本科职员执行职务，除遵守本处办事规则外，悉依本细则之规定。

第三条　本科科长承　处长之命、主任秘书之指导，督同本科各职员掌

---

　　* 本文引自《江苏省政府公报》1930 年第 468 期。

　　** 本文引自《法律评论》1930 年第 38 期，第 15 页。

　　*** 本文引自《自治》1929 年第 48 期，第 20~21 页。

理本处办事规则第四〔五〕条所列各事项。〔1〕

第一组之职务如下：

（一）关于调查方案之草拟事项。

（二）关于调查文件规章之草拟事项。

（三）关于派往各县调查人员之考核监察事项。

（四）关于筹备分处承办调查统计之指挥监察事项。

第二组之职务如下：

（一）关于以前自治成规之考查汇编事项。

（二）关于各省自治成法之考查汇编事项。

（三）关于外国自治制度之考查汇编事项。

（四）关于各县现行自治事业之考查事项。

第三组之职务如下：

（一）关于制定调查统计图表事项。

（二）关于各县调查所得材料之审查统计编辑事项。

（三）关于调查统计表册之保管事项。

（四）本科职员除依前列三组分配职务外，另以一人专司收发兼管卷事宜。

（五）本科到文先由承办收发员摘由登入收文簿，送经科长核阅再分交各员拟办。

（六）本科职员于收到交办文件时，应于收文簿上按件加盖名章，再行分别叙稿。

（七）本科到文最要者随到随办；次要者至迟不得过二日；应汇案合办者分别存转汇办；应归卷备查者签注存卷字样，交由科长转送收发员归档。

（八）本科职员核阅及拟办稿件，应于稿面注明日时、签名、盖章，稿内删改处亦应盖章以明责任。

（九）科员或办事员承拟稿件须摘由登入送稿簿，送经科长核阅；再交收发员送由秘书室核定，转呈　处长判行。

（十）经处长判行之件发交到科，仍由收发员分送科长及各承办员查阅核改处，以资遵循。

---

〔1〕　此件编排有点乱，现调整顺序编排。且"　处长"空格是为待填处，非遗漏。

（十一）判行之件经各承办员查阅后，即由书记员依式缮正送印。

（十二）本科重要事件由科务会议议决办理，会议规则另定之。

（十三）本科人员职务之分配另表定之。

（十四）本科收发文件及保管卷宗方法另定之。

（十五）本细则如有未尽事宜及应行修改之处，得由科务会议议决修正，呈候　处长核夺。

（十六）本细则自　处长核准之日施行。

第十章

湖南民商事习惯调查之成果文献

【编者按】目前尚未发现 1930 年以后湖南省以政府名义组织的法制层面的民事习惯调查。然而，民间组织、学者、社会活动家、地方官员在本地区进行了各种名目的社会调查，如经济调查、土地调查、人口调查、社会民俗调查等等，可以从其中找到不少民商事制度与习惯。以下分述之。

（一）经济调查类文献

经济调查中涉及民商事习惯内容较多，尤其是商事习惯中的运销习惯、交易习惯、劳工习惯等，部分已经由同业公会形成成文的行业章程。因此类习惯能够较为明确地体现人与人之间的权利义务关系，故有法律层面的分析和研究价值。

1. 《湖南经济调查所丛刊》中的各篇经济调查

20 世纪 30 年代，经湖南省政府之倡导，长沙银行界襄助，湖南省成立湖南经济调查所，原国立中央大学、金陵大学教授何浩若[1]担任主任，原国立中央大学学生刘世超、胡遹、张人价、孟学思、李石锋等人就金融、贸易、财政、矿产、工业等领域共同撰写调查报告，汇编成《湖南经济调查所丛刊》

---

〔1〕 何浩若（1899—1971 年），湖南湘潭县人。1913 年入北平清华学校。1920 年赴美国留学，入斯坦福大学学习。1923 年入威斯康辛大学研究经济，获哲学博士学位。曾任黄埔军校第四期教官、四十六军参谋长、第十师第五十九团团长、中央大学、金陵大学教授。1932 年应湖南省政府主席何键之请，出掌西路总司令部党政事宜。后任湖南省政府委员兼财政厅厅长、河南省政府委员兼财政厅厅长。抗日战争爆发后，奉命调查湘、鄂、粤、桂、川、滇、黔七省财政金融。1940 年后历任国民政府军事委员会政治部第三厅厅长、青年宣传处处长、《中央日报》社社长、经济会议副秘书长、物资局局长、国家总动员委员会副秘书长、军委会政治部副部长、青年团中央常务干事、军事委员会外事局局长、国民党第六届中央执行委员、行政院绥靖区政务委员会秘书长、国民党中央常务委员、行政院政务委员。1949 年去台湾地区，被聘为师范大学、政治大学等教授。

共11种。[1]其中，《长沙重要工厂调查》记载了十余家工厂的员工生活与待遇惯例；[2]《湖南棉花及棉纱》记载了湖南棉花业、棉纱业运输手续、市场组织、交易程序等商业习惯；[3]《湖南之金融》记载了湖南钱庄的营业惯例；[4]《湖南之谷米》记载了湖南米市交易习惯；[5]《湖南之鞭爆》记载了湖南鞭爆运销与集散市场交易习惯；[6]《湖南之茶》记载了茶庄茶市交易习惯及规约。[7]

2.《湖南省银行经济丛刊》中的经济调查

《湖南省银行经济丛刊》由湖南省银行经济研究室编。湖南省银行经济研究室于1940年4月奉命成立，由参加过湖南经济调查所调查的张人价[8]担

---

〔1〕 关于湖南经济调查所调查之缘起，调查所主任何浩若在《湖南经济调查所丛刊·序》中有所阐述，兹摘录于此："现代一切事业之整理，必自调查统计设计始，而调查统计又实予从事者以学术之兴趣。余昔任教于国立中央大学，虽所授多经济理论，然实注意材料之搜集与搜集之方法。后任军职于长沙，该校经济系学生随余工作者，有胡遹、刘世超、张人价、孟学思、李石锋诸君，居恒以余闲作地方经济之研究，虽苦材料之缺乏，但亦未尝作调查之尝试也。后值中国经济学社举办第十一届年会于长沙，有助诸社员调查湖南经济之决议，经湖南省政府之倡导，长沙银行界之襄助，乃得以极有限之人力与财力组织湖南经济调查所，期以六月完成调查之初步，以供经济学社社员之参考。六月以来，刘世超、胡遹、张人价、孟学思、李石锋诸君暨所中诸同事孜孜不倦，得就调查所得，于金融、贸易、财政、矿产、工业诸端，汇编付印。虽以限于时间人力，所举未能详尽，然亦能使读者得一概要。如吾人能认调查统计设计为整理一切事业之始基，继续作长时间之调查与研究，则所得必有甚于此者。民国二十三年（1934年）八月二十五日湖南经济调查所主任何浩若序。"载郑成林选编：《民国时期经济调查资料汇编》（第13册），国家图书馆出版社2013年版，第205页。

〔2〕 "长沙重要工厂调查"，载郑成林选编：《民国时期经济调查资料汇编》（第13册），国家图书馆出版社2013年版。

〔3〕 "湖南棉花及棉纱"，载张妍、孙燕京主编：《民国史料丛刊》（第551册），大象出版社2009年版。

〔4〕 "湖南之金融"，载曾赛丰、曹有鹏编：《湖南民国经济史料选刊》（第1册），湖南人民出版社2009年版。

〔5〕 "湖南之谷米"，载曾赛丰、曹有鹏编：《湖南民国经济史料选刊》（第2册），湖南人民出版社2009年版。

〔6〕 湖南之鞭爆，载曾赛丰、曹有鹏编：《湖南民国经济史料选刊》（第2册），湖南人民出版社2009年版。

〔7〕 "湖南之茶"，载曾赛丰、曹有鹏编：《湖南民国经济史料选刊》（第3册），湖南人民出版社2009年版。

〔8〕 张人价（1910—2005年），原籍湖南湘乡，1910年生于长沙。1932年毕业中央大学经济系。1933年后，历任长沙湖南省经济调查所研究员，长沙湘米改进委员会、湖南粮食调查委员会委员兼总干事。1937年赴美国留学，在伊利诺伊大学获经济学硕士学位。1939年回国，任湖南省银行总行经济研究室主任。1944年任国立广西大学经济系教授。后赴遵义，任浙江大学农业经济系教授。1946年回桂林，任广西大学经济系教授兼系主任。1953年，任武昌中南财经学院经济系、农业经济系教授兼系主任。1958年后，任湖北大学、湖北财经学院农业经济系教授。为湖北省农业经济学会理事、湖北省农学会理事。

任研究室主任兼编纂组长。成立之初，即拟定实地调查计划大纲，对于湖南各种重要特产、各县经济概况，及各市镇工商业情形，均分区按期派员直接调查。[1]其中，《湖南滨湖各县农产品调查》记载了洞庭湖畔各县棉花、谷米、杂粮、苎麻业的运输流程、交易流程、市场集散习惯；[2]《湘东各县工艺品调查》记载了鞭爆、瓷器也的交易与运销习惯及工厂例规；[3]《湖南白蜡调查》记载了新宁县收购白蜡的交易方法；[4]《湖南之桐茶油》记载桐茶油的交易程序。[5]

3.《民国二十年代中国大陆土地问题资料》中的经济调查

《民国二十年代中国大陆土地问题资料》为中央政治学校地政学院创办者、主任萧铮牵头汇编。其招考有志于研究土地问题的大学毕业生入院研究，一年后派往各重要地区为实习调查3个月后撰写研究论文。其中涉及湖南的论文约20篇，涉及民商事习惯的有3篇。其中，《湖南湖田问题》记载了当时租佃制度的具体内容；[6]《长沙市一年以来地价与房租》描述了长沙市房屋租赁领域中招租、承租、退租习惯；[7]《湖南省土地利用与粮食问题》谈

〔1〕　关于湖南省银行经济研究室调查之缘起，研究室主任张人价在《湖南省银行经济丛刊·序》中有所阐述，兹摘录如下："湖南省银行经济研究室自二十九年（1940年）四月奉命成立之初，即拟定实地调查计划大纲，对于湖南各种重要特产，各县经济概况，及各市镇工商业情形，均分区按期派员直接调查。二十九年（1940年）六月至八月为第一期，以资水流域之纸茶为主；九月至十一月为第二期，以滨湖区域之农产品及湘东各县手工艺品为主；三十年（1941年）四月至九月为第三期，十月至十二月为第四期，分湘南与湘西两区，湘南各县以蔗糖、纸产、茶油为主，湘西各县以桐油木材五倍子为主，兹将各调查结果，先后编成报告，汇集为湖南省银行经济丛刊。本丛刊材料之搜集、整理、统计、编撰等，皆由本室同人，分工合作，负责办理，惟以时间仓促，人手有限，疏忽之处，在所不免，望读者谅之，并请指教为幸。"载郑成林选编：《民国时期经济调查资料汇编》（第5册），国家图书馆出版社2013年版，第117页。
〔2〕　"湖南滨湖各县农产品调查"，载郑成林选编：《民国时期经济调查资料汇编》（第5册），国家图书馆出版社2013年版。
〔3〕　"湘东各县工艺品调查"，载郑成林选编：《民国时期经济调查资料汇编》（第18册），国家图书馆出版社2013年版。
〔4〕　"湖南白蜡调查"，载郑成林选编：《民国时期经济调查资料汇编》（第6册），国家图书馆出版社2013年版。
〔5〕　"湖南之桐茶油"，载曾赛丰、曹有鹏编：《湖南民国经济史料选刊》（第3册），湖南人民出版社2009年版。
〔6〕　彭文和："湖南湖田问题"，载萧铮主编：《民国二十年代中国大陆土地问题资料》，成文出版社1977年版，第75册。
〔7〕　潘信中："长沙市一年以来地价与房租"，载萧铮主编：《民国二十年代中国大陆土地问题资料》，成文出版社1977年版，第79册。

及湖南省粮行的组织、运作及法律地位。[1]

4. 其他经济调查

如《湖南安化茶业调查》，记载了毛茶交易的陋规及弊害；[2]《湘乡史地常识》记载了湘乡农村的租佃惯例，包括佃约内容、佃约有效期限、租贩的轻重、退耕原因以及"二五减租"后的租佃实施等。[3]

（二）社会调查类文献

较有代表性的有曾继梧编的《湖南各县调查笔记》，专有"风俗"一章，基本类似于地方志"风俗"章的撰写模式；[4]《湘西乡土调查汇编》[5]有"风俗"或"人民生活"部分，记载了各地风俗习惯，风格类似于《湖南各县调查笔记》。此外，上世纪 30 年代的《自治旬刊》《统计月刊》等刊物中亦有常德、安化、蓝山等多县调查笔记，记载当地风俗习惯。《衡山县师古乡社会概况调查》有租佃制度与租佃手续、农村集市与商业组织、借款与借谷的条件与手续、买卖契约的程式、典当习惯、祠堂宗法、婚姻程序等，不仅有对上述具有法律意义的民商事习惯的叙述，还抄录了相关文书。[6]其余如《湖南益阳县之经济》[7]《湖南长沙崇礼堡乡村调查》[8]《新宁白杨乡社会概况调查》[9]等调查文献中亦有对民商事习惯的记载，但较为简略。

（三）少数民族调查类文献

湖南为少数民族聚居地区，尤其是湘西集中居住苗族、瑶族、土家族等

〔1〕李振："湖南省土地利用与粮食问题"，载萧铮主编：《民国二十年代中国大陆土地问题资料》，成文出版社 1977 年版，第 55 册。

〔2〕"湖南安化茶业调查"，载张妍、孙燕京主编：《民国史料丛刊》（第 554 册），大象出版社 2009 年版。

〔3〕谭日峰编："湘乡史地常识"，载郑成林选编：《民国史料丛刊》（第 848 册），大象出版社 2009 年版。

〔4〕曾继梧编："湖南各县调查笔记"，载郑成林选编：《民国时期经济调查资料汇编》（第 5 册），国家图书馆出版社 2013 年版。

〔5〕"湘西乡土调查汇编"，载郑成林选编：《民国时期经济调查资料汇编》（第 6 册），国家图书馆出版社 2013 年版。

〔6〕湖南省立衡山乡村师范学校编：《衡山县师古乡社会概况调查》，湖南省图书馆藏 1937 年。

〔7〕"湖南益阳县之经济"，载张妍、孙燕京主编：《民国史料丛刊》（第 380 册），大象出版社 2009 年版。

〔8〕孙本文、陈倚兴编："湖南长沙崇礼堡乡村调查"，载张妍、孙燕京主编：《民国史料丛刊》（第 760 册），大象出版社 2009 年版。

〔9〕湖南省立衡山乡村师范学校编：《新宁白杨乡社会概况调查》，湖南省图书馆藏 1939 年。

少数民族，有其特殊的风俗习惯。一些关于湘西少数民族的调查报告记载了其特有的民商事习惯。如《湘西乡土调查汇编》有《湘西特种部族鸟瞰》和《苗人风俗片断》两篇，记述苗族风俗较为详细；[1]《湘西苗族调查报告》中"苗族的经济生活""家庭及婚丧习俗"等章节有湘西苗族的民间风俗与交易习惯；[2]《湘西苗族实地调查报告》在"经济概况""生活习俗""婚姻家庭""政治司法""宗教信仰"等章节记载有湘西苗族的民商事习惯与诉讼习惯。[3]此外，中华人民共和国成立初期出版的《湘西土家族历史文化资料》[4]中关于土家族风俗习惯的调查报告亦可作为参考。

一、调查笔记

（一）蓝山县西山瑶俗概略（节选）****

每岁某家开挖新土，邻近各户男妇，齐集帮助，不供餐，不给资。事毕，或办一餐足矣。平时物品互借，无客意。遇公事约集一处，皆如期到，曩岁蓝境寇甚炽，募瑶兵一排，引导搜剿，骁勇善战。妇人耕作，耐苦无比，此皆美德也。

普通瑶民，皆能说官话，惟瑶语舌，不知所云。早年有数处设立师塾，故间有认字者，招待宾客，礼节惟谨。婚嫁分招婿、配娶两种，外间男子可招人，瑶籍女子则不外嫁。招婿仪节，经双方认可后，男备银九两六钱，豆一斗二升，鸡一双，另书一字据，填注生年月日，及偕老誓语，以防逃逸，再涓吉成亲，戚友道贺。有所谓两不辟宗者，如盘氏招李甲为婿，将来生子，必承两姓之宗支，在字据上须先注明，配娶之制，一如平民，通之以媒妁，聘金妆奁，视家产丰啬为定。惟女子未出阁前数月，不做事，闲游戚友家，谓之要嫁。届期兄长负之至男家，或自行者有之，男女戚友，一齐往送，歇宿方归，男家招宴宾朋，于女家戚友各赠酒肉一份，或一斤三斤不等，劝酒必欲使之醉。一场喜事，花费亦不赀也。

〔1〕"湘西乡土调查汇编"，载郑成林选编：《民国时期经济调查资料汇编》（第6册），国家图书馆出版社2013年版。

〔2〕凌纯声、芮逸夫：《湘西苗族调查报告》，民族出版社2003年版。

〔3〕石启贵：《湘西苗族实地调查报告》，湖南人民出版社2008年版。

〔4〕阳盛海主编：《湘西土家族历史文化资料》，湖南人民出版社2009年版。

**** 曾庆兆编。本文引自《自治》1930年第60期，第34~36页。

习俗迷信甚深，所崇拜者惟盘王。盖自道为盘瓠氏之后。隔数年一户或数户，必许愿、酬神，招巫师，作道场数日。另请女歌师一二人，歌词冗长，连唱数日，察阅词句，不外供奉虔诚，祈福永命，一切产物，仰仗神灵护佑之意，并间男女戏谑之语，以乐神意。平日宰猪，燃香焚纸，奉神恳至，如第一次向家先宰杀，以祀家神，第二次则杀在门口，以敬天地。至斫木柴，设窑沤白灰，亦必燃香纸，祀山神水神，其迷信如此。用野木长三尺许，两端如槌状，穴其中，蒙以皮，扣之有声，谓之长鼓。瑶人有不平事，鸣鼓说辞，诉官厅请求判断。又新正戏要，十余壮夫，扬旂鸣，环游市镇，擎长鼓，唱瑶歌，手舞足蹈，谓之调瑶，颇为俗众乐观。

丧葬仪式简单，葬后或刻一木主，置家先奉祀，是为孝思之义。男女犯奸事，如发觉，或投诸深谷，是过于苛烈，然此事亦仅有也。总观瑶俗，耐苦勇敢，生计困难，文化落伍，智识浅陋，欲某救济之法，须设立学校，施以教育。然谋生之艰窘，奚暇治礼义，故必预定计划，由公款辅助，俾得有受教育之机会。其他如畜牧、种植之宜讲求也；开辟道路，以利交通也；利用杉竹，工业制品之改良也。负地方之责者，不可不注意，蚩蚩者，同睹青天白日之光辉矣。

（二）安化县调查笔记[*]

民情

人多纯朴，士少宦情。家娴礼义而化易孚，地足渔樵而人乐业。务农重本，俗尚质朴。性刚直，畏犯法，信佛老，尚鬼巫。

礼节

人家生子，集友谊，备酒食、铳爆，夜以诣之，名曰"打喜"。贺喜后杂以打屁股之词，主宾相辩。

新婚之日，宾客群聚洞房，男女相与戏谑，不问尊卑，名曰"闹房"。

凡寿旦与开市，主人开宴［书］召客，治筵颇丰。

冠礼久废，婚礼犹存。邑俗所存者，定聘用红绿花笺书男女年庚于上，男红女绿，媒氏互致之，各执为信正，备以衣裳簪珥羊酒之属。将婚之年，男家预行诹吉，媒告期或羊酒或鹅酒，名曰"报日"。亲迎之先，男家备送服饰簪珥、猪羊酒果，名曰"过礼"，女家备送妆奁，名曰"嫁奁"。亲迎之

＊ 刘云耀、王先益编。本文引自《自治》1929 年第 57 期，第 41～43 页。

日，设彩舆鼓乐迎新妇入帷，行合卺礼，名曰"交杯"。

男女丧亡，哭泣尽哀，吊者以散帛为重，并多作佛事。好礼之家间有遵朱子家礼。

语言

安化词不诡僻，有音无字者甚鲜特。界连九属，近宁乡益阳者，语似宁益，近新化邵阳语，似新邵。

社会

乡间桥会庙会到处皆有，会金会产积蓄甚丰。十六年上期，□□□□，多被破坏，即各乡村之积谷会、各姓祭会均受影响，岌岌欲倒他，如每春之议约会多已停止。邑中研究西医者，固属全无，即中医，亦乏深刻之研究。每值春夏疾疫流行，死亡枕藉。现正拟设一医院于县城，但不知能否实现也。

（三）保靖县调查笔记*

风俗举要

保邑向来汉苗杂处，汉族冠婚丧祭时序习惯，与各县无稍殊焉。惟人民朴素，不事繁华，平民皆布服，乡间即布服亦多褴褛者，妇女犹是小袖长摆，缠足者绝无，间有时髦装束或着旗袍者多冠盖之家。饮食尤为淡薄，食米即脱粟稍杵，而近城今纯用水碾矣。谷米甚少，丰年常食蕨粝，如苞谷荞麦红薯之类，稍荒粗粝亦恒不足。据二十一年调查，全县年需食谷 965 696 石，而新收仅 163 020 石，相差 802 676 石，故常食葛蕨园蔬野菜，情况极苦。妇女除官绅家外，皆芒鞋赤足，日在田间山上作业，工作倍于男子，恒背负不用肩挑。负百余斤习为常事，以视我繁盛城市之妇女游手好闲日事修饰者，诚有天壤之别。男女共同生活，不相倚赖，每年收获后，或雨雪当中，亦能事针线纺织。妇女外出各负篓笭，有小孩者即置其中，小孩亦习为故常，不见啼哭。总之保靖人多倜傥，士鲜奔竞，男勤于耕，女勤于织，民多朴直，处不事浮华，此非记者之谰言也。入斯境者，皆能知之。惟黑籍势力之大，无家不入，实为斯地之隐忧。

风俗之特征

全县有尼无僧，凡住寺庙者皆系女尼。各备素菜，极为精美，游人至，尼即递茶进果，少坐再进素菜，比寻常人家款客犹殷。

---

* 彭正美编。本文引自《统计月刊》1933 年第 1 期，第 64~89 页。

盛行多妻制，无论家财丰啬，人格高下，动则两妻三妻不等，因妇女亦能生活，毋需男子负责故也。

保靖之苗俗

保靖六、七、八乡及四乡之一部分，现仍为苗地。苗民极犷悍，但对官吏最为敬畏。苗俗重媳轻女，谓女是别人的，媳是自家的。劳工女作较多，而衣服饮食媳独享厚。宾客至家，与女调戏，毫不禁忌，反谓重视其女；若对其媳则不能稍露淫邪之态，设有调笑等情发现，轻则恶语驱逐，重则持刀凶杀，会不少恕。女嫁，家资稍丰者各有妆奁而无财物，然苗女之美丽者箱匣积金极多，皆从外遇中得来也。苗人男女皆喜歌谣，恒以唱歌为定婚之媒，其歌词亦有清脆如天籁者，略记数曲如下：

其一，天色青青草色黄，春风习习稻花香，郎不来时妾心碎，坐看牵牛引恨长。

其二，远山青呀近山明，郎的心儿呀妾的心，妾的心儿呀像明镜，男的身儿最动人。

其三，黄牛白马过高岗，圆脸柔腰恰是郎，最是使人烦恼处，一鞭西向断人肠。

其四，清早起来露水明，一粒一粒像郎心，惟愿时时沾住叶，莫随风雨落枯藤。

其五，记得郎骑竹马时，妾将红粉染青丝，为的郎儿爱红帕，便将头巾暗里撕。

男女亦有数曲其词曰：

眉毛弯弯像月亮，清早清来巧梳妆，盘龙围凤都不爱，要作家人平淡妆。
柔腰轻细任郎摸，好比山兰池里荷，山兰开时有香气，荷花出水露笑涡。
山风吹我到池塘，兰花开了野花香，野花香味真正好，兰花对坐断人肠。

附录沅陵吴茂才傲歌体一首：

春风十里野花香，怡人天气日初长，枇杷花下常眠处，最是骚人易断肠。

苗之服装

男装与汉族无大分别，女人衣袖裤脚右衽均镶宽边桃花，耳带银钏，大如盘胸，脖系围裙，裙面遍镶珠翠，头巾分红白青三种，闺秀系红巾，出阁后系白巾，老年系青巾。耳环之大小亦有闺秀媳妇老人之分。鼻前颈上均有带银钏者，有二三苗妇同行，叮当叮当之声，仿佛与马铃相似。衣下摆长过膝，袖口大裤脚小，犹有古风。老少皆天足，鞋头稍带尖式，底厚，两旁缀红花，并有镶珠翠者。不特少女，即年达四五十者亦复如是。

苗之饮食

苗人喜食牛肉，割成大块，略以火煮沸，半熟即食，鸡猪羊肉亦复如是，性多嗜酒，分米酒火酒两种，米酒极淡淳，火酒稍浓厚，亦不甚醉人，饮必大斗，并无酒盏茶杯饭碗之分，食时各执一碗一箸，团团席地坐，食毕碗筷堆置一处，至再食时以盆盛冷水各洗各食，然苗人之富裕者，亦有高桌椅凳，分宾客上下坐，其生食大块亦复相似。

苗之迷信

苗俗最喜迎神赛会，烧香许愿。尤以天王为最信仰，天王兄弟三：一为靖威将军；一为镇威将军；一为佞威将军。县城东偏暨南无山牛角山均修有天王庙，相传于咸丰乾隆年间天王曾屡经显圣，救民难苦，至今民间有疾苦者辄祷天王。其心愿之最大者厥为杀活牛，凡有大冤苦莫白之事，许杀活牛还愿时，亲友毕集，各执梭镖小刀，将牛系住，每人一刀一枪，活活杀毙，惟牛之左腿一枪，非至亲人不能杀，至惨毒亦最奇异事也。

苗之言语

苗音诘屈，语言难通。无苗文而有苗话，亦莫名其妙，然与汉族交涉，多能说客话者（苗人称国语为客话）。

（四）常德县调查笔记[*]

岁时

古历正月一日为元旦，先期贴春联门神及纸钱之属。是日男女晨起，盛服焚香烛爆竹，祀祖先，拜父母，以次毕贺，出祀祠庙，谓之出行。亲友往来拜谒投刺，谓之拜年，客至留饮，谓之传钟，男女各试其所业，三日不扫除，数日不列肆。十五日上元节，搏秫粉为丸，名曰元宵，入夜则剪彩张灯，

---

[*] 罗伏珍编。本文引自《统计月刊》1933 年第 4~5 期，第 126~145 页。

且鼓乐焉。惟迩来因经济破产，此习已不若往昔之盛。元日至月晦，彼此相互招饮，谓之请春酒。社日以纸钱挂新坟。农家多以是日浸种，二三月天气清朗，小儿多放风筝为乐。清明日具酒食扫墓，以竹枝悬纸钱插墓上，谓之挂坟。五月五日，悬蒲艾于门，以箬叶裹秫为角黍，切菖蒲和雄黄入酒饮之，饮沥涂小儿耳鼻，又以雄黄搅水洒室，浴百草汤辟毒，竞渡以吊屈原。六月六日曝书及衣物。七月七日妇女间有乞巧者；初十至十五日俗名中元，设羹饭酒食，或剪纸为衣，凿楮钱焚之，以祀祖先；僧道则醵赀以纸作鬼物花叶之形，备极工巧，夜书焚之，为盂兰盆会。中秋设酒果对月饮之，谓之赏月；有以月之明暗，占湖鱼之有无者，谓暗月则有鱼；妇女祈嗣，或采瓜园圃为验，谓之摸秋（亦有由亲邻鼓乐送瓜者）。九月九日，相约登高野饮。冬至日，乡人聚于宗祠会祭，始祖以下，序齿颁胙，循循犹有古之遗风。十二月二十四日为小除夕节，皆祀灶神。除夕，阖家会食，谓之年饭。作黍餈徽饵之属相馈送，谓之馈岁。至夜盛服祀祖先神祇，子弟向家长拜庆，谓之辞年。夜聚家人欢饮，谓之团年。或达旦不寐，谓之守岁。

婚礼

常德习惯，多襁褓议婚，媒氏持贴书男女年命，谓之填庚。有佐以牲酒花钿者，谓之下定。将婚，婿家告期，谓之报日。婿家送服饰，谓之过礼。女家送妆奁，婿父率其子，招宾客告祖，醮子于客位，谓之贺郎。女家亦然，谓之女宴。女子出嫁，亲友送礼，谓之填箱。及初，彩舆鼓吹迎妇，行合卺礼，旋具枣栗，庙见祖先，拜翁姑亲属。既婚三日或一月，妇偕婿省父母，谓之回门，古之纳彩、问名、纳吉、纳征、请期、亲迎诸礼，虽不存其名，而礼意则略具焉。至婚礼行新式者，惟教育界间有之，然亦不多觏也。

丧礼

缙绅之家，必依朱子家礼，或随俗增损之。流俗则延僧道作佛事，谓之建道场，出殡设奠开吊，富者尚繁华，多用鼓乐，赙奠必相称。或击鼓歌唱，谓之伴夜。又或数十人及百人，集一团体，所需转相饮用，谓之孝义约。

祭礼

合族立祠，寒食冬至设祭；无家庙者岁时祭于墓，五祀惟祭灶。

其他

沅湘之俗，好巫信鬼，自昔已然，凡疾病多禳星斗，许愿酬神，愈则烧香寺观，死则往询无常，无常者，女巫之流，诡言地狱罪状，以诈人财者也。

其尤谬者，山间覆钵为坛，谓之小神，或延巫觋于家堂，吹角鸣铙，祷禳疾病，男妇聚观，耗财败俗，莫此为甚，深望执政者，厉禁之以维风俗也。

（五）蓝山县调查笔记 *

习俗迷信

中历六月二十八日，为城隍诞辰，每岁必在城隍庙内演剧数日，表示敬仰之意，秋间乡村多延僧道酬神还愿。今年八月间，城内有时疫，居民编稻草为长蛇形，燃香遍插周身，分十数节十余人举之。至晚，鼓乐环游街市，各户均燃炮迎接，谓之舞香龙，意谓发生病疫，必有疫神在此，将驱之出境可发一噱。

婚丧祭祀

婚丧之事，俗重媒妁，以密戚有力者为之。礼节隆杀不一，大概幼年订婚，问名之后，先遣媒氏通书，以定纳采。吉期，或用果物三数包，示不空手入门，继则以鸡酒鱼肉，用担或抬，以聘赀向于面，耀人耳目，女家以鞋帽服裳酬答。届期，彩轿鼓乐欢迎，母嫂不送，惟兄弟戚友送之，夫家盛礼酒席款留。

父母殁，衰子以下，朝夕［歺］哭棺衾。柩停中堂，卜地择吉。葬前五日，悬白幡于门外，亲朋致奠，鼓乐导迎，设酒相款，称家有无，丰俭不等。有力者另请先达主祭，送代仪一二金，并请数十庠友□事，各馈代仪。绅士之家，一遵家礼书旌，祭后土，题主，行三献礼。

祭祀之事，有祠堂者，凡生辰忌辰节日备果品，陈肴馔，设酒酿，族姓合祭于堂。无祠堂者，则祭于家，私祖各祭。清明合族公祭始祖墓前，以清明前后十日分祭私祖。各族积有祀产，祭毕饮酒，分别生老，分肉或钱谷。

节气

新正元日，择方位出门，后生向长辈拜贺，亲朋互相往来曰拜年，去则给予糍粑。自十一夜至十五夜，比户悬灯，或舞龙灯，着优孟衣冠，装故事，萧鼓相随，沿门吹唱。又新正一月中，俗喜舞龙狮之戏，以五彩布帛连缀为龙形，长数丈。舞龙者，类皆壮丁，服色整齐，择一人善于说辞者，至一处必作俚句韵语，高唱，声节悠然，不外庆祝之意，鼓乐喧闻，到处燃爆竹相迎。舞狮用木刻狮头，宽幅黄布作被状，以有力者二人舞之，或立或卧，或

---

* 曾庆兆编。本文引自《自治》1930 年第 61 期，第 29~33 页。

蹲或跳，俨若狮然。舞毕，轮献拳术刀棍之技，颇为社会群众所乐观。

除夕、小除夕各户备茶果香烛祭灶神，谓神升天，将一年内见闻事，奏上帝。除夕前数日，办米果酒肉各物，亲友互遗，曰敬节。是日家贴春联，户响爆竹，夕则骨肉团圆，坐饮守岁。

宾与公祠

各乡旧有书院。为乡人士讲习文艺之所。又捐置田亩，名曰宾与。文学之士，每岁集宴祀孔一次。省试州势，有川资津贴，现将此项创办高小矣。各墟市多有公屋一座，或为公祠，或为关王庙，或为雨圣庙，（文昌关圣）等。如遇公事，在此协议。兹各区自治团体机关，假此设立，亦甚便也。

（六）桑植县调查笔记 *

习俗

桑植地处边徼，民性浑厚，无论客土苗户，一切日用酬酢，皆崇简朴，风颇近古。

士：闾阎多玄诵声，诸生习尚质朴，由古横经负耒风，亦多自好童子，交颇尚理法。

农：邑民鲜逐末，除力田垦山外，别无奇赢可挟，故耕作勤而盖藏寡。

工：土著之民不娴匠作，所需木石铜铁等工，多自桃源、蒲圻、辰州来者。

商：土少出产，河道险隘，不通贩运，惟常德江右有受廛此地者，土人任负，懋迁谋朝夕而已。

按桑邑山路崎岖，土人以物行远者不任肩而任背，篾竹为笼，上宽下窄，可容数斗，旁有两耳，贯以臂，负之以行，曰背箩，亦曰背笋，甚便捷。

妇女：勤俭，耐劳苦，不喜粉饰，饲蚕纺织，兼习缝纫。

冠婚

男家请媒求婚，女家改诺，授年庚筮之。吉，各书庚帖，媒传送男女互执，曰传庚。继送钗币于女家，谓之下财。女家具妆奁马牛送男家，谓之赔送，贫者略焉。亲迎礼不行，惟土家间行之。娶妇前一二日为子命字，女子过聘时，行上头礼，犹有冠笄之意。

丧祭

临丧亲戚奠赙，裂布帛答之，发引日所经处，亦设路祭。惟居民深信鬼

---

* 龙澍湘编。本文引自《统计月刊》1933 年第 4~5 期，第 146~172 页。

神师巫，而略于慎终之礼，少哀戚之意。若葬地山向年月，亦问之形家，但不至过信阴阳，久淹亲枢。

清明祀宗祠，并至墓祭扫。中元焚楮于家，冬至日亦祀祠祭墓。

住宅

室多土筑，编竹诛茅，聊避风雨，间有砖墙瓦屋，瓦即着椽，不承以砖。

衣物

居民衣服，以青蓝白大布为主，鲜绸绫之服。惟近来仕宦之家，间有时髦装束者。

饮食

宴会有节，市无茶坊酒肆。岁时亲戚馈遗，用粘糍或米花。

狱讼

土民素淳朴，有垂老不见长吏者。嗣因各处客民移家于此，往往以口角之嫌，辄与讼端，然遇乡党老成排解即止。

节序

元日晨起，肃衣冠，拜天祖毕，以次拜父母尊长，谒亲朋，邻里互相款留，如是者浃旬。汉民赛蹬，土民赛神，摆手为秋千戏，至十六止。

立春观土牛，以牛首红白等色占水旱诸类，以勾芒鞋帽占寒暑晴雨，家贴宜春字。人日剪彩为胜，贴放屏帐，亦戴鬓旁。

元宵剪纸为花灯，或制龙灯，扮演楼台，故事街衢，鼓权喧闹，彻［澈］夜不禁。

社日乡村结彩赛会，具牲醴于树下。祭毕，享其胙。农家是日漫种。

清明折柳种檐，男女并戴柳圈，亦登拢祭扫。

四月初八日，采杨桐诸叶造青饭，馈遗亲戚。又以朱［硃］书遣毛虫字贴壁上，令屋瓦不生毛虫。

端午悬蒲艾于户，食角黍，饮菖蒲雄黄酒。亲朋之间，以猪腿角黍互相馈赠，名拜节礼。

六月六日晒衣及书籍。

中元先晚焚香祀祖考。是日具牲醴，化衣钱，家人聚饮。

中秋以月饼合饷，设酒果赏月。

重阳饮茱萸酒，啖菊花糕，间亦有登高者。

冬至祀祖，先拜尊长。

腊月二十四日为小年，扫舍宇祀灶。

除夕易门神桃符书帖，老幼群聚团炉宴饮，鼓吹爆竹达旦，曰守岁。

按外半县三溶，其民诈，其他近沐王法久，易治以法。内半县之土民淳，而客户狭悍，去域远，较难治。如怀德里之罗峪、淳风里之四门岩、崇安里之姆姆界、依仁里之白竹坪，及舆贤云从二里，皆地险而民顽，其中太平文教等里较淳。又按邑难苗疆，然皆土人，而苗民数百余户皆散处各里中，多与汉人同化，故未群志焉。

（七）新化县调查笔记[*]

按新化人民多山谷，居朴实耐劳尚俭，善直好学术，重国技乃其本性，若细分之千头万绪，今就其显著者，表明于下。

迷信

全体民众，对于迷信最深，女性比较男性尤甚。故有识之士，恒受家庭束缚，亦不得不跪拜，祈祷建醮赛神。秋冬极为闹热，占卦测字，生意更形畅旺，看相算命求子，（妇人至中年无子，则往寺庙拜观音菩萨送子娘娘许愿求子）寄名（据术家谓其子女犯关煞，不易养成，则由父母带至寺庙拜和尚，为干父，寄名于菩萨座前）更多见于富庶之家。家人患病，延医与求神并重甚，至吃神方，重于医诊，误人生命。时有所闻最崇拜者，为衡山南岳圣帝菩萨，尊称爷爷，不呼神名，每年七八九十四阅月，往朝香者，络绎于途唱朝香歌，声闻数里。进香分三种：一拜香，二饿香，三烧香。拜香则化装头裹青红巾，身束香袋（袋两面均书古语，去时书进香得福，降福无疆，还时则书回光转照等语），足串草鞋，数步一才，过庙祈祷。饿香则服服无定，惟往返不通烟火食（仅食白水果品）。烧香则服常服，拜香烧香，多为父母求福，更多为母，是尤有尊重母权时代之遗风。烧香则为己身及平辈，所费金钱耽搁工作，不可以数计。祷雨求晴，昔时由当地长官主持，缙绅参加。迩来政令废除，迷信则多由人民自动，抬庙王雷神龙神，拜城隍风伯雨师诸木偶，广延道士和尚，设坛施法。又有仅由士绅依朱文公礼致祭者，其布置与道士和尚无异。或遇时得雨，则送神谢恩，礼仪较开始更为隆重，城乡皆然。但求雨多，于求晴耳，若说之以整溪修坝筑塘掘井诸事，则瞠目不对，噫愚已哉。

---

[*] 杨云鹤编。本文引自《自治》1930年第70期，第29~31页。

阴历节序

正月十五以前商家停贸，士罢读，农工停工，往来相贺，谓之叩节。初一日鸡鸣时，焚香出天行，长幼以次拜庆。在十五日以前，禁止扫地，闻有扫地者，必自外向内。三月清明，挂扫坟墓，舞龙结队，锣鼓喧天。坟墓处铺堆纸钱，铳炮齐鸣，较他邑特为隆重。五月端阳，船户竞渡龙舟。七月七夕，妇女穿针乞巧。七月中元，接祖先，焚衣褚。九月重阳，赠糯米糍粑，各种迷尚较他邦更甚。现在彻底废除阴历，实行国历。此等习尚，非口舌所能转移，应由政府恳为律禁，或可革除。

冠婚丧祭葬

按新化礼仪，多用旧式，惟冠礼久废。婚姻由父母主持，必择门户相当聘娶，亦间有纳币、亲迎之事。再嫁则有财礼，男女两家，富者不取，贫者则相争，甚至成讼。寒素之家，则多带童养媳，及长相安者固多。然因两家先后贫富悬殊，或男女姿容、年龄不相称，又多悔盟结讼情事。迩来男女求学县外者多，亦间有在外自由婚配者。婚嫁无一定年龄，平均在二十岁以下，故多蹈早婚之弊，普通一夫一妻制，间有一夫多妻者，盖夫权重，而妻权轻耳。丧事则竞尚浮屠，建道场，焚冥物，富者动耗数百金，贫者亦尽力挪借，以张门面。虽间有明达之士，欲谋改革，则迫于环境，只能坐言，不能起行。祭则除每年季春、清明、孟秋、中元举行外，更重冬至、立春雨祭。葬则普通溺于风水，惟贫者旋死旋葬，富者因贪吉壤，有经月不葬者，以亲骸而为求富贵之具，亦忍矣哉。

妇女三十岁以上者多缠足，二十岁以上者多放足，二十岁以下者天然足。惟穿耳带环，着首饰之风不少衰，首饰多银质。

食禁物 人民喜捕食田鸡，宰杀耕牛（黄牛不在内城乡，皆有屠牛场所），并米酒草烟之类，纸烟近亦发达。

人民勇于私斗，好诉讼。

自治禁条余偏游十八区所，经过地段，均见石碑林立，如倡修茶停桥梁碑、禁止割禾线碑、禁止盗窃树木碑、禁止偷耕牛碑、禁止挖春笋碑、禁止娼妓入境碑、禁止屯留歹人碑、禁止乞丐强索碑。凡关于慈善事业，莫不有碑阐扬；关于伤风败俗行为，莫不有碑禁止，乡约可谓最密。然进来旧道德沦亡，禁者自禁，犯者自犯可为太息。

按上所述，新化风俗习惯，应有尽有。其最不良者，如□种鸦片烟、喜牌赌娼妓、宰食禁物、迷信神鬼、风水闹热、阴历节序、富者蓄童婢、妇女穿耳带环、男女早婚，以及各庵场寺观尤悬有皇帝万岁牌及清康熙两朝圣谕诸事，最易引人腐化，非恳。

明令县政府，从事严禁，不能洗涤旧污，发扬新治。其善良者，如好学术、重国技、乡妇助耕、衣服古朴、富绅喜做慈善事业各项，不但有益于风尚，而且不难引入自治途径，似亦应请。

明令县政府，分别留意奖劝保存，旧道德云，（完）。

（八）岳阳县调查笔记*

风俗

岳阳民风质实，然丧葬之礼，恰甚繁剧，虽贫户治丧，亦必克尽其礼焉。所需费用，动辄数千缗，诚亦他县之所无也。又岳阳既重名分，即小家之女，从无鬻为婢妾者。又妇女以纺绩为事，机杼之声宵分不辍。然最勤劳者，莫如一都，故一都布，最著名焉。

农事早稻，以二月播种，三月插秧，六月获稻，三月中播种，四月插秧，七月获稻。田多佃种，有庄田散田之分。承佃之初，有进庄钱稻视田多寡为率，防短租也。然庄田若远，田主懦弱，每多抗租、踞庄之弊，两相讦告，亦民瘼之一。当途对于此事，似应有以挽留之也。

二、经济调查类文献

（一）长沙重要工厂调查**

宝华玻璃瓷器公司

员工生活　该厂共有员工两百六十余人，每日工作十小时，分计时、计件两种。计时工资最高二元余，最低三角，全年工作三百日。计件每件最高一元余，最低一角。伙食由工厂方面供给，工人因公负伤残废死亡者，酌给恤金。厂内备有宿舍，员工均住宿厂内。

湖南福星机器染厂

员工生活　该厂现有职员十余人，工人四十余人，每日工作八小时，每

---

　*　刘溍、刘之纲编。本文引自《自治》1930年第71期，第24~25页。

　**　本文节选自孟学思编：《长沙重要工厂调查》（《湖南经济调查所丛刊》），1934年；载郑成林选编：《民国时期经济调查资料汇编》（第13册），国家图书馆出版社2013年版，第305~339页。

月工资最高三十余元，最低十余元。食宿由厂方供给，员工因公负伤及染传染疾病，概由厂方医治。无例假，但旧历年节，放假两星期，端节一星期，工资照给云。

湖南和丰火柴公司

工人生活　该厂设立，原为以工代赈，故附近一带贫民赖以为生者其多，原有工人二万余人，现厂内厂外共有工人近万人。厂内工人每日工作八小时，每月工资最高十余元，最低十元。每月二日十六两日，放假两日，休息日津贴伙食。厂外工人，专做糊盒工作，工资以件计，另有该厂附近之妇女幼童约五六百人，每日来厂工作，专做装盒成包拣药等事，工资亦以件计，每人每日可得工资一二角，盖此等人以此为生活也。

湖南第一纺织厂

工人生活　该厂共有工人三千余人，分男工、女工及学徒三种。纺纱部分为清纱、梳并、粗纱、成包等部专用男工，细纱、摇纱两部男女并用，织布部浆纱、打包、折布、刮布、验布、印布等粗重工作，多为男工，络纱、整理、穿篦、经纬织布等工作多为女工。每日工作十小时，分日半夜班，按周轮流。工资计算方法，分计时与计件两种。计时最高，每日一元八角，最低四角余。计件最高一元两角，最低五角，例假照给工资。该厂为国内完全实行工厂法之工厂，关于学徒待遇，以及工人因公负伤残废死亡女工分娩等事，概照工厂法规定办理，并设有工人补习学校及裕民小学各一所，以教育年长失学工人及工人子弟。关于工人卫生，厂中有疗养室，中西医生各一人，工人医药免费，并有员工储蓄会，奖励储蓄组织，员工合作社，供给工人日常生活必须物品，其他娱乐场图书馆一应俱全。

湖南电灯公司

工人生活　该公司共有工人一百六十余人，每日工作八小时，日夜轮班，每人每月工资最高八十元，最低七元。例假不休息，每年工作三百六十日，但得请病假事假一月，在假期内，工资照给。工人因公负伤，照给医药费，因病死亡，发给抚恤费三月，每年度终结，在盈余项下提拨红利，分甲乙丙丁四种。全体工人，宿居厂内，厂内工人宿舍、沐浴、书报等室俱全。

湖南机械第一第二厂

工人生活　该厂两厂共有工人一百三十余人，每日工作八小时。为增进工作效能起见，分基本工资、工作工资两种，其多寡视出品成绩而定，每月最高为四十五元，最低为十余元。每隔一周，例假一天。厂内聘有医师一人，工人医治疾病不另取资。工人因公负伤、残废、死亡，概照工厂法办理。工人食宿，均在厂内。

湖南炼铅厂

员工生活 该厂员工近五百人，职员三十余人，工人三百余人，职员薪金每月最低者可得二十元，最高者可得二百元。除监炼员稽查外，余多住厂外。工人分炼铅工人、办公室勤务工人，每日工资最多一元，最少一角余，每日工作八小时，日夜轮班，无例假。工余上课一小时。工人因公死亡，由厂方照章抚恤。年度终结，于盈余项下提奖最高额百分之十，工人得八成五，职员得一成五。员工生活，尚称裕如。

湘鄂印刷公司

员工生活 该公司共有员工六十余人，分日夜班工作。日班工作八小时，夜班工作七小时。每月工资最高三十元，最低十六元。学徒规定三年毕业，每月由公司津贴一二元。伙食宿舍概由公司供给，每年度终结，提盈利十分之二分给员工。每年工作三百日，星期不休息。工人因公负伤残废，由公司给予医治。

湘益印刷公司

员工生活 该公司共有员工五六十人，每日工作十小时，日间八小时，夜间二小时。每月工资最高二十四元，最低十二元，每年终结提盈余十分之四分给员工。每年工作三百三十日，病假例假，工资照给，星期不休息。工人因公负伤残废由公司给予诊治，死亡者酌给抚恤。

（二）湖南棉花市场调查*

湖南棉花市场之组织

湖南棉花市场组织，可分花行，棉贩，庄客，运商四种叙述之：

（一）花行：花行为介绍棉花交易之中介人，向政府领有牙帖者，俗名经纪，凡棉产区域城镇以及各大棉市皆有之。全省花行牙帖者分甲、乙、丙、丁、戊五种。最大棉市之花行为甲等牙帖，次者为乙、丙、丁、戊四等。甲等帖五百元，乙等四百元，丙等三百元，丁等二百元，戊等一百元。每帖五

---

*本文节选自孟学思编：《湖南之棉花及棉纱》（《湖南经济调查所丛刊》），1935年；载张妍、孙燕京主编：《民国史料丛刊》（第551册），大象出版社2009年版，第425页以下。

年为期，期满换领，原帖可作半价，另加手续费百分之二。各地牙帖有专色与兼色之别，所谓专色，即专营棉花交易者；所谓兼色，除棉花交易外，尚兼营其他交易。大抵全省花行，专色者少，多为兼营杂粮土果鱼麻等交易，因又名花粮行。各行组织，合伙与独资参半，行家资本，均不甚大，普通自一千元至三千元，为仰赖客商之资金以为活动者。行家内部组织，分经理、司账、司秤、上街、学徒、踩工等职务。小城市之花行，并置有轧花机，购花轧买，及房屋以供客商之住宿。大城市之花行，在重要厂区均设有分行，收买棉花。资力雄厚者，且建筑堆栈，以为客商堆存货物之用；或自购棉花，存放栈内，待价而沽，此种花行为兼行家与客商两重性质之中间商人。花行之职务，在介绍交易，取得佣金。当买卖成交之后，有先付款后交货，或先交货后付款，或交货时付一部分款，或分期交款、分期交货等情事，花行负有买卖双方担保清理货款手续之责任，并于货到之后，为客商过秤打包及办理一切运输手续。本省花行，以澧县为最多，全邑约四百家，以长沙花行资力为最富，大者达二三万元云。

（二）棉贩：棉贩分三种，一为乡中农民活动分子，利用农暇出卖劳力以贩卖棉花为副业者，凡距城市稍远之产区，皆为彼等活动之场所；一为在市镇设有商店营棉花交易同时兼营其他交易者；一为帆船户以贩买棉花为业务者。三者之中，以前两种最为普遍。每棉贩皆有辊轴式轧花机数架，多者至十余架；后一种仅湘潭有之，无轧花机，为贩卖籽花转运各地者。棉贩之组织甚简，资金极有限，普通均与花行取有一定之联络，其小者仅轧花机二三架，雇工一二人自轧自运；大者有轧花机十余架，组织较大，雇用工人多名，收花轧花，而自居于买主地位，设店营业，经理交易。至兼营其他交易之花贩，则与普通商店之组织相同，此或名轧花店，或名车户，或名轧花行，或名花号，盖各以其大小而区别者也。花贩之职务，为购运籽花，出售皮花，取得轧花费，并在买卖价格上获得少许差额之利益。全省以澧县花贩为最多，湘潭次之，澧县有花贩三四千户，轧花机七八千架，湘潭有花号八十八家，轧花机四百余架云。

（三）庄客：凡甲地商号或花行在乙地设店收花，或乙地商号花行在甲地设店销花，均谓之庄客。普通庄客有三种，一为一家商号直接派员设庄者，一为数家联合直接派员设庄者，二者统名之曰分庄。一为委托商号或专商代办交易者，系一种信托性质，名之曰代庄，或名庄号。大概大城市在小城市设分庄者多，小城市在大城市设代庄者多，如沅江、澧江上游诸邑在常德津市代庄多，反之长沙在常德津市则多为分庄。庄客组织，分庄有设店挂牌营业者，有寄住旅舍经营往来交易者，前者与普通商号之组织相同，后者则仅一人或二人经理一切交易。代庄有商号兼营与专业代庄之别，前者即普通商号兼代经营，后者则专为代人经营交易。普通代庄代营三数家交易，亦有代十余家，以至数十家者，如常德棉花代庄可代至六七十家，内部组织与普通商号类似。庄客之资金，分庄纯持总行之资金为资金，代庄则仰赖各代理商号之资金，仅有少许活动资金而已。庄客之职务，为代商号购进棉花或推销棉花，及一切交易上之手续。庄客非仅营棉花一种交易，而为兼营多种交易，各视其当地市场之情形而定。庄客之利益，分庄之最大目的，在求得销购棉花上之便利，另外并可取得运费回扣及分润行佣。省内运输用，多有折扣，九折或八折。交易成就，行家佣金，分取余润，或每元五厘至一分，或每担一角。代庄则不然，除取得上述运费回扣，行佣余润之外，各委托商号，年终结账，并致送庄费，多寡不定，视其所代货物成交之数额而异也。

（四）运商：运商分两种。一为棉市进口商兼营棉花交易，盖各地进口商在大城市均设有分庄或代庄，于运货进口之时，附贩棉花出口，系一种副业性质；一为普通商号，于棉市疲弱时，购进棉之，待棉价上涨，再行抛出，或迳转运外埠求售，为一种囤贱卖贵花性质，此又称屯户。二者在重要棉市均有之，而以津市为最有势力，全市棉花运商达四十余家云。

湖南棉花交易之程序

湖南棉花交易程序，可分三种市场叙述之：

（一）初级市场交易程序

初级市场，为棉农最初脱售棉花之市场。此种市场，无一定之地点，凡产区棉农集中区域均属之。初级市场之卖方为棉农，买方为棉贩及花行收花员。依各地习惯，棉农脱售棉花，或将籽花托棉贩代轧出售，或直接将籽花售与棉贩，多为现款现货。前者棉贩居中间介绍人地位，仅取得轧花报酬，普通每担皮花轧费一元左右；后者棉贩除取得轧花费外，并能获价格上差额之利益，而自居于买者地位。亦有棉农自备轧机，将皮花或售与棉贩或自运自轧，发售于花行者，情形颇不一致。但综合各方面之视察，湖南各地与棉农作直接棉花交易者，以棉贩为最多数。盖一般棉农耕作面积小，出产少，资本有限，自轧自运，非唯力有未逮，且所费不赀，故大多棉农均将籽花售与棉贩，棉贩再以之运市出售；此类棉贩因其本身须受花行之多方剥削，常尽力作弊以弋利，或沾染泥污，搀潮碎籽，黑白混淆，增量渔利；或欺压农民，任意抑压价格，使用不正当之度量衡器，甚至赊欠花价，久延不付，均为极常见之事，此为初级市场棉农与棉贩之交易。初级市场棉农除与棉贩之外，另有与花行收花员作棉花直接交易者。此类花行，多兼营轧花业，每届棉花收获之时，派员下乡，收买皮花或籽花，以应市场之需要；或代顾主购买期货。初级市场市期，大约自阴历七八月即已开始。盖我国棉农多为小农制，棉花收割后，即须现款，以为周转，此每年棉市初期价格，均呈下落之趋势，至次年春季，又趋上涨，即此故也。

（二）中级市场交易程序

中级市场与初级市场最大之区别。第一，中级市场有花行，为买卖双方之中介，而初级市场则无；第二，中级市场在棉产区域之市镇及县城，而初级市场则在棉产区域之乡间；中级市场之买方为庄客、运商、纱厂派员，卖方为棉贩及棉农，而以花行为居间介绍人。各地棉贩及棉农于采办棉花后，转运来市场售，例须经过花行之介绍，投行发卖，花行则对于地方情形稔熟异常，并且与当地运商庄客及纱厂派员取得一定之联络，故得从中扯拢交易。成交之后，约期交款，有为三五天者，有为一比至二比者，有为现款九八五或九八四扣现者，即一百元九十八元五角或九十八元四角，有言期款按利息折扣现款者。行家依值每百元抽佣金自百分之二至百分之三五。此种交易，花行完全立于中介人之地位。有时花行一面受庄客、运商及纱厂派员之委托，购订期货，先期议定价格品质数量，由买方预付货价二分之一，或三分之一；一面垫付棉贩以少许款项，托为收花，或迳派员下乡收花。此种交易，花行须负价格上涨跌之责任，与上述仅为交易中介者不同。更有花行于棉花初市时，乘其价贱购进，再以高价出售于庄客、运商及纱厂派员，为一种囤贱卖贵性质之交易。但此须资产充实之行家，方可为之。一般中级市场之行家，其大半交易，为居间介绍，抽收行佣而已。由上所述花行实为中级市场主要活动分子，但各地行家，良莠不齐，信用次者，搀潮作弊，习为故常。于代客购定棉花之际，辄勾通棉贩，以劣货凑数，甚至卷款潜逃者亦有之。至鱼〔渔肉〕棉贩，蒙混买客，大秤购进，小秤售出，又比比皆是也。

（三）最终市场交易程序

最终市场之卖方即中级市场之买商，买方为纱厂、外埠庄客及零售棉花店（为普通商号所兼营）与制棉店（即弹花店）。但居间交易者，仍为花行，不过最终市场之花行与中级市场之花行不同。最终市场花行所收之花，为成包之皮花，且数量甚巨。换言之，即最终市场花行，不代客商打包，而其营业范围亦较广也。最终市场交易程序，分中级市场买商与花行之交易、花行与庄客之交易、花行与纱厂之交易三种。凡中级市场买商运棉来市，或由花行向之兜卖，俗名上街；或由买商投花行出售，俗名赶场，此为买商与花行之交易。至花行或以之介绍于庄客，而自居于中间地位；或自行收买，转售庄客或纱厂，一视市场市价之疲俏而定。成交之后，付款方法，期款现款均有。行家依值每百元抽一元五角佣金，此为行家与庄客之交易。至于纱厂与花行之交易，则为最终市场之主要交易，其交易分两种：一为行家居于中间地位，介绍买商，以成交易；一为行家居于买者地位，购进棉花，以交纱厂。纱厂与花行之交易，多为期货，交货后一比或两比交款，有一定之品级。成交之后，并正式书立交易契据，盖均为大批交易也。最终市场之花行，每当新棉登市以前，预令分庄在产区进棉，转运来市，堆存栈中，以应市场之需要；如遇市价呆滞，而外埠价格上涨之时，迳自运出者，亦所常有。此最终市场之花行较之中级市场之花行，仅恃佣金为收入者不同之处也。此外，最终市场尚有零售棉花店，向花行购进，再零售于制棉店，为花行中门市零星交易。最终市场卖方势力最大者为分庄，买方势力最大者为纱厂，次为庄客，花行则兼有买卖两重地位。至棉花店，交易有限，地位殊不甚重要也。

长沙棉市之组织及交易程序

长沙全市经营棉业者，以类别分，有花粮行，油盐花纱号，外埠庄客（或号庄）三种；以性质分，花粮行为棉花交易介绍人，俗称行家，兼做棉花及杂粮交易介绍，故称花粮行。花粮行在政府领有牙帖，专为迳卖交易。其所领牙帖多列入甲种，每帖五百元，五年换帖一次，继续营业者，原帖可作半价。油盐花纱号为营油盐纱棉，兼做棉花交易者，为一种门市零售交易。至于庄客又分进口庄客与出口庄客两种，出口庄客为棉产地棉商在长沙设有分庄推销棉花者，进口庄客为其他各埠在长设立分庄购进棉花者。二者非仅营棉花一种交易，往往兼营各种交易，即各埠各视其市场之供需，在长设立庄号为一切货物之交易者也。兹分别述之如后：

（一）花粮行

长沙市花粮行分设于沿江一带，分上关、下关、中关三种。上关下关设于西湖桥及草潮门等处，为专营谷米粮食交易者；中关在大西门，则专营棉花及杂粮交易者，资本自二千元以至一万元；各行组织，有管事一人，拿盘司秤上号各一人，出庄二三人，交花驳花二三人，另有学徒工人三数名，营业较大者尚有堆栈，以为棉花杂粮之存放。长沙现有之花粮行，共十六家。

（二）庄客

长沙庄客有常德津市祁阳浏阳等处，各地商号直接设庄者少，每一庄客常代庄四五家，庄客组织甚简单，普通设经理一人，司账一人，范围小者，仅设一人，总司其事，至其资本额则无有一定，以其所代庄之多少为准，普通自五千元以至一万元，长沙现有之庄客共二十三家。

（三）堆栈业及保险业

此外与棉市有关系而为棉组织之一部者为堆栈业与保险业。长沙堆栈分四种：一为专营堆栈业者，二为银行钱庄等兼营堆栈者，三为花行自建之堆栈，四为运业之堆栈。四者之中以专营堆栈业者势力最大，全市约有七十余家；次为银行堆栈；花行堆栈最小。专营堆栈业者，专为代客堆货而收得栈租者。棉花栈租每月大包一角，中包九分，小包六分，棉花入栈，由栈主先验明货色，再起入栈，起力下力概由存主负责，由栈主先垫付。棉花存入堆栈后，栈主给予收条或仓票。此项仓票可作押款，普通约为货价之七成左右。银行堆栈大部以做抵押放款为多，抵押放款即由客商以货物为抵押而向堆栈借款，利息按月自一分至一分六厘。花行堆栈为营业范围较大之花行所建之堆栈，备客存放货物或自购进货物，囤积栈中，待价而沽，客存货物入栈手续栈租与普通堆栈同。至运输业堆栈分船轮、火车两种，大都设立于沿江及车站附近，以便起卸货物，较大之轮船公司及湘鄂铁路皆有。由设备方面说，可大别为二：一为具有永久储藏性质者，一为临时性质者。前者专营堆业之堆栈，银行钱庄之堆栈及行家之堆栈属之，设备完善，墙垣坚固，消防缜密，建筑式形，为人字形；后者为一种临时性质，设备较前者简陋。

长沙棉花业团体

长沙棉花业团体，在清季道光时，分长善两帮。长沙帮花粮业团体，名曰丰盈集庆会，设雷祖殿。善化帮花粮业团体，名曰增福永庆，设娘娘庙、水府庙。两帮会内组织，均采总管值年制，即由同业公推一人负责。迨至民国初元，善化县与长沙县合并，棉花业团体两帮名义，亦随之而取消。凡棉花业团体集会，多在总值班住所为之，会址因之废置，民国三年改隶长沙市商民协会，至民国二十年依长沙市党部民众团体组织法，组织花粮业公会，民国二十三年复加改组。目前内部组织，尚称健全。兹将其会章、行规分别抄录如后。

长沙市花粮行业同业公会章程

民国廿年三月修定

第一章　总则

第一条　本会章遵照中央党部颁行之人民团组织方案，及国民政府公布之工商同业公会法制定之。

第二条　本会以长沙市为区域，定名为长沙市花粮行业同业公会。

第三条　本会以维持增进同业之公共利益及矫正营业之弊害为宗旨。

第四条　本会会所暂设大西门外正街源泰行内。

第五条　本会随时接受中国国民党湖南省长沙市党部之指导与训练，并服从主管官署之监督。

第二章　　组织

第六条　本会由本市同业各行组织之。

第三章　　职务

第七条　本会之职位如下：

（一）执行会员代表大会决议案及对内对外一切事项。

（二）组织同业之发展及商运之改造事项。

（三）关于本业之统计及编纂事项。

（四）关于同业之调查及登记事项。

（五）关于市党部主管官署及市商会之委托或征询事项。

（六）关于会员商行为正当之请求得转呈诉于党部官署事项。

（七）关于同业及非同业因业务上发生争执之调处或公断事项。

（八）关于同业违反章程行规及非同业冒充经纪之侦查及处理事项。

（九）关于本会财务什物契据卷宗之保管事项。

（十）关于本会经费收支之清算及报销事项。

第四章 会员

第八条 凡本市同业之各行皆得照章加入本会为会员。各会员推派代表一人，然二人出席于本会，其代表以主体人及经理人为限；又各行店员每超过十人时得增派会员代表一人，由各该行之店员互推之，但至多不得逾三人。

第九条 有下列各款情事之一者，不得为会员代表：

（一）有反革命行为者；

（二）褫夺公权者；

（三）受破产之宣告尚未复权者；

（四）无行为能力者；

（五）吃食鸦片烟者。

第十条 会员代表均有表决权、选举权及被选举权。

第十一条 会员代表得由原举派之会员随时撤换之，但已选举为本会职员者，非有依法应解任之事由，不得将其撤换。

第十二条 会员代表有不正当行为致妨害本会名誉信用者，得由执行委员会或会员代表大会之议决将其除名，并应通知原举派之会员。除名处分之会员代表，自除名之日期三年内，不得充任会员代表。

第十三条 会员代表丧失国籍或发生第九条所列各款情事之一者，原举派之会员应撤换之。

第十四条 凡新设之行须由本会会员二家以上之介绍来会填具入会申请书，经执行委员审查认为合格，照章缴纳入会金，发给会员许可证书，始准营业，如有故违，得由本会呈请主管官署取缔之。

第五章 职员

第十五条 本会设执行委员十一人、候补执行委员三人、监察委员三人、候补监察委员一人，均由会员代表大会遵照中央党部颁布人民团体职员选举通则就会员代表中选举之。

第十六条 执行委员及监察委员之任期为四年，每二年由会员代表大会投票改选半数，不得连任。

前项第一次被改选之半数以抽签法定之，但委员人数为奇数时，留任者得较改选者多一人。

第十七条　执行委员互选常务委员三人，就常务委员中选任一人为主席，均为名誉职，但因办理会务，得核实支给公费。

第六章　会议

第十八条　会员代表大会分定期会议及临时会议两种；定期会议每年开会二次，临时会议如执行委员会认为必要时，或经会员代表十分之一以上之请求召集之。

第十九条　会员代表大会之决议，以会员代表过半数之出席，经出席代表过半数之同意行之。

第二十条　前列各种会议应先期呈请市党部派员参加。

第二一条　执监委员至少每月开会一次，如遇特别事故，由常务委员负责召集之。

第二二条　本会日常会务由常务委员共同处理之，如遇事务繁重时，得聘任事务员。

第七章　经费

第二三条　本会常年经费以会员入会金及月捐充之，会员入会金新牌收洋二十元，原牌改组或加记收洋十元；月捐分甲、乙、丙三等征收，甲等每月四元，乙等三元，丙等二元。

第二四条　本会如有特别事故或常年经费不敷用时，由常务委员召集会员代表大会或执行委员会筹措之。

第二五条　本会各项收入支出每月结算一次，每年造具决算书，提交会员代表大会核销后呈报主管官署备案。

第八章　附则

第二六条　本会行规另定。

第二七条　本会章如有未尽事宜，经会员十家以上之提议，交由会员代表大会修改之；但须经过呈奉、核准、备案手续，始生效力。

第二八条　本会章经会员代表大会通过，呈奉市党部核准，暨主管官署备案后，公布施行。

长沙市花粮行业同业公会行规

民国二十三年三月修订

第一条 本行规根据本行业会经长沙县署备案之营业规章及营业习惯修订。

第二条 同业领贴设行，其营业行为，原具有媒介及代理两种性质，凡对于买卖方面，应以诚信道德为主。

第三条 湖南牙帖章程，规定权利义务以及禁令，最为详晰，同业自应共同遵守。

第四条 同业店主店员关系极为密切，应谋精神上之团结，以贯彻其同力合作之宗旨

第五条 同业牌费自民国十五年由同业公所规定，每家照缴光洋二十元，以后新设者同，如原牌改组或加记，另收光洋十二元永为定例。

第六条 同业店员兼负有训练学徒之义务。

第七条 同业学徒非经高小毕业学生或具有同等之学识，不得招收，至年龄以十五六岁为合格，三年毕业。如有违反行规及发见不正当情事，得令其退学。

第八条 同业领帖设行，原分甲丙两等，甲等为棉花粮食二色，丙等为粮食一色，均应遵照帖载种则之规定营业，不得混乱，如有不依帖例或无帖设行，即查照牙帖章程第三十五条，呈请主管官署办理。

第九条 同业买卖出入，均以现光洋为本位。

第十条 同业营业，依照帖例应以九七扣佣金，因谷米棉花为民生日常需要物品，稍事变通，略予轻减，特分别规定如下：

（甲）谷米九八扣佣金（河下水货出入均系现兑）

（乙）棉花九八五扣佣金

（丙）杂粮九七扣佣金（如卖客须兑外加九九扣息）

第十一条 同业买卖对于行商，均系现兑，对于号商，例按比兑，在初八日以前归本月半兑，在二十三日以前归本月底兑，仓货同。

第十二条 同业买卖兑款，已于上条申述惟现兑不得超过三天，比期兑款，须于成交时郑重声明，事后不得翻异。

第十三条 同业营业，原系任客投行，但向例有派店员守码头，招待客商之习惯。今为限制计，每家只许派店员一人，并议定自北门外河下水线起，

以货船抛锚停泊为止。抛锚后，如已允许由谁家发卖，其余各家不得再向该船分货。

第十四条 任客投行之货，谷米以一日为期，杂粮棉花以二日为期。期外听客往投他行，同业不得强迫收买，尤不得于期内预飞诺单。

第十五条 同业营业，凡粮食棉花，无论由火车、轮船、民船装运，以及各公司堆栈起卸，所有码斛、划力、抬称、过磅等费，暨代收地方慈善捐项或货物保险，均归客商担负（各有章程），同业不得包盘，尤不得以少报多，尊重业务。

第十六条 同业买卖河米，例有峰样（每拾石米首尾二石，均用堆斛，即俗称每石两头尖之谓）。现在多不码堆斛，即以九九七照扣者。然买者方面，非有五石以上，不得扣峰（因五石始有一峰也），以免损害。

第十七条 同业买卖仓机、粮食、棉花，自交易成立之后，双方均不得反悔。如发生意外危险，依照民法原则，归所有者负责，同业不受损害。

第十八条 同业代卖客货，对于民船伙计，例有开仓费。现在经济状况已有变迁，公设每石粮食，由行给元钱二十文；棉花每包，由行给元二十文。至受载之船，无论运往何处，概不给费。

第十九条 同业代售各号商之货物，向有给予回佣之习惯。惟须住居各商号凭有某号招牌者，仓货不给，不要者不给，买货者不给，回佣数额分纪于下：

（甲）卖粮食每石回佣洋六厘；

（乙）卖棉花每石回佣洋一角。

第二十条 同业营业，对于买方取佣甚微，责任甚重，无论现款与比期兑款，凡延搁不清者，一律照市加子算息，以免损害。

第二一条 同业营业，首先须代垫客账。倘买者方面发生倒闭情事，亟应考查明白。若系心存不良，有意圆骗，无论其店主改营别业，或领本加记，或另托他人代理其营业，均应报请公会宣布其事实，通告同业，一律停止其交易，并得向其代理人或本人追还欠款，若不履行，再由公会呈请主管官署究办。

第二二条 同业买卖货品，在本河下均需划划拨过载，或代雇民船暨轮船输运。今援照沪汉例，在拨划受载未开动以前，如遇风波危险，归卖者负责。拨划开动即归买者负责，至代雇之民船与轮受载于沿途遇有风波危险，无论本人当面交易，或函电托，概归所有者负责，均与同业无关。其货款仍应有买者照例兑给，不得藉词推诿。

第二三条　同业营业，备有诺单及筹簿与银钱折据，此三项皆为买卖之正当证凭，如与经手私相授受者，同业不负何项责任。

第二四条　上项营业规章，各同业均应遵守。如违反第十条、第十三条、第十四条、第十五条、第十八条、第十九条，各处罚过怠金三十元，充作公益事项，再违者倍之。不服者，同业共同对付之，均报请公会执行。

第二五条　同业店员，有不正当行为，及不遵守营业规则，得报由公会，依法制裁之。

第二六条　本行规如有未尽事宜，得会员十家以上之提议，请由公会召集会员代表大会增订之，但须查照第二七条办理后，始生效力。

第二七条　本行规呈请市党务整理委员会暨主管官署核准备案公布施行。

常德之纱价

窃常德为湘西巨埠，上通滇黔，下达申汉，在昔商务颇稍发达。近年来因天灾匪祸，所受影响，良非浅鲜。而我纱业，本大利微，兼之人心无测，纷纷投机，以致本业贸易，屡为他行所侵夺。每值发生捐款之际，不曰即时收款，或云临时经手。窃权利义务相辅而行，未有不尽义务而独享权利者。本会有鉴于此，故特依法制定行规十五条，呈请县商会转呈，县党部核准，县政府备案在卷。愿我同人共为遵守，切勿违背，致于未便，是为序。

常德县纱业同业公会行规

1 本行规根据本会章程第二十五条之规定制定之。

2 本行规以维持同业之公共利益及矫正营业之弊害为宗旨。

3 同业经营棉纱，凡属国产，务须尽量提倡，并不得贩运仇货，以免利权外溢。

4 棉纱价格，每日由各号派遣负责人员在本会公议平允行市以实际交易为标准。无论何人，不准私相破坏。其公议行市，本日同业应始终遵守，如有淞涨，以次日场盘为标准。

5 凡欲经营纱业者，于未开张以前，须向本同业公会报告，入会后方许营业。

6 凡营业加入本会者，入会金分甲乙丙三种：（甲）系资力雄厚者规定入会光洋二百元；（乙）系资力实在较次者，规定入会光洋一百元；（丙）确无自运实力而在本街受货者，规定入会光洋伍拾元。其资格由本会执行委员会公议决定之。

7 凡经理人兼系股东，遇有改牌时，入会金得照决定资格减半缴纳，只以一次为限。如系股东而未充当经理者，不在此例，仍应遵章照缴入会金。

8 同业各店，如有下列情事之一者，经本会查有确据，得临时召集会员大会议决，呈请上级除名。

（1）贩运仇货者；

（2）违背公议行市私相破坏者。

9 凡属本会会员充当店主者，如有存心破坏，摧残行业，一经本会查有确据，根据第八条办理。

10 凡属本会会员充当店员者，如有存心破坏，摧残行业，一经本会查有确据，责成该店主，令其退号，以儆效尤。

11 凡属本会同业，如果未入本会经营纱业之人私相购货者，一经查实，应分担地方捐垫之义务。

12 外行如有棉纱，因故临时在常出售时，得向本会报告，照市公盘作价，以免滥涩行情，否则即根据第十一条办理。

13 同案如有水湿棉纱，愿意贬值零售者，得设公卖处出售。但一件得向本向酌开公量批发，同行不得擅自松价，违者提交本会酌量处分。

14 本行规如有未尽事宜，须经本会执委三分之二以上之同意修改之，但须函请县商会转呈当地高级党部及主管官署备案。

15 本行规函请　县商会转呈　县党部核准　县政府备案后施行。

中华民国二十年（1931年）九月　　　日

常德县纱业同业公会章程

第一章　总则

第一条　本章程依工商同业公会法第四条之规定制定之。

第二条　本会定名为常德县纱业同业公会。

第三条　本会以维持增进同业之公共利益及矫正营业之弊害为宗旨。

第四条　本会暂以大西街四十六号内之正厅屋为会址。

第五条　本会得办理下列各款之事务：

（一）关于提倡国货及制止同业贩运仇货。

（二）关于平定棉纱之价格以本国产区价值松涨为转移。

（三）关于维持同业贸易之信用。

（四）关于同业之征询及通报事项。

（五）关于同业之调处及公断事项。

（六）关于同业统计之调查编纂事项。

（七）办理合于第三条所揭宗旨之其他事项。

第二章　会员

第六条　本会以本区域内同业店号为中国人民所经营者为会员。

第七条　会员得选派代表出席本会，每店选派一人，但其最近一年间平均使用人数超过十五人者得增加代表一人，至多以二人为限，均须年在二十五岁以上者为合格。

第八条　有下列各款情事之一者，不得为会员代表：

（一）褫夺公权者；

（二）有反革命行为者；

（三）受破产之宣告未复权者；

（四）无行为能力者。

第九条　会员选派代表，须由原举派之店号给以委托书，并过知本会，改派时亦同。

第十条　会员代表得由原举派之店号随时撤换之。但已当选为本会职员者，非有违背会章，俟依法解任后，不得撤换。

第十一条　会员代表有选举权及建议权，并审查预算、决算及议决本会一切事项。

第三章　职员

第十二条　本会设执行委员七人，由会员代表大会用无记名连举法选任之，复由委员互选三人为常务委员，就常务委员中推选一人为主席，均为名誉职

第十三条　本会执行委员任期四年，每二年改选半数，不得连任。但第一次之改选，以抽签定之。如委员人数为单数时，留任者之人数得较改选者

多一人。

第十四条 委员就职后，如有下列各款情事之一者，应即解任：

（一）因不得已事故经会员大会议决准其退职者。

（二）旷废职务经会员大会议决令其退职者。

（三）如职务上违背法令，营私舞弊或有其他重大之不当行为，经会员大会议决令其退职。或由工商部或地方最高行政官署令其退职者。

（四）发生第八条各款情事之一者。

第十五条 执行委员会职务之分配如下：

（一）组织股；

（二）财务股；

（三）文书股；

（四）宣传股。

办理一切事务由常务执行委员互推任之，但各股得斟酌情形聘请干事助理。

第四章 会议

第十六条 本会会议分会员大会、执行委员会两种。会员大会每年四月八日举行一次，如经执行委员认为重要时，或经会员代表十分之一以上之请求，得由执行委员会召集临时会议。执行委员会会议时期由执行委员自定之，但每月至少开会二次。

第十七条 会员大会决议须有会员代表过半数之出席，出席代表过半数之同意行之。出席代表不满过半数时，得行假决议，将其结果通告各代表，于一星期后、二星期内重行召集会员大会，以出席代表过半数之同意对假决议行其决议。

第十八条 下列各款事项之决议，以会员代表三分之二以上之出席，出席代表三分之二以上之同意行之。出席代表逾过半数而不满三分之二者，得以出席代表三分之二以上之同意行假决议，将其结果通告各代表，于一星期后、二星期内重行召集会员大会，以出席代表三分之二以上之同意对假决议行其决议。

（一）变更章程；

（二）会员或会员代表之除名；

（三）职员之退职；

（四）清算人之选任及关于清算事项之决议。

第十九条　本会同业中如有纠葛发生，得呈报本会主席召集执行委员会处理之。

第五章　会员入会及出会

第二十条　会员入会须得有本会会员二人以上之介绍，照定例按等缴纳入会金，由本会审查合格，方准入会。

第廿一条　会员有下列情形之一者，经本会查有确据，得召集会员大会开除会籍：

（一）违背会章及破坏本会议决案者；

（二）丧失国籍者；

（三）欠缴本会经费至一年以上者。

第六章　经费及会计

第廿二条　本会经费分下列二种：

（一）事务费由会计预算确定，由会员比例于其所派代表之人数及资本额负担之；

（二）事业费由会员大会议决筹集之。

第廿三条　本会收支各项预算决算由委员会编制，提交会员大会决议之，并呈报主管官署。

第七章　解散及清算

第廿四条　本会之解散及清算事项，依照商会法第七章所列各条办理之。

第八章　附则

第廿五条　同业行规及本会办事细则，由执行委员会另定之。

第廿六条　本会章程，如有未尽事宜，得由会员大会议决修改之；但仍须呈主管官署核准备案。

第廿七条　本公会之存立期间，以公会法有效期间为止。

第廿八条　本章程自呈请核准之日施行。

（三）长沙钱庄调查*

长沙钱业公会之组织

长沙钱业，远在清乾嘉间，即有类似公会之组织，名曰财神殿，最初殿址在三尊炮，后迁至福源巷，凡同业买卖，皆就而商决行市。光绪二十二年迁至坡子街，始正名钱业公所，行值年制，民国七年改董事制，至民国二十年复遵照部章，改委员制，并改名为长沙市钱业同业公会。

长沙钱业公会之情形，其重要者，据同业公会章程，可分下列诸端言之：

（一）宗旨　公会揭橥三义：一曰维持社会金融，二曰增进同湖业公益，三曰矫正营业弊害。其主要职务亦分三项：（1）研究业务及经济事项之改良与进步；（2）评议或调解同业间之纠纷；（3）融代表同业向商会及政府作商事上之请求。

（二）入会　凡营银号钱庄业须将（1）牌名;（2）地址;（3）资本;（4）股东;（5）经理人列表申请入会，经审查确实缴纳注册费银元六十元者予以同业证书，视为入会会员（入会会员每月缴月捐一元至十二元）。

（三）组织　设委员十五人，由委员互选常务委员三人，更就常务委员选任一人为主席。

（四）服务　公会对社会之服务，分三大纲：（1）辅助教育实业及社会公益之进行；（2）代办委托调查；（3）救济同业所受不正当之损害。

长沙钱业公会之组织，历史既久，成绩亦著，故无论大中小钱庄，皆多入会，最近入会之庄号已达八十余家，即湖南省银行因银行无公会之组织，为便利调剂金融，亦已加入。其所举办各事，悉依章程上之宗旨进行，就中最著者，有下列各端：（1）逐日开行金融行市，以维持社会金融；（2）同业票据得在公会过数互相抵拨，以增进同业公益；（3）制定脚簿，作同业收解之凭证，以矫正营业弊害。兹分别在下列各目论述之。

长沙金融行情之决定

长沙金融行情，向由钱业公会开定，银行界虽筹设公会屡谋另开行市，终未果行。钱业公会之行市，包括各种货币之买卖，举凡常洋、小洋、铜元、申钞、汉钞、汇兑、拆息之价格，皆每日上午议开。有时金融紧急，亦有每

---

* 本文节选自胡通编：《湖南之金融》（《湖南经济调查所丛刊》），1934 年；曾赛丰、曹有鹏编：《湖南民国经济史料选刊》（第 1 册），湖南人民出版社 2009 年版，第 336 页以下。

日上下午皆议开者。其中以民比期交易最大，故比期上午之行市为最重要，比期者，每月两次经之谓，在长沙则为初一十六两日。

长沙金融行市决定之方法，每日上午九时左右已入公会各钱选庄，即派人赴钱业公会，大都皆为跑同行街者，有时经理亦亲自出席。到后并不举行会议形式，亦不必俟各庄到齐再议，买者卖者即纷纷开始交易。交易最初之步骤为"议数"，"议数"者，货币买卖之数量，由供需两方先自议定之谓。举铜元为例，需买铜者，当场高呼谓需收买铜元若干串，有愿出卖铜元者即就而商定，某庄卖与若干，某庄亦卖与若干，于是互定买卖之数目，此为议数之手续。数日既定，乃开始"议价"，卖买双方在议数之时，或即已议定价格，或仅说明随行市，预定价格者行市开出后，不得变更，随行市者则仅负随行市交割一定数目之责。"议数""议价"之手续既毕，市场之供需情形，已可概见，乃由某项货币买卖最多者，出而至黑板上写明某项货币本日价格若干，并高呼今日某种行市为若于，如全场默认，此即为最后行市，如有人出而阻止，谓今日之行市不应如此，须仍加减若干，双方即起争执，俟无争执之行市开出，始得为最后行市。此钱业议开行市之大概情形也。

大致在议开行市之时，资力大者每能操纵全场，即有反对者因其有实力为后盾，每无法与之争衡。虽然，资力大者交易额常大于其他各庄，行市之大小与其交易之关系亦最大，固未必即存心操纵也。

长沙钱业票据之清理

长沙向无汇划总会之组织，其票据之清理，亦无票据交换所。凡同业互相收解之票据，除即期者每日各庄自相清理外，庄票汇潮票通常皆为比期票据，则积至比期赴公会互相抵拨。其抵拨之详细方法如下：

比期前一日，各庄"管票据"者即将同业票据先行整理，列成过数单，单中写明本比收甲庄票据若干元，乙庄票据若干元应付甲庄票据若干元，丙庄票据若干元，凡与本庄有票据往来者皆一一列入，复核无讹后，汇交"跑同行街"备抵。至比期上午各庄"跑同行街"者即持往公会，互相对数。对数之时，先就本比有往来者对明应付应收之数，是否有误，如无错误，即就其他各庄抵拨。抵拨手续甚多麻烦，大抵各庄对数时，即已互相间明与其他各庄之往来，商定由某庄抵拨，至此只需与某庄之跑街说明，即作为互抵，其与同业往来大者，辗转咨商，倍感繁杂，而人欠欠人之各项数目，又不能适相符合，故抵拨余数常至甚巨，然因无汇划公所，亦不得不如此。抵拨以后，找补尾数，则各庄自理，或仍出票据，或即以现款收解，视各庄情形而异。

在昔抵拨，全恃信用，只需互拨各庄记明庄号数目即可，旋因此种方式，流弊甚多，乃改由钱业公会制定一种"拨数折子"由各庄领用，凡互拨各庄三方言定后，需各将字号拨数记载折内如其中忽有一家倒闭，其余两家不得引为借口，当日抵拨之数，仍有效力。盖不特预防各庄之自由反复，亦可减少若干纠纷也。

长沙钱业之款项收解

钱业同业之关系，不仅互相收受票据，其尤重要者，尚有拆款之进出。钱庄同业间本有互通有无转相拆款之习惯，一经同意，缺银者得向多银者拆进，多银者得向缺银者拆出。一转手间，有无各得其所，周转借以灵通，非特钱业交受其益，社会金融亦蒙其利。拆款进出，除用票据者外，亦多以现款收解。是故长沙钱业同业之间，因拆款之往来与票据抵补尾数之交割，款项之收解遂甚频繁。

长沙各庄款项收解：拆款一经言定数目，当日即行交割。票据抵补之数，比期上午言明，下午亦即分别收解，或有各庄情谊甚深者，亦可延至比期后一日或两日。

往昔款项收解时，各庄派学徒或司务至拆出或应补之庄号，言明数目，只需数目相符，即可照拨。后以此种办法，一则钱庄相互之间毫无凭据，期久或生纠纷；二则庄号伙计检阅簿册得知某庄应交现款数目，即可赴某庄索兑现款，流弊亦所难免。乃由钱业公会制定一种脚簿，分发入会同业，每庄一本，簿面签署本庄庄号，即作为本庄向其他庄号付款之凭证。脚簿之形式一如普通账簿，惟簿面钱业公会盖有图记，每页亦皆盖有印章。钱庄用脚簿向各庄付款时，付款人即在簿书明某月某日付某某庄洋若干元，即有法律效力，以后收款人不得抵赖。如各庄不持脚簿付款，付款庄并须拒绝，以免分歧，而杜弊端。盖脚簿之制，虽由事实逼迫而成，法良意美，同业间固得益匪浅也。

附　长沙市钱业同业公会章程

第一章　总则

第一条　本会遵照国民政府公布工商同业公会法组织之，定名为长沙市钱业同业公会。

第二条 本会会址设长沙坡子街。

第三条 本会图记呈请主管官厅刊发，以凭信守。

第四条 本会以维持社会金融，增进同业公共利益，及矫正营业之弊害为宗旨，其应行之职务列下：

（一）联合入会同业研究业务及经济事项之进步；

（二）评议或调解入会同业之纠纷；

（三）同业如有必要之请求，得由本会转函商会及陈请官厅转函各埠商会各团体各机关，但以商事行为者为限。

第五条 本会不得为营利事业。

第六条 本会应接受长沙市党部之指导与训练。

第二章　会员

第七条 凡在本会遵章注册之银号钱庄，均得为本会会员推派代表出席。

第八条 前条之会员代表每庄号推派一人，以经理人或主体人为限，但其最近一年间平均店员人数为十人时应增派代表一人由各该号店员互推之，至多不得逾三人。

第九条 店员所推之代表以在该号服务三年以上者为限。

第十条 每庄推派代表时，应给以委托书，其式样遵照长沙市党部所颁发。

第十一条 有下列各款之一者，不得为本会会员代表：

（一）褫夺公权者；

（二）有反革命行为者；

（三）受破产之宣告尚未复权者；

（四）无能力者。

第三章　注册

第十二条 会员入会须将牌名、地址、资本股东及经理人姓名逐一列表，报名本会经常委会审查确实后，给以同业证书，并缴纳注册费银圆陆拾元。

第十三条 凡入会同业，如有停业一年以上仍用原牌营业或加记及变更牌名者，其入会手续遵照前条办理之。

第四章 职员

第十四条 本会设置委员十五人，由委员互选常务委员三人，就常务委员中选任一人为主席，均为名誉职。

第十五条 委员就任后应于十五日内呈报主管官署备案。

第十六条 委员任期四年，每二年改选，半数不得连任；前项第一次改选以抽签法定之，留任者之人数较改选者多一人。

第五章 会议

第十七条 会员大会分定期会议及临时会议两种，均由委员会召集之。

第十八条 前条之定期会议，每年开会一次，临时会议，委员会认为必要或经会员代表十分之一以上之请求召集之。

第十九条 召集会员大会应于十五日前通告之，但有特别情形或因紧急事项召集临时会议时不在此限。

第二十条 会员大会之决议以会员代表过半数之，出席代表要过半数之同意行之，出席代表不满过半数时，得行假决议将其结融果通告各代表，于一星期后二星期内重行召集会员大会，以出席代表过半数之同意对假决议行其决议。

第廿一条 下列各款事项之决议，以会员代表三分之二以上之出席代表三分之二以上之同意行假决议，将其结果通告各代表于一星期后二星期内重行召集会员大会，以出席代表三分之二以上之同意对假决议行其决议：（一）变更章程；（二）会员或会员代表之除名；（三）职员之退职；（四）清算员之选任及关于清算事项之决议。

第廿二条 委员会每月至少开会二次。

第廿三条 除委员会议外，各种会议须呈请长沙市党部派员参加。

第六章 惩戒

第廿四条 本会职员遇有违反规则或破坏本会公益及名誉事项，查有实据，由委员提交会员大会议决罢免之。

第廿五条 凡同业人员在各庄号供职，如有发生舞弊情事，经当事人报告，本会查察属实，交委员会决议处置之。

第七章　义务

第廿六条　凡入会各庄号及同业人员有遵守本会章程之义务。

第廿七条　本会对于教育实业以及社会公益事件有赞助进行之责。

第廿八条　对于行政司法各机关如有委托调查及和解事件随时办理。

第廿九条　对于同业生命财产如遇受不正当之侵害，经本会查实，得召集委员会议决，呈请官厅救济之。

第八章　经费

第三十条　本会岁修学款及经常一切费用，以注册费租费月捐三项支用，不足时由入会庄号酌量补助之。

第卅一条　入会各庄号应缴纳月捐一元至十二元，于每月二十日征收之。

第卅二条　每年度终结由会计员将本会收支总额造表报告，经委员会审查后公布之，并呈报主管官署备案。

第九章　附则

第卅三条　本会章程自呈奉官厅核准备案日起即发生效力，至从前所定行单规约与本章程不相冲突者，仍继续有效。

第卅四条　本章程如有未尽事宜，得由同业会员十人以上之提议，交请会员大会修改之，并呈报主管官厅备案。

（四）长沙米业调查*

长沙谷米之种类及其来源

长沙交易之谷米种类甚繁，其分类之标准亦不一，就其品种将来粤汉路通车，运输路线缩短，如能再将捐税减轻，稻谷品种改良，湘米销粤，自有最大之希望也。

近年长沙谷米运销省外，恒以申汉米价为转移．如下游米价看涨，出口则多，有时米价太低，而运销成本费用过昂，则全无出口矣。

＊　本文节选自张人价：《湖南之谷米》（《湖南经济调查所丛刊》），1936 年；曾赛丰、曹有鹏编：《湖南民国经济史料选刊》（第 2 册），湖南人民出版社 2009 年版，第 476 页以下。

粮行业

一、粮行之沿革　粮行属牙行之一种，查我国牙行之由来已久，如最早有古代之互郎，史记所谓驵侩，唐人所谓牙郎，随后又有称为牙侩者，皆牙行昔日之名义也。湖南牙行当清咸丰十年，经东征局详定额数，不许增设，旋奉部章，以有新辟市场而应设行者，亦经开设，以是牙行日多。就省城而言，至清光绪年间，已达七十余家，粮行即其中主要之一种。民国以后，粮行一业，随米业而日益发展，今日长沙市之粮行已达三十四家矣。

二、粮行之设立及营业　长沙粮行分甲等粮行及丙等粮行两种，甲种粮行组织较大，除谷米外，兼营棉花杂粮之交易；丙等行组织较小，专营粮食交易。粮行之设立，先须领帖，始能设行，帖费甲种粮行为五百元，每年另缴岁税五十元，丙等粮行为三百元，另每年岁税三十元，行帖有效时期为五年，期满更换，须再缴帖费，重领新帖。粮行之营业，有介绍及代理两种性质，或介绍买卖两方，从事交易，或代理买卖两方，买进或卖出。亦有粮行兼营出口及投机生意者。

三、粮行之组织及设备　长沙粮行多系合资营业，且因交通运输关系，皆设于沿河一带河街，俗称草潮门一带为下关，大西门一带为中关，西湖桥一带为上关。设于上下两关之粮行，多属丙种，专营谷米生意；设于中关者，多属甲种粮行，兼营杂粮及经棉花生意。中关一带之粮行，因营业范围较广，组织亦较大，用人少则二十人，多则四十人。上下两关之粮行，因业务较简单，组织亦较小，用人多不过二十人，少只十数人而已。每家粮行，上有管事一人（即经理），或由店主自充，或另雇员充当。管事之下有店员，主要店员，分掌盘者、跑号者、下河者、站码头者数种，掌盘者又名经手人，俗称为拿盘子的（即拿算盘向买卖两方谈交易者），因交易之货物有谷、有米、有棉花、有杂粮四种，于是亦有谷盘、米盘、花盘、杂粮盘四种掌盘者。每种掌盘者，或为二人，或为一人。此外另设总盘者一人，以总其成。跑号者即上街到各号家接洽生意者，下河者即下河撟货取样或帮呼盘子者，站码头者即系粮行派至码头接待客人者，今规定每家限派一人。此外尚有司账者、司银者（即俗称管账者及管钱者）及学徒。学徒依规定须高小毕业或具有同等之学识者，且年龄以十五岁者为合格，由店员训练之，三年毕业，毕业前兼司接客取样守门等杂务。店员之薪金，因工作之难易，交易之大小，高低不一。大西门方面，普通粮行店员每月十余元，较大粮行店员，每月二十余元，至属于专门人材之店员，则每月非五十元不可。草潮门及西湖桥方面之店员，其薪金较低，最高者每月不过三四十元。

四、粮行之责任　粮行为谷米买卖之经纪人。落行之买卖两方，原不相识，经粮行介绍，交易始成。成交之后，粮行对于买卖两方，均负有相当之责任。一方面须敦促双方履行契约，交付交易之目的物，即买者付钱，卖者交货；一方面须使交易之目的物，数量上与品质上，均与契约上所载者相符。如买者欠价不清，则卖者取偿于行家，故有"认行不认客，欠行不欠客"之谚语。再如卖者货样不符，买主不受时，行家须求卖主减价或取消原约。当粮行代理卖出之时，如卖主曾订明非至何种价格不出售，则粮行不能于跌价时擅卖之。粮行代客买进时，买者曾预定某种价格米始买进，则行家更不能于该种价格以上买进。如照价购进以后，货价忽涨，利益仍属于客商；货价忽跌，其损失亦归客商承担，**与粮行无关**。

五、粮行之佣金　佣金为粮行之利益，其计算方法，依规定为九八扣。除佣金外，粮行尚须代征公益捐营业税，实际普通谷米交易每元为九七三扣，内佣金二分，其他捐税七厘。至于佣金之负担者，河下货与岸上货不同，河下之货，佣金由卖者负担如卖者一元，实得九角八分，尚须扣除其他捐税。岸上之货，佣金由受主负担，一元之货须付一元零几分。但粮行对于号商亦有给予佣金之习惯，每石佣金六厘，如交易之货为仓货，或号商预先申明不要佣金者，或对受货之号商，则粮行均可不给佣金。

六、粮行之金融　粮行结账之时期，或为现款，或为半月期，或为一月期，随卖者与买者交易时之意思决定之。兑款方法，或为现款，或为比兑，大概水货交易，全为现款。仓货交易，多为比期，而平时粮行交易，仓货较多于水货，故粮行之金融，比兑者占八成现兑者仅占二成。所谓比期者，以半月为一比，初八以前，属于本月上比，二十三日以前，属于本月下比，过初八或二三，即属于下一比矣。兑款如属现兑，不得超过三天，如属比期，到期必兑，否则延搁不清者，一律加算子息转入下比。惟此种转比，影响及本身信用，故最多不过一二成而已。至于粮行对于客商预先代垫之款项，如买者发生倒闭情形，且有意图谋欺骗者，一方面得通告同业停止对其交易，一方面仍向其代理人或本追还欠款。米厂、碓户向粮行购买时，固多用比期，囤户向粮湖行囤进时，如不取仓票，亦无须现款，仅向粮行书诺单一张，上载买进之数量及价格，并在粮行脚簿上，书收某比期某仓字号谷米若干，以后何时何价卖出，随时由囤户通知粮行代理卖出。如比期前，已将囤进之谷米卖出，到期随时由粮行根据买进与卖出价格计算差数，如赚钱则囤户当收入盈余，如赔本则囤户须找出差欠。如到期前尚未卖出，则囤户于离比期前一二天向粮行交款，收取仓票。

七、粮行之会计　粮行会计，全属旧式，大概可分原始簿（俗名草流）及总清簿（总流）两种：

甲、原始簿　原始簿为每日之流水账，又分下列两种：

（一）粮流　粮流之格式分上下两栏，上行书收谷米若干，下行书付谷米若干，亦有不分上下栏，书账时仅将收项高于付项。

（二）银流　其格式如粮流，凡每日银钱之出入，均登此簿。

乙、总清簿　每日之出人，每晚须结算一次，再由原始簿过入总清簿，总清簿为分类账，分类簿多以来往户为标准，而分往来总、客总、暂记三种：

（一）往来总　往来总分户记账，其分户为往来甚繁交易最多者；

（二）客总　客总为对船户之总账，其分户即为各船户；

（三）暂记　暂记为对其他往来甚少者之总账。

堆栈业

一、堆栈之沿革　堆栈中之粮栈，专营粮食之寄托保管。省城最早粮栈有名福兴人和德裕同春等数家。后因粮栈业务发达，保管之物，不限于粮食，于是改称粮栈为堆栈。至今全城堆栈已达六十余家，其营业不可谓不盛矣。

二、堆栈之营业种类及其设备　堆栈之营业，属于一种寄托保管性质，依其种类，分为两种：（一）代客保管散石或成包之各种谷米及其他粮食，如高粱、青豆、黄豆、黑豆、绿豆、大麦、小麦、芝麻、豌豆等；（二）代客保客各种散件，或成件之货物，如棉花、洋纱等。堆栈既负有寄托保管之责任，自应力求业务上之安全，最忌兼营其他带有危险性，如囤买囤卖投机之生意。对于设备方面，亦须力求其稳固。省城普通粮行之形式，分为前后两部分，前部分铺台、账房、会客室，后部谓之栈房（即堆货之所）。栈房之构造为方形，四面砖墙，高达屋檐，屋顶成人字形，建筑颇为坚固，可免水火之侵入。室内用篾折围成数部，篾折之外，排列树条，以维持之。篾折之内，底铺粗糠，以免潮湿，糠之上又铺篾折，然后将货物堆积其上。围折中间留小巷，围折之高，有达二层至三层者，每一围折，又分数小囤，上载第几号囤有某客某家某种货品若干。

三、堆栈营业情形及其责任　堆栈保管之货物，谷米是为大宗，谷尤多，大部分属于囤户之囤谷与存户之租谷，因此堆栈营业发达与否，恒依年岁之丰歉为转移。歉年省城谷米生意冷淡，堆栈营业随之减少；丰年长沙谷米生意繁盛，堆栈营业随之增加。且堆栈保管之货物种类，丰年歉岁，亦有不同，歉年堆栈营业杂粮、棉花，兼而囤之。丰年或常年，则谷米占最大部分。全年粮栈营业时期，普通为六个月，最多不过八个月。盖每年谷米须于秋收之后，新谷登场之时，始囤入堆栈，至翌年春季，即须起出销售，最迟须于田禾收获前销完起尽。否则过此青黄不接谷价最高之时，所囤谷米，殆无售出之希望矣。货物入栈，栈主负有善良保管之责任，但货物原已受潮或带霉性而生损失者，栈主可不负责。再堆栈遇有虫伤鼠咬及其他不可抵抗事件如天灾兵燹民变等，而使保管之货物受损者，亦与栈主无关。货物出入之计数，以栈主之簽筹为凭，如属进货以栈主之进筹为凭，出货以栈主之出筹为凭。货物入栈以后，栈主先对运货之船主或代理买进之粮行，发出筹条；次由货主将筹条兑换仓票，以后栈主见票出货，所谓认票不认人者也。出货时，货有出失者（货物因气候、时间关系而失耗或出合者），概归原主。

四、堆栈之金融　堆栈营业之目的，在取得栈租，惟栈租之规定，随社会经济之演进，曾有几次变更。如谷之租金，十九年以前为二分，至该年增为三分，迄二十二年九月复减为二分五厘，目前堆栈所定栈租，各种货物不同。

谷米除栈租外，尚有倒箩、携斛、端斛三种费用，每石均为六分，照例亦归货主负担。倒箩费用于货进堆栈时有之，揭斛及端斛费用于货物出栈时有之。至于栈租之计算方法，从两个月算起，凡存栈时期在二月以内者，概以二月计算，俗所谓二月底子也。二月以外，始按日计算，租金由货主一次缴清。中途仓票如发生移转之情形时，以前栈租由原主负责缴清，以后栈租由受主负担。再仓票上如注有垫款或借款者，起货时，须将垫款借款偿清后，始可出货。栈堆货物之出入，皆系整数，存栈时期，亦概为长期，而租金又系一次缴清。故栈堆之结账，颇为简单。其结账时期，以营业繁简为转多，一日结账者有之，一周一旬结一次账者有之。

五、堆栈之会计　堆栈之会计，全为旧式，分货簿与钱簿两类：

（甲）栈货簿。栈货簿之原始簿名为栈货流水，记载货物出入之数量。书写时收项高于付项，每一次结账，再过入寄仓总登中之各分户，此即栈货簿之总簿，内分上下两栏，上书收项，下书付项。

（乙）银钱簿。银钱簿之原始簿称为银钱流水，记载银钱之出入，结账后再过入银钱总簿（又名银钱往来）之分户账，此类账之格式与栈货簿同，兹不赘述。如堆栈兼营囤货物生意时，则于总簿内另立一户，专书此账。

另外尚有所谓起见簿者，堆栈用为临时记载货物出入之数量。

六、堆栈之单据　堆栈之主要单据有下列三种：

（甲）收条或筹条。此系客货入栈之证据，当货物入堆栈时，栈对于运载之船户与代理买进货物之粮行，填给筹条，船户或粮行将此筹条给予货主，表示货物已如数入栈。

（乙）仓票。货主于起货后一周内凭筹条向堆栈换仓票，仓票即栈单，此种单据为有价证券，可以买卖抵押，可以凭票取货。

（丙）分条。分条系仓票之一种，仓票为整数，而分条系从仓票整数内分出者，以便货主将存货分散拆卖。

一、长沙市米业重订行规

（1）制斛自前清府宪颁发以来，同业历年遵守。每年于腊月初日起，初五日止在长善两米业公所，较准斛斗升合。凡我业以及仓栈粮行乡城住户，一律持往较准，加盖火烙为凭。如无上火烙，不得擅用，以免大小不一，违者呈究。

（2）稽查斛斗升合，仍照旧例。每年三六九月上街，凡城乡内外湖礁户米厂及分销处并摆设米簸者，应一律稽查，以免紊乱。如有私置小斛升合及斛动槎记，或用糠灰泥塞舞弊欺人者，经查出，分别情形呈究。

（3）我业关于民食，首重卫生，不准发潮，久成例禁。即船运车运之米，来市发卖者，亦须查禁，违者分别呈究。

（4）凡营米业者，自应一律加入本会，将牌名登记。其登记捐款，碓户米厂，照例捐洋叁拾贰元；分销处及摆设米簸者，照例捐洋壹拾陆元。无论添记、涂记添姓去姓，均照新牌之例。原牌歇业在五年内复开者不捐；在五年外复开者作为一半，要有真确证明，不得假冒，补足牌费，方准开张。一牌不得开设两店。新开者缴齐牌费，领照营业；复开者验照营业。歇业十年之外，无论是否原主，照章作废，不准租牌移顶，取巧图利，如有不遵，公同呈究。

（5）凡客商买米，当面看明货色，议价交洋为凭。下货之时，必照原样，以昭信用，外无峰样。

（6）到行买谷，无论船货栈货，当面看样议价。议定后或一人往起，或同人分起。预先议定，不得临时争夺。起货之时，由受货人看斛打撂，不得由枥人手抹。倘有恃强手抹，即刻停斛，报告本会，传众议处。

（7）同业投行买卖，历有定案，三面交盘，照章通用。或下乡购买。或船户居民人等装运城时，该行户人等，不得阻挠，亦不得索用。如违公同呈究。

（8）同行乡间购买谷米，先到者交盘，续到者不得抢夺。如有抢夺情事，报告本会共同议罚。如买定之后，无论涨跌，或下去，或寄仓，彼此不得反悔。如有反悔，不卖不受，应照时价扣算。倘有不遵，公同呈究。

（9）租机碾米，视电费多寡为转移，审查价格，临时酌定。

（10）雇请工人，无论碓户米程度之高低，定工资之多寡。惟工作仍照旧例，略为变通。碓户每日正工计筹四十根，每筹一根，计三百脚，推谷由碓转窝子一个推谷满旋，每正工推筛归齐米石赶米一碓，计筹二根，每碓赶筹钱照正工资推算，赶至十二根筹为正工作完成，不得怠惰。机器碾米，电来迟早不定，故不能规定工作时间。依照旧例，至迟夜间不得过十二时。如有特别情形，自愿赶米者，加工自应加资。

（11）同业雇请工人，如生意畅旺，临时雇请，不得暗地剜人。无论长请零雇，必须查明，先在某店雇工，确守规章，或有介绍人证明一切，方可雇请。如有中途停止，或怠惰工作，以及支扯银钱，均为介绍人负责。倘有发生情弊，通告同业不得雇请，违者酌议处罚。

（12）同业所用推筛，或购置或自办，均听其便。如推筛店不垄断把持，价格平允，毋庸自办。

（13）以上各条，除陈明商会核妥后，转呈县署备案施行。

长邑米业公会订

二、长沙市堆栈业同业公会行规

一　本行规系根据本会章程暨曾经呈准政府立案之规章制定之。

一　同业营业范围分为二种：

（1）代客保管散石或成包各种谷米粮食；

（2）代客保管各种散件或成包成件之货物。

一、客货入栈，栈主应格外照顾，勿使损坏。惟原来受潮，干湿不匀，以及货中含有霉性因而受损者，栈主概不负责。

一　客货除谷以外出失概归原主，但谷如系转栈出失，亦归货主。货物水损、霉坏、转运、抛晒工资，由货主担负。

一　货物存栈，如遇天灾水火兵燹民变虫伤鼠咬及一切不可抗力之事，与栈主无涉。间有货主另向保险公司投保者，系货主与保险公司直接关系，亦与栈主无涉。

一　栈主发出寄存货物之证据分三种，其性质列下：

（1）收条或筹挥。收条或筹挥系客货陆续入栈之凭证，栈主须于条内注明起货后一星期凭条换仓票；

（2）仓票。仓票即栈单系货品所有者寄存货物之证据，任货主随时买卖抵押或凭票取货；

（3）分条。分条系仓票整数内批出少数者，以便货主分散拆买、随时取货之证据。

一　货主如将仓票或筹挥收条分条遗失或被毁损等事，须速知照栈主将货止发，一面登报声明，并呈请官厅暨商会备案作废。经过二月果无纠葛，可觅殷实铺保向栈主另补栈单，倘未通知以前被人持票取去货物，栈主不负责任。

一　仓票照验，栈主只辨真伪，加盖照印，至于因票遗失发生纠纷，概归货主自理。

一　栈租另有价目，不得任意增减，以昭划一。如有私行增减者，一经查实，公同议处。至其他种成包成件之货物，未订栈租者得随时面订。

一　凡以前未入会之堆栈，及不用堆栈牌名仓票而收取栈租者，均应为本会会员，得依照会员纳费之规定，征收各项费用。

一　樵斛、倒箩、端斛三项费用，及成包成件之码力，例归货主担负。其倒箩应于进仓时收取，樵斛、端斛出仓时收取。无论上仓下河，均用本栈较准斛桶。

一　各货进栈，栈租两月起，码满足两月以外，按日扣算其租金，应归货主一次缴清，一律以现光洋为本位。

一　仓票收条批注有垫款或借款者，发货时务须将垫款借款并息偿清，方可发货。

一　出入货物，入货以栈主进筹为凭，出货以栈主出筹为凭。如货主与船户或码头工人发生错误，与栈主无涉。

一　看货扦样，不得携带烟火入栈。扦扦取货样不得超过三合，以免耗失。违者婉言制止。

一　栈主仓囤号数，务宜编列明显，位次亦宜一定，以免货主议论，以昭信仰。

一　凡货主所存各栈之谷，如遇新谷登场，尚未出完者，照例由公会登报声明，限期分别货物，概行总囤，以后不能照原票囤号出货。

一　各种簿据、收条、仓票、折据，均照章粘贴印花税票。但货主以原票更换新票或批付分条者，印花归货主负担。

一　各栈谷米杂粮系雇工摬者，摬资归雇工，系贮箕摬者归贮箕。

一　栈主如有停业或有其他纠纷请求同业处理调解者，则同业应尽秉公办理之义务。

一　本行规如有未尽事宜得由会员十人以上之提议，交会员代表大会三分之二以上之通过修改之，但须呈请党政机关核准备案，方为有效。

一　本行规自呈奉长沙市党部核准暨长沙市政府备案并公告全体会员之日起施行。

（五）湖南鞭爆之运销情形*

鞭爆之运输及推销，属鞭爆运商之业务。运商所设之店肆，称为鞭爆庄，或简称爆庄。庄者，言货物运销于各处，而以此为其总汇之所也。但爆庄因其营业性质上之关系，又分为总庄、支庄、代庄、子庄等四种：支庄者，系总庄于产区各重要集散地或于各主要销场口岸所设之支店也；亦有总庄不在各处设支店，即托当地之爆庄代理收买某种货色之鞭爆，或托其代销某种货色之鞭爆。此种受委托之爆庄，对于委托之爆庄，即谓之代庄。所谓子庄者，系主要各集散地之爆庄，派人或托人在鞭爆产地所设临时收买鞭爆之处所也。爆庄之营业，或自将鞭爆装运外埠，直接推销，以求利润；或代外埠客商收买鞭爆，运往指定交货地点，取其佣钱或手续费。兹将此二种爆庄运销情形，

＊　本文节选自张人价：《湖南之鞭爆》（《湖南经济调查所丛刊》），1936 年；曾赛丰、曹有鹏编：《湖南民国经济史料选刊》（第 2 册），湖南人民出版社 2009 年版，第 645 页以下。

略述于下：

资本薄弱之爆庄，多属代客买进性质。最初由客商派人或写信来，说明要何种货色之鞭爆若干，爆庄即照当时行市（即当时市价），于当地代理买进，再行包装，运往指定地点交货。沿途危险或损坏，全由爆庄负责。须将货交与客商以后，爆庄之业务及其责任，始告终结；然后由客商付出一切费用（包括买价，包装输，捐税等）及佣钱。此款之数目，于委托时早已议定，当由客商写信给与爆庄，指定于某处领款（领款地多在长沙，因客商于长沙或自设庄号，或委托代庄）。所领之款，或为现款，或为客经商所发之本票，或即由爆庄向某地客商所设之庄号，或代庄上票，请其凭票兑现。所谓上票，系爆庄向某地客商之本庄或代庄发一票子，上载验券或凭票发光洋若干圆。爆庄将此票转让与当地，须至客商所设本庄或代庄之地点购货之商人，商人至该处时，即可凭票兑款购货。商人对爆庄，或预先垫款，或事后付款与爆庄。

资本雄厚之爆庄，多将鞭爆自运外埠，直接推销。推销方法或于各埠自设支庄，或委托代庄。否则鞭爆到埠，货须落行（牙商），待价出售。其汇款方法，如销场远在广州，首须由广汇沪，由沪汇长，在长兑款，汇兑手续颇为麻烦。较近各埠，则由各埠直汇长，于长兑款。最近销场如长沙，汇兑方法有二：或用上票之方法取款，或用信脚取款方法。前法上已说明，兹不赘述，特将后法概述之：闻浏阳县城与长沙之间，设有信差多人，每于来往两地，专负此种取送款项之职务，至今信用昭著，尚无遗失。因所有信差之脚簿，系由县商会所发给，即商会对此负有责任也。

运输方法，各地不同。浏阳县城之鞭爆，由浏渭河（即俗名浏阳河）用民船运至长沙，如从长沙再运汉时，或用火车，或用轮船，如从长沙再运沪时，则全用轮船；金刚市之鞭爆，由浏南之南川水，用民船入渌江；萍乡上栗市之鞭爆，由栗市水，亦用民船入渌江；白兔潭普口市位靠渌江，运输更便，渌江以下，仍用民船，至泳口与湘江会合，直达湘潭，由湘潭换轮船，再运各埠。其中有一部分销汉之鞭爆，多由渌江运至醴陵阳三石，换火车运汉口。至于运输之费用，亦因各产地与各销地间路途之远近不同，情形颇为复杂，俟于第六章之主要各爆市中论之。

鞭爆之包装运输推销属于爆庄营业范围，其业务从性质上又分自运与代办两种。爆庄鞭爆之来源，或由爆庄向县城作坊定做，备价收买之，或由乡下作坊派人肩挑至城内出爆售与爆庄，或由爆庄派人至四乡收买，或由爆庄派人或托人于某重要产地设子庄收买之。爆庄收买鞭爆时，先须试货，抽样燃放，听其爆声，是否洪亮，嗅其香气，是否浓厚，再察其中未爆之子数目，然后照货色议价。议价单位普通为十万，所买子头以十足数目计算，兹将近数年来加花牛口寸金三种售与庄上之价格，分列于下：（略）

浏阳县城所营之鞭爆种类为国内各埠所销之加花牛口寸金等数种。运销地点，如省内之长沙、岳州、津市、南县、靖港、安乡等处；省外如汉口、藕池、新堤、沙市、仙桃、天门、武穴、常州、上海、福州等处。运输方法，最初用民船由浏渭河至长沙。由长沙如再运往各埠时，或用轮船，或用火车。运汉口者，多在长沙搭火车。运上海者，多在长沙搭轮船。运输手续，先由爆庄雇用民船，议定从县城运省城，包沿途运费及捐税，每箱若干钱，货交与船户。民船将货运抵长沙时，如货为销于长沙者，则将货如数交与指定之某爆庄。爆庄收货后，于脚簿上盖章，民船之责任，即告终结；如由长沙须再运往汉口时，则船户须将货交与指定某转运公司。如由长沙须再运往上海时，则船户须将货交与指定某轮船公司，俟转运公司或轮船公司于脚簿上盖章后，船户责任始算终结。倘船户对于所载之货物，如有水湿损坏，数目不符等事发生，应负赔偿之责任，转运公司或轮船公司之责任亦同。

（六）湖南茶叶之交易及运销*

湘茶交易概况

茶户收得鲜叶，制成毛茶售与茶庄，茶庄再成箱茶、花香茶梗等货运往海外等处，本帮茶庄兼制造与运销业务。此种茶庄有陋习甚多，即以秤两一事已极复杂。如安化茶商，用七六扣，即收买毛茶百斤，作七十六斤计算；桃源，七六扣秤外加二十斤；新化亦以七六扣秤，惟秤两较大（为十六两八钱）；醴陵秤用十八两，向例四八扣秤；湘阴二十两为一斤，并无折扣；临湘绿茶每斤二十两计，红茶每十八斤两计，黑茶每斤有四十两（五里牌）至六十两（聂家市）者；长沙毛茶百斤，折减四十八斤。此外付款方面亦有折扣，如新化用九一三兑账，长沙浏阳有九二兑钱之名目，临湘亦有九七、九六之例。

---

* 本文节选自湖南省银行经济研究室编：《湖南之茶》（《湖南省银行经济丛刊》），1942 年；曾赛丰、曹有鹏编：《湖南民国经济史料选刊》（第 3 册），湖南人民出版社 2009 年版，第 333 页以下。

茶市规约

明万历年间，部颁安化黑茶贸易章程，是为湖南茶市有规约之始。逮清乾隆时，湘抚陈文恭公又奏准章程备案，旋令饬安化岁贡细茶，安化县转饬归化乡保甲，于芙蓉峰采摘雨前嫩尖，制成头贡细茶，年纳一百六十斤，然取之于民者年恒三四百斤。又令沿资江各乡，岁纳次贡茶钱八百串文，由行家承缴，县署工房购办次贡细茶缴县解省，此犹贡献方物之意。安化县知事每年于谷雨节后，例须亲往资江一带，弹压茶市、行户及茶号各送程仪，曰"规费"，每岁钱数千缗乃至万缗，县知事视为当然利得。逮民国改制，此种陋规亦随之废除。

此外如库秤包斤等例规亦有足述者。溯自清嘉庆间，安化知县刘冀程禀请颁发库秤，铸成铁码，于是每乡包额定二十四斤归包。自安化黑茶业发达以后，茶商入山办货者居多，帮行人员，营私舞弊，破坏成规，遂至增加包斤，短秤抹尾，无所不至。茶商越章卡价，茶贩剥削尤甚。归包定量，头茶渐至归成二十六斤半，仔茶归成二十七斤半，且有多至二十八斤者。又有加包、扣包、申包、扣水、打板等弊，外佣、背手、看河、点包各费，名目繁多。凡此种种，概可视为茶市陋规。有识之士为命请命，呈请政府剔除，茶商唯利是图，起而抗辩。后经安化县知事胡鉴莹，判定成包斤两，仍照刘原案，秤用十六两三钱，以二十四斤成包，无分头仔，一律恢复原秤，惟外加一斤，以备抛灰散末之耗。故嗣后以二十五斤归包，永为定案。茶农方面，日后亦逐渐团结组织代表合议，设立茶规稽查处，由产户按茶价每串抽钱一文充茶规稽查处经费，处设稽查主任一人负责执行章则，惜日久玩生，一切茶规又形败坏。

茶市积弊

事久生弊，凡事皆然。茶市虽定规约，惟各方唯利是图、不顾大体，以致茶叶由鲜叶制成箱茶之过程中，弊端丛生，积重难返，欲谋革除，大非易事也。兹就茶之产运销三方面分述其积弊如次：

生产方面：

1. 掺假——茶农摘取枣木叶、金银花叶、陈青木叶、柳辣叶、油茶叶、地槎子叶、雷辣子叶、榆栗叶、木瓜树叶等，经炒制后掺入茶叶内，而使茶叶分量加多。此种弊端在平时尚不多见，惟一遇市价高昂，销路畅旺，茶市供不应求，而始有此现象。但其结果，减削日后销场，良可浩叹。近年来，如安化、新化等处遍地茶园，无须再作此种愚昧之计矣。

2. 掺末着水——茶农每将茶末提出，盛篾箩内，以便着水，掺和出售茶叶内，藉可增加重量。

3. 掺泥砂——茶农于茶叶成交后，于挑送茶号途中，撮取泥砂，或小石掺入之。

4. 打地铺——出售茶叶之先，茶农亦有将茶叶薄铺潮湿之地，使其吸收水分，俗称"打地铺"。

贩运方面：

1. 掺仔茶——仔茶色油黑，叶片薄，品质较逊而价格低。茶贩将所买仔茶掺入头茶，图混高价。

2. 掺劣茶——汉寿、湘阴等县茶叶，叶质低劣，价格低廉。而安化、桃源之茶，质良价昂，故安化、桃源等处茶贩，多往汉寿、湘阴等县收买生叶，制成后，掺杂混售。

3. 掺茶梗——凡经拣出之茶梗，茶贩以之掺入较次之茶叶内混售。

4. 掺茶末——茶贩常视市场需要，及价格高涨时，每将廉价收买之茶叶，如红茶拣皮等，研碎成末，加以烘焙，使变黑色，掺之，蒙混脱售。

5. 着水受潮——茶贩收买产户毛茶，有随时脱售者，亦有囤积居奇者。如其所收品质较佳，而干燥之茶叶，即为拣筛，分别成堆，出售时掺着水分，与茶农同。

交易方面：

1. 标价诱卖——如卖方不甚踊跃时，即特别抬高价格，以资号召。因之凡有茶叶出售之农民，为求高价，均来拥挤求售，行家乃将价格压低，使前次因"标价"而略受损失完全收回。

2. 打板杀价——卖方挑茶叶投行，经过起样、评价等阶段，以至验水，交易破裂，将茶叶挑出，其间所费时间常在二小时左右。至投入第二家茶行，或已"收牌"，虽有时幸得交易机会，但已垂头丧气，不致争论价格，一任茶行之评定矣。

3. 大秤短报——一般茶行类多不依规约，习用大秤，计老秤十六两八钱，甚或用老秤二十两大秤。收茶时，司秤又必须施其称量技术，多称少报。茶行又规定收茶百斤，加秤五斤外，必须多交五斤予茶商，是谓几扣秤。有时常不顾此规定，多为八六、八八秤，多余之量即为茶行同人之利得。

4. 短折兑付——茶价决定之后，乃由茶商兑付，其中积弊尤为繁多。如安化前乡各茶市，有"八八扣秤、八折扣实、五折兑钱"之规定。茶价经扣折之后，除去行佣捐税后，始为卖方应得之净钱。然此尚系钱码，再以六千除之（法币每元合六千文）始为实得之茶价。安化后乡茶市之兑价，方法较便，仅以"七六"扣秤而计其值，其他各地茶市大都亦相仿佛云。

5. 浮收行佣——茶市之居间商为茶行，茶行代客买卖，从中抽收行佣。照各省牙行章程，行佣多由买卖双方负担。其最高额。各不超过百分之三，合计为百分之六。今安化等处茶行所抽行佣，全取给于买方，其数额高达百分之五·七，即每串抽取行佣三十文，外又复扣收费用二十七文。

6. 汪子钱——在昔茶商购办茶叶，惟恐产户不知配堆，掺坏货色，邀行户同伴上面，登各产户之门，收买各色茶叶、后有行户汪某跛其足，常入山与各产户周旋，所办之茶品质常佳，遂为茶商所信任、汪乃利用地位，私向产户抽收佣金，每包二百文，曰"帽子钱"，亦称"汪子钱"、后抽行客各半，行之日久，遂为行户剥削产户之陋视，闻现已由政府革除云。

7. 扣捐扣税——茶市上除营业税外，又有各种税捐，如县政府捐、义勇队捐、教育捐、义渡捐等，名目繁多。先由茶行认捐，缴出之数，悉数转嫁卖方负担，而在茶价中扣除，但其所收实数是否不超过缴出之数，殊难稽核云。

8. 抽样抹尾——样茶为评价之标准，通常不予过秤，即作样司夫与茶行同人之无偿收入，大抵每百斤可抽样茶二斤左右。此外如扫地茶，其量亦不在少数云。又在交易过程中，茶商付价，例不找零。如一次兑付茶价，一百元以下者，分数或角数为尾数。在百元以上者，角数或元数为尾数，就便抹除之，俗称"抹尾"，抹得尾数。通常为茶商暨茶行司账之额外利得云。

上述各地茶市交易，尤以安化规模较大，而其内幕弊端亦较繁杂，兹根据彭先泽氏安化黑茶一书中之材料并略加补充，述其大要如次。

安化茶市交易之外貌

茶户将出售之毛茶送至茶行，或由茶商邀同买茶司事（俗称买茶先生）往茶户开堆看样，惟大多数茶户多送茶至茶行售出。当时首先由样司务"起样"（抽取样茶），将样盘送至大盘处，由其评定价格，书写"落票"，载明茶农姓名、价格及等级，再经"验水"之最后评定，价格认为适当，即决定成交；不适当者，即扯其落票，否定其交易。成交之茶，司秤根据落票过秤，

（落票仍须保存以便核账）同时票房或司账，即作成毛票，载明卖方姓名、毛重、净重、扣秤、价格、毛钱、实钱（除去税捐行佣等）、银码（折合国币数）等项，交付茶农持向兑钱处兑钱，或经由彼兑钱。而茶叶即由样司务监督，按照等级入堆，于是交易乃宣告完成。

安化茶市交易之惯例

1. 看样——买茶人入乡买茶，各持大蒲扇，扇之右上角，写茶号牌名，左角上□□□□□□□□□等数码，作两行排列。到产户家，将茶叶堆掀开，取样茶放于扇上，仔细辨别茶之优劣，或系头茶，或系仔茶，或良子配搭太少，或进供掺入过多，或系烘胚，或为晒胚，或称"白梗"或作"花白梗"，就其形状色泽，重量审察。买茶人经验丰富，俗称"识货的黄老官"，确有其独到之处。茶贩送样，系用毛巾或篓盘纸包，将茶叶二三斤送来茶号做样，俗称"送小样"。

2. 评价——买茶人看妥茶样，即就所持蒲扇上之数目议价。茶价评妥后，并书成交单，俗称"水账"，若在茶号买茶，言定茶价，即书"落票"，亦称毛票，票上用红笔载明某人某堆茶若干潮包，毛价若干，或实价若干，并记明月日。依照旧例，在乡间茶户买茶，有"劝盘人"从中议价。第一次书成交单时，茶价必大，买茶人认为过高，可在交单上涂改。如仍认较高，又可涂改。若在茶号买茶，则买茶人常将茶价少写，卖茶人一再请求加价，亦常递加再三，故俗有"三涂""三加"之说。

3. 对样——在乡间买妥之茶，交货时，第一担茶叶上，必置纸包小样，细茶约一斤，粗茶约十斤，分别包妥，送来茶号。收茶人取送来之样茶，以之再验。每担之茶叶务求合样后始行验收，茶贩或产户所送之小样亦须同样验对。如有不符情事，即将所收之茶抑价，甚或完全不收，俗称之曰"打板"。

4. 交货——茶叶成交后，产户将茶叶送至茶号，俗曰"归茶"。归茶时，通常将其装入篾篓或布袋内。篾篓大者，每篓装一包又半，计重四十二斤，多则二包，连篓重五十四五斤，小篓装一包，重二十五六斤。布袋则视其容量大小尽量装入。所装之茶，其上加盖牌号名，称之灰印（多用糠灰）。茶号将所归之茶分别复秤，收包上堆，挑夫及有脚票（俗称"脚挥"）者，请茶号加盖号戳，亦有由茶号出具回单（俗称"回挥"）以资证明。挑夫脚力则概由产户付给。

5. 过秤——交货时，例由管楼人（茶号收茶多堆放楼上，故收茶人俗称

"管楼人") 收包复秤，秤用刘公铁码（见前）。如茶叶潮湿，每一包抛秤二三两或至一斤，曰"抛湿"。茶商于过秤收包时，借口茶价较高，而一再"打板"，或用"吊秤"手法，每一乡包（产户原布包装）扣秤数两至半斤者。

6. 兑账——过秤之后，即按价计算，毛钱（将净茶量二五成，再以包数乘茶价）茶价一串（一千文），尚须扣茶捐行佣一百零五文，茶户实得八百九十五文，故曰"八九五兑账"。兑账之后，所得之实足数为串钱，故又须按时值标准（现时每六串为一元）扣成法币兑付，兑付之时又有"抹尾子"恶习。

湖南茶叶之主要市场

在昔湖南茶叶多集中汉口，现则以衡阳为集散市场。汉口茶市，旧以经售红黑砖茶及中级红茶为主。红砖茶及中级红茶专销俄国，年达六七十万担。黑砖茶多销外蒙古、西北及西伯利亚游牧民族，年达二三十万担，为中国之最大茶市。惟自第一次欧战结束以后，苏俄发生革命，民生艰困，政府有意限制，汉口茶市，大受影响，湖南茶业因之一落千丈。故在抗战以前，中国第一茶市乃在上海一地，湖南红茶亦多转运于此出口。抗战军兴以来，中苏成立易货协定，红黑砖茶出口渐呈来苏之象，湖南茶业因之复转活泼，除直接出口香港外，又多转运汉口，故渐恢复昔日盛况。奈不久武汉失陷，粤汉南段已告不守，湖南外销茶叶多由滇越路或宁波等海口输出。

（七）湖南滨湖各县农产品集散市场调查*

华容注滋口之棉花业

……本市输入之棉花，皆由肩运输入。战前申汉、长沙、邵阳等地花商，皆来市设庄。民国十二、十七、十八及二十五等各年，棉花贸易均已达一百余万元。近年棉业自移南县后，是项贸易一落千丈。目前本市棉花，全由行家派人直接向本县东南乡采购，而交易情形，较之过去，略有不同。昔日交易方法有二：一、交易之买方如庄客、运商及纺纱厂，卖方如棉农、花贩、花行居间介绍，成交之后行家向卖方取百分之二，或百分之一行佣，向买方取百分之三、五行佣。二、买客先与行家议定价格，交款时，依惯例以三分之一买包盘，照议定价格进货，以三分之二抄庄，即照交货时价计算，买方

---

* 本文节选自湖南银行经济研究室编：《湖南滨湖各县农产品调查》（《湖南省银行经济丛刊》），1942 年；载郑成林选编：《民国时期经济调查资料汇编》（第 5 册），国家图书馆出版社 2013 年版，第 199 页及以下。

须付行佣百分之三、五。现在交易方法，曰棉市移南县，交易多由本市行家至南县，与买主接洽，先领价款，购得货后，再运南县交货。此种交易全属包盘，买主仅在南县收货，所有包布、□工、行佣、运力、捐税等，概包括于货价内。

南县县城之谷米业

长沙、益阳、湘潭等处客商来本市采购谷米时，即由本市粮行，代向本县各乡或附近华容、石首各产区采购，货到成交之后，行家得向买方收取百分之三行佣。本市花粮行业颇为发达，共六十余家，多数除营谷米外，兼做棉花杂粮交易。……

南县县城之棉花业

以上各地输入之棉花，全由各地花贩直接输入，但花贩运花抵市，例须投行，告以出售价格，或托行代理出售，或由行从中介绍，成交之后，花行一方面向受主取百分之三行佣，对花贩每百斤只作九十八斤计算，谓之九八扣秤。受主与行家多系包盘，即由行家负责包装，□所有布袋绳索、工资、税款及其他杂费，统包括在货价之内。本市输入之棉花全部运销外埠，销场以省内之长沙、益阳、安化、邵阳、祁阳、湘乡及省外之桂林、昆明为主。

安乡城新镇之谷米业

……各处客商来此采购谷米时，先投行家，议定货色货价及交货日期。双方订立交单，客商将价款□数而清，行家再向各产区采购。交货之日，行家得向客商取百分之三行佣。

安乡城新镇之杂粮业

本市杂粮由产户直接输入者占十分之三，由贩商输入者占十分之七。客商来市采购大宗杂粮时，每先与行家议定货色、货价、交货日期，订立交单，预将价款交与行家，由行家代客采购。交货之日，行家得向客商取百分之三行佣。如客商仅买少数，可向囤户之行家及贩商购入。如货系行家自有，即直接由客商与行家看货议价，如系贩商之货，即由行家居中介绍，成交后，行家向买方取□佣百分之三。

安乡城新镇之棉花业

各地棉花由产户直接输入者约占十分之三，由贩商输入者约占十分之八。棉花输入时，例须落行，客商□采买棉花，亦由行家介绍，成交之后，行家向买方取百分之三行佣，客商有采用亦所谓包盘者，即由行家包办，将包装力资税捐等一切费用,一概计算于货价内。本市棉花交易所用之秤,为十七两一钱之老秤,即每老秤一百斤折合市秤一百二十斤。本市之花行即由粮行兼营,□为花粮行,已见上章。

安乡城新镇之莲子业

本市莲子田产户直接输入者占十分之四,由贩商输入者占十分之六。各处莲子客商前来采购,先向行家议走货色、价格及交货日期,双方签订交单,客商预将价款交付行家,再由行家转向各劈户定货,到期交货,行家得向客商取百分之三行佣,亦有由行家包盘者,其手续与谷米杂粮棉花无异。本市莲行概由花粮行兼营。

澧县津市之棉花业

以上各地棉花由贩商输入者占十分之九,由行家向各地直接输入者占十分之一,各地客商来市采购棉花时,先投行家,商定货物价格及交货日期,由行家出具议单,客商即将全部价款交付行家,到期行家交清货物之后,将所有包装、力资、行佣等一切费用,概包括货价之内。

澧县津市之谷米业

以上谷米由地主产户直接输入者占十分之三,由贩商输入者占十分之七。本市谷米交易,例须粮行居间介绍,成交之后,行家向卖方收取行佣,谷为百分之三,米为百分之四。

汉寿辰阳镇之苎麻业

本市苎麻交易手续,先由行家派人赴湘潭庄客议妥尺码货色价格及交货日期,领归价款,再代客向各地采购,到期货运湘潭交割,行佣、包装、上下力、税捐等费用,亦在湘潭由客商付给。

汉寿辰阳镇之谷米业

稻谷交易例由行家介绍,成交之后,得向买卖两方各取百分之一。

沅江琼湖镇之苎麻业

本市苎麻皆由麻行,代客派人赴各产区收购,交易手续多系包盘。先由客商与行家订定交单,载明货色、数量、价格与交货日期,将价款交付行家,再由行家派人下乡收购,一切责任及费用,行家负担。交货时,行家向客商取百分之三行佣,本市交易之苎麻,依品质分标麻、头号、二号、三号、四号等五级。标麻长五尺,头号四尺五寸,二号四尺,三号三尺五寸,四号三尺。各种货色之配合,每百捆,标麻十捆,头号二号三号各二十五捆,四号十五捆。本市交易所用之麻秤，历为二十两零八钱大秤，麻农将麻卖与行家时，每百斤老秤（十六两八钱老秤），只□作八十斤大秤兑钱，此即俗谓"十六两八钱扣"之意义。此种积习已深，迄今未改。

沅江草尾之谷米业

各地客商到埠，先须投行，将价款交付行家，再由行家按照时价向各地采办。货运到埠，交付客船，行家向买客取百分之三行佣，并代收千分之九学捐及其他杂费。

（八）湘东各县手工艺品调查*

浏澧之鞭爆

关于工人工作情形之详情，可分二部分说明之。一为较易之工作，如扯筒褙筒、插引等，常由作坊，分发民家包做，其工资以件计。今以加花每饼为例，（计子头九百二十余枚）出价三分至四分，十万则须三元至四元。其一为上手工作，称上手工，如裁纸造硝、腰筒、结鞭、出货等，乃作坊工人分内之事。此等工人，食宿由作坊老板负责，平均每日工资三角至四角，但每月至少须工作二十六日，否则按日扣除伙食费，且每日工作量，亦有规定，加花一项，通常以十饼（一万）为准。工人勤奋者，每日多能作双工，即除规定十饼以外，常能加作十饼，工资亦加倍发给。若制牛口则每日须归足五饼，（牛口较大以五饼为一万）但实际上每饼仅有一百二十七枚，每日多者，可作十四五饼，几超出规定数二倍。至于大爆竹之工本，因大小之不同而有差别，裁（俗称才）少者，大体□，体大则工□较大，工资自必较昂。十二裁之大爆竹，每万约需工资九元。九、十裁每万约需工资十三元，七、八裁每月可作二万，每万需工资十八元云，平均每人每日工资均在一元以上，较之加花牛口之工作者，优裕多多。

在各地鞭爆作坊中，亦有长期雇用上手工人，其工资按月计算，且常有规定，大抵每年公议一次，在工价变动剧烈之时，亦有在三节议定者。

盖爆庄为原始生产者，——各作坊与经售者，——纸爆业之中间人，一方先与作坊发生交易买卖，他方又与经营者。销售交易与作坊交易方法有二，一为就近向各作坊定货，与一般所谓定货交易无异；一为派人或设子庄于四

---

* 本文节选自湖南银行经济研究室编：《湘东各县工艺品调查》（《湖南省银行经济丛刊》），1942 年；载郑成林选编：《民国时期经济调查资料汇编》（第 18 册），国家图书馆出版社 2013 年版，第 78 页及以下。

乡小作坊，收买现货交易。爆庄收买鞭爆时，先行看货，抽样燃放，听其声。继嗅其气味，知其药料，是否充足。终则审其中未爆之子头数目，而定其优劣，然后照货色高下议价。议价单位，普通为十万，收买子头，以十足数目计算，子庄代其他□庄，收买鞭炮，每十万抽佣金百分之二，多系先钱后货，故资本充足者，多自设支庄。

鞭爆作坊，制成鞭爆，售与炮庄。炮庄者，即鞭炮庄之简称，乃鞭炮之运商，以运输及推销鞭炮为营业之商行，常因其营业上之需要，设立复杂之机构。规模较大之炮庄，常有总庄、支庄、代庄、子庄等四种。总庄者，为推动运销之□机构。运销于各处之鞭炮，乃以此为其总汇，先由产地各庄收购鞭炮荟萃之后，转而分运至各销场之各庄，以资推销。支庄者，系总庄于产品各重要集散地，或于主要销场口岸所设之支店，若在各处不另设支店，即委托当地之炮庄，代理收买或点位推销者。此种受委托之庄，对于委托之庄，即谓之代庄。子庄者，系主要各集散地之爆庄，派人或托人在鞭爆产地所设买收鞭爆之临时机构。

此种鞭爆运商，□其营业之性质，又可分为自运与代运二类。自运者，乃爆庄自将鞭爆装运外埠，直接推销，以求利润之谓。代运者，为代外埠客商收买鞭爆，运往指定地点交货，以征取佣钱或手续费。兹将此二种爆庄之运销方法，分述如次。

（一）**代客买卖**：此二种爆庄，资本薄弱，惟以信誉颇佳，常受人委托，代理买卖。最初由客商派人或来信，委托收购何种货色之鞭爆若干。爆庄即照当时行市（即当时市价）于当地代理买进，再行爆庄，运往指定地点交货，沿途危险或损坏，全由其负责。运到之后，然后由客商付出一切费用，即包括货款、运销费用、（包装运输捐税等）及佣钱，此种费用之数额，委托时早已议定当由客商写信给爆庄，指定于某处领款，此种客商，大多在长沙、湘潭、衡阳，设有庄号，或委托代庄，故领款地点，不外上述三地。至其所领之款，有三种形式：一为现款，二为客商所发之本票，三为由爆庄向某地客商所设之庄号。或代庄之上票，（出票向其验券兑现，颇似银行押汇凭证）请其凭票兑现，爆庄又往往将本票或上票，转让与当地须至长沙、衡阳、湘潭等处购货之商人，商人至该处时，即可凭票兑款购货，商人对爆庄或预先垫款，或事后付款与爆庄。

（二）**自运自销**：此种爆庄资本雄厚，在出产区设坐庄收购。集中收购之鞭爆，整理爆庄后，自运外埠直接推销。推销方法，或于各埠自设支庄，或委托代庄，或于鞭爆到埠后落行（居间商俗称牙行）待售。自运到至脱手，其时间之长短，每不一定，常视市价之动静，而决定去留。故此种牙行，大都有广大货口，以便各庄到货之口聚。客货售得善价，货款之汇兑，亦有二种方法，一为"上票"兑款，已详前文；一为"信脚"取款，所谓信脚，即信差之谓，闻浏阳县城与长沙之间，设有信差多人，常用来往，专负取送款项之责，而其特许之脚簿，（记载取送款项之簿据），系由浏阳县商会所发给，盖商会对此，负有保口之责任也。上述方法，乃就昔日在长沙兑款而言，若销场远，在衡阳桂林或其他各埠，则由各埠，直汇长沙或浏醴，大半委托湖南省银行代汇。

醴陵之瓷器

醴陵之瓷工，因工作历史之久远，遂于习惯中创出许多惯例，如每年之春节开工，冬节收工，必有定时。如四月、六月、十月，此三个月中之二十六为龙工节，必有所谓酒例。如每月之初一、初十、二十，必由厂主发给神福肉。如端阳、中元、中秋等节日，必由厂方备席饮宴并规定其菜肴。兹将各业中最重要之例规择要抄录于下，以供参考。

圆器工人之例规

1. 各厂自开工之日起，每月神福肉：分初一、初十、二十，三期发给，每期每人各得神福肉四两。兼空位者照份按价格给算。

2. 各厂自开工之日起，所有工人伙食，除由公司备办米炭外，每月每人规定油一斤，盐一斤四两，水菜钱九百文。如系兼空位伙食者，每日每人规定食米斤半。[如米价每元可买十斤至十五斤以内每月每人米价估作三元。十五斤至二十斤以内者估作二元五角，二十五斤至三十斤以内者估作一元五角（现每元估米六斤六两）] 其油盐小菜钱多少，仍与在公司餐宿者同，照份按时价算给。

3. 三月初一日开工，每人每位规定大酒钱二百文（现为二角）小酒钱四十文（现为四分，以下类推）面钱二百文，红包钱一百文，合共钱五百四十文。又清明节每人每位规定小酒钱四十文。

4. 四月初一日磨刀酒例，每人每位规定小酒钱四十文，又二十六日龙工酒例，每人每位小酒钱四十文。

5. 五月蒲节酒例，每人每位歇手酒钱四十文，红包一百文，大酒钱二百文，面包钱二百文，起首酒钱四十文，合共五百八十文，又盐蛋粽子包子各二只。并由公司备席，计鱼肉鸡豆干南粉等五大碗。黄瓜韭菜大蒜蛋汤等四小碗，外加用雄黄酒。凡兼空位，除本人在公司餐食者外，不另邀外人代表赴席。如本人不食，亦不得要求另补及折席等费。如公司与工人相商，彼此两不愿办酒席者，无论本人或兼位，每人每位规定大酒钱二百文，小酒钱四十文面钱二百文，歇手酒钱四十文，红包钱一百文，包子钱八十文，粽子钱四十文，盐蛋钱一百六十文，雄黄酒钱二百文，合计一串零六十文。

6. 六月二十日龙工酒例，每人每位规定小酒钱四十文。

7. 七月中元酒例，每人每位规定起歇酒钱各四十文，红包钱一百文，大酒钱二百文，面钱二百文，共计五百八十文，以外并无席及他项费用。

8. 八月中秋酒例，每人每位规定大酒钱二百文，又四头月饼半斤，赴歇手酒钱各四十文，面钱二百文，外无他项费用。

9. 九月重阳每人每位规定酒钱四十文。

10. 十月初一日，每人每位规定模力酒钱四十文，又二十六日龙工酒例钱四十文。

11. 十一月冬至，每人每位规定小酒钱四十文。

12. 十二月停工时每人每位规定歇手酒钱四十文，又肉十二两。小酒钱六十文（此酒肉可于停工时或国历过年时发给，但以一次为限）。

注：例规内之十文即等于现在国币之一分。如四十文即四分，二百文即二角是。

琢器厂工人例规

1. 各厂自开工日起所有各工人伙食除由公司备办米炭外，每人规定油一斤，盐一斤四两，小菜钱五百文，初一十五神福，每次每人发肉四两。

2. 开工时规定每人红包钱四百文，并由公司设备瓜子酒面等项，其菜随点，以二人共一盆。

3. 清明节规定每人酒钱四百文。

4. 端阳各工人愿在公司餐食者，酒席包子粽子盐蛋等例，同如圆器厂。不愿在公司餐食者，则由公司发给酒菜洋五角，起手面酒仍与开工时同样，惟无红包酒钱。

5. 七月中元酒席每人折发洋五角。赴手酒面仍与开工时同，惟无红包酒钱。

6. 八月中秋酒席每人折发洋五角，又四头月饼半斤，其他如端节中元。

7. 重阳规定每人酒钱四十文。

8. 十月冬至规定每人酒钱四十文。

9. 十二月停工时或阳历年关时规定每人肉十二两，酒钱六十文，但以一次为限。

注：例规内酒钱之十文即等于现在国币之一分，如二十文即二分，二百文即二角是。

装坯工人例规

1. 自开工日起，所有伙食神福，红包节规等等酒例，概与圆器厂统一规定。

2. 装少器规定九折。钵子以二十八只为一石，边子钵以三十二只为一担。如遇三厘烧坏以加倍扣算（但空十厘无算）。

3. 下窑坯工价——小器脱胎每担规定七十文，其余品器，小花品，每担规定六十文，大器计二白釉，四大器每千板下窑坯规定四千二百文，灰器每千板下窑规定二申九百文，均以一串二百文申洋北算。

4. 大器装覆火土匣钱每月每位一串文，坯堆灰器每月每位二串文，均以成申洋扣算。

5. 装小器插模令者每挑计一百只，津补时值元之钱四十文。

注：例规内酒钱十文实等于现在国币一分，如四十文即四分是。

烧窑工人例规

每烧窑一次规定工食洋十五元，（战前每元外加一成六，实数为十七元四角。战后现除食为二十元），外无红包酒例油盐米菜等津贴（但烧窑时如遇三节可在公司餐宴）。

注：此系八间阶级大窑规定之价，如各公司窑之大小间数有不同者，得各自酌量增减。

交易手续

醴陵瓷场之买卖，属于论价方面，如系整批，概依同业会所划定之价码，跌则照码折扣之，如九折八折是也。涨则照码几毛加几，如三毛加二，或二毛加一是也。属如货色方面，则依看色人所品定之等地，依章照价折之，□次货之照正色货价九折是也。此种习惯手续，前在出品章中已详言之，兹不赘述。

(九) 湖南桐茶油之买卖手续*

本省桐茶油在产户贩商挑运上市时，例须投行，再由油行介绍买卖，或径自售与油庄，由其收购转销，其交易方式分预订及现购两种。预订者，即先议定货色、价格、数量及交货日期，双方签订交单，将货款全部付清，或预付十分之几，亦有仅付少额定资，情形不一，由产户或贩商，到期将油如数运交。现购者，即当油类上市，或每逢各地赶场集市之时，对面看货议价，货款南之桐茶油两现，至各地油市通常买卖手续，约可分为看货、议价、成交、过秤、兑款、扣佣等数项。兹将其详细情形缕述如次：

看货

桐茶油类因制法简陋，于榨制时即混有各种杂质，又以其市价时趋上涨，商贩为求牟利，多以廉价之植物油或其他液体掺入，致损失其固有之优点。内中尤因桐油为外销大宗，然以品质不合标准，遂多失信国际市场，阻碍贸易发展，故对于货色之查看特宜注意，除桐油于运至各大商埠之出口行号，经其用折光计等仪器验定者外，通常油市之买卖，多仅凭买方之目力及经验而鉴定其品质之良窳。关于桐油之掺杂，分清油月份及冻油月份而异，其作伪方法略有如下数种：

（1）将油篓下部装欠度油，上铺油纸，上面再装好油，俟出口行收油前数分钟，揭去油纸，是时好油徐徐下沉（纯桐油较重），底层及中部均为好油，收油者常被蒙混。

（2）以其他植物油掺和。

（3）以油脚渣等掺［换］入（每篓通常有油渣半斤，有时多至二斤）。

（4）以松香掺［换］入，提高折光指数（以上系清油月份）。

（5）以木油熬化掺［换］入每篓之底或四周，中心与面上，则装好油。

（6）以熟洋芋、红茗、稻草、沙、石、油渣掺［换］入，增加重量。

（7）以盛过桐油之篓再装（以上系冻油月份）。

议价

选本省桐油价格过去有洋盘、客盘、挑子、批发、零售五者之别。洋盘为油行售油于出口行之价格，出口行亦称洋庄，故名其所开之盘为洋盘。客

---

* 本文节选自曾仲刚编：《湖南之桐茶油》（《湖南省银行经济丛刊》），1942 年；曾赛丰、曹有鹏编：《湖南民国经济史料选刊》（第 3 册），湖南人民出版社 2009 年版，第 548 页以下。

盘又称落盘，为油行收买各地贩户运来之桐油所出价格，贩户亦称客家，客家皆落地投行，故名其所开之盘为客盘或落盘。挑子为油行收买挑运来城之桐油价格，批发为油行售油于油盐号之价格，零售为油盐号售油于消费者之价格，其意义皆甚明显。不过前四者均以油行为本位，后者则以油盐号为本位而已，各盘斤两，除洋盘外，余皆因地而异，故不能以种类区别其高低，且各地对于各盘，畸轻畸重，各不相同，亦未可以完备责诸各埠之行情。通常油市之议价，除由油行按照当地牌价介绍头卖者外，大都当面凭货议价。如议价不定，亦有由商会所派之经纪或其他中人公断一价，如买卖两方允许，即为过秤，着产户挑送收油客商所住之地。此外尚有预货，其价格恒较市价略低，因产户有时资金缺乏，由油商预先拨款定购，其价约为上年普通市价之六或七折不等。

成交

各级同业间之买卖，向例点头成交，有古人一诺千金之风，洵称美德。惟普通油市交易数量过多时，仍多由双方签订交单（俗曰"扎单"），交单上载明货名、货价、货量及交货日期等事项，成交后价格如有涨跌，双方概无反悔。交单又名定单，亦名受货单，通常系由当地同业公会所制发，此外各商家尚有自印之交单，湖但交单之表面，必须注明货色、数量、价格、油期、银期五项，当反面则亦有附以各条件，规定秤斤、油质、样油、度数、围皮、驳力、下力、责任等，以资互守。

过秤

油市用秤各地极不一致，如一八两秤、十六两秤、市秤、码秤等，纯视当地商场习惯而定，其运往汉口外销者又须与关秤折合，因此单位分歧且又经手过多，故其间一买一卖出入颇甚，狡黠者遂得趁机剥削，上下其手，从中渔利。一般产户贩商，每因不明度量衡，且受行号经纪之蒙蔽，转相授受，迄入消费者之手其价倍增而量反减少，故油市买卖事先必须说明秤之种类，因之双方如有出入，各不相让，致交易濒于破裂者亦属不鲜。本省各地油市用秤无虑数十种，既无统计可考，亦乏明确规定。

兑款

价款之付给视交易性质而定，分预订（即期货）及现购两种前者价洋例须于货物未上市前，先行预付，后者则于货品上市后成交时现兑。其兑给之数额亦不一致，由油行或经纪人介绍买卖者，多依照行规及当地市场习惯而定，由买卖双方径自接洽成交者，则除有惯例可沿外，均凭双方成交时之商议而定。惟通常价款付给之数，约可分为全部几成，及任意三种，价款全部之付给，多属现购油类，其付价款十分之八或十分之五，以及酌定其他相当成数者，则多系预订油类，至由买方任意先付少数定资情形不一。客商往各产区收油，或将价款全数交付当地经纪，由经纪人代向产户挑贩收买，或先付一部分定资，由其向产户定购，到交潮货时，经纪即为过秤结账，扫数兑给。

扣佣

由经纪人或油行介绍买卖，成交时得取价洋之几成以为手续费或行佣，其扣佣比额，各地颇多参差，而斡旋买卖之业务，手续亦有繁简不同，各埠油商往产区采购，有由行家派人下乡通知产户贩商挑油上市，居间扯拢交易者。有预先发款与当地经纪或行商，再由其向产户收买或定购，到交货时经纪人即为过秤结账者。有与油行议定牌价，完全委托其代买，买齐后所有灌桶、付车、完税等手续概归代办，所需各项费用由承办油行开具清单交客付款者。有先与行家签订字约（俗曰"扎单"），约内载明货色、货价、货量及交货日期，将款全数交付行家，由其代为购油，客商不负价格涨跌责任者。至于零星收购，可直接对面看货议价，如议价不定，由行家居间公断一价，经买卖两方允许，行家即为过秤，着产户贩商挑送收油客商所居之地，并同时开具斤两价值单据，交收油客商照单付者。当买卖两方成交后，经纪或油行以居间介绍扯拢交易，得向买卖两方或仅向其中之一方，取价款之几成，以为酬劳之资，通常均系由行家就付款内扣取，亦有向卖方不收银钱而扣取油量少许以代佣金。各地扣佣之比额不尽相同，有取千分之二、千分之五、百分之一、百分之一点五、百分之二、百分之三大抵视代办手续及当地商场习惯而异。此外，尚有以成交之数量为单位酌取相当手续费用，如每担五角、七角或八角不等，而不比照价款扣佣者，总之，行家生活，全赖抽收此项利益以资维持。

（十）湖南湖田租佃制度*

租佃制度之盛行，固不但在私有制度确定以后；惟私有制度之确定，尤

---

* 本文节选自彭文和："湖南湖田问题"，载萧铮主编：《民国二十年代中国大陆土地问题资料》（第75册），成文出版社1977年版，第39379页及以下。

于地权分配不均之情形下，而促进租佃制度特殊的发展。湖南湖田区域之租佃制度，一方面承受清季官方招佃之遗风，一方面在有大地主或不在地主之存在。因此，其所表现之形态，亦较特异而复杂，兹先述其内容之概：

按此间租佃种类，颇形复杂，概括言之，可分为纳租金、纳租物及金物皆纳三种。大抵栽培杂粮之土地，盛行纳租金制；栽培稻作之土地，盛行纳租物制；其栽植作物常有变更之土地，则采行金物兼纳制颇为普遍。此外如粮食分租制及帮工分租制等，亦有采行之者，惟不多见。为明晰起见，列表如后：

种类	占当地农民百分数	名称
纳租金	9.5	租钱
纳租物	75.4	租谷
金物皆纳	11.2	租
粮食分租	2.2	分谷
帮工分租	1.2	——
其他	0.6	——

至于租额，因田地肥瘠之不同，佃租种类之有异，其情亦不一致，兹列表述之如次：

湖田等则	每亩租金额	每亩租物额	租金通常合收获总值之百分率	租物通常合收获量之百分率
上田	5.0	1.5石（谷）	19.4	21.3
中田	3.8	1.2	19.0	20.6
下田	1.6	0.8	15.9	18.7

上田租课所占其收获额之百分率较中下田为高者，则以年来水灾频仍，经营上田者，其投资之危险性较少也。至租物之所以较租金比率为大者，当为年来农林金融枯涸之结果。

其次，此间之租佃手续，大系与各地同；各方农户欲耕作湖田者，先由人介绍至地主或其管账，如获应允，则书立租约，其式样附抄如后：

立佃约人××今因人手齐备少田耕种亲自请介绍人×× 佃到××名下某地水田××石×斗当日三面言定进庄谷/洋×石/元×斗/角每年纳租谷/洋××石/元×斗/角整不得短少如有短少任东主扣庄作租另招别佃无得异说倘天年不一请东主验田纳租恐口无凭立次佃约为处

介绍人×××

民国××年×月×日　佃户×××亲立

佃约既成，佃户当即缴纳庄钱；所谓庄钱，即普通所谓押租也。此项押租，虽亦有用谷者，惟不如用洋钱之普遍。其押金之最高度，为湘省所仅见。兹将每亩之进庄钱与地价比较列表如下：

田地等则	每亩庄钱	每亩地价	庄钱所占地价之百分比
上田	9.4 元	25 元	37.6
中田	6.7	20	33.5
下田	4.2	12	35.0

此表所列庄钱与地价，乃为各地之平均数；因各方习俗之不同，其庄钱亦常有超过地价百分之五十以上者，安乡与华容二县尤为普遍。至其庄钱所以特高者，亦有其故：

（一）保障田租之收取——湖田区域佃户，大系各地居民迁徙而来；既佃入耕地，即筑茅舍于堤上以备经营，其在此间所有之不动产甚少；又无何室家之类，故富于流动性。地主苟无高额押金以牵制之，则一遇歉年，固流离他乡，即逢丰年，亦何意其不席卷而归故里。地主为保障田租之收取，当有赖于高额押金之牵制佃民也。

（二）限制过大之经营——经营湖田，利润颇厚，昔日各地居民，多有借钱以佃耕于此间，而行过大经营者；此等投机分子，常予地主以不利，如抗租欠租皆是也。自是地主为顾全利益计，渐增高押金以限制过大之经营；因过大经营之减少，而小佃农以增多。小佃农之力量既弱，进一步，地主亦可施行其任意之剥削。

至租佃年限、租田作物、撤佃条件等项，租约上皆无何具体之规定，可谓采"绝对的自由主义"。惟此间普通撤佃情形，与各地大异，佃农多处于自动地位，而地主反处于被动地位。盖一以此地租额甚低，不遭水灾，绝难演成抗租纠纷；一以经营之利润颇厚，幸遇丰年，即可归里置业而为小自耕农。

此外，收租方法，亦有异于各地；秋收之后，地主或其管账亲之各垸收租，普通所采行之方法，由佃民将租谷送至附近港湾，以便运输；或亦有由其送至附近业主之庄仓者。至纳租金者，则较为简便，或由地主派人催取，或由佃户送至东家。

湖田区域租佃制度之内容，已略如上述。进而欲论及者，则其所发生之影响是也。此种影响，当甚复杂，概括而言，不外三端：

（一）地力之消耗——佃农耕作此间，总抱着发财念头而来，故其行经营也，多为掠夺性经营。一年之中，利用土地多至四次，少亦两次。至肥料之施用则甚少，即较为利用合理者，亦只于秋收之后，略播种苦子，以为绿肥。盖此间肥料既甚缺乏，其由他埠运来者，价又昂也。各佃农继续如此经营，湖田虽沃，然地力之消耗，当日有甚也。

（二）湖匪之猖獗——查此间佃农，多系各地农民之较狡黠者；年丰，彼等固可以饱食暖衣而力耕作，然以此间风俗特别淫荡奢侈之引诱，使其常不能安于所职；每值秋收之后，即纷至附近市镇狂嫖滥赌。至其家人妇孺，亦能为赌博之戏；试一涉足此间，无论茅居屋瓦房，赌博之场，随处可见。故佃农之能积蓄者，殊为寥寥。因此，一遇歉年，常使其有流离转徙之虞，而盗匪以滋甚，即普通所谓湖匪之祸者也。洞庭湖匪，在三年以前，甚为猖獗；近年虽称安堵，然掠抢之案，常有发生；盖此等湖匪，化整为零，化零为整，一系乎年岁之丰歉，出没固无常也。

（三）雇农之增加——因租佃制度盛行，而雇农加增。此间雇农，长期者少而短期者多。此等短期之雇农，生活甚为流动，大多来自安化、新化、邵阳、湘阴、长沙以及鄂省石首、沙市等地；其大约人数，据当地人之估计，总在三万左右。于插禾时节，彼等即由家分赴湖滨各区；因此间禾稻有迟早之分，其间相差颇久；此区工作既竣，即可分赴他区；插禾之后，继之耘田、收早稻、插晚稻、收晚稻、修堤垸、栽冬季杂粮等工作，往还于洞庭之滨，至冬末始行归里。其工资：每日平均为二角五分，每月平均为六元，每年平均为二十七元。伙食则由东家供给。此等待遇，较之本省山乡雇农情形，实有过之。各地雇农之所以争向此间发展者，斯亦其一因也。惟雇农之增加，同时潜滋着两大不幸之机缘：第一，雇农日增，有使供需状态不平衡之趋势，因予经营者以剥削之机；第二，湖田区域年来水患迭乘，此等雇农不无失业之虞，如此多数少壮农人之失业，不但为国家之损失，抑且农村治安骚动之结症。

（十一）长沙房屋租赁市场调查[*]

招租

房屋出空，即要招租。招租的方式，依长沙市的习惯，可以分为两种：一种是登报征求，一种是出帖揭示，大概登报者不常见，普通多用出招贴的办法。家有房屋出租，即用红纸写成招贴多张，分贴街头巷尾或警察局特制的广告牌上。招贴并无一定写法，最普通的格式如下：

一 吉屋招租

兹有坐落某某街某某号新式房屋壹栋，内计楼房几间，地房几间，光线充足，空气流通。如有合意者，请来某某街某某号与某君接洽（或请某君带看），租金面议（或从廉），合佃分佃具可。厨房堂屋公用，真三不佃。

所谓真三不佃，即真正的三不佃之意，即无家眷不佃，无保人不佃，无押金不佃是也。以上乃住宅招租的招帖格式。若店铺出租，其招帖式样又稍有不同。

二 码头什物全盘出赁

本店现因人手不敷（或主人欲他往），自愿歇业，所有码头什物及一切生财器皿，愿廉价出赁，合意者，请来某某街某某号与某君接洽。

此种招帖，通常用整张红纸书就，贴于招租店铺之大门上，以引起人们的注意。此外招租方法，有既不登报，又不揭示，仅凭中人介绍者。

承租

招租之后，第二步即为房客承租。承租步骤：首先带看房屋，协议租金，双方条件商妥，房客即行交房定金若干，（若在看房屋后短时间内房客即行搬入，可不用此项手续）最后的手续为订立契约，契约的格式亦不尽同，最常见的一种如下：

---

[*] 本文节选自潘信中："长沙市一年来之地价与房租"，载萧铮主编：《民国二十年代中国大陆土地问题资料》（第 79 册），成文出版社 1977 年版，第 41671 页及以下。

立租约字人某某，今租到

某某先生名下（或某堂某记）某街某号中/西式房屋壹栋，内计楼房几间，地房几间，玻璃窗格晒楼水井俱全。双方言明：押佃若干元，一次交足；每月行租若干元，按月纳交，如有拖欠，从押佃内扣除，押佃扣尽，清庄出屋；玻璃什物如有损毁，归佃方照价赔偿。以后东退佃辞，两无异言，特此立约为据。

承租人某某签名盖章

中华民国　年　月　日

上面是一种通行的片面的租约，就是由佃方书立交与业主收执，内容也非常简略，如租约期限房屋修理费用及各种捐款的负担，都没有详细规定。但若细加考察，租约上所以不一定要把上述事项详细载上，也有原因。关于租约期限一项，照长沙市通行习惯，无期限者居多，有期限者极少，东佃双方都可自由解约，即所谓"东退佃辞两无异言"是也。房屋修理费用，习惯上都是归业主负担，市区内各项公益捐款的负担，也有一定的规定，如：

警捐——按房租额征收百分之八——房东负担。

学捐——按房租额征收百分之二点七五——房东负担。

消防捐——按房租额征收百分之二——东七佃三。

铺屋捐——按房租额征收百分之四——佃方负担。

乞丐捐——按房租额征收百分之二至四——房东负担。

孤儿捐贫女捐——东佃自由乐捐。

此种规定，几乎家喻户晓，所以无须在租约上再加注明。

二十五年，省会警察局为整理警捐收入，特制订"房屋租约纸"一种，由省会警察局印制，加盖官印，发交各警察分局，以备市民领用，规定市区以内，不论新佃旧佃，俱应换用此种官印租佃约纸，违者科房东以罚金。故从二十五年以后，室内租房契约，已有不少改用官印租佃约纸矣。

退租

市区内房屋租佃，大都没有租期的限制，通行的佃约上，且有东退佃辞两无异言的约定，已见前述；所以退租非常自由，东佃双方都可自由决定，不过在习惯上，如遇一方要解约时，总是先几日通知对方，以便对方早为预备。如佃方须先几日另觅房屋，业主须先几日预筹退还的押金之类。此种自由退佃制度，分析起来，颇有几点值得我们注意。

一、退租自由业佃双方都可免因期限牵制而受时间上金钱上的损失。如业主对房屋另有他用，或欲修理，或欲改造，或欲出卖，都可随时自由行使，无何顾虑。反之，佃方如欲迁居或他往，也可随时决定。

二、退佃自由，佃方的住居无保障，对房屋就不甚爱惜，加速房屋的损耗，缩短房屋的使用年龄。且当房租高涨时，难免业主不贪图厚利，假借名义，令原来佃方退租，以遂其图利之目的。

三、退租自由，为引起东佃纠纷的主要原因。（详见下节）总之：退租自由制度，利少而害多，殊有改良之必要。

东佃纠纷

（一）东佃纠纷的起因 长沙市东佃纠纷，时常发生。其所发生的原因，不外下列四种：

一为房租加减问题。在租佃契约上订有存续期间的东佃双方，房租加减，本不成为问题，东佃纠纷，也不致因此而起。因为契约上若订有存续期限，则在期限以内，佃方有按月付租的义务，房东亦无任意加租的权利。租约期满，才可另订契约加租或减租，而在租约未满以前，决无加减租金之理。但在长沙市则情形颇为特殊，一般店铺及住宅的租佃契约，极少规定存续期限，在这种情形之下：如市面繁荣地价渐趋上涨，房东则要求增加房租，如市面冷落地价渐趋下跌，佃方则要求减少房租。但租约上房租的规定，始终未变，故对方也可以援约反对房租的加减。民国十六年，共产党在湘垣活动，掀起阶级斗争，于是房客则组织房客联合会，房东则组织房东联合会，一方要求减租，一方要求加租，势成对立，各种纠纷，不一而足。自联合会取消后，此项纠纷减少，惟仍不能全免。

二为拖欠租金问题。依长沙市习惯，欠付租金二三月，不能勒令佃方迁移，因押租普通为行租的十倍，欠付行租，可以从内扣除也。但欠付行租若干月，房东始能勒令佃方"出庄"，警局无明白的规定，市内亦无一定的习惯可循。于是一般刁佃，任意拖欠房租，往往押租扣尽，尚净欠甚多，房东催告，置之不理，逼令退佃，则要求巨数的迁移费。东佃纠纷因此而起者甚多。

三为"交庄"出屋问题。若租约上订有期限，到期佃方依约交庄出屋，本无问题，但若未订期限，则在下面各种情形之下，都有因其东佃纠纷的可能。

1. 房屋另有他用，房东要求佃方退佃；

2. 房屋修整翻造，房东要求佃方退佃；

3. 业权移转清庄足价时，房东要求佃方退佃；

4. 佃方拖欠租金，房东要求佃方退佃；

5. 房东欲增加押佃行租，佃方不允，房东要求佃方退佃。

在上述 1.2.3.5 四种情形之下，若佃方愿意退佃，自然问题解决，即有第 4 项情形，佃方拖欠租金，只要愿意退佃，照长沙市通行习惯，所欠租金，亦多少可以减免，然则由何至于有纠纷发生？可是事实不尽如此简单。

喜新厌旧，是人类心理的一种，可是怀恋旧物，依依不舍，也是人类心理的常态。何况对于历年居住的房屋，一切陈设，一切布置，都是经长久的时间无数的心计而成，苟非必要，断不愿轻易搬移；况且在一处的居留既久，对邻里朋友亲戚，都不免发生一种复杂的社会关系，互相吸引，互相牵连，一旦另立炉灶，必有许多的不便，此在心理上可以说明为何有许多房客不肯轻易退佃的原因。还有经济上的原因，更为重要。搬移一次，所耗甚多，店铺迁移，尤为繁费，如许多广告装潢之具，是不能搬移，或搬移后即归无用的。且商店吸引顾客，全在历史长久信用昭著，故在一地开设数百年的商店，必为社会上所最信任的商店。此种关系，当然也互为因果。不过店铺位置若时常迁移，总是有损无益之事。所以因房东要求退佃，往往引起纠纷。

四为码头修理问题。纵然佃方愿意退佃，还有一个易滋纠纷的问题在后面，就是码头费和修理费的问题。所谓码头费，乃是长沙市的陋规，即店铺转租时上手佃方向下手佃方需索的一笔特别费用。因为店铺退佃时，其一切生财器皿，及门面装饰之类，普通多不带走，事实上亦不能带走，常须由下手佃方作价收买，但上手索取之价，往往超过其原物价值数倍或数十倍以上，其意以为此门面开设已久，主顾熟悉甚多，且位置冲要，将来希望甚大，汝苟欲继佃，要我退让门面，当酬我一笔特别费用，此费即码头费，或名码头顶空费。在此讨价还价时期，房东无权干预，俟交易已成，新佃进庄，仍按月纳租，而此佃方退佃时，又转向后来之佃方索取与从前相等或较多之码头费。（若系房东要求退佃而尚无继佃人时，此项码头费向房东索取）相沿既久，佃方因预有一笔码头费的支付，就俨然拥有一种铺面权，尤以理发店因同业行规有"上七下八"的规定（即一街上有一理发店时，它的上面七家下面八家之内，都不许再有理发店），故码头费之需索亦苟。至于大商店位置好者，码头费动以万计。大抵店铺多少不一，总有码头顶空之费，惟住宅则无。

若码头费交涉不清，旧佃不退，新佃不能进门，房东坐受损失，所以往往发生纠纷。至于修理费用问题，也是退佃时易滋纠纷的一种原素。长沙市照习惯房屋修理都是归房东负责，但佃方为方便计，有时也自行修理，修理情形事前不一定通知房东，修理费用事后房东不一定认可，到退佃时，佃方往往开出一笔大大的历年修理费用请房东照付，其中数目，或虚或实，多无实据可查，于是纠纷以起。

（二）**东佃纠纷的解决方法**　长沙市各坊都有调解委员会的组织。调解委员会得依当事人的声请，调解使命相互间的民事案件和依法得撤回告诉的刑事案件，所以东佃纠纷，可以请求调解委员会调解。不过在实际上，各坊调解委员会的组织，多是有名无实，所以东佃间发生了纠纷，若经近邻或保甲长调解无效而双方当事人又都不愿意上诉法院时，就多向省会警察局呈请调解。警局调解的手续，据现行《湖南省调解佃业争议暂行办法》的规定，大概如下：

警局接到当事人双方或一方请求调解的呈请后，即定期邀集双方当事人进行调解，调解成立后，以书面将拟就的事件解决办法通知双方当事人。此时若当事人两无异议，遵照执行，问题即告解决。若有一方不服，须于通知送达之三日内，向警局提出异议，自提出异议之日起，三日内向法院起诉，并将收状条据送警局核验销案，从此静候法院依法解决，与警局无关。若不予限期内提出异议，或虽提出异议而不依限起诉法院，警局即有依调解方案执行之权。

押佃行租的高低及其相互关系

押佃的利息加上行租，才是房租的实数。设房租为一定数额，则押佃与行租成反比例而增减。譬如：现有一座房屋，房东欲得每月一百元的租金，则下列各种方式，结果总归一样：

一、每月行租九十元 押佃一千元（以月利一分计每月可产利息十元）

二、每月行租八十元 押佃二千元（以月利一分计每月可产利息二十元）

三、每月行租五十元 押佃五千元（以月利一分计每月可产利息五十元）

押佃增多行租减少，或押佃减少行租增多，结果总无二致。所以照长沙市的租房习惯，例有重押轻佃或轻押重佃各种方式。重押轻押的区分，则以押佃是否超过行租的十倍为标准，押佃数额在行租十倍以上，俗称重押；十倍以下，俗称轻押。……

押佃如此奇重，实是长沙市租房方面的特色；其所以然的原因，我以为与其归于习惯的自然形成，毋宁谓为房东为自己的经济利益打算来得妥当。重押佃对房东最大的好处，就是权衡在握，不虞佃方欠租，押佃到了超过每月行租三十倍的时候，纵然佃方欠租三年，也可以抵偿，这对房东是多么安心的事！然而对于无力支付一笔偌大的押佃数额的租房者，则不免有"长安居大不易"之苦矣。

重押佃的盛行，除了上述的原因外还有其他原因，譬如在新修马路两旁，地主因无力或不愿自行投资建造房屋，乃预收一笔押佃，以作建筑之费，于是押佃数额即与房屋造价相等，以后佃方按月所缴的行租，实际上不过是基地的经济地租而已，此种情形在二十六年新修的南正中正东长三路，发现甚多。

房产租息利率的高低及其原因

长沙市房屋租息的利率，普通说来，都在月利一分（即1%）上下，但据作者此次调查的材料，加以统计，结果颇有出入……长沙市房产租息的利率以新住宅中心新商业中心和东长路三处为最高，月利达一分三厘以上，八角亭端履街和药王街三处次之，月利在一分上下，清泰街和中正路又次之，大西门和南正路算是最低，月利都是七厘四。若以租息利率最高和最低的相比，差不多为二与一之比。

为什么在一市之内，房屋租息的利率相差如此其大呢？我以为最好从各街道实际的情形去求解答。新商业中心和新住宅中心位置都是远在热闹街市之外，地价甚低，建筑物亦劣，所以房产的总价甚低。又该两处因地处郊外，所有居民大都为小商小贩工人农夫之类。彼等因经济关系，一家五六口，租得房屋一间两间，便已不胜负担，所以大家都住得非常拥挤。故一户所付的房租数目虽不多，但因其租住房屋地积小的，所以每单位地积的房产租金却很大。加以房屋本来的价格又贱，故租息利率显得很高。根据各都市中的实例，地价低贱建筑物窳败而居住拥挤的房产，其租息都是高出正常状态之上，新住宅中心和新商业中心的情形，可说于此恰相吻合。至于东长路房屋租息很高的原因，也可归于每家租赁面积的过小。观第二十七表：东长路的二十三家租户，总共地积为六十九方丈六十四方尺，平均每家租房面积仅为三方丈三方尺不足，较其他街道的每家租房面积多到二十方丈者，相差七倍之多，小面积房屋的租赁，每单位的租金，较大面积房屋的租赁为昂，已如上述，在此更可得到证明。

至于其他街道的房产租息月利在一分上下或七八厘者，不失为正常情形，些微之差，事所难免，兹不具述。

（十二）湖南粮食运销问题*

湖南粮食运销之组织，可分为谷米贩运伤人、粮行业、碾米业、堆栈业，及其他米商五种。除碾米业已在前章第五节"粮食作物之调制"中详叙外，兹将其余四种缕述于次：

（一）谷米贩运商人　贩□商人专营贩运谷米生意，先从内地及滨湖各县收购谷米，再运售于各大米市，省内谷米运输多用民船，故谷米贩运商人属于帆运商人者多。谷米贩运概分两种：一曰水客，一曰号家，凡用自备船只贩运谷米者，长沙俗称为水客；所谓号家者，系指外埠米商派在各埠所设之庄号或代庄，其坐庄者皆住于商号之内，故称为号家。号家之业务，如长沙号家，或从滨湖各县运售谷米于省会，或由省会吸进谷米，运销其他各埠。水客与号家之主要分别，为后者在各埠设庄，而前者未设庄。

（二）粮行业　粮行为谷米交易之场所，各地输入谷米，照例须经粮行，始能卖出。粮行之营业，分媒介与代理两种性质，有大宗谷米出卖者，固须落行，经行介绍，而后卖出。欲买进大宗谷米者，亦须向粮行买进，于是谷米之买卖两方，均集中于粮行；有时粮行亦可代客买卖，谷米之买卖两方，均可委托粮行照预示之价格代理买进或卖出。此外粮行亦有兼营出口囤买囤卖及投机生意者，故粮行对于米市实握有操纵之权也。

（三）堆栈业　堆栈营业完全属于善良保管性质，最初堆栈原名粮栈，仅保管粮食一项，后除粮食外，其他货物亦保管之，始改称堆栈。今堆栈所保管之货物，仍以谷米为主，余如杂粮、棉花、洋纱等，亦保管之。堆栈之中，兼营碾米业者有之，兼营囤买囤卖及投机生意者亦有之。

（四）其他米商　此类米商概分三种：一为米店，米店专营贩卖，除米外，亦有兼营油盐南货者，或兼营豆子杂粮者；一为存户，系指在长沙之各地业主，将乡间租谷，运存长沙，待价而沽；一为囤户，此指专营谷米投机生意者，每于谷米价格跌落时囤进，于谷米价格高涨时抛出，以图赢利。

---

* 本文节选自李振："湖南省土地利用与粮食问题"，载萧铮主编：《民国二十年代中国大陆土地问题资料》（第 55 册），成文出版社 1977 年版，第 28283 页及以下。

湘省谷米每年于秋收之后，有余之县份，恒由四乡流入当地接近之米市，再集中于最大之米市。经交易，有时或再加工之后，然后销售于本市，或运销他埠及省外。粮行居交易中最重要之地位，为谷米交易之中心。卖者方面，有水客，有号家，有存户，有囤户之抛出者；买者方面，有机器米厂，有碓户，有米店，有囤户之买进者。因此，欲知谷米市场之结构，由粮行与各方面交易之关系，亦可观其大概。

（十三）湖南安化茶业调查 *

运销程序中与茶农有直接关系者，为茶号与收茶时在各产茶区域所设之子庄。子庄组织随茶号资本之多寡而稍有不同。西帮（晋帮）资本雄厚，多办精致好货，因设庄客、大盘、称手及账房私人，庄客为山西人，系本号排除，负有监督及复验之责，其余为本地人。子庄收买毛红，茶农须先将样品送交大盘看货议价，所定价格如双方同意，则大盘将茶农姓名、茶价及茶叶袋数，记入茶票，联通茶样转交庄客复验，其法先取茶袋中之茶叶（谓之大样）与大盘转来之茶比较，如无错误，则用沸水泡茶，验其色泽与叶质，有陈叶者色黑，扯断无丝，如两者均佳，则令秤手照价过秤。南帮资本较小，多无庄客，仅有大盘、称手及账房三人，故茶叶之看货、议价及复验，全赖大盘一人为之，目多采办低级货品，对于复验亦不甚注意，只求价格适当。即品质较劣，亦必收买。各子庄之收茶时间，皆在上午六时至十二时，下午雇人将茶送至本号烘干，但较干者，亦可多放二、三日。

毛茶交易之陋规及弊害

茶农与茶号，因利害关系之不同，往往于茶业交易上发生弊端，不特影响双方之利益，抑且有碍茶业之发展。兹将其陋规及弊害，略述如下：

茶号收买红茶，过秤时，先打九折，故普通有明七六暗九扣之例：明七六者，即毛茶一百斤，扣算为七十六斤兑钱，其理由系因毛茶一百斤除去水分及其他梗末之折耗外，仅能制成米茶（即净茶之意）七十六斤。暗九扣者，亦商人暗中剥削茶农之一种行为，故茶农售毛茶一百斤，只能案 68.4 斤计价。此二种折扣，乃百余年来之陋规，似成定则矣。

称手舞弊亦甚大，常以长称减断，剥削茶农。凡称毛茶一百斤，须归号

---

* 本文节选自张妍、孙燕京主编：《民国史料丛刊》（第 554 册），大象出版社 2009 年版，第 409~411 页。

一百零五斤，此五斤谓之"出称"，而实际上出称不止五斤，有出至十余斤者，除以五斤归茶号外，余由大盘、称手、账房三人假造茶农姓名，卖与茶号而均分之，每人每季可得此项收入二、三百元。此种弊害，庄客虽知，但因大盘、称手及账房待遇不丰（每季工资大盘约六十元，称手约十六至三十元，账房约十六至二十元），亦只得默认作不知耳。

庄客复验茶业，如发现样品与货色不符或色质不佳时，除决定退盘外，亦有另议价格者，即将原由大盘所定价格减低，而减低之程度，随茶市之良否而定，如市况旺盛，则颇少打棒（即减价之意），否则，随意减低，茶农亦无可如何也。又各子庄收买毛茶，有时亦有掠盘习惯，或提高价格，贬质收买，不受本号指挥。

茶农除受折扣之过高、称茶之作弊与夫价格之压低外，尚须纳团防、教育、区乡行政、实业、慈善等捐，共约估所得总数13%，茶农所得之微，自可想见。至其他交易商各种弊害，所在皆有，观下列之章程，即足以反映运销组织不健全之一斑。

（1）光绪二十五年黄沙坪公立禁碑摘录：

一议 凡产贩不许茶内掺草，一经看出，将茶焚化。
一议 凡产贩不准打潮发水以及掺和陈茶打末。
一议 卖茶者不准装头盖面，欺害客商。
一议 产贩至庄不准强买强卖，滋生事端。
一议 各号以及梁伞、铺户、烟馆等不准私买盗来米茶。
一议 禁革垞白经纪免害乡愚。
一议 号内不准长秤短减，欺弄乡愚。
一议 号内必须公平交易。银洋不可高抬时价。

（2）民国八年九乡公立禁碑摘录：

一 颁发官秤 黑茶法码……校准十六两三钱官秤，颁发各埠通用，……行户客户并沿乡各设公正人执掌，以归划一，……否则将茶充助军饷。
一 额定斤两 黑茶成包，额定二十四斤，现奉院扎饬于二十四斤外，无论头茶、子茶均酌加一斤，以补抛灰失末。
一 持平交易 按时价陈娇之后，经纪书立交约，约既交客，产户不得贪价翻悔，号客亦不得藉端卡抑。

　　一 规正兑算 兑账除行佣由厘五十七文外，每串实兑十足钱九百四十三文，不得抹尾短数……，如地方有临时公益抽款，经行政长官许可者，得由九百四十三文内扣收。

　　一 扣取吃茶 吃茶向因号客伙夫供产户茶水，讨取归包零剩茶斤，原无定额，今则每包扣取四两半斤不等，以吃茶为名，殊属非是。

　　一 掺草和沙 一经发现，公同处罚。

　　一 背地洒潮 产户于成包后，背地将茶洒潮及脚夫中途舞弊，公同罚处。

　　一 □包换印 茶以成包客，加灰印为记，如灰印变换，确有□包痕迹，从重罚处。

　　一 挑运投卖 黑茶向由行商沿乡收买，无论远近，产贩未经行，客买就成包者，不准肩挑船运，自行提样入行投卖，违者公罚。

　　一 禁草野茶 外属野茶，品质杂伪，气味薄劣，不可运来，违者将茶充助军饷。

　　（3）民国二十二年六乡黄道□□立禁碑摘录：

　　乃近有发现茶内掺杂灰土及各种草叶并掺研细茶棵，用草灰、皂□、锅末烟等类染造假色以及发水加潮之种种弊病，不惟破坏茶业，尤属妨碍卫生。

三、社会调查类文献

（一）湘乡社会调查*

风俗习惯 旧婚姻

　　男婚女嫁，是人生必然的事，但婚嫁手续，各地繁简不同，愈野蛮的地方，迷信愈重。我县婚姻习惯，除少数开通之家，依照新定仪式，力从简俭外，其余都相沿旧俗。

　　旧婚姻开始，照例凭媒妁之言，向男女两家说和，最先交换生庚八字，谓之草婚。双方请算命先生查明有无冲克？相克的作为罢论。相合而彼此同意的便交换正式八字，谓之红庚。并由男家送首饰礼物到女家，女家也以文

──────────

　　* 本文节选自张妍、孙燕京主编：《民国史料丛刊》（第848册），大象出版社2009年版，第149~150、155~156、208~212页。

具之类回答男家，谓之定庚。同时凭媒和双方家长交换正式的婚约庚书，男红女绿，订婚手续，如是告成。此后由媒人将男家所择的婚期，报告女家，谓之报日。女家把嫁奁用具抬到男家，谓之铺房。男家以酒肉及礼物回答女家，谓之过礼。到结婚之日，男家用彩轿往女家迎接，谓之接亲。新郎新妇交拜之后，行合卺礼，谓之交杯。整装之后，行庙见礼，恭拜祖先尊长，并互相行礼，谓之拜堂。当晚洞房灯烛辉煌，任亲戚朋友，纵意谈笑，谓之闹房。三天之后，女家书红柬备酒席接新郎新妇同来，谓之回门。

这样的繁文缛礼，对于金钱时间，非常耗费，以现在乡村经济而言，贫困之家，深以儿女婚姻，如负重债，为免除婚嫁耗费起见，多有蓄童养媳的。不过近年风气渐开，颇有改革的趋势。

风俗习惯 十恶歌

（一）鸦片恶！害人多！昼夜颠倒，膏血消磨，几个觉悟？扑火飞蛾！

（二）赌博恶！丧良心！作弊弄假，犯法惩凶，废时失业，产荡家倾。

（三）花鼓恶！丑态扬！装扮淫巧，诱惑愚氓，失节堕德，俗败风伤。

（四）早婚恶！不近情！未脱童体，抚养孩婴，弱国亡种，幸福牺牲。

（五）庸医恶！纸包枪！之无不议，妄断阴阳，包封到手，病者完场。

（六）烧纸恶！当金银，中元火化，千万成空，是否做假，蒙哄祖宗？

（七）缠足恶！实可哀！贫家愚妇，压迫女孩，虽说渐少，一个不该！

（八）风水恶！冀将来！地生播弄，升官发财，十九构讼，福去祸来。

（九）坐拼恶！真野蛮！小事弄大，聚众凶顽，荡人家产，手辣心残！

（十）束胸恶！压乳房！有伤肺脏，更减儿粮，不急解放，贻害无疆！

编者按：这课虽不是湘乡特有的恶习，但为改造新的湘乡，所以提出。望读者和教者，勿视为无关轻重！

租佃惯例

湘乡农村租佃惯例，各地情形小异大同，地主通称为东君（或东主），佃耕田土的称佃户。佃约的成立，是由介绍人（通称引进）介绍新佃向地主说和，如果地主认定佃户人力和佃押金充足，同时新佃也觉得办法相安，如是开始订立佃约。

佃约的内容，载明押租银（又称佃信银子）若干？用银两、光洋、常洋或元钱？分作若干期交款？银洋的仔息多少？扣定租谷，用何种斗斛？收干租、净租或湿租？谷种优劣如何？应量租硕几何？至于田土丘亩的名称，或肩担的数目？水路如何？有无修筑或顶项？房屋若干间？楼枕门窗若干座？是否另出押金？柴山归东君或佃户取用？……这些都须写明。

佃约有效的期间，于立约时注载，有三年五年载的，也有不加注明。以相安与否？随时退耕或延长的。各种条件写好了，由引进人和佃户署名画押，交给东主。同时东主也写一张安耕字和佃约钤合，（有不用安耕的）交佃户收存。这样，佃户便可定期进庄耕作了。

租佃的轻重，各地殊不一致。首上二里，多东半佃半，或东六佃四。中里多东六佃四，或东七佃三。首上两里多收干租，而中里则多收湿租（即是扮落的壳，径送由东君自己□□晒干）。

押租银大约每田谷一百硕，佃户起码须缴纳五六十元。地主需要钱用的时候，得令佃户加缴押租金，俗谓之加佃，大约每加十元，年减租谷六七斗，或一硕不等。故押金愈多，收租愈少，甚至加到满额全没有租收的。这种贫困地主，日见增加，在全县说来，约占地主中十分之七八，经济能力实和贫佃相等。甚至有不如的。所以押租金，实际是一种借款，如果不能退清，则佃户于无形中得到占有产业权，东主失了自由支配的力量。不过这种贫东遇不能再加租银时，每每把田产、房屋、山地出卖，或以重当，定若干年赎回。但无论出当或重加押金，而于无租可收时，则应完的田赋，多归承当人或佃户担任完纳。

退耕的原因，每为贫佃欠租不清，或荒怠工作，或毁坏耕地、房屋、山林，和违抗租约等项。

首里一带有些佃户，于退耕时，每每发生纠纷，虽有一部分东主未能体恤贫佃困难所致，而佃户也有不少习狡恃强，作欺人或油索金钱之举。

民国十六年，政府拟定二五减租条例，减百分之二十五，终以障碍而未行，因贫佃固多，而贫东更属不少，有些孤儿寡妇，一家数口，全靠十几二十硕谷养生，若果一减下去，简直无以度活，况且押租重到无租可收的，不知若干。不过也有些财富的地主，藉着减租的命令不行，不独不减，而且加以剥削，致一部分贫佃受其压迫，没有申诉的力量，这种弊病，亟有待于救济。

普通送租在秋收以后，遇到虫伤水旱，照例请东君履勘，斟酌情形核减。至退佃，则有"七月田、八月土"的老话。除租谷以外，其余各种农业副产物，都有纳租税的，还有不少的地方，于立佃约时，附注纳押租鸡或稻草、鱼、糯米等。

胜清时代，有"东佃如父子"之称，佃户对于东主例应服从，东主家有重要事故时，佃户须往帮工，以尽比较亲密的义务，不过在近代农村经济破产的期内，这种情谊，远不如昔了。

（二）衡山县师古乡社会调查（节选）*

绪论

（一）师古乡社会调查缘起

（甲）调查的目的与范围

湖南省立衡山乡村师范学校是一个新型的学校，其办法与课程均与一般的乡村师范学校不同。第一年第一学期的课程，是以社会调查为中心。其目的在给与学生以一般社会调查与统计方法的知识与技能。学生也要作农村调查的实习；根据实际材料，练习统计，整理的方法，使学生能够发现农村的实际问题，试拟改造建设农村的具体方案，特别注意使他们认识到由生活中找问题的意义与重要，因此才有衡山师古乡社会调查的举行。同时衡山实验县政府因要在师古乡创办农村建设示范区，闻得本校同学亦将有该乡社会调查之实习，随商得本校校长之同意，希望能将同学调查之结果，供给县府做为农村建设计划之参考。这次指导学生所做的调查，虽然规模不大，可是尽量使他们能够利用这个实地调查的机会，得到必不可少的调查经验。我们不但有以家做单位的详细调查，也有以保做单位的概况调查；我们不但有应用表格填写的数量研究，也有应用纲目观察的叙述描写。因此在可能范围之内，使学生得到多方面的最低限度的训练。这次师古乡调查所费的时间，虽仅仅有半个月，可是所得的结果，却是颇为圆满，居然衡山实验县政府在师古乡创办农村建设示范区的一部分的计划，是根据了我们的调查，这实在是想不到的意外收获。本校汪校长特嘱编者早日把这些材料整理出来发表，以供社会一般的参考。师古乡一千多农家的生活，都是我们调查的范围，但限于时间和能力，只能择其基本与重要者作详细的挨户调查，如人口、田产、教育、卫生、家庭收入与支出等，至于农业、工业、农村金融、风俗习惯、迷信娱乐等项，则仅做概况的叙述与描写。

（乙）实地调查的准备

编者把社会调查与统计方法的课程教完以后，就开始筹备实地调查的进

---

* 本件现藏于湖南图书馆，索引号：359/339，民国抄本，湖南省立衡山乡村师范学校编，1937年。

行。编制的调查表有农家人口、教育、卫生、田产权与收入，家庭支出五种，另外又写了些关于农业、工业、物价、集市、借贷等调查纲目，分发给学生。编者特请了本校李柳溪先生指导学生的实地调查工作，在未下乡之前，由李先生召集学生讲解调查表，并说明下乡调查应注意之点，本校汪校长，李柳溪先生和编者也曾赴石矶乡及师古乡两处视察，选择调查区；经多方研究，认为师古乡较石矶乡为适宜。复与师古乡乡长及该乡各保保长数度接洽，始定师古乡为调查区。

调查区规定好了，便准备下乡做实地的调查。我们把全校的 94 个同学分为 10 大队，每队设队长 1 人，由本校教职员充任之。每队复分为两小组，指派学生 2 人任组长。队长负全队工作及生活指导之责，组长则辅佐队长，助理一切。10 大队之上设调查总队长 1 人，由校长充任之，设副总队长 1 人，由编者充任之。关于实地调查的进行，则由李柳溪先生负责，各队轮流视察，指导一切。

根据师古乡地方的情形，将 10 大队分驻 8 处，第一二大队驻第一保之九龙庵，由李毅先生任队长。第三大队驻第三保之师古桥，由李藉赐先生任队长。第四大队驻第四保之杨家湾，由许芝先生任队长。第五大队驻第五保之晏家冲，由朱晨声程永庆两先生任队长。第六七大队驻第七保之八里坪，由李剑南先生任队长。第八大队驻第八保之石门楼，由李秀峰先生任队长。第九大队驻第九保之双烟町，由叶德光先生任队长。第十队驻第十保之俞家冲，由王秀斋先生任队长。把各队所驻地点规定好了以后，于民国 25 年 12 月 23 日始由各队长率领全体学生整队出发下乡。

各队到达帅古乡各保后，即由各队长分别拜访各保长，小学教员及其他乡村领袖，说明县政府要在师古乡办理农村建设示范区，必得首先明了人民生活及问题，好根据事宜，计画各项建设方案的意思，请他们热烈的赞助并代向民众宣传。次由各队学生到各保农家作普遍的宣传，并召开保甲长联欢会及甲民大会。

举行保甲长联欢会议的目的，在联络感情，藉保甲长的力量将调查的意义宣传给民众。一般农民大多数是无知无识的，他们因为过去受了抽捐，征兵，拉夫等等的害处，一听到调查二字，早有七分恐惧三分头痛了。这次本校学生下乡调查，穿的是军服，又操了 42 县的异乡口音，农民当然更要疑惧。保甲长是农村中重要的领袖，为一般人民所信仰，只要抓住了他们，他们没有问题，甲民也就不会疑惧反对了。在各保甲长联欢会议中，队长都作同样的讲演。讲演的内容，是首先说明县政府要在师古乡办理农村建设示范区，必先举行调查，举行了调查才能了解农村的问题和农民的痛苦，农民的痛苦政府明了以后，才能拟定为人民解除痛苦的方案。次则声明五点，第一声明学生穿军服是学军人的吃苦，耐劳，敏捷和苦干的精神，绝不会藉着军服来扰害老百姓。第二声明下乡调查不受人民的招待，不叫老百姓花一文钱。第三声明这次调查完全为明了农村实况，作为计画农村建设方案的依据，所以要认真详细调查，绝不马马虎虎，敷衍了事。第四声明调查地亩，房屋等并不是要抽捐纳税。因为增加人民的负担，便是破坏农村，不是建设农村了。假设政府真的要人民纳税，只要下一道命令就可办到，根本用不着实地调查。第五声明人口调查并不是为抽丁征兵，乃是为将来训练壮丁的准备，使农民有自卫的能力，达到安居乐业。最后希望大家协力合作，完成这个伟大的工作。在这个联欢会里，同学们也曾表演了些余兴，并预备了些茶点。经此番联欢后，保甲长皆允热心协助进行。最后各保又开了一次甲民大会，讲演辞和秩序与保长联欢大会相同，使一般民众明了调查的利益，免去疑惧。

为明了师古乡各保的面积及地理的状况，我们在调查前，也将各保的地势测绘了一下。我们所用的方法极其简单，首先选择量步者一人，司绘图者一人，测量只凭一只眼，两条腿。绘图的工具，则只有一块绘图板，一个指南针，一枝铅笔而已。这种方法虽不甚精确，但亦有相当的可靠。测绘时是一步一步量的。师古乡的山很多，山上都是羊肠的小路，绘图的爬山越岭，累得精疲力倦。这张师古乡地图，简直可以说是同学们一滴一滴的血汗换来的，这是我们值得纪念的。

（丙）实地调查的进行

学生在乡下作实地调查，每日的生活程序也是预先规定好了的，像在学校里一样的有纪律。每日早六时起床，六时半早操，由队长领导学生跑步操练，作几十分钟的户外运动。虽在朔风凛冽的寒冬，学生们也毫无难色。七点半早饭，八点出发调查，十二点午餐。有时如遇路远，午饭不能回来，多背着一个小口袋，装上两三碗米，到了晌午，在农家把米煮了，随便吃一顿饭，吃了再继续作调查。学生们这种浓厚的兴趣，吃苦耐劳的精神，风雨无阻的魄力，翻山越岭不辞劳苦的出去调查，是值得我们欣慰的。普通二人一组，一人询问调查，一人填写表格，平均每日可调查两家。调查回来将表格交给队长审核校对，有了错误，立刻改正；有了遗漏，再去覆查补充。学生在调查的时候，固然免不了发生不少的困难，但也曾得到些意外的收获。他们不但能够把调查表上的各项问题，一一地填写好了，同时他们也不嫌麻烦的把在××表以外所发现的有趣味的事实，记在日记本里，回来分门别类地整理出来。每日晚饭后学生除整理当天所调查的表格外，即利用时间谈论报告调查的种种困难和问题，得到应付与解决的办法，直到晚十时许始熄灯就寝。师古乡一千四百余农家，不到半个月就都调查完竣了。调查完了，就由编者指导学生在乡下做初步的统计与整理。学生在实地调查与统计整理中得到不少的经验与技能最重要的是他们对于在生活中去找问题的重要与意义，却已充分的认识了。同时他们也自己承认虽生在农村，长在农村，对于中国农村生活的真相，农民种种的问题，以前却不十分明了，经过了这一番调查，他们对于农村了解得多了，这更增加了他们对于社会调查的认识与信仰。

第三章　农业

（四）土地分配

师古乡 1486 家中，完全耕种自有土地者计 167 家，约占总家数之 11%。耕种之田地内一部分为自有田产，一部分为租人之田地者，有 296 家，约占 20%。耕种自己一部分田产而又租出自己一部分田产者，有 38 家，约占 2%。耕种自己田产一部分，租出自己田产一部分而又租入别的农家一部分田产者，有 35 家，约占 2%。将他人的田产一部分租入而又完全租与别人家者，有 1 家，约占 0.06%。将田产完全租出，自己一点也不种之地主者，有 66 家，约占 6%。自己没有田产完全租种别人田产之佃农，有 589 家，约占 40%。男子为人做庄稼活儿而只得工资维持生活之雇农，有 17 家，约占 1%。无田产而又不以种田为生者有 277 家，约占 19%。我们可以看出，师古乡大多数的农家是佃农，次为无田产而又不以种田为生者，自耕农颇少。此种土地分配的情形，与华北大不相同。

（七）租佃制

（甲）租佃权的种类

本地租佃权的种类可分为"永佃权"与"普通佃权"两种。大概地主的荒地由佃农或佃农的先祖垦成熟地，又一辈一辈继续承佃的，普通就有"永佃权"。在这种情形之下，租佃的字据上均写有"永管永佃"的字样，以表示

"永佃权"的确定。这种情形在师古乡颇少，普通一般的佃户多仅享有"普通佃权"。

（乙）租佃的手续

本地的租佃都是由承佃人先托人介绍，有时也要出少许的介绍费。这种介绍人普通称之为"引荐人"。在佃农与地主之间，从中介绍，说合租佃。说合好了，就定一日期，佃农备办酒席邀请地主及引荐人到佃农家里吃饭。吃完了饭，由承佃人书立佃耕字，交足"佃金"。"佃金"又称"押金"，"进庄"或"保庄"。交了佃金，由地主点清并书立领字，从此租佃的关系就算成立。兹将租佃契约的样式，抄录于下，以资参考：

立佃耕字人△△△今佃到△△△所管△字△区地名△△处种田△石，坐落△塘△处，共大小田△△丘，计毛谷△△肩，水系。注荫（即灌溉之意），凭引坝荐人△△行言招到△△承佃，耕作为业。比日三面言定近秋纳干净谷△石，毛车湿洒（即过风车将毛谷扇干之意），东斗交量（即用地主之斗去量所纳之租谷），不得短少。倘天年不顺，请东临田踏看验不减租。至注荫车水二班人工，东佃各半。有一不愿，原洋（即佃金）原田（即所租之田）双方发还。如租谷不清，应以押租洋内扣除。退田之日，押租银洋迟加早扣（如地主于佃户交田时，不能立刻退还佃金，迟退若干日子，就得多付佃户若干日子的利息。如佃户未交田，因需款孔急，向地主请求早日返还佃金，早退若干日子也得付地主若干日子的利息。这就叫做押租洋迟加早扣），两无异言，恐口无凭，立此佃耕字一纸与东收执为据。

引荐人△△△押

中华民国　年　日　立佃耕字△△△亲笔押

（丙）佃金

佃农除了纳租以外，更要缴地主佃金，已如上述。佃农所纳之佃金，普通每亩为4元。佃金就像这里租房子缴纳的"押租"，地主恐怕佃农拖欠租谷或不肯多施肥料损及地力，于是想出这种办法。但亦有因与地主极其熟悉，地主不要佃金的这种情形，却极其少有。有的佃农因手中无钱，交不了"佃金"，佃不到田种，于是向有钱的家庭，高利借贷，一方面在收获以后，要缴纳租谷，一方面还要还借款的利息，双层的压迫，佃农岂有不穷。同时地主把佃农交来的"佃金"，高利借贷出去，得到双层的利益。于是地主愈来愈富，佃农愈来愈贫。乡村里有"钱滚钱"的说法，却是很有趣味的一句话。

（丁）佃租的形式和租额

这里佃租的形式，皆系"纳物佃租"，没有"货币佃租"或"劳力佃租"。佃农缴纳的物租完全是谷子，这里的谷子就等于现款。普通一亩田约产毛谷 5 石，出干谷 4 石，约纳租谷 2 石。按照民国 25 年的谷价来计算，平均每石为 4 元，每亩水田普通出干谷 4 石值 16 元。在收谷以后再种别的作物，如豆类、晚稻、席草等其收获产量的总值足可以达十八九元，每亩水田纳租 8 元，则纳租额要占到收获总值之 44%，租额可谓不少。不过租额因"佃金"缴纳的多少而亦有不同。比如说每石种田（约合田 6 亩），普通每年可产 30 石毛谷，出干谷 24 石，缴"佃金"30 元者，每年纳租谷仅 10 石或 11 石而已。每石种田缴纳"佃金"七八元者，每年要纳租谷十三四石。至于不缴"佃金"之佃农，每石种田则每年要纳租谷多至十四五石。

佃金的多少亦与所佃地亩的肥瘠有很大的关系。普通田地依土质的肥瘠，可分四种，河边的田最贱，因有大水，禾苗易受水害；山边的田亦不算肥，常容易发生虫害，又易被水冲洗；这两种田所纳佃金当少。至于冲及垅槽肥沃的田，当然佃金要多。

此外如地主给佃农房子住的及给佃农山土使用的，佃户可以白住房子，并可使用山土种棉、花生及其他杂粮等，如果山有竹木，佃农还可以砍柴烧，在这种情形之下，佃金就更多些。

（戊）租佃制下的苛例

这里佃租的苛例，虽然没有像野蛮地方农民对于地主要提供身体和生命那种不人道的举动，却也有"劳力""副产物"及"筵席"等等提供的苛例。在师古乡，比如地主家里要盖房子，那家的佃户就都要来帮忙，只有饭吃，并无报酬。地主家办婚丧事，佃户也得替他去帮忙，就是所说的"劳力"的提供。这种"劳力"的提供，却含有农奴的意义在里面。佃户家的副产物，如稻草、豆、红薯、鸡、肉、鱼等，每年也得送些给地主，表示对于地主的一点意思，这就是所谓的"副产物"提供。除此之外，在收获后，地主收租的时候，佃农还得请地主吃租饭，也要预备得讲究一点，如鸡、鸭、鱼、肉、酒都得有，请这一顿也要花个两三元钱的样子。这对于佃农，的确是一种剥削，政府应当明令取缔。

有时因天灾收成不佳，佃户无法将租谷全部缴纳地主，也有请求"引荐人"或与地主有关系的人，向地主请求减租的。这时佃户也得孝敬地主一两只鸡鸭，有时还得请地主及引荐人吃酒席，这样应酬一番，地主也不一定肯减租。

（八）农工

师古乡一般无田贫苦的农民多为人做长工或短工，取得工资，维持生活。农工的种类共有三种，即年工、月工与日工。

年工的普通工作期间为一年，自旧历二三月间上工，到来年二三月间期满，工作能否继续，全看雇主是否满意。工作范围，包括耕田、插秧、挑水、喂牛、挑粪、种菜等等。甚至于雇主家中主妇事情忙的时候，他还得替主妇抱孩子。雇农在一年之中，除年节外，是不会有什么闲暇的。他的待遇，除供给伙食及住所外，全年工资，以民国25年来说，普通为30元，最高40元，最低15元。应用的农具当然由雇主供给。雇主亦多供给雇工草鞋、斗笠、蓑衣等；有的雇主并不供给，由雇农自备。雇农住在雇主家，他要自带被褥，家里太贫寒的雇农，自己无钱制备被褥，雇主也有借用的。此外在农忙时，雇主为使雇农努力工作起见，亦有特别预备酒肉及黄烟，犒赏雇工的，在平常则多不供给。

月工可以说是短期的长工，也可以说是较长期的短工，他的工作期限和工资，都是以月计算。只要雇主所给的工资，雇农同意，那就可以上工。雇用月工大都在农闲时期，因家中田地不多，不能雇用长工，或是因为家中种田的人口，有了疾病或死亡，或因有事外出，田中工作无人担任，这才临时雇用月工的。做月工的人，多极忠实可靠，为地方所熟悉的短工，其工作范围与长工相同，什么活都得干。民国25年，月工的工资普通为每月3.00元，最高为3.50元，最低为2.50元。伙食及住所均为雇主供给。

日工的工作期间及工资均以日计，普通农家需用日工，多于需用之前一两天到附近雇觅，与雇工先行约定到时上工。伙食由雇主供给，菜蔬较平时均佳，工资随当时的情形而定。近年来粮价低落，农家收入减少，故多不愿雇人，短工之工资，因此低落。民国25年日工工资普通为0.14元，最高0.20元，最低仅0.12元。

我们也曾调查了近十年来师古乡雇农工资之变迁，年工、月工、日工之工资均有低减的现象，兹列表于次，以资参考：

年份	工　　资（元）		
	年　工	月　工	日　工
民国 16 年	40.00	3.40	0.14
民国 17 年	42.00	3.60	0.15
民国 18 年	42.00	3.50	0.15
民国 19 年	45.00	3.60	0.18
民国 20 年	45.00	3.50	0.18
民国 21 年	40.60	3.00	0.15
民国 22 年	40.00	3.40	0.15
民国 23 年	35.00	3.00	0.12
民国 24 年	32.00	3.00	0.14
民国 25 年	30.00	3.00	0.14

从上表看来，可知师古乡农工之工资有一般逐渐低减之现象，考其原因，不外两种：（一）农村金融枯竭，农家为减少支出，以前雇用二人，现只雇用一人，以前雇用一人，现则自己操作，不再雇人。失业的增加，发生供过于求的现象，工资遂逐渐低落。（二）农民因生活的压迫，多数失业的雇农为要维持自己和家庭的生活，不得不自动的减低工资，争得工作。

第五章　农村商业与金融

（一）商业

（甲）输入与输出

师古乡输入的农产品，其主要者为谷米、棉花、红薯、凉薯、花生及麻等。除农产品外有煤油、洋针、瓷盆、布伞、电筒、马灯、胶皮鞋、洋袜、绒帽、火柴食盐、海带、瓷器等。输出的货物则多为农产品及手工业品，有青豆、黄豆、荸荠、草席、算盘、玩具、乐器、草鞋等。关于全年输入与输出各种货物之总量及价值，因时间限制，未能加以调查。

（乙）集市

师古乡全乡只有一个集市（这里叫做"墟场"）在师古桥。全乡虽仅只有这处集市，可是规模却不算大。师古桥集每逢三八为集日；所谓三八，即旧历各月之初三、初八、十三、十八、廿三、廿八等日，每十天两个集，每月六个集。集上销售的各种货物，以农产品、日用品及食品为最多。每届集日，摊贩由远近来的赶集者不下 50 个，排列于师古桥街市之两旁：有摆摊者，有挑担者，有提篮者，都将货物陈列外面，以招买主。普通开集多在上午 10 时左右，至下午 4 时左右停止；交易最热闹的时期是在正午 12 点钟及下午 1 点钟。赶集的人数普通约五六百人多为本乡的农民，但亦有来自南岳镇、义安镇、福宁乡、新庄乡、店市乡及水口乡者。

集市最热闹之地点系在桥之南正街，那里普通为卖花布、黄烟、猪、咸鱼、糖果、杂货、食品者。桥之西边及桥上之摊贩，则多系卖青菜、鲜鱼、鸡蛋、水果者。桥北小横街，则多为卖红薯、凉薯者。交易均以现款买卖，不赊不欠。

卖柴者多系小孩，他们把柴卖了，多买油盐、豆腐、菜蔬等。摊贩卖东西者，妇女极少。妇女多卖草鞋及布鞋，也有提着竹篮卖鸡和鸡蛋者。

猪市和豆市是有经纪人的。他们若撮合成了一只猪的买卖，可以抽 2% 至 3% 的佣金；豆的佣金是每斗 4 分。从事这种职业者，共有 6 人。这只是他们副业的副业，所以在职业表中没有列出。

（丙）商店

师古桥有商店 15 家，资本均在二三百元，有一家资本最多，达 700 元。15 家商店中有饭店兼豆腐店 4 家，杂货店 2 家，杂货店兼药铺 2 家，药铺 1 家，黄烟店 1 家，染坊 1 家，乐器店 1 家，成衣铺 1 家，油货店 1 家，纸扎铺 1 家。

此外尚有消费合作社 1 处，名称为"有限责任师古桥消费合作社"。该社成立于民国 25 年 7 月。营业区域，以全乡为业务范围。社员 76 人，计 134 股，每股 5 元，股金共计 670 元。

内容组织分为三部，有理事委员会，监事委员会及评价委员会。理事委员会及监事委员会皆由社员大会选举产生。评价委员会则由理事委员会与监事委员会共同组织而成，理事委员会有理事 5 人，互选理事主任 1 人，综理社中一切事务。监事委员会有监事 3 人，互选监事长 1 人，司监察社务及账目之责。评价委员会则负规定物价之涨落及改定之责。

理事会选举经理 1 人，司库 1 人，书记 1 人，常以驻社服务，只供饮食不给薪金。此外社中仍雇用工友 1 人，学徒 1 人，均系佣工性质。

社中所售货物，以杂货、纸张、文具、食品、中药等日常生活用品为最多，消耗及迷信物品次之。物价较普通商店稍廉，故农民多喜购之。

红利之分配除股息年利 1 分外，盈余以 20% 为公积金，10% 为公益金，30% 为职员酬劳金，15% 为社务发展金，以 35% 为交易赢利金。社中以此种赢利金之 8/10 分给社员，2/10 给非社员。自开幕始，营业颇为发达，前途大有希望。

师古乡除集市与商店外，仍有一种以物易物之交易方式。有些小贩从县城或南岳镇办了些廉价的瓷器、肥皂、火柴或麻线等，在乡中各处换取农家破烂东西。普通农家可用破烂衣服及旧布等换麻线做鞋底，可用头发换瓷器。可用破烂被褥、毯子、皮货等换较好的磁器和其他用品。此外仍可用猪毛鬃，兽皮等换到现金。

有的农家需人织布、绩麻、推米，碾糠或其他工作时，便可以把附近穷人找到家里同他商量，用自己的破烂衣服换取他们数日的工作。比较富足的农家，破烂衣服也省得白白地丢了，而需要衣服的贫寒人家，也可以省得用钱去买新的衣服，多花钱，这种方法可以说是以劳力换物的交易方式。

（二）金融

师古乡农村金融中的借贷可分为借款与借谷两种。乡中因现仍无信用合作社之组织，农民需用现款，只得向富户求借。借谷除可向地主去借外，尚可向储仓去借。有些农民需要现款，也有自行组织钱会。

（甲）借款

普通借款的利息，皆按月计算，最高者 3 分，最低者 1 分 6 厘，平常 2 分。期限普通只有周年及六个月的两种。借款的手续，系先由借款人求中人向富户接治妥当，然后出一借据给贷款人。普通借据中载明借贷款额、期限、利率，并盖章画押方算完备。兹将借据格式列下：

立借字人△△△今因乏手，借到

△△△ 名下光洋△△△ 元整，比日三面言定，周年（或照月数计算）△分行息，至期本利一并归还，恐口无凭，立此借据为证。

保人△△△押

中华民国　年　月　日　　立借据人△△△亲笔押

关于农民借贷之原因，约有五种：（1）人口多，佃田少，而未从事其他生产者。（2）人口多，遇天灾虫害，食谷歉收者。（3）人口多，入不敷出者。（4）遇婚丧，疾病而无储蓄者。（5）农民兼营小贩而亏本者。综合各种原因，以人口多而借贷者占最多数，其他次之。

乡民除因有意外事故发生，并无故意拖欠债务者。如遇借贷人因故到期不能偿还本利，因而有还本不还利者，或还利不还本者，或本利均不能还者，至此则只得央求中人更换借据，变成通账。遇有债主不愿通融者，小则问难口角，大则辱骂兴讼，不过在师古乡还算少有。

有时借贷者因连年发生意外灾祸，家庭经济破产，或因年老兼病，求生乏术势必无法偿还债务。乡间债主亦有怜其情而了事的，或令借者出据，将来向其子孙索还。债主也常有于旧历十二月廿四日将其原来借据，用火烧成灰，放在猪槽里，叫猪吃了的；意思是说今世不还，来世得变猪偿债，其刻薄的情形，由此可见。

（乙）钱会

师古乡钱会之组织，尚为普通。就中以九人周年会及 11 人周年会为最多；以 9 人，11 人半年会，与 9 人，11 人月月会次之。

组织方法，系先由 1 人发起，联络 10 人或 8 人，以凑齐 10 人者为 11 人会，凑齐 8 人者为 9 人会。以 1 年为一轮者谓之周年会，以 6 个月转一轮者谓之半年会，每月一轮者谓之月月会。

会时由会首通知会员，携款缴足之后，方可抽签，以号头在前者为得会。利率常年在 1 分 5 厘左右。

会金额分 100 元十一人会，80 元九人会等，兹以 100 元十一人会举例如次：

首会——先由会首邀请亲朋 10 人，每人各出洋 10 元，共凑成 100 元，交于会首使用，会首就备酒席一桌酬之。

二会——过了一周年又到了钱会的日子，会首应出会金 15 元，其余 85 元则由未得会之 9 人分摊，每人应付 9 元 4 角 5 分，交给使会者。使会者同样备酒席一桌酬之，以此类推。

会之通常惯例九会，十会，末会，均付至八会为止，以后不再付会金；因首会至八会，此八人业已凑足 105 元，较以上所接会金尚多 5 元。但使六会者到了第九会，则少付会金 4 元。使七会者到了第十会，则少付会金 5 元。使八会者至第末会，则少付会金 6 元。其所以少付会金之缘故，完全是利息的关系，我们因为时间的限制，没有能够把利息调查清楚。

（丙）借谷

乡间农民向地主借谷，其手续与借款相同。普通借谷的利息较高。一般农民向地主借谷，地主多按六月米价高贵时计算价格，至八月秋收米价跌落时，农民照价偿还。这样一来，在谷价贵时以谷折价贷出，在谷价低贱时，以谷折价偿还，至少可得利息两三倍于成本之多。兹将借谷用的借据列下：

立借谷字人×××今因缺乏食谷，自愿求中借到

×××名下食谷××石整，言定每石谷息三斗，至明年秋收本利一并挑送上门，过车过斗，决不失误，恐口无凭，立此为据。

保人×××押

中华民国　年　月　日　　立借谷字人××押

（丁）仓谷

积谷备荒为古今善政。师古乡储仓共计48处，内有救荒会1所。积谷总计约4000石，每保最多为7处，普通三四处，最少1处。创立储仓之年代，今已无从考证。据管理仓谷者谈，积谷系由各保农户捐来，种田1肩捐谷1筒，佃农不捐。储仓内部之组织，由各保公举正直绅士二三人为"经理"，管理仓谷贷放及账目事宜，纯为义务职。惟看仓人稍有薄酬，每年不过七八斗谷而已。

放谷时期，各保不同，普通多在阴历腊月年关，清明节前三日，或在五月端午日。其放法有一次放清者，有分两次放清者，视本保需要情形而定。

借谷者多为贫农，每届青黄不接之际，赖此维持生活。至于借谷手续，则必先求本保殷实农户为其担保，并出字据，由保人向储仓经理请求。俟商妥后，于开仓期照数发给，至秋收本利归还。借谷数量普通由六斗至一斗二三升，其谷利息由5厘至1分。兹将挥据程式列后：

凭挥发本利积谷△△斗整，其谷订至秋收肩送仓前，过车过斗，届期不到，加利处罚，此证与积谷经理手收。

承保人△△△押

中华民国△△年△△月△△日　　领谷人△△△押

（戊）买卖

田地师古乡农民卖地，多托本地有声望之中人，先书一定字请征求买主。俟征得买主后，略示价格，再约定日期，由卖主买主邀请中人三四人，并请卖主之亲属到场书立卖契（草契），同时买主亦书一空白业价手挥（业价数目不填故名空白挥）交与信仰素著之中人。中人接到此种挥据后，旋与同场中人协商买卖价格，填入空白处，然后宣布之。买卖双方如价值相差太远，彼此均可表示意见。设双方不愿买卖时，即将草契暂封交中人手，再约日期会商。有经过二三次会商方能成立契约者，多因中人从中作祟。

迨契约成立后，中人即将卖契交与买主，而买主将价值之挥据，分三期拆散（即三个月俗名百日完价），但此时买主必须由首限挥内批交现金数元或数十元与卖主，名押契礼，然后按期限交款。惟第三期交钱时，买主必须摆设酒筵，请契上中人，卖主亲属，及地方绅士邻居，满堂画押，买主交银，卖主退挥据，方算正式契约，至此，始告成功。

所谓中人即经纪人，分正中，小中两种。正中多属亲戚，亲族或能干者。此种中人最多不过4人，普通2人。其余中人均称小中，其佣钱以总值数抽2%，或抽3%，其款出自买主。卖主不出分文。正中较小中所得佣钱多4倍至7倍之谱。有时因中人贪财不遂，每于成立契时，挑拨离间，弄得买卖经过多次会商，买主预备酒筵数次，耗费许多时间与经济，结果不成，弄成是非，此中人之弊病。又有卖主首先交定字时，请中人招受之际，已赔上背手钱（运动费）若干（例如此田能卖到某种价格，就按多少钱酬劳）。因此中人常有因背手钱不能达到目的时，而从中故意刁难，或挑拨亲属不到场画押，使买主不敢受业。兹将定字程式及卖契程式列下：

定字程式

立出定字人△△△　今将祖遗（或父遗，或自管）△字△区田租（或山林、园土、屋宇……）△△石，册粮△△△，一概出售，共价△△△元整。倘有愿意承受者，请于△日内来舍下接洽，过期作罢。今欲有凭，立此出定字一纸为据。

出定字人△△△亲笔押

中华民国△△年△△月△△日

卖契程式

立永卖田塘水注（塘坝水注或山林园土屋宇屋基余地）等业文契人
△△△今因需银应用，父子兄弟商议愿将祖遗（或父遗，或接受）△字△区
田种△石△斗坐落△△地名，共大小田△丘，计毛谷Δ△肩，水系△塘△坝，
照分排水注荫，册粮△△△，在△户内完纳，实情出卖，尽问亲友，俱称不
便，凭中证人△△△行言招到△△△向前承受为业，比日三而言定时值田价
洋△△△元整，△△△（指卖主）亲领入手明白，并无短少等情。书契画押
清庄退佃，概包价内，其田当日踩踏明白，当有互混不明，出笔人向前理落
不得累及受主外用分文。自卖之后，任受主推粮过户，亲耕另佃，管售听便
永无藉业赎续异言，恐日无凭，立此永卖田、塘、水注交契一纸，并发老契
纸，接受契△张，与受主收执为据。（但老契或接受契尚有毗连产业，不能给
发，即抄誊各一纸附契亦可。惟契尾必须加批，老契毗连不能给发字样。）

　　　　　△△△押　　△△△押
凭中证人△△△押　　　△△△押
　　　　　△△△押　　△△△押
立永卖△△△交契人△△△亲笔押
到场人△△△押　　　△△△押
（到场人指亲属，父子或兄弟叔侄等）
中华民国△△年△△月△△日

（己）典当田地

师古乡欲典当田地，多托中人代觅受主议定价格，约定日期由受业人，
承典人，略备便餐，由典主书立契约，一次成立，并无草契。成立契约后，
再由受主现交Δ元作定契礼。其余之款，由受主出具手票，订定日期交款。
普通一次交清，如款过多，则分期交清亦可。（二次三次不等，但不得过
一月。）

本地典地习惯最低限度以三年为期，过三年以后不拘远近日期均可随时
赎回（多在秋收后）。惟三年以内，卖主不得向受业人索赎。

赎田时期，由原出典人将原典价之数目筹齐，一次交清承典人，承典人
即将原典契约缴还出典人，并将业次交清，即解除契约。

典当田地成立契约时，必须有中人作证，但无佣钱，故过程中亦无中人

从中作梗。赎田之日,亦不必请中人到场。如有纠纷之时,则必须请中人到场作证。兹将典当程式列下:

<h2 align="center">典当程式</h2>

立权当契人△△△,今因需银应急用,父子兄弟商议愿将所管△字△区地名△△田种△△石,共大小田△△丘,计毛谷△△肩,水系△塘水注荫,挑担修锄,在△处额租△石。册粮△△,在△户内完纳。将权当与△人,凭中证人△△△行言招到△△△父子/兄弟向前承典为业。比日三面言定,将受权当田价洋兄弟△△△元整,△△△亲手领讫,不少分厘,钱契两交,领不另书。权田之日毫无外费,退出之日,不得另索分厘,其田当日订定,权当期限三年之内不得向赎;三年之外,无拘远近,原田到日,原田原契,双方发还,自权当之后任受主亲耕另佃,照以原户完粮,恐口无凭,立此权当契一纸,并发老契△纸附契与受主收执为据。

　　　　△△△押

凭中人△△△押

　　　△△△押

中华民国年　月　日　　　立权当契人△△△亲笔押

<h2 align="center">第八章　宗祠与信仰</h2>

(一) 宗祠

关于祠堂建筑费之来源,普通可分为三方面,一系由祖宗遗产之税租而来,祠堂有田产者即其每年之租谷收入,一系由各派或各房之募捐而来,一系由入主的进款而来。所谓入主的进款就是族内子孙将祖父母或父母之神主置于祠内神龛,必须缴纳所规定的入主费。这种入主费普通由五十元至一百元不等。管理祠堂之人,皆系由族内各派或各房中推举的,多系老诚公正而最富族望的人,等为"经首"。经首定额普通为二人或四人,依派或房分配之,其职务为经理祠租,筹备祭祀。任期普通以三年为限,不得连举连任。移交时须将收入支出款项的数目,一一公布。

关于祭期,总祠多系三年举行大祭一次,约在阴历十月间。分祠则每年举行一次,在清明节或在十月间。私祠每年多举行两次,以祖宗之诞辰与忌辰为期。祭祀之日,由各房或各派推出代表各一人,前往祖墓致祭。

关于宗祠大祭的祀仪，各族均有不同，但皆极其隆重而繁琐。每次祭祖子孙参加之人数，各祠均有不同。有的由本祠各房子孙选派数人与祭，有的由本祠经理先期束请稍明事理者数人与祭。祠款充足者，子孙全部均要参加。大祭时，祠堂中的布置与陈设，普通有神位、神龛、香案、烛台、钟、鼓、香、灯等。正厅则多置桌、椅、茶几、条凳等物，壁上挂有字画，有时亦粘贴祠租清单，通告等件，公告族人。神龛的神主前用油漆彩画，雕刻花纹，雅致美观，在外镶以玻璃，神主上书亡人姓名，生死年月，高三尺许，宽五六寸，油以红色，上刻金字，壮丽严肃。每届祭祀之时，厅中悬挂灯彩，合奏鼓乐，饮福受胙，热闹非常。所谓饮福，就是向祖宗神位前举杯献酒，受胙就是向祖宗神位前献肉的意思。通常堂中布置九个桌位，每一桌的左右各站司礼者二人。其第一桌香案的左右，各立司礼者二人，名为通唱，他负责报告仪节的大纲，按礼仪的次序，一一口唱，其下各桌位如饮福所，受胙所，盥洗所，酒樽所之各司礼者则均听通唱指挥，如献祭文，祭酒，祭胙等等仪式，不一而足。通唱普通均系由本祠经首推举熟悉礼仪之子孙充任。主祭多由本祠年高德望及确明文义礼仪者充任之。陪祭由本祠经首推派稍明文理者或由各房选派文义仪注清顺者任之。每次大祭礼仪的程序，需历时约三小时之久，方能完毕。但普通分祠与私祠之祭礼，有时设三个桌位，有的仅设一个桌位，礼仪颇为简单。

关于祠堂宗法的条款，大概可以分为下列数种：(1)严禁子孙盗窃，(2)严禁子孙赌博，(3)严禁祠产滥用，如祠堂的田产、房产不得随便变卖。祭产祭具不得舞弊浮吞；并对有于训诫子孙读书做人，有勤读诗书，循规蹈矩的条规。如有违抗，得由祠堂经首或长辈带在祖祠灵牌位前，执行体罚，或坐拘留，重者由祠堂经理送县府治罪罚办。体罚就是打板子。各祠堂均有班房，犯法者，有时即拘禁于班房中，不得自由，拘留五天或十天，有时至两月之久，祠堂供给伙食，以资惩戒，情节较重者，亦有由祠堂革出永不许入社与祭，并竖立嚼祖碑者，以资警诫。嚼祖碑系石刻的碑，普通上刻"本祠堂某房子孙△△因年来经理祠产浮吞舞弊，在在均有，经本公子孙△△等调查属实，理应重惩及加倍赔偿，浮款无虞，动用款项，设法赔偿，特将△△浮吞情节略述一二，竖立嚼祖碑于祠堂侧边，禁止永远与祭，以为将来浮吞祠产之戒"。

第十章　风俗与娱乐

（一）风俗

（甲）婚姻　我们先说师古乡婚姻的礼俗，普通一般人订婚的年龄，男子约在十六七，女子约在十五六，结婚的年龄普通男女均多在十八九岁，最早也有十三四岁的，不过早婚的风气，则没有北方那样厉害。

普通男女订婚，都是凭媒人介绍，父母规定。男女两家都愿意了，就请算卦的批一批八字，男家算女家的八字，女家算男家的八字；然后把男女的八字再合在一起算一算，看看有什么星宿相犯没有，这叫做"和坤"。男女八字如有相犯，婚礼便不能进行。如不相犯，则请卜卦先生选择吉日订婚，但必得通过双方的媒人。男女双方如均系富户，女家则多向男家要整套的金首饰，如金扁簪、金耳环、金簪子、金手镯等等。除此之外，还要各种讲究的绸缎衣料，不过这些首饰和衣料在女子出嫁时，还是要穿戴到男家去的。女家向男家所要的这些东西，男家普遍没有不应允的。要是不应允，也许两家的婚姻，就因此决裂，也未可知。男女两家如系世交或至好，女家就不多向男家要这些东西。订婚的日子定好以后，在订婚之前两天，男家用红纸帖儿及全红书敦请双方媒人，媒人是男的便写男冰（傧）大人媒人是女的便写女冰（傧）大人，和女家长辈兄弟等在订婚日到男家来吃"订婚酒"。订婚的那一天，俟男女两家的人都到齐了，在长桌上铺一红毡，把香烛点起来，双方公推有儿女的亲戚，分男左女右坐下，将订婚书打开（订婚书本地称"庚书"），男女两家的代表人一齐提笔，一齐落笔的将男女的八字写在婚书上，交给主婚人，双方作揖交换。同时男家即将金首饰衣料等拿出来点交女家，双方作揖行礼，然后燃放极长的鞭炮，双方大家全体拱手作揖恭喜，订婚礼就算告成。

这里寡妇因为礼教的束缚及守节的观念，也多不愿再嫁。但是寡妇再嫁在师古乡却不像北方那样成问题，不过要经过相当的手续。其手续因家境的贫富而有不同。娘家有钱的，丈夫死了以后，青年寡妇未生子女必须再嫁的，多由娘家领回，由父兄书立领婚字；婆家由阿翁书立发婚字，当场废除结婚时双方交换的庚帖（即八字婚书）。寡妇如无阿翁，即由亡夫的亲属代书。经过这番手续，寡妇才能再嫁；否则，双方必起纠纷，甚至于要闹诉讼。

婆家有钱、娘家贫寒，而儿媳又素与翁婆感情融洽的，在这种情形之下，妇人多不喜由娘家嫁出，多由婆家出头，娘家赞助，觅妥相当人家出嫁。出嫁后，便以前夫之父母当做自己亲生父母一样看待。

娘家贫寒的，父兄亦有将她领回，不加选择地把她嫁给一个年岁大的，希图彩礼。彩礼的数目，由数十元至百元不等。婆家贫寒的，儿子死了，媳妇虽然生有子女，翁婆亦不留难，任其随意改嫁。不过亡夫的丧葬费，则多由寡妇的新夫担负。然后再由阿翁书立发婚帖，方能婚娶。亦有不要求丧葬费而代养子女若干年，准子女将来认祖归宗的。

兹将使钱的及不使钱的领婚字及发婚字录下，以资参考：

领婚字程式（不使钱的字据）

立领婚字人△△△，缘先年第△女△△△自幼于归△△△之第△子为室，兹因△△△已于△年物故，凭△△△协商，将△女由△△△领归，任其择配。自领归之后，即日迎归，双方无得翻异，恐口无凭，立此领婚字一纸与发婚字缄合为据。

立领婚字人△△△押

证人△△△押

中华民国　年　月　日　　笔立

发婚字程式（不使钱的字据）

立发婚字人△△△，缘先年第△子幼配△△△之第△女为室，今遭家门不幸，子于△年物故。第△女年尚青春，不忍令其苦守，凭△△△等将该氏发还娘家，任其择配，至该氏先年所有查仪，概由氏带归，自发婚之后，无得翻异，恐口无凭，立此发婚字一纸与领婚字缄合为据。立发婚字人△△△押证人△△△押中华民国年笔立领婚字程式（使钱的字据）立领婚字人△△△，缘先年第△女自幼配与△△△之第△子为室，第△子于△年物故，其家贫困，凭△△△等协商，自愿出备光洋△△△元，以作△人超拔之费。女由△△△领归，自书立领。字后，即日领归，任为择配，双方无得翻异，恐口无凭，立此领婚字一纸与发婚字缄合为据。

立领婚字人△△△押

证人△△△押

中华民国　年　月　日　　笔立

发婚字程式（使钱的字据）

立发婚字人△△△，缘先年第△子幼配△△△人之第△女为室，今遭家门不幸，△子物故，且△家极贫兼△氏又未生育，不便令其苦守，凭△△△等协商，由娘家出备超拔费若干元，而△氏亦由娘家领归，任其择配。至先年所有奁仪，随氏带归，自发婚之后，无得翻异，恐口无凭，立此发婚字一纸与领婚字缄合为据。

立发婚字人△△△押

证人△△△押

中华民国　年　月　日　　笔立

这里纳妾的风气并不像北方那样盛。据民国25年之调查，师古乡1486家只有两家纳妾。一家因为子嗣纳妾；一家因家中养女工作勤劳，家中人口稀少，奉父命而纳妾的（养女系贫家遗弃之女，由家中抚养成人者）。按师古乡的宗法势力极大，族中家法很严，不许随便纳妾。为子嗣纳妾，亦得先得到族中的同意，再率领正室及妾在祠堂行告祖礼，拜祖先，然后夫妇再受妾拜，方能合卺。同时给妾命名，以便称呼。如为色欲纳妾，则亲属邻里多轻视之，或唆使正室将妾赶出，故般绅士富豪，多不敢纳妾。

四、少数民族调查类文献

（一）湖南各县苗瑶族风俗习惯（节选）*

婚丧

苗无同姓不婚之嫌，然同族则不相婚配，嫁娶有欧美风，由男女双方自行择配，然后由父母主婚，媒妁相通，以牛只酒肉为聘礼。聘嫁之日，无轿马鼓吹之迎，无合卺花烛之礼，其新妇步行拿雨伞至夫家，兄弟则负帐笼什物欢饮三日夜，新妇与母宿索婿家财物去后，始与夫婿同寝。

苗人临丧亦哭泣，但节葬无衣裳、棺椁之殓，哀麻经带之服，人死但以㼝卜之，随其所卜之地，掘窟三四尺，镶以木板，置尸其中，以土封之后，三日割牲覆，邀亲朋食饮之，次年二月，以牲猪祭奠，子在左，女在右，如

---

* 湖南图书馆藏，索引号：296.2/78，民国抄本。

是者三年，不复过问，再无会节拜扫之礼。

习俗

苗人之习俗分报赛、祭祀两大项，分述如次：

七月农毕，饶裕之家，或公共聚歙，购肥牡牛而纯白者，先期约会亲邻，男女少长毕集，结棚在外，主客皆盛服从事。祭时，缚牛于花桂之上，由尊亲先揾四方，而铦刺之余，则依序而刺，随刺随泼以水，直至于死视牛仆首向之处，以定吉凶。事毕，以肩馈先刺者，余则分食，不足另割一牲补之，棚前刳长木突其中，冒皮其端以为鼓，使美妇、美女跳而击之，善歌之男女皆衣锦左右，旋绕而歌之，彻夜不休。另于新年舞狮玩龙，亦甚热烈。

苗人信迷信、畏鬼神，疾病则延巫祈祷，酿酒割牲邀亲朋领福。若仍不治，则委之于命，亦间下药石。其祭后插标门首，不许外人入其家，亦神道设教职一法也。其最信奉之神曰白帝、天王，即三候也。每岁于小暑节前辰日起封斋，禁屠沽，忌钓猎，不衣赤，不作鼎，至巳日方止。每有宽恕。多不诉有司，而诉之神明，饮血酒，以盟心艳，歉者至此，莫敢仰视，不复狡辩。近代红苗进步，迷行稍减，黑苗次之，仅生苗仍然如旧。

（二）湘西苗族婚姻家庭和司法诉讼实地调查（节选）*

家庭组合

1. 苗家成员，共同生活。家庭虽无严密组织，然夫妇有别，长幼有序，不稍紊乱。于其工作分工担任，并无所谓偷闲者。女子职在挑水煮饭，纺纱织布，男子职在犁田耕种，锄草插秧。大抵**实**家庭父权为尊，重视伦常，与汉族无异。接近汉区，许多家庭之组合，概已流为汉化也。

2. 分爨与继承

古云："树多桠则断，人多子则穷。"大抵欲求家庭发达，须当分居，各自勤俭振作有为。否则，临财乱用，遇事推诿也。苗人有子多至二三数人时，例有分居之义务。因其儿多人口众，各存自私自利之心，言语情感，多不融洽，畏难苟安，不事竞进。所以分居之图，社会尚焉。其有分法，先除父母养赡田，馀归其子均分之。照例小子不出门，随同父母而居，外来之姑表姊妹及亲友等，均集于此。每分产业时，还须多划十分之一二田地与之。家境富裕者，女子须送女婿田。倘无子女，至亲家族为继承人。有女而无家族者，

---

*　本文节选自石启贵：《湘西苗族实地调查报告》，湖南人民出版社 2008 年版。

概归其女享受之。其余赘婿，除提少数给家族外，下馀尽属该女所有，他人不得出头而争。但入赘之婿，几同附名，一切主权，概归女人，并听女子所指挥。待至生子继承时，始享完全利益也。

3. 过房承祧

苗族每以无子，而年逾知天命或耳顺时，兄弟和睦子多者，往商其侄子承祧。一俟双方手续成立，取得继承人之资格，所有产业，除给女婿膳田外，其余皆归继承者受之。倘后来生有亲子时，事前已有承祧名义，亦可酌给其产业。既是过房，不致视为路人也。惟随母下堂之子，无继承财产之权，大非过房承祧可比。所以社会常常谈："随娘儿无分，祧养儿全收。"此收字，应作受字之解释。一般言公，采此常谈，认为规律云。

4. 阴阳地权

田地已分，其权当归继承人所有，与汉俗同。至关阴地，亦章有在众之习惯，亦有习惯不在众者，此为特殊之点。所谓阴地在众者，原指血系之老人，均可得向该地而葬之，地主不得加以干涉，此为属地属人主义；在血系外之老人，自不得随着而葬之。如任司法审判官，有此兴讼案件发生，于审判时，如何处理必须查实其真相，不可忽意以执行，免得引起误判非议。负有审判责者，随时特别留意及之。倘守业不及，又转卖送他人耕管，阴地在众，失其效力。于此泯灭，告一结束。至于一再变卖，非尔血系所有，仍说卖阳不卖阴，阴地葬人，阳地损失，此系蛮横诈磕于他人也。如三十年前，乾城东乡有卖阳不卖阴之兴讼，诉于县署。事实是某甲有祖地卖于某乙，且属平地，某乙是一外来人，买了此地立契数年。某甲族人，藉卖阳不卖阴为词，将地堆积二十余墓之形势，说待后来死人葬之。某乙之地，占了这样多的空，全地荒废，不能耕种，故起诉之。其审判官熟悉乡情，判云：阴地在众，原以不卖为范围，今此地转卖于他姓，此已失效。加以尔等现未死人，其堆积墓形于其间，实属侵占人之阳地，妨碍耕作，自属实情，恃众强横等语判之。在旁听者，均以此案断得当，咸相佩服赞称也。

5. 重男轻女

重男轻女，为社会之通病，非独苗乡为然。故有"灰不筑墙，女不养娘"之谚说。因为女子养大时，例要离娘，赔钱出嫁，耗费不少，概为他人之所有物。女出门后，人财两空。虽云喜事，究竟觉有美中不足。男子娶婚，用钱多少，都是热烈，喜欢异常。嫁奁入屋，红红绿绿，反而赚钱。所谓人财两得，光耀门风，确至实情。现在提倡男女平权，知识教育，待遇同等，积极改良旧时习惯，将来重男轻女之俗，自必渐次消泯矣。

嫁娶婚姻

1. 初年订婚

苗民结婚早，女子年龄普遍由十六岁至十八岁或二十岁；男子普遍由十八岁至二十岁或二十四岁。男大女小，至多相隔二三岁至五六岁。出此年龄或不及此年龄者，实属特殊，社会人士多认为不合宜。苗民不独结婚极早，而订婚尤早。如有儿女，自一二岁长至七八岁时，便请媒人代订婚。通常订婚，男向女家登门央求，须看某某平时于女家之家长声气相通有往来者，便请某某做媒人。此非空谈，要以酒食为证。男家必备肉酒，待媒人大餐。媒人吃后，始往女家讨其口风，从旁私问，并非直言受男家请而来也。苗谓"及沙秋"（ Jid sad qiu），即试亲。倘察言观色，似有欣然状态表现，并吃女家酒饭后，始返男家将此情形以告之。略休数日，又往央求，始称正式做媒人。甜言蜜语，一说再说，三求四恳，往返多次自有头绪矣。此后，男方得请一位同族长辈做"合媒"，苗称"及保苟受"（ Jid baot goud shout）。此长辈既是媒人，又是男方代表者。两位媒人一同动驾说亲，女方才正式应许。因为苗人有习惯，亲要多求始为贵，表示女子尊贵，不轻易许人也。所以俗传："婆家吃了一笼鸡，娘家不知在哪里。"由此观之，代人做媒是一难事，不知要吃多少酒肉，及耗费许多工日，千言万语，可谓辛苦之极也。所以乡间有句俗话云："田地在私，儿女在众。"要将女儿许人，须经家族之赞同，乃能有效。得同意后，定期放口许之。届时，男家须备肉酒多斤，炮竹两封，提送女家，集其亲族欢宴饮之，俗称之"放口酒"。经凭媒人及女家亲族等第许之。于是双方订婚确定，并放鞭炮，邻里俱闻。此订婚之程序也。

2. 过礼赠品

男女两方乐于同意凭媒订婚后，即择吉期，订亲过礼，苗名家谓之"及站秋"（ jid zhan qub），亦有谓"讲秋"（ janet qub）。此多以气候温凉，农事方休，春前秋后举行之。先由媒人于月前通知女家，女家闻信后，通知各家族。男家准备礼物，最普通的是春糯米粑粑，圆成小个，四个相重成一堆，用粑盒一个，砌成行格花柱宝塔，谓之盒粑。粑粑数目，大约二盒至三四盒，或五盒至六盒不等。圆钱数十串或百串亦不等。但须有大数小数同样数目。俗话说，好事成双。所送礼物要取成双之意义，以为吉兆如钱最小之数目，要四十四串，八十八串；最大之数目，要二百二十串，四百四十串，六百六十串。它如茶叶四两，茶油二斤食盐二斤，好酒两坛或四坛，猪肉数斤至数十斤，糖糁二盒，女衣料一至二套和四件裤料，银饰、耳环、手圈、戒指、鞋、袜、巾、鞭炮数千或数万，及香烛等，分做几挑。物品陈在木盘上，用箩筐分担之。男家亲族，每家要去一人，帮担礼物，订婚者亦去。衣裳楚楚，随之而往。至女家村头，即鸣鞭炮，女家闻之，即齐众族，帮忙人等，丛立门外，竭诚欢迎。帮忙人一一接礼物担子挑之。入屋后，主客一堂，互相道贺。略休息，洗面目，即取甜酒、阴米送吃，并杀肥猪以款待之。女族家长，每户例请一男一女，饱食一餐，俗谓之订婚酒饭。订婚期间，众亲族各请客饭一餐。一般青年女子，能于歌曲，进餐时唱和歌曲，以为娱乐。两天三夜方散客。女家对于男家订婚者，赠送帽子、衣裳、鞋袜等件。对送礼者之家族、媒人，每人赠送裤料一件。杀猪一只，赠送媒人猪头一个及尾巴，钱若干串。如钱四十四串，四十串为女家收受，四串即由女家送媒人。余仿此。此种小数，俗谓之"尾巴钱"，为媒项下应享受此酬劳费也。女家并送男家猪腿一只。女家亲族有大方者，每户例送订婚者裤料一件，当客饭一餐。有杀猪者，要送男家猪腿一只；男家，亦须送粑粑一盒。值斯百物昂贵之时，过礼此风，似宜改良，以免无端耗费也。

3. 嫁娶仪典

自订婚后，男女双方，你来我往，感情热烈，经若干年后男女俱长大成人时，择吉结婚。先讨红庚，取女方之时辰八字，并要送钱数十串，或数百串，以为嫁奁之准备金。对于女子，还赠白银数两或数十两，与之制定首饰物品。此项钱银，苗名谓之"刚恩初"（gangs ngong ndut），俾便预制银饰物品用之。女家受此聘礼后，急忙筹划，分别赶办嫁奁等物。如棉絮，二床为普通，四六床为特别；花枕、蚊帐多少，以被物数为转移；大小衣柜、皮箱、门帘酌量配之。富裕之人，有仿汉俗，制办桌、椅、板凳、书箱、盆架各器具者。惟乾、古、保三县，边境毗连之苗族女家族中，每户赙送被物一床，此为例外。凤、绥两县，无此习俗。

红庚讨得后，请选师择日，通知女家。姑娘出阁前，修眉整容。届期，男家备肉酒数斤或数十斤，鞭炮香烛、灯笼火把，轿子两重，用花轿或篷轿抬新娘，用篷轿或凉轿抬送亲娘也。送亲娘须择貌美、儿女满堂完全之人，方可任之。衣装楚楚引导前往，新娘跟随之后。昔年轿子多鄙陋，是扎小椅一张乘之，如修路工程师视察路线之椅轿然。新娘装**束**，服饰一新。晴晒雨淋，殊感不便。近较开化，改用凉轿或篷轿，胜奇美观。毗连汉区，亦有采用花轿也。并请合师用黄纸画硃符，贴轿前后以驱邪。抬新娘者，择未婚男子。迎亲人一同出发，行至女家门首时，主人闭门拒之。内外比放鞭炮。良久炮毕，迎亲者，以钱币一封自门隙纳章入。俗谓之开门礼。关门人受礼后，始把门大开，许众入屋。略休息，饭后女家发亲。新娘整装穿戴银饰，五花八门，完成后，离娘房，赴家龛前，燃香烧烛，灯火辉煌，叩拜天地祖宗，后拜父母亲族，三跪两揖，哭声上轿而去。同时放鞭炮，灯笼火把随其前往。但新娘出门时，由胞兄弟负之上轿，戴伞遮身不得见天。女家亲族当家男妇，均请来家，酒食款待之。新娘出门，至少须要女子及男子数人陪行做伴。行抵男家门首，将轿放下，经合师用鸡拦煞后，才请新娘下轿。如吉辰已到，烧烛烧香鸣炮入屋。入屋时，例不拜堂行合卺礼，即就地楼火边坐之，面须朝内，忌向外也。看新娘初入屋时，可卜吉凶：左脚先进必生男，右脚先进必生女；两脚趑趄主不生育而破败。任合师者，陈酒二碗，及利市香米于桌上，并敬酒一杯，肉一片，分送新郎新娘。共食该酒和肉，表示二人热情合好，如鼓瑟琴。送洗脸水一盆。此水已用草药煎过，以之洗面驱除四眼一切煞神。间有不用合师者，新娘入屋是用大篾圈子罩之，亦是驱邪之一法也。用合师者，新娘入屋时，秘诀喃喃。编者为求明了真相，考察时，待人诚意，合师秘诀访查无遗，附录于后。咒曰："奉请天合仙师，地合仙人，年合仙师，月合仙人，日合仙师，时合仙人。十二合仙师，十二合仙人。男人化为鸡公，女人化做鸡娘。鸡公鸡娘爱情好，时时刻刻挂心肠。早不离堂，晚不离房，夫妻合好，地久天长。女是太阴，男是太阳，日月同明，诸事吉祥。口合口，心合心，夫妻相合创乾坤。手合手，脚合脚，夫妻相合同快乐。合口合心生贵子，合手合脚降麒麟。夫妻齐眉同到老，百子千孙福寿荣。吾奉太上老君急急如律令敕。日吉时良，天地开张，新人入房，大吉大昌。"

　　至于嫁奁，例随其后。送亲人陪嫁奁同行者，少则数人，多则数十人不等。女家族中有送姻亲者，每家来一二人，男女老幼实成群送亲。娘家送亲者谓之送亲客，俗又称之为正客。有愿热闹者，一路行程，还吹打欢唱，鸣锣喧天，并放鞭炮，以引起观众之注意。行抵男家，嫁奁入屋，新娘之胞兄弟，整理床铺；新郎本人，执肉酒以敬。双方共饮，互相称贺矣。各方亲朋赐贺很多，匾对粑盒，礼品不少。

新娘接到男家后，热烈庆贺数日。每晚餐后，开场唱歌，以为娱乐。例由主人唱起，客后答之。头晚是主人与送亲客对唱。歌词内容，为关于结婚种种颂扬。初则互相谦恭，继则互相称赞。男家誉女贤美而宜男，女家称婿勤干善持家，夫妻合好，孝敬翁姑。至夜深时，全场听众，觉有倦容瞌睡者，歌娘歌郎，为唤醒听众兴奋精神，始停接亲正歌，改唱他词。有故事、谜语，有嘲笑、诘驳，庄谐间作，奇趣横生。至吃紧处，每唱一阕，座客旁听，皆哄堂哗笑。婚家满散粑粑，或赐酒肉及饭宵夜。天明始唱收场歌词，大家散去休宿也。拂晓天明时，早餐又唱酒饭歌。晚上主人换与贺客对歌，亦通宵达旦。一连唱三天三夜方休。倘无歌娘，亦有不唱者。

男家亲族，照例要轮流请客，俗称为"排门客饭"。每吃饭时，先请正客，后请贺客也。请客一般按血缘远近、家境好坏排列。苗乡早饭最重，由条件较好，最亲房担当。次之当晚饭，再之夜宵。每日三餐。若亲族兄弟多，也有吃四五次的。散客天的早餐，例由主家自己招待。

苗民婚典时间，有一天，亦有三天或五天者，无论时间长短，在此贺客盈门期间，新郎新娘，只是见面，而不同宿。期满散客，次天清晨，新娘挑水一担，倾入缸中，表示向夫家力勤工作之意旨。并奉行"话说婚姻"仪式，苗谓之"铺都秋"（Pub dud qub）。设大桌两张于堂屋中，亦有设在地楼上方者，苗称"芮不"章（roi bul）。桌上摆肉酒酱碟，请媒人、证人及主客双方之族长，围桌上座。取所赠之物品绸缎布料与婿者，一一陈列桌上。女之家家族姻亲来者，每家亦送裤料一件与新郎。女方对男家翁姑、兄弟姑娌等，每人亦送裤料一件。族人若当客饭一餐，亦送布裤料条。媒人裤料，照常一件，乃成例也。送毕，男家看女家礼物多少，酌量付钱，总莫相亏，以稍多为宜。对其家族送裤料者，均要酌量付钱。做媒人者，见十有一，为其常规。赠送礼品毕，当场对歌，互相道谢，收拾散席开早饭。

4. 新娘归宁

散客后，送妇做伴，即拥新妇"归宁"宿一晚。娘家要舂糯粑，买糖果礼品，明日陪女回夫家，派族人或胞兄弟护送之。到夫家，勤侍翁姑。男家族中，当客饭者，按户要送粑粑数个，其余概归夫家所有也。归宁回来之日，是晚始是新郎新娘洞房花烛成婚之期。照例新娘先入房中宿之，新郎要待客人及全家睡尽后才入房与新娘同宿。经三日后，男家又舂粑粑，由新郎陪伴新妇一同归宁。至女家，给所有亲族送粑粑。受此粑礼者，要备酒饭担当之。

惟男女分睡，不同房。汉人不知，误传新郎在女家仍属同房者，实讹听耳。坐息三日，二人返家，从事工作。此成夫妇，行动自由听便也。

5. 娶妾赘姻

一夫一妻，人伦大道。一夫多妻，事出异常。无子娶妾，虽为社会所公认，然于其妻有所不利，往往引起纠纷。加以苗人生活艰窘，娶妾极少。不似汉族三妻四妾，恬不为怪。一般妇女，多不愿任为妾也。有为妾者，必具其他特殊原因，或资产容貌不能猎等。富家势强，虽置妾媵，均由豪夺巧取，或金钱购买而来。或恋爱情热，娶之于家庭中。此种婚姻，多不和睦，非正式初婚实可比，时起口角，甚至演成奸杀之不良惨象。

至于赘婿，亦有特殊之情形。多因无子，仅有幼女或媚妇娶之。入赘男子，定属贫寒孤苦之人，具有劳作农工之专长，方为合格。一入女家，殷勤劳作，惟不耗费金钱分文，取得婚姻夫妇关系。主权一切，操之女人。男子倦勤，听从女人之取舍也。

6. 离婚再醮

夫妇配偶，白头偕老。有因他故，亦出离婚。离婚原因，不外下列各点：（1）中途家境破零，生活艰窘；（2）男人或女人有外遇之恋奸情热；（3）彼此才貌不等，或有残废疾病；（4）已婚多年，不能生育。四者有一，即成反感，双方不睦，提出离婚。离婚办法，须凭一般中证牙郎，订立退婚字据。女嫌男人，出赔礼钱若干送男；男嫌女人，出赔礼钱若干给女。意出双方，彼此不赔，白纸一张，即便了事。意出单方，多循上例。赔钱多寡当视家当大小议赔之。数十串、数百串、数千串不等。近有退婚，赔礼钱数多至万二千串也。

夫死再醮，妻死再娶，事出平常，不成问题。妇人例应守服三年。破服从嫁者，为数亦多。但须给夫烧纸、修墓，再行出嫁，始为合法。男人续娶，只要有相宜对象，无论何时不拘也。

7. 买卖与掠夺婚姻

苗族向无买卖之婚制，但以事出特殊环境，亦有买卖婚姻者。因家境穷迫，二因貌丑不堪，三因无耻淫乱。总有偏差之处，本乡本土，无人央求，方能出此。一般多往汉乡远地卖之。犹如贸易者，将货求财。以后如何，在所不计也。

掠夺婚姻之恶习，昔年盛行，今已无之。间亦有所闻也。例如姑母有女，或表姊妹长大成人，才貌俱美，为舅辈者之子，或表兄弟央求不遂，以为占据优先权，特放鞭炮证明讨之。并请一章般同党为假证人，禁止外人出面央求。姑母以其男女门户两不相婚当，彼之品行又属恶劣，未允同意，择配他人。待出阁时，彼即纠众，各持武器，拦途抢婚。竟将新娘及嫁奁一并抢去，强逼成婚。结果告状见官，终归监禁，败诉赔偿，判离婚姻夫妇关系。枉耗金钱，为数不少。官吏从中发财，双方大受损失。

8. 男女恋爱

凡已成龄之男女，年达十六七岁时，春心发动，瓜破待期。每于赶场或野外劳动，遇上俵辈或异姓同年，往往表现一番春色。先用言语旁引，或用歌词挑逗。言动心，歌动听，藉为鹊桥。男女自描才貌能力，是否与对方相等。倘差天渊，恐事难成，反遭痛骂，有不利己耳。所以，社会上常云风流耍笑，不仅只求门当户对，而且还要品貌相等，方能发生感情。苗民男女之间，重情义，守信用。初次求爱，当说一番赞美词藻。表现似若有意，实际上决未动情。至少须经若干次以上，才知妇女之意思倾向。如情投意合，双方重在赠物为凭。俗谓之"换彩"，以昭信守。男所赠者，为戒指、手镯、项圈、花绒、布匹、绸缎、糖饼之类。女所赠者，为花巾、花带、裙、鞋、荷包、银饰之类。恋爱成后，感情自密，你来我往，私相授物，男女情长。否则视为无礼，必遭谴责也。倘男女两方，探知各有其他外遇行动时，便起反感，宣告脱离，不复热忱再交矣。惹出斗杀，不时有之。好风流者，未熟情况，慎勿轻意为之。

9. 恋爱奔婚

《周礼》曰："仲春之月，令会男女。于是时也，奔者不禁。由此观之，昔年亦有奔婚之俗。所谓奔婚者，必因其他之障碍，嫁娶礼节及其手续不备也。此种婚俗，不能认为甚普遍，只可称之间有者，观察社会，百无其一。出此奔婚，不过千分之一二而已。当男女双方恋爱程度，各达沸点，愿意缔结婚约，如端父母不赞同，加以强烈反对，碍难成功，遂不遵父母命，易采取"奔婚主义"也。名曰上山修行为尼，实则奔匿于庵堂寺观，或山洞中，与其男子同乐共梦，恋恋不舍。阅时已久，使人告知其父母。而代告者，同时取得媒人之资格。征得父母同意，始成为有效夫妻。其父母不能深加追究也。凡以奔而成婚者，父母不陪嫁奁物品。夫妇关系即时确立，演成正式之婚姻，父母亲族，始不加以干涉矣。

10. 婚姻限制

（1）系别相同不婚

汉人见苗民有所谓"同姓可婚"，无不认为惊奇者。其实因其自身，失于考察，莫明真相，以此传为笑谈。殊不知苗族，有的汉姓同，但系别不同耳。如石姓与石姓可婚，龙姓与龙姓可婚，张姓与张姓可婚，吴姓与吴姓可婚，其实各有系别。以石姓论系别内分"禾瓜"，俗谓之大石，奉祀祖先是椎牛。有称"禾卡"，俗谓之小石，祀奉祖先是椎猪。传说昔年，小石本属时姓，后因其他特殊变故，遂改成为石姓也。以龙姓论。系别内有分"禾边即大龙，有分"禾列"即小龙，大龙小龙同一龙字，惟系别异，不是一宗。今人为表示两姓意义，故小龙讳写成隆字耳。至论姓张，则有张家张及陈家张之别。张家张乃是真张，陈家张实非真张，其初原为陈姓也。因为随母下堂，入张家，一变而成姓张人。再论姓吴，系统有大吴、小吴之别。大吴即吴姓，小吴实伍姓，在百年前为江西外来之客民，生活于苗区域内，居住已久，故为苗化。因要考学，报苗族名额，即变伍姓而为吴，冒考苗族之秀章才。后来名成利就，子孙繁荣，相沿于今为吴姓。此种吴姓，实姬为伍姓之变相，由来系统均异，可与苗族吴姓结婚。分别意义，家乃是如此。汉人误认同姓者婚，乃系同胞兄弟姊妹，或五世内外庭相隔较远，皆非议也。

（2）有异姓不婚

异姓结婚，为世人之公认，而苗族偏有异姓不婚者。其中乃有他故在焉。如廖、石不通婚，秧、杨不通婚，即是例证。盖姓氏不同，而系统同。如石、廖均属"禾瓜"，故同系。秧、杨不通婚，因秧姓是杨姓子，过继秧家而改姓。秧姓原为杨姓之变相，故苗族之秧、杨不通婚。而外来秧、杨当不受此限制也。其有石姓与田姓不婚，张姓与陈姓不婚，亦同秧、杨之理由耳。

整理者附：舅表优先和姨表不婚

湘西苗族尚有舅表优先权和姨表不婚的遗俗。苗族亲戚关系中，以舅家关系最为密切，外甥对舅辈极为尊敬。舅家在祭祀等活动中，享有特殊待遇，还有娶外甥女为媳妇之优先权利。舅家有子，姑家有女，家境和年龄不相上下者，只要舅家提出，姑家般均乐意将女儿许给舅家，甚有姑家主动者。舅家弃娶后，方择配。亲上加亲，血肉相承，为苗乡传统习惯。如姑家不允从中阻止，另嫁他人，则有抢婚之事。

苗族习惯，姨表兄弟姐妹间，绝对不能婚配。此用"姨表"，借汉词。实际苗语，与姨家关系，丝毫没有"表"的意思。姐妹之夫，无论同姓与异姓，彼此都均兄弟相称。姐之夫为兄，妹之夫为弟。子女呼其为伯和叔。姐妹子女间，是姨兄弟姐妹关系，不能称为表，故不得通婚。

诉讼司法

1. 肇事原因

苗人肇事，约分口角、婚姻、田土数项。民事为最多。其他奸、杀、抢、劫、拐、骗，刑事较少。查前县政府兼理司法之县长，及今司法处之审判官，受理案件比较便之。盖由人民知识低下，思想锢蔽，及自身之判断力，认不清楚之原因。每每有事当前时，无论是非曲直，总是争胜，互不相让，便成诉讼目的耳。

2. 保甲谈判

地方设置保甲长，除办政府公务外，兼理地方民情事宜。所以人民遇有田土、婚姻、口角，及冤抑不平之事时，即往投之。保甲受理，便传双方当事质问。谈判场所，是借民房。通常原、被两造不同室，距远尤妙。原告发言，被告不知；被告发言，原告莫闻。双方意旨，是凭保甲长之口述而已。有好事而加舞弊者，谈判一事，三四日内不了结。酒饭肉菜，耗费金钱，为数甚巨。原当事人，非但似有感觉痛苦，而且理论是非曲直，究竟不得其所以然。怒冲发指，怂填满胸，是由莫白也。

3. 讼棍唆使

诉棍（俗称"滥人"），为当地之败痈。平日无有职业工作，专事鸦片、牌赌为生者。成群伙党，三五同游，访查地方，何处有事。第倘闻消息，即往参加。或从原告，或附被告，造空中楼，含沙射章影，意图该事总凑其成。一方面，从中唆使，引诱原告乡长具诉。政再方面，督催直赴县府起诉。一具状后，便得生活之位置，随同司当事，大吃大用，牌赌鸦片任性好之。耗费多寡，概由当事负担也。甚至或取手续费，计算工资。

4. 乡公所具诉

苗民纠纷，先由保甲谈判。事未解决时，央人缮具理由书投乡公所。邀恳乡长，传案讯判。乡长接书后，饬丁票传被告，依限来具理由书。手续完备，始集讯矣。苗族区域，充任乡长者，对于案情，或是或非，胸无把握制裁能力，必请牙郎多人，参入场中，代理裁判。所谓牙郎，即是一般狡黠分子，为乡长之爪牙于理论上，很有见解的。是项人员，时而加入原告地位，时而加入被告地位，时而站立乡长地位。因任牙郎，不仅善描是非，抑且流利语言，天才聪颖，精韵歌词，两造发言，概能拟作歌体唱之。当裁判时，原被两造各距一方，先问原告，后问被告。原住甲地，被住乙地。甲地上午问话，乙地下午答话也。双方牙郎聚集一室外，话声嘈杂，震动耳鼓。好吸鸦片者，日需八钱一两。好吸丝烟者，日要四两半斤。肉酒饱餐，得意洋洋。蹉跎岁月，虚耗光阴，拖累当事，牺牲无谓金钱也。事有已解决，有未解决者，纯视牙郎之是否操持。亦有果断之乡长，对于诉物，马上制裁，数十分钟可以解决耳。

5. 陋规虐民

乡公所公丁传案后，不论远近，动辄索钱。半出劝导，半出威逼，酒饭招待，不属金钱之范围。案若久悬，看其日数有算工资代价也。一般牙郎，在谈判前，每每先睹定桩，以分胜败。议定金若干串，视当事人之富贫、案情轻重大小而定。以少数论之西苗族实地调查报告苗如一十四十四、八十八，大数论之如三十三、五十五、七十七、九十至有议二三百串者。此外还议杀猪宰羊酒若干斤，米若干升。做了案酒饭，杀牲重量，要达若于斤，先报均议妥。此无异于司法征收之审判费，有由败诉负担者，亦有平均负担者。案结局后，关于金钱，公众分之。其余杀牲，公众食之。如猪羊肥大，亦有先除腿筋一二只，及肉若干块，分送乡长牙郎以为酬劳。至开集讯时，先比堂费若干串，陈列公所。日要烟茶，夜要灯油，冷要柴炭，宿要铺钱。娄索至此，真所谓无孔不入矣。非但乡保甲长，原一般在场之牙郎，各得分肥。甚而工人丫头，及跑堂劳力、办饭者，亦可染指。吃饭少至数人，多至十余人不等。此为普通之现象。三五成朋，互相偶语，或歌或和，故延时间。无论胜诉或败诉，结果皆陷于险途。有前清时，民事管辖之权柄，概归土司。即苗弁、守备、千总、把总、外委等官职，贪暴尤烈，不可思议。人民辄以细故禀诉，则产尽冤沉，深受剥削无余也。故苗人即有"登天易，告状难"之谚语。又有"饿死不偷人，气死不告状"之成词。就此观之，在听者方面或不知觉，乃知者，能不令人余痛耶。

6. 残酷刑罚

苗乡当局，多系一般豪强之人，忠实较少，优秀分子不肯任之。非但骄奢淫逸，无政治才能，而且头脑昏庸，不受教育，统驭人民，属行唯一"威服主义"之严刑峻法。所以苗官主权盛行之时代，于家庭中，布置严肃，摆公案，设法堂，武器直列，整齐可观。板子铁链，悬挂壁上。三从六丁为爪牙，站守兵役为唤使。出入上下，前护后拥，骑驴跨马，耀武扬威。人民见之，起立致敬，不敢稍存忽意之状表现。官权甚大，擅自独行，从前已有王号之称。压迫人民，无敢启齿。对于用刑，欲打则打，欲罚则罚。打无数目，罚无数量。上无青天，言出法随。除刑笞枝任意外，还用吊拷残酷非刑。倘不服从，杀弃陷坑，绿水青山，谁婆为报案。苗人厉行采用之刑罚也。他如"身体""自由""名哥誉""能力"等刑，皆少注意。辖管民众，全是威力所造成。可怜苗人，日在恐怖环境中。故此土司，威权势力，形成县政府下之无数之小政府。而其威力，实际超越官厅之上，不受法律政令之一切拘束。入民国后，此风多已革除，人类较为进化，改定乡制，权属地方乡属各保甲长。偏僻区域，相沿此习，所存者亦仅矣。近数年来，中央及省府各级党政之当局，极为重视，力谋解放。编者之奉派鼓吹日力，乡吏之头脑，改换日新。各级政府之指导监督，益知注意。从前垢秽，威逼人民，虽不能谓彻底剔除，然暗室日光，既已透隙而入，此后不难日进于光明也。

7. 司法起诉

苗官集讯，当事人每因谈判解释不平，暂时不得已而屈服遵判了结各自散去。归家后，即备旅费，于是起诉于汉官衙门。汉官核状后，票传被告，差役奉票。审知所传为富有资产之苗人欣然雀跃，即起野心，变本加厉，莫不额手称庆。于是出发，瞋目厉色。造讼者门，气势赳赳，不发一言。入门后，突以锁链刀铜，怒掷于地，响声绝巨，鸡犬皆惊。男女见之，相顾失色。差役除吃酒饭外，还要索取草鞋钱，或工资钱。少则数串文，多者数十串文，甚至有达数百串文不等。须视贫富等级，及当事之软硬而取。善言先告，威力后从，实系以不闹出乱子为原则。被告传来，交保辩诉集讯也。

8. 开庭裁判

司法官署，已据被告辩诉后，即出牌示，定期审理。一般差测役，索及站堂到单、油烛、录供通译、坐堂等费手续。如裁判时败诉受刑，还要外取板子、开锁、进狱、合班、松刑、出狱等费实名目繁多，未可枚举。惟通译一项，向是无知识之苗差充任。每当翻译，是处固多，而错误处亦复不少。此种通译，使非聘请知报识分子者，多不胜任。译出意旨，不相符合，蒙蔽长官。官所问询，原被两造，俱凭差役为舌人。其中译词，非但不清，而且难免不无勾结受贿情事，更易其词，说鹿为马。官昏庸者，时常被苗差所愚，以故判断之案件，殊失真相、法治精神，威逼案结，而人民受冤非浅也。至通译人，关系最大，使非文理清顺，通晓苗汉语言者，不能任之。古人云：差之毫厘，失之千里。有心改良司法者，于此通译之任用，须当注意。尤于陋规，务宜废除。上述种种不良现状，今渐改进，发觉仍有所存者，不多见矣。

9. 铺保把持

铺保，原为当事就近之通讯处。无论商民富户，能够负责，均可担任之。今之官署，指定铺保，以资熟悉。官署诉讼之程序固属甚佳，惟弄弊端，胜于衙门。无异第一之爪牙。如盖铺戳次，普通要洋一元，特别要二三元不等。如担保罚金，骇人听闻见十有一，见百有十。当事受罚至千元，铺保抽得一百元。起诉后，一盖铺章，即受拘束，不准当事人回家自由他往。届审期，故使当事人随便任意他出，希望延期，多算伙食也。遇有贪婪，乘机挑动，行贿受。彼介中央之地位，上蒙长官，下欺人民。甚有圣明之邑宰，公正廉洁，一被煽动，即为之惑。间有操手之长官，忽于失察，自无把握。整理者，亦被铺保假借名义，辄向当事索取陋规各费，饱入私囊也。每因诉讼，少耗者数百串，多耗者数千串。小家庭人，为之破产。大家庭人，为之亏累。遇有双方当事昏庸，自无主张，完全受其威迫支配，掀起最大剧烈讼潮，故使原被罹入厄煞境地也。

10. 田地婚姻无证书

苗族自清代盛行科举后，读书识字，日渐增多。历有百年第六章政治较为进化。在百年前，无人识字，对于田地之买卖，全凭中人之法口舌为证明。卖户不立字，买主无证凭，仅讲忠实信用而已。但古之所谓结绳记事，刻木为痕，符节为证。虽古传说，实未见之但手指为印，今人仍有沿用也。近数十年，有读书者，才有契约之创始。历时迄今，辄起政变，兵匪连年，契有散失灰烬未存者甚有一契之田地，数子均分。经两三代，一分再分，此为无契之原因。

至婚证书，按照习惯，向来已无，仅凭媒人口讲而已，亦无意外之事发生。若任苗区法官者，先要熟悉苗族之情况，勤求民隐，详细调查。遇此诉讼，无契书时，必须根据理由，采用人证，调查习俗。只凭法律契书证之，判决案情，殊属错误。有悖天理，冤抑人民也。

11. 告诉阴状

阴状，为神明之诉讼。倘不灵应有效时，则当地人焉能信之所以告阴状者，社会常有。俗语云："远报有三年，近报在眼前。"但此"报"字，作应字解。在苗乡中极盛行。往往因事纠纷法官判断不平时，欲投上诉，苦于金钱所限制。又无自诉之能力请代理人，殊难做到。忿怒满腔，痛恨莫申。即向雅溪天王庙起诉阴状，求神显应于阴中鉴察。对被告方面，作祸降殃，阴中打彼吐血而亡。此种具诉，有请巫觋包告者，有由本人自禀者。备办肉酒，陈列神前。燃烛烧香，头戴黄钱纸，散发隐身，双膝跪下口通神号，禀诉理由。结果祷祝之尾语：神若显应，猪羊酬谢。后经数月，对于被告全家人口，如有病痛灾患，驳杂破财，或死人时，即照原许祭物大酬谢之。此虽迷信，但可维持人心人德。所以古时亦有神道设教之遗意。同时可以补充法律上之不足，及实审判官裁判力之欠缺也。

12. 绅民刑罚

拟具刑法，维护地方，合乎天理人情，与国法不相抵触时并经公众议决通过，适用处分境内人民者，便谓之绅民法。俗称公约或规约，又谓之禁约。此种刑法，具有半独立权之性质，政府许可，不予严禁。原以该法施行社会，是补充政府之法律所不及。其创始，原为人民公举之当地领袖，或多数之有势力者知识分子，可于某种乡约禁令之下，公意执行之。犯是刑法，虽不能说"杀当其罪"，然其人必须达到某种程度之罪过，乃可置之于法。此为执行之要件，实于土司乱用非刑大不相同。其犯罪之过恶，不外通敌叛乱，勾匪入境，盗窃牲物，烧伐山林，隐匿败类，畜践杂粮等种种。订定条约，自相议处。罪大用刑，罪小用罚三次小罚，等一次大刑。刑有板答或吊拷，罚有银币或铜钱。亦有不吊拷，不罚款，游乡示众以为警戒者。按事实之轻重，和平处之。此系属地属人主义之范围内惩处，越他境域自不适用也。

附　录

各省区民商事习惯调查会章程及其附属规则*

（一）京兆民商事习惯调查会章程及其附属规则

说明：查京师高等审判厅于民国七年三月七日呈遵设民商事习惯调查会并拟定会章呈请核示遵一案，内称（上略）。查京师为官商荟萃之区，民事诉讼案件繁多，民商习惯尤形复杂，特设调查机关，诚为当务之急。兹奉前因，职厅遵即会商厅员，详细规画，草拟简章十七条，并拟增设副会长一员，以京师地方审判厅厅长兼充；名誉会长二员，以京师高等地方两检察长兼充；又名誉会员若干员，以京师总商会董事及公正绅商选充，以期集思广益，精细调查，以副钧部广搜博采，情伪毕陈之至意。所有会内经费拟以京兆各县解部讼费内划拨支用，按月由厅造具支用数目清册，实用实销，是否有当？理合缮拟简章，呈请鉴核施行等语，会经本部指令第二五八三号照准，并令查照赣厅办法，略加修改。同年五月十一日，又据呈，拟照赣厅办法修改会章，请核示遵前来本部指令第四七八二号准如所拟办理。同年六月二十二日，又呈拟调查编纂两规则并格式请核示本部指令第七二七七号，惟就调查规则第二条第二项规定，其认为违反公益等句，应改为"其认为不良之习惯或有违反公益者，亦应列入报告，附加说明"，余均如拟办理，是为调查习惯不限于良习惯之明令。夫国家调查习惯良者加以保护，不良者予以禁止。当其调查报告之时，固不必分别良否也。

京师民商事习惯调查会成立半年，未经报告到部。民国八年一月二十五日，经前京师高等审判厅长朱献文、前京师地方审判厅长黄德章合呈京师民商事习惯调查会事务，拟请改归修订法律馆办理。据称"查京师民商事习惯

---

* 民初民商事习惯调查由北洋政府司法部负总责，各省设立民商事习惯调查会，订有详细操作规则。本书依据《司法公报》1927 年第 242 期增刊辑录的 22 个省区的民商事习惯调查会章程及其附属规则，并将"说明"随附于兹，保留原貌而不做解读。但为了编排规范和统一，个别地方增加了必要之序号，如一、二、三；兹作"附录"，既为突出主题，且体现比较研究，纵观全貌。

调查会，经前京师高等审判厅长遵奉钧部七年第六八号训令，组织设立所有调查简章及调查编纂各规则，亦经分别拟订，先后呈奉钧部核定，在案献文莅事后，经会商德章，拟即着手进行。惟数月以来，体察情形，京师地称首善，民商事习惯至为复杂，调查事宜尤关重要，而各厅员额有限，审理案件各有专责，欲期兼营并骛于会务计日程功，实属难能。查修订法律馆条例第一条列举调查习惯事项，第四条有置调查员之规定，所有京师民商事习惯调查事宜，拟请钧部咨商，改归修订法律馆派员办理。职责既有专属，进行必易为力，俟奉令准职厅长等兼领之。京师民商事习惯调查会即行裁撤，嗣后遇有审判上发见民商事习惯，仍由各厅庭员调查编制，呈报钧部查核所有，拟请将京师民商事习惯调查事宜改归修订法律馆办理，各缘由是否有当，理合具文，呈请钧长鉴核，伏候指令祗遵"等语到部。嗣后关于京兆各县民商事习惯调查事务，遂改由修订法律馆办理矣。惟查其先后所拟各项规则，尚为完善，足供参考，特表而出之。

其一　会章

第一条　本会以调查京兆各属民商事习惯为宗旨。

第二条　本会以下列各员组织之。

一 、会长一人；

二 、副会长一人；

三 、名誉会长二人；

四 、会员若干人；

五 、名誉会员若干人；

六 、民事习惯商事习惯编纂主任各二人，常任调查员二人；

七 、文牍、庶务各一人；

八 、雇员若干人。

第三条　会长由京师高等审判厅厅长兼充。

第四条　副会长由京师地方审判厅厅长兼充。

第五条　名誉会长由京师高等及地方检察厅检察长充之。

第六条　会员以京师高等以下各级审判厅推事及京兆各县承审官充之。

京师高等以下各检察厅检察官、各县知事及各厅中具有推事资格之书记官，愿入会者，得为会会员。

第七条　名誉会员由会长于京师总商会董事及公正绅商函聘。

第八条　编纂主任由会长指定，常任调查员由会长选派，文牍、庶务由会长指定高等审判厅书记官兼充。

第九条　雇员由会长指定高等审判厅录事兼充。

第十条　各会员及调查员调查所得，除随时报告外，至少每三个月须报告一次。

调查规则另定之。

第十一条　本会会员及调查员调查报告，每四个月编纂一次，分送各省会员，并交由高等审判厅分送司法部、法律编查会、大理院。

编纂规则另定之。

第十二条　本会于调查民商事习惯外，凡京兆发布单行规章，关于民商事者得分类编辑，按期报告。

第十三条　本会经费由高等审判厅呈请司法部拨给。

第十四条　本会收支各费，每四个月由会长会员五人共同检察一次，每年年终造具收支总数清册，连同用款单据送由高等审判厅报部审核。

第十五条　本会调查民商事习惯有必要时，得函请各地方官署、农工商会商事公断处及自治会协同办理。

第十六条　本会附设于京师高等审判厅内，并由厅刊发木质圆章一颗，文曰：京师民商事习惯调查会钤记。

前项圆章用营造尺，长二寸三分，宽一寸五分。

第十七条　本会发行文件，除陆续呈报各事均以高等审判厅及厅长名义行之之外，所有调查进行事件得以京师民商事习惯调查会名义行之。

第十八条　本简章如有未尽事宜，得随时修改增订，呈报司法部核定。

其二　编纂规则

第一条　编纂分民事习惯、商事习惯二类。

第二条　编纂事宜由编纂各员分类担任，仍由会长汇核。

第三条　编纂系就会员及调查员之报告，随时汇辑修订。

第四条　编纂目次依民律草案、商律草案之目次编录之。若某目次内并无相当之习惯可以编入者，则仅著其目次；其不能归纳于民商律草案目次以内者，概行分别民商事辑为附录，另行编订。

第五条　每一则习惯编录之格式，照调查规则第六条、第七条办理；单行规程之编录，照简章第十二条办理。

第六条　每一则习惯编辑时，应附注报告员姓名及其册数、页数。

第七条　各会员暨调查员所得，如系同种习惯，并其缘始沿革内容效力相同者编录其一，仍附注各该报告员姓名及其册数、页数；其互有详略而并无冲突者，应并录之。

第八条　编纂员关于编纂事项应行商榷者，得会同其他编纂员详晰评议，并商承会长办理。

第九条　编纂员对于某种习惯如有意见时，得附加按语。

第十条　编纂员应于分任之民事或商事汇编，册面注官衔、姓名、汇编册数及编录之年月日。

第十一条　本规则如有未尽事宜，得随时改订，呈部核定。

其三　调查规则

第一条　调查分民事习惯、商事习惯二类。

第二条　应调查之习惯如下：

一、民商事之习惯业经审判上采用者。

二、虽未经审判上之采用，而已成为一种习惯者。

三、足征民情风俗之一斑者。其认为不良之习惯或有违反公益者，亦应列入报告附加说明。

第三条　各会员应就经办有关民商事习惯之案件，随时调查，详晰报告；其于经办案件外，别有熟悉该地习惯者一并编录；会员发现习惯不能亲莅该地调查者，得报请本会派常任调查员亲诣该地调查。

第四条　各会员应将有关民商事习惯案件之裁书按月汇送正副会长备核。如副会长发见各该案件内尚有应行报告之件逾期未经报告者，得发交经办该案之会员，赓续调查，详晰报告。

第五条　凡会员暨调查所得，经编纂员查有冲突或疑义不明时，得报请本会，交由原报告各员更行调查报告。

第六条　同一案件中之习惯，经合议庭甲推事编录者，乙、丙两推事得不编录。若案件不同之同种习惯，甲推事业就甲案件习惯编录者，乙推事仍得就乙习惯各自编录。但各推事为免除编录重复起见，亦可互相通知，分别担任。

前项规定于县知事与承审员间准用之。

第七条　每一则习惯编录之格式如下：

一、标题。标题上冠以一二三四等字，标题下注以通行习惯之地名。

二、说明。详汇习惯之缘始、沿革、内容及效力。

三、附录。足资证明之碑碣、谱牒及其他书据，照式抄录，标题顶格写，附录低二格写。

第八条 该习惯不仅通行于一县者，应列举其县名。

第九条 凡会员暨调查员调查所得，如系本诸访闻者，应将访得情形及所访者之姓名、籍贯、年龄、住址、职业附注。

第十条 各会员于每次报告期内，应编录民商事调查报告各一册，并于册面注明官衔、姓名、报告册数及编录年月日。

其一种习惯与民商事均有关系者，于民商两类中并录之。

第十一条 关于单行规程编录及调查之协助，按照简章第十二条及第十五条办理。

第十二条 本规则如有未尽事宜，得随时改订，呈部核定。

（二）直隶民商事习惯调查会章程及其附属规则

说明：查直隶高等审判厅于民国七年三月八日呈遵令组织民商事习惯调查会并拟定简章请核示遵一案，据称（上略）。查民商法典尚未编制完备，而裁判案件胥资习惯，惟是经纬万端，调查匪易，自非设立专会不足以收成效而饬进行。厅长爰稽奉省会则，斟酌本省情形，量为变通，以高等审判厅长、高等检察厅检察长兼充，正副会长、高等审判检察厅推事、检察官、各地方厅厅长、检察长、推事检察官为会员，其县知事、承审员及法院书记官或由会员介绍或由正副会长指定，均得为会员。至调查之方，拟将民事商事分门别类，各立标目，随时随地调查报告。另由会员就承办及所遇案件足资参考者开具事实，送会编辑。其外县特别习惯，并无案件可资考证，如可以书面调查者，则函请士绅襄助或酌派委员前往，周咨博访，总期真实详明，一俟报告到会，衰集成册，陆续呈报，俾可参资采用。至会内编辑、文牍、庶务等事由职厅指派书记官暂行兼充，每月酌给津贴若干。另设雇员三人，分任缮校收发。所需一切经费，开办伊始，需用或不甚钜，拟请以职厅四五六年六月止年度决算余款，计洋八百九十九元七角一分九厘，移作该会常年经费。似此办理，既可挹彼注兹，无庸另行请款，而会务亦赖以进行，除已分别通知各会员暨另拟定调查标目督促进行外，理合将拟定调查会简章暨组织成立情形，呈报钧部鉴核指示遵行等语到部，当经本部指令第二六四九号照准。

复于同年五月七日，呈报调查会实行成立情形，并缮具调查规则十条，据称（上略）。前就本省情形，酌定简章，呈蒙指令核准在案，遵即按照简章第十条刊就钤记，于五月一日起用，并照第三条指定职厅文牍科主任书记官沈家镜为编辑主任，总务室兼庶务科主任书记官史景布为文牍主任，会计科主任书记官胡承椿为庶务主任，并参酌江西、安徽办法拟订调查规则，函召审检各级厅推检为该会会员，共同研究进行方法。但兹事体大，必通力合作而复报告，不致成为具文。除照章函请各地方官署、农工商会、自治会帮同调查外，理合将该会成立情形，并缮具调查规则，呈请钧部鉴核备案等语，复经本部指令第七二八一号准予备案。兹将该会简章及调查规则开列如下。

其一　会章

第一条　本会专调查直隶省民商事习惯。

第二条　本会以下列人员组织之：

一、会长一人，以高等审判厅厅长兼充。

二、副会长一人，以高等检察厅检察长兼充。

三、会员若干人，以高等审检厅推事检察官、各地方审检厅厅长、检察长、推事检察官候补及实习各推检充任。

四、各县知事、承审员及各法院书记官，由正副会长指定或会员之介绍，均得入会为会员。

第三条　本会设编辑、文牍、庶务主任各一人，由会长指定高等厅人员兼充。

第四条　各会员调查所得随时报告外，至少每三个月应报告一次。

第五条　本会会员调查报告由编辑主任随时编辑，每四个月汇集一次，分送各会员，并交由高等审判厅分送司法部、大理院、法律编查会。

第六条　本会于调查民商事习惯外，凡直隶省发布单行规则章程关于商事者，得分类编辑，按期报告。

第七条　本会经费由高等审判厅呈请司法部拨给。

第八条　本会收支各费，每四个月由会长会员五人检查一次，每年年终结成总数，并用款单据送由高等审判厅，报部审核。

第九条　本会调查各地方习惯有必要时，得函请各地方官署商会、农工商自治会帮同调查。

第十条　本会附设于高等审判厅内，并由厅刊发木质圆章一颗，文曰：

直隶民商事习惯调查会［钤记］。

前项圆章用营造尺，长二寸三分，宽一寸五分。

第十一条 本会发行文件，除陆续呈报各事由高等审判厅及厅长名义行之之外，所有调查进行事项得以直隶民商事习惯调查会名义行之。

第十二条 本简章如有未尽事宜，随时修改增订，呈部备案。

其二 调查规则

第一条 调查分民事习惯、商事习惯两种，应以简明确实为要义。

第二条 本会调查之方法分订如下：

（甲）本埠

（一）各官署文件确有成案可证明为一种习惯者，应由本会撰定事实备文移送各官署，按照事实自行填缮，交由本会汇编，其对于各处所及农工商会自治机关调查事项亦即仿此办法。

（乙）外县

（一）文牍调查 本会对于各外县应将所有调查事项分别类目，备具册式，随文递交各县，就近派员调查核实，填注报告。

（二）实地调查 各县对于本会各事项或有报告未确及报告迟滞之处，还另办及行文催办外，本会仍得分别派员前往，随同各地方所派之员，实地调查。

第三条 会员应各就经办案件，随时留心体察，并依民商律草案之目次分任编录，若无与商民律草案目次相合之习惯，仅可从阙；其不能归纳于民商律草案目次以内者，亦应分别民商列为别录。

第四条 调查之习惯如下：

一、由裁判上发见者；

二、由裁判外发见者；

三、因于地域如南北东西四乡各种习惯有差异者；

四、因于社会如农工商各种社会习惯不同者；

五、因于历史上或天灾兵变事实相沿致生各种习惯之不同者；

六、各地方社会缔结文契互具行规，及关于继承手续并亲族婚姻各种书类可证明各习惯者；

七、足征民宜土俗之一斑者。

第五条 该习惯不仅通行于一县者，应列举其县名。

第六条 同一案件之习惯，一庭中甲推事编录者，乙丙两推事无须编录；若案件不同之同种习惯，甲乙两推事仅可各自编录，互相参证。

同厅各推事编录习惯，应随时彼此通知，同力合作，以达目的，免致重复。

前项规定县知事与承审员准用之。

第七条 习惯编录之格式如下：

一、标题。标题冠以一二三四等字，题下冠以某某县字样。

二、说明。习惯之原始变迁、内容、效力详细说明。

三、附录。足资证明习惯之文契、行规、合同、折簿等类照式抄录。

四、别录。凡不能归纳于民商律草案目次者，则别录之。

标题顶格写，说明低一格用括弧（），附录低二格写，别录用另册随写。

第八条 会员就调查所得，汇录成册，于册面书明官衔、姓名，每年至少每三个月，应报告一次。由本会派某地专查某种习惯者，调查完毕，应随时报告。

第九条 会员暨调查员调查所得，经编纂员查有冲突或疑义不明者，应再行详细调查。

第十条 本规则如有未尽事宜，得随时改定。

（三）奉天民商事习惯调查会章程及附属规则

说明：奉天高等审判厅为民国时代首倡调查民商事习惯之机关，其递部呈交文已见篇首。民国六年十一月十七日，呈送奉天民商事习惯调查会简章计十三条到部，会由本部指令第一零六三七号照准。迨各省相继举办，所拟规章原则上固无出入，而形式上难免参差，因于民国七年八月一日训令第四一八号令奉天高等审判厅长，内开为训令事该应于五年十月三十日（按此年月日记载核与原卷不符，恐系拟稿员错误合并说明）将奉天民商事习惯调查会简章呈请到部，久经核准实行，并经本部通令各省厅一律仿办在案，惟关内各省民商事习惯调查会均另设有专用钤记。查该厅原呈简章，此项规定尚付阙如，本部现为整齐划一起见，该厅原呈简章第十二条高等审判厅内句下应添"并由厅刊发木质圆章一颗，文曰：奉天民商事习惯调查会钤记"，同条应添一项云"前列圆章用营造尺，长二寸三分，宽一寸五分"，该条后应添一条为"第十三条本会发行文件除陆续呈报各事由高等审判厅及厅长名义行之之外，所有调查进行事项，得以奉天民商事习惯调查会名义行之"，原"第十三条"应改为"第十四条"，同条修改增订，句下应添"呈部备案"，余如原拟办理。仰即查照更正，以归一律，而免分歧。此令等因奉厅遵已查照，改归一律矣。又民国七年一月三十一日，奉天高等审判厅曾经汇送民商事习惯调查会，搜集各项单行章程多种，并呈调查凡例八则，尚稍妥善，惟调查凡例内开应行报告之习惯以不背于公序良俗为限，则与本部民国七年八月二日对于京师高等审判厅指令第七二七七号微有不合（参照第一京兆会长项下说明）。姑并录之。

其一　会章

第一条　本会以调查奉天全省民商事习惯为宗旨。

第二条　本会会长以奉天高等审判厅长兼充。

第三条　本会会员以奉天高等地方各审判厅厅长、推事、各县承审员充之；高等地方各级检察厅检察长、检察官、各县知事、各厅具有推检资格书记官愿入会者，得为会员。

第四条　本会设民事习惯、商事习惯编纂主任，文牍、庶务主任各一人。

第五条　民商事习惯编纂主任由会员公推，文牍、庶务主任由会长指定高等厅人员兼充。

第六条　各会员调查所得除随时报告外，至少每三个月应报告一次。

第七条　本会会员调查报告每四个月编纂一次，分送各会会员，并交由高等审判厅分送司法部、法律编查会、大理院。

第八条　本会于调查民商事习惯外，凡奉天省发布单行规则章程关于民商事得分类编辑，按期报告。

第九条　本会经费由高等审判厅呈请司法部拨给。

第十条　本会收支各费，每四个月由会长会员五人共同检察一次，每年年终结成总数，并用款单据送由高等审判厅报部审核。

第十一条　本会调查各地方习惯有必要时，得函请各地方官署、农工商会、自治会帮同调查。

第十二条　本会附设于高等审判厅内，并由厅刊发木质圆章一颗，文曰：奉天民商事习惯调查会钤记。

前项圆章用营造尺，长二寸三分，宽一寸五分。

第十三条　本会发行文件，除陆续呈报各事由高等审判厅及厅长名义行之之外，所有调查进行事项得以奉天民商事习惯调查会名义进行。

第十四条 本简章如有未尽事宜，得随时修改增订，呈部备案。

其二 调查凡例

一、应行报告之习惯关于同一内容之事项为全国或全省或一地方或一团体所通行惯守，并不背公序良俗者为限。

二、习惯无论仅为事实或已成法律，皆得报告；但应分别注明，并加具意见。

三、会员于执行职务时，应留心调查各种习惯，随时报告。

四、习惯有事例可征者，应撮要举出。

五、可供参考之文书，应随时报告书汇送，有不便或无须汇送者，亦应仿制其原文（如文契汇票单据等类）或择抄其要旨（如得自志书私人撰述或报章之记载时），附于报告书后。

六、报告书不拘体裁，但用纸尺寸，应照本会所定格式。

七、报告书每一习惯应另纸分别记载，不得二事联记。

八、报告书应注明调查报告人姓名。

（四）吉林民商事习惯调查会章程

说明：查吉林高等审判厅于民国七年三月二十九日呈报遵设民商事习惯调查会，据称（上略）。查民商事习惯以补成文法规之缺点，乃当今司法要务。奉天高审厅所拟办法，职厅实表同情，自应遵照拟办，当即函请同级检察厅转知所属各地检厅，函送入会会员名，并召集职厅及吉林省会地审厅推事等，于三月九日在职厅开会公决，即依奉省民商事习惯调查会简章办理，改为吉林民商事习惯调查会简章，以职厅为会所，由厅长兼充会长，各级审判厅推事、各县承审员及未设承审员各县知事皆为会员。当由到会会员公推诚允为民商事习惯编纂主任，并指令徐守常为文牍主任，富春田为庶务主任，指派书记官一员，暂行兼理。会内一切事务，另置雇员二人分任，收发缮写各事。是日，即为民商事习惯调查会成立之期。惟职厅历年积存律师登录费仅三百余元，为数无多，而民商事习惯之调查较奉天繁难略同，特为调查当年经费恐有不敷，惟有预先撙节动支，俾无亏绌，而期经久。除督率各会会员实力进行外，理合将吉林民商事习惯调查会成立日期、厘定规则、移用经费各情形，缮具清折，备文呈报钧部鉴核等语到部，本部当于同年五月三十一日指令第五一七一号照准。兹将该会所拟简章录列于下（调查规则及编纂规则缺）。

会章

第一条 本会以调查吉林全省民商事习惯为宗旨。

第二条 本会会长由吉林高等审判厅长兼充。

第三条 本会会员以吉林高等地方各审判厅推事、各县承审员充之；高等地方各检察厅检察长、检察官、各县知事、各厅具有推检资格书记官愿入会者，得为会员。

第四条 本会设民事习惯、商事习惯编纂主任，文牍、庶务主任各一人。

第五条 民商事习惯编纂主任由会员公推，文牍、庶务主任由会长指定高等厅人员兼充。

第六条 各会员调查所得，除随时报告外，至少每三个月应报告一次。

第七条 本会会员调查报告每四个月编纂一次，分送各会员，并交由高等审判厅分送司法部、法律编查会、大理院。

第八条 本会于调查民商事习惯外，凡吉林省发布单行规则章程关于民商事者，得分类编辑，按期报告。

第九条 本会经费由高等审判厅呈请司法部拨给。

第十条 本会收支各费，每月由会长会员五人共同检查一次，每年终结成总数，并用款单据送由高等审判厅报部审核。

第十一条 本会调查各地方习惯，有必要时，得函请各地方官署、农工商会、自治会帮同调查。

第十二条 本会附设于高等审判厅内，并由厅刊发木质圆章一颗，文曰：吉林民商事习惯调查会钤记。

前项圆章用营造尺，长二寸三分，宽一寸五分。

第十三条 本会发行文件，除陆续呈报各事由高等审判厅及厅长名义行之之外，所有调查进行事项得以吉林民商事习惯调查会名义进行之。

第十四条 本会简章如有未尽事宜，得随时修改增订，呈部备案。

（五）黑龙江民商事习惯调查会章程

说明：查黑龙江高等审判厅于民国七年三月十四日遵令组织民商事习惯调查会拟具简章陈请鉴核一案，据称（上略）。查江省地方固有民族极为纷杂，旧隶旗籍垂三百年，近顷以来，远东之形势日重，实边之筹议愈亟，励奖招徕五方，错集习惯参舛以类相从。要其部区省治迤北类皆土著，祖尚风习不外旗蒙，东南垦民多从鸡林转从，西南户籍类由辽沈迁移，良缘境属，毗连风俗，故多接近。情关乡土旧俗，在远不忘，以之铸成一炉，终属镡铘异器易称群分类，实为天演进化之良征。兹则问俗观风，固未能以彼概此；而各是所行，尤未可是丹非素者也。调查之方允宜同时并举，无几兼收博采，不致蔽于一隅，顾地当边徼新启荒莱庶政，尚际萌芽，法院未能广设，祇兹省会现有高地两厅，自余二十七县七设治局司法事务概隶该管知事暨设治员权宜兼理，若非广寄耳目，诚恐搜集难周。既期民隐周知，自宜集思广益，又职厅既兼理各属地方管辖控告案件及初级管辖上告案件时，因诉讼争点认有依据惯习之必要，应即随时逐事谘讯事务，期穷原竟委，倘或裁答稽误，并隶职厅，继以督催，尽心协助，庶几日积月累成绩不难预期。然而，资料既多搜采，虑犹未尽确实，传闻或异，研讨自须不厌求详，审议更公诸多人编纂，庶无虞漏误。以上各节均因地方状况与奉省微有不同，因地制宜，自不能不折中厘定者也。所有必需用款因本省律师登录费为数无多，不敷应用，拟请即由本厅应解司法收入项下核实开支，除缮具随文附呈外，是否有当，理合备文呈请钧部鉴核施行等语到部，当经本部指令第二七四七号照准。兹录该厅所拟会章于下（调查规则及编纂规则缺）。

会章

第一条 本会以调查黑龙江全省民商事习惯为宗旨。

第二条 本会会长以黑龙江高等审判厅长兼充。

第三条 本会会员以黑龙江高等地方各级审判厅厅长、推事、兼理司法之各县知事、设治员、承审员充之；高等地方各检察厅检察长、检察官、各厅具有推检资格书记官愿入会者，得为会员。

第四条 本会设民事习惯、商事习惯编纂主任，文牍、庶务主任各一人。

第五条 民商事习惯编纂主任由会员公推，文牍、庶务主任由会长指定高等厅人员兼充。

第六条 各会员调查所得，随时报告外，至少每三个月应报一次。

前项报告经到会会员公同审核后交付编纂，如有疑义应复行调查。

第七条 本会会员调查报告每四个月编纂一次，分送各会员，并交由高等审判厅分送司法部、法律编查会、大理院。

第八条 本会以调查民商事习惯外，凡黑龙江省发行规则章程关于民商事者得分类编辑，按期报告。

第九条 本会经费由高等审判厅呈请司法部拨给。

第十条　本会收支各费每四个月由会长会员五人共同检查一次，每年年终结成总数，并用款单据送由高等审判厅报部审核。

第十一条　本会调查各地方习惯有必要时，得函请各地方官署、农工商会、自治会帮同调查。

关于前项调查，如有特别情形时，请由高等审判厅行之。

第十二条　本会附设于高等审判厅内，并由厅刊发木质圆章一颗，文曰：黑龙江民商事习惯调查会钤记。

前项圆章用营造尺，长二寸三分，宽一寸五分。

第十三条　本会发行文件，除陆续呈报各事由高等审判厅及厅长名义进行之外，所有调查进行事项得以黑龙江民商事习惯调查会名义行之。

第十四条　本简章如有未尽事宜，得随时修改增订，呈部备案。

（六）河南民商事习惯调查会章程及附属规则

说明：查河南高等审判厅于民国七年三月七日呈遵设民商事习惯调查会并会章请核示遵一案，据称（上略）。查豫省民商事习惯，各县情形不同，设会调查实与裁判案件大有裨益，奉令前因自应遵照办理，当经拟订简章妥速筹备。除会长照章由厅长兼任外，并指定职厅书记官二员，分任文牍、庶务事宜，已于本年三月一日成立，当即公推职厅民庭庭长贺寅清兼任本会民事编纂主任，开封地方审判厅民庭庭长张伟业兼任本会商事编纂主任，所有一切经费查有职厅历年存储律师登录费六百余圆，拟请钧部核拨开支，除调查所得按期呈送外，所有遵限设立河南民商事习惯调查会缘由，理合附具简章，呈请钧部鉴核示遵等语到部，当经本部指令第二七三零号照准。

该厅后任厅长凌士钧复于民国八年八月十四日呈报改订会章，并增拟调查及编纂各项规则请核示遵，据称（上略）。窃职厅于民国七年二月奉钧部令设民商事习惯调查会，由陈前厅长官桃于三月间遵令成立，并拟有简章呈奉核准在案。士钧接任后，即督率各员认真清理，以期上副钧部体察民情，为将来法典根据之至意，无如一再催促，各会员之报告寥寥无几，即间有报告，亦属敷衍塞责，难资编纂。而原拟章程复欠缜密，揆诸事实，亦多滞碍。难行之处，有如各会员均全从权利方面规定调查，不设常任专员用款，又须各会员盖章，各会员系散处全省，事实上尤难办到；其余如调查编纂各规则，亦均属阙如。似此情形，若不设法改良，长此以往，势必有名无实，虚糜款项，于事无补。伏思民商事习惯嗣系切要，值此预备收回领事裁判权之际，采取习惯为编订法典之基础，自不能不积极进行。士钧一再思维，惟有将前订章程因时适宜改订，并参酌各省所订之规则章程等项，择善而从，以期周密。今查湖南高等审判厅所订此项章程规则颇为完善，且经呈奉钧部核准用，特仿照斟酌损益，分别改订。至会中应支用各款，核计每月约需现洋一百九十元，较之湘省已酌为减少，籍资撙节，拟仍在移交及近来数月所收入之律师登录费内开支，如有不敷，则拟请在本年加收四成讼费内截留弥补，实支实销。按月仍编制计算书，连同收据呈送钧部查核。士钧为整顿该会会务起见，除将拟改章程规则三种支付预算表一纸缮折随文资呈外，所有职厅改订民商事习惯调查会章程暨调查编纂规则并支费办法以利进行各缘由，是否有当理，合呈请钧部鉴核令遵等语到部，复经本部指令第九七五四号略加增删，准予备案。

据以上所述，河南高审厅所拟会章，因有新旧之异，分别录存于下。

其一　会章

甲 旧章（民国七年三月二十七日司法部指令第二七三〇号照准）

第一条　本会以调查河南全省民商事习惯为宗旨。

第二条　本会附设于高等审判厅内，并由厅刊发木质圆章一颗，文曰：河南民商事习惯调查会钤记。

前项圆章用营造尺，长二寸三分，宽一寸五分。

第三条　本会会长由河南高等审判厅厅长兼充。

第四条　凡具下列资格之一者，得为本会会员：

一、现任河南高等审判厅暨高等审判分厅，并各地方审判厅厅长、推事。

二、现任各县承审员。

三、现任河南高等检察厅暨高等检察分厅，并各地方检察厅检察长、检察官之愿入会者。

四、现任各县知事之愿入会者。

五、各厅具有推检资格书记官之愿入会者。

第五条　本会设民事习惯、商事习惯编纂主任各一员，由会员公推，均尽义务，不另支薪。

第六条　本会设文牍、庶务主任各一员，由会长指定高等审判厅书记官兼充，每个月分别酌给津贴。

第七条　本会暂设雇员二人，专任收发缮写等事，每月各给薪水十二元。

第八条　本会会员须将调查所得，随时报告，至少每两个月应报告一次。

第九条　本会会员调查报告，每三个月编纂一次，刊印成册，分送各会员，并交由高等审判厅分送司法部、法律编查会、大理院。

第十条　本会遇有各地方调查必要时，得派员分送调查或函请各地方官署、商会、士绅襄助。

第十一条　本会除调查民商事习惯外，凡关于河南省民商事之发布单行规则章程，均应按期分类编辑报告。

第十二条　本会经费分为两种：

（甲）经常费。凡文牍、庶务主任津贴，雇员薪水及纸张印刷等费均属之。

（乙）临时费。凡派员调查旅费属之。

第十三条　依前条之规定，由高等审判厅呈请司法部拨给。

第十四条　本会收入支出各费，每月月终应由庶务主任结算登录，送请会长查核盖章；每届年终应总结一次，送由会长及各会员盖章，并由高等审判厅呈报司法部查核备案。

第十五条　本会发行文件，除陆续呈报各事由高等审判厅及厅长名义行之之外，所有调查进行事项得以河南民商事习惯调查会名义行之。

第十六条　本简章如有未尽事宜，得随时修正，呈部备案。

乙 新章（民国八年十月二日司法部指令第九七五四号备案）

第一条　本会以调查河南全省民商事习惯为宗旨。

第二条　本会附设于高等审判厅内，并由厅刊发木质圆章一颗，文曰：河南民商事习惯调查会钤记。

前项圆章用营造尺，长二寸三分，宽一寸五分。

第三条　本会由下列人员组织之：

一、会长一员；

二、会员无定额；

三、编纂四员；

四、常任调查员四员；

五、文牍一员；

六、庶务一员。

第四条　本会会长由河南高等审判厅厅长兼充。

第五条　本会会员以河南各级审判厅厅长、庭长推事及兼理司法各县知事、承审员充之。

第六条　本会编纂员由会长于各级厅厅长、庭长、推事中指定兼充。

常任调查员由会长选派，文牍、庶务员由会长于高等审判厅书记官中指派兼充。

关于缮写事项，得酌设雇员。

第七条　会员、调查员调查所得，应依调查规则报告之。

调查规则另定之。

第八条　本会调查报告每三个月编纂一次，刊印成册，由高等审判厅分送司法部、大理院、修订法律馆，并各省民商事习惯调查会及本会会员。

编纂规则另定之。

第九条　本省律师公会对于民商事习惯如有意见陈述者，得具报告书函送本会，以备参考。

第十条　本会遇有必要情形，由会长召集会员开会讨论。

第十一条　本会经费由河南高等审判厅厅长编制预算，呈请司法部拨给。

第十二条　本会收支各费每月由庶务员编制决算，检同用款单据，由高等审判厅报部审核。

第十三条　本会发行文件，除陆续呈报各事由高等审判厅及厅长名义行之之外，所有调查进行事项得以河南民商事习惯调查会名义行之。

第十四条　本章程如有未尽事宜，得随时修订，呈报司法部备案。

其二　编纂规则

第一条　编纂就会员及调查员之报告，随时汇集编订。

第二条　编纂事宜由编纂各员分任，每三个月结束一次，送由会长汇核。

第三条　编纂格式先分类，标题用顶格写，其分类如下：

一、关于民律总则之习惯；

二、关于债权之习惯；

三、关于物权之习惯；

四、关于人事之习惯；

五、关于商事之习惯。

前项标题如某类中无相当之习惯不妨从阙。

第四条　各类中各习惯之次序，由编纂员酌定。

第五条　每类标题后，应载明习惯之名目，低二格写。

每一习惯名目下，应用小字注明此系某一县或数县或全省之习惯字样。

第六条　叙述习惯用顶格写。

第七条　习惯叙述毕，如原报告中有说明该习惯之沿革、效力及法律关系，或抄录足资证明之案件及附件，均以按语编录之，低三格写。

第八条　编纂时发见会员暨调查员所报告系同内容同效力者，只录其一，而于按语中叙明之。

第九条　每类各自为编，不相连续；惟每类中各习惯应连续编纂之。

第十条　报告编成后，应制目录列于报告之首，并于目录下方记明页数。

第十一条　关于应商榷之编纂事项，由编纂各员协议行之，协议不调，商承会长办理。

第十二条　本规则如有未尽事宜，得随时修订，呈部核定。

其三　调查规则

第一条　调查分民事习惯、商事习惯二种。

第二条　会员于经办案件或经办案件外，应留心考察，如发见民商事习惯，当随时记录，报告至少每两个月报告一次，其报告之格式依次条所订。

第三条　每一习惯之调查报告其格式如下：

一、标题。标题一行，应标明某县某种习惯，低二格写。

二、说明。除应将该习惯之沿革、事例、内容、效力详细说明外，其与法律有关系者亦须分别注明，均顶格写。

三、附录。凡足资证明该习惯之契据、合同、簿折、碑簿等类照式抄录，此说明低一格写。

前列各款备载后，由调查之会员签名盖章。

第四条　无前条第一项第三款之文件，可以附录；而有官厅或法定公共团体之文件堪以依据者，应即录其要语，以证明之。

第五条　会员以调查本管区域之习惯为限，但曾任他处职务，确知其地有如何特殊之习惯者，亦得查照前二条规定编订报告。

第六条　会员发见习惯并非亲莅其地，不能得其真相者，得报请会长派常任调查员亲往调查。

第七条　常任调查员由会长派往某地调查，应遵期将所查得各项，切实具报。

第八条　常任调查员除指定调查事项外，应将调查所得，按月报告一次。

第九条　河南省发布之单行规则有关于民商事足供审判上之依据或参考者一并调查，另册抄录。

第十条　凡不仅通行一县之习惯，应列举其他县名。

第十一条　凡由谘询或传闻所得之习惯不得其真确时，应将所闻之地暨所访之人详为附注。

第十二条　本会因调查习惯有必要时，得函请各地方官厅、自治团体、农工商会协助。

第十三条　凡须重新调查之习惯，以发生疑义者为限。

第十四条　本规则如有未尽事宜，得随时修订，呈部核定。

（七）山东民商事习惯调查会章程

说明：查山东高等审判厅于民国七年二月二十日呈报遵办民商事习惯调查会成立日期并送会则请示遵一案，据称（上略）。二月二日奉钧部第六八号训令内开（中略）等因，奉此，职厅自应赶速举办，以仰副钧部设法顺情之至意，厅长当即督率厅员悉心筹画，参酌奉天办法略为变通，拟就会则十七条，于二月十五日将调查会组织成立，常年经费援照奉省成案，于律师登录费项下先行动支，将来如有不敷，再行呈请拨给。所有遵办民商事习惯调查会成立日期并会则，理合备文呈请鉴核施行等语到部，当经本部于同年三月二十七日指令第二五八一号照准。兹录会章于下（调查规则及编纂规则缺）。

会章

第一条　本会以调查山东全省民商事习惯为宗旨。

第二条　本会附设于高等审判厅内，由厅刊发木质圆章一颗，文曰：山东民商事习惯调查会钤记。

前项圆章用营造尺，长二寸三分，宽一寸五分。

第三条　本会会长由高等审判厅厅长兼充。

第四条　本会会员以山东高等地方各审判厅推事、各县承审员充之；高等地方各检察厅检察长、检察官、各县知事、各厅具有推检资格之书记官愿入会者，得为会员。

第五条　本会设民事习惯、商事习惯编纂主任各二人，文牍、庶务主任一人，缮写文件得酌设雇员。

第六条　民商事习惯编纂主任由会长指定高等地方审判厅民庭各庭长兼充，文牍、庶务主任由会长委任厅员兼充。

第七条　各会员调查所得，除随时报告外，至少每三个月应报告一次。

第八条　本会会员调查报告，每四个月编纂一次，分送各会员，并交由高等审判厅分送司法部、法律编查会、大理院。

第九条　本会于调查民商事习惯外，凡山东省发布单行规则章程关于民商事者，得分类编辑，按期报告。

第十条　本会经费由高等审判厅呈请司法部拨给。

第十一条　本会收支各费，每四个月由会长会同会员五人检查一次，每年年终结成总数，并用款单据送由高等审判厅报部审核。

第十二条　本会调查各地方习惯，得函请各地方官署、农工商会、自治会帮同调查。

第十三条　本省民商事习惯甚为复杂，其无案件可资发见者，得由会长指派会员便赴各地方，实地调查。

第十四条　山东高等审判厅所属之律师公会对于民商事习惯如有意见陈述者，得具报告书函送本会，以备参考。

第十五条　本会遇有必要情形时，得由会长召集会员开会讨论。

第十六条　本会发行文件，除陆续呈报各事由高等审判厅及厅长名义行之之外，所有调查进行事项得以山东民商事习惯调查会名义行之。

第十七条　本会简章如有未尽事宜，得随时修改增订，呈报司法部备案。

（八）山西民商事习惯调查会章程及附属规则

说明：查山西高等审判厅于民国七年二月二十八日呈为奉令拟设民商事习惯调查会并将组织章程请核示遵一案，据称（上略）。查民商法规尚未颁布，惟依据地方习惯为标准，苟非平日于民商习惯随地调查明确，则判断难期允惬。奉省高等审判厅拟改民商事习惯调查会办法，厘订会则，规画周详，洵足备参考而资提倡，重以钧部通令仿照办理，切实进行，尤见我总长博采兼收，集思广益之至意。奉令，前因遵即拟具山西民商事习惯调查会简章，缮呈清折是否有当，理合备文呈请钧部鉴核示遵施行。再调查会暂时费用，查有职厅积存律师登录费一百三十六元，拟请即以此款移支动用，至将来调查报告编纂事宜、印刷纸张等项所费不赀，届时再由职厅筹集款项，请示拨给，合并声明等语到部，当经本部指令第二六五一号照准，该会于七年五月一日正式成立。

七年六月十七日，该厅呈拟民商事习惯调查会审查、编纂两股办事细则，乞赐鉴核。同年七月十六日，该厅复呈请将审查编纂各股细则迅予核示，并拟扣用状纸余款，以充调查经费，请示到部，均经本部指令第七二四四号及第七二四五号先后照准。兹将所拟各项规章分录于下。

其一　会章

第一条　本会遵司法部令设立，以调查山西全省民商事习惯为宗旨。

第二条　本会会长由山西高等审判厅长兼充。

第三条　本会会员以下列各员充之：

一、本省高等审判厅暨分厅推事、地方审判厅厅长、推事；

二、本省各县知事；

三、本省各县承审员。

第四条　下列各员，愿入会者，得为会员：

一、本省高等检察厅暨分厅检察官、地方检察厅检察长、检察官；

二、本省各级审检厅有推检资格之书记官；

三、本省各县商会会长。

第五条　本会设顾问，由会长就下列各员中延聘之：

一、本省省议会正副议长；

二、本省大学校、法政商业高等专门学校校长；

三、本省商务总会正副会长；

四、本省高等检察厅检察长。

第六条　本会设审查、编纂两股，其股员由会员中指定分任之。

每股员额如下：

一、审查股七人；

二、编纂股七人。

审查编纂细则另定之。

第七条　审查、编纂两股各设股长一人，各自公推。

第八条　本会设文牍员、庶务员各一人，由会长于高等审判厅人员中指定兼充，其缮写事件，得临时酌用雇员。

第九条　各会员调查所得，除随时报告外，至少每三个月须报告一次。

第十条　本会顾问除应本会谘询外，其所得习惯，亦得随时报告。

第十一条　本会会员调查报告，每六个月编纂一次，送由各会员暨顾问，并交由高等审判厅分送司法部、法律编查会、大理院。

第十二条　本会于调查民商事习惯外，凡本省发布单行规则章程关于民商事者，得分类编辑之。

第十三条　本会调查习惯有必要时，得函请各地方官署及其他机关团体帮同调查。

第十四条　本会经费由高等审判厅呈请司法部拨给。

第十五条　本会收支各费，每年年终结成总数，并用款单据，送由高等审判厅报部审核。

第十六条　本会附设余高等审判厅内，并由厅刊发木质圆章一颗，文曰：山西民商事习惯调查会钤记。

前项圆章用营造尺，长二寸三分，宽一寸五分。

第十七条　本会发行文件，除陆续呈报各事由高等审判厅及厅长名义行之之外，所有调查进行事项得以山西民商事调查会名义行之。

第十八条　本简章如有未尽事宜，得随时修改增订，呈部备案。

其二　审查规则

第一条　审查民商事习惯事件，审查股股员平均分任之。

前项分任事件，由股长依次分配之。

第二条　股员接受分配事件，应为下列之审查：

一、是否属于民商事之习惯；

二、习惯是否善良。

为前项审查时，应分列签注其理由。

第三条　股员对于审查事件有疑义时，得附其说明，送由股长，商承会长，交原报告员补充调查。

第四条　股员应于审查事件上注明衔名。

第五条　股员为第二条之审查后，交由股长汇存，酌定时日开股员会，共同审查之。

第六条　审查事件经前条之审查后，由股长送交会长。

第七条　本细则如有未尽事宜，得随时修改呈部备案。

其三　编纂规则

第一条　编纂分民事习惯、商事习惯两类。

第二条　编纂民商习惯以经过审查股审查之件为限。

第三条　编纂股股员分任，编纂事项于开始编纂时，依民商律草案之目次，分别认定之。

第四条 编纂之格式如下：

一、标题；

二、内容及效力；

三、备考；

四、审查股审查之意见。

第五条 习惯与民商事均有关系者，依民商类中并存之。

第六条 二县以上同一习惯者合并编录之。

第七条 习惯仅通行与某社会或一县中之某区域者，应明举其某社会或某区域。

第八条 股员对于编纂事项应商榷者，得商由股长开股员会公决之。

第九条 股员编纂之文件送由股长汇辑成册，转送会长。

第十条 本细则如有未尽事宜，得随时修改，呈部备案。

（九）江苏民商事习惯调查会章程及附属规则

说明：查江苏高等审判厅于民国七年三月十四日呈遵设民商事习惯调查会并会章请核示一案，据称（上略）。查民商习惯各省不同，此项调查不仅为将来编制法典之基础，即现在裁判案件亦复深资参考，筹画进行自属不容稍缓。厅长遵于本月十三日设立江苏民商事习惯调查会，会中章程叠经与会员详加讨论，就奉所拟者略加修改，会内设编辑、调查二部，由会员分别担任，文牍、庶务二人暂派本厅书记官一人兼充，另设雇员二人，分任收发缮写各事。应需费用，拟就本厅收入之律师登录项下移作常年经费，如不敷用，再另筹别款，呈请钧部核准拨给。所有该会成立情形暨拟定会则，缮具清单，备文呈请鉴核示遵等语到部，当经本部于同年三月二十八日指令第二七四九号照准，七年七月十八日复据该厅，呈送民商事习惯调查会编辑及调查细则计二十条到部，本部略有增删，于同年八月二日指令第七二七八号准予备案。兹将会章及编辑调查细则分别录之于下。

其一　会章

第一条 本会以调查江苏全省民商事习惯为宗旨。

第二条 本会会长由江苏高等审判厅长兼充。

第三条 本会会员以江苏高等地方各审判厅厅长、推事、各县承审员充之；高等地方各检察厅检察长、检察官，各县知事、各厅具有推检资格书记官愿入会者，得为会员 。

第四条　本会设二部，如下：

一、编辑部。本部会员至少五人以上。

二、调查部。本部会员无定额。

编辑部事务由高等审判厅所在地会员担任，调查部事务由各厅县会员担任。但编辑部会员亦得兼任调查事务。

第五条　本会编辑设主任一人，由编辑部会员中公推。

第六条　本会设文牍、庶务二人，由高等审判厅人员指派兼充。

第七条　本会调查部会员应将调查所得随时报告外，至少每三个月须报告一次。

第八条　本会编辑部会员应将调查所得随时编辑外，每个月刊印成册，分别呈送司法部、大理院、法律编查会及本会会员。

第九条　本会于调查民商事习惯外，凡江苏省发布单行规则章程关于民商事者得搜集之。

第十条　本会调查民商事习惯得嘱托各官署及农工商会、自治会协同调查。

第十一条　本会调查民商事习惯遇必要时，得派员调查。

第十二条　本会编辑调查各员均不支薪，但文牍、庶务由会长酌量给予津贴。

第十三条　本会经费暂由高等审判厅筹拨，呈部备案。

第十四条　本会附设于高等审判厅内，并由厅刊发木质圆章一颗，文曰：江苏民商事习惯调查会钤记。

前项圆章用营造尺，长二寸三分，宽一寸五分。

第十五条　本会发行文件，除陆续呈报事由高等审判厅及厅长名义行之之外，所有调查进行事项得以江苏民商事习惯调查会名义行之。

第十六条　本会关于编辑及调查细则另定之。

第十七条　本简章如有未尽事宜，得随时修改，呈部备案。

其二　编辑及调查细则

第一章　总则

第一条　本细则分为调查、编辑两种。

第二章　调查细则

第二条　调查习惯分民事、商事两种。

第三条　会员调查习惯应附加意见。

第四条　会员调查习惯关于江苏全省或一地方或一团体所遵行者，固宜细心考查，即通行于他省而为江苏省为可援用者，亦得并为调查。

第五条　会员调查习惯，凡审判上或审判外所得之资料，均须随时记录。

第六条　会员发见某种习惯不能亲往调查时，得报告本会派员或委托地方官署、农工商会、自治会调查。

第七条　会员依本会简章第九条规定搜集江苏省单行规则章程时，以关于民商习惯足供法律上或审判上之参考者为限。

第八条　报告书不拘体裁及格式，但每一纸只能列一习惯；若另列一习惯，则须另纸记载。

第九条　报告书应标明调查所得之习惯现为某地所通行外，并须将其原因、沿革及效力分别注载明白，设有足以证明其成力之书类（即契据、合同、碑谱、行规之类），更须粘附以资参考。

第十条　调查报告书应注明调查员之姓氏。

第十一条　本会接到会员调查报告书，得指定日期开会审查，共同研究，俾臻完善。

第十二条　凡经本会开会审查认为某会员所报告某种习惯应行编辑，即行交付编辑部。

第十三条　本会开会审查认调查报告书有疑义时，得付原调查员更行详细调查。

第三章　编辑细则

第十四条　编辑事务由编辑部会员分任之。

第十五条　编辑分民事、商事两编，其目次及编辑方法由编辑主任定之。

第十六条　凡一种习惯与民商均有关系者，应于民商编内各别编辑。

第十七条　会员所调查之习惯，其报告内容相同者，只须采其一，以免重复。

第十八条　编辑主任关于编辑事项有商榷时，得会同编辑部会员共同讨论，并商承会长办理。

第四章　附则

第十九条　本细则如有未尽事宜，得随时改订，呈部核定。

（十）安徽民商事习惯调查会章程及附属规则

说明：查安徽高等审判厅于民国七年三月九日呈报遵设民商事习惯调查会并简章及注意事项请核示一案，据称（上略）。查吾国民商事法规商未完全，裁判上应依据各种习惯之处甚多，而因地域及世事迁变，各种习惯之发生沿革又至为复杂。厅长于接见各厅县推事、承审员随事博访，并嘱令不时报告，益知调查各种正确习惯事业之不容或缓。兹奉前因遵即召集厅员筹议组织会所，拟暂设高等厅内，会内事务由厅指派，书记官分任文牍、庶务，置雇员一人或二人分任收发缮写各事，应需费用，仍仿奉天办法，暂以本厅先后存积之律师登录费至本年二月末日止，合计三百三十六元，移作调查会常年经费。并拟刊钤记一颗，营造尺长二寸三分，宽一寸五分，文曰：安徽民商事习惯调查会钤记，籍便函请各机关、农商会、自治团体或公正绅耆帮同调查时启用。复虑调查时，未经注意漫行采集与民商事无关之习惯填报用特于调查会组织章程外，拟具调查应行注意事项，分送各会员，藉有遵循所拟是否有当，理合检附调查会章程随文呈乞鉴核示遵等语到部，当经本部指令第二五八二号照准，对于该厅所拟调查应行注意事项尤为嘉许，并由本部油印三十份，分发各省高审厅阅看以供参考。兹将会章及其拟订注意事项分录于下。

其一　会章

第一条　本会以调查安徽全省民商事习惯为宗旨。

第二条　本会会长由安徽高等审判厅长兼充。

第三条　本会会员以现任安徽各级审判厅厅长、推事、各县知事、承审员充之；各级检察厅检察长、检察官、各厅会经法政学校毕业之书记官，愿入会者，得为会员。

第四条　本会设民事习惯、商事习惯编纂主任，文牍、庶务主任各一人。

第五条　民商事习惯编纂主任由会员公推，文牍、庶务主任由会长指定高等审判厅人员兼充。

第六条　各会员调查所得，除随时报告外，至少每三个月应报告一次。

第七条　本会会员调查报告每四个月编纂一次，分送各会员，并交由高等审判厅分送司法部、法律编查会、大理院。

第八条　本会于调查民商事习惯外，凡安徽省发布单行规则章程关于民商事者，得分类编辑，按期报告。

第九条　本会经费由高等审判厅呈请司法部拨给。

第十条　本会收支各，每四个月由会长会员五人共同检查一次，每年年终结成总数，并用款单据送由高等审判厅报部审核。

第十一条　本会调查各地方习惯有必要时，得函请各地方官署、农工商会、自治会帮同调查。

第十二条　本会附设于高等审判厅内，并由厅刊发木质圆章一颗，文曰：安徽民商事习惯调查会钤记。

前项圆章用营造尺，长二寸三分，宽一寸五分。

第十三条　本会发行文件，除陆续呈报各事由高等审判厅及厅长名义行之之外，所有调查进行事项得以安徽民商事习惯调查会名义行之。

第十四条　本简章如有未尽事宜，得随时修改增订，呈部备案。

其二　民商事习惯调查应行注意事项

第一　应注意各种习惯发见之机会。

一、由裁判上发见者，如诉讼进行中或诉讼终了后，于该案事实发见民商事各种习惯。

二、由裁判外发见者，于诉讼程序外，依咨询或报告或地方志乘或公共团体处理过去事实先例及其地方法发见民商事各种习惯。

第二　应注意各种习惯发生之原因：

一、原因于地域者，如皖南北各种习惯不同。

二、原因于社会者，如农工商各种社会习惯不同。

三、原因于历史者，如因天灾兵乱或历史事实相沿致生各种习惯之不同。

第三　应注意各种习惯成立之证明：

一、各官署文卷确有成案可证明其为一种习惯者，调查报告时应摘叙大略。

二、各农工商会自治团体会议笔录或往来文件可证明各习惯者，调查报告时应略为说明。

三、各地方社会缔结文契及关于继承并亲族婚姻各种书类可证明各习惯者，调查报告时不妨抄附原书类形式。

四、无书类可供证明之习惯，调查报告应略举具体事实之一二先例。

第四　应注意各种习惯情形之复杂：

一、各习惯确有关于民商事件权利义务者，无论其为善良习惯、非善良习惯，统宜采集报告。

二、中国人事复杂往往于一地域一社会确有两种内容相及之习惯并行，应详述其能并行不悖情形，摘举事例一律报告。

（十一）江西民商事习惯调查会章程及附属规则

说明：查江西高等审判厅于民国七年三月十二日呈遵设民商事习惯调查会并章程及调查编纂等项规则请核示遵一案，据称（上略）。查民商事习惯关系审判甚为重大，自应遵令设会调查，当经督同厅员细加讨论，佥谓此会之设应求实效，一省之大，习惯歧异，种类极为繁多，欲求编纂详赡，须先有精密之调查。至调查方法，在各会员止能于办理讼案时就所发见及调查所得者，随时记录；至讼案外，各地方久行之习惯，庭员困于精力，限于职守，实无暇旁搜。欲求详尽，盖戛乎其难，似宜于会员之外另设常任调查员，遇有会员调查未竟之绪及讼案外久行各地方之习惯，均派令该调查员亲诣各地切实调查，期臻详悉庶裁判足资参考，而实际无虞扞格，此则设会之实效也。惟是既设专员又实地旅行查访，则必须之费用随之，自非预筹的款难以举行，伏查赣省律师登录费一项数年以来止积有四百余圆，为数无多，若准照所拟设置常任调查员，则每月会中支用需两百余圆，除以现存及随时收入之律师登录费支付外，不足之数拟从收入讼费项下截留弥补，实支实销，宁省毋糜，仍按月由职厅编制计算书，连同收据，呈送钧部核转。所有遵令设民商事习惯调查会拟订办法是否有当，理合将草拟调查会章程、调查规则、编纂规则，缮具清册，并列调查会支用预算表一纸，具文呈送钧部，伏乞俯赐察核指令祗遵实为公便等语到部，会经本部指令第二五八五号准予备案，该会遵于同年五月一日正式成立，并经呈报选派常任调查员二员在案。

八年三月七日复据该厅陈厅长呈称（上略），案查本省民商事习惯调查会业由朱前厅长拟订规章报告成立，所有内部配置除会员一项既以赣省各级审判厅推事暨兼理司法各县知事、承审员承充外，并另设常任调查员二员，亦经选任在案，第一切调查办法均未及着手进行。厅长任事以来详加查察，事务既关重要，查报宜极周详，原章于配置会员之外，另设常任调查员一职以资补助用意甚为周密，自应仍前设置。惟查自该会成立虽经半载，而报告文件尚属寥寥，该调查员等无所事事，几同虚设。兹从本年一月份起业将原设常任调查员二员暂行裁撤，以节经费，一面仍拟由厅长酌定办法督饬各会员实力遵办，依限具报，除将订章程量加修正另呈拟办外，所有本省民商事习惯调查会原设常任调查员一职暂行裁撤，缘由是否有当，理合具文呈报钧部鉴核备查等语。又于九年十二月六日呈报民商事习惯调查会办理情形请核备查一案，据称（上略）。案查赣省民商事习惯调查会，虽于民国七年间由朱前厅长拟订规章报告成立，但组织未及就绪，即行交卸。厅长抵任后，当以政务业集百端待理，且默察该会原订办法，亦尚有应行斟酌之处，除原设常任调查员一职因查无设置之必要，当即呈明钧部，从八年一月份起暂行裁撤以节经费外，一面即责成各厅会员，先就平时办案所得各项习惯，详细搜集，从速报告。如有应特别调查事件或临时酌派专员或饬由各该县知事或各承审员就近查报以昭核实而期便捷。兹据各会员将搜集各项习惯造具报告书，陆续呈送前来，自应汇案审查，分期编送，惟查此项报告文件照章本可就原有会员内指派一二人担承编纂之责，即职厅亦先已指定民庭长王义检暨南昌地方审判庭刘寿莲分任总编纂事务，但该庭长等均以案牍纷繁，未能兼顾。而各会员送到报告文件已积有成帙，自未便稍有稽延。厅长为慎重职责起见，兹从本年十一月起，业经另派专员悉心编辑，并拟酌支津贴以期就绪，除将编印报告书另文分期呈送外，查该会原定预算系月之银圆二百四十八元，现在常任调查员二员既已裁撤，所有现设编辑专员应支津贴暨为生薪资，并纸张印刷以及一切杂支等费，统拟查照原案，力求撙节，约计月共支银八十元，仍在职厅律师登录费存款项下核实开支，另文册报是否有常，理合具文呈请钧部鉴核备案并乞示遵等语到部，均经本部指令第一二九〇九号第一三八二八号先后准备予案。查江西省所拟会章规则尚称周密，会由本部指令嘉奖，并油印二十份分给各省厅阅看，以供参考，亟录其内容于下。

其一　会章

第一条　本会以调查江西全省民商事习惯为宗旨，附设江西高等审判厅内，并由厅刊发木质圆章一颗，文曰：江西民商事习惯调查会钤记。

前项圆章用营造尺，长二寸三分，宽一寸五分。

第二条　本会会长由江西高等审判厅长兼充。

第三条　本会会员以江西各级审判厅厅长、推事及兼理司法各县、知事承审员充之；其他江西各级审检厅员愿入会者，亦得为会员。

第四条 本会设民商事习惯编纂员四人，常任调查员二人，文牍、庶务各一人。

本会缮写事宜得酌设雇员。

第五条 编纂员由会长指定。

常任调查员由会长选派。

文牍、庶务由会长指定江西高等审判厅书记官兼充。

第六条 会员暨调查员调查所得，须依调查规则如期报告。

调查规则另定之。

第七条 本会调查所得，每半年编纂一次，分送各会员，并交由江西高等审判厅分送司法部、法律编查会、大理院。

编纂规则另定之。

第八条 本会经费由江西高等审判厅长编制预算，呈请司法部拨给。

第九条 本会收支各费，每月终由庶务员编制决算，同用款单据送由高等审判厅报部审核。

第十条 本会发行文件，除陆续呈报事由高等审判厅及厅长名义行之之外，所有调查进行事项得以江西民商事习惯调查会名义行之。

第十一条 本章程如有未尽事宜，得随时改订，呈部备案。

其二 调查规则

第一条 调查分民事习惯、商事习惯两种。

第二条 会员应就经办案件，随时留心体察，勤加记录；其余经办案件外，别有熟悉该地习惯者，务一并记录。

会员发现习惯不能亲莅该地调查者，得报请本会派常任调查员亲诣该地调查。

常任调查员务将调查事件博访周谘，切实考查具报。

第三条 应调查之习惯如下：

一、关于民商事足供法律上之研究者。

二、足征民情风俗之一斑者。

第四条 江西省发布单行章程暨规则有关于民商事足供审判上之依据或参考者，一并调查，另册抄录。

第五条 凡会员暨调查员调查所得应分民事习惯、商事习惯两种，各依民律草案之目次编录之。若无与民商律草案目次相合之习惯仅可从阙（如无民律第一编习惯可祗录第二编，如无民律第二编第二节习惯可祗录第三编第三节），其不能归纳于民商律草案目次以内者，概分别民商辑为附录另册誊缮。

第六条　每一则习惯编录之格式如下：

一、标题。标题上冠以一二三四五等字，标题下冠以某某县等字。

二、说明。习惯之缘始、变迁、内容、效力详细说明。

三、附录。足资证明习惯之契据、合同、折簿、碑谱等类照式抄录。

标题说明项顶格写，附录低二格写。

第七条　会员就调查所得汇订成册，于册面注明官衔、姓名，每年五月、十月各报告一次。

调查员须将调查所得汇订成册，于册面注明调查员某某编录字样，每二月报告一次。

由本会派赴某地专员查某种习惯者，调查完毕后须随时从速报告。

第八条　该习惯不仅通行于一县者应列举其县名。

第九条　同一案件中之习惯，经合议庭主任甲推事编录者，乙丙两推事无须编录。若案件不同之同种习惯一庭甲推事业就乙案习惯编录者，乙推事仍可就甲案习惯各自编录，藉供参考（同庭各推事编录习惯应互相通知，免得重复）。

前项规定县知事与承审员间准用之。

第十条　因调查事件有必要时，得函请各地方官署、农工商会帮同调查。

第十一条　凡会员暨调查员调查所得，如系本诸访闻者，务将访得情形及访者之姓名、籍贯、年龄、住所、职业附注。

第十二条　凡会员暨调查员调查所得，经编纂员查有冲突或疑义不明者，应更行详细调查。

第十三条　本规则如有未尽事宜，得随时改订，呈部核定。

其三　编纂规则

第一条　编纂就会员及调查员之报告，随时汇辑订定。

第二条　编纂事宜由编纂各员分任，仍由会长汇核。

第三条　编纂分民事、商事二类。

第四条　各类中编纂之目次，由编纂员酌定之。

第五条　凡江西省发布单行章程暨规则，分类编辑，另册抄录。

第六条　各会员暨调查员调查所得，如系同类，并其缘始、变迁、内容、效力亦同者，摘录其一。

第七条　该习惯与民商均有关系者，于民商类中并录之。

第八条　习惯不仅通行于一县者，应列举其县名。

第九条　每一则习惯编录之格式如下：

一、标题。标题下冠以某某县习惯等字。

二、说明。习惯之缘始、变迁、内容、效力详细说明。

三、附录。是资证明习惯之契据、合同、折簿、碑谱等类照式抄录。

标题与说明顶格写附录低二格写。

第十条　编纂员关于编纂事项应商榷者，得会同其他编纂员议酌，并商承会长办理。

第十一条　本规则如有未尽事宜，得随时改订，呈部核定。

（十二）浙江民商事习惯调查会章程及附属规则

说明：查浙江高等审判厅于民国七年三月呈遵设民商事习惯调查会并会章请核示遵一案，据称（上略）。遵经参照奉省成案，酌量浙省情形，拟定简章十四条，缮折呈核。至经费一项，查浙省律师登录费自民国四年三月扫数报解以后，计截至本年一月底止，陆续积存银一千一百十元，内中除去本年一月奉钧部核拨同级检察厅添造看守所房屋银四百元外，尚存七百十元，拟请援照奉天成案，拨作会中经常费，以资办理所有。遵令筹设浙江民商事习惯调查会缘由，理合缮具简章，备文呈祈钧长鉴核训示祗遵等语到部，当经本部指令第二七四八号照准。旋据该厅于同年五月二十日呈报调查会于五月十五日正式成立，同年十二月十日复由该厅呈拟调查编纂规则各一份，均经本部指令准予备案。兹将各项规章分别录列于下。

其一　会章

第一章　总则

第一条　本会以调查浙江全省民商事习惯为宗旨。

第二条　本会附设于高等审判厅内，并由厅刊发木质圆章一颗，文曰：浙江民商事习惯调查会钤记。

前项圆章用营造尺，长二寸三分，宽一寸五分。

第三条 本会发行文件，除陆续呈报各事由高等审判厅及厅长名义行之之外，所有调查进行事项得以浙江民商事习惯调查会名义行之。

第二章 组织

第四条 本会会长由浙江高等审判厅长兼充。

第五条 本会会员以浙江高等以下各级审判厅监督推事厅长、各县知事、各县承审员及各级审检厅具有推检资格之书记官充之；至各级检察厅检察长、检察官得由会长函请兼充。

第六条 前条之会员于原职有更替时，随时报告本会。

第七条 本会因编纂调查报告及其他事务设置职员如下：

一、编纂主任一员，由各会员于在省会员推举之。

二、编纂助理一员，由会长选派有法律知识并熟悉本省情形者充之。

三、文牍主任一员，由会长指定高等审判厅人员兼充。

四、庶务主任一员，由会长指定高等审判厅人员兼充。

第八条 本会因缮写事宜均于前条职员外酌设雇员。

第九条 本会兼职人员均不另给津贴。

第三章 任务

第十条 各会员调查所得，除随时报告外，至少每三个月报告一次。

第十一条 会员调查报告到会后，每三个月编纂一次，分送各会员，并送由高等审判厅分送司法部、法律编查会、大理院。

第十二条 本会于调查民商事习惯外，凡浙江省发布单行规则章程关于民商事者，得分类编辑，依前条分送。

第十三条 因调查之必要，得函请各官署、农工商会、自治会帮同调查。

第四章 经费

第十四条 本会经费由高等审判厅呈请司法部拨给。

第五章 附则

第十五条 本简章自呈奉司法部核准之日实行，如有未尽事宜，随时呈请修复。

其二　调查规则

第一条　会员调查任务除照简章第十条及第十三条规定外，悉照本规则办理。

第二条　会员于经办案件上或经办案件外，发现有民商事习惯时，应依次条所定格式，随时报告。

第三条　每一习惯之调查报告，其格式如下：

一、标题。标题一行应注明某某县某种习惯，低二格填写。

二、说明。除应将该习惯之实例沿革、通行地域及效力详细说明外，又某一法条与该习惯显有抵触或系法律上漏未规定之事项，亦须分别标明，均顶格填写。

三、附录。凡足资证明习惯之契据、合同、折簿、碑谱等类照式抄录，比说明低一格填写。

前项各款填写完结后，应于附录后由调查之会员签名盖章。

第四条　无前条第一项第三款之契据等件可以附录，而有官厅或法定公共团体之文件堪以依据者，应节录其要语，以证明确为一般通行之习惯。

第五条　会员以调查本管区域为限，但曾经他县或他厅职务确知该管区域有如何特殊之习惯时，亦得查照前两条规定编订报告。

第六条　关于简章第十二条之单行规则或章程，应另册抄送。

第七条　会员之调查报告经本会审查认为尚有疑义时，得函请复查。

第八条　本规则如有未尽事宜，得随时修正之。

其三　编纂规则

第一条　编纂时期依本会简章第十一条之规定。

第二条　编纂分民事、商事二类。

第三条　编纂目次依民律、商律草案目次之先后编录之，其不能归纳于民商律草案目次内者，概分别民商附录于后。

第四条　每则习惯编录制格式依调查规则第三条第一项各款及第四条办理，并于每则末尾记明上据某官署某会员报告字样。

第五条　各会员调查报告中如有同种习惯，其内容效力相同者，仅编录其一，仍附注各该报告员姓名，并某某等处皆通行字样，以便参考。

第六条　凡一习惯而于民商事均有关系者，于民商事中并录之。

第七条　本省单行规则章程关于民商事者，分类附编于后。

第八条 编纂事宜先由编纂助理员将所编各件随时送由编纂主任核阅修正后，汇呈会长核定之。

第九条 本规则如有未尽事宜，得随时修正之。

（十三）福建民商事习惯调查会章程

说明：查福建高等审判厅于民国七年三月二十五日呈报设立民商事习惯调查会并拟会章请核示遵一案，据称（上略）。查民商事习惯各省互有不同，现在民商各律均未颁行，此项习惯其足供法典上之采择与裁判上之引用者，至非浅尠，自宜从事调查，以资参考。前奉钧部饬将闽省办理诉讼是发现各项习惯随时查报，当即转行所属一体遵办，嗣以各县呈报文件寥寥无几，且随意掇拾，亦大半不成篇幅，致无从编辑转呈。兹奉前因遵于三月一日召集所属各员悉心筹议，并参照奉天民商事习惯调查会会则拟订简章，于三月十六日开会成立，会长一职照章由厅长兼任，并经推定本厅民庭庭长推事薛光锷担任民事习惯编纂主任，闽侯地方审判厅厅长唐毅担任商事习惯编纂主任，其文牍、庶务亦已另由厅长派员兼办。至会内应需经费，约计办事人员津贴及纸张笔墨邮费等项，虽竭力撙节，每月总须银三十元之谱。闽省司法经费本极支绌，实已无从抱注，惟查有历年积存律师登录费，截至民国六年十二月底止，合计三百八十余元，尚未动用。除随时弥补应用之不足外，现拟提出三百元移作调查会本年经费，即从三月分起支，如有不敷，再由职厅设法筹拨，另呈核办，总期款不虚糜归实在。此闽省遵设民商事习惯调查会组织成立之大概情形也。除将一切应行事宜由职厅督饬所属积极进行，并随时呈报外，所有拟办情形是否有当，理合检同简章一分，具文呈请钧长鉴核示遵并准予备案实为公便等语到部，当经本部指令第五一七〇号略加修改准予备案，该厅复于八年八月十九日呈报修改会章，本部又于同年十二月三十一日指令第一二九二四号照准。兹录会章于下。

会章

第一条 本会为资司法上及立法上参考起见，调查福建全省民商事习惯。

第二条 本会附设于福建高等审判厅，并由厅刊发木质圆章一颗，文曰：福建民商事习惯调查会钤记。

前项圆章用营造尺，长二寸三分，宽一寸五分。

第三条 本会会长由福建高等审判厅厅长兼充。

第四条 本会会员以福建各级审判厅长推事任之；各检察厅检察长、检察官，各厅书记官及县知事、承审员亦得为会员。

第五条　本会设民事、商事习惯编纂主任各一人，文牍、庶务主任各一人。

第六条　本会民商事习惯编纂主任由会员公推，文牍、庶务主任由会长指定。

第七条　各会员调查所得除随时报告外，至少每三个月须报告一次。

第八条　本会会员调查报告，每四个月编纂一次，除印送各会员外，随时呈报司法部，并分送法律编查会、大理院备核。

第九条　本会经费由高等审判厅呈明司法部拨给。

第十条　本会收支款项除由会长随时检查外，每年由庶务主任结算造册，并附用款单据送由会长报部审核。

第十一条　本会调查各地方习惯有必要时，得委托各地方官署、农工商会及其他机关分别调查。

第十二条　本会发行文件，除陆续呈报各事由高等审判厅及厅长名义行之之外，所有调查进行事项得以福建民商事习惯调查会名义行之。

第十三条　本简章如有未尽事宜，得随时修改，呈部备案。

（十四）湖北民商事习惯调查会会则

说明：查湖北高等审判厅于民国七年六月二十二日呈报设立民商事习惯调查会成立日期并办事细则请核示一案，据称（上略）。遵即分咨同级检察厅并通令所属各厅县遵办在案，惟适因时局不靖，各属会员报到者寥寥，以致未能如期设立。现在各厅县陆续具报会员衔名前来，已于本年六月六日在职厅开湖北民商事习惯调查会成立大会。依据奉省原章第四、第五两条，公推职厅刑庭推事周浩为民事编纂主任，夏口地方审判厅长孙如镪为商事编纂主任，仍旧原章酌拟办事细则十四条，由豫瑶随时督同各会员积极进行。至会内应需费用，查奉省系由律师登录费内开支，职厅此项登录费历经弥补司法经费并无存余，惟出巡费项下尚有余款，拟请即在该余款内拨用，并将预算每月开支数目列具间表，是否有当，理合连同办事细则及预算表，具文呈请钧部鉴核示遵等语到部。本部于同年八月一日指令第七二四三号会准备案，惟湖北民商事习惯调查会系遵照奉省章程办理，仅拟办事细则十四条，并未另订新章，故于上项指令内开（上略），该厅既准用奉天民商事习惯调查会简章，自属可行。惟查奉天民商事习惯调查会简章中尚有应行修正者，本部现为整齐画一起见，业已训令奉天高等审判厅将该简章第十二条于高等审判厅内句下添入"并由厅刊发木质圆章一颗，文曰：奉天民商事习惯调查会钤记"，同条再添一项云"前项圆章用营造尺，长二寸三分，宽一寸五分"，该条后再添一条为"第十三条本会发行文件，除陆续呈报各事由高等审判厅及厅长名义行之之外，所有调查进行事项得以奉天民商事习惯调查会名义行之"，原"第十三条"已改为"第十四条"，同条修改增订句下再添"呈部备案"，该厅既准用奉厅所定简章，自应查照更正，以归一律，余如拟办理（下略）。兹仅将该厅所订办事细则录之于下：

办事细则

第一条　本会除准用部准奉天民商事习惯调查会简章办理外，所有会内一切事务，均按本细则处理。

第二条　本会会员以现在武昌、汉口、汉阳三处者为常任会员，遇有开会时，由各常任会员到会议决。常任会员以外之会员，对于本会有建议时，得随时通信。

第三条　本会会员依简章第六条之规定报告民事商事习惯时，应依照下列办法：

一、各种习惯须以采取各该地方或各该厅行业所公认者。

二、各种习惯无论是否善良，均应采集，并得于逐项习惯之下附简明之论断。

三、各种习惯如有特别名称者，应以通常文字释明其意义。

四、各种习惯如同一地点而有歧异时应特别注明。

五、报告各种习惯时须分别民事商事，并须于报告书内由会员署名捺印。

第四条　本会收到各会员报告书由指定文牍主任分别民事、商事，于每月月终分送编纂主任。

第五条　编纂主任应就各会员报告分类编辑，并附以是否善良之意见。

第六条　编纂主任对于各会员报告认为有下列之一者，得发还原会员重行调查或依简章第十一条之规定由本会直接调查。

一、同一地方同一习惯而又会员二人以上之报告歧异时。

二、会员之报告内叙述显有未详尽时。

第七条　编纂主任如认为某种习惯须实地调查者，得呈请会长派员调查。

第八条　前条之调查费用视路途远近，由会长临时酌定。

第九条　编纂主任依简章第七条之规定，每四个月编纂一次，须先将编纂稿本交由指定文牍主任，付油印，分送各常会员。

第十条　各常会员于收到前条稿本后限十日内审查，如有意见时，得加以签注缴还本会。

第十一条　本会收齐各常会员缴还稿本后，由会长召集各常会员开会议决，再行编订成册，分别报部及印送各会员。

第十二条　本会收发、缮写等事设置雇员二名，以专责成，其每月薪水由会长酌量开支。

第十三条　本细则有未尽事宜，得随时增改。

第十四条　本细则以奉部核准之日施行。

（十五）湖南民商事习惯调查会章程及附属规则

说明：查湖南高等审判厅于民国七年十二月十三日呈遵设民商事习惯调查会拟定章则及支费预算请核一案，据称（上略）。查民商事习惯关系审判，甚为重大，自应遵令设会调查，以求详确。惟湘省自政变发生以后，省会各厅员星散他方，省外厅县各员一时亦未遑兼顾，是以久延未能举办。迨厅长到任时，湘省秩序尚未恢复，各厅县与省会不通之处尤多，夫以一省之大，习惯歧异，种类繁多，欲求编纂之宏富明确，非藉精密之调查无以求实效。各厅县情形既困难若此，则会员因外界之阻碍势难得详确之报告，与其编纂谫陋，有误将来法典之根据，何如暂缓设立之为愈，此厅长到任以后对于该会未即举办之原因也。现在大局稍定，道路较前为通，自应赶速设立，以副钧部谆谆训令之至意。除拟订章则及支费办法另册钞呈外，至开办经费如购买器具等项需百元左右，及每月会中支用各项费用需二百余元，拟以现存律师登录费用票洋三百二十余元及随时收入律师登录费用支付外，其不足之数另于收入讼费项下截留弥补，实支实销，仍按月由职厅编制计算书，连同收据汇送钧部查核。所有遵设民商事习惯调查会拟订章则及支费办法各缘由是否有当，理合备文，连同简章及调查编纂各规则，并预算表各一份，呈请均部鉴核，伏乞指令只遵实为公便等语到部，当经本部指令第一○五号略有增删，准予备案。

八年三月十八日，复据该厅呈报民商事习惯调查会成立日期，并送职员名册到部，据称（上略）。遵经将章则修正部分分别改正，并派员从速筹备，以期早日成立，各在案。现该会组织业已就绪，并于三月十五日成立，除调查事宜业由各会员分别进行，俟报告汇集齐全即着手编纂另行送呈察核外，所有民商事习惯调查会成立日期并指派职员各缘由，理合抄缮各职员姓名一览表，备文呈请钧部鉴核，伏乞指示祗遵实为公便。再依该简章第六条第一款规定，常任调查员本系专职，理应专派相当人员，惟湘省财政困难，能稍节省于后，此本会经费不无裨益，故于定额二员中除派黄岩一员专任调查外，其余一员拟暂以职厅书记官长董祺兼任，月酌给津贴三十元，以资撙节，合并声明等语。同年八月三十日，本部第一二九二五号指令备案，该厅所订各项章则尚称完善。兹分录于下。

其一　会章

第一条　本会以调查湖南民商事习惯为宗旨。

第二条　本会会所附设于湖南高等审判厅内。

第三条　本会职员如下：

一、会长一名；

二、会员无定额；

三、常任调查员二员；

四、编纂四员；

五、文牍一员；

六、庶务一员。

第四条　本会会长由湖南高等审判厅长兼充。

第五条　本会会员以湖南各级审判厅厅长、推事及兼理司法各县知事、承审员充之。

各级检察厅检察长、检察官暨审检各厅书记官愿入会者，得为会员。

第六条　本会职员由会长指派下列人员充之：

一、常任调查员，为专职，由会长选派。

二、编纂员，由会长指定高等厅庭长暨地方厅厅长或庭长兼充之。

三、文牍、庶务各主任，由会长指定高等审判厅内书记官兼充。

四、缮写事宜得酌设雇员。

第七条　会员暨调查员调查所得，依调查规则第八条规定期限报告之。

调查规则则另定之。

第八条　本会由湖南高等审判厅刊发木质图章一颗，文曰：湖南民商事习惯调查会钤记。

前项圆章用营造尺，长二寸三分，宽一寸五分。

第九条　本会发行文件，除陆续呈报各事均以高等审判厅及厅长行之之外，所有调查进行事项得以湖南民商事习惯调查会名义行之。

第十条　本会调查所得每半年编纂一次，分送各会员，并交由高等审判厅分送司法部、修订法律馆、大理院编纂。

第十一条　湖南高等审判厅所属之律师公会对于民商事习惯如有意见陈述者，得具报告书，函送本会，以备参考。

第十二条　本会遇有必要情形，得由会长召集会员开会讨论。

第十三条　本会经费由湖南高等审判厅长编制预算，呈请司法部拨给。

第十四条　本会收支各费，每月由庶务员编制决算，检同用款单据送由高等审判厅报部审核。

第十五条　本章程如有未尽事宜，得随时修改增订，呈报司法部备案。

其二　调查规则

第一条　调查分民事习惯、商事习惯二种。

第二条　会员应各就经办民商事案件，随时留心体察，如有发见某项习惯者，应勤加记录；其于经办案件外，别有习识该地习惯者，亦应一并记录。

第三条　会员发现习惯并非亲莅某地调查不能得其真实者，得报请会长派常任调查员亲往调查。

常任调查员应将调查事件切实考察具报。

第四条　调查之习惯如下：

一、天灾兵乱或历史事实相沿所生各种不同之习惯。

二、不论善良习惯与否，但系有关于民商事事件之权利义务足以成为习惯者。

三、各地域不同之各种习惯。

四、一地域内两种相反之习惯。

第五条　调查习惯应注意下列各项随时采集：

一、各官署文卷确有成案者可证明其为一种习惯者。

二、农工商会及自治团体之文件可证明各习惯者。

三、各社会缔结契约及关于婚姻继承亲属各种书类可证明各习惯者。

四、无书类可供证明之习惯其具体事实有先例足以摘举者。

第六条　湖南省发布单行章程暨规则有关于民商事足供审判上之依据或

参考者，一并调查，另册抄录。

第七条　凡会员暨调查员调查所得，应分民事习惯、商事习惯二种，其编别式以民律草案与商律草案之目次为依据。至所得习惯不能归纳于民商律草案目次以内者，应分别附录另誊缮。

第八条　每一则习惯编录之格式如下：

一、标题。标题上冠以一二三四五等字，标题下冠以某某县习惯等字。

二、说明。习惯之缘始变迁内容效力。

三、附录。足资证明习惯之契据合同折簿碑谱等类，照式抄录。

标题与说明顶格写，附录低二格写。

第九条　会员就调查所得分类汇集，编订成册，于册面注明官衔、姓名，每年分一月与七月各报告一次。

调查员应将调查所得分类汇集，编订成册，于册面注明调查员某某编录字样，每二个月报告一次。

由本会派赴某地调查某种习惯者，调查完毕后应随时从速报告，其赴各地调查日期，除程期按照湖南上诉路程表不计外，最多不得逾一星期。

第十条　凡不仅通行一县之习惯，应列举其他县名。

第十一条　同一案卷中之习惯在合议庭时由主任推事编录之，若案件不同之同种习惯，凡同厅各推事可各任编录之责，俾得互供参考。

前项规定县知事与承审员准用之。

第十二条　在裁判外可资发见之习惯，在必要时得函请各处工农商会、地方士绅协助调查。

第十三条　凡依咨询或传闻所得之习惯不能得其真确时，应将所闻之地暨所访之人姓名、年龄、籍贯详为附注。

第十四条　凡须重行调查之习惯，应以发生疑义者为限。

第十五条　本规则如有未尽事宜，得随时改订。

其三 编纂规则

第一条　编纂各员分任编纂事宜，编纂完毕由会长汇核。

第二条　编纂就会员及调查员之报告随时汇订。

第三条　编纂分民事、商事二类。

第四条　编纂时发见会员暨调查员调查所得系同类同内容同效力者，只录其一。

第五条　凡湖南发布单行章程暨规则，均应分类另册抄录。

第六条　凡一习惯通行于数县者，应将数县名列举之。

第七条　编纂之目次准用调查规则第七条。

第八条　每一则习惯编录之格式准用调查规则第八条。

第九条　关于应商榷之编纂事项，由编纂协议行之，协议不调，商承会长办理。

第十条　本规则如有未尽事宜，得随时改订，呈部核定。

（十六）陕西民商事习惯调查会章程及附属规则

说明：查陕西高等审判厅于民国八年八月二十三日呈遵设民商事习惯调查会拟定章则及支费办法请核示遵一案，据称（上略）。职厅因彼时陕省正值军事戒严期间，世面停滞一时，碍难举办各情形，会经呈覆在案。现在军事渐平，市面稍定，用特赶速筹设，以仰副钧部谆谆训令之至意。查民商事习惯足供现在裁判之参考，且为将来法典之根据，其关系至为重要，则当遵令设会之时，尤非精密之调查不为功，况陕省地处西陲，东连豫晋，北接蒙疆，南通川楚，西邻甘肃，匪特各方习惯最为复杂，即一县之中各乡市习惯亦复相异，兼之幅员甚广，交通不便，调查更属困难，与其敷衍塞责，贻误兹多，何如详确调查收效实易。现拟于普通会员外中南北三道每道各设常任调查专员一人，分设期实地调查，以专责成，而期确切。至应需经费，自当预为规画，力崇节省。惟查陕省自军兴以来，生活程度超过常年数倍以上，计调查员在途车价每日需大洋一元五角，而旅费之数尚不在内本表中，所规定旅杂等费实属异常撙节，减无可减，按年支总数虽较他省稍多，而欲求报告之详明，编纂之周密，似此正当必需之经费尤不能勉为筹措者也；再此项开办经费及每月会中支用各费拟即从讼费收入项下照正开支，仍按月由职厅编纂计算书，连同收据汇送备核。所有遵设民商事习惯调查会拟定章则及支费办法各缘由，理合备文，连同拟定简章及调查编纂各规则并预算表各一份，呈请钧部鉴核，是否有当，乞批示祗遵等因到部，当经本部指令第一二七八九号照准，该厅于九年三月五日接收上项指令，即以奉令之日作为开办之期云。兹录该厅所拟各项章则于下。

其一　会章

第一条　本会以调查陕西全省民商事习惯为宗旨。

第二条　本会会所附设于陕西高等审判厅内，并由厅刊发木质圆章一颗，文曰：陕西民商事习惯调查会钤记。

前项圆章用营造尺，长二寸三分，宽一寸五分。

第三条　本会设置职员如下：

一、会长一员；

二、会员无定额；

三、编纂四员；

四、常任调查员三员；

五、文牍一员；

六、会计兼庶务一员。

第四条　本会会长由陕省高等审判厅长兼充。

第五条　本会会员以陕西各级审判厅厅长推事及兼理司法各县知事、承审员充之。

各级检察厅检察长、检察官暨各级审检厅书记官长、书记官愿入会者，得为会员。

第六条　编纂员由会长指定。

常任调查员由会长选派。

文牍、会计、庶务各员由会长指定高等审判厅书记官兼充。

第七条　本会因缮写事宜得酌设雇员。

第八条　本会会员暨常任调查员调查所得，除随时报告外，须依调查规则第十条规定如期报告。

调查规则另定之。

第九条　本会调查所得，除随时编纂外，须依编纂规则第十二条规定，每四个月总编纂一次，分送各会员，并交由陕西高等审判厅分送司法部、修订法律馆、大理院。

编纂规则另定之。

第十条　陕西各商会暨陕西高等审判厅所属之律师公会对于民商事习惯如有意见陈述者，得具报告书，函送本会，以备参考。

第十一条　本会遇有必要情形，得由会长召集会员开会讨论。

第十二条　本会发行文件除陆续呈各事以陕西高等审判厅及厅长名义行之之外，所有调查进行事项得以陕西民商事习惯调查会名义行之。

第十三条　本会经费由陕西高等审判厅长编制预算，呈请司法部拨给。

第十四条 本会收支各费，每届月终由会长检查一次；每届年终由会计员编制决算，检同用款单据送由高等审判厅报部审核。

第十五条 本会简章如有未尽事宜，得随时增修，呈部核定。

其二 调查规则

第一条 调查分民事习惯、商事习惯两种。

第二条 会员应各就经办民商事案件，随时留心考查，如有发见某项习惯者，应即记录；其于经办案件外，别有熟悉该地习惯者，亦应一并记录。

会员发见习惯非亲莅某地调查不能得其真相者，得报请会长许可亲往调查或由会长派常任调查员往查。

常任调查员经派往调查某种习惯，务须博访周谘，切实考查具报。

第三条 因调查事件于必要时，得函请各官署、农工商会暨地方士绅协助。

第四条 应调查之习惯如下：

一、基于历史者，如因天灾兵乱或其他事实相沿所生各种不同之习惯。

二、基于社会者，如农工商各种社会特别之习惯。

三、基于地域者，如各地域不同之习惯及一地域两种相反之习惯。

四、其他有关于民商事件之权利义务足以成为习惯者。

以上习惯无论其为善良与否，均应调查。

第五条 调查习惯应注意下列各项随时采集：

一、各官署文件确有成案可证明其为一种习惯者。

二、农工商会及自治团体之文件可证明各习惯者。

三、各社会缔结契约及关于婚姻继承亲属各种书类可证明各习惯者。

四、无书类可供证明之习惯，其具体事实有先例足以摘举者。

第六条 陕西省发布各种单行章程暨规则有关于民商事足供审判上之依据或参考者，一并调查，另册抄录。

第七条 凡会员暨调查员调查所得，应分民事习惯、商事习惯两种。各依民律草案、商律草案之目次编录之，其不能归纳与民商律草案目次以内者，应分别附录，另册誊缮。

第八条 每则习惯编录之格式如下：

一、标题。标题上冠以一二三四五等字，标题下冠以某某县习惯等字，如该习惯不仅通行一县者，应列举其县名。

二、说明。习惯之缘始、变迁、内容、效力。

三、附录。足资证明习惯之文件函件及各种契据、合同、折簿、碑谱等类，应摘录大略，或照式抄录。

标题说明顶格写，附录低二格写。

第九条 会员暨调查员调查所得如系本诸访闻者，应将访得情形及所访者之姓名、籍贯、年龄、住所、职业附注。

第十条 会员就调查所得分类汇订成册，于册面注明官衔、姓名，于每年四月、八月、十二月各报告一次。

调查员就调查所得分类汇订成册，于册面注明调查员某某编录字样，每两月报告一次。

第十一条 同一案件中之习惯在合议庭时，由主任推事编录，若案件不同之同种习惯，各承审推事应各任编录之责，俾得互相参考。

前项后半段之规定，县知事与承审员备用之。

第十二条 会员暨调查员调查所得经编纂员查有冲突或疑义者，得更行调查。

第十三条 本规则如有未尽事宜，得随时增修，呈部核定 。

其三 编纂规则

第一条 编纂事宜由编纂各员分任编纂完毕，仍由会长汇核。

第二条 编纂各员应就会员及调查员之调查报告，随时汇辑。

第三条 编纂分民事、商事二类。

第四条 编纂之目次准用调查规则第七条之规定。

第五条 凡陕西省发布各种单行章程暨规则有关于民商事足供审判上之依据或参考者，应分别编辑，另册抄录。

第五条 会员暨调查员调查所得如系同类，并其缘始、变迁、内容、效力亦同者，只录其一。

第六条 凡习惯与民商事均有关系者，应于民商类中并录之。

第七条 每则习惯编录之格式准用调查规则第八条之规定。

第八条 编纂员关于编纂事宜应商榷者，得会同其他编纂员协议行之，协议不调，商承会长办理。

第九条 本规则如有未尽事宜，得随时增修，呈部核定。

（十七）甘肃民商事习惯调查会章程

说明：查甘肃高等审判厅于民国七年三月八日由黄前厅长呈遵设民商事

习惯调查会并会章请核示一案，据称（上略）。查甘肃边远，民族复杂，其民商习惯不惟与他省多有不同之处，即就本省而论，彼此情形亦复悬殊，职厅受理民事上诉案件，随时考查，以期裁判之允惬。然习惯不能尽知，遇有特种问题即难迎刃而解，久拟从调查入手以为准据，因甘肃交通不便，经费难筹，故未举办。兹奉，前因厅长与各庭员连日讨论，拟在职厅附设民商事习惯调查会，并拟由在厅各员就民商习惯列举问题通行各县知事或承审员，随时查复，或函请各处商会、士绅、土司襄助，以期详细无遗。所有调查旅费及津贴办公等项，每月计需洋三百元，职厅既无律师登录费，又无别项积存之款，惟有拟请在甘肃讼费收入项下开支。每届三个月造具支出计算书，并附凭单，由会长、会员审查后，送由高等审判厅报请均部核销。除剋日督率开办外，理合将所拟章程十五条开具清折，备文呈请鉴核指令，只遵等因到部，本部当于同年四月六日指令第三二二〇号准予备案

同年十一月八日，复经邵厅长呈请改订民商事习惯调查会章程，据称（上略）。查甘肃地居边域，界接蒙疆，番回并处，人事复杂，特别习惯自应甲于他省，兼之幅员辽阔，交通困难，调查颇不易周。本会成立之初，因限于经费一项，所有聘定调查各员均系义务，迭次函催，多不能如期报告，即间有报告者亦属泛常敷衍，对于所举各条项未能周咨博访，详细考查，常此因循，诚恐于事实无所裨益。兹拟添设常任调查员二人，以专责成，除该员每日细心调查，自行列项报告外，遇有会员报告到会事件，或疑义不明，或略举一斑未能阐发底蕴时，亦得派该员亲诣地点，切实考查，庶不致有毫厘千里之谬。至着给津贴，仍由原定经费内酌量开支，不另增加。再原章所定编纂主任由会员公推，原呈谓开支款项由会员审查等语，查会中所聘定普通会员人数过多，远近不一，施行实不无碍滞，故特仿照江西会章，将本会前经报部核准章程依该章程第十六条规定重加增修，以期于事实相符。所有改订会章缘由，理合开具清册，备文呈请均部鉴核示遵等因，并于修改各条添具理由到部，八年一月一日，本部指令第一〇八号照准。兹将该厅最后修订会章录之于下。

会章

第一条　本会为调查甘肃民商事一切习惯而设。

第二条　本会设置职员如下：

一、会长一人；

二、会员无定额；

三、编纂员一人至二人；

四、常任调查员一人至二人；

五、文牍一人；

六、会计兼庶务一人。

查原章定编纂主任一人，今拟改订至二人；并添设常任调查员一人至二人，余仍旧。

第三条 本会会长由高等审判厅长兼充。

第四条 本会会员由下列人员中函订之：

一、高等审判厅及分厅推事地方、审判厅厅长及推事。

二、各级审判厅具有推检资格之书记官。

三、高等地方各检察厅检察官。

四、各县知事及承审员。

查原章前项第三条会长由高等审判厅长兼充，第四条会员由下列人员中函订之云云，今拟皆冠以本会二字，余仍旧。

第五条 编纂员由会长选定。

常任调查员由会长选派。

文牍、会计、庶务由会长指定高等审判厅书记官兼充。

查原章编纂、文牍、会计、庶务员均有主任字样，今拟删去主任二字；编纂员由会员公推者拟改为有会长选定，并增设常任调查员，亦由会长选派，余仍旧。

第六条 各会员调查所得除随时报告外，其省外各承审员及县知事，每三个月至少须报告一次。

查原章前条系第七条，兹改为第六条，余仍旧。

第七条 本会于各会员报告外。其遇有必要时得函请农工商会、自治会、理番委员、各县土司帮同调查。

调查规则另定之。

查原章前条系第十条，今改为第七条，并增加调查规则另定之一项，余仍旧。

第八条 本会调查事项每四个月编纂一次，交由高审厅分送司法部、修订法律馆、大理院查核。

查原章法律编查会今应改为修订法律馆，余仍旧。

第九条 凡甘省发布单行规章于民商事有关系者，本会得分汇编辑，随时报告。

编纂规则另定之。

查原章此条内并无编纂规则另定之一项，今拟增加，余仍旧。

第十条 会员、编纂、文牍、会计等概不给薪，但因其情形得酌给编纂及文牍、会计等，以八十元以下之津贴。

查原章此条系第十一条，今改为第十条，末句改为八十元以下之津贴，余仍旧。

第十一条 本会因誊写等事得酌用雇员。

第十二条 本会经费由高等审判厅呈请司法部拨给。

第十三条 本会收支各费每届月终由会长检查一次，每三个月由庶务员编制决算，连同用款单据送由高等审判厅报部重核。

查原章第十二、十三等条，今改为第十一、十二等条，第十三条系另行增订。

第十四条 本会附设高等审判厅内，并由厅刊发木质圆章一颗，文曰：甘肃省民商事习惯调查会钤记。

前项圆章用营造尺，长二寸三分，宽一寸五分。

第十五条 本会发行文件，除陆续呈报各事由高等审判厅及厅长名义行之之外，所有调查进行事项得以甘肃民商事习惯调查会名义行之。

第十六条 本章程有未尽事宜，得随时增修，呈部备案。

查第十四、十五、十六等条仍与原章同。

（十八）四川民商事习惯调查会章程及附属规则

说明：查四川高等审判厅于民国七年四月二十四日呈遵令设置民商事习惯调查会并拟订章则请核示遵一案，据称（上略）。遵即仿照奉天会章，并参酌本省情形，另订会章十二条，并办事细则十八条，于本月一日先就在省会员开成立会，一面通知各厅推事、检察官及各县承审员、知事分别照章充任会员，各就所在地将民商事习惯随时调查报告，会内应至编纂主任四人，由会员公推，本厅推事吴夷吾、孔庆余、童光瓒、杨湛充任；总务、文牍、庶务各主任，由厅长指派本厅书记官分别兼任，因文牍收掌事务较紧，另派学习书记官一人专司其事。会内应需经费，拟照奉省成案，暂拨本厅所之律师登录费银伍佰元，搏节开支，如有不敷，再就司法收入项下呈请酌拨备用，复实报销除，由厅长督策进行。并俟调查报告到齐，照章编纂汇送外，所有尊令设置民商事调查会办理情形是否有当，理合具文，连同会章暨办事细则，呈请钧部俯赐察核示遵等因到部，当经本部指令第七二九八号照准，嗣后并无调查报告书送部，或因川事纠纷未能实行亦未可知，惟其所拟会章及办事细则尚属完备，特分别录之于下。

其一　会章

第一条　本会系遵司法部通令设置以调查四川全省民商事习惯为宗旨。

第二条　本会会员以现任四川各级审判厅厅长、推事及各县承审员充之；但现任四川各级检察厅检察长、检察官及各级审检厅具有推检资格书记官各县知事愿入会者，得为会员。

第三条　前条但书所定人员入会时，应先通知本会，本会接准通知后，即行注册，并另用函请担任调查事宜。

本会会员得于卸去现任职务时出会，但将出会日期通知本会。

第四条　本会设会长一人，由四川高等审判厅长兼充；设民商事习惯编纂主任各一人，由会员公推；总务、文牍、庶务主任各一人，由会长就四川高等审判厅内人员派充。

本会于前项所定职员外，视事务之繁简，酌设雇员承办缮写文件及其他事务。

第五条　各会员调查所得，除随时报告外，至少每三个月应报告一次。

第六条　民商事习惯编纂主任每四个月应就各会员调查报告编纂一次，编纂妥协送经会长核定后，汇印成册，分送各会员，并交由四川高等审判厅分送司法部、大理院、法律编查会。

第七条　本会调查四川各地方民商事习惯，遇有必要时，得函请各地方官署、农工商会、自治会及其他公益团体帮同调查。

第八条　本会于调查民商事习惯外，凡四川省发布之单行规则章程关于民商事者，得分类编辑，按期报告。

第九条　本会经费由四川高等审判厅呈请司法部拨给。

第十条　本会收支各费每四个月由会长督同五人以上之会员检察一次，每年年终应将总数并单据交由四川高等审判厅呈报司法部拨给。

第十一条　本会附设四川高等审判厅内，并由厅刊发木质圆章一颗，文曰：四川民商事习惯调查会钤记。

前项圆章用营造尺，长二寸三分，宽一寸五分。

第十二条 本会发行文件除陆续呈报各事由高等审判厅及厅长名义行之之外，所有调查进行事项得以四川民商事习惯调查会名义行之。

第十三条 本章程如有未尽事宜，得随时修改增订，呈部备案。

其二 办事细则

第一条 本会办理民商事习惯调查事宜，除会章已有规定外，悉依本细则办理。

第二条 会长监督指挥本会一切事务。

第三条 会内编纂总务、文牍、庶务各员，均承会长命令办理主管事务。

第四条 本会于必要时，由会长召集各主任或其他会员开会讨论。

第五条 会员专司调查报告事务。

第六条 编纂主任推任四员分担事务如下：

一、关于民事物权习惯调查报告编纂事宜。

二、关于民事债权习惯调查报告编纂事宜。

三、关于人事习惯调查报告编纂事宜。

四、关于商事习惯调查报告编纂事宜。

但遇有事务较紧时得由会长指定其他会员兼办。

第七条 本会调查各种习惯应随时拟订方法程式通行，以归划一。

前项调查方法程式由各编纂主任会同撰拟。

第八条 各会员调查所得应照通行程式报告不得歧异。

第九条 各会员对于调查事项有疑义是得函请本会解释。

前项解释由编纂员依其主任事项分别担任。

第十条 本会接收各会员调查报告认为合法即存备汇编，如有漏误，得函请补正，或另行调查。

第十一条 总务主管事项如下：

一、关于本会内部事务之处理。

二、关于本会各项稿件之审核。

三、关于本会收支报告之钩稽。

第十二条 文牍主任事务如下：

一、关于本会文电章程之撰拟。

二、关于会员入会出会之登记。

三、关于会内文件册籍之保存。

四　关于本会会议之记录。

前项所列各款事宜由帮办文牍员合同办理。

第十三条　本会各项文件文牍员起草后，应由编纂主任查核盖章送会长判行。

第十四条　庶务主任事项如下：

一、关于会内设备事项。

二、关于会内经费收支及报告事项。

三、保管本会戳记。

四、翻译收发文电。

第十五条　本会应置簿记如下：

一、会员姓名登记簿。

二、文稿登记簿。

三、电稿登记簿。

四、收支簿。

五、发文簿。

六、卷宗册籍登记簿。

七、经费收支登记簿。

八、收发电文簿。

第十六条　编纂总务、文牍、庶务各员均系兼充，不另支薪，但得由会长酌给津贴。

第十七条　本细则如有未尽事宜，得随时会议增改，呈部备案。

（十九）贵州民商事习惯调查会章程及附属规则

说明：查贵州高等审判厅于民国七年三月四日呈遵令拟设民商事习惯调查会并开具简章祈核示一案，据称（上略）。查黔省地处边隅，汉苗杂处，民商事习惯如婚姻继承田土钱债租赁等事，揆之他省，均各有不同之处，然习俗相沿，浸成惯例。属厅及各地厅凡遇民事案件于法律无所依据者，即照习惯以为判决基础，准诸人情尚昭折服，按之法情亦无背驰，惟是人民情伪复杂难知。职司审判之员遇事探索，不惟贻误堪虞，亦且困难特甚，非随时随地详加调查，勒为成书，究不足以期完备而资参考。兹奉令饬拟民商事习惯调查会，诚属切要之图，厅长遵即妥为规画，并按照奉厅办法略事变通，期与本省情形适相符合。查奉厅简章第三条内载得为会员之各项，其各厅书记官规定具有推检资格愿入会者始得为会员，厅长窃以为书记官一职既为法院服务之员，似无论资格合于推检与否，均可列入会员；又第五条民商事习惯编纂主任由会员公推，查各会员所处既非一地，彼此平时又未周知，与其任令公推似不如由会长指定为愈。至经费一项，查属厅律师各员登录不多收入之费，现在存储者仅四十余元，此会既为常设机关，实不足资补助，拟请仿照奉厅办法，经常各费仍由钧部拨给，并请先就司法收入项下准予动支一千二百元，以资应用，仍当力求撙节核实开支，以免糜费，如有不敷，再行随时呈请动拨，一俟年终即行遵章造具支出计算书，呈报核销。除督率进行外，所有遵令拟设民商事习惯调查会并请先行拨定经费各缘由，是否有当，理合具文呈请钧长俯赐鉴核示遵等语到部，当经本部指令第三二一九号略加修改，准予备案。

同年六月八日，复由该厅呈报民商事习惯调查会成立日期，并拟调查规则请核示遵，据称（上略）。查贵州民商事习惯调查会，前经奉令设置，当即按照本省情形拟具简章，备文呈报在案，嗣奉指令核准并发江西等省编纂调查规则各件下厅，厅长遵即详细规画，拟定调查规则十五条，并查照简章第三、第五等条之规定，令委属厅民庭长刘旭育充任编纂员书记官长、郭庆琳书记官、张敬修暂行兼充事务员，分掌文牍、会计、庶务等项，随刻木质钤记一颗，以资启用。复查会计年度，系开始每年七月，兹本会成立日期即定于七年七月一日，用便计会而昭整齐。惟前次所拟简章，其组织各员系以司法人员兼充调查一职，并未另设专员即编纂员，仅规定一人由法院人员兼任，原以创办之初诸从撙节，苟期于事有济，未便多置名额，以节糜费，但该员等职守所在各有专责，若遇法务繁赜之时，或因各地方报告习惯情形未尽详实，必须派员实地调查，或当汇案编纂之时编纂人员并驾兼营，拥有独力难任之虑，于事实上转生窒碍，拟俟试办三月，如果届期或有上项情事发生，此时再行量为斟酌。援照赣厅办法，呈请添员佐理，藉副钧部切实进行之至意，除分别咨令外，所有呈报成立日期及委员衔名各缘由，是否有当，理合具文呈乞钧长鉴核施行等语到部，复经本部指令第七二七九号准予备案。贵州调查所拟报告书格式，及分别加具说明，至为详密，此为各省所罕见，惟自该会组织成立以来，从无报告书送部，或受政局影响未能实行调查亦未可知。特将各项章则分录于下，格式从略。

其一 会章

第一条 本会附设于贵州高等审判厅，调查贵州全省民事习惯及商事习惯。

本会由高等审判厅刊发木质图章一颗，文曰：贵州民商事习惯调查会钤记

图章用营造尺，长二寸三分，宽一寸五分。

第二条 本会以高等审判厅长为会长。

第三条 本会置民商事习惯编纂员一人，由会长于次条前项第一款所列之各员中遴选委任。

第四条 本会会员以下列各员充之：

一、高等审判厅推事及地方审判庭庭长、推事。

二、高等及地方审判厅书记官。

三、兼理司法之县知事。

四、各县承审员、高等及地方检察厅检察长、检察官、书记官愿入会者，均得为本会会员。

第五条 本会置事务员二人，由会长委任高等审判厅职员兼充。

第六条 会长总理会务。

第七条 编纂员编纂各会员调查所得之报告，并任调查员事务。

前项编纂须以每四个月一次，交由高等审判厅分报司法部、法律编查会、大理院；并由本会分送会员。

第八条 会员专任调查事务，随时以调查所得报告于本会，至少亦须每三个月报告一次。

第九条 事务员承会长之命令掌文牍、会计、庶务等事项。

第十条 本会会员概为名誉职，不另支薪，惟编纂员及事务员得酌给津贴。

第十一条 本会因缮写文件及其他特别事务得酌用雇员。

第十二条 本会经费由高等审判厅呈请司法部拨给。

支出经费于每年度终汇送清册，交由高等审判厅呈请司法部审核。

第十三条 本会发行文件，除陆续呈报各事由高等审判厅及厅长名义行之之外，所有调查进行事项得以贵州民商事习惯调查会名义行之。

第十四条　本简章如有未尽事宜，得随时增改，呈部备案。

其二 调查规则

第一条　民商事习惯勿论善良习惯与非善良习惯，均应调查。

第二条　调查不限于全省一般人通行之习惯，其通行于下列之地域、下列族类者，亦调查之。

一、通行数县或一县者。

二、通行苗族中之苗家独家、宋家、狄家、獞家，或一家者。

第三条　会员办理案件应就所得之习惯勤加记录。

第四条　习惯有见于本省发布单行章程者，录其章程中关于该习惯之规定。

第五条　习惯有见于官署中判断民商事之成案，或其他地方公共团体调处民商事之成例者，录其判语或调处之书类。

第六条　习惯有见于私人间所订之书据者，录其书据之内容及方式。

第七条　会员因求调查之周详得随时延访地方公正士绅，以民商事草案规定事项咨询其习惯。

第八条　本会或各厅所在地之农工商会，及自治团体，除本会或各厅县先时函托协同调查外，会员亦得随时开具调查事项，请用本会名义或用各厅县名义托其调查。

第九条　调查所得习惯依格式作成报告书。

报告书之格式另定之。

第十条　报告书编录之目次，分民商事习惯各依民律草案商律草案编章节之目次，报告时调查所得民事习惯，如仅有关于民律草案某编某章节之规定事项，即依民律草案某编某章节之目次编录之，某编中他之章节即他编规定事项调查尚无，所得者暂可从阙，其调查所得商事习惯之报告，亦依此类推。

第十一条　会员就办理案件所得之习惯，在审判厅合议庭由主任推事一人报告，在县署由办理案件之知事或承审员一人报告。

第十二条　于一调查区域内之同一习惯上次业已报告者，不得列入下次报告。

第十三条　本会得会员报告书后，如认某项习惯之报告尚须复行调查时，得另委调查员调查。

第十四条 会员如能调查详实，勤于报告本会，会长即以厅长名义专案呈部核奖，其摘拾，敷衍、不如期报告者即予惩儆。

第十五条 本规则如有未尽事宜，得随时增改，呈部核定。

（二十）热河民商事习惯调查会章程及附属规则

说明：查热河都统审判厅处于民国七年二月二十四日呈遵设民商事习惯调查会并章程请核示遵一案，据称（上略）。查热属汉蒙回纷然杂处，人民习惯迥不相同，如圜法除银币、铜元而外有京钱、东钱、府钱、平钱之分，契约除典卖而外有死推、活推、退契、找契之别；至婚姻继承，内蒙与外蒙不同，此旗彼旗各异，其间所应调查者尚不止此情形复杂，自非派员分途切实调查不能明确。唯热属各县辖境辽阔，此项调查旅费开支甚矩，而司法收入不过讼费、罚金两项，核计每年所得亦属有限。前存之款业经指定建筑赤峰新监，近来收入因去岁荒旱因粮不敷，已拟请酌提补助，均经先后呈准在案，所余实无几何。朝卿兼领法权自不能因噎废食，隳此要政，拟先由本处司法收入暂提三百元作为开办经费，一俟成立即先令县知事暨各承审员随时随地确切调查，如有必须派员分往之处，所有川资各款请亦由司法收入项下拨给，以便切实进行。除仿照奉省一切办法外，理合将组织情形并所拟简章呈请鉴核示遵等语到部，当经本部指令第二五八四号照准。

同年八月二日，复由该处呈报会员名册并组织情形，据称（上略）。遵令组织民商事习惯调查会，当经拟具简章暨开办经费呈报在案，兹据所属各县将会员名册造送前来，自应汇报，唯查奉天拟设民商事调查会原章，内称会所暂设高等审判厅，会内一切事物由本厅指派书记官一人暂行，兼理每月酌给津贴若干，另置雇员二人任收发缮写各事等，因查热河民商事习惯情形复杂，实不亚于奉省，而文牍、庶务、会计等项亦属纷繁，似非派定专员不能处理一切，本处现指定书记官王鼎彝兼办会内文牍、庶务事项，每月酌给津贴十五元，以资办公，至民事编纂员胡昌绶、商事编纂员杨玉璠，该员等均系本处学习审理员，法律娴熟，堪以胜任，经各会员公同推定为民商事编纂主任，理合将会员名册并组织各情形呈请鉴核备案。再调查事项各县会员渐次进行，一俟到齐，即行汇编，另文呈送，合并声明等语到部。又经本部指令第八六九号准予备案。兹将该厅所订会章录之于下。

会章

第一条 本会以调查热河全区民商事习惯为宗旨。

第二条　本会会长由热河审判处处长兼充。

第三条　本会会员以热河审判处审理员、书记官暨各县知事、各县承审员充之；其他地方通晓法律士绅、各县署具有推检资格科长、科员愿入会者亦，得为会员。

第四条　本会设民事习惯、商事习惯编纂主任，文牍、庶务主任各一人。

第五条　民商事习惯编纂主任由会员公推，文牍、庶务主任由会长审判处人员兼充。

第六条　各会员调查所得，除随时报告外，每月终须报告一次。

第七条　本会编纂主任每四个月须将各调查员之报告汇编一次，分送各会员，并由审判处分送司法部、法律编查会、大理院。

第八条　本会于调查民商事习惯外，凡热河发布单行规则章程关于民商事者，得分类编辑，按期报告。

第九条　本会经费暂由审判处司法收入项下开支，将来如有不敷者再行呈请司法部拨给。

第十条　本会收支各费每四个月由会长会员五人共同检查一次，每年年终结成总数，并用款单据送由审判处报部审核。

第十一条　本会调查各地方习惯有必要时，得派专员或函请各地方官署、农工商会、自治会帮同调查。

第十二条　本会附设于都统署审判处内，并由处刊发木质图章一颗，文曰：热河民商事习惯调查会钤记。

前项图章用营造尺，长二寸三分，宽一寸五分。

第十三条　本会发行文件除陆续呈报各事由审判处及处长名义行之之外，所有调查进行事项得以热河民商事习惯调查会名义行之。

（二十一）绥远民商事习惯调查会章程

说明：查绥远都统署审判处于民国七年二月二十日呈遵设民商事习惯调查会并会章请核示遵一案，据称（上略）。查绥区八县系特别区域，其间蒙民杂处，亦多有特别习惯，与内省迥不相同，亟应详细调查，以备将来编纂法典时有所选择。处长当即召集处内及地方庭职员商议办法，公同拟就绥远民商事习惯调查会简章，该会即于二月十八日正式成立。至会内需用各费即拟请由职处存储罚金项下提出五百元，以为会内常年经费，除督同各会员分担职务及通令各县开始调查外，所有组织绥远民商事习惯调查会并指定经费各缘由，理合备文，并缮具简章呈请钧都鉴核示遵等语到部，当经本部指令第二六五零号照准。兹录会章于下。

会章

第一条 本会以调查绥远全区民商事习惯为宗旨。

第二条 本会附设绥远都统署审判处内，由处刊发木质图章一颗，文曰：绥远民商事调查会钤记。

前项图章用营造尺，长二寸三分，宽一寸五分。

第三条 本会设会长一人，以绥远都统署审判处长兼充，综理本会一切事务。

第四条 本会会员无定额，以绥远都统署审判处暨附设地方庭审理员，又候补及学习判理员，各县知事、承审员兼充之；其处庭具有判理员资格书记官愿入会者，得为会员。

第五条 本会设民事习惯、商事习惯编纂主任，文牍、庶务主任各一人，又编纂若干人。

第六条 民商事习惯编纂主任由会员就本会会员中公推，总司编纂事宜；文牍、庶务主任由会长指定审判处人员兼充，承会长之命令分掌文牍、庶务及会计各事。

第七条 民商事习惯编纂由处庭审理员候补，审理员、学习审理员各就自己学职经验所及分别门类，担任调查编纂等事。

第八条 民商事习惯编纂除随时经历所得及见闻情形关于民商事习惯者，即行编入或报告该管之编纂员外，应就各会员调查报告每六个月编纂一次，送由该管主任核定，汇集成册，分送各会员，并交由审判处分送司法部、大理院、法律编查会，但会长认为与习惯不合者得参加意见，勿庸采人。

第九条 各会员调查所得除随时报告外，至少每三个月应报告一次，其调查不能详尽或认为必要时，得委托该地农工商会、自治会及各官署帮同调查。

第十条 本会于调查民商事习惯外，凡绥远区域发布单行规则章程关于民商事者，俱分类编辑，按期报告，但认为不合地方习惯者，得附具意见加以说明。

第十一条 本会常年经费由审判处按照应需款额从简核定，呈请司法部拨给。

第十二条　本会收支各费由庶务主任随时登簿，按季造具决算书，连同用款单据送由审判处呈部审核。

第十三条　本会发行文件，除会未成立前应行文件及随后陆续呈报各事均以审判处及审判处长名义行之之外，所有调查进行事件得以绥远民商事习惯调查会名义行之。

第十四条　本会编纂及编纂主任各员遇有更易时，由继任人员继续担任，或另由会员公举。

第十五条　本简章如有未尽事宜，得随时修改增订，呈部备案。

第十六条　本简章自本会成立之日施行。

（二十二）察哈尔民商事习惯调查会章程

说明：查察哈尔都统署审判处于民国七年三月六日呈遵报民商事习惯调查会成立日期并拟具简章请核示一案，据称（上略）。当经召集职处职员会议，妥拟办法，以期调查详尽，金谓察区汉蒙杂处，风俗迥殊，非扩充会员额数不能广为搜集，且蒙旗调查报告均资翻译，编纂较难，兹由处长体察情形，拟具简章十四条，业已三月二日组织成立，除督率进行外，理合缮具简章，遵限报告成立，备文呈请鉴核指令遵行等语到部，本部指令第二七三一号照准。兹录会章于下。

会章

第一条　本会以调查察哈尔全区民商事习惯为宗旨。

第二条　本会会长由都统署审判处处长兼充。

第三条　本会会员以都统署审判处及附设地方庭审理员、各旗群翼审判处审理员、各县局承审员充之；各旗群翼达哩岗崖总管、各县知事、设治局长及都统署审判处书记官长、书记官，均得为会员。

第四条　本会设编辑主任正副各一人，文牍、会计、庶务各一人。

第五条　本会编纂正副主任及文牍、会计、庶务员均由会长指定。

第六条　本会会员职员概不支薪。

第七条　各会员调查所得每月报告一次，限翌月十日前到会。

第八条　凡会员调查报告每六个月编纂一次，分送各会员，并分送司法部、大理院、法律编查会。

第九条　本会调查民商事习惯外凡察区发布之单行规则章程得分类编辑按期报告。

第十条 本会调查各地方习惯有必要时得函请各地方官署农工商会自治会帮同调查。

第十一条 本会经费拟由司法收入项下借支但须呈奉司法部核准方能动用。

第十二条 本会收支各费由会长随时检查，每三个月由会计主任结成总数，并单据报部审核。

第十三条 本会附设于都统署审判处内，并由处刊发木质图章一颗，文曰：察哈尔区民商事调查会钤记。

前项图章用营造尺，长二寸三分，宽一寸五分。

第十四条 本会发行文件，除陆续呈报各事由审判处及处长名义行之之外，所有调查进行事项得以察哈尔民商事习惯调查会名义行之。

第十五条 本简章自奉司法部批准之日施行，如有未尽事宜，得随时修改，呈部备案。

参考文献

一、史 料

[1] 施沛生编：《中国民事习惯大全》，上海书店出版社 2002 年版。

[2] 前南京国民政府司法行政部编：《民事习惯调查报告录》，胡旭晟、夏新华、李交发点校，中国政法大学出版社 2000 年版。

[3] 故宫博物院明清档案部编：《义和团档案史料》，中华书局 1959 年版。

[4] （清）朱寿朋编：《光绪朝东华录》，张静庐校点，中华书局 1958 年版。

[5] 故宫博物院明清档案部编：《清末筹备立宪档案史料》，中华书局 1979 年版。

[6] 董光和、齐希编：《中国稀见地方史料集成》，学苑出版社 2010 年版。

[7] （清）李瀚章、裕禄等编：《光绪湖南通志》，岳麓书社 2009 年版。

[8] 湖南省地方志编纂委员会编：《湖南通鉴》，湖南人民出版社 2008 年版。

[9] 湖南省地方志编纂委员会编：《湖南省志·大事记》，湖南人民出版社 1999 年版。

[10] （清）直隶省督办政务处主编：《北洋官报》（1902~1907 年）。

[11] （清）北洋官报局主办，吴兴让主编：《北洋法政学报》（1907~1910 年）。

[12] （民国）湖南自治筹备委员会办，曾继梧主编：《自治旬刊》（1929~1931 年）。

[13] （民国）湖南省政府秘书处统计室办，易书竹主编：《湖南统计月刊》（1933~1937 年）。

[14] 杨庶堪、朱必谦主办：《广益丛报》（1903~1921 年）。

[15] （民国）南京国民政府司法院：《南京国民政府司法公报》（1934~1948 年）。

[16] （清）岑春蓂："湖南巡抚岑春蓂奏湘省调查局办理情形折"，载《北洋官报》1909 年第 2118 期。

[17] （清）岑春蓂："又奏调编修张启后办理调查局片"，载《北洋官报》1908 年第 1708 期。

[18] （清）湖南调查局：《湖南调查局调查民事习惯各类问题》，国家图书馆古籍馆藏。

[19] （清）湖南调查局：《湖南调查局调查地方绅士办事习惯各类问题》，国家图书馆古籍馆藏。

[20] （清）湖南调查局：《调查法制科第三股本省各府厅州县行政上之沿习及其利弊各类

问题》，国家图书馆古籍馆藏。

[21]（清）"湘省调查局组织情形"，载《广益丛报》1909 年第 210 期。

[22]（清）"湘省开办调查局"，载《北洋官报》1908 年第 1773 期。

[23]（清）"湘省统计处之成立长沙"，载《申报》1908 年 11 月 24 日。

[24]（清）"湘省调查局拟定办事细则"，载《申报》1908 年 12 月 19 日。

[25]（清）"湘省局所归并之会议"，载《申报》1910 年 11 月 28 日。

[26]（清）"清末湖南省呈报之件"，载《司法公报》1927 年第 232 期（增刊37）。

[27]（清）"湖南调查局请颁表式"，载《时报》1908 年 9 月 4 日。

[28]（清）岑春蓂：《奏报湖南省设立宪政筹备处事（折片）》，宣统二年清代宫中折件，台北"故宫博物院"藏。

[29]（清）岑春蓂：《奏报湖南省筹备宪政办理情形》，宣统二年清代宫中折件，台北"故宫博物院"藏。

[30]（清）修订法律馆："商习惯调查问题"，载《预备立宪公会报》1909 年第 20~24 期。

[31]（清）修订法律馆："调查民事习惯问题"，载《吉林司法官报》1910 年第 8~12 期。

[32]（清）法律馆："调查民事习惯章程十条"，载《山东官报》1910 年第 11~14 期。

[33]（清）法律馆："调查各省商习惯条例"，载《东方杂志》1909 年第 8 期。

[34]（清）宪政编查馆："奏各省调查局章程"，载《北洋法政学报》1908 年第 53 期。

[35]（清）湖南调查局："善化县民事习惯报告书"，南京图书馆藏。

[36]（清）湖南调查局："道州民事习惯报告书"，南京图书馆藏。

[37]（清）湖南调查局："湘阴县民事习惯财产部调查书"，南京图书馆藏。

[38]（清）湖南调查局："长沙县民事习惯报告书"，南京图书馆藏。

[39]（清）（民国）湖南法制院印，湖南调查局编：《湖南民情风俗报告书　湖南商事习惯报告书》，劳柏林校点，湖南教育出版社 2010 年版。

[40]（民国）司法部公报处：《司法公报》，国家图书馆出版社 2011 年版。

[41]中国第二历史档案馆编：《北洋政府档案·大理院》，中国档案出版社 2016 年版。

[42]黄源盛纂辑：《大理院民事判例辑存》，犁斋社 2012 年版。

[43]郭卫编著：《民国大理院解释例全文》，吴宏耀、郭恒点校，中国政法大学出版社 2014 年版。

[44]江苏省档案馆、南京图书馆编：《民国江苏省政府公报》，江苏人民出版社 2018 年版。

[45]郑成林选编：《民国时期经济调查资料汇编》，国家图书馆出版社 2013 年版。

[46]张妍、孙燕京主编：《民国史料丛刊》，大象出版社 2009 年版。

[47]曾赛丰、曹有鹏编：《湖南民国经济史料选刊》，湖南人民出版社 2009 年版。

[48]萧铮编：《民国二十年代中国大陆土地问题资料》，成文出版社 1977 年版。

［49］（民国）湖南省立衡山乡村师范学校："衡山县师古乡社会概况调查"，湖南省图书馆藏。

［50］（民国）湖南省立衡山乡村师范学校："新宁白杨乡社会概况调查"，湖南省图书馆藏。

［51］石启贵：《湘西苗族实地调查报告》，湖南人民出版社 2008 年版。

二、著　作

［1］戴炎辉：《中国法制史》，三民书局 1979 年版。

［2］谢振民编著：《中华民国立法史》，张知本校订，中国政法大学出版社 2000 年版。

［3］黄源盛：《民初大理院与裁判》，元照出版有限公司 2011 年版。

［4］高其才：《民法典编纂与民事习惯研究》，中国政法大学出版社 2017 年版。

［5］高其才主编：《当代中国民事习惯法》，法律出版社 2011 年版。

［6］梁治平：《清代习惯法》，广西师范大学出版社 2015 年版。

［7］苗鸣宇：《民事习惯与民法典的互动——近代民事习惯调查研究》，中国人民公安大学出版社 2008 年版。

［8］李卫东：《民初民法中的民事习惯与习惯法》，中国社会科学出版社 2005 年版。

［9］卢静仪：《民初立嗣问题的法律与裁判——以大理院民事判决为中心 1912-1927》，北京大学出版社 2004 年版。

［10］张勤：《中国近代民事司法变革研究——以奉天省为例》，商务印书馆 2012 年版。

［11］眭鸿明：《清末民初民商事习惯调查之研究》，法律出版社 2005 年版。

［12］吴佩林：《清代县域民事纠纷与法律秩序考察》，中华书局 2013 年版。

［13］马珺：《清末民初民事习惯法对社会的控制》，法律出版社 2013 年版。

［14］董俞编辑：《民事商事习惯汇编》，上海法政学社 1919 年版。

［15］田涛：《徽州民间私约研究及徽州民间习惯调查》，法律出版社 2014 年版。

［16］张松：《变与常：清末民初商法建构与商事习惯之研究》，中国社会科学出版社 2010 年版。

［17］［日］滋贺秀三等著，王亚新、梁治平编：《明清时期的民事审判与民间契约》，法律出版社 1998 年版。

［18］［日］仁井田陞：《中国法制史》，牟发松译，上海古籍出版社 2018 年版。

［19］［日］寺田浩明：《权利与冤抑——寺田浩明中国法史论集》，王亚新等译，清华大学出版社 2012 年版。

［20］［日］夫马进：《中国訴訟社会史の研究》，京都大学学術出版会 2011 年版。

［21］［日］西英昭：《近代中華民国法制の構築：習慣調査・法典編纂と中国法学》，九州大学出版会 2018 年版。

［22］［美］黄宗智：《法典、习俗与司法实践：清代与民国的比较》，上海书店出版社

2003 年版。

［23］Philip C. C. Huang，*Civil Justice in China*：*Representation and Practice in the Qing*，Stanford：Stanford University Press，1996.

三、论 文

（一）基础理论与实践类

［1］高其才："民法典编纂与民事习惯——立法、司法视角的讨论"，载《交大法学》2017 年第 3 期。

［2］高其才："尊重生活、承续传统：民法典编纂与民事习惯"，载《法学杂志》2016 年第 4 期。

［3］谢晖："当代中国的乡民社会、乡规民约及其遭遇"，载《东岳论丛》2004 年第 4 期。

［4］彭中礼："论习惯进入司法的方法"，载谢晖、陈金钊主编：《民间法》，厦门大学出版社 2012 年版。

［5］彭中礼："论习惯的法律渊源地位"，载《甘肃政法学院学报》2012 年第 1 期。

［6］谢冬慧："理念与习惯：民国民法典编纂的两个要素"，载《西部法学评论》2017 年第 5 期。

［7］魏磊杰："中国民法典的本土化何以可能：一条现实主义的路径"，载《法律科学（西北政法大学学报）》2019 年第 4 期。

［8］郭剑平："论风俗习惯在民事调解中的适用"，载《广西师范大学学报（哲学社会科学版）》2012 年第 2 期。

［9］苏力："当代中国法律中的习惯——一个制定法的透视"，载《法学评论》2001 年第 3 期。

［10］苗鸣宇："民法典的活力之源"，中国政法大学 2004 年博士学位论文。

［11］赖丽华："民事习惯的现代乡村治理功能——基于赣南客家民事习惯的调查"，载《社会科学家》2015 年第 10 期。

（二）史料调查类

［12］韩梅："南京图书馆所藏清末民初习惯调查报告概论"，载《图书馆杂志》2019 年第 7 期。

［13］张松："关于清末诉讼习惯资料的初步整理与研究"，载《法律文献信息与研究》2012 年第 1 期。

［14］王林敏："法学向度的民间习惯调查与汇编"，载《北方民族大学学报（哲学社会科学版）》2009 年第 5 期。

（三）史实述评类

［15］马建红："清末民初民事习惯调查的勃兴与民间规范的式微"，载《政法论丛》2015 年第 2 期。

[16] 邱志红：“清末民商事习惯调查再探讨”，载《广东社会科学》2015 年第 5 期。

[17] 眭红明：“清末民初民商事习惯调查之研究”，南京师范大学 2004 年博士学位论文。

[18] 江兆涛：“西法东渐视角下的清末习惯调查”，载《西部法学评论》2015 年第 3 期。

[19] 江兆涛：“清末诉讼事习惯调查与清末诉讼法典的编纂”，载《法律文化研究》2009 年第 0 期。

[20] 江兆涛：“清末民事习惯调查摭遗”，载程雁雷主编：《安徽大学法律评论》，安徽人民出版社 2013 年版。

[21] 张勤、毛蕾：“清末各省调查局和修订法律馆的习惯调查”，载《厦门大学学报（哲学社会科学版）》2005 年第 6 期。

[22] 纪坡民：“历史与民事习惯——《民事习惯调查报告录》原委”，载《科学决策》2002 年第 5 期。

[23] 张松：“晚清民初民商事习惯调查叙评”，载《长江师范学院学报》2008 年第 5 期。

[24] 刘昕杰、陈长宁：“冲突与融合：民国学者关于民事习惯法的研究”，载谢晖、陈金钊主编：《民间法》，济南出版社 2011 年版。

[25] 石璠：“《东方杂志》与晚清民法知识的舆论表达（1904-1911）”，载《社科纵横（新理论版）》2012 年第 4 期。

[26] 柳芳菲：“晚清民间习惯法的民俗特征——以清末民初民事习惯调查资料为例”，载《理论界》2008 年第 5 期。

[27] 姜艳松：“民初民事习惯研究”，南京师范大学 2013 年硕士学位论文。

[28] 徐嘉露：“清末民初民事习惯调查研究”，河南大学 2012 年硕士学位论文。

（四）概念及制度评析类

[29] 韩丽：“清末民国‘会’的法律分析”，西北政法大学 2019 年硕士学位论文。

[30] 吴非楣：“近代民事立法、习惯与司法中的相邻关系”，中央民族大学 2017 年硕士学位论文。

[31] 王睿麟：“清末民国坟产管理交易习惯概述”，沈阳师范大学 2016 年硕士学位论文。

[32] 李德龙：“中国近现代继承习惯与继承立法研究”，云南财经大学 2015 年硕士学位论文。

[33] 徐进：“论清代民事习惯中的兼祧规则——以《民事习惯调查报告录》为基础的考察”，载《甘肃政法学院学报》2013 年第 5 期。

[34] 郭克明：“晚清台湾土地纠纷及其解决方式”，河南大学 2012 年硕士学位论文。

[35] 郑丹群：“近代中国民事习惯中的土地买卖与继承”，郑州大学 2010 年硕士学位论文。

[36] 张强：“浅析我国当前物权习惯调查模式——从清末民初两次民商事习惯调查比较角度”，载《甘肃政法学院学报》2008 年第 3 期。

[37] 赖骏楠："清代民间地权习惯与基层财税困局——以闽台地区一田多主制为例"，载《法学家》2019 年第 2 期。

[38] 牛锦红："民初土地纠纷案件判决依据解析——以《江苏省司法汇报》和《司法公报》为分析对象"，载《江苏社会科学》2015 年第 3 期。

[39] 王云红："清代中原地区的立嗣民事习惯问题"，载《中州学刊》2015 年第 5 期。

[40] 何石军、温方方："习俗与契约治理：清代山西土地典契定价的量化分析"，载《北京大学学报（哲学社会科学版）》2018 年第 4 期。

[41] 姚澍："民事习惯在民国司法实践中的运用及其启示——以风水习惯为例"，载《北京理工大学学报（社会科学版）》2018 年第 3 期。

（五）地方习惯研究类

[42] 范一丁："清末民初商事习惯调查中涉及的契约习惯法规则——以《上海商事惯例》为例"，载《近代中国》2019 年第 2 期。

[43] 春杨："徽州田野调查的个案分析——从'杀猪封山'看习惯的存留与效力"，载《法制与社会发展》2006 年第 2 期。

[44] 赵娓妮："平息讼争·适从习惯——晚清广东州县的诉讼解决之道"，载《西南民族大学学报（人文社科版）》2004 年第 7 期。

[45] 郭兆斌："清代民国时期山西地区民事习惯试析——以分家文书为中心"，载《山西档案》2016 年第 4 期。

[46] 刘艳雄："晚清湖南商事习惯的变迁"，湖南师范大学 2008 年硕士学位论文。

[47] 万琪："近代湘商商事调解探究（1900-1937）"，湘潭大学 2017 年硕士学位论文。

[48] 张勤："从诉讼习惯调查报告看晚清州县司法——以奉天省为中心"，载《南京大学法律评论》2012 年第 2 期。

[49] 赵娓妮："国法与习惯的'交错'：晚清广东州县地方对命案的处理——源于清末《广东省调查诉讼事习惯第一次报告书》（刑事诉讼习惯部分）的研究"，载《中外法学》2004 年第 4 期。

（六）立法司法实践类

[50] 张生："清末民事习惯调查与《大清民律草案》的编纂"，载《法学研究》2007 年第 1 期。

[51] 张生："《大清民律草案》摭遗"，载《法学研究》2004 年第 3 期。

[52] 张生："《大清民律草案》的编纂：资料的缺失、存疑的问题与推断"，载中国政法大学法律史学研究院：《中国优秀传统法文化与国家治理学术研讨会暨庆祝研究院（所/中心）成立三十周年论文集》2015 年。

[53] 孙洪阳："中国民事习惯对《中华民国民法典·物权编》（1929-1930 年）的影响"，上海师范大学 2017 年版。

［54］田吉川：“《中华民国民法·物权》研究（1928-1949）”，山东大学 2011 年硕士学位论文。

［55］段晓彦：“民初大理院民事判决中‘法律’对‘习惯’的排除与妥协”，载《中国石油大学学报（社会科学版）》2015 年第 6 期。

［56］张洪涛：“近代中国的‘以礼入法’及其补正——以清末民初民事习惯法典化为例的实证研究”，载《比较法研究》2016 年第 2 期。

（七）历史价值及影响

［57］张晋藩：“晚清制定民法典的始末及史鉴意义”，载《法律科学（西北政法大学学报）》2018 年第 4 期。

［58］胡旭晟：“20 世纪前期中国之民商事习惯调查及其意义”，载《湘潭大学学报（哲学社会科学版）》1999 年第 2 期。

［59］范忠信、黄东海：“传统民事习惯及观念与移植民法的本土化改良”，载《法治现代化研究》2017 年第 2 期。

［60］陈斌：“民商事习惯调查的意义追问”，杭州师范大学 2017 年硕士学位论文。

［61］高燕：“中国民法近代化过程中‘习惯’地位之考察”，中国法学会民族法学研究会：《民族法学评论》（第 9 卷），中国法学会民族法学研究会 2012 年。

［62］郑定、春杨：“民事习惯及其法律意义——以中国近代民商事习惯调查为中心”，载《南京大学法律评论》2005 年第 1 期。

［63］春杨：“民事习惯及其法律意义——以清末民初民商事习惯调查为中心”，载曾宪义主编：《法律文化研究》，中国人民大学出版社 2006 年版。

［64］谢冬慧：“民国时期民事纠纷解决机制的价值”，载《朝阳法律评论》2017 年第 2 期。

［65］马珺：“清末民初社会转型期习惯法的积极社会效果”，载《史学月刊》2012 年第 12 期。

［66］刘广安：“传统习惯对清末民事立法的影响”，载《比较法研究》1996 年第 1 期。

［67］黄河：“论习惯法对清代地方民事诉讼的影响”，载谢晖、蒋传光、陈金钊主编：《民间法》，厦门大学出版社 2018 年版。

后 记

　　本书是在夏新华教授主持和策划下完成的课题成果，主要参与者和贡献较多者有：丁广宇（现为中国人民大学 2021 级法律史专业博士研究生）、陈仁鹏（现为中国政法大学 2021 级法律史专业博士研究生）和陈兵（现为湖南师范大学 2019 级宪法学与行政法学专业博士研究生），其中丁广宇同学出力尤多；徐小芳（湖南师范大学法学院法律史专业硕士研究生）、李航宇（湖南师范大学法学院法律史专业硕士研究生）也做了大量工作。此外，湖南师范大学法学院的研究生们：叶子龙、陈静、阳秀琪、徐雯聪、刘康宁、罗啸、袁铭襄、张驰、郭梦琳、单灵峰、朱淑华、唐明睿、戴卫斌、陈小庆、万嘉宾、李璇、罗银瑶、廖颜清等同学积极参与项目，感谢他（她）们的团队协作和辛勤付出。最后校稿在丁广宇博士大力协助下由夏新华教授负责完成，文责自负。

　　课题研究过程中承蒙多方襄助，难以一一言表。特别感谢中国法律史学学会会长、中国社会科学院法学所张生研究员的关心和指导；感谢湖南师范大学法学院的领导和法律文化研究所的各位同仁；感谢中国政法大学出版社丁春晖主任一直以来的支持。

　　史料搜集不易，勘校和诠释更是耗时费力，还易"惹麻烦"，虽兢兢业业，仍感惶恐，难遂心愿，错漏难免，诚望指正。

编　者